複数民族社会の微視的制度分析

リトアニアにおけるミクロストーリア研究

吉野悦雄[著]

北海道大学図書刊行会

まえがき

　本書はリトアニアという複数民族社会を微視的制度分析の立場から総合的に分析しようとするものである。

　微視的制度分析の方法論と，その主要な研究手法であるミクロストーリア研究については本書第一部第1章で述べてあるが，読者にあってはまず本書第二部の47番家庭と48番家庭という2軒のユダヤ人家庭の家系図をながめていただきたい。この2軒の家系図をみるだけで，微視的制度分析の意図とミクロストーリア研究の手法が理解されるだろう。

　ひとつの家族の歴史には，その国とその社会のさまざまな側面が影響を及ぼす。それぞれの家族の歴史は，国家全体の政治的変化はもちろん，社会全体の経済制度や社会制度の変化にそれぞれの様態で関連している。

　第二次世界大戦におけるドイツの占領や戦後の社会主義政権の樹立などはすべての家族に大きな影を落としている。ある者は命を失い，ある者は土地を失い，ある者は職を得ている。

　1938年3月にポーランドがリトアニアに「最後通牒」をつきつけた外交事件は，世界史の上では決して大きな事件ではないが，しかし30番家庭の主人の両親にとっては大事件であった。自分の畑が耕せなくなったからである。本書第二部は44軒の家族の家系図を示しているが，このように44軒の家族の歴史から20世紀におけるリトアニアの国家と社会の変化がみえてくる。

　本書は，リトアニアという複数民族社会の全体像を，その最もミクロな構成因子である家族というレベルから構成しようと試みている。

　読者が本書を一瞥すれば，その特異性にすぐに気付かれると思う。本書のように多数の詳細な家系図を用いたミクロストーリア研究は，筆者の知る限り日本ではまだない。また外国文献に関しては，筆者は種々の分野においてさまざまな言語で発表される文献をすべて掌握しているわけではないが，本書のような研究はその存在を知らない。読者にとってはまったく未知の研究手法を提示するわけで，その点で若干嬉しくもあるが，同時にまったく評価の定まっていない分析手法だけに，それが複数民族社会の理解に非常に有効であるという筆者の確信も単なる思い込みにすぎないのかもしれないという不安もある。ミクロストーリア手法による微視的制度分析の有効性については読者の判断にゆだねたいと思う。

　筆者は，社会主義国であったポーランドの経済を分析することから研究生活を開始した。そしてその過程で，社会の深層を理解することなしにその国の経済は理解できないと考えるようになった。筆者は経済研究を継続すると同時に，職場の労使関係や農村社会の研究にも手を広げるようになった。そして社会主義の崩壊後，旧ソ連・東欧地域で最大の問題となったのは民族対立であった。東欧研究にたずさわる者として，ささやかではあっても複数民族問題を研究することは自分の責務であると感じるようになった。

　旧ソ連・東欧地域での民族紛争はそのほとんどすべてにイスラム教徒が関係している。1990年代を振り返ってみると，ボスニアでの紛争があり，ナゴルノ・カラバフ紛争があり，チェチェン・イングーシ紛争があった。これらの地域で多くの血が流された。中央アジアのタジキスタンの紛争の中で1998年に秋野豊氏が殺害された事件は記憶に新しい。そして1999年にはコソボに対するNATO軍の爆撃があり，1999年12月の時点ではチェチェンでの対立が深刻化しつつある。

　筆者はぜひともイスラム教徒が居住している複数民族地域を調査したいと考えた。

　ミクロストーリア研究では住民に対する直接インタビューが不可欠であり，しかし本書の末尾の「あとがきにかえて」で述べてあるが，通訳を通した調査は行いたくなかった。旧ソ連・東欧地域で筆者が自由に会話できる言語はポーランド語だけである。筆者はリトアニア語会話はできず，その読解は牛の歩みのごとくである。しかし，ポーランド語で調査ができ，イスラム教徒が居住している地域として筆者はリトアニアを選定した。

　このような経緯を経て，筆者は平成8・9年度文部省科学研究費（国際学術研究・課題番号08044019）の交付を受けリトアニアで調査を実施することになった。

　本書第二部の44軒の調査で通訳に全面的に依存したのは，25番・29番・37番・44番の4軒の家庭だけであった。11軒のポーランド人家庭の母語がポーランド語であるのは当然のことであるが，9軒のイスラム教徒家庭（タタール人）の母語もポーランド語かないしは類似のプロスティ語であった。4軒のユダヤ人家庭と3軒のロシア人家庭と3軒のベラルーシ人家庭ではポーランド語で問題なく調査ができた。1軒のウクライナ人家庭と1軒のカライム人家庭でも流暢なポーランド語が聞かれた。7軒のリトアニア人家庭でもポーランド語で調査ができた。

　ポーランド語が通じる家庭だけを意図的に選んだわけではない。ビルニュース県やその近隣県の農村部に居住する人たちのほとんどは戦前期においてポーランド語小学校に通学しているからである。

　調査の結果，20世紀のリトアニアにおける最大の民族問題はイスラム教徒との関係ではなく，リトアニア人とポーランド人との関係であり，またユダヤ人問題であったことが判明した。

結論は本文にゆずるが，この研究からは，どのようなメカニズムで紛争が勃発するのかということではなく，どのような政策によって複数民族間の紛争が防止されてきたのかということが明らかになったと考えている。ただしユダヤ人問題に関しては集団虐殺（ポグロム）という事件が20世紀のリトアニアで発生しており，ポグロムの発生メカニズムについても言及した。

本書は微視的制度分析の立場から，ミクロストーリア研究の手法を用いつつ，ひとつの社会の全体像を構築しようと試みている。必然的にその分析は多面的・総合的とならざるをえない。複数民族社会の理解のためにはまずその歴史的経緯を把握する必要があり，第一部第2章ではかなりの紙幅を割いてリトアニア史を紹介した。しかし単なる概史の紹介ではなく，44軒の家系図から歴史を再確認し，その意味を探るということを試みた。第3章では宗教と民族の関係を論じ，第4章では言語と学校教育が民族問題とどう関係しているかを検討した。民族紛争発生の要因のひとつとして経済問題（所得格差）があるが，第5章では，社会主義崩壊後の市場経済化の流れの中で失業の発生と新規私営企業の創業とが民族とどのように関連しているかを分析した。第一部補章では，社会主義崩壊後の旧ソ連・東欧8か国の経済成長が，対外債務や外国資本投資などの経済要因よりも移民という民族移動の結果に大きく影響されていることを示した。

ここで第二部の44軒のインタビュー調査の概略を紹介しておこう。筆者は当初，以前のポーランド農村調査と同様に部落の全戸調査を計画していた。しかしリトアニアでは15戸程度の小規模部落はほとんど存在せず，全体で50軒程度のインタビュー調査の枠の中で上記の複数民族をすべてとりあげるためには全戸調査を断念せざるをえなかった。筆者としてはポーランド人部落とリトアニア人部落とイスラム教徒部落の最少でも3部落は調査したかったからである。

ポーランド人部落のシラヘレニ部落の例でいえば家族数は76あるが，2世代同居住宅も多く，家屋数は40前後であったが，その中から11家庭を選択した。しかし家系図から分かるとおり，部落内の各家庭はそれぞれ密接な婚姻関係にあり，調査のときにはひとつの調査家庭に両親や兄弟に集まってもらったので，ひとつの調査で2ないし3家族の調査が行われたことになる。またその家族の親戚の部落内居住家庭についても詳しく知ることができた。結果としてシラヘレニ部落の7割ないし8割程度の家庭が調査されたと考えている。リトアニア人部落のウテェナイ部落でも，同様のことがいえる。

なぜシラヘレニ部落なりウテェナイ部落を選定したのかといえば，それはリトアニア側の調査協力者の知り合いが居住しているというだけの理由である。

調査時間は最小で3時間，最大で2日間にわたる8時間（47番家庭）であった。平均で4時間30分である。

学術論文では原典資料の明示は当然のことである。本書の場合，この原典資料に相当するものは，44軒の家庭と村役場や学校・教会などで録音された約140本の120分録音テープである。過半数の家庭で3本の録音テープが必要となった。筆者は，研究者が純粋に研究目的でこの録音テープを聞きたいと希望された場合は，秘密の保持という確証が得られれば，その聴取を認めるつもりでいる。

この調査は筆者が研究代表者となって，文部省科学研究費プロジェクトとして行われたが，日本からは早坂真理氏が参加された。早坂氏は主にアルヒーフ資料を用いて複数民族社会を分析する役割分担となった。また早坂氏は4番・5番・6番・9番・10番の各家庭の調査にも同行されたから，この5軒の調査は早坂氏と筆者の共同調査ということになる。これら5軒の調査結果を本書の中で使用することに関して早坂氏は快く同意してくださった。早坂真理氏には感謝の言葉もない。

またこのプロジェクトにはリトアニア側から Stanislaw Hejbowicz 氏, Laimute Zilinskiene 女史, Stanislaw Majewski 氏が参加され，筆者の調査に誠実に協力してくださった。心から感謝申し上げたい。

筆者がこれまで学問研究を続けてこられたのも，非常に多くの先輩・友人のご支援のおかげである。研究グループに参加を許可され研究費を分けていただいた先輩や，書評や書簡やメールで常に暖かく見守ってくださっている大先輩の方々もおられるが，本書ではお名前を挙げることは控えさせていただきたい。お名前を挙げなくてもこれら先輩・友人への感謝の気持ちは通じると感じているからである。

しかし芳賀半次郎先生と大槻幹郎先生への謝辞はどうしても述べておきたい。大槻先生は，本書第1部第1章の執筆の機会を与えてくださった方で，筆者の学部と大学院での恩師である。筆者は大槻先生の学風（純粋数理経済学）を継ぐことはできなかったが，そのことのお詫びと，厳密な思考方法を教えてくださったことへの心からの感謝を表したいと思う。芳賀半次郎先生は大学院での恩師である。芳賀先生は1984年に『マクロ経済学（上）』を公刊されたのち，15年間をかけてさらに最新のマクロ経済学の理論を探求され，1999年12月に『マクロ経済学（下）』を公刊された。70歳をゆうに越えてのお仕事である。同書の内容は極めて高度なものである。その研究態度は，常に筆者への叱咤激励であった。

最後になったが，本書のような類例をみない図書の編集と校正を担当された今中智佳子さんには心から感謝申し上げたい。細かい文字の家系図の校正刷りに書き込まれた，さらに細かい赤い字が目に焼きつく。

なお本書の刊行には平成11年度科学研究費補助金「研究成果公開促進費」（一般学術図書）の交付を受けたことを記しておく。

大聖年1月1日
札幌にて

吉野悦雄

目 次

まえがき
本書を読むにあたって

第一部　微視的制度分析

第1章　研究方法論：微視的制度分析
- 第1節　緒論 …… 3
- 第2節　消費理論の限界：問題の所在 …… 3
- 第3節　微視的制度研究の特徴と関連する先行研究 …… 4
- 第4節　比較経済システム分析におけるマクロ的大量観察手法への批判 …… 8
- 第5節　制度経済学との関連 …… 9

第2章　民族と家族史からみたリトアニア史
- 第1節　はじめに …… 11
- 第2節　13世紀までのリトアニア …… 11
- 第3節　リトアニアのアジア系民族の起源 …… 12
- 第4節　ドイツ騎士団との戦いとリトアニア・ポーランドの合同 …… 14
- 第5節　ドイツ騎士団の脅威の解消とロシアの脅威の増大 …… 17
- 第6節　ユダヤ人の西欧からの追放と東欧への流入 …… 20
- 第7節　三国分割によるポーランドの消滅から第一次世界大戦まで …… 24
- 第8節　ユダヤ人の米国移民とユダヤ人虐殺（ポグロム）…… 29
- 第9節　リトアニアの独立と国境線の確定 …… 34
- 第10節　戦間期リトアニアの民族構成：宗教と言語 …… 38
- 第11節　戦間期リトアニアの学校教育：ポーランドとの対立 …… 41
- 第12節　第二次世界大戦勃発から1940年のソ連占領まで …… 44
- 第13節　ソ連占領から1941年のドイツ占領まで …… 46
- 第14節　ドイツ占領期 …… 48
- 第15節　リトアニア戦後史 …… 52
- 第16節　現在のリトアニアの行政区 …… 55

第3章　現代リトアニアの民族と宗教
- 第1節　マクロ・レベルでの民族構成 …… 57
- 第2節　ミクロ・レベルでの民族構成 …… 59
- 第3節　民族と職業と所得格差 …… 61
- 第4節　民族と婚姻関係 …… 63
- 第5節　現代リトアニアの宗教 …… 65
- 第6節　ロシア正教古儀式派・タタール人・カライム人 …… 69

第4章　現代リトアニアの言語と学校教育
- 第1節　マクロ・レベルとミクロ・レベルでの言語構成 …… 75
- 第2節　リトアニア・ポーランド両民族共存地域での言語 …… 79
- 第3節　言語・民族・宗教と学校教育 …… 81

第5章　複数民族環境における市場経済化
－微視的視点から－
- 第1節　分析の範囲 …… 89
- 第2節　失業と民族問題 …… 90
- 第3節　新規創業の民間企業と民族環境 …… 93

補章　対西側移民出入国と体制転換後の経済過程
－微視的制度研究に基づくマクロ経済分析－
- 要約 …… 100
- 第1節　問題の所在と分析モデル …… 100
- 第2節　関連研究の状況 …… 101
- 第3節　データの所在と公開度 …… 102
- 第4節　移民出国の二側面とイスラエル移民の特殊性 …… 102
- 第5節　各国データにおける留意点 …… 104
- 第6節　アクティブな移民層に関する対数型仮説 …… 106
- 第7節　移民出国率による経済過程の分析 …… 107
- 第8節　体制転換後の再帰国者とチェコとスロバキアの特殊性 …… 107
- 第9節　移民出入国の合計とGDP変化率 …… 108
- 第10節　結語 …… 109

第二部　家系図分析

家系図分析　概要 …… 112
44家庭の家系図 …… 118

フィールド調査をめざす若い世代の研究者のために　－あとがきにかえて－ …… 212

本書を読むにあたって

1）参考文献表について

参考文献は各章の末尾にまとめた。なお第1章だけは参考文献表を設けず，注記の中で文献を示した。

2）地名と人名の日本語表記について

地名と人名の表記については，筆者が自分の耳で聴いて，それを読みやすいカタカナに置き換える方針を採用した。ヴァ・ヴィ・ヴゥ・ヴェ・ヴォの表記は行わなかった。音韻学的には正しくない場合があるが，本書のすべての人名（歴史上の人名を除く）とほとんどの地名は仮名なので，正確な表記は意味がなく，上記のような方針を採用した。

3）リトアニアの国名表記について

社会主義時代のリトアニアの国名は正しくは「リトアニアソビエト社会主義共和国」である。本書では読みやすさを考え「リトアニア社会主義ソビエト共和国」とした。

4）地名について

本書の内容は各家庭での多くのプライバシーを含む。筆者は「秘密は厳守する」と約束してインタビューを行った。したがって，各家庭の特定が不可能なようにして本書を出版しなければならない。そこで以下の地名はすべて仮名で表記した。パイガタイ村，パイガタイ部落，ズイダタ部落，シラヘレニ部落，ジェロナバカ村，クロノバカ部落，ジェロナボル村，カクタロタール部落，モルドミナ部落，ウテェナイ部落，サチルトノカイ村，ギェリアイ村，サチライ村，スチガネイ村，マリアンポーレ村，ヤボニス部落，ソチニンカイ部落，モロチョニス部落，ズルシアイ部落，ムチコルニス部落，サラビアイ部落，カルモニス部落，ドルビニアイ部落，ツェゲルニア部落，シコシニス部落，タハロバ村，ゲェイナイ村，コルボチ部落，ビェルキ・ポーレ部落，ハリーナ部落，キェトラライ村，ラグライ部落，シキピポ部落，カルチネス部落。これ以外の地名はマリアンポーレ市も含めて実名である。

5）人名について

第二部に登場するすべての人物の姓と名は仮名である。名の変換の結果，名が当該人物の民族に合致しない例が生まれた。ヨーナスはリトアニア風の呼び名であり，ヤンはポーランド風である。両者は共に英語のジョンに対応する。タタール系の場合など，変換した名をタタール風に表記することは難しかった。したがって，リトアニア系家庭にポーランド風の名を持つ人物が登場することになる。読者にあっては名によって当該人物の民族を判断するのではなく，家系図によって民族を判断していただきたい。

6）距離と方位について

各家庭の特定を防止するため，距離・方位については幅を持たせてある。本書で10キロと表記した場合の本当の距離は6キロから15キロの間である。長距離の場合は例えば80キロとある場合は70キロから90キロの間である。方位については90度の幅がある。

7）プライバシーの保護について

プライバシーの保護のため，村の中の工場の業種を明かさないなど，村や部落に特有の情報はすべてカットした。それでも例えばタタール人部落はビルニュース近辺に4つしかなく，その4つの部落をすべて廻って，「15人の子供を産んだ老婆を知らないか」というような質問を繰り返せば，部落の特定は可能だろう。しかし各家庭の特定のためには，本書の筆者が費やした時間と労力を上回る時間と労力が必要だろう。筆者は現地の弁護士と相談の上，もし再調査者が，筆者がかけた時間と労力以上の時間と労力をかけて家庭を特定し，その実名とプライバシーを公表したとすれば，それは再調査者による秘密の暴露であり，筆者による秘密の暴露ではないとする見解を持つに至った。ポーランド人部落とリトアニア人部落に関しては，筆者がかけた時間の数倍の時間を費やさなければ特定は難しいであろう。

8）死因等について

このように各家庭の特定はほとんど不可能であるが，それでも，自殺については記載しなかった。また精神病は離婚の重要な要因となるが，これについても記載しなかった。刑事事件の被害者になった場合はそれを記載したが加害者の場合は記載していない（ただし国外における刑事事件については記載した）。

9）43番家庭・44番家庭・48番家庭について

43番家庭はカライム人であり，カライム人が集中的に住む町はトラカイ市（実名）しかない。カライム人は全国で257人しかいない。しかも43番家庭の主人の父はカライム教の最後の聖職者であり，親戚に駐モスクワ大使もいる。数日の調査で家庭の特定は可能となろう。したがって，43番家庭についてだけは，大学受験の失敗とか交通事故とかに類する多少なりとも愉快でない思い出はすべてカットした。また，直系の人物ではないが，離婚の事実もあったが，それもカットした。前妻（夫）との間の子供も家系図に記載していない。筆者が家系図に手を加えたのはこの43番家庭だけである。44番家庭と48番家庭はそれぞれ農村部に居住するドイツ人とユダヤ人であって，当該県農村部に数人しか該当者が居住していない。そこでこの家庭にあっては，村落名を仮名とすることはもちろん，近隣の都市までの距離と方位も伏せた。

第一部

微視的制度分析

第1章　研究方法論：微視的制度分析

本章は「微視的制度研究の試み－比較経済システム分析の観点から－」と題して，1998年に『研究年報経済学』（東北大学経済学会発行）第59巻第4号（大槻幹郎教授停年退官記念号）に発表したものである。本書に収録するに際して，内容には一切の修正を加えていない。ただし本書全体の体裁を統一するため，外国の著者の表記を日本語から原語に変え，また日本語表記のしかたを若干変更した。本章は，筆者が1990年から1992年にかけてポーランド中央部の農村地帯にあるグシトエフ村カミオンカ部落で実施した調査の経験を踏まえて，みずからの社会認識・経済認識の方法論を構築するために執筆したものである。本書が取り扱うリトアニアでの実態調査は，まさにこの方法論に基づいて実施された。読者にあっては，「カミオンカ部落」を「リトアニア社会」と読み替えて本章を読み進んでいただきたい。

第1節　緒　論

筆者は，ポーランドやリトアニアを中心とする東欧諸国の20世紀後半の経済システムの変動を研究してきた。これら諸国は，後進的資本主義経済－ナチス占領経済－スターリン主義経済－市場改革的社会主義経済－市場経済，と経済システムの変動を経験してきたが，これら経済システムを分析する際に，微視的制度研究が極めて有効な手段であると確信するに至った。そこで，本章では，筆者が考える微視的制度研究の方法論と諸特徴を提示して，読者諸氏のご批判を仰ぎたいと思う。

微視的制度研究の方法は，筆者の場合，工場の労使関係調査や農村社会調査を行う中で，自然に発想されてきたものである。この研究手法を用いた実証研究の成果は『ポーランドの農業と農民－グシトエフ村の研究－』[1]として既に公刊されているが，同書の公刊時点では，まだみずからの研究手法を方法論的に整理するには至っていなかった。本章では，いくつかの先行業績と比較しつつ，筆者の研究方法論を提示したい。

近年，いわゆる制度経済学（制度派経済学）が注目を集めているが，筆者の知る限りそのすべてが巨視的観点からの分析である。すなわち制度を，一国の経済なり社会なりに共通のマクロ的性格を持つものと位置づけ，抽象的概念として扱っている。それに対しては，筆者は，個別の経済主体（観察対象）に極めて具体的な力として作用する制度的諸要因の個別的観察を通して，本来的にマクロ的性格を持つ制度という概念を把握しようとしている。あえて微視的制度研究と名づけた理由はそこにある。

筆者が考える微視的制度研究は，Coase [1984] やNorth [1990] などの近年の制度経済学のメイン・ストリームからは遠くかけ離れてみえるかもしれない。それは，North [1990] 等が交換とか取引という市場経済に特有の行為に着目して体系を組み立てているのに対して，筆者は，基本的には非市場経済であった社会主義圏の地域を対象に研究を続けてきたからであろう。第3節で明らかにするように，筆者の方法論は，中世イタリアを研究したGinzburg [1976] や現代インドネシアとモロッコを研究したGeertz [1973] の立場により近い。しかし制度経済学の立場に立つ人々にとっても，筆者が考える微視的制度分析は何らかの参考になるかもしれないと考え，本章第5節で制度経済学との関連での本章の位置づけを簡単に与えておこう。

第2節　消費理論の限界：問題の所在

筆者はかつて，総務庁（総理府）家計調査報告のデータを用いて1953年から今日に至る日本の家計の個別商品に対する消費行動を分析したことがある。その結果，個別商品の消費に関しては，通常の価格理論では説明が困難である事例が相当数存在することを確認した。具体的には，人参や大根の消費は戦後の日本で価格や所得からはほとんど影響を受けず安定的であった。一方，個別衣料品の消費は変動が激しく，同様に価格や所得では説明できない事例が多かった。具体的には1964年から1971年までの男子物セーターの消費の急上昇とその後の急低落は伝染病的としか表現のしようがなかった。またネクタイの消費量は戦後一貫して極めて安定的であったのに，バブル期に至って突然急上昇した[2]。

これらの現象の背後には，高度経済成長の進展に伴いセーターは女子供だけのものでないと感じるようになった青年層の意識の変化が予想される。ネクタイに関しては，戦後初めて背広の量販店が一般化し，背広の補完財としての，あるいは抱き合わせ販売財としてのネクタイ購入が激増したという流通システムの変化が存在する。

時系列データではなくクロスセクションデータでも類似の問題が発生する。花卉（切り花）の消費額は都道府県ごとに驚くほど異なる。花卉の消費額は墓参や仏前への献花という宗教的行為の頻度によってもっぱら決定される。このように制度的要因は，しばしば経済的要因にもまさって強い影響を及ぼす。

しかし一方で，マクロの消費関数はかなりの程度で日

本の現実を説明できてきたことはよく知られている。最も単純な消費関数は以下のように表現される。

$$C = aY + b$$

ここにYは国民経済全体の可処分所得であり，Cは国民経済全体の消費額である。日本経済の場合，消費性向（a）は長期間安定的であった。

このモデルの背後には，消費者の数はnであっても，それらは全く同一の性質を有するeconomic man のレプリカであり，結果的にone consumerモデルとして構成できるとする考えがある。ところが，マクロではなくミクロの個別家計の消費行動を分析すると全く異なった様相がみえてくる。

日本の個別家計の家計簿分析を行った中村隆英らによれば[3]，個別家計の消費に最も強く影響を及ぼすものは，結婚・子弟の入学や卒業，家屋の購入，定年退職など所得以外の諸要素であった。

筆者がポーランドのグシトエフ村で行った31戸の農家のライフ・ヒストリー（生活史）に関する聞き取り調査では，耐久消費財の購入に及ぼす主要決定要因は所得の多寡ではなく，親の死亡と遺産相続，娘の結婚ならびに息子の嫁取りであった[4]。

このように個別家計の消費においては，非経済的要因が主要決定要因であるにもかかわらず，マクロでみた国民経済の消費動向を上記数式がかなりの程度までよく説明できるのはなぜであろうか。それは，上記の家族的・個人的要因の変化は全国レベルでみれば各家計において一定の頻度で発生し，発生頻度が変化しない限り，そのもたらす変化は定数項（b）に吸収されてしまうからであろう。

しかし一国経済を長期に分析しようとするとき，その経済社会システムが変化しているのであるから，経済的要因よりも制度的要因の方が重要な説明要因となろう。大正期の消費行動と現代の消費行動を同一の消費関数で説明しようとする研究者はいないであろう。また異なる経済システム，例えば旧ソ連諸国や中近東諸国の経済分析を行う場合に制度的要因が決定的に重要となることは言をまたない。

制度とは本来マクロ的性格を持つものであり，ミクロ的制度・微視的制度というものはありえない。一家族だけの特徴，あるいは一企業だけの特徴というものは制度や慣習とは呼べず，習慣と名づけるべきものであろう。比較経済システムの分析を行う際に，この本来的にマクロ的性質を持つ制度をどのように抽出し，発見することができるのであろうか。これは筆者にとって相当に困難な課題であった。比喩的表現を用いれば，A銀行B支店の業務や兜町証券取引所は見学できても日本の金融制度の見学はできないからである。

筆者はこの問題を解決するために微視的制度研究の手法を採用しているが，以下においては，この微視的制度研究の方法論と特徴を，筆者が参考にした先行研究を紹介しつつ，読者に提示しよう。

第3節 微視的制度研究の特徴と関連する先行研究

3.1 ミクロストーリア：部分と全体

微視的制度研究の第一の特徴は，徹底した微視的部分の観察を通して全体を考察することにある。筆者はポーランド中央部のカミオンカ部落という小さい部落に合計75日住み込んで調査を行ったが，米国の人類学者Clifford Geertz [1973]の有名な言葉[5]を借りると，本章の筆者はカミオンカ部落を調査したのではなく，カミオンカ部落において調査したのである。何を調査したかといえば，20世紀のポーランド農村社会の全体像であった。

しかしこのような方法論は既に歴史学の分野で試みられていた。それはイタリアの歴史学者Carlo Ginzburg [1976]によって開発されたミクロストーリアと呼ばれる方法である。彼の2番目の著作『チーズとうじ虫』[6]によってミクロストーリアは広く知られるようになったので，その内容を簡単に紹介しよう。

16世紀の後半にイタリアのヴェネツィア北方の村にメノッキオと呼ばれる富農がいた。彼は風車を持ち，また中世の農民としては例外的に字が読めた。メノッキオは50歳くらいになったときから，「天使はチーズが腐って，そこから湧きでるうじ虫のようなものだ」とか「聖母マリアはイエズスを生めるわけがない」などという反教会的発言を繰り返すようになった。メノッキオは2回にわたって宗教裁判にかけられ，2度目の裁判で死刑になった。Ginzburgは裁判記録や助命嘆願書を詳細に調べた。またメノッキオが読んでいた『デカメロン』やイタリア語訳の『黄金伝説』・『聖書』・『コーラン』の内容と法廷におけるメノッキオの発言記録とを比較した。

本章の筆者の見解によれば，Ginzburgは決してメノッキオの宗教裁判という小さな事件を解明しようとしたのではない。『チーズとうじ虫』という本はメノッキオの宗教裁判の研究ではなく，メノッキオの宗教裁判を通した研究である。ではGinzburgは何を考察したのであろうか。それは本章の筆者の見解によれば，中世の終焉である。彼はメノッキオの宗教裁判にそくして，中世末期の社会構造全体を考察した。彼は中世末期において，教会ないし権力と社会との関係が調和的関係から対立的関係に変化していたことを明らかにしようとしたといえる。

3.2 濃密な叙述（thick description）：Geertzへの批判

微視的制度研究の第二の特徴は濃密な叙述である。濃密な叙述という表現は，上述のClifford Geertzがみずからの方法論をまとめた著作『文化の解釈学』[7]の冒頭で採用している。Geertzによれば，ある社会の少年のウィンクは，ただの痙攣かもしれず，意図的な合図かもしれず，また単なるいたずらかもしれないという。そして，ウィンクをする行為を濃密に観察して，ウィンク行為

の持つ意味の構造を明らかにすることが重要であると主張する[8]。

本書の筆者もこの見解に同意する。東京都心部での花卉の消費は業務用が主体であろうし、東京周辺部では個人住居の装飾とプレゼントが主体であろうし、鹿児島・沖縄においては宗教的行為の供え物が主体であろう。同じ花卉の消費でもその持つ意味は全く異なる。家計調査報告のデータだけでは、この違いを判別することはできず、したがって、個々の花屋での切り花の購買行為を濃密に観察しなければならなくなる。高度経済成長後半期のわずか数年間に、男子物セーターの消費量（数量ベース）が都市部で3倍に、町村部では実に7倍に激増したことを総理府家計調査報告は述べる。その背後に青年層の意識の変化があったことが容易に想像されるが、統計データだけでは、セーター消費の激増の意味を読み取ることができない。事実のより濃密な叙述が要求されるのである。

しかし、ここでGeertzの方法論は大きな困難に直面する。高度経済成長期に初めてセーターなるものを着用した青少年は数百万人にのぼり、そのすべてに濃密な観察を施すことができないからである。またこの時期に男子物セーターを販売していた洋品店は10万店は越えるであろう。一方、我々が観察できるのは、限られた数の青年Aや青年Bであり、また洋品店Yであり、洋品店Zである。

ここにおいて部分と全体との関係という問題が生じる。Geertzは次のように述べる。「社会の本質が『典型的』村落の中に発見できるという考えは馬鹿げている。我々が小さな村の中に発見できるのは、その村の農村生活だけである」[9]。たしかに、日本には「典型的」日本人などは一人も存在しない。「典型的」日本農村などは存在しない。存在するのは、日本人Cであり農村Dである。このように考えるGeertzは「典型」概念や一般モデルの導入を厳しく排除する。Geertzの見解によれば、分析を開始するにあたって、「典型」概念や一般モデルを想定することは、分析者の価値観を無意識的に分析対象に適用することである。ヨーロッパ人やアメリカ人の価値観を前提にして、アフリカやアジアの社会を分析してきた欧米の人類学者をGeertzは厳しく批判する。Geertzの見解によれば、分析対象の人々の価値観は未知なるものとして分析を開始しなければならない。このような態度をとるGeertzは、分析結果の一般化を否定する。

この点に至って、本書の筆者はもはやGeertzと見解を共有することができない。たしかにザイールの猿の行動に一定の傾向を発見したとき、その傾向がインドネシアやボリビアの猿一般に共通であると述べることはできないであろう。観察されたのは「ザイールの猿」だけだからである。しかし本書の筆者が観察しているのは猿ではなく、ポーランドの農民である。本書の筆者は、人間の理性と知恵と情念に信頼を置く。ポーランド中部のカミオンカ部落の農民の理性と知恵と情念が、ポーランド全体の農民の理性と知恵と情念と共通であると考える。

この信頼に基づいて、本書の筆者は、カミオンカ部落の農民の調査から、ポーランドの農民全体を考察しようとする。たしかにカミオンカ部落に特有の地域的特性については限定を設けなければならないが、しかし、人間の理性と知恵と情念に深くかかわる諸特性についてはポーランドの農民に一般化しうると考えている。ただし、カミオンカ部落の農民の諸特性が北部ドイツの農民にも一般化しうるとは考えていない。なぜなら、カトリックとプロテスタントという理性と情念の最も根本的なところで、両者は異なっているからである。

この一般化を行うためには、常に個と全体という視点を保持しなければならない。すなわち観察対象である農家E、農家F、農家Gを個々バラバラに分析しただけでは一般化は行いえない。本書の筆者は以下の2点を心がけた。

第一に、個別農家ないし個別農民を、常に部落社会全体との関連で観察したことである。この目的のために、筆者はカミオンカ部落のすべての農家に対して面接調査を実施した。全数調査である。また、カミオンカ部落のすべての土地の図面を描いた。このようにして個別農家はカミオンカ部落全体の枠の中で考察された。一人ひとりの農民をいかに濃密に詳細に観察しようとも地域社会との関連なしに分析することは適切でない。この点において、本書の筆者は、後に述べるOscar Lewisの方法論にも批判的である。

第二は、カミオンカ部落をポーランド社会全体との関連でも考察したことである。カミオンカ部落の社会と人々を、常に国民経済全体での諸制度や国家の諸政策と対比させながら考察した。例えば、宗主国ロシアに対する1863年の反乱、日露戦争（1904）、ポーランド独立（1918）、ソ連赤軍との戦闘（1920）、1920年代の農地改革、ナチスの侵攻と支配（1939）、ポーランドの解放（1945）、右派ロンドン亡命政府の軍隊からの復員（1946）、戦後の農地改革とその後のスターリン主義的集団化（1949）、改革主義的社会主義の開始（1956）、市場社会主義の導入（1971）、「連帯」運動（1980）、社会主義の崩壊と市場経済の導入（1989）、などは、カミオンカの農民の運命に強い影響を及ぼした。このような全社会的問題の考察との関連で、カミオンカ部落の農民を観察し分析するとき、その結果からポーランド農村社会全体への、またポーランドの農民全体への一般化が可能になると考えている。

3.3 総合性：Franciszek Bujak

微視的制度研究の第三の特徴は総合性・多面性である。この第三の特徴に関しては、筆者の知る限り、最も古くはポーランドの社会経済史学者Franciszek Bujak（1875-1953）が試みている。Bujakについて紹介する紙幅はないが、Bujakは、ポーランド南部の134戸（1902年当時）からなるジミオンツァ部落を調査し、Zymiacaというタイトルの本を1903年に出版した[10]。Bujakはこの部落の

ほとんどすべての農家を調査し，総合的に分析した。一部落の全数調査（悉皆調査）は日本では中村吉治教授の著作（1956年）[11]をもって嚆矢とするから，Bujakの業績がいかに先駆的であったかが理解されよう。また，Bujakは地区のカトリック教会に残されている洗礼・埋葬記録に基づき19世紀の村の人口動態を明らかにし，人口爆発の開始時期を特定した。この教会文書を用いる手法は，フランスのPhillippe Aries[12]によって提唱された歴史人口学においてしばしば利用されるが，今世紀の初頭においてBujakが既に試みていたことは記憶されてよい。

Bujakはポーランドにおける農村調査の先駆者であるが，方法論的には，その総合的分析が注目される。このことを明らかにするために，彼の著作Zymiacaの目次を以下に紹介しよう。

序論，第1章「村の地勢」，第2章「村の歴史」，第3章「人口動態」，第4章「農地とその分割」，第5章「遺産相続による所有権移転」，第6章「耕作作物」，第7章「家畜の飼育」，第8章「賃金労働関係」，第9章「商業と手工業」，第10章「信用貸し付け」，第11章「文化」，第12章「政治問題」，第13章「教育と教会」，第14章「住民の諸特性」，付記。以上である。

このBujakの研究は半世紀を経て高く評価され，ポーランドの社会学者Wierzbickiは，この同じジミオンツァ村を1957年から再度調査し，1963年には『半世紀後のジミオンツァ村』という著作を公刊している[13]。農家戸数が147戸へと若干増大し，アルコール中毒など新しい問題も発見されているが，耕作形態をはじめとする農村社会の構造が50年前とあまり変化していないことを明らかにした。

本章の筆者も，Bujakの著作から大きな刺激を受けたが，しかし，分析の総合性を意図的にめざさなくとも，微視的制度研究の方法をとる限り，その方法論的特性から，分析の総合性は必然的結果となる。

既に述べたように，マクロ的な制度とは，それが目に見えず，手に触れることができない抽象的概念である。経済分析では一般に，マクロ的な現象ないし制度（例えば日本の家計の貯蓄行動ないし日本の金融制度）を分析するとき，必ず一定の分析視角を持って，すなわちある種の仮説を導入して分析することになる。この仮説はしばしば予断となっている危険性を含むが，ともかく限られた観点から斉合的なフレームワークで分析がなされる。しかし同時にこのフレームワークからはずれる諸側面は観察対象から除外される。したがって総合的な分析は望むべくもなく，せいぜい複眼的ないし三眼的分析にとどまる。これはモデル分析の宿命であろう。

一方，微視的制度研究の場合，個別農家やその家族は目の前に厳然として存在し，そのすべてに触れることが，可能性としてはありうる。むろん他人のすべてを知ることはできないが，他人のすべてを理解しようという立場をとることは可能であり，そのような立場をとるとき分析は総合的となる。

今では中年となった日本人に「30年前になぜセーターを購入したか」と問えば，回答は脈絡なく多面的となろう。例えば青春映画のスターに憧れたから，例えば高等学校でスキー合宿が企画されたから，例えば恋人ができたから，などの回答が返ってくるだろう。1960年代の男子物セーターの大流行を理解するためには，映画など文化的側面や学校教育制度，あるいは新しいタイプの男女交際など総合的な分析が必要となることは容易に理解されよう。

3.4 自伝分析：口述史と回想録利用

筆者の微視的制度分析の第四の特徴は，自伝分析的アプローチである。筆者はカミオンカ部落のすべての農家で，テープレコーダーを用いて，住民がみずから語るライフ・ヒストリー（生活史）の内容を録音した。しかし，この方法は筆者のオリジナリティーではない。筆者の知る限り，この方法を世界で最初に用いたのは，シカゴ大学の人類学者Oscar Lewis（1914年生）であろう。Lewisは1961年に『サンチェスの子供たち』という本を出版した[14]。

Lewisは，メキシコシティーの貧民街で71の家族を無作為抽出して社会学調査を行ったが，その際に，ただ一つの家族に対して特に集中的なインタビューを試みた。Lewisは1956年から1959年の間に，サンチェス家の家族との数百時間に及ぶ会話を録音した。本章の筆者の場合，一番長い録音はある農家との12時間に及ぶ会話であったから，Lewisの詳細さは筆者とは比較にならない。

サンチェス氏は4回結婚し，最初の妻との間に6人の子供が生まれた。そのうち2人は幼時に死亡し，2人の息子と2人の娘が成人した。Lewisはこの4人の子供とサンチェス氏に面会し，彼らが歩んだ人生を聞き出した。Lewisはこの会話の録音テープをタイプライターで起こして，後に編集して一冊の本をまとめた。これが『サンチェスの子供たち』である。この本の内容は，序文を除いて，すべてサンチェス一家の発言である。Lewisの文章はどこにもない。Lewisは，ただ一つの家族の眼を通して，メキシコの貧困社会を描いた。

この前衛的な手法によりLewisは口述史（オーラル・ヒストリー）の創始者として評価されている。本章の筆者もLewisのオリジナリティーを高く評価するが，同時に，Lewisの方法論に批判も抱いている。それは家族と社会との関係，部分と全体の関係のとらえ方にかかわるものである。Lewisにおいては，家族と社会との関係が，もっぱらサンチェス氏の家族の眼からのみ描かれている。すなわち社会の観察が一方向的なのである。他の家族からみたサンチェス家の評価は知ることができない。Lewisの方法論で描き出された世界は炭鉱夫の世界であるといえる。サンチェス氏の家族はみなヘッドランプのついたヘルメットを被っている。そしてヘッドランプが照らした世界が描かれるが，ヘッドランプがあたらなかった世

界は描かれない。別の炭鉱夫がサンチェス氏をどうみていたのかは知ることができない。もしLewisが，その貧民街で，サンチェス氏だけでなく，その近隣の10世帯を選び，一戸に数百時間ではなく，各戸に数十時間のインタビューを実施していれば，もっと豊かな内容になっていたと思われる。本書の筆者は，Lewisへの批判を踏まえて，カミオンカ部落で全農家の悉皆調査を実施したのである。

自伝分析に関しては，しかし，ポーランドが世界に誇るべき伝統をここで紹介すべきだろう。すなわちポーランド出身のシカゴ大学のFlorian Znaniecki（1882-1958）に始まり，Jozef Chalasinski（1904-1979）が発展させた回想録研究である。Znanieckiは上司のWilliam Thomasと共に，1918年から1920年にかけて『ヨーロッパとアメリカにおけるポーランド農民』[15]という2250頁からなる本を出版した。この本は，ポーランドから移民した50の家族が書いた764本の手紙の内容を分析している。生活史研究の端緒を開いた本として，世界の社会学の歴史に金字塔として燦然と輝く。Znanieckiの学問的後継者であるChalasinskiは1937年に賞金つきの農民作文コンクールを実施し，1544点の応募作品を収集した。それらを分析して，1938年には『農民の若い世代』[16]という4巻本を出版した。Chalasinskiは戦後においても，1962年に極めて高額の賞金つきで回想録作文コンクールを実施し，5475点の応募作品を収集した。これらを分析して，『人民ポーランド農村の若い世代』[17]という9巻本を刊行している。

ポーランドでは，これ以外にも，中学校生徒を対象にした自伝作文コンクール，学校教師や陸軍将校，あるいは看護婦などさまざまな職業に対象を限定した非常にたくさんの数の回想録コンクールが実施された。1946年から1970年までの間に568のコンクールが組織され，そのうち少なくとも106のコンクールの入選作品が本の形で残されている[18]。これらのコンクールの賞金など資金的援助は，当時の社会主義政権の予算によって賄われており，これらのコンクールの目的が農民・労働者の識字教育とイデオロギー的自覚の覚醒にあったことはいうまでもない。しかし，イデオロギー的記述を除外すれば，戦後ポーランドの生活史に関する貴重な情報が得られる。例えば耐久消費財の購入順序などが実によく分かるのである。

彼らの研究は生活史研究の先駆的業績であるが，重要な留意点を述べなければならない。まずThomasとZnanieckiの手法については，当時，手紙が書けた農民は極めて例外であったということに注意しなければならない。1931年のポーランド国勢調査によれば，東部ポーランドの農村において60歳以上の男性の識字率は36.4%，女性の識字率は16.5%であった[19]。Znanieckiが収集した手紙の執筆者の年代は，ほぼこれに相当すると思われる。識字率はアルファベットの識別能力で判断されるから，手紙が書ける農民の数はさらに少なかっただろう。Znanieckiが収集した手紙は，もっぱら「インテリ農民」によるものであったといえる。

同じくChalasinskiが組織したコンクールの入選作品は，その多くが社会主義農村青年同盟や消防団などに加入している社会的アクチブの手になるものであった。社会的落ちこぼれの応募作品は一つも発見できない。このように偏った社会階層の自伝ではあるが，既に述べたように経済的事実や家族関係の実態を把握する上では貴重な素材である。しかし社会意識の変化をこのような偏った素材だけで分析することは危険性が大きい。

この問題を回避するには，やはり調査者自身が主体的に調査対象に接近しなければならないだろう。そして全数調査はこの問題を解決する最良の手法であると筆者は確信している。しかし，また同時に全数調査が微視的制度分析の絶対条件であるとも考えていない。上記の問題を留意した上であれば，抜粋調査でも十分な成果が期待しうる場合も多いであろう[20]。なお，制度分析において，とりわけ比較経済システムの制度分析において，本書の筆者はマクロ的無作為抽出調査に批判的見解を持っており，それについては以下の第4節で述べることにする。

3.5 観察における「客観性」：観察段階での非モデル性

観察と分析における客観性とは何かについてはさまざまな観点から，さまざまな意味づけにおいて議論が可能である。そこで，まず最初に「客観性」に関する筆者の定義を与えよう。

観察における「客観性」とは，仮説の導入なしに情報を収集することと定義しよう。

では仮説なしに，ないしは予見なしに調査が行えるのだろうか，という当然の疑問が読者から発せられるかもしれない。この疑問はあまりに哲学的な問題にみえるかもしれないが，筆者の経験の中では，このことは，極めて切実な現実的な問題であった。

筆者が行ったカミオンカ部落の調査には，筆者以外に4人の日本人経済学者が参加したが，その4人はいずれも筆者とは異なりマルクス経済学の流れをくむ方法論をとっていた。すなわち生産力と生産関係が社会の規定要因であるとする前提のもとに，その作用の在り方は日本の農村とポーランドの農村では大きな違いはないであろうという仮説を検証するためにインタビューの質問票を設計し，その質問票に基づいて調査を開始した。本書の筆者も当初はその質問票に同意した。しかしながら，9軒の農家の調査を終えた段階で，ポーランドの農家の没落と繁栄を決定するものは資本や労働力ではなく，家族関係であるということを調査団全員が納得せざるをえなくなったのである。そこで調査手法に家系図作成を導入し，最終的には1軒目の農家から調査をやり直すことになった。では，最初から家族関係に関連する仮説を導入して調査すべきであったのだろうか。答はやはり否である。

筆者の考えでは，最初に何らの仮説も導入せずに調査を設計すべきであった。日本人にとって未知の対象であったポーランド農村社会の調査に際して，何らかの仮説を前提に調査を行うことは非常に危険なことであると思われる。仮説を導入して調査を設計した場合，調査事項は当然のことながら，その仮説に関連する事象に限定され，換言すれば，それ以外の事象は調査事項から除外される。そして未知の経済社会においては，除外された調査事項の中に決定的な規定要因が含まれてしまう危険性が高いと考える。このことをGeertzは「分析者の価値観を分析対象に適用してはならない」という言い方で表現したのであろう。

筆者の考えでは，未知の対象を調査する場合，まず最初は仮説なしで調査を実施すべきである。しかしその第一次調査で得られた情報が許容しうる範囲の仮説を設定して第二次調査を実施するということは許容しうると考える。日本国内の研究対象（例えば日本の金融制度）であれば，先行研究によって相当量の事前情報が得られるから，仮説を導入した上で調査を設計することは許容しうる。しかしボリビアの労使関係について事前情報がほとんど得られず，それが未知の調査対象である場合に，先行研究もありその実態がかなりよく知られているメキシコやブラジルの労使関係に類似しているに違いないという予見を持って調査を設計することは極めて危険であると考える。

筆者のカミオンカ部落での「客観的」調査は以下のような形をとった。1軒あたり平均5時間の面接時間のうち，最初の3時間ないし4時間は何も質問しないのである。最初に「あなたの歩んだ人生や父母の想い出を語ってください」と要請し，相手が話したいことだけを話してもらう。もちろん筆者は，面談中に会話もしたし，質問もし，あいづちも打った。しかし，これらの質問は，インタビューを円滑に行うための偽装的質問であり，相手をリラックスさせ，会話の流れを保つためのものであった。唯一の原則は「相手が話したいと思っていることを話させる」ということであった。筆者の側からは実質的な質問はいっさい行わない[21]。この最初の3～4時間において，調査対象農家の家系図の採録がだいたい完成し，家族関係や土地相続などの一般的情報が得られる。これらの一般的情報を得た後，当該農家に関する何らかの仮説（例えば米国移民からの送金が決定的意味を持っていたのではないか？）の検証にとって，すなわち分析にとって有益であろう情報を得るため，会話を誘導し，実質的質問も行った。したがって，31戸の農家のすべてにおいて，この段階での仮説はそれぞれ異なり，調査全体に共通する仮説というものは，調査時点では導入していないことになる。

しかし多くの読者からは次のような反論が予想される。すなわち，仮説なしにものを見ることはできない，ものを見ること自体が仮説の導入であると。それに対して，本書の筆者は，何らの仮説も導入しない観察，すなわち対象の「客観的」な叙述は可能であると主張する。

国立放送教育開発センターの研究者グループは，3月3日のお雛祭りの風景を数軒の家庭で毎年撮影し続けている。撮影に際して何らの仮説もない。もし仮説といえるものがあるとすれば，それは「子供は社会の鏡であり，社会の変化は子供の遊び方やお祭りの在り方に反映されているに違いない」という程度のものである。これらの撮影ビデオが10年・20年と蓄積されてくれば，未来の社会学者は何らかの仮説を設定して，これらの映像素材を分析することができる。もし対象の観察段階から何らかの仮説（例えば，雛祭りにおいては祖母の役割が決定的である）を導入し，その仮説の検定に有益な場面だけを撮影したとすれば，未来の社会学者にとって，その仮説の存在は大きな障害となるだろう。

ある一つの小学校を選び，10月の晴れた日の放課後の校庭の風景を，毎年決まった場所から，決まった時間に，決まった角度で，決まったレンズで，カメラを固定したまま撮影する，という行為を30年継続したとすれば，児童行動に関する極めて貴重な分析素材が得られるだろう。その素材はビデオで撮影したのではなく，ビデオに写ったものである。見るのではなく，見えたものを叙述する（記録する）ということは仮説なしに可能である。何らかの仮説に基づき特定の小学校を選ぶことは危険であり，何らの仮説もなしに普通の小学校を選ぶことが望ましい。

筆者の研究手法にそくして述べれば，筆者は農民との会話を録音したのではなく，農家の卓上に置かれたテープレコーダーに会話が録音されたのである。

カミオンカ部落における筆者の立場は二重であった。すなわち，一人は分析対象の「客観的」な記録者であり，もう一人は調査終了後に仮説を導入して分析する分析者であった。

ここで筆者は，筆者が仮説の必要性を全面的に否定しているという誤解を読者が持つことを恐れる。筆者は分析に際しての仮説の必要性を全面的に承認する。分析とは仮説の検定のことであり，仮説なしの分析はありえないからである。なお，ここで仮説の検定とは数理統計学における仮説検定にとどまらず，より広い意味における仮説の検定のことを指す。

筆者が主張することは，観察と分析とを峻別すべきであるということ，そして比較経済システムの研究においては仮説なしの観察がしばしば有効な方法となるということに尽きる。

第4節 比較経済システム分析におけるマクロ的大量観察手法への批判

既に述べたように制度とはマクロ的性質を持つものであり，その制度を把握するために，しばしば無作為抽出に基づく大量観察が試みられる。しかし比較経済システム分析に際して，マクロ的性質を持つ制度を観察するために，マクロ的大量観察を行うことは，最も重要な本質

的要因を取り逃がしてしまうことが多いと考える。以下では、大量観察に基づくアンケート手法に対する批判を述べておこう。

　アンケート手法では、観察対象のほとんどすべてに共通して関連する情報を集める。例えば、児童の健康状態を知るために、児童の身長と体重を調べる。すべての児童は自分の体重と自分の身長を持っているからである。あるいは貯蓄行動を知るために、調査対象である家計の所得と資産に関する情報を集める。農業経済学者は、個々の農家における農地の広さ、牛や馬の数、保有する農業機械の数、子供の数などの情報を集める。

　アンケート手法では、このように、調査対象のほとんどすべてに共通して関連する特性に関する情報を集める。しかし、筆者が実施したカミオンカ部落調査が明らかにするように、例えば農家相続の多くの場合において、その農家特有の特殊個別的事情が決定的な影響を及ぼす。農地の買い足しや農地の売却など農家の盛衰を決定的に左右するのもそれぞれの農家の特殊個別的事情であった。

　例えば、シカゴに移民した伯母さんが飲食業経営で成功して本国に送金してくれる、あるいは父親がパルチザンとして参戦しナチスに殺されている、あるいは跡取り息子が沼で溺死している、などなどの特殊個別的事情である。農家の盛衰を決定するものは、資本蓄積や労働力ではなかった。

　上に述べたような特殊個別的要因をアンケートで調べるためには膨大な数の質問を用意しなければならない。すなわち、「あなたは移民した親戚から資金援助を受けたことがありますか？」、あるいは「あなたの子供の中で成人する前に死亡した人はいますか？」、「あなたの家族に戦争犠牲者はいますか？」などなどの質問を用意しなければならない。一般に30以上の質問項目を郵送アンケート調査に盛り込むことは不可能である。個別面接による大量観察の場合は、観察対象数（標本数）が少なくならざるをえないが、そのかわり、質問項目は増やすことができる。しかしその場合でも質問項目数は100が上限であろう。とうてい上記のような特殊個別的質問を盛り込むわけにはいかない。したがって、大量観察では、特殊個別的要因は捨て去り、ほとんどすべての対象（標本）に共通する要因（身長・所得・農地面積など）のみを調べることになる。100件の調査対象（標本）のうち10件の調査対象（標本）にしか関連しない特殊個別的特性を大量観察の質問事項に盛り込むことは困難である。

　しかし、もしかしたら、この10種類（100÷10＝10）の特殊要因が最も決定的な要因であるかもしれない。すべての対象に共通して関連する要因は付随的な要因でしかないのかもしれないのである。

　筆者のカミオンカ部落での調査の経験からすれば、20軒ないし25軒の農家を調査すれば、だいたい8ないし10種類の基本的決定要因を取り出すことができた。筆者は31軒の調査を行ったが、基本的決定要因として1軒においてのみ現れる特性（父親の戦争中の虐殺）もあったし、3軒の農家に現れる特性（跡取りの死亡）もあったし、10軒以上の農家で現れる特性（均分な遺産相続）もあった。もちろん31軒の調査だけでは把握できないその他の基本的決定要因は存在するだろう。しかし30軒程度を調査すれば、一国の農家経営に決定的影響を与える基本要因の8割程度は把握できたのではないかと考えている。繰り返して述べるが、31軒中3軒にしか現れないような特性は、出現頻度が10％以下であるから、このような特性に関する質問項目（例えば、死んだのは息子か娘か、何歳のときに死んだか等々）を大量観察に取り入れることはできないのである。

　もしモロッコの小学校教育制度（あるいはタンザニアの医療制度）を調べるとして、500の小学校（あるいは500の病院）にアンケートを送付する方法が適切であろうか？　それとも5つの小学校（あるいは5つの病院）を長い時間かけて詳細に調査する方が適切であろうか？

　読者は容易に答を得ることができるであろう。たとえ5つの観察対象でも、学校教育なり医療制度なりのマクロ的制度に関する基本的決定諸要因のうち少なくとも半分程度は発見できるであろう。一方、大量観察のアンケート手法では、ひとつの基本的決定要因も発見できないかもしれないからである。

　無作為抽出大量観察手法を、本書の筆者が全面的に否定していると理解されてはならない。微視的制度研究によって明らかになる諸特性は、社会の基本構造を支配する諸要因であり、それらはゆっくりと時間をかけて変化していくものである。したがって、数年のタイムスパンという短期においては、これら基本的決定要因は変化していないとみなすことができよう。一方、数年のタイムスパンの中でも、家計の所得や農地面積は大きく変化する。そして既に述べたように、数年のタイムスパンの中では、制度的な基本的決定要因の出現頻度は変化しないから、それがもたらす効果は定数項に吸収されてしまい、短期的な消費や貯蓄を決定するものとしては所得が決定要因として残る。比較経済システムの分析ではなく、一国経済の分析であり、かつ分析期間が長期にわたらないような場合には、無作為抽出大量観察手法あるいはマクロ統計データを用いた計量経済学モデルは有効な分析手法たりうると筆者は考えている。

第5節　制度経済学との関連

　近年、CoaseやNorthなどの制度経済学、ならびにそこから派生したといえるHodgsonなどの進化経済学に注目する人々が増えてきた。本書の筆者の見解では、これらの制度経済学は、解釈主義的なモラル・サイエンスとしての性格が強く、取引費用などの理論の提示はあるが、それらの理論を用いた実証研究はまだ乏しいか、ないしは皆無に近いといわなければならない。

　しかし制度経済学が、アメリカ労働史の調査を地道に続けたCommonsに代表されるように実証研究から出発し

たという点は忘れてはならない。しかしCoaseはこれら伝統的制度学派を，理論なしでdescriptiveな素材の山を築いただけで何ももたらさなかったと断罪する[22]。しかし制度経済学にとっても実証研究は最終目的でなければならないであろう。この点はMatthewsが英国王立経済学会の会長講演の中で以下のように適切に述べている[23]。

「制度の経済学においては現在，理論が過度に実証的研究を追い越しているように思われる。……実証的研究は特別な困難に直面している。経済制度は複雑であるから，容易に数量的測定に適しない。……〔実証研究の〕事例はいくつか存在する。奴隷の経済学に関する文献はおそらくもっともよく展開されたものであろう。……しかし，これまでのところ実証的文献は大部分，おもしろいが必ずしも典型的でない事例研究，ならびにほぼ明らかに典型的でない一定量の裁判の判例から構成されている。これはわれわれがなしうるベストであろうか。まさに実証的側面に，経済学者にとって何が今後の最善の方法かを判断しなければならない課題が存在する」。

本章は，このMatthewsの要請に筆者なりに応えようとした作業の結果である。要約すれば，実証研究における「典型」概念のとらえ方，部分と全体との関係，理論ないし仮説と実証研究との関係，そして調査と分析との関係などについて考察を加えた。

本章から明らかになるように，筆者は，モロッコの農村社会とポーランドの農村社会とに，共通でuniversalな一つの理論ないしモデルが適用できるとは考えていない。むしろ，universalな理論が適用できないほどに，各地域の制度的社会的基礎構造が大きく異なっていることを明らかにすることが，比較経済システム分析における制度経済学の役割なのではないだろうか。

注　記　（参考文献を含む）
（注：ポーランド文字は近似ラテン文字に置き換えた）

1) 吉野悦雄 [1993]：吉野悦雄編著『ポーランドの農業と農民－グシトエフ村の研究－』木鐸社，1993。なおポーランド語であるが，筆者の単著として以下の著作が公刊されている。実態調査に関連する部分は日本語の同上書とほぼ同様の内容を持つ。Yoshino, Etsuo, *Polscy Chlopy w Dwudziestym Wieku -podejscie mikro-deskryptywne-*, Semper, Warszawa, 1997. （『二十世紀におけるポーランド農民－微視的記述接近－』センペル社，ワルシャワ，1997）

2) これらの消費動向について具体的数値を紹介する紙幅はないので，総理府（総務庁）統計局『家計調査年報』日本統計協会刊の各年次を参照されたい。

3) 中村隆英 [1993]：中村隆英編『家計簿からみた近代日本生活史』東京大学出版会，1993。本書は，中村隆英氏が中心となったお茶の水女子大学の研究者集団が，長年家計簿をつけてきた25人のおばあさん（とその遺族）から家計簿を譲りうけ，分析した結果である。一番古い家計簿は海軍中将の妻のもので明治30年から昭和13年にわたっている。

4) 詳細は，吉野悦雄 [1993] を参照されたい。

5) Geertz [1973]：Geertz, Clifford, *The Interpretation of Cultures - selected essays by Clifford Geertz*, New York, 1973, p.22. なお，この本は，吉田禎吾らによって『文化の解釈学』岩波書店，1987として翻訳されている。なお本章での引用は英語版から筆者が翻訳したものである。

6) Ginzburg [1976]：Ginzburg, Carlo, *Il fomaggio e i vermi- cosmo di un mugnaio del'500*, Torino, 1976. なお同書は杉山光信によって『チーズとうじ虫』みすず書房，1986として翻訳されている。引用等は日本語訳によった。

7) Geertz [1973, chapter I], "thick description" とは同書の第1章のタイトルである。

8) Geertz [1973, p.6]。

9) Geertz [1973, p.22]。

10) Bujak [1903]：Bujak, Franciszek, *Zymiaca: wies powiatu Limanowskiego - stosunki gospodarcze i spoleczne*, Krakow, 1903.

11) 中村吉治 [1956]：中村吉治『村落構造の史的分析－岩手県煙山村－』日本評論社，1956。

12) Aries [1948]：Aries, Phillippe, *Historie des populations francaises et de leurs attitudes devant la vie depuis le XVIIIe siecle*, Paris, 1948. 筆者は語学的制約から，この著作を読んでいない。アリエスの著作では，杉山光信らによって『「子供」の誕生：アンシャン・レジーム期の子供と家族生活』みすず書房，1980が日本語に翻訳されている。

13) Wierzbicki [1963]：Wierzbicki, Zbiegniew, *Zymiaca w pol wieku pozniej*, Wroclaw, 1963.

14) Lewis [1961]：Lewis, Oscar, *The Children of Sanchez - autobiography of a Mexican family*, New York, 1961. 同書は柴田稔彦らにより『サンチェスの子供たち』みすず書房，1962として翻訳されている。内容等については，日本語訳に頼った。

15) Znaniecki [1918-1920]：Thomas, William and Florian Znaniecki, *The Polish Peasant in Europe and America*, Alfred and Knopf Inc. 1918-1920, (reprint：Octagon Books, 1974). なお，この本の1頁から86頁までの部分は桜井厚によって『生活史の社会学－ヨーロッパとアメリカにおけるポーランド農民－』御茶の水書房，1983として翻訳されている。

16) Chalasinski [1938]：Chalasinski, Jozef, *Mlode pokolenie chlopow*, Warszawa, 1938.

17) Chalasinski [1964-1980]：Komitet Badan nad Kultura Wspolczsna PAN (przewodniczacy：Jozef Chalasinski), *Mlode pokolenie wsi Polski Ludowej, 9 tomow*, Warszawa, 1964-1980.

18) Adamczyk [1971]：Adamczyk, Stanislaw, Dyksinski Stanislaw i Franciszek Jakubczak, *Pol wieku pamietnikarstwa*, Warszawa, 1971.

19) GUS [1939]：Glowny Urzad Statystyczny, *Maly rocznik statystyczny 1939*, Warszawa, 1939, p.28.

20) 全数調査ではなく，抜粋調査を行ってすぐれた成果を挙げた例として，中兼和津次編著『改革以後の中国農村社会と経済－日中共同調査による実態分析－』筑波書房，1997がある。

21) 筆者がインタビュー手法のレッスンを受けたポーランドの精神分析医は「どうしても聞きたいことは絶対に聞いてはならない」という貴重なアドバイスを与えてくれた。

22) Coase [1984]：Coase, Ronald, The New Institutional Economics, *Journal of Theoretical and Institutional Ecoomics*, 140, 1984.

23) Matthews [1986]：Matthews, R.C.O., The Economics of Institutions and the Sources of Growth, *Economic Journal*, vol.96, 1986. なお，この該当部分は，エッゲルトソン著，竹下公視訳『制度の経済学（上）』晃洋書房，1996の26頁に引用されている。引用は竹下訳に従った。制度経済学に関してはほかに，North [1990]：North, Douglass, *Institutions, Institutional Change and Economic Performance*, Cambridge, 1990を挙げておく。

第2章　民族と家族史からみたリトアニア史

第1節　はじめに

　リトアニアという地域名には二つの意味がある。ひとつは主にリトアニア人が居住する地域という意味であり，これは現在のリトアニア共和国の領土とほぼ等しいと考えてよい。そしてこの地域は後に述べるようにさらに二つの地域に分けられる。リトアニアという地域名のもうひとつの意味は，後述するリトアニア大公国の領土という意味であり，現在のリトアニアの領土と現在のベラルーシの領土を併せた地域にほぼ等しいと考えてよい。しかし後に述べるように，リトアニア大公国の領土は15世紀にはウクライナも含み，黒海沿岸部の北部地帯までにも及んでいたのである。

　この広大な地域の支配権をめぐって，第二次世界大戦までの一千年間，リトアニア人だけでなくドイツ人（デンマークやバルト海沿岸のチュートン人を含む），ロシア人（ベラルーシ人などのルーシ族を含む），ポーランド人，タタール人（チュルク族のアジア系民族）が覇権を争い，さらに多くのユダヤ人が流入し，さらに極めて短期間であるとはいえ，モンゴル人（チンギス・ハンの孫たち）やスウェーデン人，フランス人（ナポレオンの遠征）がこの地域を蹂躙し，南ウクライナにはオスマン・トルコ帝国も進出した。オーストリア・チェコ・ハンガリーのハプスブルグ家も婚姻関係を通してこの地域の支配に深く関係していた。ヨーロッパの主要民族でこの地方に侵入しなかったのはイギリス人，スペイン人，ポルトガル人とイタリア人（ただし，第二次世界大戦中にイタリア軍はウクライナを通りスターリングラードまで遠征している）くらいといってもよい。

　本書第二部の44家庭の家系図には，リトアニア人，ポーランド人，タタール人，タタール系ユダヤ人（カライム人），ユダヤ人，ドイツ人，ロシア人，ベラルーシ人，ウクライナ人が登場するが，リトアニアの歴史を振り返れば，その複数民族性は当然のことである。リトアニア複数民族社会を理解するためには，まずその歴史，とりわけ14〜16世紀の中世史を理解しなければならない。

　本章では，このリトアニアの民族構成を理解するため，民族の観点からリトアニア史を概観してみよう。また20世紀のリトアニア史を44軒の家族史の観点からも確認してみよう。リトアニア史全体を紹介することは，紙幅の関係で不可能であるし，また筆者の能力にあまるところである。本章では民族構成の変遷にかかわる部分に限ってリトアニア史を概説する。経済史や社会史は抜け落ちているし，国政史についても民族構成が安定的であった時期については省略している。そして何よりも封建制の成立やその崩壊と近代国家の成立という問題にも触れていない。産業資本の発展と資本主義の成立にも，また社会主義運動にも触れていない。これら全体像を知るためには，伊東孝之・井内敏夫・中井和夫編著『ポーランド・ウクライナ・バルト史』［1999］という良書が出版されており，そこには編者のほかに早坂真理・小山哲氏など優れた歴史家たちが寄稿しているので，読者はそれを参照していただきたい。ただし，同書も紙幅の関係からかユダヤ人問題やタタール人問題あるいはカライム人問題にはほとんど触れられておらず，日本語出版物では，個別学術論文を除けば，これら民族問題全体を紹介しているものはないので，本書の筆者が一章を割いてリトアニア民族史を概説することも意味があろうかと考えている。

　なお，『ポーランド・ウクライナ・バルト史』において20世紀のリトアニア史を担当している村田郁夫氏の記述と本書の記述とでは食い違っている点が多い。歴史の理解や解釈にも若干の食い違いがあるが，主に年号など歴史的事実についての食い違いが多い。本書では2か所だけ誤りと思われる箇所を指摘してあるが，それ以外にも相当の食い違いがある。村田氏は依拠した出典を挙げておられないので，筆者としては確認のしようがないが，リトアニア史をさらに深く知ろうとする読者は村田氏の記述にも目を通していただきたい。また畑中幸子氏の『リトアニア　小国はいかに生き抜いたか』［1996］という本も出版されている。この本は第二次世界大戦後のパルチザン闘争の関係者へのインタビューを積み重ねてリトアニア現代史を説き明かそうとした著作で筆者も学ぶところが大きかった。しかしやはり歴史的事実に関して本書と食い違いがある点が多い。畑中氏も依拠した出典を挙げていないので筆者は確認のしようがないが，パルチザン闘争の詳細が描かれていることもあり，リトアニア史を研究しようとする読者は目を通していただきたい。

第2節　13世紀までのリトアニア

　リトアニアはリトアニア語でLietuvaと呼ぶが，Ochmanski［1990, p.13］はその語源は不明であるとしながらも，Lieta川が語源であるとする言語学者Otrebskiの説を引用している。この川が現在のどの川であるかは不明だが，カウナス市の中心を流れるリトアニア最大の川ネムナス川（ポーランド語ではニェーメン川）の支流であったとOchmanski［1990, p.13］は述べている。ネムナス川の上流はネリス川となり，カウナスとビ

11

ルニュースを結ぶ。Ochmanski [1990, p.13] は中世史学者Lowmianskiの説を引用して、リトアニア人が5世紀から10世紀の間の中世において居住を始めた地域として、この川の南側一帯で、南はアリトゥス市（39頁の図10に以上の都市の位置が記載されている）に至るカウナス・アリトゥス・ビルニュースを結ぶ三角形地帯であろうと述べている。

もちろん、それ以前からこの地域には原住民が居住しており、紀元前の遺跡も発見されているが、それらはいくつかの部族からなるバルト人と考えられており、現在のリトアニア人との連続性についてはすべての歴史書が不明であるとしている。リトアニアという言葉が歴史上初めて確認できるのは、この地にキリスト教の布教に訪れた司祭の一行18人が「ロシアとリトアニアの国境で殺害された」と記載している1009年のラテン語文書である（Ochmanski [1990, p.39]）。966年にはポーランド国王（厳密にはグネズノ市周辺のポーランド西部地域の君主）が、既にキリスト教を受け入れていたチェコの君主の娘と結婚し、キリスト教（東西両教会の分裂以前であるからカトリックと東方正教との区別はなかった）の洗礼を受け、ポーランドはキリスト教国となっていたし、988年にはロシアのキエフ大公がビザンチン皇帝の妹と結婚し、キリスト教の洗礼を受け、ロシアもキリスト教国となっていたが、バルト一帯の地域は、14世紀まで自然物を信仰する原始宗教の異教徒の地だったのである。

この異教徒の地の支配をめざして、1040年と1131～1132年にはキエフ大公国（当時、黒海沿岸地方から、現ウクライナのキエフ、現ベラルーシのミンスク、モスクワそしてサンクト・ペテルブルグまでの広大な一帯を支配していたルーシ人（ロシア人）の国家）がリトアニアに侵入し、また11世紀から12世紀にかけてデンマーク人（チュートン人）もリトアニアに攻撃をしかけたが、いずれもリトアニアを制圧するには至らなかった。一方、リトアニア人も12世紀末にはモスクワとサンクト・ペテルブルグの中間にあるノボグロド市（ポーランド語でノボグルード市。14頁の図2に位置が記してある）の西方まで進出してロシアを脅かし、しかし同時にキエフ公も12世紀においてリトアニア進撃の機会をうかがっていた。

さらにチュートン人を含むドイツ人の商人や大領主の勢力はリトアニアの北隣のラトビア（13世紀初頭からドイツ人支配のもとにリボニアと呼ばれていた）に進出した。1188年にリトアニアの軍勢はこのドイツ人の軍勢に手痛い打撃を与え、その結果ドイツ側はローマ教皇にその被害を訴え、ドイツ側はキリスト教の布教という名目を獲得した（以上はOchmanski [1990, pp.39-42]）。2年後の1190年には白地の胸に黒い十字架のついた修道服を纏う修道騎士団が結成され、1200年にはドイツのハレでローマ教皇（1054年に東西両教会は分裂していた）からバルト十字軍としての宣言を獲得し、ラトビアに進軍しその地を制圧したがリトアニアの制圧には失敗した。（以上は井内敏夫 [1999, p.73] およびLabuda i Bardach [1958, t.1, pp.338-339] による）。このように、リトアニアなどバルト諸国と現在のベラルーシの地帯の支配権は確定したものではなく、幾度となく軍隊が往来していたのである。注意すべきは、これらの戦闘はいずれも少数の騎士団の移動であり、リトアニアやラトビアでは農民の移動すなわち植民や移民は大規模には行われなかったということである。一方現在のカリニングラード（第二次世界大戦前はケーニッヒスブルグと呼ばれていた。哲学者のカントが一生住んだ街）地区とその南方のオルシティンなどオスト・プロイセン地域（25頁の図7においてプロシャと記してある東側の方の地域。当時はプルシと呼ばれていた地域）では1309年にドイツ騎士団の支配が確立し、その後100年にわたって、グダインスク（ドイツ名はダンチッヒ。現ポーランド領。「連帯」運動発祥の地）などバルト沿岸から内陸部に約100キロメートルまでの広大な地域に成立したドイツ騎士団領には、この当時からドイツ人農民の入植が行われドイツ化が進んだ。ポーランドは一時的に海への出口を失い内陸国となった。バルト沿岸地域といっても、リトアニア・ラトビア・エストニアの北方地域がドイツ化を免れたのに対して、カリニングラードからグダインスクまでのオスト・プロイセン地域へはドイツ植民が進んだことは、その後の600年の歴史を決定づけた。

ここまで13世紀に至るリトアニアの歴史を概観してきたが、13世紀にはヨーロッパを震撼させた大事件が発生している。すなわちモンゴルの侵入である。しかし、このモンゴルの侵入をみる前に、歴史をさらに500年さかのぼって、中世前半の黒海沿岸地帯の状況をながめてみよう。ユダヤ人問題とタタール人問題とカライム人問題を理解するには、この時期の黒海沿岸地帯の理解が不可欠だからである。

第3節　リトアニアのアジア系民族の起源

図1は西暦600年ころのユダヤ人の居住地域を示している。ユダヤ史をここで述べるのは適切ではないが、概略を紹介すれば、キリストの死（西暦38年ころ）からほどなく、西暦62年ころから、当時のパレスチナの支配者であったローマ帝国による原住民ユダヤ民族への弾圧が始まった。西暦70年の夏にはローマ帝国の軍隊によりエルサレムが占領され、神殿は破壊され、多くのユダヤ人が殺された。それ以降も西暦2世紀、3世紀、4世紀とローマによる迫害が続き、ユダヤ人はディアスポラ（離散）と呼ばれる国外逃亡をよぎなくされた。ある者は現在のイランからパキスタンの方面にも離散したが、サザン朝ペルシャに迫害され、600年ころには図1が示す地域に居住することになった。もちろんある者は最初からイタリアを経由してスペインの方に移住した。彼らはセファルディム系ユダヤ人と呼ばれる。またある者はドイツへと移住した。彼らはアシュケナージ系ユダヤ人と呼ばれる。図1にあるように現在のイラク地方に離散したユダヤ人

図1 西暦600年ころのユダヤ人の分布

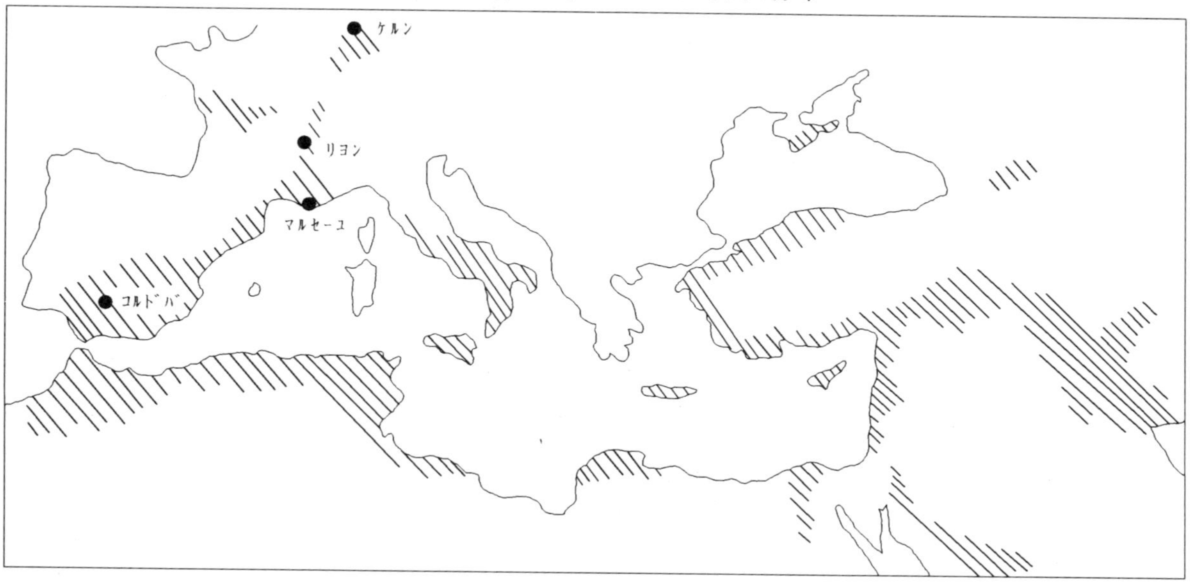

出所）Dan Cohn-Sherbok [1994, p.69]

の中からアナン・ベン・ダビッドという人物が現れる。これがカライム派（黒川知文 [1996] は「カライ派」という表現を用いている）の創始者とされる。

アナン・ベン・ダビッドは767年にバビロニアの地でイスラム権力により逮捕されるが、獄中で新しいユダヤ教解釈を提唱した（Unterman [1994, p.24]）。ユダヤ教では、旧約聖書に基づく成文の律法（トーラー）のほかに律法学者（ラビ）による口伝の律法も重んじる。両者を併せた律法集成（タルムード）はユダヤ教の聖典となっている。口伝の律法は、現在では例えば「チーズの皿と肉の皿を同じ洗い場で洗ってはならない」など瑣末とも思えるまで拡大している。もちろんこのようなルールを旧約聖書は直接的にはどこにも記載していない。すべては歴代の律法学者（ラビ）による旧約聖書解釈の積み重ねである。アナンは口伝の律法の必要性を否定し、成文律法については十戒に代表されるモーゼ五書（旧約聖書第一巻創世記から第五巻申命記まで）にのみ求めることを提唱した（Lavinia Cohn-Sherbok [1999, p.113]）。カライム派はユダヤ教の改革運動の一派と理解されよう。

カライム派はビザンチン帝国の中で広まり、その一部はクリミヤ半島に移住した。黒川知文 [1996, p.56] によれば、その移住は「12世紀後半」であり、「カライ派がクリミヤに定住し始めた時に、伝統的ユダヤ教はまだ定住していなかった」とする外国研究者の説を紹介している。しかしこの黒川の説には大きな疑問が残る。なぜなら図1にあるように既に7世紀にはユダヤ人がクリミヤ半島南岸に移住していたという説があるからである。疑問のもうひとつの根拠は、後述するハザール・ハン国が965年に、後にキエフ大公となるスビャトスラフによって滅ぼされているからである。「最初にカライム派がクリミヤに移住した」とする黒川の説がもしも正しいとすると、767年のアナンによるカライム派の開教以前の西暦600年ころにクリミヤにユダヤ人が居住しているはずはないから、図1にも疑問が生じることになる。しかしポーランドの世界歴史地図（AHS-PWK [1994, p.48]）によれば、ユダヤ人がイラク北部からクリミヤのハザール・ハン国に移住したのは8世紀であるとしている（22頁の図5を参照されたい）。これがカライム派の移住である。

ハザール人とは護・岡田 [1990, p.129] によれば、おそらくチュルク（トルコ・突厥）系のアジア民族であり、もともとはモンゴル高原から中央アジア東部に居住していた。7世紀には、14頁の図2においてキプチャク・ハン国として示されている地域にハザール・ハン国を形成し、クリミヤ地方をめぐってビザンチン帝国と争うが、705年には和解が成立し、以後250年にわたってボルガ下流やドニエプル川下流およびクリミヤ半島に定住した。彼らは原始宗教を信じていたが、支配層はクリミヤでユダヤ教に出会い、それを受け入れた（護・岡田 [1990, pp.164-169]）。そして既に述べたように、965年にキエフ大公国によりハザール・ハン国は滅ぼされている。

これが後に述べるようにリトアニア・カライム教徒の誕生となる。ハザール族がクリミヤで出会ったユダヤ教とはカライム派だったのである。

ではカライム派がクリミヤに移住したのはいつなのであろうか。ハザール・ハン国が滅びた後、10世紀には同じチュルク系のキプチャク族が中央アジアからこの地に移住を始めている。自然信仰のもとに一神教を知らなかったハザール人が初めて出会った一神教宗教としてカライム教を受容したのはキプチャク族が移住してくる以前の8世紀か9世紀であろうと考えるのが自然である。したがってカライム派がクリミヤへ移住したのもその時期以前であろうと筆者は考える。

次にハザール族の後継である同じチュルク系民族であるキプチャク族をみてみよう。キプチャク族はクマン人

図2 モンゴルのヨーロッパ侵入とキプチャク・ハン国の版図

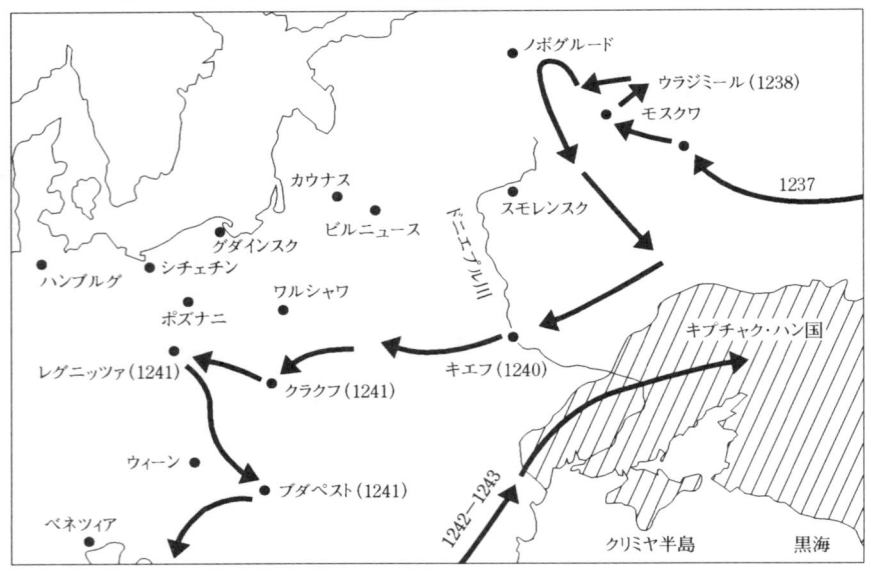

出所）Topolski [1975, p.142]，AHS-PWK [1994, pp.33,50] を合成して筆者が作成した。

とも呼ばれるが，ハザール族と同様に原始宗教を持っていた。キプチャク族はまとまった国家を形成する前に，モンゴルの侵入にさらされた。図2にあるように，チンギス・ハンの孫バトゥに率いられたモンゴル軍は1238年にはモスクワを制圧し，1239年には南下してウクライナに到達し，1240年にはキエフを，1241年にはポーランドのクラクフを陥落し，ようやく1241年にポーランド西部のレグニッツァでポーランド軍により進軍がくい止められた。モンゴル軍は南方へ転進し，チェコのブルノ市を経てウィーン周辺を通ってハンガリーのブダペストに至った。結果的にはバトゥの死により，モンゴル軍はウクライナ南部とクリミヤの地に戻り，そこでキプチャク族を制圧して，モンゴルが政治的に支配するキプチャク・ハン国を建国した。

モンゴル族はチュルク族ではなく言語も異なっていたが，重要な点はモンゴル軍がキプチャク族の地に戻ってきたとき，モンゴル族はわずか4千人の部隊であったということである。当時のキプチャク族の人口は不明だが，首都サライだけでも10万人を擁したといわれており，侵入してきたモンゴル族が当地では少数民族となったことは間違いない。モンゴル族はただ軍事的にクリミヤの地を支配しただけであった。したがってモンゴル族は人種的にも言語的にも急速にチュルク化した。モンゴル族だけでなく，カライム教を受容したハザール人もまた急速にキプチャク文化に順応していった。

このキプチャク・ハン国は，南方イランのイスラム勢力の影響を受け，イスラム化していった。イスラム教を受容したクリミヤ地方（クリミヤ半島だけでなくドニエプル川下流地区も含む）のチュルク系民族をクリミヤ・タタールと呼ぶ。キプチャク・ハン国はイスラム化する中でその国力を衰退させていった。後に詳しく述べるように，1363年にはキエフ大公国を破ったリトアニア大公

アルギルダス（ポーランド語ではオルゲルド）の軍隊がさらにドニエプル川下流周辺の黒海沿岸地方にまで達し，キプチャク族すなわちクリミヤ・タタール族を打ち破った。多くのクリミヤ・タタール人がリトアニア軍の「捕虜」となり，現在はベラルーシ領となっているグロードノ市（現ポーランド国境まで10キロの中都市。39頁の図10に位置が記してある）周辺に移住させられた。キプチャク・ハン国は1380年にはモスクワ大公国の侵入を受けた。1391年と1395年には，イラク・イラン・アフガニスタン・ウズベキスタンの地域を制圧した強力なイスラム国家であるティムール帝国の侵略を受けその首都サライまで蹂躙された。

そして1397年にはリトアニア大公ビトルド（ポーランド語の呼び名，リトアニア語ではビタウタス Vytautas）の軍隊が再びクリミヤの地を制圧し，多くのクリミヤ・タタールとカライム教徒となっていたハザール人（カライム人）を「捕虜」（捕虜の意味については第3章で検討する）としてリトアニアのトラカイ市（39頁の図10に位置が記してある）周辺に移住させた。これがリトアニア・タタール人とリトアニアのカライム人の起源なのである。

第4節　ドイツ騎士団との戦いとリトアニア・ポーランドの合同

現在のリトアニア共和国（1944年以降の領土）の領土は13〜14世紀においては一体ではなく，東西2つの地域に分割支配されていた。すなわちカウナス市（ポーランド語ではコブノ。18頁の図4に位置が記してある）から西側の低地リトアニアないしジムジ（ポーランド語。リトアニア語でジャマイティヤ）と呼ばれる地域と，カウナスからビルニュースの東側までの一帯の高地リトアニアないしアウクシュトータ（ポーランド語。リトアニア語でアユクシュタイティヤ）と呼ばれる地域の2つの地域に分割されて支配されていた。カウナス市から北方にさかのぼるネベジス川が両地域の「国境」であった。カウナス近辺を境に東西に分かれていたと理解してよい。低地・高地といっても，リトアニアは極めてなだらかな丘が散在するもののほとんど平野といってよい地形であり，カウナスの標高は海抜80メートル，ビルニュースの標高は海抜150メートルであり，最も高い所でも海抜293メートルでしかないことを述べておこう。

モンゴル軍は，ワルシャワ南方100キロのラドム市やワルシャワ西方100キロのウージ市近辺まで侵入したが，ポーランド北部やベラルーシ西部は侵入を免れた。もち

第2章　民族と家族史からみたリトアニア史

図3　ポーランド王家とリトアニア王家の家系図（年は在位期間）

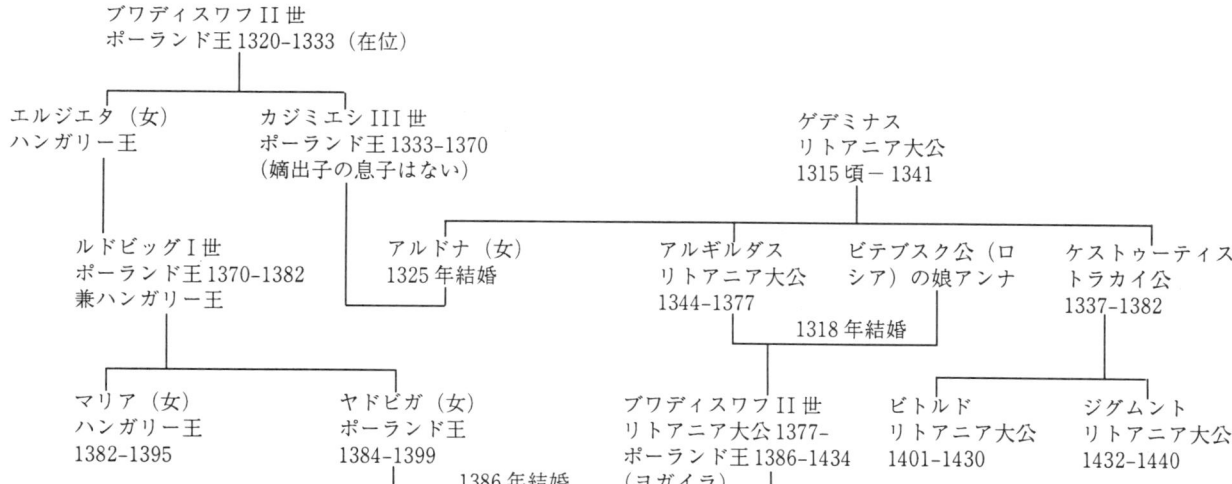

出所）『ポーランド・ウクライナ・バルト史』[1999, pp.078-079（巻末の頁）]。ただし筆者が若干の追加を行っている。

ろん現在のリトアニア領も侵入を免れた。繰り返すが，リトアニアのタタール人の起源はこのモンゴルの侵入ではない。12世紀のリトアニアは，上記2つの東西の地方に多くの部族が散在しており，国家としてのまとまりはなかった。しかし12世紀末にはリンゴルド一族がリトアニア最大の部族として勢力を伸ばし，その息子ミンガウダス（ポーランド語ではメンドグ）は1238年ころには高地リトアニアのアウクシュトータ全域に対する支配を確立した。ミンガウダスは低地リトアニアのジムジの部族も制圧するためドイツ修道騎士団（リボニア地方と呼ばれていたラトビア地方のドイツ騎士団）と手を組み，その支持のもとにジムジにもその支配を広げた。ミンガウダスはドイツ騎士団の支持を得るため1251年にカトリックの洗礼も受け，ローマ教皇イノセントⅣ世の許可のもとに，1253年にはキリスト教国としてのリトアニア王国の王を名乗ることを許された（以上はOchmanski [1990, pp.47-48] による）。リトアニアという国がいつ誕生したかについては，いくつかの時代的区切りがあるが，最初の区切りはこの1253年である。ミンガウダスは妻の死後，人妻であった妻の妹と再婚するが，その妹の前夫はミンガウダスとその息子たちを1263年に暗殺している（Ochmanski [1990, p.50]）。このことから，ミンガウダスがキリスト教信仰を離れていたことは明らかであり，リトアニア王国がわずか10年で消滅すると同時にリトアニアのキリスト教化も120年遅れることになった。

ミンガウダスの死後，別の部族の長たちがアウクシュトータ地域を支配し，その一族からゲデミナス（ポーランド語ではゲデミン）が登場する（図3の家系図を参照）。この時期，リトアニアは常にふたつの脅威にさらされていた。すなわちドイツ騎士団（ラトビア地方のドイツ修道騎士団とオスト・プロイセンのドイツ修道騎士団の双方。両者は1237年に合同した）と東方ロシアである。1258年暮れにはキプチャク・ハン国のクリミア・タタールがリトアニア東部に侵入しており，1298年にはドイツ

騎士団が西部リトアニアのジムジ地域に侵入するが，リトアニア人の部族は共にこれを撃退している。1300年から1315年の間にドイツ騎士団は20回もジムジ攻略を試みているのである。

ゲデミナスの課題は，まずドイツ騎士団からリトアニアを守ることであり，また東方のロシア（キエフ大公国とモスクワ大公国）とその背後のタタールの脅威に対抗することであり，そしてジムジを含めたリトアニア全土を統一することであった。まことに困難な課題であった。

ドイツ騎士団のリトアニア攻撃の大義名分はキリスト教の布教とリトアニアのキリスト教国化であったから，この脅威を免れるためにはリトアニアがキリスト教を受け入れることが最も有効であった。しかしゲデミナスはキリスト教をまだ受容していなかった。というよりローマ教皇はまだリトアニアをキリスト教国として認めていなかった。そこでゲデミナスは1325年に自分の娘アルドナを，当時のポーランド国王であったブワディスワフⅡ世の息子カジミエシに嫁がせている（Ochmanski [1990, p.53]）。カトリック教徒と結婚するに際してアルドナが洗礼を受けたことはいうまでもない。このような努力により，ドイツ側との休戦協定が成立した。

一方，領域内のルーシ族の部族とも協和体制を構築することをゲデミナスはめざしていた。ゲデミナスは1318年に自分の息子アルギルダスを，ルーシ族のビテブスク公（ビテブスク市は現ベラルーシ領で現ロシア国境まで20キロ，スモレンスクまで40キロ。25頁の図7にスモレンスクの位置が記してある）の娘アンナ（名はユリアンナともいわれている）と結婚させて，婿に行かせている（Ochmanski [1990, p.53]）。Ochmanskiの記述が正しければ，アンナ（またはユリアンナ）は幼児に結婚し，結婚後30年を経て息子ブワディスワフを出産していることになる。あるいはブワディスワフはアンナの実子ではなかったのかもしれない。アンナはロシア正教の洗礼を受けていた。ルーシ族の側においても，キプチャク・ハン

15

国のタタール人の襲撃にリトアニアと共同で対抗できるというメリットがあった。

1341年の暮れか42年の初頭にゲデミナスは死亡するが，その死に際して，7人の息子にその領地を分割して統治させた。息子アルギルダスは既にビテブスク公だったが，ビルニュース南東40キロのクレボの地をさらに受け取り，息子ケストゥーティス（ポーランド語ではキエイストゥタ）はトラカイの地を受け取った。他の息子もキエフ北西120キロのノボグルデクの地やキエフ西方100キロのボインの地を受け取った。キエフ大公国やその他のルーシ族諸侯の領土は既にリトアニア人の勢力に相当程度蚕食させられていたのである。リトアニアの領土は80万平方キロにも及ぶようになった。しかしそのうちリトアニア人が居住する地域（高地リトアニア）は約8万平方キロにすぎず，リトアニア人の人口は30万人程度でしかなかった（Ochmanski [1990, p.58]）。リトアニア居住地域の人口密度は1平方キロあたりわずか4人であった。そして72万平方キロの地にはルーシ族やウクライナ人が住んでいたのであるが，それらの地域の人口密度はさらに小さかった。

アルギルダスはケストゥーティスと共謀して，ビルニュースの地を相続した兄をモスクワに追放し，アルギルダスは兄弟たちの長として東部の高地リトアニアを統治し，ケストゥーティスはトラカイ地方（ビルニュースの西方約25キロ）を統治することになった。アルギルダスの東方統治は順調に行われた。アルギルダスは現ウクライナのルボフ周辺（位置は36頁の図9を参照）のハリチ地域の帰属をめぐってはポーランドに対して完全に譲歩し，ポーランドとの協和を形成することによりモスクワへの強い立場を打ち立てた。1356年にはスモレンスク（位置は18頁の図4を参照）を攻略し，1359年にはその南方のブリヤンスクも制圧し，ついに1363年にはドニエプル川下流でキプチャク・ハン国のタタール人を破り，多くのタタール人をリトアニア（現在はベラルーシ）の地に連れ帰ったことは既に述べたとおりである。

一方，トラカイの地を受け取ったケストゥーティスの対ドイツ対策は難航した。父ゲデミナスの死後，1345年からはドイツ騎士団の攻撃が繰り返され，低地リトアニアのジムジ地域（トラカイから西方60キロにあるカウナスよりさらに西側の地域）は騎士団の勢力圏に入ったままだった。ケストゥーティスは1348年に，リトアニアをキリスト教国として認めてくれるようローマ教皇に依頼することの仲介をポーランド国王に願い出ているほどである。結局1367年にはジムジの地へのリトアニアの不介入を約束する屈辱的な協定をドイツ騎士団と結ばなければならなくなった。しかし，それによって生じた兵力を用いて，アルギルダスは1368年，1370年，1372年と3回もモスクワ遠征を企て，クレムリンの城壁前まで軍を進めたが，モスクワを陥落させることはできず，敗退した。

1377年5月にアルギルダスは死亡し，その跡目を独身の長男ブワディスワフ（姓はヨガイラ，ポーランド語ではヤギェウォ）が継いだ。ヨガイラ（以下ブワディスワフのことをヨガイラと呼ぶ）の目的はロシア制覇であり，対ドイツ騎士団においては妥協的であった。これは伯父のケストゥーティスの戦略と真っ向から対立し，親族間に内戦の危機が発生した。ケストゥーティスはヨガイラに捕らえられ，1382年8月ヨガイラの臣下により殺された。ヨガイラは同年10月にドイツ騎士団と和議を結ぶが，その内容はヨガイラがカトリックの洗礼を受け，ジムジの地の半分（バルト海側）をドイツ騎士団に割譲するというものであった。ジムジの地の半分の割譲は行われたが，カトリックの洗礼の約束は実行されなかった。

一方殺されたケストゥーティスの息子ビトルド（ポーランド語の呼び名，リトアニア語ではビタウタス Vytautas）は臣下を伴ってワルシャワ方面に脱出し，そこからドイツ騎士団に寝返った。ビトルドは，父の領地トラカイをヨガイラがビトルドに返却させるよう，ドイツ騎士団に援助を願い出，ドイツ騎士団はビトルドの協力を得て，1383年7月にビトルドの兵と共にリトアニア攻撃を開始した。カウナスとトラカイは陥落し，ビルニュース郊外にまで騎士団の軍隊が押し寄せた。

このような事態に直面したヨガイラは，モスクワ大公国と協調してドイツ騎士団に対抗する方策を探った。ヨガイラの母親アンナ（またはユリアンナ）がロシア正教徒だったことに基づいて，ヨガイラは1383年から1384年にかけてモスクワ大公ドミトリ・ドンスコイに対して，自分がドミトリの娘と結婚するという条件で交渉を行った。しかしそれは，リトアニアがロシア正教の国になることであり，リトアニアが支配していたルーシ族居住の地域における権益をモスクワに引き渡すことであった。モスクワ大公側はこの権益を要求したと考えられる。ヨガイラはこれを拒否し，この交渉は成果をもたらさなかった（以上はOchmanski [1990, pp.52-71] による）。

ヨガイラはモスクワとの同盟には失敗したが，しかしドイツ騎士団には対抗しなければならなかった。結局ヨガイラは，ジムジの地の残り半分（つまりジムジ全部）も割譲するという和議を1384年1月30日にドイツ騎士団側と結んだ。同時に和議の条件として，ドイツ側に寝返っていた従兄弟のビトルドを引き渡すよう要求した。ビトルドに従う臣下も多く，ビトルドの存在はヨガイラにとって極めて危険だったからである。ヨガイラはビトルドに対して，トラカイは返却できないが，別の領地なら与えるという条件でヨガイラの側につくように説得した。ビトルドは1384年7月9日にこの要請を承諾しリトアニアに戻った（Ivinskis [1987, pp.49-50]）。

この日から13か月の間に起こったことは，その後の600年のリトアニアの歴史を決定するものである。すなわちリトアニアとポーランドの合同である。これにより1918年までリトアニアはその主権を喪失するのである。

当時，ヨガイラは極めて厳しい状況に置かれていた。ドイツ騎士団との屈辱的な和議によりジムジ地方を完全に失い，しかもドイツ騎士団の脅威は存続していた。東

方のモスクワ大公国はタタールの襲撃を乗り切り，リトアニアが支配していたルーシ族居住の地の覇権をねらっていた。そしてヨガイラはモスクワ大公国との協調に失敗していた。ヨガイラが頼るべき大国はポーランドしか残されていなかった。

　一方，ポーランド側も次節で述べるようにドイツ騎士団の脅威にさらされていた。またウクライナ西部のルボフから黒海に至る地帯，すなわちハリチと呼ばれる地方とモルダビア地方の帰属をめぐってルーシ族のキエフ大公国と緊張関係が続いていた。ポーランドはヨーロッパの中でカトリック側の辺境に位置しており，ロシア正教と対峙していたのである。そして何よりも当時ポーランド国内で発展し始めていた大土地所有領主にとって，広大なリトアニア大公国の領土の権益は魅力的なものであった。またポーランド国王のルドビッグⅠ世は1382年に死去しているが，ようやく1384年になって，その娘ヤドビガ（1373年生まれ）がポーランド国王の座を継承することで，周辺列強の合意をとりつけ，次はヤドビガの婚姻問題の解決，すなわちポーランド王国の発展にふさわしい縁組のとりつけという問題の解決を迫られていた。

　このような状況の中で，突然，独身のヨガイラ（1351年生まれ）と11歳か12歳のヤドビガとの縁談が持ち上がった。この縁談はポーランド側が持ちかけたとする説もあるが，ポーランド側の歴史家はヨガイラ側が持ちかけたとしている。しかし今日ではどちらのイニシアチブでこの結婚がなされたのかは確定できないという（Ochmanski [1990, p.71]による）。

　1385年8月14日，ビルニュースから南東40キロのクレボ（現ベラルーシ領）の町で両国の合同文書が署名された。そこにはラテン語で，リトアニアはポーランドにapplicareされると記されている。その意味は編入とか合併であり，リトアニア大公国という名称は残るが，リトアニアはポーランドの属国に成り下がったことになる。リトアニアの国家主権が失われたのである。

　翌1386年2月に，ヨガイラは当時のポーランドの首都クラクフ（18頁の図4にクラクフの位置が記してある）でカトリックの洗礼を受け，ヤドビガと結婚式を挙げた後，ポーランド国王に就任した。形式上はリトアニア人のヨガイラがポーランドの国王となったのであるが，実質上の主権はポーランド側の手にあったことは繰り返すまでもないであろう。リトアニア領には，ポーランド側によってカトリック教会が建設され，それは教会領の成立と教会税の獲得を意味した。教会領での耕作からは穀物収穫163キログラムに対して10ルーブルの教会税の納入が義務づけられた。またポーランドの貴族は，その特権をリトアニアでも行使できることになった。もちろんリトアニア人の貴族も，カトリックの洗礼を受ければ貴族特権を享受できるようになった。

　この両国の合同を経て，リトアニア大公国とポーランド王国がその後ドイツ騎士団問題と対ロシア問題にどう対処していったかを次節でみてみよう。

第5節　ドイツ騎士団の脅威の解消とロシアの脅威の増大

　両国の合同の後，1390年にヨガイラの従兄弟ビトルドは父の領地の奪回だけでなく，ビルニュース制覇もねらって，ドイツ騎士団と手を組んで反乱を起こした。結局1392年にポーランド国王ヨガイラはリトアニアの総督権をビトルドに与えなければならなくなった。ビトルドの野望はリトアニア大公国全部の支配であった。それはルーシ族のキエフ大公国の支配も意味した。1397年にビトルドはルーシ（西部ロシア地域）の制覇のため軍を進め，現在のベラルーシ地域だけでなく，ウクライナのキエフも制圧し，東はモスクワまで120キロの地点まで支配地域を拡大した。またビトルドはさらに南東方面に向けてキプチャク・ハン国にも戦いを挑み，一時的ではあるが，現在のオデッサの周辺などバルト海沿岸までをその影響下に置いた。18頁の図4にあるように，パランガ（本章第16節の現在の行政区の項で説明するがバルト海沿岸の町）から黒海まで，文字通り「海から海まで」を支配する，当時のヨーロッパでは領土面積の観点からは最大の大国をうちたてた。このとき，多くのタタール人とカライム人を自らの故郷リトアニアのトラカイに「捕虜」として連れ帰ったことは既に述べたとおりである。

　さらに1398年にビトルドはもう一度黒海沿岸の北方地域への遠征を企てた。そのためにビトルドはドイツ騎士団にジムジの土地の一部を割譲する条件と引き換えに，ビトルドの東方遠征へのドイツ騎士団からの支持を取り付けた。しかしこの遠征は大敗北に終わった。1399年にボルスクラ川の河畔での戦い（図4参照）でイスラム教徒のティムール帝国の軍に完敗している。この大敗の結果，ビトルドはポーランド王国との同盟の重要性を認識した。すなわちビトルドは従兄弟でポーランド国王のヨガイラとの協力関係の重要性を認識した。ビトルドは1401年に，ポーランド王国とポーランド国王の主権とを承認し，カトリック信仰を受け入れ，ポーランドの敵国すなわちロシアとドイツ騎士団との戦いに全力を尽くすことを誓ったのである。その代償として同年ビトルドはヨガイラからリトアニア大公の称号を授与された。

　こうしてビトルド・リトアニア大公は1408年にモスクワ大公国へ戦いを挑み，モスクワまで120キロほどしかないウグラ川まで進軍し，そこにおいて，モスクワとの和議を整え，とりあえず東方の支配領を確定した（Gasiorowski [1975, p.192]）。そして翌年の1409年に，ビトルド大公はかつて自分が割譲したジムジの一部をドイツ騎士団から奪い返すため，ポーランド軍と共に戦闘の準備にかかり，ついに1410年7月15日にグルンバルド村（現在のポーランド領のオルシティン県にある村）でドイツ騎士団とポーランド・リトアニア連合軍の両軍の大部隊が衝突した。これがグルンバルド（ドイツ語でタンネンベルグ）の戦いであり，中世ヨーロッパで最大の会戦となった。戦闘に参加した兵員の数には諸説があ

図4 15世紀のポーランド王国とリトアニア大公国の領土

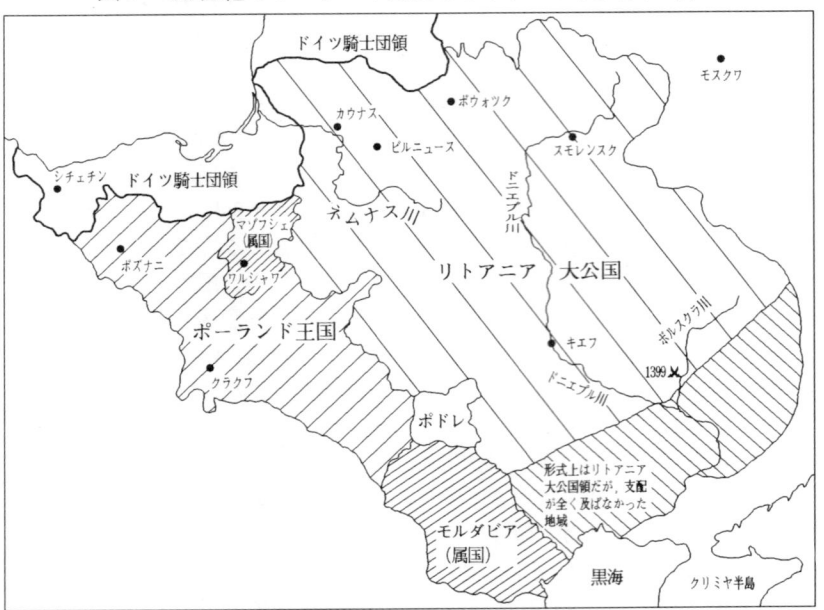

注) ポドレはその後オスマン・トルコ帝国の影響下に入ったモルダビアと争奪を繰り返した地域。
出所) AHP-PWWK [1967, pp.16-17]

り，Czubinski i Topolski [1989, p.99] によれば，ポーランド軍1万8千とリトアニア・ロシア連合軍1万1千の合計2万9千のポーランド側兵力に対して，ドイツ騎士団側は2万1千であった。Gasiorowski [1975, p.195] によれば，ポーランド側が騎馬2万，ドイツ側が騎馬2万1千であった。Ochmanski [1990, p.80] はこれより若干小さい数字を挙げている。また井内敏夫 [1999, p.79] によればポーランド側5万，ドイツ側3万2千であった。またOchmanski [1990, p.80] はポーランド・リトアニア軍側にタタール人部隊が参加したと述べている。

このグルンバルドの戦いでポーランド・リトアニア連合軍は勝利を収め，ドイツ騎士団はジムジ（西部リトアニア）全体のリトアニアへの帰属に暫定的に合意した。しかし，オスト・プロイセン（現カリニングラード地区とポーランド最北部地帯）は手放さなかった。その後も戦闘は断続的に続いたが，1422年に和議が成立し，ドイツ騎士団はジムジの地を最終的に放棄した。これにより，約二百年にわたって継続したドイツ人のバルト侵略は終結し，その後は，オスト・プロイセンのみの支配に限定して，ドイツ人農民の植民が行われた。このオスト・プロイセン，すなわち現在のカリニングラード地区（1990年代でもロシア共和国領）と現在のポーランド最北部地帯（オルシティン県など）は「小リトアニア」とも呼ばれ，そもそも過半の住民はリトアニア人であった。16世紀になると宗教改革が発生し，主としてルター派の農民の植民が加速したが，同時にカルバン派のドイツ人も少数ながら植民した。ルター派である44番家庭の祖先のリーテンスも1732年にオーストリアのザルツブルグ（カトリック地域であった）からこの地に入植している。

このように1401年から1430年までリトアニア大公の地位にあったビトルドの時代にリトアニア大公国は隆盛を極めたのである。

1422年の和議は，現在のポーランドが抱える民族構成のひとつにその起源を与えることになった。すなわち，スバウキ県（現在のポーランドの北西端の県でリトアニアと国境を接する）がドイツ騎士団からリトアニアに割譲されたのである。そしてスバウキ県にリトアニア人の植民が始まった。1990年代においてもスバウキ県（現在はポーランド領）のリトアニア国境地帯のプインスク（Punsk）村では人口の75％以上がリトアニア人であるし，同じく国境地帯のセイニ（Sejny）村では人口の50％以上がリトアニア人である（Sadowski [1997, pp.24-25]）。これについては39頁の図10の人種構成を参照されたい。

1422年の和議の後，リトアニア大公国はドイツ騎士団と戦闘を行っていない。しかしポーランド王国はさらに十三年戦争と呼ばれる戦闘を継続し，それに勝利した後の1466年のトルン条約で，ついにグダインスク（25頁の図7に位置が記してある）やエルブロングなどのバルト海沿岸地方を獲得しポーランド王国領とした。そしてオスト・プロイセンのドイツ騎士団領は「プロイセン（プロシャ）公国」となりポーランドの従属国となった。13世紀にドイツ騎士団の侵入が始まり，当時のポーランド王国ピアスト朝がバルト沿岸地方を失って以来，150年ぶりにポーランドの領土は海への出口を獲得したのである。このことは，ポモージェ（現在のポーランドのバルト沿岸地方。グダインスクから西側の海岸地帯）のプロイセン領とオスト・プロイセンがポーランドの領土で分断されることを意味し，すなわち陸路での連絡を断たれたことになった（25頁の図7を参照）。この陸路分断問題は，第二次世界大戦の起源となった。すなわちヒトラーはポーランドに対して，グダインスク地域の海岸沿いの5ないし10キロメートルの帯状の領土（ポーランド回廊）の割譲を要求し，2つのドイツ領を陸路で連絡しようとしたが，ポーランド政府はこの要求を拒否し，1939年9月1日にヒトラーはポーランドに対して宣戦を布告した。

ドイツ騎士団との戦いが終了した後，15世紀後半から16世紀にかけては，リトアニアは対外的にはもっぱらモスクワ大公国との紛争にあけくれた（以下はOchmanski [1990, pp.109-112] による）。イワンⅢ世（在位1462～1505）は西方への領土拡大をめざし，1471年，1477年，1478年とリトアニア大公国東部へ攻撃を行い，スモレンスク（現在はロシア共和国に属する市。ベラルーシ国境

まで30キロ）などをロシアの土地であるとしてリトアニアに対して領土の割譲を要求した。1500年にはリトアニア軍は大敗を喫し，1512年からのロシア軍の侵入の結果，リトアニアは1514年にはスモレンスクを失った。

このモスクワ大公国の要求は当然のことであり，リトアニア大公国の領土のうち低地リトアニアのジムジと高地リトアニアのアウクシュトータを除く地域にはリトアニア人はほとんど住んでいなかったのである。そこに居住していたのはベラルーシ人やロシア人であった。そしてそこでの人口密度は極めて低かった。一方，現在のリトアニア共和国領土に該当する地域では事情は全く異なっていた。当時のジムジの面積は約2万1千平方キロ，トラカイ県地方が2万4千平方キロ，ビルニュース県地方が4万2千平方キロであり，リトアニア人が居住していた地域の面積は合計8万7千平方キロであったが，そこでの人口は15世紀半ばで既に50万人近くに達し，1528年の資料によって推計すれば当時の人口は75万人であった（Ochmanski [1990, p.94] による）。人口密度は1平方キロあたり8人である。人口爆発は始まりつつあり，16世紀の人口増加率は100年で2.2倍になる勢いであった。そしてその人口のほとんどすべてがリトアニア人であり，その8割は，大領主として著名なラジビル家のようなラティフンディア（大土地所有制）の住み込み農民であった（Ochmanski [1990, p.101] による）。大土地領主もリトアニア人であって，王族や商人を除けばポーランド人はいなかった。ポーランド人がリトアニアで増加するのは，1569年のルブリン合同（リトアニア大公国とポーランド王国の完全な合併）以降である。ロシア人が移住してくるのは1795年のポーランド分割（これによりリトアニアはロシア帝国領となった）以降である。ユダヤ人の移住はまだ始まったばかりであった。これが15世紀から16世紀にかけてのリトアニアの民族構成である。

Ochmanski [1990, p.101] は1528年の調査に基づいて，当時のリトアニアの大領主の上位23家の一覧を示しているが，第2位にラジビル一族が登場し768頭の馬を所有していたことが分かる。その当主であった俗称「黒いラジビル（ミコワイ・ラジビル，1515－1565）」はプロテスタント・カルバン派の擁護者であり，リトアニアとポーランドとの合併に反対の立場をとっていた（NEP-PWN [1997, t.5, p.443]）。このラジビル一族は1922年の時点でもポーランドで第2位の大地主であり，日本の香川県全体の面積にも匹敵する15万5340ヘクタール（以下，ヘクタールをhaと記す）の領地を所有していた（Roszkowski [1991a, pp.170-178]）。ラジビル一族のような大領主は通常ポーランド人貴族といわれているが，その出自はリトアニア人なのである。

30番家庭の主婦の祖父イワンはロシア人領主が売りに出した農地を買い取っており，34番家庭の主人の曾祖父ボリスはポーランド人領主の住み込み農奴だったが，このようなロシア人領主やポーランド人領主がリトアニアに出現するのは，ずっと後のルブリン合同やポーランド分割を経てからのことである。

さて16世紀の後半になるとロシアの脅威はいよいよ強まってくる。とりわけリボニア（現ラトビア）のドイツ騎士団領がロシアの渇望の的となった。ロシアにとってバルト海への出口を得ることは長年の夢であった。イワンIV世「雷帝」は1558年にリボニアに大軍を送った。弱体化していたドイツ騎士団はスウェーデンとリトアニアに助けを求め，何とかこの難局を乗り切ったが，リトアニア軍の駐屯によりもはやドイツ騎士団の支配は終わりを告げ，結局1561年には「インフランティ」という名称のポーランド・リトアニア共同統治領となるに至る。イワン雷帝は1562年にはリトアニアに向けて再び大軍を送り，1563年初頭にはリトアニア大公国の北方の重要都市ポウォツク（ビルニュースの北東120キロ。位置は18頁の図4を参照）を占領した。ポウォツクはロシア支配下となり，そこでロシア・リトアニア間の新しい国境線が策定され，それ以後ポウォツクがリトアニアの領土に戻ることは二度となかった。ポウォツクはビルニュースの北西120キロの地点にある。かつてビトルドがモスクワ西方120キロの地点まで支配した1408年から150年を経て情勢は全く逆転した。ポウォツクの喪失はリトアニアに深刻な打撃を与えた。もはやリトアニア大公国単独ではモスクワの脅威に立ち向かえないことが明白になったのである。国力の衰退は覆うべくもなかった。リトアニアの貴族はその領土の確保のためにポーランドとの完全な統一を望み，またポーランド側の貴族はリトアニアにおいて全く同等の特権を享受できることを望んだ。その結果が1569年のルブリン議会における両国の「ルブリン合同」である（ルブリンの位置は36頁の図9参照）。ただひとつの「ポーランド共和国」が誕生したのである。リトアニアは名実共に消滅した。「ポーランド共和国」という名称の国家の頂点にはポーランド国王が君臨した。

このルブリン合同はリトアニアの民族構成に大きな影響を与えた。ポーランドの大領主は旧リトアニア大公国の地で自由に大農場を経営できるようになった。リトアニア貴族もポーランドに進出できるようになった。ビルニュースなどリトアニア人居住地域へのポーランド貴族の進出だけでなく，グロードノ（現ベラルーシ）やミンスクなどへも進出できるようになった。リトアニア大公国だった地域でポーランド人の人口が増え始めるのは，このルブリン合同からである。

ルブリン合同の後，1772年の第一次ポーランド分割までの200年間も戦争の歴史であった。1648年にはコサック軍（逃亡ロシア人農民）がウクライナに侵入し，1655年にはロシア軍がビルニュースを一時的に制圧し，同じ1655年にはスウェーデン軍がワルシャワを制圧しさらに南部まで進軍し，1672年にはオスマン・トルコ軍がウクライナに侵入している。しかしいずれも数年の短期間のうちに軍を撤収しており，現在のリトアニア領土に関しては民族構成にほとんど何らの影響も与えていないので，その解説は省略したい。

表1 現リトアニア領における1790年の農奴農家建物数と小作農家建物数

県名	小作農家の農戸数	農奴農家の農戸数	建物数合計
ビルニュース県	28,555　37%	49,281　63%	77,836
トラカイ県	7,075　25%	19,814　75%	26,889
ジムジ県	17,083　56%	13,322　44%	30,405
合計	52,713　39%	82,417　61%	135,130

出所）Ochmanski [1990, p.166]

18世紀に入るとポーランドの没落は決定的となり、スウェーデンによる北方戦争が20年も続き、それに対抗するプロシャのザクセン公が軍隊をポーランドに駐留させた。ロシアもポーランドに干渉を続け、オーストリア＝ハンガリー帝国も含めて、いずれもポーランドの政治的支配をもくろんでいた。しかし、民族的な変化が現れるのは1795年に完成するポーランド分割以降であり、以上のことがらについては、冒頭に紹介した『ポーランド・ウクライナ・バルト史』など歴史書を参照していただきたい。

筆者の見解では、リトアニアとポーランドの民族構成の骨格が確定したのは1569年のルブリン合同であり、その後の周辺列強の干渉と支配はその骨格に大きな変更を加えるものではなかったと考えている。後に述べるようにユダヤ人問題も含めて、人種構成の基本的傾向はこの時期に定まっている。これを大きく変えるのは1944年からのソ連支配であった。

本節の最後に、ポーランド分割の直前におけるリトアニアの人口を紹介しよう。1790年にポーランド共和国政府により建物センサス（調査）が行われた。その結果のかなりの部分は失われてしまったが、一部は残存する。それによれば旧リトアニア大公国全体での家屋数は45万4555戸で、現在のリトアニア領土での家屋数は18万9753戸である。1790年は25頁の図7が示す第一次ポーランド分割の後であるが、その時点でのポーランドの領土の中での旧リトアニア大公国領に相当する部分での家屋数が45万軒あったのである。Ochmanskiは一戸あたりの家族数を7人と推定して、現在のリトアニア領土に住んでいた当時の人口を130万人としている（以上はOchmanski [1990, p.160] による）。これは現在のリトアニアの人口の3分の1である。Ochmanskiは人種統計は紹介していないので、その部分の調査結果は失われてしまったのであろう。しかし農戸統計については表1のような数字を紹介している。なお農戸とは厳密には煙突（ポーランド語でdym, 煙の意）であり、二軒長屋は建物がひとつでも2農戸と計算される。一つの建物に親子二代の家族が居住していても煙突（台所と暖房）が共通なら1農戸である。この農戸は徴税の単位でもあった。ロシアの農奴制では成人男性一人あたりで領主に課税されていたが、「ポーランド共和国」では農戸と土地面積とに関して領主に対して課税されていたので、農戸に関する厳密な統計調査が徴税目的で実施されていた。当時のリトアニア大公国の建物はほとんどが木造平屋建てであり、石造り（レンガ造り）の建物は旧リトアニア大公国全体でわずか721軒であり、しかもそのうち457軒はビルニュースに集中していた（Ochmanski [1990, p.161]）。ビルニュースといえども、そのほとんどが木造平屋建てだったのである。農村部についてはいうまでもない。

表1の農家建物数には園芸農家の7351の建物数と、領主の畑で働くが領主の敷地外に自己所有のバラックを所有する小屋住み農民（Chalpnik）の3592の建物数が含まれていないから、農民関連の建物数は14万6000ということになり、全国の建物数が18万9753であるから、その4分の3が農家建物であったことが分かる。当然のことながら当時のリトアニアは農業国だったのである。

表1はまた、18世紀末においては既に賦役（領主のもとでの義務労働）に基づく純粋の大農場経営だけでなく、農民から貨幣または現物地代を徴収する資本主義的農場経営も発達していたことを示している。賦役形態では、農奴は領主の畑を週に4日（ビルニュース地方の場合）または3日（ジムジ地方の場合）または5日（トラカイ地方の場合）耕し、残りの日は自分の畑を耕していた（ただし安息日の日曜日は農民は働かなかった）。夏の農繁期は妻や息子も領主の畑で働き、その義務は2倍になった。すなわちビルニュース地方の場合でいえば週に8日（2人が4日）働かなければならなかった。貨幣または現物地代を領主に支払っていた小作農家の中には富裕層も発生し、ある地方では小作農家のうち半分は農夫を雇い入れていた（以上はOchmanski [1990, pp.161, 166] による）。旧リトアニア大公国の周辺部ではロシアからの逃亡農民がこのような農業労働力として利用されるようになり、このことが列強3か国によるポーランド分割の一因ともなったという説を早坂真理 [1999, p.182] は紹介している。

Ochmanskiは旧リトアニア大公国領で当時最大の都市であったビルニュースの居住人口（1788年）も紹介している。総人口は2万3700人であり、そのうちユダヤ人は7297人であった。18世紀末において、ビルニュースの人口の3分の1がユダヤ人だったのである。ここにユダヤ人問題の重要性が現れているので、次節ではユダヤ人の移民流入についてみてみよう。

第6節　ユダヤ人の西欧からの追放と東欧への流入

西暦600年ころにはユダヤ人は13頁の図1に示した地域に離散（ディアスポラ）して居住していた。しかしまだ多くのユダヤ人はパレスチナの地に残っており、中東で起こったイスラム教は644年にはイラン・イラク・パレスチナ・エジプトの地に広まった。イスラム教徒によるユダヤ人への迫害はあったが、総じてユダヤ人は自由を享受でき、地中海での貿易ネットワークに従事した。そしてキリスト教文明の西欧では商業から得た資本で金

貸し業に従事していた。西欧では，ユダヤ人の土地所有は中世以来，順次禁止されるようになっており，したがって農業は不可能であり，また産業はまだ十分に発達していなかったからである。モーゼ五書の第3巻である旧約聖書レビ記第25章36節によって，ユダヤ人同士では金利をつけて金を貸すことは禁じられていたが，しかし第5巻申命記第23章20節により異国人への金貸しは認められていた。1182年当時のフランスではフィリップⅡ世の王国領はパリ周辺のごく限られた地域であったが，そこにユダヤ人は集中的に住んでおり，現地のフランス人に多額の融資を行っており，フランス人はユダヤ人からの負債に苦しんでいた。フィリップ王はその負債を帳消しにするため，ユダヤ人を王国から追放し，ユダヤ人は周辺の諸侯の領土に離散した。これがユダヤ人の2度目の離散の始まりである。

12世紀にはイギリスにも多くのユダヤ人が居住しており，イギリスはフランスと同様に居住を許可する代償としてユダヤ人から人頭税を徴収していた。イギリス人もまたユダヤ人から金を借りていたが，イタリアの金貸し業者がイギリスに進出するようになるとユダヤ人の存在は必要なくなった。ユダヤ人は1290年にイギリスから追放され大陸に渡った。しかしそこでも悲劇が待っていたのである。フィリップⅣ世（1285年即位）の時代にフランス王国の領土は拡大したが，パリ西方のシャンパーニュ地方のトロワで1288年にユダヤ人の虐殺が発生している。1306年には，さらに拡大していたフランス領土からのユダヤ人追放令が公布され，ユダヤ人の金貸し残高の債権は国庫が没収した。

ドイツではユダヤ人からの税収入は国庫を支え，その代償にユダヤ人の自由が認められていた。しかしドイツでも14世紀の初頭からユダヤ人への暴行が目立つようになり，そのような社会的雰囲気の中でペスト大流行（1348～1351）が発生した。ユダヤ人が水源地に毒（ペストの毒）を撒き散らしているとの流言が飛び，多くのユダヤ人が虐殺された。その当時ポーランドだけはポーランド国王の認可のもとにユダヤ人の自由が認められていた。多くのドイツ系ユダヤ人（アシュケナージと呼ばれる人たち）がポーランドに移住してきた。当時のヨーロッパでポーランドは最大のユダヤ人居住区となったのである（以上は Lavinia Cohn-Sherbok [1999, pp.105-109] および Dan Cohn-Sherbok [1994, p.91] による）。なお，その後も1492年にはスペインからユダヤ人が追放されるが，これについての説明は省略したい。

ではいつからユダヤ人はポーランドやリトアニアの地方に居住を始めたのであろうか。EHGP [1981, t.2, p.581] によれば，10世紀から11世紀にかけて少数の西側からのユダヤ人と東側からのハザール・ハン国（後のキプチャク・ハン国）からのユダヤ人が現れ，後者は南部ポーランドで農業に従事した。1264年にはユダヤ人の土地購入の自由，商取引の自由，自治権とユダヤ人社会での裁判権を認めた特権状が公布された。14世紀末にはリトアニア大公国においてドロヒチン（ワルシャワ東方120キロで現ポーランド領，当時はリトアニア大公国領）やブジェシチ（現ベラルーシでポーランドとの国境の町。現在ではブリェストと呼ばれる）やグロードノ（現ベラルーシ領でポーランド国境まで10キロ）にユダヤ人居住地域が出現している。これらの地域はいずれもポーランド王国のすぐそばであり，現在のリトアニアの領土ではないことに注意されたい。彼らは主に毛皮業やニューメン川（ネムナス川）上流での材木いかだ流しに従事した。

一方，上記の説に批判的な Wyrozumuski [1991, pp.129-131] によれば，最も古い記録は1030年代のユダヤ人ラビ（律法学者）コヘナ氏のプシェミスウ市（現ポーランド領の南東の端に位置しウクライナ国境まで7キロ）での活動を記録した文書であり，また1203年に死亡したラビの墓碑がブロツワフ市（ポーランドの南西部で戦前はドイツ領）で確認されている。当時のユダヤ人がポーランドでは農業に従事していたことから，農業国であったハザール・ハン国から来たユダヤ人ではなかったかとする EHGP [1981, t.2, p.581] の推定を Wyrozumuski は否定している。たしかに22頁の図5にあるように，8世紀にはバビロニアの地からハザール・ハン国へユダヤ人が移住しており，ハザール人がユダヤ教のカライム派に改宗したことは既に述べたとおりであるが，カライム派ではないユダヤ人もクリミヤ半島に居住していたようである。Dan Cohn-Sherbok [1994, p.67] によれば，西暦300年ころにはクリミヤ半島の西海岸にユダヤ人が居住しており，これは正統派のユダヤ教徒であった。これらのユダヤ人がポーランドに流れてきたとしてもおかしくないが，しかし Wyrozumuski は上述の墓碑の文章などからドイツの大都市フランクフルト（当時は大都市ではなかった）周辺出身のユダヤ人であろうとしている。本書の筆者にはこれらの異なる見解を評価する能力はないが，2つの説があることだけは紹介しておこう。

中世におけるポーランドのユダヤ人人口や人口構成比を推定することは全く不可能であるという。しかし13世紀には既にポーランドの各都市にユダヤ人が居住していたことが確認され，ひとつの村全部を買い取ったことも確認されている。都市では商業や金貸し業を営み，またその資金を用いて農村部で農地を取得していたことも分かる。西欧とは異なり，ポーランドではユダヤ人は農業にも従事していた。

1453年にはブロツワフ（当時はもうポーランド王国領ではなくプロシャ領になっていた都市。現在はポーランド領でポーランド西部の大都市）や1464年にはポズナニ市（ワルシャワから西方250キロ。現在はポーランド中西部の大都市）でユダヤ人集団虐殺（ポグロム）の記録が残っているが，それらのポグロムの規模が全国的にどの程度であったかを推定することは困難であるとしている（以上は Wyrozumuski [1991, pp.131-132] による）。しかし中世においてドイツからポーランドに多くのユダヤ人が流入し続けたことは間違いない。

図5 16世紀までのユダヤ人の追放：大きなユダヤ人居住地区があった国とそこからの追放開始年

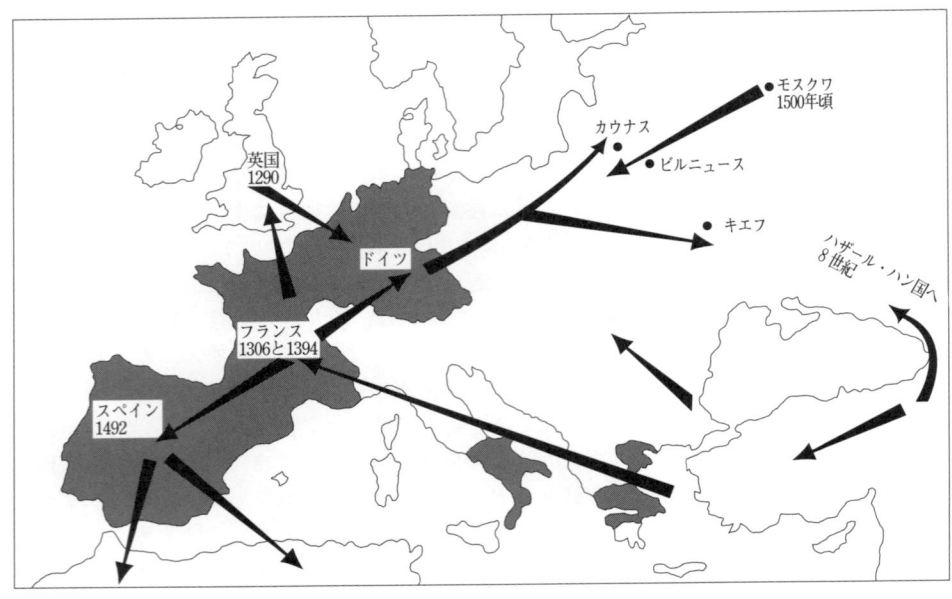

出所) AHS-PWK [1994, p.48]

図6 黒川・Gilbert・Cohn-Sherbok による 1000-1500 年のユダヤ人の追放

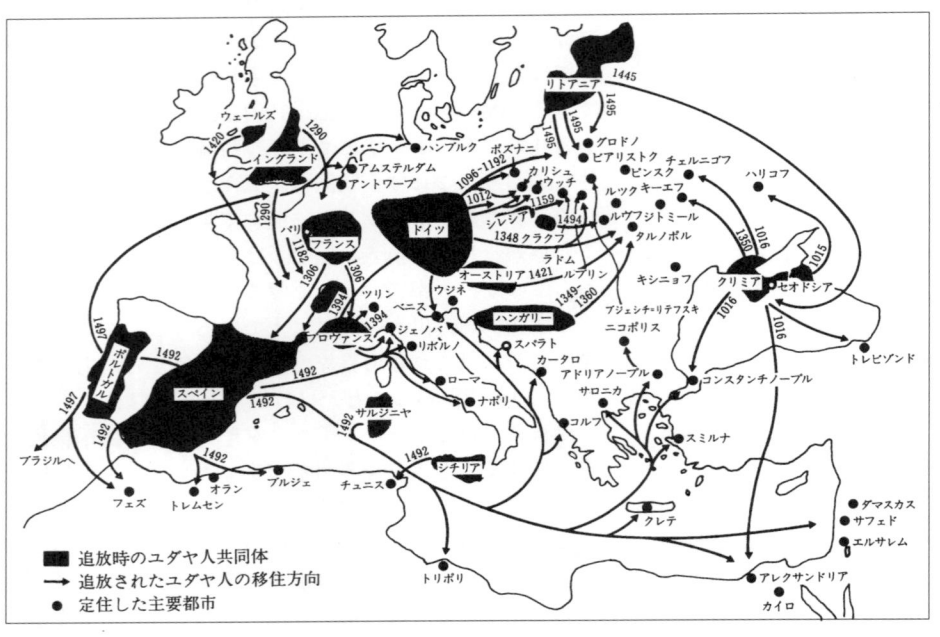

出所) 黒川知文 [1996, p.155]

本節の図5とはかなり異なったユダヤ人の東欧流入の図を黒川知文 [1996, p.155] は示している（図6参照）。その図は Gilbert [1976, p.46] からの引用なのであるが，Dan Cohn-Sherbok [1994, p.91] もほとんど同じ図を紹介している。その図（英語版の原図）によればポーランドのラドム市にユダヤ人が移住したのは1159年であり，ポーランドのポズナニ市には1096年などとなっている。既に述べたように Wyrozumuski などのポーランドの研究者によれば，ユダヤ人の集団的な移住はもっと後で少なくとも13世紀以降であり，この点で黒川氏が引用する図の信頼性に大きな疑問が残る。さらに黒川氏が引用する図では，15世紀前半には現在のリトアニア地方やラトビア地方にはユダヤ人居住地区があり，1445年にはリトアニアのユダヤ人がクリミヤ半島に追放されており，また1495年には現在のリトアニア地方に居住していたユダヤ人がビルニュース南西120キロのグロードノ市（図6ではグロドノ）とビルニュース南西180キロのビアウィストク市（図6ではビアリストク）に追放されているのである。後に述べるように，この時期に西部リトアニアのジムジ地方にはユダヤ人はほとんど住んでいなかったと思われるし，東部リトアニアのビルニュース近辺にユダヤ人が居住していたことは確認できない。たしかに EHGP [1981, t.2, pp.581-582] は1495年に，アレクサンデル・リトアニア大公（ヤドビガと結婚したヨガイラの孫）はユダヤ人（おそらくユダヤ人商人だったと思われる）を一時的にリトアニア大公国から退去させたと記述している。しかしこれはポーランド王国のそばの都市に居住していたユダヤ人をポーランド王国内に一時的に移動させたものであり，現在のリトアニア領土からのユダヤ人の追放・移動は確認できない。ましてや1445年のクリミヤ半島への移住は確認できない。第3章で述べるが，15世紀においては，逆にクリミヤ半島からカライム派ユダヤ人が自発的にリトアニアの地に移住してきているのである。

ポーランドに従属していたリトアニア大公国は，基本的にはポーランドと同様にユダヤ人を受け入れ，土地所有も認めていたのである。

Nowak [1998, p.12] によれば，ユダヤ人が最初に現

ポーランド領のバルト海沿岸に入植したのはメクレムブルギという町（18頁の図4が示すシチェチン市の北方10キロにあった町）である。オスト・プロイセンやリトアニアやラトビアのバルト沿岸はドイツ騎士団の支配下にあり，キリスト教布教をめざす騎士団によって，大規模なユダヤ人移住の可能性は閉ざされていた。しかし14世紀にドイツ騎士団領にユダヤ人が住んでいたことも確かで，井戸に毒を撒いたとしてエルブロング（当時はドイツ騎士団領。グダインスクから東方60キロ，現ポーランド領）でユダヤ人虐殺が行われている。しかしそれ以降は穏やかな関係が続いていた。しかしドイツ騎士団領はハンザ同盟の活動範囲の中にあり，ドイツ騎士団はユダヤ人商人を強力な競争相手として恐れていた。1435年には商業目的でユダヤ人がドイツ騎士団領に入ることを禁止する決定がなされている。オスト・プロイセンでは1466年のトルンの和議以降，商人だけでなくユダヤ人一般の新規の入植が禁止された（以上はWyrozumuski [1991, pp.137-138] による）。フィンランドなどバルト海の北方地域へのユダヤ人の移住はほとんどなかったが，それはユダヤ人にとって関心のない地方だったからである。しかしラトビアは異なっていた。ドイツ騎士団が支配していた15世紀まではユダヤ人に扉が閉ざされていたが，既に述べたように1561年にインフランティという名称のリトアニア・ポーランド共同統治領になってからは，ポーランドの原則，すなわちユダヤ人の自治の許容が持ち込まれ，17世紀になってからポーランドからのユダヤ人の移住が急増した（Nowak [1998, p.14]）。

第5節で述べたように1422年にはポーランド・リトアニア側とドイツ騎士団との和議が結ばれ，西部リトアニア（ジムジ）を騎士団は放棄した。西部リトアニアにユダヤ人が移住できるようになったのはこの1422年以降のことである。ラトビアにユダヤ人が移住できるようになったのは1561年以降である。それ以前に少数のユダヤ人商人やユダヤ人医師がいたとしても，黒川氏が引用する図のように，そこがユダヤ人居住地帯であったわけではない。またこの地域からのユダヤ人追放の事実は全く確認できない。

たしかに1495年にはリトアニア大公国からの一時的なユダヤ人追放があったことは確認できるが，それは現ポーランド領とそれに接する現ベラルーシ領からのユダヤ人追放であって，現リトアニア領からの追放ではなかった。図6を示している3人の著者はリトアニア大公国と現リトアニア領を混同した結果，15世紀に現リトアニア領と現ラトビア領にユダヤ人居住区が存在したと誤認したのではないだろうか。

以上，黒川氏が引用する図の信憑性について詳しく検討してきたが，中世においてリトアニアにユダヤ人が居住していたか否かにかかわる重要な問題なので，紙幅を割いて検討を行った。

ではビルニュースなどの東部リトアニアにユダヤ人が移住し始めたのはいつごろからであろうか。Chalupczak i Browarek [1998, p.163] は16世紀初頭のポーランド・リトアニア両国に居住するユダヤ人を1万6千人から1万8千人と推定して（ただし推定の根拠を挙げていない），全人口の0.6％を占めるにすぎなかったとしている。本節で引用した多くの研究者が挙げるユダヤ人居住地区は南部ポーランドとウクライナ西部に集中しており，ただEHGP [1981, t.2, p.581] のみが，ポーランド王国に隣接するリトアニア大公国の領土（現在のベラルーシ領）に3か所のユダヤ人居住地区があったと述べるのみである。16世紀初頭にビルニュースでユダヤ人商人が活動していた可能性はおおいにあるが，その人口は多くても数百人で，おそらくは百人を下回っていたであろう。

1764年の人口調査結果を引用するPodraza [1991, pp.241-242] によれば，リトアニア大公国とポーランド王国の全土で58万7658人のユダヤ人が居住していた（ただし，Podrazaは人口調査の対象から2割の人口が抜け落ちていたと考えて当時の総人口は75万人であったとする説を紹介している）。250年間で毎年1.4％の人口増加があったことになる。EHGP [1981, t.1, p.430] によれば，1772年のリトアニア・ポーランドの総人口は1400万人であったからユダヤ人の人口比率は4.2％である。0.6％から4.2％へ増大したということは，都市住民主体のユダヤ人の人口自然増加率が農民主体のポーランド人より高かったとはいえ，自然増加だけでは説明がつかない。16世紀以降も大量のユダヤ人がポーランドに流入したと考えるべきであろう。

このユダヤ人の大幅増の傾向は現リトアニアの領土でも確認できる。1764年の人口調査（黒川知文 [1996, p.37] もこの人口調査結果のうちウクライナ関係部分を紹介しており，そこでは1765年としている。これは人口調査結果がクラクフでまとめられた年である。これは黒川氏が依拠したEttingerの誤りか）では，トラカイ県3万3738人，ビルニュース県2万6977人，ジムジ県1万5759人の合計約7万6474人のユダヤ人が現リトアニア領に居住していた。ワルシャワを含むマゾフシェ県がわずか1万662人であったから，ユダヤ人の人口増加はむしろ現リトアニア領の方が顕著であったといえる。第5節で述べたように，1790年の次の人口調査では現リトアニア領の総人口は130万人と推定されているから，その130万人という1790年の数値を分母にとり，1764年の現リトアニア領でのユダヤ人人口7万6千を分子にとると，現リトアニア領でのユダヤ人の比率は5.9％ということになる。しかし26年間のタイム・ラグの間の人口増加を考慮すると，1764年でのユダヤ人の比率が7％を越えていたことは間違いない。リトアニア・ポーランドの全国平均の4.2％より顕著に高い数値である。

1764年の59万人のユダヤ人のうち，現ポーランド領に相当する地域でのユダヤ人は17万人にすぎず，42万人はそれ以外の地域，とりわけウクライナに居住していた（Podraza [1991, p.242]）。ユダヤ人の職業構成を示す全国統計はないが，1764年の調査は，いくつかの県で都

市部のユダヤ人人口と農村部のユダヤ人人口を明らかにしている。

農村部の職業構成については次のことに留意されたい。まず「農村部」とは行政区としての村のことではなく、そこから村の中心街（ミアステチコ）を除いた部分を指す。すなわち村の中心街の外側に広がる農業地帯のことである。そして農業地帯の風景といえば、20世紀前半のリトアニア農村でさえ、商店は全く存在せず、住民は農民だけであり、農民以外には小学校教師が学校に住み込んでいるか警察官が農家に下宿しているだけであった。近隣の都市からはユダヤ人商人の行商人が農家を訪れていた。ユダヤ人行商人とユダヤ人商店の農村部で果たした役割については27番家庭の主人の父ヨーザスに関する回想が詳しく述べている。

1764年の調査のうち9県分だけについては農村ユダヤ人人口の職業構成が分かるが、その平均をみると80％が農業に従事しており、12％強が粉挽き小屋やバター工場など農産物加工業に従事しており、4％がウォッカ・ビールの製造に従事しており、手工業が2％強でその他（商業も含む）が1％であった（GUS [1993, p.44]）。

Podraza [1991, p.244]によれば、グネェズノ県（ポズナニ県の北方）ではユダヤ人の98.4％が都市部に居住していた。クラクフ県では69.1％が、ワルシャワとその周辺のマゾフシェ県では39.4％が都市部に居住していた。ワルシャワではユダヤ人の60.6％が農村部に居住していたことになる。ここで農村部とは、行政区としての村のことではなく、村の中心部の市街地地域を除いた農村地帯のことを指すことを想起すべきである。ワルシャワ周辺では過半数のユダヤ人が農業に従事していたと考えられる。このように県ごとに大きな差異があるが、全体とすれば大部分のユダヤ人は都市部に居住していたとPodrazaは結論している。しかし都市部でも、ユダヤ人の占める割合は高くなく、クラクフ市の場合、ユダヤ人の比率は15.4％であった。このように農村部ではもちろん都市部でもユダヤ人は少数民族であった。では都市部ではどのような職業に従事していたのかが問題となるが、これについても全国統計はないが、1764年統計のうち10県分の世帯主の職業別数字を用いて当該職業に従事していたユダヤ人人口を推計する統計が存在する。それによれば都市部ユダヤ人の35％ないし38％が商業に従事しており、30％ないし32％が手工業に従事しており、13％ないし15％が農業に従事しており（行政区としての町の中にも農業地帯は存在した）、2％ないし3％が運輸に従事していた。その他の職業は16％ないし18％である（GUS [1993, p.44]）。ユダヤ人の職業として高利貸しや法律家や音楽家などのイメージがすぐ浮かぶが、当時のポーランドでは、このように商業や手工業・家内工業に多くのユダヤ人が従事していたことが分かる。

では手工業とは実態として何を指していたのであろうか。ユダヤ人のギルド（同業者団体）は1613年に初めて結成されるが、Horn [1991, pp.209-212]は1613年からポーランドが消滅する1795年に至る期間に結成されたユダヤ人ギルドを全部調べあげている。その総数は105であり、しかし旧リトアニア大公国の領土の中では、グロードノ（現ベラルーシ）で1652年に裁縫業のユダヤ人ギルドが結成されているのと、ベラルーシのはるか東方でロシア国境に近いシクウフ町で1762年にパン屋と屠殺業の2つのユダヤ人ギルドが結成されているだけである。すなわち105のユダヤ人ギルドのうち102は旧ポーランド王国の領土で結成されている。旧ポーランド王国の領土では1613年には最初のギルドとして、カジミエシ（クラクフ北方）で毛皮業のユダヤ人ギルドが、ルボフ市（現ウクライナ）で屠殺業のユダヤ人ギルドが結成されている。いずれも忌み嫌われる職業であり、これらの職業は、よそ者として差別されていたユダヤ人が容易に参入できる業界であったと思われる。しかし105のユダヤ人ギルドの一覧をみると、圧倒的に多いのは裁縫業ギルドである。金細工業ギルドなども発見できるが、多くは裁縫業と食品加工業である。すなわち、都市部での大部分のユダヤ人は普通の家内工業に従事していたのである。

第7節　三国分割によるポーランドの消滅から第一次世界大戦まで

ポーランドは1772年、1793年、1795年の3回にわたって、25頁の図7にあるように、周辺の三大帝国、すなわちロシア帝国、プロシャ帝国、オーストリア＝ハンガリー帝国によってその領土が分割され、国家として消滅した。有名な「ポーランド分割」である。日本の高校教科書にも必ず登場し、非常に重要な位置づけが与えられている。しかし現リトアニア領の地域に関しては、以下にみるように、民族問題の観点からはそれほど重要な要因ではないというのが筆者の考えである。

たしかにロシアに併合されたベラルーシ東部地区やウクライナ西部地区ではロシア化が進み、ロシア人の流入と支配が強まり、言語政策でもロシア語が強要された。プロシャに編入された地域ではドイツ産業資本の導入が進み近代工業が発展し、ドイツ人の植民が進み、そして初等教育も普及した。この地域ではドイツ化が進んだ。

総じていえば、現ポーランド領に相当する地域では、被支配民族であるがゆえの民族意識が高まり、ポーランド民族による国民国家の形成を熱望する種々の独立運動や反乱が続いた。戦間期（第一次世界大戦と第二次世界大戦との間）のポーランドの外交政策を理解する上でも、この三国分割と123年に及ぶ国家消滅期の理解は不可欠であろう。しかしリトアニアでは、ロシア化の動きはむろん存在したが、他地域ほど強くはなく、言語政策も異なっていた。本節ではこれらのことを確認しよう。

本論に入る前に3つのことを簡単に指摘しておきたい。

第一に、三国分割といっても、分割されるとただちに当該国の支配が完全に及び、しかし分割されなかったところではポーランド共和国の主権が完全に維持されたと

第2章 民族と家族史からみたリトアニア史

いうわけではないということである。例えば第一次分割でロシアは一定程度の領土をポーランド共和国から奪うが、その地域でまず行ったことは徴税権と徴兵権の確保であった。裁判制度や行政政策などについては基本的にはポーランド共和国の政策を引き継いでいたということである。このことは第二次分割後や第三次分割後についても該当する。少なくとも1864年のロシアの国家行政改革まではこのように述べてよいだろう。また第一次分割で分割されなかったポーランド共和国の領土では、第一次分割後もポーランドの主権が完全に保たれていたわけではなく、その内政にもロシア政府の干渉が行われ、外交などではポーランドの主権は失われていたといって

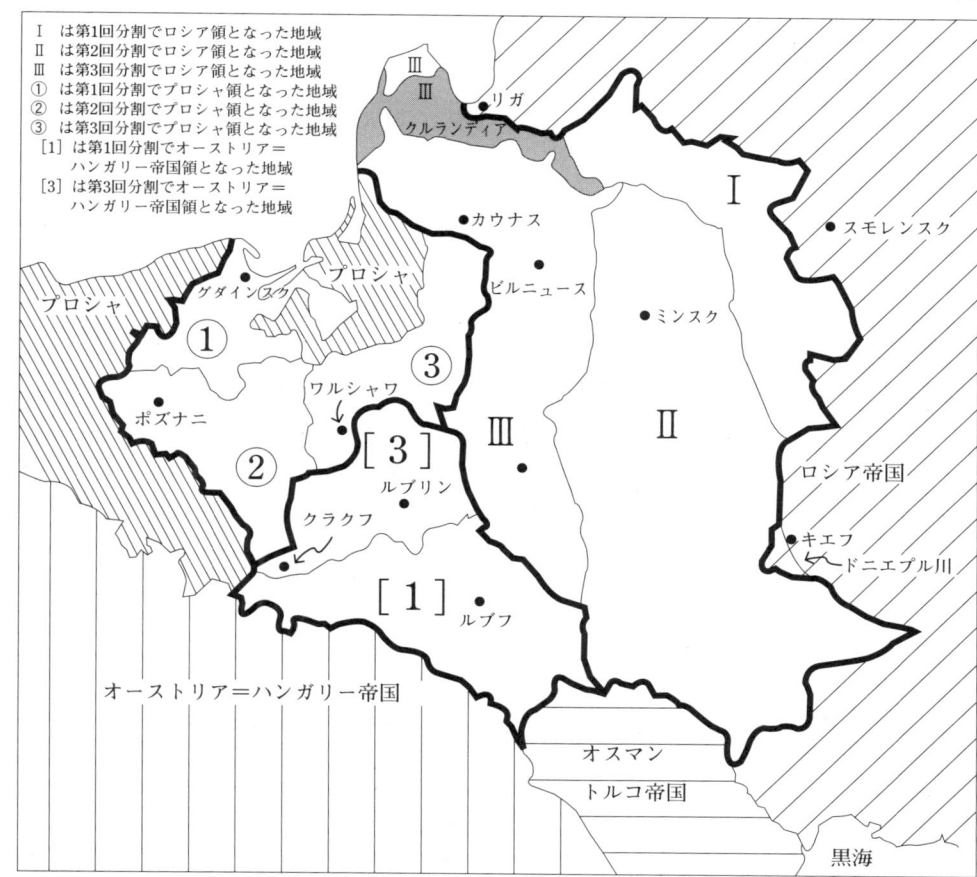

図7 プロシャ帝国・オーストリア＝ハンガリー帝国・ロシア帝国によるポーランド分割

注) クルランディアはインフランティ (本文参照) の南部地方のことで、形式上はドイツ騎士団領だが、実質的には「ポーランド共和国」の完全な属国であった。第三次分割でロシア帝国領に編入された。クルランディアの北側の飛び地は第三次分割までは「ポーランド共和国」領だった。
出所) AHP-PPWK [1967, pp.28-29]

もよい。ポーランドは独立を維持するため、他の帝国、とりわけプロシャとの連携を探りつつ、ロシアやプロシャに譲歩を重ね、きわどいバランスの中で国家の存続を図ったが、結局それは失敗に終わってしまうのである。

第二に、1806年にはナポレオンのフランス軍がポーランドに進軍し、1807年には近代市民社会の基礎となるナポレオン法典が施行された。相続権における男女の平等や厳しい条件つきではあったが農奴の解放などがなされた。これによりワルシャワ大公国という名称のもとにポーランド共和国が復活し、当初は西欧の支援のもとに主権を回復するが、1812年のナポレオンの敗走に伴いロシアの支配が復活した。ロシア支配のもとに「ポーランド王国」という名称が与えられたが、ロシアの従属国・半植民地であったことにかわりはない。その領土は第三次分割までにロシアが獲得した領土をかなり上回り、第三次分割でプロシャが獲得した部分と第三次分割でオーストリア＝ハンガリー帝国が獲得した部分はすべて「ポーランド王国」に編入された (無視しうるような領土の細かい違いはある)。また第二次分割でプロシャが獲得した部分の東側約3分の1も「ポーランド王国」に編入された。「ポーランド王国」の領域の西側国境線は30頁の図8が示している。図7と図8を比較すれば分かるように、ロシアの支配地域は大きく拡大したのであるが、現リトアニア領に関していえば、ナポレオンの占領時期を除いて1795年から1914年までロシアの支配が継続した。

第三に、1860年になると、ロシアからの独立をめざすポーランド知識人の活動が活発になり、各地でデモが組織され農民も巻き込み、ついに1863年1月に武力行使の蜂起が発生した (一月蜂起)。蜂起軍はロシア軍兵舎を襲撃しパルチザン戦を展開した。ポーランド側には歩兵銃さえ持たず刀剣や大鎌で戦った農民さえいたという。兵力の差は歴然としており、1年後にはロシア軍により制圧され、ポーランド王国は解散させられ、その領土はロシア帝国領の一部へと完全に併合された。この一月蜂起の後、ワルシャワ大公国の部分だけでなく、以前の「ポーランド共和国」(旧リトアニア大公国領を含む)の部分でロシア化が急速に進み、しかし一方で農奴解放など近代化の政策もとられた。リトアニアにおいても農奴解放がこの時期に実施されている。

以上の3点だけ述べて本論に戻ろう。まずポーランドという国家が消滅した123年間 (1918年まで) の民族構成を統計資料を用いて概観してみよう。統計資料の用い

25

表2 19世紀初頭のリトアニア（現在のリトアニア領にほぼ相当する1801年当時のビルニュース県）の人口構成

総人口	リトアニア人	ポーランド人	ベラルーシ人	ロシア人	ユダヤ人
120万人	78万人 (65%)	10万人 (8%)	5万人 (4%)	8万人 (7%)	18万人 (15%)

注）比率は本書の筆者が計算したもの。なお合計数が1万人足りないがその理由は不明。
出所）Makowski [1986, p.17]

表3 1860年におけるリトアニア東部のビルニュース県のうち、20世紀に現リトアニア領に編入される3つの郡（ただし郡全体が編入されるのはトラカイ郡のみ）の民族別人口とその比率（%）

| | 総人口 | リトアニア人 | | ポーランド人 | ベラルーシ人 | | ロシア人 | ユダヤ人 |
		カトリック	ロシア正教		カトリック	正教		
ビルニュース郡	136,152	83,003	53	47,140	—	4,847	1,677	14,000
トラカイ郡	102,474	90,668	328	4,144	—	1,264	999	14,000
シベンチョニス郡	104,358	80,509	1,626	5,506	—	6,557	376	3,402
3郡の平均の構成比		リトアニア人全体で74.7%		16.6%	ベラルーシ人全体で3.7%		0.9%	9.2%

注1）記号（—）の意味は不明。比率は筆者が計算したもの。
注2）ビルニュース県でもトラカイ県でも各人口を合計すると総人口を上回る。したがって構成比率を合計すると100%を上回る。その理由は不明である。
注3）ロシア人とは、通常のロシア人を指す「大ロシア人」とウクライナ人を指す「小ロシア人」の合計である。
出所）Makowski [1986, p.18]

表4 1897年におけるリトアニア東部のビルニュース県のうち、20世紀に現リトアニア領に編入される3つの郡（ただし郡全体が編入されるのはトラカイ郡のみ）とビルニュース市（ビルニュース郡は含まず）の民族別人口とその比率（%）

	総人口	リトアニア人	ポーランド人	ベラルーシ人	ロシア人	ドイツ人	ユダヤ人	その他
ビルニュース郡	208,781	35.0	12.1	42.0	3.3	0.2	7.4	—
トラカイ郡	203,401	58.1	11.2	15.8	15.8	0.2	9.5	0.1
シベンチョニス郡	172,231	33.8	6.0	47.6	5.4	—	7.1	0.1
ビルニュース市	154,532	2.0	30.9	4.2	20.5	1.1	40.3	1.0

出所）Makowski [1986, p.18]

方には3つの困難がつきまとう。

第一に統計資料自体の正確さである。これは現代の統計についてもいえることだが、特に近代初期の統計には注意が必要である。既に紹介した1764年の人口調査も人口の8割しか把握していなかったという推定がある。このことを前提にして1825年に出版された資料をMakowski [1986, p.17]から引用しよう。Makowski自身、この表2は現実をある程度まで反映したものにすぎず、正確なものではないと述べている。

この表2から推測できることは、19世紀初頭のリトアニアではリトアニア人がおそらく6割か7割の比重を占めていて、リトアニアでの多数民族はリトアニア人であったこと、またユダヤ人が相当数いたこと、ロシア人やベラルーシ人も居住していたが、ポーランド人よりは少なかったこと、などである。

統計資料利用の上での第二の困難は、地域に関する概念が変更されていることである。表3の表題のビルニュース県（旧）は、後にリトアニア西部のカウナス県と東部のビルニュース県（新）に分割され、しかも新ビルニュース県は、現在のリトアニア領でない部分も含んでいた。郡までのデータも入手できるが、郡でさえ一部は現リトアニア領で一部はベラルーシ領になっている場合がある。村までのデータが入手できれば計算して現リトアニア領の人口構成を推定できるが、村のデータは失われている。このことに留意して1860年の人口センサス結果と1897年の人口センサス結果を比較してみよう。この期間はロシア支配地域で最もロシア化政策が進捗した時期である。

この表3も表の注に記したように正確さに疑問が残る。またユダヤ人人口もおおざっぱなものであろう。さらに表4の1897年のデータと比較すると、リトアニア人の比率が異常に高い。ポーランド人の相当数がリトアニア人として分類された可能性が高い。しかしそれでも興味深い傾向を示している。それはロシア人が支配民族であるにもかかわらず、ビルニュース郡でも1700人程度しかいないという事実である。ロシア政府が行った人口センサスであるから、ロシア人比率を過小評価する動機は見当たらない。行政官や軍人あるいは鉄道員および学校教師などロシア人が従事していたに違いない職業が数多くあるのに、その数は信じられないほど小さい。この表3のビルニュース郡はビルニュース市を含んでいないので、「首都」における支配民族のロシア人人口を含んでいないことを考慮に入れても、ロシア人人口の少なさが注目される。実態としてのロシア支配が地方において行き届いていなかったことの傍証にはなろう。しかし総じて、この表3の信頼度は極めて低いといわなければならない。

次に1897年のロシア政府による人口センサス調査の結果を紹介しよう。

この表4は一見驚くべき変化を示している。1860年と比較してベラルーシ人が激増しているのである。しかしこの数値だけで，19世紀後半に急激なロシア化が進行した，あるいは大量のベラルーシ人が移住してきたと結論づけてはならない。この表を引用するMakowski自身，ロシアの役人によって統計操作が行われ，リトアニア人比率とポーランド人比率が意図的に低くされたと述べている。しかし，この表はもっと大きな問題を提起している。それは「民族」とは何かという問題である。

本書第二部の4番家庭の主人の祖父ブロニスワフはポーランド人だが，第二次世界大戦後はベラルーシ領に居住し，他のポーランド人と同様に国内旅券（ソ連国内の移動許可証）の人種欄にベラルーシ人と記入したと回想している。彼が話していた言語はポーランド語とベラルーシ語の混合語のプロスティ語であった。ビルニュースの南東地域では，言語だけでは民族の違いは特定できなかった。そして彼はリトアニア領に引っ越した後，人種欄の記載をポーランド人に変更している。

1897年の国勢調査は言語を基準に民族を分類した。統計局の役人はプロスティ語を話す者をすべてベラルーシ人とみなしたと思われる。したがってベラルーシ人の比率が激増した。また後に述べるように学校教育はロシア語だけで行われており，母語（家庭で話す言語）はリトアニア語だが，リトアニア語は読めず，しかし学校に通っているのでロシア語は読めるというリトアニア人（あるいはポーランド人）も存在したであろう。このような住民がベラルーシ人に分類された可能性も高い。

このように多様な性格を持つ住民をどのようにして民族別に分類したらよいのだろうか。

「民族」とは何かについては本章第10節において，また第3章において検討するが，結論を先に述べれば，民族を規定するものは宗教であったと筆者は考えている。

ここで，リトアニアの民族構成を検討する際に最も適切な統計と考えられる宗教分類を用いた統計資料を表5に提示したい（ポーランド中央統計局「GUS」の資料）。

リトアニアではカトリック比率があまり落ち込んでいないのに対して，ベラルーシ中央に位置するミンスク県やウクライナ西部のボウィン県（ロシア語ではボルィニヤ県，キエフ県の西）やポドレ県（ロシア語ではポドリア県，キエフ県の南西）ではカトリック比率が激減していることが分かる。宗教を偽って自己申告することは考えられないし，また多くの村が村全体で単一宗教を信仰していたから，調査段階では正しい情報が収集されていたであろう。この表に関してもロシア政府の役人により統計操作が加えられている可能性は排除できないが，ミンスクや西部ウクライナではロシア正教を信ずるロシア人やベラルーシ人あるいはギリシャ正教（合同教会）を信仰するウクライナ人の進出が激しく，急激なロシア化が生じていたといえよう。一方，リトアニアではロシア

表5 1867-1909年のリトアニア2県とベラルーシ・ミンスク県とウクライナ2県のカトリック教徒比率（%）

	1867	1897	1909
ビルニュース県	68.1	58.8	60.5
カウナス県	82.8	76.4	73.7
ミンスク県	18.1	10.1	8.3
ボウィン県	11.3	10.0	6.0
ポドレ県	12.5	8.7	8.2

注）帝政ロシアの行政区分の県である。カウナス県は全部が現リトアニア領。ビルニュース県は一部が現リトアニア領。
出所）GUS [1993, p.92]

化の傾向は存在したとしてもそれは軽微であったと述べてよいであろう。筆者がリトアニアの民族構成に関しては，123年間のロシア支配の期間は大きな意味を持たなかったとする根拠のひとつがこれである。

次に言語の観点からこの123年間をみてみよう。言語統計は19世紀前半では存在せず，文学作品や新聞の出版などの観点から分析するか，学校教育の観点から分析するしかない。ここでは学校教育と出版の観点からみてみよう（以下の説明はもっぱらOchmanski [1990, pp.190, 191, 193, 214-216, 234, 242] による）。学校教育と出版の面ではロシア化の意図がはっきりと読み取れる。

ポーランド分割直後のロシア皇帝アレキサンデルⅠ世（在位1801－1825）は教育面でロシア語を押し付けることはしなかった。1803年にはビルニュース大学を設置させ，小学校の数も1803年には全国でわずか70だったのが，1820年には430まで増加させた。そこでの教育は，かつてのポーランド共和国での国民教育委員会（早坂真理 [1999, p.179] を参照）の方針と同様にポーランド語で行われ，低学年のみ例外的にリトアニア語で教育が行われた。小学校の卒業生のうち32人に1人は大学に進学し，神父・軍人・役人などになった。当時の学校教育は2段階であったが，第二次世界大戦後のリトアニアの教育制度も2段階であった。19世紀初頭においては小学校新入生に占める農民の息子の比率は10ないし30%であったというから，農民の息子の就学率は2割以下であったことは確実で，残りは文盲のまま一生を過ごした。農家の娘に至ってはほとんどが文盲であったろう。このような状態は20世紀になっても続いた。本書第二部の家系図で1番家庭の主人の父も，2番家庭の主人の父も，3番家庭の主人の父も学校に通ったという証言は得られていない。ようやく4番家庭の主婦の父（1930年生まれ）が学校に通っている。

ビルニュース大学は発展したが，しかしリトアニア語学科の設置は認められなかった。そして1830年からの十一月蜂起（ポーランド人の独立運動の反乱）の失敗の後，1832年にビルニュース大学は閉鎖されてしまう。再開は1919年になってからのことである。

1864年にロシア帝国の国家行政改革がロシア全土で始まった。その時点では，リトアニアはもちろんのこと「ポーランド王国」だったポーランド中央部もロシア帝国

領に編入されていた。首都サンクト・ペテルブルグでの改革はリトアニアやポーランドなどロシア帝国全土に及んだ。学校改革ではロシア語教育が義務づけられるようになった。そのためリトアニアではリトアニア人の子供やポーランド人の子供が小学校に入学しなくなり、1897年の人口センサスの時点での就学率（就学年齢児童に占める生徒の比率）はビルニュース県で16.5％、カウナス県で6.8％にまで低下してしまった。しかし同年の識字率はビルニュース県で29.3％、カウナス県で41.9％であった。これは非公式の私営の識字教育がリトアニア語やポーランド語で行われていたからであるという。例えば本書第二部の25番家庭の主婦の母ユーゼ（1900年生まれ）は巡回教師、つまり家庭教師に字を習っている。

またこの学校教育改革で学校が3段階になり、無料の小学校4年の後に有料の7年間の古典ギムナジウム（ラテン語授業があり、無条件で大学に進学できた）と有料の6年間の実業ギムナジウム（理科教育重視で大学進学資格はない）が設置された。このような制度のもとに有産階級の子弟のみ有料の高等教育に進学できた。しかも大学はサンクト・ペテルブルグやモスクワなど遠距離にしかなかった（リトアニアに大学はなかった）。さらにカトリック教徒は役人には採用されなかったから、医師・弁護士・神父などの職業につかなければならなかった。

出版に関しては1865年9月13日のロシア内務大臣の指令141号により、リトアニア全土（ビルニュース県とカウナス県）でリトアニア文字の使用が禁止され、リトアニア西部（カウナス県）ではポーランド文字の使用も禁止された。これらの文字で書かれた書物の輸入と販売も禁止された。リトアニア文字もポーランド文字も基本的にはAからZまでの26文字からなるラテン文字体系であり、そこに若干の発音の変化を示す追加記号（例えばアクセント記号のようなもの）が添付された文字が付け加わっただけである。この文字を使用することが禁止され、リトアニア語で出版しようとする場合は、全く異なるロシア語のキリル文字（АБВГД・・・）を使わなければならないという決定である。これは事実上、リトアニア語やポーランド語による出版を禁止するに等しい内容であった。

1892年には上述した私営の識字教育も禁止された（ポーランドでは1900年に禁止）。このような文化的弾圧にもかかわらず、多くのリトアニア語の本やポーランド語の本が流通した。それらはプロイセンで印刷され国境を越えて持ち込まれたものであった。国境警備兵が押収した本の数に関する統計によれば、1894年から1896年までの3年間で4万335冊、次の3年間で3万9024冊、次の3年間で5万6182冊の本が押収された。

19世紀末に至ってロシア政府のロシア化政策は言語面では大きな困難に直面することになり、ついに1904年に至って、帝政ロシアのビルニュース総督のミルスキーはロシア皇帝ニコライⅡ世（1917年まで在位した最後の皇帝）に対して次のように進言した。「いかなる権力もいよいよ広まりつつあるリトアニア語の本をとめることはできない」。1904年4月24日、ロシアの閣議はリトアニア文字を用いた本の出版を認める決定を行った。この年の2月に日露戦争が始まったばかりで1905年革命の動きはまだなく、ウクライナなどでロシア化政策の転換がなされる前にリトアニアではリトアニア語の出版が復活した。

言語政策の面では、ロシア政府のロシア化政策は失敗に終わった。ロシア語教育はその後も継続したが、禁止されていた巡回教師による識字教育はその後も続けられていた。事実、本書第二部の25番家庭の主婦の母ユーゼ（1900年生まれ）はそのような教育を受けている。それが1914年以前であったことは回想にあるとおりである。このような国民の抵抗を教育面でもロシア政府は撃破できなかった。

1905年の第一次ロシア革命の発生により、ロシア皇帝は、その支配地域におけるロシア化政策の若干の緩和を行った。リトアニア西部のジムジ地方においてのみではあるが、小学校でリトアニア語の授業が復活した。ただし国語以外の科目はロシア語で教えられ、ロシア語の授業も残った。このような若干の改善はあったが就学率はわずか20％であった。現リトアニア領での小学校の数は900でしかなかった（Ochmanski [1990, p.253]）。

以上みてきたように、リトアニアでは教育面でもロシア化政策は敗北した。言語政策と教育政策の面でのロシア政府の敗北が、ロシアが支配した123年間はリトアニアにおいては民族構成の観点からは大きな意味を持たないとする筆者の主張の第二の根拠である。

本節の最後に農民の問題をみておこう。18世紀までのリトアニア農村は農奴制の世界であった。既に第5節の表1でみたように農民は土地を所有できなかった。農地を所有できるのは領主のみであった。農奴を解放しなければならないという意味での皇帝アレキサンデルⅡ世の農奴解放が1863年に行われたことはよく知られているが、農奴を解放することもできるという意味での農奴解放はそれより早く1803年に皇帝アレキサンデルⅠ世によって行われている。これは領主が望むなら農奴を領地から放逐してもよい、また領主が納得する条件で土地を農奴に賃貸してもよい、というものであった。小作農への道が開かれたのである。また1807年にポーランドでも公布されたナポレオン法典は、農奴に対して耕作を放棄して自由の身になる（逃亡する）権利を認めており現ポーランド領では1863年まで適用されていた。アレキサンデルⅠ世の決定によって農奴を解放した領主はほとんどいなかったが、実行した領主もいた（Ochmanski [1990, p.184]）。

本書第二部の24番家庭の主人の祖先は、皇帝アレキサンデルⅡ世の農奴解放以前の1850年代に領主から土地を受け取っている。その土地収受の条件についての回想は聞けなかったが、32haという広さの土地を耕していたことが分かる。23番家庭と24番家庭の祖先は16haの土地を耕していた。27番家庭では32haであり、28番家庭の

祖先は，32haの土地を耕す近所の農民の領主への地代の支払いが滞ったので，その半分を買い取っている。この16haとか32haとかの数値の一致は決して偶然ではない。中世以来のポーランドでは，土地の広さはブウカ（wloka）という単位で測られた。後にドイツ的単位のモルグ（ドイツ語ではモルゲン）という単位が導入された。その1モルグの広さには変遷があるが（詳細は吉野悦雄[1993, p.113]を参照），19世紀には0.56haに定まった。そして1ブウカは30モルグと定められ，したがって1ブウカは16.8haとなった。一方，ロシアの土地面積の単位は当時はデシチャナであり1デシチャナは1.092haであった。ロシア支配が50年も経過した1850年代でもまだ古いポーランド風の単位で土地が取引されていたことが分かる。筆者が調査に入ったウテナイ部落では，領主は2ブウカを1ブロック（リトアニア語でblokas，区画）として農民に売り渡し（または賃貸に出し）たようである。筆者はインタビュー中にブロックをブウカと聞き間違えて混乱した。

筆者はかつて第二次分割後プロシャ領に編入されたポーランド西部の農村で調査を行ったが（吉野悦雄[1993]），そこでは19世紀において既にドイツ的単位であるモルグによって土地取引が行われていた。しかしリトアニアでは1850年代でも古いポーランド風の単位で土地取引が行われていたのである。ロシア的単位のデシチャナは徴税の単位としては使用されていたかもしれないが，土地取引では使用されていなかったことが分かる。土地取引の面でもロシア文化の支配はドイツのそれほどには浸透していなかったのである。

ただし19世紀の前半では，ロシア人（ベラルーシ人ではない）貴族がリトアニアの地のポーランド人領主・リトアニア人領主の土地を買い取る形で，進出してきた。ロシア人のナリシキン一族はリトアニアで14万7千デシチャナ（16万ha, 1600平方キロ）の領地を所有していた（Ochmanski [1990, p.198]）。多くのロシア人農奴がリトアニア地方に連れてこられた。34番家庭（ベラルーシ人）の曾祖父もベラルーシの地で農奴だったが，領主に連れてこられて，リトアニアの地に移住してきている。このような農民のロシア化の傾向は1863年の一月蜂起で歯止めがかかった。ポーランド貴族はポーランド独立をめざしてリトアニアの地でも一月蜂起に加担したが，ロシア政府は農民を領主から切り離して貴族の立場を弱める政策をとった。1863年には，1864年からロシア全土で行われた農奴解放を先取りした農地の分与が部分的に行われ，1864年からは農奴は国家からの長期ローンを利用する形で農地を受け取った（詳細は多くの研究書を参照されたい）。その結果，大領主の手元に残った土地はカウナス県では全農地の45％までに減少し，ビルニュース県では44％までに減少した。多くの個人農が誕生したのである。1893年にはカウナス県で平均34haの土地を持つ5239軒の個人農が存在しており，ビルニュース県では平均24haの土地を持つ5485軒の個人農が存在していた（以上はOchmanski [1990, pp.211-212]による）。このように19世紀後半ではロシア人の入植ではなく，リトアニア人農民の独立が発生したのである。

農民は土地を受け取ったが，しかし人口増加は激しく，それゆえ農民の生活は苦しくなる一方であった。26番家庭の主人の祖父ヤクバス（1912年死亡）は親の土地32haのうち3分の1を相続したが，そこからの収穫ではとても家族を養えず，4人の息子がいたが，2人は米国に，2人はアルゼンチンに移住している。息子全員が祖国を離れた。24番家庭の第2世代のミコラスは4人の息子がいたが3人は米国に移住している。そのほか24番家庭から32番家庭までのリトアニア人家庭における外国への移民の多さは驚くほどである。また本書第二部のポーランド人家庭やタタール人家庭においても多数の移民例を発見できる。しかしこれは筆者が調査した村だけの特殊例ではない。1868年から1914年までの期間にリトアニアの全人口の25％に相当する人口が国外，とりわけ米国に移民した（Ochmanski [1990, p.212]）。移民出国は80万人に達していたことになる。

リトアニアではポーランドと同様にナポレオン法典の影響のもとに均分相続が支配した。これは本書第二部のほとんどすべての家庭で確認できることである。3人の息子に農地を分割して全員に農家を継がせるには50haは必要であったろうが，50ha以上を所有する農家は，1905年において，カウナス県でわずか852軒，ビルニュース県でもわずか777軒であった（Ochmanski [1990, p.223]）。

以上，本節では，宗教・言語・教育・土地所有の観点から，ロシア支配の123年間の特徴をみてきた。結論を繰り返せば，民族構成に対しては，この時期のロシア支配は決定的な影響力を持たなかったということである。27頁の表5にあるように，たしかにカトリック比率は19世紀後半で6ポイントから9ポイントも減少している。次節で述べるようにユダヤ人人口は概して横ばいであるから，これはロシア正教徒の増加を意味する。この時期はリトアニアにロシア帝国の行政支配が完全に及んだ時期であり，ロシア人の人口増加の主因は，役人や軍人や鉄道員（ワルシャワ＝サンクト・ペテルブルグ間の鉄道は1862年に開通している）あるいは勃興する産業資本の経営に従事する者などによるものと考える。彼らの多くは第一次世界大戦後のリトアニアの独立に伴い祖国に引き揚げていくので，1923年におけるリトアニアのロシア人比率はわずか2.5％になってしまう。定住したロシア人農民やロシア人労働者がいかに少なかったかが分かろう。ロシア支配は社会の表層にとどまったのである。

第8節　ユダヤ人の米国移民とユダヤ人虐殺（ポグロム）

ポーランドの第一次分割により，ロシア帝国は，ポーランド王国に居住していた多くのユダヤ人を自国民とし

図8 1835年のユダヤ人定住地域（太線で囲われた全域）

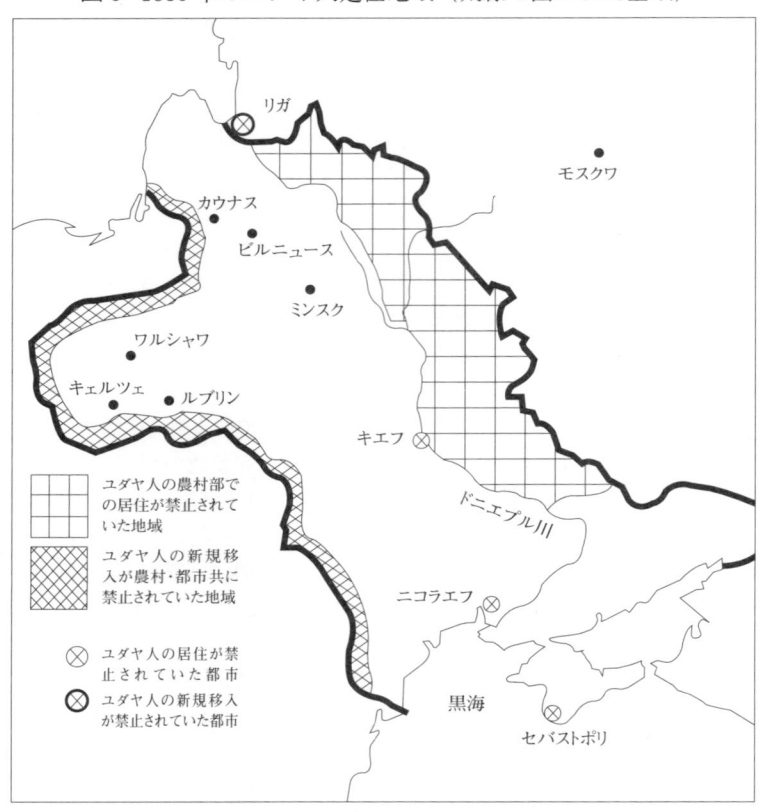

出所）Dan Cohn-Sherbok [1994, p.140]

て抱え込むことになった。国境線がなくなったのであるから，ユダヤ人は自由にモスクワなどに移動できるようになったのである。しかしロシア帝国はユダヤ人の旧ロシア帝国領土への流入を嫌い，ユダヤ人が住むことのできる定住地域（pale of settlement）を定めた。これは，その後のポーランドの第三次分割で地域としては確定し，図8が示す範囲，すなわち16世紀初頭にリトアニア大公国が最も隆盛を誇った時期のリトアニア大公国の領土にモルダビアと黒海沿岸とクリミヤ半島を付け加えた部分にユダヤ人の居住を限定した。

19世紀初頭には，図8の中で示されているユダヤ人定住地域のうち東部の地域では農村でのユダヤ人の居住が禁止され，都市へ強制移住させられた。さらに1835年には西欧との国境地帯に帯のようにユダヤ人の新規居住禁止区域が設定された。このように西欧からのユダヤ人の流入を第一の防波堤（これは「緑の国境地帯」と呼ばれた）で防ぎ，ついで広大な第二の防波堤では農村部の中に点在するごく少数の都市の中にユダヤ人を押し込めた。しかもこの定住地域から国外へのユダヤ人の出国は禁止された。リトアニアはこのユダヤ人定住地域に含まれ，国境地帯を除けば農村部にもユダヤ人は居住できた。広大な第二の防波堤は1881年のポグロム（ユダヤ人への集団的襲撃・虐殺）の後，さらに拡大されるが（高尾千津子［1999, p.74］），リトアニアはユダヤ人の農村居住禁止区域には含まれなかった。農村の中心市街はミアステチコ（小さな都市の意味）と呼ばれ，ユダヤ人はそこに集中して居住した。もちろんビルニュースなど都市にも多数居住した。ただし19世紀後半になると特定職業のユダヤ人に対しては，旧ロシア帝国領への移住が許可され，音楽家や企業経営者などが移住した。48番家庭の主婦の祖母ドルーマのいとこが19世紀末にはサンクト・ペテルブルグに居住しているが，それはこの許可を得ていたからである。

このユダヤ人定住地域からは，19世紀末から20世紀初頭にかけて，多くのユダヤ人が米国に移民したことはよく知られている。その背景には前節で述べたリトアニア人農民と同様に貧困があった。街の靴職人やパン屋の子供たちは，新大陸で新たな職を探さなければならなかった。ユダヤ人というと裕福な銀行家を思い浮かべる読者も多いであろうが，実際は移民の多くが中流以下の貧しいユダヤ人であった。48番家庭の主婦ドルーマ（1914年生まれ）は小学校に入学するとき，靴を買ってもらえなくて裸足で通学している。このような貧しいユダヤ人がたくさんいたのである。1901年にニューヨークに上陸したロシア帝国からのユダヤ人移民が所持していた金銭は平均でわずか7ドルであった（Wrobel［1991, p.8］）。同年の北米航路の三等船室の運賃は22.5ドルであった（野村達郎［1995, p.56］）。

野村達郎［1995, p.21］によれば，1881年から1910年の間に米国が受け入れた移民総数は1772万人であるが，そのうちユダヤ人は1割近い156万2800人であり，そのうち111万9059人はロシア帝国からの移民であった。ただし上述したように定住地域外の現ロシア共和国の領土からのユダヤ人移民は非常に少なかった。米国以外にも第一次世界大戦までの数年間にイギリスに12万人，南米に1万7200人移住しており，カナダへは1914年の1年間だけで1万1252人がロシアから移住している（Wrobel［1991, p.8］）。野村氏が述べるように，他の国からの移民，特にイタリアからの移民は出稼ぎ型移民であり，8割以上が本国に帰還しているが，ユダヤ人の本国帰還はほとんどなかった。Wrobel［1991, p.8］によれば，1899～1914年に米国に純移民（本国帰還者を除く移民のこと）したロシアからのユダヤ人は106万6千人で，それ以外の国からの純移民は261万7千人であった。この期間に米国に定住移民で入国した7人のうち2人までがロシアからのユダヤ人であった。野村氏が述べるようにロシアからのユダヤ移民が米国移民のトップだったのである。

移民の急増が始まった1880年以前のユダヤ人の米国移民のデータについては調べがつかなかったが，かなり少数であったと考えられる。また年別の統計をみると，1906年には，それ以前より5割近くユダヤ移民が急増し

たことが分かる (Wrobel [1991, p.8])。

この2度にわたるユダヤ移民急増期は、いずれも1881年と1905年に発生したユダヤ人の集団虐殺の直後である。本書の筆者は、ロシア帝国から米国へのユダヤ移民の主要因はポグロム（ロシア語でホロコースト・集団殺害の意）であったと考えているがやや異なる見解もある。例えば野村達郎 [1995, pp.38, 40] は、ポグロムの重要性を認めた上で、1881年と1897年のユダヤ人人口比率を比較しつつ次のように述べる。「ロシア帝国のなかでもっとも多くのユダヤ移民をだしたのが、ポグロムの激しかった南ロシアではなく、経済的にもっとも貧しかった北西ロシアだった（中略）。迫害および制限がなかったとしてもユダヤ移民の大波は生じたであろう。（中略）とくに移住者を多くだしたのはリトアニアとベラルーシであり（以下略）」。ここで野村氏が用いる「移民」は国内移動であり、北西ロシアからユダヤ人が北米への移民と並んで、工業化が進んだ南ロシア（黒海沿岸のウクライナ地方）やポーランドへまず移住したとしている。たしかに19世紀後半のリトアニアにおけるユダヤ人の人口比率は横ばいであったから、野村氏の述べるように相当数のユダヤ人が黒海沿岸の南ロシアやポーランドに移住したことは間違いない。

表6 1897年と1910年と1923年のリトアニアにおける全人口とユダヤ人人口比率

	1897年総人口	1897年の比率	1912年総人口	1910年の比率	1923年の比率と総人口
カウナス県	154万5千人	13.9%	181万9千人	16.0%	リトアニア全土で8.3%
ビルニュース県	159万1千人	13.0%	199万人	13.9%	リトアニア全土で217万1千人

出所) Wrobel [1991, p.14], TLE [1988, t.1, p.632], GUS [1993, p.74]

しかし1897年以降は表6のように異なる傾向を示す。この表6から計算すると1897年のユダヤ人人口は42万1千人であり、1912年の人口は（その比率が1910年と同じと仮定して）56万8千人となる。35％の人口増である。1905年のポグロムがなかったリトアニアではユダヤ人人口は増大している。一方、ポグロムがあったウクライナではユダヤ人人口が減少している。野村氏が述べるようにポグロムがなかったとしても米国移民は増大していたであろう。しかしこれほど大規模な移民が発生したのはポグロムが主因であったと考えるのが自然ではないだろうか。事実、既に紹介したようにポグロムの翌年の1906年にはユダヤ移民は激増しているのである。またリトアニアのユダヤ人人口はこの時期には40万人程度であるから、最大の米国ユダヤ移民を排出した供給源は北西ロシアではなく、200万人以上のユダヤ人を抱えていたウクライナであったろう。

また既に示した表3と表4のユダヤ人人口比率を比較すれば分かるが、1860年から1897年までユダヤ人人口比率は2郡で減少、1郡で増加であり、増減の傾向を特定できないが、しかし表6からは20世紀の最初の10年間にリトアニアのユダヤ人人口比率が増大していることが分かる。これは何によるものであろうか。たしかに19世紀後半においては野村達郎氏が述べるように北西ロシアからウクライナにユダヤ人が流出したと考えるべきだろう。しかし1881年のポグロムとその後のロシア皇帝によるユダヤ人の農村からの追放策によって、さらに1905年のポグロムの後は、多くのユダヤ人がウクライナ社会に絶望して米国に流出したと考えるのが自然なのではないだろうか。あるいはポグロムのなかった北西ロシアに逆に戻った例も多かったのではないだろうか。

一方、1923年のリトアニアの国勢調査ではユダヤ人総人口もユダヤ人比率も共に激減している。ユダヤ人人口の減少はもっぱら旧ビルニュース県（4万2千平方キロ）のほぼ全域（約3万9千平方キロ）がポーランドの領土となったためであり、一方南隣の旧スバウキ県（1万2千平方キロ）のうち約8千平方キロがリトアニア領となったものの、総面積が8万2300平方キロから5万2822平方キロに減少したことに対応している。またユダヤ人比率が40％にも達していたビルニュース市を失い、大量のユダヤ人がポーランド領に帰属することになった反面、ユダヤ人が相対的に少なかったスバウキ県の3分の2（主に農村部）が編入されたため、戦前のカウナス県の比率の半分程度までにユダヤ人人口比率が減少している。これにはユダヤ人の移民出国の影響も多少あるが、ほとんどは国境線の変更に伴う人口比率の変動である。

このようにして、多くのユダヤ人がある者は直接に米国に移民し、ある者は南ウクライナへの移住を経て米国に移民した。次に彼らはどのような方策を用いて米国に移民したのかをみてみよう。

ロシアで大規模ポグロムが2回にわたって発生し、ウクライナ南部では農村部からユダヤ人が追放され都市部に移動させられるなど迫害があったことは事実であるが、しかしロシア政府は1917年まで一度もユダヤ人の国外追放政策をとらなかった。それどころかユダヤ人の国外移住を厳しく制限していたのである（そしてソ連政府は1987年までこれを行った。本書補章の表2を参照のこと）。したがって多くのユダヤ人が非合法に国境を越えなければならなかった。24番家庭の第5世代のヤヌシや30番家庭の第2世代ピョトラスあるいは28番家庭の第3世代のロザリアのように（ただし彼らはリトアニア人である）、移民仲介業者に相当の金額を支払い、ついで船賃を用意しなければならなかった。そして盗品の国外パスポートを業者より入手し（このパスポートは米国入国後は本国に送り返され、業者により何度も使用された）、国境では国境警備兵に賄賂を渡さなければならなかった（以上はWrobel [1991, p.8] による）。野村達郎 [1995, p.53] は官憲に賄賂を渡して正規の旅券を得た場合もあったと述べている。しかし多くのユダヤ人はオデッサ（黒海沿岸のウクライナの港町）から乗船することはできなかった。まずリトアニアやポーランドに移動し、ついで非合法に国境線を越えてプロシャに脱出し、ハンブル

グなどから北米航路の客船に乗船した。このようにして上述したようにわずか7ドルだけ持ってニューヨークに上陸したのである。米国政府は第一次世界大戦前は移民を制限していなかったが危険な伝染病患者の入国は拒否しており，入国拒否者の帰りの船賃は船会社に負担させていた。そのために乗船前に船会社による健康診断があり，上陸後は米国政府による健康診断があった（野村達郎 [1995, pp.59-62]）。29番家庭の第2世代のアダム（リトアニア人）も48番家庭の第2世代のフルーマ（ユダヤ人）もトラホームを理由に米国移民を拒否されている。

筆者はユダヤ人の米国移民の最大要因はポグロムであったと考えているが，ロシアにおける最初の大規模なポグロムは，1881年3月1日に，農奴解放を行ったアレキサンデルⅡ世がナロードニキの一派に暗殺され，その犯人の中にユダヤ人が含まれていたことを発端に発生した。翌月の4月15日から5月8日までに集中的に発生したという。商店を略奪されたり，家を破壊された被害者は2615名にのぼったが殺害された者は11人にすぎなかった（黒川知文 [1996, pp.114-119]）。襲撃したのはほとんどがロシア正教徒であった。このポグロムが民衆の間に自然に発生したものか，ロシア政府によって画策され扇動されたものであるのかについて見解が分かれ，黒川氏は自然発生説の立場をとる。ただしかなり専門的な問題になるが，その立証方法と黒川氏の著作のオリジナリティーに関して高尾千津子 [1999, pp.70-79] による厳しい批判と，黒川氏による反論 [1999, pp.113-123] があることを紹介しておこう。筆者は両氏の論争に評価を与える能力を持たないが，事実の紹介の部分に限っていえば黒川氏の著作に大きな誤りはないので，読者は黒川氏の著作によって1881年のポグロムの概略について知ることができる。

しかし，本書の筆者にとってポグロムとは何だったのかについてはまだよく分からない。黒川氏の著作により，殺されたユダヤ人が11人であったことは分かるが，その他のユダヤ人は殴られたのかそうでないのかを始め，住民の自然発生的なパニック出現のメカニズムが解明されていないように思われる。

このポグロムの理解は20世紀のリトアニア史の上で不可欠なものである。なぜなら1941年6月から10月にかけて数万人のユダヤ人が殺されるポグロムが発生しているからである。もちろんナチス・ドイツ軍のリトアニア侵入の後であるが，実際に殺害の銃の引き金を引いたのはリトアニア人であった。

このポグロム理解に役立つすぐれた研究が最近発表されたので簡単に紹介しよう。

ポーランドのキェルツェ市（ワルシャワから南方150キロ。図8を参照）で1946年7月4日にポグロムが発生した。このポグロムは，アラブ過激派による爆弾テロ事件を除けば第二次世界大戦後の世界最大のポグロムである。そして長らくポーランドの歴史書の記述からは除外され，その事実が隠蔽されてきた。戦間期の大土地領主の研究を行ったRoszkowskiの著作には既に言及しているが，そのRoszkowski [1991b, p.165] がこの事件に言及している。この本は同氏がAndrzej Albertの偽名のもとに1981年12月からのポーランド戒厳令施行下で地下出版した20世紀ポーランド史の本である。同氏は次のように述べる。「40人のユダヤ人が殺されたこの事件の原因は住民の反ユダヤ主義にあり，それは社会主義政権首脳部ユダヤ人への反感によって養われたものである。しかし状況証拠からすれば，ポーランド人社会と妥協しようとする治安当局によって引き起こされたものである」。つまりポーランド人の不満をやわらげるガス抜きとしてこの事件が画策されたというのである。Roszkowskiは明確に陰謀説をとっている（なお，1990年にキェルツェ市内に建立されたポグロム記念碑には42人が殺されたと彫られている）。

ポーランド内務省のアルヒーフ（文書館）を利用したSzaynok [1997] の論文がこのポグロムを詳しく論じているので概略を紹介しよう。

1946年7月1日にキェルツェ市に住む9歳のヘンリク少年は，夏休みだったので，親にだまって25キロ離れた知り合いの家に出かけた。7月3日の夜に家に戻った少年は，親から叱られるのを恐れて，「知らないおじさんに出会って地下室に閉じ込められたけれど逃げてきた。地下室にはもう一人少年がいた」と嘘をついた。たまたまそのとき，両親の家に来ていた近所の人が，「そのおじさんはジプシーだったのかユダヤ人だったのか」と少年に聞いた。少年は「ポーランド語を話さない人だった」と答えた。当時ユダヤ人はドイツ語系言語のイーディッシュ語を話し，ジプシーはロマ語を話していたのである。そして少年は「たぶんユダヤ人だった」と答えた。7月3日の夜にこのことが警察署に報告された。翌4日の午前8時に父親と近所の人とヘンリク少年は警察署に向かったが，その途中でユダヤ人アパートの前を通り，父親と隣人は少年に「この家に閉じ込められたのか」と聞いた。少年はアパートのそばに立っていた背の低い人物を指さし「あの人が地下室に僕を閉じ込めた」と言った。警察署では少年の話は本物と受け取られ，ただちに10人の警察官がヘンリク少年を連れて，警察署のすぐそばのユダヤ人が多く住むプランティ通りのユダヤ人アパートに向かった。通りがかりの人は何が起きたのかと警察官に聞き，警察官は少年がついた嘘を繰り返し，さらに「ユダヤ人によって殺されたポーランド人少年を探しているのだ」と通りがかりの人に言った。当時，ユダヤ人は宗教的行事のためにカトリックの子供を殺してその血を用いるという流言がキリスト教徒の間で幅広く信じられていた。

ユダヤ人アパートの前にポーランド人が集まり始めた。彼らは警察官から聞いた話を信じた。しかしただ静かに見守るだけであった。これらのことは8時から9時の間に，治安警察の署長ソブチンスキと治安警察に派遣されていたソ連の軍事アドバイザーのシピレボイに知らされた。午前10時になると約100人のポーランド軍兵士と5

人の将校がプランティ通りに派遣されてきた。兵士たちは何も事情を知らされていなかったので，何が起きたのかを住民に聞いた。そして住民は警察官から聞いた話を兵士にした。そして兵士と警察官はアパートの中に入り，ユダヤ人に武器を捨てるよう要求した（当時は第二次世界大戦直後でまだパルチザン戦が続いており，ピストル類は社会の中に普通にあった）。しかしユダヤ人全員がこの要求に応じたわけではなかった。

この先は目撃者の証言に食い違いがあるが，兵士はアパートの2階に上がっていき，そこで銃の発射があったことは確かである。Szaynokは1階にいた人の証言を引用しているが，2階の直接目撃者の証言は示していない。どちらが先に発砲したかは分からないが1人のユダヤ人が殺されている。

そしてアパートのユダヤ人住民は全員が通りの外に出されて並べさせられた。ある証言は兵士がライフル銃の銃尻でユダヤ人を殴ったと述べ，ある証言は兵士は何もしなかったがポーランド住民が手当たり次第の物を持ってユダヤ人に殴りかかったと述べている。

午前11時ころ，ユダヤ人自治組織の委員長カハネが兵士によって射殺され，同じ11時ころ，現地の治安警察はワルシャワの本部に電話連絡を入れている。11時30分ころには騒ぎは町中に広まり，別の道路でユダヤ人が殴られている。12時ころ，兵士は群衆をアパートの前の広場から押し戻したが，群衆は解散しようとはしなかった。一時は静寂が取り戻された。しかしその直後に近くの鉄鋼所の労働者たちがやってきてユダヤ人への攻撃を始めた。その場には治安警察の署長ソブチンスキとソ連軍事アドバイザーのシピレボイもいたが，兵士も治安警察も労働者を止めようとはしなかったとの証言がある。労働者により約20人のユダヤ人が殺された。午後2時ころ，ポーランド軍の将校がキェルツェのカトリック教会に支援を要請し，5人の神父が群衆に対して家に戻るように説得した。神父は家に戻らなければ兵士は（ポーランド人の群衆に向かって）銃を使用するかもしれないといった。同じころ，新たなポーランド軍の部隊が投入され，午後3時ころにはポグロムは終息した。40人以上のユダヤ人が殺された。

ただちに殺害者の逮捕が始まり，裁判が始まり民間人（ポーランド人）の9人に死刑が宣告され7月8日に銃殺刑が執行されている。ユダヤ人犠牲者の埋葬が行われた日である。さらに多くの人が逮捕され取り調べでは拷問も行われた。逮捕者の選定は無差別で，当日その場に居合わせなかった人まで含まれていた。兵士や警察官も起訴され，治安警察の署長ソブチンスキと一般警察の署長も起訴されたがこの2人は無罪となっている。

著者のSzaynokによればソブチンスキは前年の1945年に不発に終わったジェシューフ市でのポグロムの現場に居合わせており，住民の行動様式を熟知していたという。Szaynokの見解によれば，ソブチンスキが騒ぎを大きくさせたがっていたことは確実であるという。たしかに鉄鋼所の労働者たちが来たとき，何の防止行動も起こしていないからである。しかし一方で，ポーランド軍がポグロムを終息させようとしていたことも事実である。Szaynokはさらにいくつかの解釈を行っているが紹介する必要はないであろう。以上の紹介により，たった一つの例ではあるがポグロムの発生メカニズムがかなり理解されたと考えるからである。これを自然発生とみるか画策とみるかは解釈の問題である。

Kuron i Zakowski［1996, p.36］によれば，1946年7月の時点で，ソ連への疎開からポーランドへ帰還したユダヤ人は24万5千人であった。ポーランドを経由してイスラエルに移住しようと考えていたユダヤ人も多かったが，ポーランドに残ろうと考えていたユダヤ人もいた。しかしこのキェルツェのポグロム事件の後，大多数のユダヤ人は移民を決意した。Szaynokによれば，このポグロムまではユダヤ人の出国は1か月平均で約千人だったが，1946年の7月と8月と9月の3か月間で6万人のユダヤ人がポーランドを出国している。警察や軍隊さえ生命を保証してくれないポーランドに絶望したからである。戦後ポーランドのユダヤ教徒は極小の少数民族となり，統計年鑑によれば1996年で1222人しかいない。ここまで激減してしまった原因はナチによるホロコースト（ポグロム）ではなく，キェルツェのポグロムだったのである。キェルツェのポグロムは，ロシアからの米国移民の激増の主因がポグロムにあったとする筆者の見解の傍証にはなろう。

以上，ユダヤ人へのポグロムについて論じてきたが，しかし本書第二部の44軒の回想においては，48番家庭の主人イサクが1930年代にユダヤ人商店への襲撃があったと回想していることを除けば，ユダヤ人とその他の民族との紛争について言及はない。26番家庭の主人はユダヤ人とリトアニア人との民族対立はなかったと述べている。それどころかユダヤ人とそれ以外の民族とは緊密な協調関係にあった。農民は村の中心街にあるユダヤ人商店で靴（26番家庭の回想）や塩・砂糖・ランプ用灯油（27番家庭の回想）を購入している。またユダヤ人商人は近隣の部落に出向き羊や卵を農家から買い付けている（27番家庭の回想）。またリトアニアでは農村部（行政区域で村という意味ではなく，村の中心街ではない近隣の農業地帯という意味。部落）にもユダヤ人農家が居住していたが，28番家庭の第3世代のヨーザスは夫婦でユダヤ人農家に住み込んで働いている。27番家庭の第2世代のマタスはユダヤ人農家から土地を賃借して耕作している。32番家庭の第1世代のアガータは近所のユダヤ人の子供とよく遊んだのでイーディッシュ語（ユダヤ人言語）が分かるようになった。34番家庭の主婦はユダヤ人家庭に女中に入り，イーディッシュ語で会話した。主人はイスラエルへ移民したが，戦後リトアニアを訪問しかつての女中と会っている。そして米国へ移住した26番家庭の第3世代アダマスに関する回想は印象的である。あるユダヤ人がアダマスの父から金を借りたまま米国に移住し成功

した。ユダヤ人は米国から金を返済し，アダマスの父がかつて助けてくれたお礼にアダマスを米国に呼び寄せたいと申し出た。それでアダマスは米国のボストンに移住できた。このようにユダヤ人とその他の民族との間には好ましい協調関係が存在した。おそらくウクライナ地方でも好ましい協調関係が存在していたのだろう。それにもかかわらず突然に狂気のようなポグロムの嵐が吹き荒れるのである。この不思議なメカニズムの理解のために，十分ではないかもしれないが，一例としてキェルツェ市のポグロム発生の経緯を紹介したのである。

第9節　リトアニアの独立と国境線の確定

1914年6月28日にオーストリア皇太子夫妻がユーゴスラビアのサラエボでセルビア人青年によって暗殺され，1か月を経て7月28日にオーストリアがセルビアに宣戦布告を行い，8月1日にはドイツがロシアに対して宣戦布告をして，全世界的な大戦が4年半も継続することになった。この戦争は民族構成の観点からもリトアニアに大きな影響をもたらした。すなわちロシア（厳密には1917年以降のソビエト政府）は第一次世界大戦で敗北したわけではないが，戦後の国際関係の中でロシアが支配してきたリトアニアの独立が認められることになったのである。

1915年8月にはカウナスがドイツ軍の手に陥落し，9月にはビルニュースが陥落し，10月には前線はさらに東に移動した。ドイツ軍を恐れて20万人とも40万人ともいわれる難民がロシアの奥深くへと避難した（Ochmanski [1990, p.262]）。14番家庭の第2世代では14人もの人がクリミヤ半島へと疎開しているし，20番家庭では第1世代と第2世代の11人がクリミヤ半島へ疎開している。本書第二部の44軒の中では多くのイスラム教徒のタタール人家庭が疎開を行っているが，一般には36番家庭の主人の祖母アンナや37番家庭の主婦の父ダビドのように，主にロシア正教徒が疎開したことはいうまでもない。ダビドはスパイ容疑により疎開先で赤軍に殺されている。ロシア人の官僚や軍人などは疎開し，リトアニアはドイツ軍が支配したから，ロシア化政策は一掃された。3年間のドイツ占領中は農民は平穏に，しかし苛酷な条件で生きていかなければならなかった。ドイツはリトアニアを食糧の収奪基地とみなしたから，餓死しない程度の食糧しかリトアニアには残されなかったからである。しかしユダヤ人に対する残虐行為などはなかったようである。

リトアニアの独立の最初の動きは「評議会（リトアニア語でタリーバ）」の結成である。ロシアでは1917年2月に革命が起き，国内の混乱が続いた。3月には皇帝が退位し帝政が終了し，4月にはレーニンが亡命先のスイスからロシアに帰国し，7月にはケレンスキー内閣が誕生した。ロシア革命の詳細は省略するがこの時点でボリシェビキ派の武装蜂起が予想されていた。しかし一方でドイツとの戦争も継続しなければならなかった。ケレンスキーがリトアニアに対して自治権の付与を持ちかけ，そ

の代償に占領者ドイツへの戦いにリトアニア人が蜂起するよう説得するのではないかということをドイツは最も恐れていた（リトアニアの小学校第10学年（高校2年生）用教科書『リトアニア史1915-1953』による。著者はArunas Gumuliauskas [1994, p.13]）。ドイツは，このロシア側の戦略を妨害しつつ，西部戦線に戦力を集中し英・仏を打破するため，東部支配地域で現地住民にある程度の自治を与え，平穏のうちに支配を継続することをねらっていた。

リトアニア人にとっては独立への絶好のチャンスが訪れたのである。後に大統領になるスメトナたちは国民議会の選挙の実施をもくろんだが，ドイツ側は合意せず，結局リトアニアを代表する知識人を指名して，彼らに集まってもらって「リトアニア人会議」を開催し，そこで内閣に相当する「評議会」を選出することで合意がなされた。ドイツ側はリトアニアの自治は容認したが，まだ独立は認めていなかったのである。それゆえ「評議会」という名称が用いられた。準備委員会は264名の代表的知識人にリトアニア人会議への招待状を送り，そのうち222名が1917年9月18日にビルニュースに集まり「リトアニア人会議」が成立した（村田郁夫 [1999, p.276] は8月22日と誤って記述している）。222名の内訳は神父66名，富農の個人農65名，知識人72名，工場経営者12名，大領主5名，労働者2名であった（以上はGumuliauskas [1994, p.13]）。中道派と保守派と民族主義者のよりあつまりであった（Ochmanski [1990, p.267]）。222名（Ochmanskiによれば214名）は無記名投票で内閣に相当する20名からなる「評議会（タリーバ）」を9月22日に選出した。全員がリトアニア人であった。これは1918年7月からはリトアニア国家評議会と名称を変更することになる（Gumuliauskas [1994, p.14]）。1917年9月23日にドイツはこの評議会（タリーバ）を承認し，9月24日にはスメトナが議長に選出された。将来独立するであろうリトアニアの領土はリトアニア人が居住する地域（現在のリトアニアの領土とほぼ同じ）に限定され，そこで民主国家を建設することが決議された。重要なことは，この評議会の定員は20名ではなく，少数民族のためにさらに空席を用意していたことである。しかしユダヤ人もポーランド人もベラルーシ人も評議会への参加の呼びかけを無視した（Gumuliauskas [1994, p.15]）。ドイツも含めてまだどの国もリトアニアの独立を承認してはいなかったが，このような形でリトアニアの独立が準備されたことは，その後の22年間のリトアニアの民族問題を象徴している。

1917年11月7日のロシア革命の成功に続いて，「評議会」は12月11日に，リトアニアと他の国家との間に存在する既存のすべての国家的（従属）関係を破棄しビルニュースを首都とする独立国家の成立を宣言した。しかしドイツはこれに応えず，12月下旬から新しいソビエト政府とブレスト・リトフスク市（ポーランドとベラルーシの現国境にある町）で和平交渉を開始し，1918年

3月3日にドイツとソビエトとの間の講和が成立するまでリトアニアに対する対応を留保した。待ちきれない「評議会」は1918年2月16日にもう一度同様の宣言を発表している。3月23日のベルリンでの会談でようやくドイツ皇帝ウィルヘルムはリトアニアの独立がありうることを認めた。この後の「評議会」は，ドイツの庇護を認めつつ独立国家として再生することを前提に，「ビルニュースを首都とする」国家の成立をめざしてさまざまな交渉を行った。すなわちリトアニアと同様に将来独立するであろうポーランドとの国境線の確定問題が最大の焦点となったのである。

これらの問題が解決する前に，1918年11月3日にドイツのキールで暴動が発生し，11月9日にはドイツ皇帝はオランダに亡命し，11月11日にドイツは休戦協定を結んで第一次世界大戦の戦闘は終了した。この同じ日にピウスツキはポーランドに帰国し，ポーランド軍最高司令官に就任し，この11月11日をもってポーランドは独立したと考えられている。リトアニアの「評議会」の後継である「国家評議会」は10月28日に暫定憲法を採択し，11月2日に暫定憲法を宣言している（以上はGumuliauskas[1994]とOchmanski[1990]による。該当頁の引用は省略）。ポーランド独立と同じ日の11月11日にボルデマーラスを首相とする政府が樹立された。ポーランドの場合，1919年の1月には米国が，2月には英・仏両国がポーランド共和国を承認するが，リトアニアの場合，他国から独立の承認を受けないまま翌月の12月には悲劇が待ち受けていた。

12月22日になるとソビエト軍がリトアニアに侵入し，12月31日にリトアニア政府はビルニュースからカウナスに逃亡した。1919年1月6日にはビルニュースが陥落し，ソビエト軍はさらに西方へと軍を進めた（Gumuliauskas[1994, p.39]）。リトアニアに駐留していたドイツ軍は何らの戦闘も行わず退却し，ソビエト軍はトラカイ市（ビルニュースから西方に25キロでカウナスまで75キロ）まで進駐した。1919年1月末になるとソビエト軍は暫定首都カウナスにまで迫った。リトアニア政府（カウナス政府）はドイツに支援を要請し，赤軍の侵入はリトアニアだけでなくドイツにとっても危険な存在であると，ドイツ軍の戦闘参加への説得を試みた。説得に応じたドイツ政府はラトビア駐在の部隊も動員して，2月10日に赤軍を破りこれを撃退した（Gumuliauskas[1994, p.52]）。第一次世界大戦は1918年に終了したと思われているが，1919年になってもドイツ軍は戦闘を続けていたのである。

1919年1月6日にソビエトの支援を受けたリトアニア共産党による社会主義政権がビルニュースで誕生し，リトアニアで最初の社会主義政権となったが，赤軍がビルニュースから敗走するまでの3か月しか持たなかった。しかしその間に大土地領主の土地・財産の没収やカトリック教会の没収などを宣言している（Gumuliauskas[1994, p.42]）。

独立したポーランドは，当時，ビルニュース地方のロシア（つまりソビエト）からの奪回をねらっていた。4月上旬になると，ドイツは，ポーランド軍がビルニュースに進軍しソビエト軍（赤軍）を攻撃することを容認したが，ソビエト軍はこれを全く予想していなかった。4月19日にポーランド軍は容易にビルニュース市を攻略し，そこに駐屯した。社会主義政権は崩壊しソビエト軍はビルニュースから逃亡した。一方1月6日に結成されたカウナス政府のリトアニア軍は3月15日から2年間の徴兵制度を導入し兵力を増強していた。リトアニア軍はドイツ軍と協力してビルニュース県の北方地域でソビエト軍と戦闘を続け，徐々にソビエト軍を東方に押し返し，6月2日にドイツ軍が本国に撤収し6月28日（皇太子暗殺5周年の日）にベルサイユ条約に調印した後は，リトアニア軍は単独で戦闘を続け，1919年8月29日には現在のリトアニア全土の解放を勝ち取り，戦闘は終了した（Gumuliauskas[1994, pp.53-54]）。リトアニアの解放という目的が達成されたのであるから，それ以上の追撃は行わなかった。しかし「首都」ビルニュースはポーランド軍が占拠したままだった。

1919年9月になるとソビエト側からリトアニアに対して和平交渉の提案があり，しかし両国間の国境線の確定に関して交渉が長引き，ようやく翌年の1920年7月12日，和平の調印がなされた。ソビエト側はリトアニアの主権を認め，その領土としてカウナス県・ビルニュース県・グロードノ県（グロードノ市はビルニュース市の南南西120キロ）・スバウキ県（グロードノ県の西でビルニュース県の南西）をその領土として認めた。ソビエト側はリトアニアに300万ルーブルの賠償金を支払ったが，リトアニア市民が帝政ロシアの銀行に預けていた1300万ルーブルの預金は没収されたままだった。26番家庭の主人の父親は，アルゼンチンへの出稼ぎ移民で稼いだ金をロシアの銀行に預金していたが，このときその預金を失っている。欧州諸国がリトアニアの独立を承認するのはこの和平の後のことである。1921年9月22日にリトアニアは国際連盟への加盟が承認され，独・ソビエト・スイス・ラトビアなどと国交を樹立した。1922年7月に米が，1922年12月28日に英・仏・伊・日本が国交を樹立している（Gumuliauskas[1994, p.67]）。しかし，ポーランドとの国交は，「首都県」のビルニュース県がポーランドにより不法に占拠されているとの立場をリトアニア政府が堅持したため，ついに樹立されることなく，国交断絶のまま1938年に至る。

一方，リトアニアとポーランドとの間の国境紛争は未解決のままで，ポーランドはスバウキ県とグロードノ県とビルニュース県南部を支配したまま1920年7月を迎えるのである。

さてこの時期のポーランドに目を転じてみよう。その詳細は伊東孝之[1988, pp.68-88]に譲るが，1920年4月の時点では図9にある戦間期のポーランド領土のうち，東部国境線から50キロないし100キロ西方に後退したと

図9 戦間期のポーランドの領土と1939年のポーランド分割

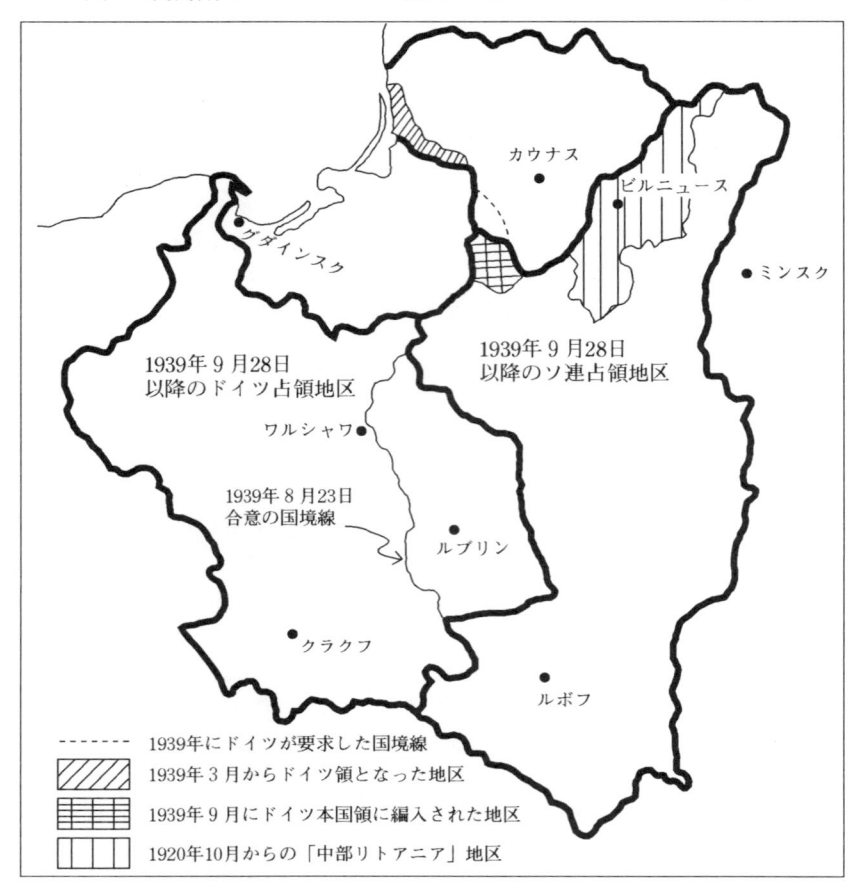

凡例:
- ------- 1939年にドイツが要求した国境線
- 1939年3月からドイツ領となった地区
- 1939年9月にドイツ本国領に編入された地区
- 1920年10月からの「中部リトアニア」地区

出所) AHP-PPWK [1967, pp.44-45], AHS-PWK [1994, p.140]

ス側がポーランドを助けたと述べているが，Roszkowski [1991b, p.27] はドイツとチェコスロバキアの側からポーランド軍に武器の供与があったと述べている。しかし勝利の最大の理由はポーランド軍が故郷に押し戻されるに従い予備役の招集などで兵力が17万人に回復し，しかしソビエト軍側は兵力13万人であったことだろう。ポーランド軍はソビエト軍を押し戻し，図9の戦間期ポーランドの領土の東部国境線のあたりで戦線が膠着した。

ポーランド軍は8月下旬にはワルシャワから北方へも軍を進めソビエト軍を退却させたが，ビルニュース県には進軍しなかった。しかしスバウキ県（ビルニュースから南西方向の県でリトアニア人が多く住む県。図9参照）には侵入し，リトアニア軍を破ってその南半分を占領した。10月7日にはリトアニアとポーランドとの間で停戦ラインの協定が結ばれた。この停戦ラインがスバウキ県を南北二つに分け，現在に至るまで両国の領土の境界線となっている。南半分は県の合併が行われた1998年までポーランド49県の一つであるスバウキ県であった。

停戦協定の翌日の8日にはポーランド軍1万5千人が最高司令官ピウスツキの命令を「無視」する形式をとってビルニュース県に侵入し，9日にはビルニュース市を支配した。実際はピウスツキの命令により侵入したのである。リトアニア軍に勝利し，ポーランドは1939年までこの県全体を支配することになった。

3日後の10月12日にはソビエト軍とポーランド軍との東部戦線全域での戦闘は一応の停戦をみており，翌年の3月にはラトビアの首都リガで両国が和平条約に調印し（リガ条約），ポーランドの東部国境線が確定した。しかしビルニュースの帰属については不確定のままだった。ポーランド側は形式的にはビルニュース県を「中部リトアニア」（図9参照）という独立国家に転換させた。そしてその「独立国家」の国会議員選挙が1922年1月8日に行われた。リトアニア人とユダヤ人は選挙をボイコットしたので投票率は65%であった。105人の「国会議員」が選ばれ，「中部リトアニア」のポーランドへの併合という議案が2月22日に上程され投票が行われた。それは賛成96票で可決された。ベルサイユ条約の後継機関である各国大使会議はこの結果を3月15日に承認し，ポーランド国会は3月24日に「中部リトアニア」のポーランドへの併合を承認した（Blaszczyk [1992, pp.99-100]）。これによってビルニュース県は1939年までポーランドの領土となったのである。

ころまでポーランドの支配権が及んでいた。そして4月下旬にソ連に対して大攻勢をかけウクライナに向けて進軍し，2週間後の5月7日にはキエフに到達している。しかしソビエト軍は反撃の準備を固め，1920年6月20日には大反撃に出た。ソビエト軍は破竹の勢いで50日間で800キロ西方まで軍を進めた。

ビルニュースはこの時点まではポーランド軍が支配していたが，ソビエト軍はポーランド軍を追撃して7月14日にビルニュースに入城した。リトアニア側は2日前の7月12日に和平条約に調印したばかりだったので，その合意に基づき，ビルニュース県をリトアニアに明け渡すよう要求し，ソビエト側も8月26日にはビルニュースをリトアニアに明け渡している。このようにして，リトアニアは1920年10月上旬まで6週間ビルニュースを支配した。

8月上旬の時点では，ソビエト軍はワルシャワ近郊やトルン近郊まで進軍していた。ポーランド軍はワルシャワ中央を流れるビスワ川の右岸（東岸）10キロメートル程度の一帯にへばりつくようにしてソビエト軍の攻撃に耐えていたが，8月13日にビスワ川上流からソビエト軍の背後を衝く作戦に出て8月15日には決定的な勝利を収める。8月15日が聖母マリア被昇天祭の日であったこともあり，ポーランド人にとって伝説的な「奇跡」として語り継がれた。Gumuliauskas [1994, p.58] はこのときフラン

スバウキ県とビルニュース県の問題と並んでクライペダ地域（バルト海沿岸の港町とその周辺）もリトアニアにとって重要な国境線確定の対象であった。オスト・プロイセン領（かつてのドイツ騎士団領）の重要な都市のうちのひとつであり，当時のリトアニアの輸出の7割以上はこのクライペダ港（位置は39頁の図10を参照）から船積みされていた。リトアニアの全工業生産の3割はこの地域で生産されていた。クライペダ市（ドイツ語ではメーメル市）の住民はほとんどがドイツ人であったが，周辺の農村部はリトアニア人が圧倒的で，しかしそれはドイツ化されたプロテスタントのリトアニア人が主であった。ベルサイユ条約の交渉の中で，クライペダはドイツから切り離され，リトアニアの国家体制が整うまでフランスの統治下に置き，リトアニアに返還されることになっていた。しかしクライペダ港はポーランドやソビエトなどの利権の的でもあり，15年間は国際自由都市にしようという動きが強まってきた。国語教育などで不満を持っていた市民に蜂起させ，同時にそれだけでは武力が不十分なのでリトアニア正規軍を派遣してクライペダを制圧することを計画し，市民蜂起グループとリトアニア軍は1923年1月15日クライペダを制圧し，国際社会もこれを承認した（Gumuliauskas [1994, pp.68-69]）。

しかしクライペダのリトアニアへの帰属は16年しか続かなかった。1938年にはミュンヘン危機と呼ばれるドイツのチェコスロバキアへの領土拡張要求に英・仏は屈している。このような情勢の中で行われた1938年12月11日のクライペダ県の県議会選挙でドイツ人側政党が勝利しリトアニア人側政党が敗北したことを受けて，ヒトラーはクライペダの返還を強く要求し，リトアニア政府はこれに屈しなければならなかった。リトアニア外務大臣は1939年3月22日にクライペダのナチス第三帝国への返還に合意する文書にベルリンで署名した。3月30日にリトアニアの国会はこの文書を批准した。これによりクライペダは再びドイツの領土となった（Ochmanski [1990, p.323]）。Gumuliauskas [1994, p.95] によれば，ベルリンでの会談でドイツ側は，リトアニアが自発的にクライペダを返還しなければドイツ軍はリトアニアに進軍するだろうと「最後通牒」の形で口頭で述べ伝えたという。しかし最後通牒の外交文書は手渡されなかった。

この節の最後にミクロ・レベルでの国境線の確定をみてみよう。マクロ・レベルでは軍事行動と外交交渉の結果として，19世紀のロシア支配下におけるロシアの県の県境と村境で国境が決まっている。しかしミクロ・レベルの村の地図ではそうでないことも多い。とりわけ後に検討する1940年のビルニュース県の一部のリトアニア領への編入の際には，村の中央を国境線が横切った例がある。ソ連政府はリトアニア人が主に居住する村をリトアニア領に編入したが，国境線にあまりのデコボコが生じるのを避けるため，村の中央に国境線を引いた例がいくつかある。1920年のときのリトアニアとポーランドとの間の国境線の策定も同様だったらしく，30番家庭の畑の真ん中に国境線が通り，30番家庭の主人の母パウリナは毎日国境線を越えて農作業をした。しかしこれは例外で多くの場合，28番家庭の主人の祖母の例のように部落の境界線が国境となったようである。

なお，この30番家庭の主人が母パウリナについて語った回想は非常に重要である。その回想によれば「1938年ころ，リトアニア農民とポーランド農民とのトラブルがあり，ポーランド側の国境警備兵が殺される事件があり，その後は（農作業のための）国境通過証は発行されなかった」。30番家庭の主人はこの事件がどの村で起きたのかは述べなかったが，Gumuliauskas [1994, p.92] によればこの事件は1938年3月11日にマルチンコニス村（30番家庭の部落から，正確な距離は明かせないが30ないし50キロ離れた村。正確な距離を明らかにするとゲルビニアイ部落（仮名）の位置が確定されてしまうからである）で起きている。ポーランド国境警備兵 Serafin 氏は瀕死の重傷を負い，死亡した。30番家庭の主人は，単純に自分の畑の農作業に関連する話題として回想したにすぎない。しかしこの事件はポーランドとリトアニアの国家関係に重大な影響を与えた事件だったのである。Roszkowski [1991b, p.81] によれば，この事件をきっかけに「カウナスに進軍しよう」という掛け声を伴う大衆デモがポーランド国内で荒れ狂った。その結果，1938年3月17日午後8時20分にエストニアの首都タリンの駐ポーランド大使は，同国の駐リトアニア大使に対して，「オフィシャル・ノート」を手渡した。ポーランド政府は48時間以内におけるリトアニアとの国交の樹立を要求し，それに応じなければ「その他の手段を用いる」との声明を手渡したのである。しかも国交樹立文書の内容はポーランドが一方的に決めることができ，国境の防衛権を含んでいた（Gumuliauskas [1994, pp.92-93]）。これは「最後通牒」とも受け取れるものであり，リトアニア政府は3月19日に，ポーランド側の要求を受け入れ，ポーランドとの国交の樹立に合意しなければならなくなった。この事件と同じ3月11日にはナチスはオーストリア併合を目的としてオーストリアに最後通牒を出している。既に述べたように1922年には，米・英・仏・伊・日本など各国はリトアニアを承認し，国交関係を樹立している。しかしポーランドとリトアニアとの間にはこの時点まで国交がなかった。その理由は図9に示した「中部リトアニア」にある。リトアニアはこの「中部リトアニア」（既に述べたように，後にポーランド政府は正式にポーランド領に編入している）が自国の領土であると主張し，一貫してポーランドと対立しており，国交関係の樹立を拒否してきたのである。国境警備兵の殺害を理由にポーランドはリトアニアに対して，「中部リトアニア」との国境線の承認を含む国交関係の樹立を要求したのである。リトアニアは屈服せざるをえなかった。

伊東孝之 [1988, p.152] は「ポーランドはリトアニアに最後通牒を突きつけ，事実上これを衛星国とした」と述べている。この理解には筆者は同意できない。リト

アニアが屈服したのは事実であるが，屈服したのは「中部リトアニア」の領有権についてのみであり，国内の内政の主権がポーランドに従属したわけではない。「衛星国」という表現は適切ではないと考える。なお，RoszkowskiもGumuliauskasも共に，この「オフィシャル・ノート」は表面的な名称だけであって，最後通牒であると述べている。しかし少なくとも形式的にはポーランド政府は最後通牒を出していないということも付け加えておこう。またRoszkowskiもGumuliauskasも共に，リトアニアが「衛星国」になったという理解はしていない。内政への干渉や軍の駐屯はなかったからである。この事件は，ナチスのオーストリア併合に乗じてポーランドが起こした侵略的行動であるとの解釈もあるが，実態は以上述べたようにドイツによる対オーストリア最後通牒の日と同じ日に発生した偶発的な農民間のトラブルが原因であり，ナチのオーストリア併合は偶然の一致だったと考える。ただし政府の判断には影響を及ぼしたろう。

なお，Roszkowskiは国境警備兵が射殺されたと述べているが，Gumuliauskasは死に至る重傷を負ったと述べている。農民が火器を持っていたとは考えられないから，射殺説は誤りであろう。

第10節 戦間期リトアニアの民族構成：宗教と言語

1920年11月の時点でのリトアニアの領土面積は，ビルニュース県とスバウキ県の南部とを失った結果，5万2822平方キロとなり，1923年にクライペダを得た結果5万5670平方キロとなり，1939年にクライペダを失った結果再び5万2822平方キロとなっている。

1923年9月17日にクライペダを含む全国で国勢調査が行われ，その人口は202万8971人であった（1939年には290万人に増えている）。リトアニア人の人口比率は84％と圧倒的になった。ポーランド人は6万5599人（3.2％），ロシア人は5万460人（2.5％），ユダヤ人は15万3743人（7.6％），ドイツ人は2万9231人（1.4％），ラトビア人は1万4883人（0.7％）であった。これにはポーランド領となったビルニュース県に住む大量のポーランド人とユダヤ人が含まれていないことに留意されたい。

この国勢調査の民族分類概念が言語であれ何であれ，混血家庭の民族分類は難しい。混血家庭の場合，一般に支配民族に分類される傾向があるから，ポーランド人の比率はもっと高かったろう。当時は，異宗教間の結婚はほとんどなかったから，混血が生じたのはほとんどがカトリックのポーランド人とリトアニア人との間であった。

1922年と1923年の2回のリトアニアの国政選挙でのポーランド人候補者の得票が5万6千票と6万4千票であったことから，Ochmanski [1990, p.303]は棄権率と未成年者率を勘案して，当時のポーランド人人口を15万人（7.4％）と推定しており，したがってリトアニアにおけるリトアニア人比率を80％と推定している。

なお1922年の選挙では2人のポーランド人国会議員が選出され，1923年では4人のポーランド人議員が選出された（Jackiewicz [1997, p.11]による）。

一方，国外に居住するポーランド人にはポーランドの国政選挙への投票権が認められていたらしく（筆者は確認はできなかった），そのための有権者名簿が残っていて未成年者も含めた「ポーランド人人口」が分かる（Krajewski [1998, pp.67-68]）。それによればリトアニアにおけるポーランド人人口は20万2026人であった。実に全人口の10％に達する。

本書の筆者は，純粋のポーランド人は人口の3.2％であり，そのほかに約7％の混血がいて，その半分はポーランド的要素の方が強く，残り半分はリトアニア的要素の方が強いポーランド人であったろうと考えている。

このように民族ごとの人口推定はかなり難しい。ただし人種の地域分布の傾向はいずれも同じ結果を示す。国勢調査の結果を用いれば，一番多くポーランド人が住んでいたのは現在のトラカイ県の西半分の地域（東半分の地域はポーランド領だった）で，国勢調査の数値では住民の12.3％がポーランド人だった。ついでカウナス郡（カウナス市を除く周辺部）で10.2％だった。一方，ラトビア国境に近い北部地帯，バルト海沿岸部ならびにカウナス南西のマリアンポーレ市付近はいずれも1％以下の数値であった。この数字は郡全体の数値である。郡を構成する村ごとの数値をみると，ポーランド人が過半数を占める村がかなりあることが分かる。

これを村ごとのポーランド人比率に応じて示したのが39頁の図10である。

少数民族問題はリトアニアだけに存在したわけではなかった。図10のうち西方の太い線（1939年までの国境線）で囲まれた部分は現在のリトアニアの領土に属しているが，破線（現在の国境線）で囲まれた東方の部分は2回に分けてポーランドからリトアニアに割譲された部分である。まずビルニュース県の西側部分が1939年にリトアニアに渡され，ついで1940年8月に3か所の若干の部分（シベンチョニス地域とサルチニンカイ地域とドゥルシキニンカイ地域の3か所。各地域の位置は図10を参照されたい）がさらにリトアニアに渡されている。

この旧ポーランド領のうち，現在リトアニア領となっている部分の人口構成をみてみよう。まず図10は村ごとのリトアニア人比率に応じてリトアニア人の分布を示している。ビルニュース北東70キロから100キロの一帯ではリトアニア人比率が40％を越えていたことが分かり，またビルニュースから南西60キロの一帯でも40％を越えていたことが分かる。しかしビルニュース市周辺の地域ではリトアニア人比率が1％以下であったことも分かる。図10が示すように，戦間期リトアニア領内におけるポーランド人比率が地域により大きなばらつきがあったと同様に，戦間期ポーランド領内におけるリトアニア人比率も地域により大きなばらつきがあったことが分かる。

第二次世界大戦後リトアニアに編入されずに，戦後ベ

図10 戦間期リトアニアにおけるポーランド人の村別の人口比率と戦間期ポーランドにけるリトアニア人の村別の人口比率と戦間期リトアニアの国境線ならびにドイツが要求した領土

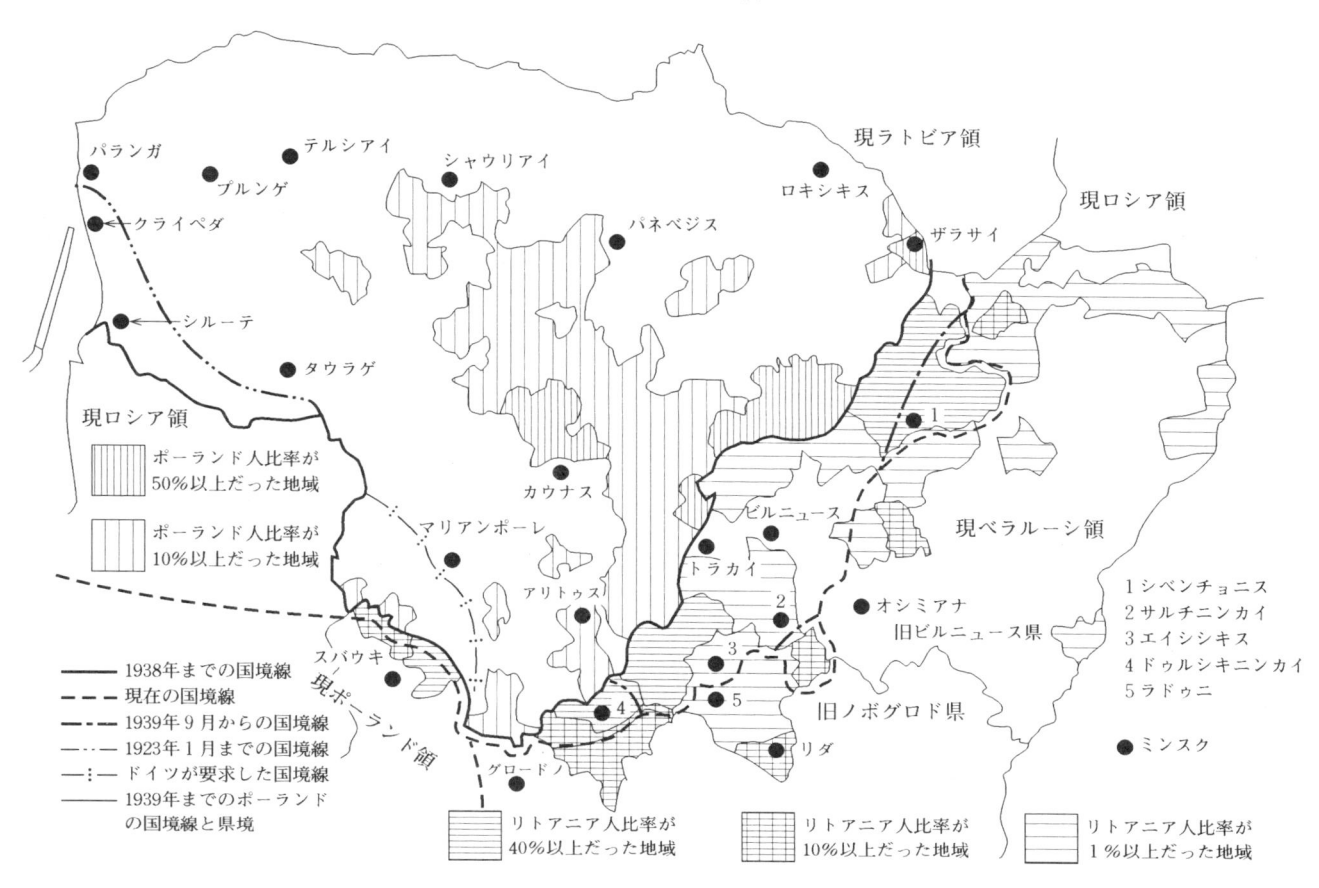

出所) Krajewski [1998, 巻末付録図], Makowski [1986, pp.24-25] を筆者が合成し，ドイツが要求した領土はBlaszczyk [1992, p.104] が要求国境線の村の名前を挙げているので，それに従って筆者が描いた。

ラルーシ領に編入された地域の中には，リダ市（図10を参照）を中心とする地区とゲルビィアティ村（図10のザラサイ市の南東）などリトアニア人比率が10％を越えている地区が3か所存在する。しかしベラルーシに編入されたほとんどの村でリトアニア人比率は1％以下であったことも分かる。また第二次世界大戦後もポーランド領にとどまったセイニ町（図10のスバウキ市の東）の周辺の村ではリトアニア人比率が40％を越え，1953年4月1日時点でのポーランド内務省資料によれば，クラスノボ村でリトアニア人比率は65％，プインスク村で46％であった（Tarka [1998, p.58]）。

しかし，旧ビルニュース県全体の統計でみると，このような村ごとの特性は平均化されてしまい，その実態が分からなくなってしまう。1931年にはポーランドで第2回の国勢調査が行われ，県ごとのデータが公刊されているのでそれを紹介しよう。ビアウィストック県の位置は図10のスバウキ市の南方であり，ノボグルート県の市は図10のグロードノ市の南東である。ビルニュース県は全域が図10に示されている。

表7からは，リトアニア人の比率が，いくつかの村によっては非常に高いのに県全体の統計では薄められてしまい実態をとらえることができないことが理解されよう。

筆者は，民族問題を考察するとき，ミクロ的視点を重視すべきであると考えているが，この表からもそれが裏づけられよう。

この点は旧ユーゴスラビアの諸地域など複数民族地域を考察する場合に非常に重要である。県レベルの統計では何も分からないことが多いのである。

この表7からは直接的にはリトアニア人の比率が分からない。LandauとTomaszewskiはこの国勢調査結果から，ビルニュース県でのリトアニア人は6万5千人で人口比率は5.0％，ビアウィストック県では1万3千人で人口比率は0.8％と推計している（GUS [1993, p.164] による）。

また表7と表8を比較すると興味ある事実が発見できる。まず「イーディッシュ語またはヘブライ語を母語とする者」の比率とユダヤ教を信仰する者の比率がほぼ完全に一致していることが分かる。このような場合，当該民族の人口比率を推定することは容易である。またルター派を信仰している者の比率はドイツ語を母語とする者の比率より顕著に高いことが分かる。「その他のキリスト教」の中に相当程度カルバン派が入っているであろうことから（残りはエホバの証人などのプロテスタント系の新興宗教），プロテスタントの比率は，ドイツ語を母語とする者の比率の2倍くらいあることになる。

表7 1931年ポーランド国勢調査に基づくリトアニア近隣3県の母語分類による民族構成（％）

		ポーランド語	リトアニア語を含むその他言語	イーディッシュ語とヘブライ語	ベラルーシ語	ロシア語	ドイツ語
ビルニュース県	町部	63.0	6.6	28.9	3.0	3.7	0.2
	村部	58.8	0.4	3.3	27.8	3.3	0.1
ビアウィストック県	町部	55.4	1.2	38.3	1.9	3.3	0.8
	村部	70.8	1.5	3.4	21.1	2.6	0.3
ノボグルート県	町部	45.4	0.1	40.3	11.4	2.4	0.2
	村部	53.2	0.5	3.7	42.1	0.4	0.0

注）ウクライナ語と，ウクライナ西部のロシア語方言のルスキ（ruski）語とは表に示していない。共に0.1％ないし0.0％である。ビルニュース県にはビルニュース市が含まれる。
出所）GUS［1939, p.23］

表8 1931年ポーランド国勢調査に基づくリトアニア近隣3県の宗教分類による民族構成（％）

		カトリック	ユダヤ教	ロシア正教	ルター派	その他のキリスト教	その他の非キリスト教
ビルニュース県	町部	60.8	29.2	7.5	0.8	0.4	0.4
	村部	62.9	3.4	30.1	0.1	0.2	0.2
ビアウィストック県	町部	50.8	38.7	8.5	1.4	0.1	0.1
	村部	65.4	3.5	29.3	0.8	0.0	0.0
ノボグルート県	町部	37.2	42.6	18.6	0.4	1.0	1.0
	村部	40.5	4.1	54.8	0.1	0.1	0.1

注）ギリシャ正教と回答拒否は表に示していない。共に0.1％か0.0％である。その他の非キリスト教とは主にイスラム教である。ビルニュース県にはビルニュース市が含まれる。
出所）GUS［1939, p.25］

ここにおいてドイツ人とは何かという定義の問題に至る。第3章でも述べるが，筆者は民族を，その人たちが社会の中でどのようにみなされているかによって決まると考えている。ポーランド化して日常言語がポーランド語となってしまったドイツ人も，その宗教（プロテスタント各派）を棄教しなければ，社会の中でドイツ人として扱われる。少なくとも現在のポーランドではそうである。戦前のポーランドでもそうであったろう。したがって，ドイツ人人口を推定するとき，宗教別人口を用いるべきであると考える（プロテスタントに改宗したポーランド人やリトアニア人は極めて稀だったからである）。

またビルニュース県の村部におけるベラルーシ語とロシア語人口の合計がロシア正教人口を上回ることから，ベラルーシ語を話す一部分がカトリック教徒であることが分かる。ベラルーシ人は全体としてみると圧倒的にロシア正教を信仰しているが，西部においてはカトリックを信仰する者も少なくなかった。例えば，34番家庭の主人ヨシフはベラルーシ人だが，その祖母はカトリックである。ところが，ビアウィストック県やノボグルート県では，ベラルーシ語人口とロシア語人口の合計がロシア正教人口にはるかに及ばない。これは，ドイツ人と同様にポーランド化した結果であり，しかしロシア正教を信仰している限り，社会の中でベラルーシ人ないしロシア人として扱われる。ビルニュース県では逆にベラルーシ語人口とロシア語人口の合計がロシア正教人口を上回っているから，国勢調査を実施したポーランドの役人が，後述するプロスティ語を一律にポーランド語に分類したとは思えない。したがってビアウィストック県やノボグルート県での，この2つの人口の差異はロシア人やベラルーシ人がポーランド化して母語がポーランド語になった結果と解釈される。

ではカトリックを信仰しベラルーシ語を母語とする人たちはどのように扱われていたのであろうか。調査時点の1990年代では，35番家庭の主人のように，彼らはやはりベラルーシ人として扱われていた。ベラルーシ人の中にはロシア正教徒もカトリック教徒もいるのであるから，カトリックであってもベラルーシ語を母語とする限り，ベラルーシ人として社会の中で扱われるのである。

カトリックのベラルーシ人の使用言語がプロスティ語である場合には，民族分類はもっと難しくなる。プロスティ語とはポーランド語とベラルーシ語の混合言語で，定まった文法も語彙もなく，その場の会話当事者の双方にとって都合のよいように，適宜両言語が交じりあうものである。4番家庭の主婦の祖父は，共にカトリックを信仰しプロスティ語を話すポーランド人とベラルーシ人とが共存するムロバナ・オシミアンカ村（現ベラルーシ領）で生まれたが，ソ連軍が1944年に進駐してきて村の若者を対ドイツ軍の前線に送るため徴兵を開始したとき，ポーランド人部隊（ポーランド人民軍）に配属になっている。しかしベラルーシ人部隊（ソ連軍師団）に配属になった者もいた。ソ連軍がどのような基準で民族分類を行ったかは不明であるが，その選別は非常に困難なものだったろう。

以上，1931年時点ではポーランド領であったが現在は

リトアニア領となっている諸県での民族分布を民族概念の観点からみてきた。なお、表7のビルニュース県の町部の民族構成はビルニュース市だけでなくその他の町も含んだものなので、ここでビルニュース市だけの民族構成比率を示しておこう。ビルニュース市の総人口は1937年の統計では20万9442人であり、そのうちポーランド人は39.37％、ユダヤ人は34.16％、リトアニア人は19.23％であり、残りの6％はロシア人やベラルーシ人であった（Gumuliauskas [1994, p.105]）。

戦間期の政治状況や支配政党などは本書の主題ではないのでその説明はすべて省きたい。ただし共産党問題は本書のテーマと関連しているので共産党員の数だけ紹介しよう。1923年は241人、1929年は750人、1934年は1210人、1940年は約2千人である（Ochmanski [1990, p.299]）。Blaszczyk [1992, p.106]によれば1940年の共産党員数は2200人であった。ナチス・ドイツは1941年6月にリトアニアを侵略したとき、まず共産党員を中心にユダヤ人の虐殺を始めた。それは48番家庭の第3世代エラの例で確認できる。既に述べたように1923年ではユダヤ人人口は15万人であった。共産党はとりわけユダヤ人の中で勢力を伸ばしていた。ユダヤ人の所帯数を仮に3万と推定し、共産党員のすべてがユダヤ人であるという極端な仮定を置くと、ユダヤ人家庭15所帯に1人の割合で共産党員がいたことになる。45番家庭から48番家庭までの4軒のユダヤ人家庭の家系図において、この時期に約40所帯が記載されているが、その中に3人の共産党員が確認できる。本書の4軒のユダヤ人家庭における共産党とのかかわり方は、当時のユダヤ社会の平均的な姿であったと考えてよさそうである。

なお、戦間期以前ではあるがユダヤ人の47番家庭の主婦の伯父ヒルシは1914年以前にボリシェビキ党に入党してロシアに亡命し、ソビエト政権が成立するとただちにソ連政府のカウナス領事をつとめ、後トリエステ領事もつとめている。また49番家庭の主人の父親は共産党員で、1940年にリトアニアに社会主義政権が誕生すると、ある大臣に任命されている。

次に戦間期の宗教をみてみよう。戦間期のリトアニアの領土には202万人（1923年）から290万人（1939年）の住民が居住していたが、その80％はカトリックであった。カトリックはリトアニア人とポーランド人からなり、その他の民族でカトリック信仰を持つ者は例外的であった。次にプロテスタントが1938年には20万7千人（全人口の9.5％）居住していた。そのかなりの部分はルター派であり、カルバン派は主にラトビア国境に近い北部地域に居住していた。ついでユダヤ教徒が7.3％を占め、ロシア正教（本書ではロシア正教正統派と呼ぶ）とロシア正統古儀式派（説明は第3章参照）とギリシャ正教を合計しても5万5千人（2.5％）にすぎなかった（Ochmanski [1990, p.296]）。1940年の時点では519のカトリック教区があり716のカトリック教会があった。戦間期における各種民族間の宗教対立については、筆者が参照したすべての歴史書や論文はその存在について言及していない。ユダヤ人に対するポグロムもなかったようである。ただし、48番家庭の主人は1930年代に入るとユダヤ人商店への襲撃などが始まったと回想している。

この節の最後に戦間期の農地改革を簡単に紹介しておこう（以下はGumuliauskas [1994, p.62]とOchmanski [1990, p.309]による）。

リトアニアの農地改革法案は1922年2月に可決された。それによれば80haを越える部分の農地は国家に没収され、しかし領主には補償金が支払われた。森については25haを越える部分が没収された。1939年までに72万haの土地が順次没収され、うち45万6千haが土地なし農民や小農民に売却され、残りは国や学校・教会などの所有となった。土地なし農民は市場価格で、つまり通常の土地価格で国家から土地を買い取らなければならなかった。ただし35年間の年賦で返済する国家からのローンを借りることができた（ただしOchmanski [1990, p.309]は20年の年賦と述べている）。

1905年の時点で、300デシチャナ（327ha）以上の土地を所有する大土地所有地主の60％はポーランド人であった（Krajewski [1998, p.55]による）。第一次世界大戦後の農地改革はとりわけポーランド人貴族にとって打撃であった。

後に詳しく述べる1926年のスメトナのクーデターの後、1928年には土地所有の上限が150haへとゆるめられた。多くの小農は土地はとりあえず入手したが、自宅を建設する資金もなく、とりわけ家畜を購入する余裕がなかった。結局農業経営に行き詰まり、36％の農民がローンの返済ができずに土地を手放した。このような土地を富農が買い集め、土地所有上限が150haまでとなったことを利用して、1930年には100ha以上所有する豪農が農家総数28万7380のうち0.5％を占めるまでになった。一方農家としての生存限界以下の5ha以下の農家戸数は全体の18.6％、10ha以下の貧農が31.0％もいた。20ha以下の下層農家が30.0％、30ha以下の中流農家が11.1％、100ha以下の富農が5.2％、そして100ha以上の豪農が0.5％であった。そして土地を手放したり土地を購入できない土地なし農民が11万8千人もいた。

本書第二部においては、100haの豪農（30番家庭の先祖）も32haの富農（26番家庭の祖先）も、16haの中・下層農家（例えば27番家庭の祖父）も貧農（8番家庭の曾祖父）もそして土地なし農民（8番家庭の伯母）も登場するので、戦間期の農村の生活がだいたい描かれていると考えている。

第11節　戦間期リトアニアの学校教育：ポーランドとの対立

民族間の対立が顕著にみられたのは宗教ではなく学校教育においてであった。

独立したリトアニアが最初に行った教育政策は初等教

表9 1931年におけるポーランドの西部諸県（旧プロシャ帝国支配地域）と東部諸県（現ベラルーシ領とウクライナ領）における農村部の文盲率（%）

		10-14歳	19歳以下	24歳以下	29歳以下	39歳以下	49歳以下	59歳以下	60歳以上
西部諸県	農村部男性	0.7	1.2	1.7	1.7	2.4	3.5	4.2	10.9
	農村部女性	0.6	0.8	1.2	1.6	2.3	3.2	4.9	13.5
東部諸県	農村部男性	14.2	22.6	27.5	23.5	23.9	33.3	49.6	63.4
	農村部女性	23.7	46.0	55.7	55.6	63.2	74.6	80.7	83.5

出所）GUS [1939, p.28]

表10 戦間期リトアニアにおける学校数と児童・生徒数

	小学校数	児童総数	中等学校数	生徒総数
1920	1,173	71,648	40	9,076
1928	2,667	160,678	123	22,452
1938	2,335	298,429	88	20,144

出所）Ochmanski [1990, p.312]

育に関してではなく，高等教育に関してであった。1918年の独立宣言の後，12月5日にはビルニュース大学の再開を決定しており，1919年1月1日に再開している。ただしその5日後にはソビエト軍がビルニュースを占領してしまうのであるが。リトアニア政府はカウナス市に逃亡するが，既にこの時期に学校教育が行われていたことは確実である。リトアニアにおけるポーランド語学校の学級新聞を研究したJackiewicz [1997, p.73] によれば，1920年の5月19日付けでポーランド語ギムナジウム（中等学校）の学級新聞『ツバメ』が生徒により刊行されているという。なお同氏によれば，当時の中等学校は男女別のクラス編成で，男女別に学級新聞が発行されていたという。

49番家庭の主人でユダヤ人のダビッドはカウナス市でイーディッシュ語学校を卒業している。回想によれば，当時のカウナスには4つのヘブライ語小学校と1つのイーディッシュ語小学校があったという。このようにユダヤ人に対しても母語での教育が認められていた。ロシア人に対する初等教育については文献がみつからなかったので不明である。

リトアニアは学校教育に力を注いだ。1922年の初等教育法により小学校は4年制となり，義務教育は1927年に一部地域で開始され，1930年には全国に拡大した。1936年の新法で小学校が6年に延長されたが義務教育は4年のままだった。独立時には成人の識字率が56%にすぎなかったが（つまり文盲率が46%），1926年には67%，1939年には86%にまで上昇した（Ochmanski [1990, p.313]）。ただし多くの児童は家の生活が貧しく，ほとんどが落第を繰り返し結局小学校を中退している。卒業できた生徒は10%程度であった。

ポーランドの識字率は1921年国勢調査では66.9%，1931年国勢調査では76.9%であった（GUS [1939, p.28]）。しかしポーランドの場合，リトアニアと異なり全国平均の識字率を示すことはあまり意味がない。この全国における差異の大きさを表す詳しい統計を表9に示そう。なおビルニュース県での1931年国勢調査の結果では識字率は70.9%であった。

リトアニアは教育には力を入れたが，しかしリトアニアが少数民族に対して平等の言語教育を認めていたわけではない。地域に30人以上の少数民族の児童がいる場合にのみ少数民族言語の小学校を設立することができた。その場合でも2年生からのリトアニア語の国語授業は義務づけられた。この条件が満たされない地域の少数民族（例えばポーランド人）の児童はリトアニア語小学校に通学しなければならなかった。そしてその場合でも，リトアニア語小学校の1学年に20人以上の少数民族児童がいる場合に限って，リトアニア語の国語授業に加えて当該言語の国語授業が認められた。そしてこの条件に沿った少数民族向けの小学校が常に設置されたわけではない。リトアニアの独立当初，全国に30あったポーランド語小学校（例えば算数などをポーランド語で教える小学校）は1926年には7つまでに減少していた（Krajewski [1998, p.42]）。

ここでリトアニアにおける学校数に関する統計を紹介しよう。表10はリトアニア語学校も他言語学校も合計した数字を示している。また公立小学校も私立小学校も区別していない。

表10の数字とポーランド語小学校の7という数字（児童数は365）を比較すれば分かるように，リトアニア政府のポーランド人に対する教育政策は決して平等的といえるものではなかった。1926年に政変があり，対ポーランド人政策も若干融和的に変更され，ポーランド語小学校は75校（児童数4089）に激増したが，翌年の1927年には55校を閉鎖して20校（児童数554，教師数は22）に減らされてしまった。この教師数の数字からも分かるとおり，ほとんどのポーランド語小学校は先生が1人だけの複式学級，それも1年生から4年生までを一緒にして，平均で合計25人を1人の先生が同時に教える複式学級であった。

この1927年のリトアニア政府の教育政策の変更はポーランド政府の反発を生み，ポーランド政府によってポーランド国内における報復措置がとられた。

リトアニアでは1930年にはポーランド語小学校数はさらに14に減ってしまった。全国の22の県のうち，1927年においてポーランド語小学校が設置されていた県はわずか8であり，北部地域には全く設置されていなかった。多くの児童がリトアニア語小学校に通わなければならず，放課後に親が金を出しあって用意するポーランド語とポーランド史の補充授業を受けなければならなくなった

表11　1937年秋学期におけるポーランドのビルニュース県でのリトアニア語初等教育

	全教科がリトアニア語で行われる小学校	教科によってポーランド語かリトアニア語により授業が行われる小学校	全教科がポーランド語で行われるが，リトアニア語の国語の授業がある小学校
公立小学校数	8	36	90
私立小学校数	14	0	0
公立小学校での児童数	581	2,273	6,808
私立小学校での児童数	424	0	0

注）この表の一番右側に示す第三形態の小学校では，算数がポーランド語で授業され，国語としてのポーランド語の国語の時間があり，さらにリトアニア語の「国語」の授業も行われた。
出所）Makowski [1986, p.181]

（以上はKrajewski [1998, p.43] による）。

　なお，49番家庭の主人が述べる「イーディッシュ語の小学校は半公立で半私立だった」という回想は分かりにくいが，それはユダヤ教の宗教教育だけを放課後の補充授業で行っていたと理解される。ヘブライ語小学校では宗教教育が正課に組み込まれていた。このヘブライ語小学校が公立なのか私立なのかについては確認できなかった（ポーランドではヘブライ語小学校もイーディッシュ語小学校もすべて私立であった）。

　1927年になるとリトアニア政府による抑圧が始まった。上記のような半私立の学校に児童を通わせる親は国内旅券（リトアニアではソ連と異なり成人はすべて国内旅券を持てたので国内を自由に移動できた）の人種欄に当該民族名が記載されていなければならないとする文部大臣決定がなされたのである。親たちは国内旅券に記載されている民族名をリトアニアからポーランドに変更してもらうよう役場に頼まなければならなくなり，ついでそれも禁止された（以上はKrajewski [1998, p.43] による）。これは別の面で興味ある事実を示唆している。すなわちかなりのポーランド人がリトアニアの独立後に生活上の便宜を考えてリトアニア人であると申告して国内旅券（身分証明書）を受け取っていたという事実である。既に紹介した1923年の国勢調査で，民族分類がどのような基準で行われたかは不明であるが，それが何であれ，既にリトアニア民族と記載されている国内旅券を受け取っていたポーランド人はリトアニア人として計算されたのであろう。繰り返すが1923年の国勢調査においてポーランド人比率が過小に評価されたことは間違いない。

　このような事情から，多くのポーランド児童はリトアニア語小学校に通わなければならなかった。裕福なポーランド人家庭の児童の場合，親が家庭教師を雇い，学校に通わせず自宅で（あるいは何軒かがまとまって）学習させることが認められたが，義務教育の規定により，学年末には国立小学校で進級認定の試験を受けなければならなかった（Krajewski [1998, p.43]）。ポーランド語中等学校に対してはそれほどの抑圧はなかったが，ポーランド語小学校の児童数が減少したのに伴い，入学者も減少した。1939年9月にカウナス大学に入学したポーランド人はわずか53人だった。大学の授業はリトアニア語だけで行われたから，入学するにはリトアニア語の知識が必須だった（入学試験は面接のみだったと思われるが確認できていない）。36番家庭の主人レバニド（1922年生まれ）はベラルーシ人で，1939年10月にビルニュース医科大学に入学したが，すぐに同大学が閉鎖されカウナス医科大学への転校を命ぜられたが，リトアニア語の学習についていけず退学している。ロシア語とポーランド語の間の言語の壁はそれほど高くないが，リトアニア語はかなりの程度バルト言語的であり，ポーランド人やベラルーシ人にとって，その言語的障壁は相当に高い。

　このようにリトアニアにおけるポーランド人向けのポーランド語教育に対してはリトアニア政府は差別的であったが，同様に，ポーランドにおけるリトアニア人向けのリトアニア語教育に対してもポーランド政府は差別的であった。1924年7月成立のポーランドの学校教育法によれば，ポーランド人比率が75％以下の町村に限って少数民族向けの公立学校が設置され，しかも児童の両親が40世帯以上その設置を要求した場合にのみ設置された（Gumuliauskas [1994, p.106]）。

　戦間期のポーランドでリトアニア語教育が行われていたのは3県のみであったが，そのうち特にリトアニア人が多かったビルニュース県の統計のみ表11に示そう。

　表11の第三形態の小学校が設置されたのは（つまり既存のポーランド語小学校にリトアニア人児童向けのクラスが併設されたのは），1934学校年度からであり，それ以前の1930年代では第一形態と第二形態のみで，その児童数はポーランド全国で3千人台であったが，第三形態の設置により1万人前後に増大した（Makowski [1986, p.179]）。

　この表11はポーランド政府がリトアニア人教育に最も寛大になった時期の数値を示しているが，1920年代ではもっと深刻な事態が発生していたのである。1926学校年度ではリトアニア語だけで全教科が教授される公立小学校はポーランド全土で23校あった。しかしそれだけではリトアニア人居住地域を完全にカバーできなかったので，私立のリトアニア語小学校（リタスと呼ばれた）が91校設置されていた。このリタスでは，1年生ではリトアニア語の授業が週に10時間あり，算数や宗教の授業はあったがポーランド語の授業はなかった。2年生になるとリトアニア語が6時間，ポーランド語の授業が6時間，算数が6時間，宗教が2時間などとなっていた。算数・宗教・理科などはリトアニア語で教えられた（以上はMakowski [1986, pp.179, 189, 191] による）。

既に紹介した1927年におけるリトアニア国内での政治対立に端を発したリトアニア政府の教育政策の変更は，ただちにポーランド政府の強い反発を招いた。1927年10月には私立小学校リタスの48校に閉鎖を命じ，リトアニア語教員養成コースも閉鎖してしまった。またポーランド国内におけるリトアニア語教育の活動家の逮捕と家宅捜索が行われた。逮捕または家宅捜索の対象となった者は120名にのぼった（Makowski [1986, p.198]）。

この事件は，リトアニアで政権を追われていたスメトナが軍部と手を組み，1926年12月17日午後3時15分に1927年予算を審議中の国会に突入し，クーデターを起こし以後1940年まで独裁的な政権を維持することになったことに起因する。政治的状況の説明は省略するが，犠牲になったのは両国の子供たちであった。

ここでリトアニア人もポーランド人も共にカトリック教徒であることを想起する必要がある。このような場合，民族対立は宗教面では発生しにくい。しかし言語面と学校教育の面では，上述したような民族対立が発生するのである。

1999年のコソボ事件などの分析は筆者の能力を越えるが，新聞報道で知る限り学校教育問題や大学進学問題が民族紛争の背後にあったようである。同一宗教の民族間だけでなく，異宗教の民族間の紛争においても言語と教育は重要な要因となる。

複数民族社会での平和的な民族共存には，信仰の自由の保障と並んで平等な学校教育の権利の保障が不可欠であると筆者は考えている。

第12節　第二次世界大戦勃発から1940年のソ連占領まで

1939年8月23日，ドイツの外務大臣リッベントロップとソ連の外務大臣（正式名称は異なるが以下では外務大臣とする）モロトフはモスクワにおいて独ソ不可侵条約に調印した。このニュースは世界に衝撃を与えた。既に日・独防共協定をドイツと締結していた日本政府は，ドイツが共産主義国家ソ連と不可侵条約を締結するなど夢想だにしておらず，平沼騏一郎内閣は「欧州の情勢不可解なり」の言葉を残して総辞職している。

しかし，この独ソ不可侵条約にはさらに驚くべき内容の秘密議定書が含まれていた。その内容については，日本政府はもちろんリトアニア政府も把握していなかった。

秘密議定書には，エストニアからルーマニアに至るラインを挟んで，欧州全体を両国によって分割支配する合意が記載してあった。もちろんポーランドもリトアニアもその分割支配の対象であった。9日後の9月1日早朝，ドイツ軍はポーランドの西部地帯に侵入し，ついで英・仏がドイツに宣戦布告を行い第二次世界大戦が始まった。ソ連側からは，1939年9月17日の午前2時に駐モスクワのポーランド大使に「ポーランド国家は崩壊したゆえ，同国内のベラルーシ人・ウクライナ人の保護のため赤軍にポーランド国境を越えるよう命じた」とする文書が手渡された。同日，ソ連軍がポーランドの東部地帯に侵入してきた。

9月28日にはポーランドの首都ワルシャワがドイツ軍の手に落ちた。既に述べた8月23日の秘密議定書によれば，ソ連はワルシャワ市の市内を通って，ポーランド中央部を南北に流れるビスワ川の東側を支配することになっていた（36頁の図9参照）。リトアニアにとってさらに重要なことは，リトアニアがソ連の勢力支配地域に含まれること，しかし図9と図10に示してあるスバウキ県北部の東側の端に位置する廊下のように細長い地域（長さ約80キロで幅は最大で35キロ，最小で数キロ。当時リトアニア領土だった地帯）はドイツに帰属することになっていたと考えられることである（Blaszczyk [1992, p.104]）。しかし秘密議定書から1か月を経過して，この両国支配地域の見直しが行われることになった。なぜわずか1か月で合意の見直しが必要になったかについては，どの歴史書も述べていない。

9月27日夕刻，ドイツ外務大臣リッベントロップはこの見直しを行うべく，「ドイツ・ソ連国境・友好条約」を締結するため再びモスクワを訪れ，モロトフと会談した。交渉は難航した。ドイツは会談当初，バルト海から110キロ程内陸に入ったクルシェナイ町（39頁の図10に示してあるシャウリアイ市の西方16キロ）近辺までのリトアニアのバルト海沿岸部（当時のリトアニアの領土の3分の1に相当した）の割譲を要求し，また上述のスバウキ県の細長い地帯（面積は千平方キロにも満たない）の割譲も要求した。ソ連はこれを拒否し，代償としてワルシャワ県の東部とさらに東部のルブリン県のドイツへの移譲を提案した。スバウキ県南部については，既に8月23日の時点で，ドイツへの割譲が合意されていたと考えられる。

結局1939年9月28日の夜になって条約の調印がなされ，いわゆる「モロトフ・リッベントロップ・ライン」が確定した（36頁の図9参照）。この条約の結果，現在のポーランドの領土にほぼ等しい地域はドイツによって支配され，しかし1920年以来ポーランドが支配してきたスバウキ県の南部はドイツ本国領に編入されることになった。そしてリトアニアのバルト沿岸部とスバウキ県の細長い地帯はリトアニア（すなわちソ連勢力圏）に帰属することになった。ソ連軍は現在のウクライナとベラルーシの地域を支配し，すぐに住民投票によってソ連領に編入してしまった（形式的にはベラルーシとウクライナが自発的にソ連邦に加盟した）。

第二次世界大戦勃発当初からリトアニアの置かれた立場は危うかった。まず1939年8月末にドイツの国会議員ツェフリンがリトアニア外務大臣と会談し，リトアニア軍が将来，ビルニュースを奪回するためにポーランド領だったビルニュース県に攻め入ることについて協議している。しかしリトアニア政府は9月1日の大戦勃発の直後の2日には中立を宣言し，かねてから渇望していた「首

第 2 章　民族と家族史からみたリトアニア史

「都」ビルニュースの奪回は控えた（Gumuliauskas [1994, p.118]）。ソ連とドイツの両大国に挟まれた小国（兵士2万4千人，予備役兵士5万5千人）はその独立の維持のため微妙なバランスを保たなければならなかった。しかしこの時点で既にリトアニアが基本的にソ連の支配下になることでドイツ・ソ連両国が合意していたことをリトアニア政府は把握していなかった。

9月17日にソ連軍はビルニュース県（当時はポーランド領）に攻め入り，しかしワルシャワ方面には既にドイツ軍が展開しており，逃げ場を失ったポーランド将兵1万5千名は武器を国境線で捨ててリトアニアに逃亡した。リトアニア政府はこれを受け入れ，手厚く保護し，その大部分はフランスに出国でき，ロンドンに存続していたポーランド亡命政府の軍隊として再編成されたが，1940年6月14日までに出国できなかった将兵には，翌日侵入してくるソ連軍による逮捕とラーゲリ（矯正労働収容所）送りと強制労働とが待っていた。リトアニアはこの経緯からも分かるように形式的にも実質的にも中立を保っていたのである（Gumuliauskas [1994, p.118]）。

ソ連は9月28日にエストニアと相互援助条約を締結し，ソ連軍のエストニアでの2万5千人までの駐屯権を獲得し，10月5日にはラトビアとの間で3万人までのソ連軍駐屯権を伴う相互援助条約が締結された。これにより両国はソ連の勢力下に置かれた。ソ連はリトアニアに対しても同様の条約の締結を迫った。ソ連はリトアニアが「失われた首都ビルニュース」の奪回を渇望していることを利用し，ポーランド領時代のビルニュース県（面積2万9011平方キロ）のうちビルニュース市（105平方キロ）とビルニュース県の一部（5967平方キロ）と若干の周辺部分を合計した6656平方キロのリトアニアへの併合を提案した（ただしBlaszczyk [1992, p.105] は6880平方キロと述べている）。その代償として5万人のソ連軍兵士の駐屯権を要求した。5万人のソ連軍はリトアニア正規軍の2倍に相当し，それはリトアニアの独立を否定するものだったのでリトアニア政府は強く抵抗し，交渉は長引いた。しかし駐留ソ連軍兵士の数を2万人とすることで合意がなされ，1939年10月10日にソ連とリトアニアの相互援助条約が調印された（以上はGumuliauskas [1994, pp.121-122] による）。

この条約により，10月27日にはビルニュース市からソ連軍が退去し，28日にはリトアニア軍がビルニュース市に入城し，リトアニア人もポーランド人もユダヤ人もソ連軍からの解放を祝って出迎えた（Gumuliauskas [1994, p.123]）。新しくリトアニア国籍となるこのビルニュース地方の人種別人口は，ポーランド人32万1700人，ユダヤ人10万7600人，ベラルーシ人7万5200人，リトアニア人3万1200人であった（Blaszczyk [1992, p.105]）。リトアニア人は圧倒的少数民族であった。

ソ連軍がビルニュース市を支配したのはわずか2か月であったが，ソ連はその間，ポーランドの右派政治家，ポーランド国鉄幹部など351名を逮捕しラーゲリに送っている（Zepkaite [1995, p.304]）。97台の機関車と1500台の鉄道車両をソ連に持ち去り，貴重な古書やほとんどの旋盤機械をポーランドに対する戦時賠償として没収していた（Gumuliauskas [1994, pp.122-124]）。ただし大土地所有地主などへの弾圧が始まるのはソ連軍が再び侵入する1940年6月からである。

1939年10月以降は，2万人（正確な数字は不明である）のソ連軍がビルニュース市郊外やアリトゥス市など国内4か所に駐留した。その駐留は平穏なもので国内で紛争は発生しなかった。本書第二部の44軒の回想の中でも，この時期のソ連軍とのトラブルを述べた者は誰もいない。第二部の29番家庭の第3世代のイグナタスの回想は印象的である。この人はリトアニアとの旧国境から1キロほど先のポーランド領（1939年10月からはリトアニア領）に当時住んでいたが，「1939年9月下旬にソ連兵が70人ほど駐屯したが略奪はなく，金を払って羊を買っていった」と回想している。ただし1944年にもう一度ソ連軍が攻めてきたときはその行動は異なっていたらしく，4番家庭の第3世代のエドワルドはソ連軍による羊の略奪があったと回想している。

1940年2月にソ連軍基地から1名の兵士が行方不明になった事件が起きる。この兵士は射殺体で発見されるが（死体剖見書には自殺と記載されている），ソ連政府は，これをリトアニア内務省による誘拐と虐殺であるとして非難した。詳細（Gumuliauskas [1994, pp.127-129]）は省略するが，ソ連のNKVD（当時の秘密警察）の陰謀ではないかとする見解もある。この時期に4名の赤軍（ソ連軍）兵士の死体が確認されている。ソ連の外務大臣モロトフは，この事件に代表されるようにリトアニア政府は前年のソ連・リトアニア相互援助条約を履行しておらず，また反ソビエト的なバルト協商（バルト三国が1934年に締結し1939年に更新した相互援助条約）をいまだ維持していることを理由に，1940年6月14日午後11時にリトアニア政府に最後通牒（ラテン語でultimatum）をつきつけ，兵士虐殺に責任のあるリトアニア内務大臣の引き渡しと，ソ連との相互援助条約を履行する新しい政府の組閣，ならびに十分な数だけの追加的なソ連軍のリトアニアへの駐屯を要求した。

この最後通牒の理由は全くのこじつけである。なぜならこの日から数日の間に，エストニアとラトビアにも同様の最後通牒が送られているからである。バルト協商が反ソ連的であるという根拠は何もなかった。

6月15日午前1時から朝の5時まで閣議が開かれ，ソ連の最後通牒の受け入れと内閣の総辞職が決まった。大統領スメトナと数人の閣僚は，一人1000ドルの逃亡費用を中央銀行より受け取り自動車でベルリンに向けて逃亡した。リトアニア政府は平穏のうちにソ連軍を受け入れるようつとめた。6月15日の午後3時にソ連軍第8師団と第11師団（兵員数は不明だが合計2万人前後と思われる）はリトアニアに侵入し，午後7時には国境から100キロ離れた首都カウナス（当時の首都はまだカウナ

45

スであった）にソ連軍戦車部隊が現れた（以上はGumuliauskas [1994, pp.131-137]による）。なお前日の6月14日にはドイツ軍の手によりパリが陥落している。

第13節　ソ連占領から1941年のドイツ占領まで

　1940年6月17日にリトアニア共産党員のパレツキス（リトアニア人）が新しい「人民政府」の首相に任命され，順次その他の閣僚も主に共産党員の中から任命されていった。そのすべてがモスクワの了承を必要としていた。このとき49番家庭の主人の父ハイム（ユダヤ人で共産党員）は某省（名を秘す）の大臣に任命されている。もう一人ユダヤ人の大臣がいたという。大臣の全員がリトアニア人であったわけではなかった。
　1940年7月11日の深夜から翌日の早朝にかけて旧政府の最後の首相メルキース（1955年にソ連のラーゲリで死亡）や最後の外務大臣ウルプシース（1956年までソ連のラーゲリに収監，後帰国）をはじめ約2千人の政治家や軍人や文化人が逮捕されソ連のラーゲリへ強制追放された。そしてその後の7月14日に国会議員選出の総選挙が実施された。投票率は15～16％であったとも（Gumuliauskas [1994, p.160]），16～18％であったとも（Blaszczyk [1992, p.107]）いわれている。首相パレツキスは「悪天候」を理由に翌日の7月15日にも投票を続行し，投票率「96.51％」が「達成」された。投票のうち95.5％が共産党政権側の候補者に投票した（他の候補者はいなかったので4.5％は白紙投票だったことになる）。選出された国会議員79名のうち38名は共産党員であり（Blaszczyk [1992, p.107]による），またGumuliauskas [1994, p.160]によれば58名が共産党員であった。残りは俳優・医者・作家などであった。議員の人種区分については歴史書は挙げていないが，ほとんどがリトアニア人と考えてよい。しかしリトアニアの内政については，ソ連政府から全権を委託されてリトアニアに派遣されていたソ連の外務副大臣（正式名称は外務人民委員代理）デカノゾフがすべてを決めていた。またリトアニア共産党の党員はこのとき2200人でしかなく，その多くはリトアニア人以外の人種であった（Blaszczyk [1992, p.106]）。後述するように，党員の過半数ないし圧倒的大多数がユダヤ人であったと本書の筆者は考える。
　1940年7月21日（村田郁夫 [1999, p.342]は6月21日と誤記している）に最初の国会（正式には人民国会）がカウナスで開かれ，国名がリトアニア社会主義ソビエト共和国と決定された（なおソビエト連邦とは1990年の時点ではリトアニアなど15の社会主義ソビエト共和国の連邦であった。日本では一般に「ソビエト」を省略しリトアニア社会主義共和国とも訳されている）。このときまでソ連はリトアニアに対して一度もソ連邦への加盟を要請（強制）していない。しかしこの日，国会はソ連邦への加盟を願い出ることを決定しており，8月3日にはモスクワのソ連邦最高ソビエト（国会に相当する）で，ベラルーシの代表がリトアニアのソ連邦への加盟を提案し，承認された。またベラルーシの代表は，住民の過半数がリトアニア人であるシベンチョニス地域，ドゥルシキニンカイ地域およびディベニシケス地域（通称「半島」と呼ばれる突き出た地域。39頁の図10のサルチニンカイ市の南）のリトアニアへの編入も提案し承認された（地域の場所については39頁の図10を参照）。この決定によりリトアニアの国土は2650平方キロ増えて6万5200平方キロとなった。
　リトアニアはソ連邦の第14番目の一員となった（8月5日にラトビア，8月6日にエストニアが加盟して16の共和国となった後，フィンランド戦争の後に加盟したカレリア共和国が1956年に格下げになって加盟共和国数は15になった）。
　リトアニアの社会主義化が始まった。7月22日には土地の国有化が宣言され，8月5日には農地改革関連の法律が成立し，それまでの150haという農地面積所有上限が30haの利用上限に変更され（土地は国有化されていたから利用上限となる），8ha以下のさらに多くの貧農や土地なし農民が土地を受け取ることができた。2万8700戸の富農・豪農が60万3589haの土地を取り上げられた。それでも20～30haの農家6万1千戸と，15～20haの農家4万戸が残った（以上はGumuliauskas [1994, pp.158-163]による）。彼らはクラークと呼ばれ重税に苦しんだ。1番家庭から11番家庭が属するパイガタイ村（仮名）の大土地領主だった某家（名を秘す）はこのときにロシアに強制追放され，家族の一人はモスクワの刑務所で死刑になり，一人はウラルの矯正収容所で死亡している。その記念碑が最近パイガタイ村のカトリック教会に建立された。ただし30ha以下のクラークに対する攻撃が本格化するのは第二次世界大戦後である。
　7月23日には銀行や企業の国有化が宣言され，20人以上を雇用する工場（近代設備の工場の場合は10人以上）は国有化された。富裕なユダヤ人はその財産を失った。このような状況の中で，カウナスの日本領事館に，シベリア鉄道経由で日本を通過して米国に移住を希望するユダヤ人が殺到した。それ以前からシオニズム運動でイスラエルに移住するユダヤ人が急増しており，またナチに対する不安から出国するユダヤ人も増えていた。しかし多くのユダヤ人にとってナチのソ連侵入，したがってナチのリトアニア侵入は全く予想されていなかった。このことは第二部の4軒のユダヤ人の家系図からも分かる。特に48番家庭の第3世代のエラの夫は共産党員であるにもかかわらず，ナチはそれほど残虐でないと考えていた。1940年の春の段階ではドイツ占領下のポーランドではまだ数か所の都市でゲットーが建設されたばかりで，ワルシャワでもクラクフでもゲットーはなかった。そしてナチのソ連侵略はスターリンでさえ全く予想していなかったといわれる。このような状況の中で1940年7月からリトアニアの社会主義化と銀行・企業の国有化が始まった。

抵抗する者はソ連刑法第58条により「反革命活動」を行ったとされロシアのラーゲリ（その多くはウラル山脈の東側のシベリアにあった）に強制追放された。

日本領事館に殺到したユダヤ人は資産を処分して米国への移住を希望する富裕なユダヤ人だったと考える。日本領事杉原千畝氏は約1500枚のビザを発給し，後に行われるナチのユダヤ人集団虐殺から，家族も含めて6千人のユダヤ人の命を救ったといわれる（杉原領事の未亡人である杉原幸子［1990］の回想録を参照されたい）。杉原幸子［1990］の本の冒頭にはネクタイを締めパナマ帽をかぶった富裕なユダヤ人が行列を作っている写真が掲載されている。一般に，これらユダヤ人はナチス・ドイツから逃れて日本領事館に殺到したと考えられているが，上でみたように，実はソ連とその社会主義化から逃れて1940年の7月から8月にかけて日本領事館に殺到したと筆者は考える。

このような社会主義化の政策は，しかし第二部の44軒の家庭のすべてにただちに影響を与えているわけではない。たしかに，30番家庭の第1世代モティエスは森も含めて100haを所有していたが，「戦争中は70haの土地は放棄地となり，30haのみ耕作した」という回想がある。すなわち1940年8月5日以降の土地所有（土地利用）上限の30haに制約されている。しかし，29番家庭は1940年では24haの土地所有となっていたし，5番家庭も30haを切っていたから，1940年では被害にあっていない。また第二部の44軒の中には相当数の貧農がいるが，このときに土地分配の恩恵を受けた者はいない。社会主義化によって農村部の生活水準が顕著に向上したとは思えない。都市部の生活は明らかに苦しくなった。貨幣がルーブルへ切り替わった結果，物価が3倍になり，1940年では背広1着を購入するのに0.88か月の平均月収が必要だったのに，1941年には2.37か月の平均月収が必要となった（Gumuliauskas［1994, p.164］）。

宗教政策でも抑圧が始まったと歴史書は述べる。カトリック教会が学校など国家機関から切り離される決定がなされ，小学校の授業から宗教の時間がなくなった。しかし神父の逮捕や教会の破壊などを記述している歴史書はない。リトアニアでのソ連の宗教政策はベラルーシでのそれとは相当に異なっていた。第二部の家庭の中で宗教政策の変更に関する回想を述べているのは43番家庭である。その第2世代のダビドはカライム教の最後の聖職者（その死後今日に至るまで聖職者は空位である）であったが，同氏の息子は父の時代に関して，「1940年までは聖職者に対して300ズロチの月給〔住所のトラカイは1939年までポーランド領だったのでポーランドの通貨ズロチを用いた回想である〕が国家から支給されて豊かな生活だったが，ソ連時代になって月給が打ち切られ，生活が苦しくなった」と回想している。

社会主義時代の特徴のひとつに「反革命分子」の逮捕とそのラーゲリへの強制追放がある。強制追放の頂点は1941年6月14日の午前2時であった。ナハイロ［1992,

p.165］が述べるようにその逮捕行動はよく訓練されたものであった。ブルジョアだけでなく，あらゆる職業と年代を対象として「反革命分子」を特定し，その家族全員の身柄を拘束して，男女を分けて貨車に積み込み，ウラル山脈やカザフスタンやシベリアのラーゲリ（矯正労働収容所）に強制追放して，（矯正ではない）強制労働に従事させるものであった。ナハイロ［1992, p.165］は一夜にして2万5千人がリトアニアで逮捕され強制追放されたというが，実際は逮捕と強制追放は1週間も継続し（Gumuliauskas［1994, p.168］），ようやく6月22日になって停止したという。ナチス・ドイツがこの日にソ連に侵入したからである。その逮捕はナハイロが述べるような残忍なものではなく，一家族100キログラムまでのトランクを持参することができた。食料・衣服・食器などを持ち出せたし，現金や貴金属も持ち出しが認められた（Gumuliauskas［1994, p.168］）。ただし畑中幸子［1996, p.104］は「うろたえてしまい，目覚まし時計をつかんだまま」強制追放された人にインタビューしている。ナハイロは強制追放者の数や犠牲者の数を挙げているが根拠が乏しい。Blaszczyk［1992, p.109］は強制追放者の数について，3万5千人が強制追放されたという説を紹介した後に，しかし正確な強制追放者の推定は困難であると述べている。

本書第二部の44軒の中で，この逮捕・強制追放，すなわち反革命分子とみなされてラーゲリに送られた者が合計28名もいる。ただしその時期はさまざまで，戦後の農地改革のときの強制追放の例が多い。第二部冒頭の一覧表を参照されたい。48番家庭の夫婦はポーランドから来たユダヤ人であるという理由で国際共産主義運動（トロツキスト運動）とのかかわりが疑われ反革命分子として逮捕されシベリア極北のコリマ地区のラーゲリに強制追放されている。この夫婦は幸いラーゲリから生きて祖国に帰ることができたが（だからこそ筆者はインタビューできたわけであるが），その主婦の最初の夫の場合はもっと悲惨である。妻同様に逮捕された後，ラーゲリに送られるまでもなく，死刑になっているからである。

44番家庭の第5世代のヘレナは当時49歳の家庭の主婦だったが，ドイツ人でリトアニア語が上手に話せないということで「反革命分子」とみなされシベリアに送られている。このようにおよそ反革命とは縁のない人もラーゲリ送りになっている。Blaszczyk［1992, p.109］によれば，ラーゲリ送りの最高年齢者は104歳の老人であった。

ラーゲリまでの貨車（客車ではない）の旅がいかに苛酷なものであったかは，そしてウラジオストック（日本海に面する軍港都市）からオホーツク海を渡る船の旅がいかに苛酷なものであったかはギンズブルグ［1990］と原暉之［1993］が描写するとおりである。またラーゲリでの生活がいかに悲惨なものであったかもギンズブルグは描いている。48番家庭の主人も，ラーゲリの囚人のほとんど全員が餓死した例があったと回想している。

しかし，本書第二部の28人の中で，ラーゲリで死亡した者は30番家庭の第2世代のアントシャ一人と31番家庭の第2世代の2人の兄弟だけである。この3人以外は全員が生きてラーゲリから釈放されている。ナハイロ［1992, p.165］は「バルト諸国から追放された人々のほとんどが死に絶え，スターリンの死後帰還した者は20パーセントに満たなかった」と述べているが，そしてそのような推定がしばしばなされるが，本書第二部のわずか44軒ではあるがその調査からは，そのような評価は行いえない。18番家庭の主人は第二次世界大戦でドイツ軍の捕虜となり，戦後，ドイツ軍の捕虜となったという理由だけでラーゲリ送りになっているが，ラーゲリでは病死も含めて死亡者は一人も出なかったと回想している。むろんこれは例外的な事例であり，5番家庭の主婦の弟アントニは「ラーゲリでの労働は賃金は良かったが，死んだ人も多かった」と回想している。次節で述べるが，ドイツ占領中では主にリトアニア人警察官がユダヤ人を殺害した。27番家庭の第3世代のベネディクタスも，戦争中はリトアニア警察官であり，戦後は戦争犯罪者としてシベリア送りになるが，生きて帰国している。5番家庭の回想では，ラーゲリは男女別だったが，夫婦は週に1回会うことができたという。48番家庭の主婦は，ラーゲリの中で恋人ができ（そのラーゲリも男女別に区分されていた），子供を出産している。ラーゲリの女性囚人の1割近くが出産したと回想している。これは誇張ではないであろう。ギンズブルグ［1990，第2巻，pp.214-215］はシベリア極北のコリマ地区ラーゲリに幼児専用の建物があり，乳幼児があふれかえっている風景を描写しているからである。ギンズブルグは非常に多くの箇所で女性の妊娠例を挙げている。

ラーゲリの評価はまだ定まっていないし，また筆者の専門外でもあるが，ただ本書第二部の各家庭の回想において，「親戚の誰かがラーゲリの中で死んだ」という例は3例だけであったということだけは述べておこう。

ソ連では種々の民族の民族全体を対象とした集団的な強制移住が行われたことはよく知られている。例えば岡奈津子［1998, p.184］によれば，対日戦略の国家的観点から，極東に住む朝鮮民族の全員である17万1781人（ラーゲリに収容されていた者を除く）が強制的にウズベキスタンとカザフスタンに移住させられている。45番家庭の回想によれば，主人の伯母リサ（ユダヤ人）はドイツ軍侵入の際にリトアニアを脱出することができ，カザフスタンに移住したが，そこでは朝鮮人が建てた粘土の家に住んでいた。このような民族全体を対象とした集団移住は朝鮮人だけでなく，タタール人に対しても行われた。ナハイロ［1992, p.181］によれば，ドイツ軍が敗走した後のクリミヤ半島では1944年5月16日に，そこに居住するタタール民族全員の25万人に対して強制移住の命令が下された。幸いなことにリトアニアではドイツ軍が敗走した後，タタール人に対しての強制移住の措置はなかった。

第14節　ドイツ占領期

1941年6月22日（日曜日）の早朝，ドイツ軍はソ連領内に突然侵入した。リトアニアではほとんど誰もこれを予想していなかった。47番家庭の第2世代のシモン（ユダヤ人）はその日の朝，末娘が熱を出したので娘を抱いて医院を訪れている。スターリンはドイツ侵略のあまりのショックにしばらく公衆の前から身を隠したことはよく知られている。

しかし，この日をめざして準備していたグループは存在した。それは「リトアニア人活動家フロント（LAF）」という反ソ連のパルチザンの集団であった。これは1940年11月17日にベルリンで結成されており，このことからも分かるとおりドイツの支援を受けていた。6月22日の独ソ戦の開戦のニュースを聞くと，彼らはただちにカウナスで武装蜂起しソ連軍との市街戦に入った。23日にはラジオ局を占拠し中央郵便局も占拠し，リトアニアの独立を宣言する放送を流した。市街戦はLAFの勝利に終わっており，6月25日にドイツ軍がカウナスに入城したときには赤軍との戦闘はなかった。ビルニュースではリトアニア人が少数民族であったこともありLAFの武装蜂起はカウナスほど劇的ではなかったが，それでも6月24日にドイツ軍が進軍してくる前に放送局を占拠し，国歌を放送していた。LAFはドイツ軍と共にビルニュースで市街戦を戦い同日ビルニュースを奪回した。ソ連軍第29歩兵師団に配属されていたリトアニア人兵士部隊は6月22日に赤軍の指揮系統を離れてパルチザンに合流した（以上はGumuliauskas［1994, p.173］）。このLAFを中心にリトアニア暫定政権が誕生し，首相には1940年6月まで文部大臣をつとめたアンブラゼビッチャスが就任した。この暫定政権は土地・銀行・企業の国有化の決定を廃棄するなどしたが，リトアニアの独立をめざすこの暫定政権がドイツの傀儡政権になりうるわけがなく，6週間後にはドイツによって解散させられている（Blaszczyk［1992, p.110］）。このような情勢の中で，6月25日にカウナスで，そして全国で，リトアニアの民族対立で最大の悲劇が生まれる。ユダヤ人虐殺（ポグロム）である。

「リトアニア人活動家フロント（LAF）」の政治目的は独立リトアニアの回復であったが，思想的には反共産主義であり反ユダヤ主義であった（Wardzynska［1993, p.37］）。LAFがソ連軍との戦闘に勝利を収めると，その矛先がユダヤ人に向かっていったことは当然であった。カウナスにおけるユダヤ人の殺害が開戦初日の6月22日から行われた可能性は否定できないが，あったとしても小規模であったろう。49番家庭の主人の母（ユダヤ人）は，息子と共に6月22日に避難列車でカウナスを脱出できているからである。ユダヤ人に対するポグロムが大規模に展開したのは6月25日からであろう。6月28日付けのドイツ軍特別出動部隊のAグループ（占領地域を支配する特別出動部隊のうちビルニュースを除くバルト地域に属する部隊のグループ名）の報告によれば，「カウナス

では過去3日の間に数千人のユダヤ人が殺された」とある（Wardzynska [1993, p.37]）。殺したのはドイツ軍ではなくリトアニア人であった。LAFの人数については不明だが，全国のすべての町や村の中心街で合計10万人が蜂起したとあることから（Gumuliauskas [1994, p.173]），カウナスだけでも1万人を越えていたことは間違いない。そして既に紹介した1946年7月のポーランドのキェルツェ市のポグロムから類推すれば，一般市民もポグロムに参加したのであろう。ビルニュース地方も含めて，リトアニア全土で7月2日までに殺されたユダヤ人は7千人にのぼった（Wardzynska [1993, p.37]）。このユダヤ人虐殺（ポグロム）は，後にガス室を使って行われるドイツ軍のユダヤ人ホロコーストとはその性格を全く異にする。

既に紹介した47番家庭のシモンの妻は，6月22日にいったんはタウラゲ市（位置は39頁の図10を参照）から避難するが，避難途中で夫がタウラゲの自宅に戻ったという誤った情報のもとに自宅に戻り，5人の子供と共に殺されている。自宅に戻ってすぐポグロムの犠牲となっている。彼女を殺害したのはリトアニア人であった。ドイツ軍はタウラゲに進軍していなかったか，あるいは進駐したばかりであったからである。

このポグロムは略奪暴行を伴う無秩序なもので，暫定政府の検事局は7月になると19人の参加者に死刑を宣告している。ドイツはこの無秩序な行動をドイツ軍の統制下に置くため，カウナスでは6月28日LAFに対して武装解除を命令しており，また同日，3万5千人が居住するユダヤ人街の入り口を閉鎖した。ナチスが暴徒の手からとりあえずユダヤ人を守ったのである。ナチスはユダヤ人を皆殺しにすることを望んではいなかったのである。このときからゲットー（塀で囲まれたユダヤ人居住区）の建設が始まった。ドイツ軍はリトアニア全土を2つの支配地域に分割していたが，その全土で7月2日からドイツの特別出動部隊が，共産党員の捜索とユダヤ人殺害を継続することになった。ドイツ軍に協力したのはリトアニア人パルチザンであった（Wardzynska [1993, p.37]）。既に述べた48番家庭の第3世代エラは夫が共産党員であるがゆえに，村の広場で生後2か月の息子と共に公開絞首刑になっている。ただしこの処刑はドイツ軍によってなされたと回想されている。この処刑を目撃させられたエラの父は発狂してしまう。なお絞首刑は例外的で，一般には殺害方法は射殺であった。

しかしここで7月2日以降は無差別にユダヤ人の殺害が行われたわけではないということに注意しなければならない。社会主義政権のもとでのリトアニア警察は存続しており，そのリトアニア警察は，インテリのユダヤ人や裕福なユダヤ人や政治活動を行っていたユダヤ人の名簿を作成することをドイツ軍特別出動部隊から命ぜられている（Alabrudzinska [1998, p.185]）。32番家庭の第3世代のヨーザスはこのリトアニア人警察に参加し，戦後は戦争犯罪人として追及されることを恐れて偽名で英国に逃亡している。また27番家庭の第3世代ベネディクタスは戦後になり戦争犯罪者として逮捕されシベリアのラーゲリに送られている。

ナチス・ドイツはユダヤ人に対して二重の位置づけを与えていた。第一は絶滅すべき人種であり，第二は当面の間は有効に使用できる労働力であった。この問題は日本語文献では永岑三千輝[1994]が詳しく論じている。

このユダヤ人の位置づけの二面性は，ビルニュースにおけるゲットーの建設と「ポナリの森」でのユダヤ人集団殺害とに最も特徴的に現れている。

ゲットーの建設といっても新たに住宅団地を作るわけではなく，既存のユダヤ人居住地区を最初は有刺鉄線で囲い，後に高い板塀やレンガ塀で囲うものである。その中に居住していた少数の非ユダヤ人は退去し，ゲットーの外の地域に居住しているユダヤ人をゲットーに強制的に詰め込みで移住させるのである。ゲットーについては47番家庭の主婦ファニアが詳しく回想している。ビルニュースのゲットーは8月末に建設（設定）されているが（Alabrudzinska [1998, p.185]），具体的に何日に設定されたのかは調べがつかなかった。ファニアは9月6日にゲットーに入れられている。このゲットーが建設される以前の7月4日には「ポナリの森」での最初のユダヤ人殺害が行われており54人が犠牲になっている。翌日は93人であった。しかしゲットーが建設されてからは被害者数は激増し，9月2日には1日で3700名が殺されている。このようなユダヤ人集団虐殺の結果，1941年末にはゲットーの人口（すなわちビルニュース市のユダヤ人人口）は1万5千人にまで減少してしまった。既に第10節で紹介したように1937年のビルニュース市の総人口は20万9442人であり，その34.16％，すなわち7万3千人がユダヤ人であった。Wardzynska [1993, p.42]は特別出動部隊がつけていた殺害日誌から1941年の末までに6万人のユダヤ人が殺されたとしている。1941年末のドイツ軍特別出動部隊第3部隊の報告書には次のように記されている。「リトアニアには，熟練労働者とその家族を除いてユダヤ人は存在しない。残っているのはビルニュースのゲットーに1万5千人，カウナスのゲットーに1万5千人，シャウリアイ〔位置は39頁の図10を参照〕のゲットーに4500人だけである」。ゲットーに残ったのは（したがって殺害されなかったのは）若くて熟練労働ができる男性のユダヤ人とその家族だけだった（Alabrudzinska [1998, pp.185-186]）。

ゲットーに残れるかどうか，「ポナリの森」で殺害されないかどうかの選別が行われていたのである。このユダヤ人の選別についてはホロコースト研究書の多くが語っており，また一般向けのノンフィクション小説であるが，キニーリー[1989]の『シンドラーのリスト』はこの選別をよく描いている。この小説は50人の生き残りのユダヤ人へのインタビューに基づいて書かれており，ストーリーの真実性はともかく，ポーランド南部のクラクフ市のゲットーでの生活やその強制労働の風景などは非常に

忠実に描かれている。

ポナリの森はビルニュースの中心部から南西に10キロのところにあり，ソ連軍が石油備蓄基地を建設中だったところで，直径32メートルから12メートル，深さ4メートルから3メートルの大小7つないし8つの大きな円形の穴が掘られていた。そこに石油タンクが建設されるはずだったのである。ナチはこの穴を殺害場所と埋葬場所に選定した。射殺の銃の引き金を引いたのは，ほとんどがリトアニア人警察であり，ドイツ兵が射殺することは稀であった。リトアニア人警察官は朝からウォッカを飲み，しばしばユダヤ人の足から上に向かって順に射撃したり，母親の目の前で子供を射殺したり，乳児を穴に放り投げたりして楽しんだ。このようなことは，近くに住む住民が目撃し，日記に記している。その住民は日記をガラス瓶に入れて庭の土の中に埋めて保存した。戦後それが発見され，軍事裁判の証拠品として用いられ，現在はワルシャワのアルヒーフ（文書館）に保存されている（以上はAlabrudzinska [1998, pp.183-186]による）。リトアニアの高校教科書はユダヤ人のホロコーストにおいてリトアニア人がドイツ軍に協力したと明確に述べている（Gumuliauskas [1994, p.178]）。

この日記の抜粋はWardzynska [1993]の巻末に参考資料として収められているが，その7月23日には「約500人のユダヤ人が射殺された。『私は共産党員じゃない』と叫ぶ声が聞こえた」と記されている。すなわち7月の時点では，ユダヤ人自身が，ユダヤ人であるがゆえに殺されるのではなく，共産党員と誤認されて殺されるのだと考えていたことが分かる。そしてこの時期に既にユダヤ人の選別が始まっていたことも分かる。なぜなら共産党員でないユダヤ人が，労働力として不適当と判断されて殺されているからである。

47番家庭の主人は鍛冶屋の一家の息子だったから，また主婦は電気技師の一家の娘だったから，共にゲットーに入ることができた。二人は後に結婚する。45番家庭の第3世代のモイシャの6人の子供たちは，親から離れて住んでいたので，全員が殺されている。子供が生き延びることができる条件とは，親が有益な労働者であることであった。49番家庭の第2世代のタボルスキは非常に優秀な自動車修理工だったので，1944年まで殺されずにゲットーで生き延びることができた。前述の『シンドラーのリスト』が語るように，かなりのユダヤ人が有益な労働力として戦争の最後まで生き延びることができたのである。これはクラクフだけではなく，リトアニアでもそうであった。ナチの選別の原理は第二部の家系図でかなりよく確認できる。ただし，生き延びることができたユダヤ人は極めて少数で，本書第二部のユダヤ人で，ゲットーに収容されて生き延びることができたのは，49番家庭のタボルスキ氏とその8歳の娘，ゲットーを脱走した47番家庭の夫婦の4人だけであった。タボルスキ氏の妻はゲットー解放の最後の日に何者かによって殺されている。

第二次世界大戦初期のリトアニア・パルチザンは反ソ連・親ドイツであり，ドイツ占領下ではそのかなりの部分がリトアニア人警察（Saulisi）として制度化されていた。ポーランド・パルチザン（AK）は反ソ連・反ドイツであった。AKが4人のリトアニア人警察官を殺害したことへの報復がリトアニア人警察により行われ，ポーランド人部落が襲われて39人のポーランド人農民が殺害されるという事件も起きた（Blaszczyk [1992, p.111]）。

このポーランド人とリトアニア人の対立を除けば，ドイツ占領下のリトアニアの民族問題は平穏であった。民族間の対立など起きる余地もなかったのだろう。カライム人はドイツによってユダヤ民族とは扱われず，43番家庭の主人の家には「礼儀正しいドイツ人将校」が下宿しているほどである。20番家庭の第3世代のヤン（タタール人）は「ドイツ軍によるタタール人に対する特別の弾圧はなかった」と述べている。

占領下の生活が基本的には平穏であったとしても悲惨であったことは間違いない。収穫の義務供出を怠ると農民は射殺されたと15番家庭の主人は父親の代に関して回想している。19番家庭の第2世代のアダムの家は，1941年6月のドイツ軍侵入のときの戦闘の際に，近所の農家8軒と共に焼かれている。さらにドイツへの労働力調達のための農民の連れ去りがあった。1番家庭の第2世代のゾフィアは17歳でドイツ領内（ただし東プロイセン）のドイツ人農家へと労働力徴発にあっている。多くのドイツ人農家の夫たちは前線に兵士として送られ，ドイツ農村部では深刻な労働力不足だったのである。8番家庭の第3世代アレクサンデルもドイツ領（現在はポーランド領）に労働力徴発で連行され，そのままポーランドに居ついて帰国しなかった。15番家庭の第4世代マリアは労働力徴発にあうが逃亡して帰国している。2番家庭や3番家庭にあっては，1939年にドイツ軍の捕虜となり，農村労働力としてハンガリーの農家で終戦まで働かされた例がみられる。農村部でのこのような労働力徴発の候補者の選定は部落長が行った。28番家庭の第3世代シルベステルはドイツ占領下で部落長をつとめ，労働力徴発の選定を行い，それゆえ戦後は戦争犯罪者として逮捕されビルニュースの刑務所に数年間入れられている。

農村部での悲劇はパルチザンに象徴される。パルチザン自身が悲劇の主人公であるだけでなく，悲劇の加害者でもあった。6番家庭の第3世代のボレスワフや23番家庭の第3世代ヨナスは，1944年にソ連軍が攻めてきたとき，パルチザンと誤認されてソ連軍により畑で射殺されている。リトアニア・パルチザンはドイツ占領下ではリトアニア人警察に制度化されるが，そのほかに反ソ連のポーランド・パルチザン（AK）と親ソ連のソ連側パルチザンも活動していた。ドイツによる占領といってもドイツ軍が押さえていたのは，町と村の中心市街と鉄道線路くらいで，森の中や農村部には支配が及ばなくなっていた地方も多かった。1943年夏には占領地域の5分の1がパルチザンの支配下に落ちていたといわれる（永岑三千

輝 [1994, p.289]）。24番家庭の第5世代ヤヌシ（リトアニア人）はソ連側パルチザンに参加するがドイツ軍により捕らえられ，処刑されている。47番家庭の主婦はゲットーを脱出し，ソ連側のパルチザンに参加して鉄道線路の爆破工作などでドイツ軍と戦っている。パルチザンは食糧を求めて村落を襲った。パルチザンと強盗団はしばしば区別がつかなかった。17番家庭の主婦は夫が1944年にパルチザン強盗団に殺された場面を回想している。多くの回想が，パルチザンが来たらどうしようもなく，食糧を差し出すしかなかったと述べている。リトアニア・パルチザンは占領下ではその多くがリトアニア人警察として組織されドイツに協力し，さらに親ドイツのリトアニア兵士団さえ戦前の将軍プレハビッチャスを司令官として組織されるが，大きな成果を挙げることなく解散している。

しかしリトアニア人が全面的にドイツに協力したとみなすことはできない。1943年末にはリトアニア解放最高委員会（VLIK）が結成されている。これは反ドイツでかつ反ソ連の立場をとるリトアニア独立をめざすパルチザンであった。しかし1944年に赤軍が近づいてくると司令官は西側に逃亡してしまう（Blaszczyk [1992, p.113]）。結局，親ソ連のパルチザンとポーランド・パルチザンがビルニュースの解放をめざして活発な活動を続け，ソ連軍が近づいてきた1944年7月7日にはポーランド・パルチザン（AK）が「嵐作戦」を実行し，5600人を動員してビルニュース攻撃を開始した。遅れてソ連側パルチザンとソ連軍もビルニュース攻撃を開始し，7月14日にビルニュースはソ連軍の手によって解放された（以上はESH [1993, p.24]）。一方Boradyn [1999, p.41] によれば，ポーランド・パルチザン（AK）は当初5500名の兵士だったが，最終的に7400名の兵士が参加し，カービン銃1071個，ピストル712個，手榴弾1万471個で武装していた。AKの民族構成は圧倒的にポーランド人からなり，1940年以前にソ連側によって逮捕されたポーランド・パルチザン兵士3231名のうちポーランド人は2904名で，ベラルーシ人184名，リトアニア人37名，ユダヤ人8名，その他97名であった（Boradyn [1999, p.25]）。AKはビルニュース中心部の解放には成功しなかった。ビルニュースを解放したのは親ソ連のパルチザンとソ連軍である。47番家庭の夫婦は共にソ連側パルチザンに参加し，ビルニュースに突入している。ビルニュース解放後すぐにアパートの新居の割り当てを受け7月22日に結婚し，それぞれ工業省秘書と靴製造企業管理職のポストをただちにソ連軍よりもらっている。戦後リトアニアの行政と生産の復興はこのようにして開始されたのである。

ソ連軍がビルニュースを陥落すると，リトアニアの人たちには別の形の悲劇が待ち構えていた。ソ連軍は現地の若者を徴兵し，部隊に配属して対ドイツ戦線に送った。41番家庭の第3世代のミハイル（ロシア人）の部落では17名の若者が徴兵にあいソ連軍部隊に配属になり，カリニングラード方面でドイツ軍と戦闘した。生還したのは3名のみで，ミハイルは幸運なそのうちの一人だった。ポーランド人の若者はソ連側のポーランド人民軍（AL）に配属されたが，4番家庭の第2世代ブロニスワフの例のように，ソ連軍は誰がポーランド人で誰がベラルーシ人であるかという難しい人種選別を行わなければならなかった。またその息子エドワルドが回想するように，ソ連軍は村から食糧の略奪を行った。

第二次世界大戦が終結した後も悲劇は続いた。反ソ連のパルチザンが活動を継続したのである。反ソ連のパルチザン闘争が最も激しく最も長期にわたって継続したのはウクライナであり，ソ連側の司令官の将軍が戦後3名も戦死しており，その活動は1956年まで続いた（中井和夫 [1999, pp.324-325]）。ポーランド・パルチザン（AK）のリトアニア国内での活動はリトアニア解放後1年を経て1945年には終息し，その後は現ポーランド国内で社会主義政権の軍隊と戦闘を継続した。その様子は映画ではあるが，ワイダ監督の『灰とダイアモンド』がよく描いている。AKが撤収した後はリトアニア・パルチザンが反ソ連のゲリラ戦を1952年まで継続した。このリトアニア・パルチザンの兵力は3万人であり，多くは農民の子弟であった。森の中のキャンプで生活し，村に出没して食糧の供給を受けながらソ連軍との戦闘を展開した。戦死者は2万人に達したが，ソ連軍側の戦死者も1万人に達している。このような戦闘が1952年まで続き，結局パルチザンは敗北し，ある者は西側へ亡命し，ある者は投降した（以上はBlaszczyk [1992, p.113] による）。

30番家庭の第2世代アントシャの場合，息子がパルチザンに参加したためアントシャ本人が1951年ころにシベリアのラーゲリに送られ，夫は息子の身代わりに処刑されている。このリトアニア・パルチザンについては畑中幸子 [1996] が関係者へのインタビューに基づいて詳しく紹介している。畑中幸子氏はドイツ占領下のリトアニア人警察ならびに1940年当時のリトアニア・パルチザンと戦後のリトアニア・パルチザンとの関連について明言を避けておられるが，ドイツ軍の協力者であったある市長が戦後パルチザン活動に加わっているということを紹介しておられ，またリトアニア解放最高委員会（VLIK）（畑中氏は「リトアニア自由軍」と訳されている）のメンバーが反ソ連のレジスタンスに加わったという事実も紹介しておられる（畑中幸子 [1996, pp.110, 120]）。ドイツに協力したリトアニア人警察とドイツ占領下での反ドイツ・反ソ連のリトアニア・パルチザンとが戦後の反ソ連のリトアニア・パルチザンと相当程度の連続性を持っていたという推測は成り立つだろう。この戦後のリトアニア・パルチザンに関しては筆者が調べた限りではポーランドの歴史家たちはまだ著作を発表していない。ただ戦後のリトアニア・パルチザンの最後の司令官ヨーザス・ルクシスの回想録が公刊されているだけのようである（Blaszczyk [1992, p.115]）。

リトアニアの高校教科書はかなりの頁数を割いてリトアニア・パルチザンについて論じている。それが述べる

ところを要約しよう。戦後のリトアニア・パルチザンの成立要因は多面的である。第一にはまだドイツ軍との戦闘が継続していたためのソ連軍への徴兵忌避であり，第二には逮捕が予想される者の事前逃亡である。第三に独立リトアニアを援助してくれるであろう西側諸国への呼び水としてのパルチザン活動への期待である。第四に愛国主義である（Gumuliauskas [1994, pp.201-202]）。上述の第二の点は明らかにドイツ協力者を指す。リトアニアの高校教科書の記述は妥当なものであろうと本書の筆者は考えている。

第15節　リトアニア戦後史

極論すれば，「リトアニア戦後史」というものは存在しない。とりわけ1950年ころからはソビエト化の傾向が強まり，リトアニアはソ連邦の一つの県のようなものになってしまったのである。日本で「××県戦後史」という概念が，おそらく沖縄県を除いて考えられないように，リトアニア戦後史という概念も考えられない。存在するのはソ連戦後史だけである。

産業政策や農業政策はもちろん，学校教育政策や宗教政策も基本的にはソ連の枠組みの中で決められていたのであり，リトアニアの政権担当者が持っていた自由度は非常に小さかった。

したがって「リトアニア戦後史」というものが存在するとすれば，民族や言語や歴史的経緯にかなりの特殊性を持つリトアニアが，ソ連化政策にどのように対応していったかという問題の検討だけが課題となる。本節では民族という観点からこの問題を検討してみよう。

最初に，戦後の民族別の人口構成比の変化を1923年と比較して紹介しよう。1923年のデータは1923年9月にリトアニアで実施された国勢調査の結果ではなく，それに，1939年以降にリトアニアに編入されたビルニュース地方のデータを追加して推定したものである。しかし筆者は1923年の国勢調査結果を参照することができなかったので，ウクライナ人とロマ人とドイツ人などの数値を記載している『リトアニア百科事典（TLE）』などに依拠して表12を作成したが，ほぼ間違いのない数字であろう。なお，第3章においては1979年と1989年のもっと詳細なデータを紹介する。

表12においてはロシア人の比率が注目される。1959年の比率は1923年の比率を大きく上回る。これがソビエト化の象徴的な数字である。

しかし，リトアニアは最初から強固にソビエト化されたわけではなかった。1945年のリトアニア共産党の党員数はわずか3536人であった（ソ連では各共和国がそれぞれの共産党を持っており，ただロシア共産党だけは存在せず，それらを統括する形でソビエト共産党が存在していた）。そのうちリトアニア人は3分の1以下の1127人であった（Gumuliauskas [1994, p.189]）。共産党員はその数がタタール人やロマ人なみの「極小民族」だった。

この少数の共産党員で国家機構や地方自治体や学校やそして企業を支配することは不可能であったから，モスクワは戦後当初から6千人のスタッフを送り込んだ（Gumuliauskas [1994, p.188]）。したがって人材の育成は急務であった。1945年にはビルニュースとカウナスにマルクス・レーニン主義夜間大学が開設され，27の地方党員夜間学校が設置された。後者は小学校中退レベルの共産党員にイデオロギー教育をほどこす機関だった。このような努力もあって1953年には共産党員数は3万6178人に増えたが，リトアニア人の比率はやはり3分の1の1万3712人だった（Gumuliauskas [1994, p.190]）。これは広義のロシア人（ベラルーシ人やウクライナ人を含む）がその後も大量にリトアニアに送りこまれたことの反映であろう。

このような状況の中で，1944年以降，1940年8月の「リトアニア社会主義ソビエト共和国」の政治・社会・経済体制の復活作業が続けられた。銀行や大企業は再び国有化され，10人以下の者を雇用する工場のみ私有経済で存続できた。農地改革では30haという以前の土地利用上限が復活し（良質な土地の場合は20haまで），10万人の土地なし農民や貧農が土地を受け取ることができたが，受け取った土地の面積は平均で7haであり，農家としては生存限界以下であった。ドイツ軍に協力した農民には土地利用が5haまでに制限された（以上はBlaszczyk [1992, p.114]による）。このように戦後直後は個人農体制でリトアニア農業は出発した。30番家庭の主人の父親ピョトラスは当時24haを持っていた。部落の7軒の農家はピョトラスが反ソ連のパルチザンを家に泊めたことを理由にクラーク（富農）として告発し，ピョトラスは戦後すぐシベリア送りになってしまう。しかし告発の本当の理由は7軒の農家が24haの農地を山分けするためだったと息子は回想している。農民が農地の集団化など全く予想していなかったことが分かる。農民はコルホーズという社会主義集団化など想像もしていなかった。

1947年には最初のリトアニア最高ソビエト代議員選挙（国会議員選挙）が行われ，投票率は97.9％に達した。1948年1月には37の県議会選挙（厳密にはそれぞれの地方行政レベルでのソビエト代議員選挙）と320の村議会選挙と2772の部落議会選挙が行われた（Gumuliauskas [1994, pp.190-191]）。8番家庭の第3世代のアントニは1950年12月17日の第2回の地方選挙の際に酔っ払った警察官に殺されている。投票所の監督に派遣された警察官は朝から酔っ払っていて，いたずらで木製ドアに向かってピストルを発砲した。しかしドアの向こうにはアントニが立っていた。弾はドアを破ってアントニの頭部に命中し，白い脳味噌が廊下に飛び散った。この警察官に悪意はなかったのかもしれない。ピストルを発砲することは投票率を上げるためのデモンストレーションのつもりだったのかもしれない。朝から酔っ払ったことも，めでたい日に周囲の者はみな朝から酔っ払っていたであろうから特段に非難すべきことではなかったろう。とに

かくこのような雰囲気で投票が行われたのであるから，97％という投票率はあるいは真実のものだったのかもしれない。

既に述べたように農家の土地利用面積上限が30haに設定され，大土地所有地主は「人民の敵」としてシベリア送りになっている。しかし農業の主体は個人農であった。リトアニアで最初のコルホーズは1947年2月26日にカウナス北方40キロのケダイニアイ町で成立しているが，本格的な農業集団化は1947年5月21日にソ連共産党中央委員会がバルト三国でコルホーズを設立することの決定を行ってからである（Gumuliauskas [1994, p.196]）。しかし農民はコルホーズを結成しようとはせず，1949年の年初においてコルホーズに参加した農民は全体のわずか4％でしかなかった。1949年の収穫期を前に強力な政策が導入された。土地税を大幅に引き上げ，またその他の圧迫手段が用いられた。本書第二部の44軒の家庭での回想からは聞かれなかったが，10ha以上を耕したり雇い人を持つ農家などはクラーク（富農）と呼ばれ，町の共産党活動家が集団でやってきて収穫の穀物袋をかついで持っていってしまうとか，家の壁にクラークと落書きされるとか，自宅から家財が盗まれるとかの非合法の手法もとられた。警察はむろん取り締まらなかった（筆者による村長などへのインタビューによる）。

その結果1949年の末には農民のコルホーズへの参加率は62％になり，1950年の末には90％に達した。クラークとして攻撃され，シベリア送り（厳密にはラーゲリの設置場所にはウラル山脈の中央部やカザフスタンも含まれているが，一般にはシベリア送りと呼ばれる）になった例は本書第二部の44軒の中に非常に多く，ここでは具体例を挙げることはしない。具体例は家系図を参照していただきたい。ただひとつだけ述べるとすれば，この集団化政策は民族の観点からすると非常に平等的だったということである。リトアニア人に対しても，ポーランド人に対しても，タタール人に対しても，ロシア人・ベラルーシ人に対しても全く同じようなクラーク攻撃が加えられている。もしここでロシア人を優遇すれば，農村社会の不満は爆発したであろう。

農業集団化の残忍性のみが強調されることが多いが，40番家庭は興味深い事例を提供している。40番家庭の主婦の祖母イレナ（ポーランド人）は19haの土地を持ち，さらに森を2つも持ち，食用油の搾油業も営み，乳牛の数も多くクラーク認定の条件を120％満たしていた。1949年に夫が病死し未亡人となったイレナには8人の子供が残された。土地と家畜のすべてをコルホーズに奪われたが，それでもこのような場合クラークに認定されるのが普通だった。クラーク認定のためにロシア人司令官（ロシア人コミサリアート。派遣顧問）がやってきたとき，2歳になる末娘が激しく泣き出した。この8人の子供を全部シベリアに連れていくことは不可能だと判断したロシア人コミサリアートはイレナをクラークと認定しなかった。筆者はかつてスターリン行政の特質は厳格な規

表12 戦後リトアニアの民族別人口構成比（％）の変化

	1923	1959	1979	1989
リトアニア人	69.2	79.3	80.0	79.6
ロシア人	2.5	8.5	8.9	9.4
ポーランド人	15.3	8.5	7.3	7.0
ベラルーシ人	0.4	1.1	1.7	1.7
ウクライナ人	0.0	0.7	0.9	0.2
ユダヤ人	8.3	0.9	0.4	1.3
ラトビア人	0.6	0.2	0.1	0.1
タタール人	0.1	0.1	0.1	0.1
ロマ（ジプシー）人	0.0	0.1	0.1	0.1
ドイツ人	3.4	0.4	0.1	0.1
その他	0.2	0.2	0.4	0.4
総人口（千人）		2,711	3,398	3,690

出所）TLE [1988, t.1, p.632]，1989年データはBlaszczyk [1992, p.70]。総人口は『ソ連統計年鑑』（ГOC-KOMCTAT [1990, p.17]）による

律の保持にあるのではなく，任意裁量権に基づく恣意性にあると論じたことがあるが（吉野悦雄 [1993, pp.318-329]），40番家庭の事例はこの恣意性が好ましい方向に働いた例である。

クラークだけでなく，インテリや神父など反体制とみなされた「人民の敵」が多数シベリアに送られた。この強制追放の合計数はBlaszczyk [1992, p.115] によれば10万8千人であり，Gumuliauskas [1994, pp.190-191] はその数の各種推定には一致がみられないと述べつつ，20万人ないし24万人であったろうと述べている。シベリアから生きて帰還できた人数についてはBlaszczyk [1992, p.117] は6万人ないし8万人であろうと推定している。Blaszczykによるとラーゲリ送りになった6割ないし8割は帰国できている。餓死ではなく自然死もあったろうし，帰国を望まない人もいたであろう。26番家庭の主人の回想によれば，ウテナイ部落の富農バルジナス氏は家族全部でラーゲリ送りになったが，子供たちはロシアのクラスノヤルスクで良い生活を送っていたのでリトアニアへの帰国を望まず，それで本人もロシアに留まった。このような例もあったのである。本書の筆者は，ラーゲリで餓死した人の数はかなり少なかったと考えている。一般に西側研究者はラーゲリの悲惨さを過剰に評価する傾向があることには注意を払う必要があるだろう。

宗教政策についてもロシア化が進んだ。パルチザン活動が盛んだった時期には，カトリック教会はその精神的後ろ盾になっていたので，特に厳しい弾圧が加えられた。ビルニュース首座大司教と3人の司教が逮捕されている。Gumuliauskas [1994, p.192] によれば250人の神父が逮捕されラーゲリに強制追放になっているという。この宗教の問題は第3章で章を改めて検討したい。

教育についてもロシア化が進んだ。1945年当時の教育政策はジグザグで手探りの状態だった。43番家庭の主婦の記憶によれば（1年のズレがあるかもしれないが），1944年9月からの学期ではリトアニア語で各科目を教わり，1945年の9月からはポーランド語で各科目を教わり，

1946年からはロシア語で各科目を教わったという。しかしリトアニアでは，その後は民族語を尊重しつつロシア語の普及を図るというソ連全体に適用されていた教育原則が導入された。戦前とは異なり，授業科目の中の宗教の時間は廃止され，無神論の授業が開始された。中等教育以上の生徒・学生を対象にコムソモール（共産主義青年同盟）が組織され，小学校高学年を対象とするピオネール（少年団）も組織された。マルクス・レーニン主義教育が導入された。

1949学校年度（9月から始まる）では義務教育が7年に延長された。そしてその上に4年の中等教育があって，11年の教育を経て大学に進学できるようになった。ロシアの場合，中等教育は3年であったが，リトアニアでの大学教育がロシア語で行われたこと，またリトアニア人にとってはロシア語は完全な外国語であることから，リトアニアの中等教育は4年となった（Gumuliauskas [1994, p.199]）。ただしロシア語高校だけは3年制だった。このことを除けばソ連の教育制度と全く同一である。ソ連の教育制度については，義務教育が8年となった時点での解説を『ロシア・ソビエト・ハンドブック』[1978]などで容易に知ることができるので，ここでは省略したい。現在のリトアニアの学校教育制度については第4章で章を改めて検討したい。

第二次世界大戦でリトアニアは大きな経済的被害を被った。1945年の時点で全国に1650の工場があったが，そのほとんどは何らかの程度破壊されていた。同年の工業生産は1940年のそれの40％に落ち込んでいた（Gumuliauskas [1994, p.197]）。ソ連はリトアニアの産業の復興に力をそそぎ，リトアニア経済をソ連経済の中に組み込むことをめざした。何度かの5か年計画の内容やその結果としての経済成長率などを本書で紹介するのはふさわしくないであろう。しかしリトアニア経済はコメコン体制の中で確実に成長していったということだけは述べておこう。コメコン体制の具体例を一つだけ挙げれば，ビルニュース市の電機工場に巨大な設備投資がなされ，白黒テレビのブラウン管製造が始まった。その生産量の統計は省略するが，国内の購買量をはるかに上廻り，バルト三国のみならずベラルーシやウクライナのテレビ組み立て工場に供給されていた。

このような経済発展の恩恵を受けて，リトアニア国民の生活水準は確実に向上した。既に述べたことであるが，48番家庭の主婦は1920年9月に小学校に入学したとき，靴を買ってもらえずに裸足でしばらく通学し，後にスリッパをもらっている。29番家庭の主婦は12歳のときの1938年から近所の農家で住み込み農作業員（農婦）として働き始め，子供時代にはひとつの玩具ももらえなかったと回想している。1928年生まれの28番家庭の主人ヨーザスは，衣服は母親が縫ったものを着て，靴だけはユダヤ人商店で買ったと回想している。44軒の回想が示すように1930年代のリトアニアでの生活は貧しいものであった。しかしこのヨーザスも戦後では社会主義経済の発展の恩恵を受けている。1950年にヨーザスは徴兵となりウクライナなどに駐屯するが，軍からもらった金で（ソ連軍兵士は月給ではないが金銭支給を受けていた）初めて背広を買っている。そして除隊になったとき，軍で貯めた金で米国製の赤い色のスキー靴を買ったと回想している。スターリン（1953年3月5日死亡）時代に米国製のスキー靴が輸入されていたかどうかは定かでないが，ヨーザスが米国製のスキー靴だと信じていたことは確かである。ともかく米国製のスキー靴を買うような余裕が1953年には生まれていたのである。24番家庭の主婦は1957年に部落に電気がきて最初にアイロンを買ったと回想している。7番家庭の主婦の父は1965年に部落で最初のテレビを買っている。30番家庭の主人は1973年に自家用車を買っている。このように生活水準は確実に上昇した。特に電気がきたときは村中の人が大喜びしたと，多くの農民が回想している。電気は社会主義の勝利の象徴だった。そして崩壊の重要な要因でもあった。電気がない時代は有線ラジオ（トーチカ）が各家庭に配線されていた。これは一つのラジオ番組のみ聴けるもので，受信機にはボリュームしかなかった。この有線ラジオにより政権はイデオロギー教育を行った。しかしラジオが買えるようになると事情は異なった。49番家庭の主人ダビッドはビルニュースに住んでいたので戦後すぐからラジオを聞いている。父親が政府高官であったにもかかわらず，ダビッドはラジオでBBC（英国国営放送）の番組（ソ連向け放送）を聞いていた。もはや西側文化から国民を遮断することはできなくなっていた。1960年代にソ連国内でビートルズが熱狂的に受け入れられていたことはよく知られている。筆者は1960年代に結婚した夫婦からたくさんの結婚記念写真をみせてもらったが，新郎は皆長髪で，新婦の髪型は皆ソフィア・ローレンだった。

このような経済成長の結果，人口分布も大きく変わった。1950年には都市人口（町に住む人口）は全人口の28.3％にすぎなかったが，1989年の国勢調査では68％までに上昇している（Blaszczyk [1992, p.64]）。リトアニアは農業国から工業国へと大きく変換をとげていたのである。

1991年にリトアニアはソ連から独立し，ソ連は同年崩壊するが，その底流は1970年代に始まっていた。1972年5月14日にカウナスで19歳のロマス・カランタ氏が宗教弾圧に抗議して焼身自殺を行い，5月18日の葬儀の後に，市民はデモに繰り出した。2日にわたって市内は混乱し，1人の警察官が殺され，多くのデモ隊が負傷し，逮捕された。またロシアとリトアニアとのスポーツ試合などではソ連国歌の演奏のときに観客は起立せず，試合中は「ロシア人・ゴーホーム」の掛け声をかけたという（Blaszczyk [1991, p.117]）。30番家庭の次男は1980年に当時禁止されていた戦前のリトアニア国歌を友人の誕生パーティで歌ってカウナス農業大学から中退処分を受けている（もっともすぐに復学し，卒業後は大卒エリートとしてソホーズの農場長に出世している）。このような

社会的雰囲気が既に1970年代に存在したのである。

このような底流の先に1991年の社会主義リトアニアの崩壊がある。1989年からの経過については村田郁夫[1999]や畑中幸子[1996]が詳しいので，本書では全面的に省略したい。

第16節　現在のリトアニアの行政区

最後に現在のリトアニアの行政区を紹介しておこう。

1999年ではリトアニアは44県（rejon）と12の独立行政市からなっている（『1999年リトアニア地方行政統計』(SD [1999, p.4]))。12の独立行政市のうち9つは，人口が最低でも2万人からなる県の中心都市であり，そこには首都ビルニュース（人口57万人）とカウナス（人口41万人）も含まれる。この9の独立行政市は県庁所在地でもある。例えば，ビルニュース県の場合，県の中央にビルニュース市があり，ビルニュース市を除いた部分がビルニュース県となるが，ビルニュース県の県庁はビルニュース市に設置されている。このビルニュース県とビルニュース市は同格で，それぞれ一つの国家行政区となっている。さらに行政面・産業面では意義がないが，バルト諸国の中で最大の保養地でフルシチョフも好んだバルト海沿岸のパランガ（1998年で人口1万9622人）と，クライペダ市の対岸の糸のように細い半島にある保養地ネリンガ（人口2649人。1932年にはトーマス・マンが別荘に住んでいた）と，ビルニュース西方80キロにあるネムナス川河畔の保養地ブリストナス（人口3820人）の3地域も独立行政市の資格を与えられている。44県は日本における九州地方や関東地方などの区分と同様に，10の地方に属しているが，この地方（apskritis）には自治体としての意味はない。

44県の中には，423の村（apilinke）と81の市（町）と11の住宅特別区（m.t.g）がある（『1989年国勢調査報告』（SD [1991]）による）。リトアニアでは市と町の区別はない。ただし本書では，日本の読者がイメージをつかめるように，人口2～3万人以上を市と呼び，それ以下を町と呼ぶことにする。県庁所在地は市と呼ぶ。また日本の現状にあわせて，村の中心市街地区が人口2千人以上あるような場合にはその市街地区を町と呼んでいる。

81市（町）のうち35市は県庁所在地であり，さらに上記の独立行政市のうち9つの独立行政市が9つの県の県庁所在地となっており，合計44の県庁所在地を構成している。すなわち平均的には，一つの県には県庁所在地のほかにもう一つの市と約10の村があるといってよい。原子力発電所設置地区に代表される11の住宅特別区は農村部の中に新規に開発された市であって，他の市や村と同格の地位が与えられている。

以上のように，リトアニアの地方行政機構は2段階であり，上位レベルには44の県と12の独立行政市があり，下位レベルには県の下部行政区である515の町村（厳密には81市（町）と11住宅特別区と423村）が存在する。

参考文献

（注：リトアニア語の特殊文字は近似ラテン文字に置き換えた）

『ポーランド・ウクライナ・バルト史』[1999]：伊東孝之・井内敏夫・中井和夫編著『ポーランド・ウクライナ・バルト史』山川出版社，1999。

伊東孝之[1988]：伊東孝之『ポーランド現代史』山川出版社，1988。

井内敏夫[1999]：井内敏夫「中世のポーランドと東方近隣諸国」伊東孝之・井内敏夫・中井和夫編著『ポーランド・ウクライナ・バルト史』の第2章，1999。

岡奈津子[1998]：岡奈津子「ロシア極東の朝鮮人－ソビエト民族政策と強制移住－」『スラブ研究』no.45，1998。

キニーリー[1989]：トマス・キニーリー著，織野　宏訳『シンドラーのリスト』新潮社文庫，1989。

ギンズブルグ[1990]：エウゲーニヤ・ギンズブルグ著，中田甫訳『明るい夜　暗い昼』集英社文庫，1990。なお同書は集英社文庫版では『続　明るい夜　暗い昼』と『続々　明るい夜　暗い昼』のタイトルのもとに三巻本で出版されている。

黒川知文[1996]：黒川知文『ロシア社会とユダヤ人』ヨルダン社，1996。

黒川知文[1999]：黒川知文「高尾氏書評にこたえて」『ロシア史研究』No.65，1999。

杉原幸子[1990]：杉原幸子『六千人の命のビザ』朝日ソノラマ，1990。

高尾千津子[1999]：「書評　黒川知文『ロシア社会とユダヤ人』」『ロシア史研究』No.64，1999。

中井和夫[1999]：「ソヴィエト時代のウクライナとバルト諸国」伊東孝之・井内敏夫・中井和夫編『ポーランド・ウクライナ・バルト史』の第8章，1999。

永岑三千輝[1994]：永岑三千輝『ドイツ第三帝国のソ連占領政策と民衆　1941-1942』同文館，1994。

ナハイロ[1992]：ボフダン・ナハイロ，ヴィクトル・スヴォボダ共著，高尾千津子・土屋礼子共訳『ソ連邦民族・言語問題の全史』明石書店，1992。

野村達郎[1995]：野村達郎『ユダヤ移民のニューヨーク』山川出版社，1995。

畑中幸子[1996]：畑中幸子『リトアニア　小国はいかに生き抜いたか』日本放送出版協会，1996。

早坂真理[1999]：「分割と蜂起の時代」，「近代民族の成立」伊東孝之・井内敏夫・中井和夫編『ポーランド・ウクライナ・バルト史』の第5章と第6章，1999。

原暉之[1993]：原暉之『インディギルカ号の悲劇』筑摩書房，1993。

護・岡田[1990]：護雅夫・岡田英弘編　『中央ユーラシアの世界』山川出版社，1990。

村田郁夫[1999]：「ソヴィエト時代のウクライナとバルト諸国」，「独立と民主化の時代」伊東孝之・井内敏夫・中井和夫編『ポーランド・ウクライナ・バルト史』の第8章と第10章，1999。

吉野悦雄[1993]：吉野悦雄「第一部　ポーランドの農民，第1章～第13章」吉野悦雄編著『ポーランドの農業と農民』木鐸社，1993。

『ロシア・ソビエト・ハンドブック』[1978]：東郷正延・飯田規和・勝田晶二・竹沢浩三郎・戸辺又方・中本伸幸・匹田軍次編『ロシア・ソビエト・ハンドブック』三省堂，1978。

ГОСКОМСТАТ [1990]：ГОСКОМСТАТ СССР，Народное Хозяйство СССР в 1989 г., Москва, 1990.

AHP-PPWK[1967]: Państwowe Przedsiębiorstwo Wydawnictw Kartograficznych(red.), *Atlas Historyczny Polski*, Wrocław, 1967.
AHS-PWK[1994]: Polskie Przedsiębiorstwo Wydawnictw Kartograficznych(red.), *Atlas Historyczny Świata*, Wrocław, 1994.
Alabrudzinska[1998]: Elżbieta Alabrudzińska, Eksterminacja ludności żydowskiej w Ponarach (1941-1943) : w Zenon Hubert Nowak(red.), *Studia i Szkice z Dziejów Żydów w Regionie Bałtyku*, Toruń, 1998.
Blaszczyk[1992]: Grzegorz Błaszczyk, *Litwa Współczesna*, Warszawa, 1992.
Boradyn[1999]: Zygmunt Boradyn, *Niemen - Rzeka Niezgody*, Warszawa, 1999.
Chalupczak i Browarek[1998]: Henryk Chałupczak i Tomasz Browarek, *Mniejszości Narodowe w Polsce 1918-1995*, Lublin, 1998.
Czubinski i Topolski[1989]: Antoni Czubiński i Jerzy Topolski, *Historia Polski, wydanie drugie poprawione*, Wrocław, 1989.
Dan Cohn-Sherbok[1994]: Dan Cohn-Sherbok, *Atlas of Jewish History*, London, 1994.
EHGP[1981]: *Encyklopedia Historii Gospodarczej Polski do 1945 roku*, tom 1-2, Warszawa, 1981.
ESH[1993]: Wydawnictwo Szkolne i Pedagogiczne (red.), *Encyklopedia Szkolna Historia*, Warszawa, 1993.
Gasiorowski[1975]: Antoni Gąsiorowski, Polska monarchia stanowa(1333-1501): w Jerzy Topolski(red.), *Dzieje Polski*, Warszawa, 1975.
Gilbert[1976]: Martin Gilbert, *Jewish History Atlas*, 2-ed, London, 1976.
Gumuliauskas[1994]: Arunas Gumuliauskas, *Historia Litwy od roku 1915 do 1953, książka szkolna dla klasy X*, Kaunas, 1994. translated from: *Lietuvos Istorija nuo 1915 iki 1953 metu, Mokomoji Knyga X Klasei*, Kaunas, 1993.
GUS[1939]: Głowny Urząd Statystyczny, *Mały Rocznik Statystyczny 1939*, Warszawa, 1939.
GUS[1993]: Głowny Urząd Statystyczny, *Historia Polski w Liczbach - Ludność, Teritorium*, Warszawa, 1993.
Horn[1991]: Maurycy Horn, Chronologia i zasięg terytorialny żydowskich cechów rzemieślniczych w dawnej Polsce(1613-1795): w Andrzej Link-Lenoczowski(red.), *Żydzi w Dawnej Rzeczypospolitej*, Wrocław, 1991.
Ivinskis[1987]: Zenonas Ivinskis, Litwa w dobie chrztu i unii z Polską: w Jerzy Kłoczowski(red.), *Chrystianizacja Litwy*, Kraków, 1987.
Jackiewicz[1997]: Mieczysław Jackiewicz, *Polskie życie kulturalne w Republice Litewskiej 1919-1940*, Olsztyn, 1997.
Krajewski[1998]: Zenon Krajewski, *Polacy w Republice Litewskiej 1918-1940*, Lublin, 1998.
Kuron i Zakowski[1996]: Jacek Kuroń i Jacek Żakowski, *PRL dla początkujących*, Wrocław, 1996.
Labuda i Bardach[1958]: Gerard Labuda i Juliusz Bardach, Wzrost zagrożenia zewnętrznego Polski w połowie XIII w.: w Henryk Łowmiański(red.), *Historia Polski, tom 1, do roku 1764*, Warszawa, 1958.
Lavinia Cohn-Sherbok[1999]: Lavinia Cohn-Sherbok, *Historia Cywilizacji Żydowskiej*, Warszawa, 1999. translated from: *A History of Jewish Civilization*, London, 1997.
Makowski[1986]: Bronisław Makowski, *Litwini w Polsce 1920-1393*, Warszawa, 1986.
NEP-PWN[1997]: *Nowa Encyklopedia Powszechna PWN*, tom 1-6, Warszawa,1997.
Nowak[1998]: Zenon Hubert Nowak, Żydzi w krajach regionu bałtyckiego do czasów emancypacji: w Zenon Hubert Nowak(red.), *Studia i Szkice z Dziejów Żydów w Regionie Bałtyku*, Toruń, 1998.
Ochmanski[1990]: Jerzy Ochmański, *Historia Litwy*, wydanie trzecie, Wrocław, 1990.
Podraza[1991]: Antoni Podraza, Żydzi i wieś w dawnej Rzeczypospolitej: w Andrzej Link-Lenoczowski(red.), *Żydzi w Dawnej Rzeczypospolitej*, Wrocław, 1991.
Roszkowski[1991a]: Wojciech Roszkowski, *Landowners in Poland 1918-1939*, New York, 1991.
Roszkowski[1991b]: Wojciech Roszkowski (Andrzej Albert), *Historia Polski 1914-1990*, Warszawa,1991.
Sadowski[1997]: Andrzej Sadowski, Mieszkańcy północno-wschodniej Polski, Skład wyznaniowy i narodowościowy: w Zbigniew Kurcz (red.), *Mniejszości Naroeowe w Polsce*, Wrocław, 1997.
SD[1991]: Statistikos Departamentas, *1989 metu Visuotinio Gyventoju Surasymo Duomenys*, tomas 1-3, Vilnius, 1991-1992.
SD[1999]: Statistikos Departamentas, *Gyventoju Skaicius Apskrityse, Miestuose ir Rajonuose, 1999m. sausio 1d.*, Vilnius, 1999.
Szaynok[1997]: Bozena Szaynok, The Jewish Pogrom in Kielce, July 1946 - New Evidence, Internet Journal *Intermarium*, Institute of East Central Europe, Columbia University, vol. 1, no. 3, 1997, http://www.columbia.edu/cu/sipa/REGIONAL/ECE/kielce.html
Tarka[1998]: Krzysztof Tarka, *Litwini w Polsce 1944-1997*, Opole, 1998.
TLE[1988]: *Tarybu Lietuvos Enciklopedija*, tomas 1-4, Vilnius, 1985-1988.
Topolski[1975]: Jerzy Topolski(red.), *Dzieje Polski*, Warszawa, 1975.
Unterman[1994]: Alan Unterman, *Encyklopedia Tradycji i Legend Żydowskich*, Warszawa, 1994. translated from: *Dictionary of Jewish Lore and Legend*, London, 1991.
Wardzynska[1993]: Maria Wardzyńska, *Sytuacja Ludności Polskiej w Generalnym Komisariacie Litwy -czerwiec 1941 - lipiec 1944*, Warszawa, 1993.
Wrobel[1991]: Piotr Wróbel, *Zarys Dziejów Żydów na Ziemiach Polskich w latach 1880-1918*, Warszawa, 1991.
Wyrozumuski[1991]: Jerzy Wyrozumuski, Żydzi w Polsce średniowiecznej: w Andrzej Link-Lenoczowski (red.), *Żydzi w Dawnej Rzeczypospolitej*, Wrocław, 1991.
Zepkaite[1995]: Regina Zepkaite, Okupacja Wilna przez Armię Czerwoną (19 września -27 października 1939r.): w Małgorzata Giżejewska i Tomasz Strzembosz (red.), *Społeczeństwo Białoruskie, Litewskie i Polskie na Ziemiach Północno-wschodnich II Rzeczypospolitej (Białoruś Zachodnia i Litwa Wschodnia) w latach 1939-1941*, Warszawa, 1995.

第3章　現代リトアニアの民族と宗教

第1節　マクロ・レベルでの民族構成

　最初に，20世紀のリトアニアの総人口の変化を示そう。リトアニアでの人口センサスは，帝政ロシア時代の1897年のセンサスを含めて，1923年，1959年，1970年，1979年，1989年と6回にわたって行われており，2001年4月5日に第7回の人口センサスが実施予定である。1897年の人口センサスは帝政ロシア政府によって，帝政ロシアの行政区分に従って行われたものであり，カウナス県だけは現在のリトアニアの領土であるが，旧ビルニュース県や旧スバウキ県のかなりの部分は現在のリトアニアの領土ではないので，現在のリトアニアの領土に対応する部分に，どれほどの人口が存在したかを推定することは困難である。しかし『1989年国勢調査報告書』の序文（SD [1991a, p.4]）によれば，その人口は270万人から280万人であったという。ここで，各種人口調査の結果をまとめて，20世紀の人口の変化を表1にみてみよう。

　この表1から2つのことが分かる。第一は1923年から1938年までの人口増加が他の国と比較してきわだって穏やかであったことである。その原因として，戦間期においても移民出国が継続していたことと，第一次世界大戦で多くの若者が戦死し，第一次世界大戦後の出産が増加しなかったことを挙げることができる。第二は1939年から1979年までの人口増加が極めてわずかであったことである。これは第二次世界大戦の被害の結果である。多くのユダヤ人が殺害されたことは第2章で述べたが，リトアニア人やポーランド人も殺されている。また本書第二部の家系図の1番家庭から11番家庭までの例から分かるとおり，戦後かなりのポーランド人がリトアニアからポーランドに移民出国している。また第二部冒頭の表2が示すように，ユダヤ人のイスラエル出国もみられたし，リトアニア人の西側移民も続いた。これらの結果として人口増加がほとんどみられなかったのである。『1989年国勢調査報告書』の序文（SD [1991a, p.4]）では，第二次世界大戦での死亡者と戦後すぐの国外移住を合計して80万5千人の人口が失われたとしている。Blaszczyk [1992, p.64]によれば，第二次世界大戦中に殺された人はユダヤ人も含めて37万人，戦後クライペダ地方からドイツに引き揚げたドイツ人とドイツ系リトアニア人が合わせて14万人，戦後に社会主義体制を嫌って西側に移住したリトアニア人が6万人，戦後ポーランドに引き揚げたポーランド人が20万人，1944年からの各種パルチザン闘争での死亡者が3万8千人，以上の合計で80万8千人が失われたとしている。

　またこれ以外にドイツへの労働力徴用で連れ去られた人が7万人，ソ連のラーゲリに強制追放された人が既に紹介したように10万8千人ないし24万人いたが，ただし，これらの人はほとんどがリトアニアに帰還している。

　次に1989年の国勢調査結果を紹介するが，まずこの国勢調査が，したがって1989年のソ連の国勢調査がどのように行われたかを紹介しよう。調査は，高等教育機関の2年生以上から選ばれた学生アルバイトが自宅を訪問する形で行われた。調査員は戸主に質問するのではなく，幼児の場合を除いて，家族構成員一人一人に質問した（SD [1991a, p.6]）。

　本人の人種と母語については，本人が回答したとおりを調査票に記入した。幼児の人種と母語は両親が回答したものを調査票に記入した（SD [1991a, p.8]）。

　このように国勢調査の原則は自己申告であるが，しかし自己申告の内容は，本人が社会の中で自分がどのように扱われているかを自己判断した結果であるという点に注意を払う必要がある。第2章で既に述べているが，本人の秘めたる自己意識がポーランド人であると認識していたとしても，ベラルーシ社会の中で生活していてベラルーシ民族名が記載されている国内旅券（現在では国外旅券にとってかわられている）を受け取っている場合，あるいはリトアニア社会の中で生活していてリトアニア民族名が記載されている国内旅券を受け取っている場合には，ポーランド人としてではなく，ベラルーシ人あるいはリトアニア人として自己申告したであろう。筆者は民族の定義は，「血筋」でもなく，「秘めたる自己意識」でもなく，ましてや国内旅券のような「公的文書」でもな

表1　20世紀のリトアニアの人口の変化

調査年	総人口	対象地域
1913	2,828,000	現在のリトアニアの領土に相当する地域。
1923	2,146,502	戦間期のリトアニアの領土（クライペダを含む）。クライペダ地域の人口は1925年で14万1045人。
1926	2,229,876	戦間期のリトアニアの領土（クライペダを含む）。
1929	2,316,615	同上。
1932	2,392,983	同上。
1935	2,476,154	同上。
1938	2,549,668	同上。
1939	3,037,100	現在のリトアニアの領土に相当する地域。
1979	3,391,490	同上。
1989	3,674,802	同上。

出所）『1989年国勢調査報告書』の序文（SD [1991a, p.4]）

表2 1979年と1989年の国勢調査による民族構成

	1979年の人口	1989年の人口	1989年における全人口に占める比率	1989年での当該民族の都市部居住者の比率	1989年と1979年を比較した比率
総人口	3,391,490	3,674,802	100%	67.6%	108.4%
リトアニア人	2,712,233	2,924,251	79.6	64.9%	107.8%
ロシア人	303,493	344,455	9.4	89.8%	113.5%
ポーランド人	247,022	257,994	7.0	57.7%	104.4%
ベラルーシ人	57,584	63,169	1.7	85.2%	109.7%
ウクライナ人	31,982	44,789	1.2	89.8%	140.0%
ユダヤ人	14,697	12,392	0.3	99.1%	84.3%
タタール人	4,006	5,183	0.1	81.6%	129.5%
ラトビア人	4,354	4,229	0.1	72.1%	97.1%
ロマ（ジプシー）人	2,306	2,718	0.1	90.1%	117.9%
ドイツ人	2,616	2,058	0.1	72.0%	78.7%
アルメニア人	955	1,655	0.1	92.1%	173.3%
ウズベキスタン人	2,011	1,453	0.1	96.7%	72.3%
モルダビア人	724	1,450	0.1	78.2%	200.2%
アゼルバイジャン人	1,078	1,314	0.1	88.4%	121.9%
チュバシ人	468	687	0.0	86.6%	146.8%
カザフスタン人	567	663	0.0	89.3%	116.9%
グルジア人	623	658	0.0	88.8%	105.6%
エストニア人	546	598	0.0	91.5%	109.5%
タジキスタン人	207	522	0.0	97.9%	252.1%
モルドバ人	366	491	0.0	89.6%	134.2%
バシキル人	293	420	0.0	93.3%	143.3%
カライム人	352	289	0.0	96.2%	82.1%
オセティア人	277	273	0.0		
マリ人	142	241	0.0		
ブルガリア人	158	237	0.0		
ウドムルト人	137	224	0.0		
トルクメニスタン人	143	193	0.0		
ギリシャ人	168	174	0.0	90.8%	
ルーマニア人	28	173	0.0		
フィンランド人	121	162	0.0		
カレリア人	138	159	0.0		
コミ人	110	134	0.0		
朝鮮人	140	119	0.0	96.6%	
キルギス人	223	118	0.0		
レズギン人	49	112	0.0		
ハンガリー人	59	107	0.0		
その他	1114	933	0.0		

注1) タタール人とカライム人については本章の本文を参照のこと。チュバシ（ボルガ河の西岸）・マリ（ボルガ河の北東岸）・モルドバ（チュバシの西側）・バシキル（カザフスタンの北）・カレリア（フィンランドの東）・コミ（ウラル山脈の西側の極北）・ウドムルト（キプチャク・ハン国の地域）の各国はロシア共和国の中でそれぞれ自治共和国（ウドムルトは自治州）を形成している。すべてアジア系民族である。レズギン人はダゲスタン自治共和国（チェチェン・イングーシの北側）に住む民族。オセティア人はイラン系でグルジア共和国とロシア共和国とにまたがる地域に居住する民族。

注2) 都市部とは第2章第16節で述べた12の独立行政市と81の市と11の住宅特別区を指す。

注3) 都市部居住比率は筆者が全人口と都市部人口から計算した。なお極小民族の都市部居住比率と人口増加率は省略した。

出所) 『1989年国勢調査報告書』(SD [1991a, pp.169-177])

く，まさしく本人が社会の中でどのように扱われているかによると考えている。したがって本人の民族名が時代により変化することはおおいにありうる。そして社会の中での扱われ方には言語と宗教，とりわけ宗教が強く影響すると考えている。

なお2001年4月5日には第7回の国勢調査が実施予定である。この国勢調査は本来は前回の調査から10年後の1999年12月に実施予定であった（延期の理由は財政難であるという）。それゆえ1999年春の時点では，調査員訓練用のための調査票の印刷も完了していた。筆者はその調査票をリトアニア統計局より分けてもらったが，質問項目の中に宗教の欄がある。信仰する宗教を質問するだけでなく，毎週教会に通っているか，あるいは復活祭とクリスマスなど大祭日のみ教会に通うか，あるいは全く教会に通わないか，という質問もなされる。国勢調査で，このような詳細な宗教調査が行われた前例を筆者は知らないので，2001年国勢調査の結果には非常に興味があるが，しかし報告書の印刷は2003年になるであろう。残念ながら本書ではそれを紹介できない。後述するように，現在に至るまでリトアニアでは宗教統計は存在しないのである。

表2に関連して3つの点を指摘しておきたい。

第一は，その複数民族性である。本書第二部では，表2の上位7民族がすべて家系図に登場し，さらにドイツ人とカライム人も登場する。そして表2で11番目の民族であるアルメニア人から最下位のハンガリー人まで，すべて旧社会主義国の民族であるという点に注意されたい。フィンランド人は，1939年のフィンランド戦争でソ連が獲得したカレリア地方に居住するフィンランド人と考えられる。朝鮮人については，第2章で述べたように，もともとソ連国内の極東に居住していて，1937年秋

表3 リトアニアの主要民族の構成比率（％）の変化（1996年は速報推定値）

	1959	1970	1979	1989	1996
総人口	271万人	312万人	339万人	367万人	370万人
リトアニア人	79.3	80.1	80.0	79.6	81.6
ロシア人	8.5	8.6	8.9	9.4	8.2
ポーランド人	8.5	7.7	7.3	7.0	6.9
ベラルーシ人	1.1	1.5	1.7	1.7	1.5
ウクライナ人	0.7	0.8	1.0	1.2	1.0
ユダヤ人	0.9	0.8	0.4	0.3	0.1
ラトビア人	0.2	0.1	0.1	0.1	0.0
タタール人	0.1	0.1	0.1	0.1	0.0
ロマ（ジプシー）人	0.1	0.1	0.1	0.1	0.0
その他	0.6	0.2	0.4	0.5	0.7

出所）『1992年版人口年鑑』（SD [1993a, p.16]）および『1996年版人口年鑑』（SD [1997a, p.16]）

にスターリンによってウズベキスタンやカザフスタンに全員強制移住となった人たちが戦後リトアニアに移住してきたものである。唯一の例外はギリシャ人で，第二次世界大戦直後，ギリシャで革命運動が発生し，結局ギリシャ共産党は敗北するが，そのとき，ソ連は多くのギリシャ共産党員の亡命を引き受けている。ポーランドも相当数のギリシャ共産党員を受け入れている。

第二点は，都市部居住比率が民族によって大きく異なることである。ポーランド人の都市部居住比率が57％で，リトアニア人のそれが64％であり，ドイツ人とラトビア人が共に72％であるのに対して，戦後社会主義体制のもとに新規に移住してきた民族のほとんどが80％以上都市部に居住し，ロシア人とウクライナ人は共に89％であり，朝鮮人にあっては96％に達している。すなわち戦後入植者にはほとんど農業関係者がおらず，農村部の商業従業員も少なく，その大多数が都市部の工業ないし公務・行政に従事していることが分かる。なお，ここでユダヤ人都市部居住比率が99％となっていることも注目される。戦前においては，ユダヤ人は都市部だけでなく，行政区域としての村の中の中心街（ミアステチコ）にも居住して主に商業と手工業に従事していたが，戦後の社会主義商業の発展の中で個人商店・手工業の存在意義が失われ，農村部から放逐されたことがこの数字の背後に存在する。

第三点は人口増加率にも大きな差異が存在することである。表2が示す1979年から1989年までの10年間のリトアニア総人口の増加率は8.4％であったが，社会主義諸国からの民族の人口増加率は，この期間，ほとんどこの平均増加率を上回る。とりわけロシア人の13.5％とウクライナ人の40.0％が注目される。すなわち，1980年代においてもソビエト化の傾向が人口構成の上でも継続していたのである。ただしウズベキスタン人の減少の理由については調べがつかなかった。一方，ユダヤ人とラトビア人とドイツ人の人口は減少している。これは主に祖国への帰還移民の結果と思われる。本書の補章の表2が示すように，ソ連においては1987年から移民出国政策の転換があり，ドイツやイスラエルへの移民が激増するようになる。この政策転換が1989年の国勢調査にも反映されたものと理解される。

ここで再び，主要民族だけの構成比率の変化を表3に示そう。1959年以来，ソビエト化が進行していたことが分かるが，人口構成比の観点からは，ロシア人の増加率よりもウクライナ人やベラルーシ人の増加率の方が高かったことが分かる。そしてこれはソ連政府の意図的な政策の結果ではなく，住民の自発的意思に基づくものであった。本書第二部の4番家庭の主婦の父エドワルドに関する回想，15番家庭の主人の回想，40番家庭の主人の回想などをみれば分かるが，リトアニアの賃金水準は，ベラルーシやウクライナの農村部の賃金水準よりはるかに高く，多くの労働者がリトアニアに流入した。また既に述べたように戦後においてもリトアニアの人口増加率は低水準で，リトアニアは労働力不足に悩んでいたのである。

しかし表3の1989年と1996年を比較すれば明らかとなるが，ロシア人・ベラルーシ人・ウクライナ人の比率が社会主義崩壊後には低下している。「ソビエト化」の傾向は逆転した。ソ連軍兵士と基地内の宿舎に居住していた将校の家族が国勢調査のとき，どのように扱われたかは調べがつかなかったが，筆者は，出身地域での住民に算入されたのではないかと考えている。したがって，表3の数値には軍関係者の数は含まれていないと考えている。ソ連軍がリトアニアから引き揚げたことはよく知られているが，軍関係者以外にも祖国へ戻った者が相当数いたことが表3から分かる。しかし，人口構成比での減少は軽微なもので，ロシア・ベラルーシ・ウクライナから派遣されていた民間人の数はもともとそれほど多くはなかったのであろう。大部分のロシア人・ベラルーシ人・ウクライナ人は社会主義崩壊後もリトアニアに定住していることが分かる。

第2節　ミクロ・レベルでの民族構成

本書の第2章において，筆者はしばしばマクロ・レベルでの民族統計は意味がないことが多く，ミクロ・レベルで考察しなければならないと述べてきた。本節では1989年国勢調査結果を用いながらミクロ・レベルで民族

表4 1989年の若干の行政区ごとの民族構成（人口構成比が0.1%未満の場合は絶対数を示す）

	総人口	リトアニア人	ロシア人	ポーランド人	ベラルーシ人	ユダヤ人	ラトビア人	タタール人	その他
ビルニュース市	576,747	50.5%	20.2%	18.8%	5.3%	1.6%	0.1%	0.2%	3.3%
ビルニュース県村部	88,519	20.7%	8.8%	64.0%	4.7%	39人	57人	0.5%	1.2%
同県ネメンチネ町	5,612	21.8%	13.3%	57.1%	4.9%	7人	3人	1人	2.8%
トラカイ県村部	26,202	57.4%	4.7%	35.9%	1.2%	9人	10人	0.2%	0.5%
シベンチョニス町	6,469	44.4%	24.9%	20.9%	7.5%	0.3%	6人	0.9%	1.1%
サルチニンカイ県村部	29,950	8.5%	4.3%	82.5%	3.6%	1人	6人	14人	1.0%
アクメネ県村部	14,310	96.0%	1.6%	0.2%	0.1%	0人	1.7%	1人	0.4%
カウナス市	418,087	88.0%	8.3%	0.6%	0.7%	0.3%	319人	0.1%	1.9%
クライペダ市	202,929	63.0%	28.2%	0.5%	2.7%	0.3%	0.2%	0.2%	4.9%
マリアンポーレ市	5,887	95.1%	3.1%	0.3%	0.4%	13人	23人	22人	1.0%
イグナリナ県スニェチクス住宅特別区	32,438	7.7%	64.2%	6.4%	11.0%	0.2%	0.3%	1.1%	9.1%
トラカイ県トラカイ市	6,703	58.7%	13.4%	22.2%	2.3%	8人	6人	0.8%	2.3%
同県ルジシキス町	2,489	44.9%	8.8%	39.3%	3.7%	1人	0人	3人	3.2%

注1) 1番家庭から21番家庭の村は「ビルニュース県村部」に属し，23番家庭から30番家庭の村は「トラカイ県村部」に属する。48番家庭は「シベンチョニス町」の周辺にある。32番家庭は「サルチニンカイ県村部」に属する。「アクメネ県」は44番家庭の属する県の北隣の県。なお「ビルニュース県村部」のタタール人人口は全部で456人である。
注2) ビルニュース市・カウナス市・クライペダ市・マリアンポーレ市・サルチニンカイ市の位置は39頁の図10を参照されたい。
注3) スニェチクス住宅特別区はロシア共和国との国境まで8キロの位置にあり，チェルノブイリ型原子力発電所が稼働している。39頁の図10のザラサイ市の南東16キロにある。
出所) 『1989年国勢調査報告』(SD [1991a, pp.181-227])

構成をみてみよう。

表4は民族構成が行政区ごとに驚くほど異なっていることを示している。ビルニュース南方でベラルーシとの国境に接するサルチニンカイ県の村部はポーランド人の県といってよいが，ラトビアとの国境に接する北部のアクメネ県の村部は完全なリトアニア人の県といってよい。アクメネ県村部では，96%を占めるリトアニア人の次に多い民族はわずか1.7%を占めるラトビア人であり，ポーランド人とベラルーシ人はそれぞれ29人と13人であり，タタール人はたった1人で，ユダヤ人については全県の村部で1人も住んでいない。アクメネ県は完全なリトアニア人の県である。

首都ビルニュースでも市内ではリトアニア人が多数民族であり，ポーランド人比率は18.8%にすぎないが，ビルニュース市をドーナツ状に囲むビルニュース県のその村部（同県村部とネメンチネ町が合わせてビルニュース県全体を構成している）では，ポーランド人比率が64%となり，ポーランド人が多数民族となる。

バルト海に面するクライペダ市は，戦後ドイツから返還を受けた都市であり，また工業都市でもあったので，戦後多くのロシア人が転入してきた。同市ではロシア人が28%の比重を占めている。このようなロシア人転入の極端な例が，チェルノブイリ型原子力発電所が建設されたスニェチクス住宅特別区である。ロシア人比率は64%にのぼり，ロシア人の町と述べても過言ではない。

では上記のような行政区ごとに民族統計をみるだけで十分であろうか。実は民族問題を分析するには行政区（市や村）単位の統計では不十分なのである。そこで，次に村を構成する部落ごとの民族統計を検討してみよう。

リトアニア全国には423の村があり，ひとつの村は平均すれば20前後の部落からなると考えられるので，全国でおよそ1万の部落があることになる。部落ごとの統計は，中央政府の統計局には存在せず，ひとつひとつの村役場をまわって内部文書を閲覧するしかない。

ここでは，第二部の1番家庭から21番家庭までが属するパイガタイ村（仮名）の例を紹介しよう。1989年の国勢調査の時点ではパイガタイ村には13の部落があった。その後，首都への通勤圏にあることから，村内にいくつかの分譲団地（土地のみ分譲）が建設され，1999年1月時点では部落の数はかなり増えた。その数も村役場での文書閲覧で確認できるが，本書ではその数は明かさず，1989年時点での部落数を示し，部落ごとの民族構成を表5で示してみよう。ただし，全部の部落の民族別人口を明らかにすると，それらを合計すればパイガタイ村の人口が計算できてしまう。村の人口が分かれば，ビルニュース県に十数ある村の中から，パイガタイ村が特定できてしまう。そこで，パイガタイ村の中で最大の部落であり，また村役場があるパイガタイ部落の人口は明かさないことにした。

この表5からは，ひとつの村の中であっても部落ごとに民族構成がかなり異なることが示される。とりわけ，ズイダタ部落には1950年代に新たに中規模の勤務先（業種は秘す）が建設され，そのためリトアニア人・ロシア人・ベラルーシ人が鉄筋アパートに入居するようになり，ポーランド人比率は48.4%となっている。パイガタイ部落でも業種は明かせないが，やはり就労先が建設され，ポーランド人比率は35%前後となっている。一方シラヘレニ部落（1番家庭から11番家庭までが属する部落）を

表5　1989年におけるビルニュース県パイガタイ村の各部落における民族別人口

	家族数	ポーランド人	リトアニア人	ロシア人	ベラルーシ人	タタール人	その他の民族	民族確定不能
シラヘレニ部落	76	166	5	6	2	0	0	0
カクタロタール部落	145	247	25	15	8	93	0	0
ズイダタ部落	559	768	377	179	193	18	20	29
A部落	83	166	10	4	2	0	0	0
B部落	84	144	6	1	7	0	0	0
C部落	76	133	8	0	1	1	0	0
D部落	35	85	0	0	0	0	0	0
E部落	46	99	10	1	3	1	1	0
F部落	35	44	0	2	1	0	0	0
G部落	23	56	13	2	1	0	0	0
H部落	4	9	0	1	0	0	0	0
I部落	144	307	66	62	25	3	6	0
パイガタイ部落	最大	最大	最大	最大	最大	若干	最大	最大

出所）パイガタイ村役場の内部資料

はじめ、ほとんどの部落においてポーランド人は圧倒的比重を占めている。

また表5からはタタール人はカクタロタール部落に集中的に居住していることが分かる。表4の注にも記したが、1989年ではビルニュース県村部でのタタール人人口は456人であった。ビルニュース県村部では、このカクタロタール部落以外にもタタール人が集中的に居住する部落が3つあり、ひとつの部落でのタタール人人口は70人であったことを筆者は確認している。別の部落でのタタール人人口は100人前後であり、もうひとつの部落では50人から100人の間であった。ところが表4に示したようにビルニュース県ネメンチネ町は総人口が5600人なのにタタール人はたったの1人しか居住していない。ほとんどの村にはタタール人がごく少数しか居住していない。このようにタタール人が居住する部落は4つに限定されていることが分かる。特定の少数民族が特定の部落にだけ集中的に居住する典型例といえよう。

筆者は43番家庭が属するトラカイ県トラカイ市の役場も訪問し、民族構成を閲覧した。表4には1989年の国勢調査時点での民族構成が示されているが、1998年時点では、ロシア人比率が1989年の13.4％から9.8％へと減少していることを除くと大きな変化は生じていない。またルジシキス町の役場でも同様の調査を行ったが、表4の結果と比較して大きな変化は生じていない。ただ町長は、表4のその他民族の80名のうちかなりの部分がウクライナ人であると述べていた。また筆者は32番家庭のシコシニス部落が属するジベニシキス村の役場でも調査を行ったが、この村ではリトアニア人が480人、ポーランド人が500人を若干越える程度でこの2つの民族でほぼ完全に村が構成されていた。ベラルーシ人はわずか2家族で、ロシア人とウクライナ人とユダヤ人は共にゼロであり、ジプシーが1家族おり、結婚して移ってきたアゼルバイジャン人が1人いるとのことであった。これですべてである。このようにジベニシキス村では2つの民族だけが拮抗する形で村を構成し、他の民族が存在していないのである。

本書第1章の方法論のところで述べたが、「典型的」なリトアニア民族構成の村などというものは存在しない。存在するのは、すべて個別事例であり、特殊例である。これらの個別特殊な村ごとの民族構成が集合して「リトアニアの民族構成」が形成されているのである。複数民族社会の研究では微視的制度分析が特に強く要請される。

第3節　民族と職業と所得格差

民族間の所得格差は民族紛争勃発の重要な要因となる。しかし、民族紛争が勃発した旧ユーゴスラビア地域でも、小学校教員やバス運転手の賃金が民族ごとに差別されていたわけではない。すなわち民族間の所得格差とは高賃金職種への就業機会の均等性の問題なのである。このことを述べた上で、表6をみてみよう。

まず第一にホワイトカラー比率がロシア人とポーランド人で2倍も異なる点が注目される。下級ホワイトカラーの一般事務職や経理職（これらはいずれも高校卒ないし短大卒の学歴が要求される）ではポーランド人と他民族との間でそれほどの違いはない。2倍の差が生じているのは、「社長・支社長」・「重役陣」・「工業での技師・専門家」・「医療関係者」・「法律家」などである。これらはいずれも大卒の資格を要求される。すなわち、ポーランド人は大学進学機会においてリトアニア社会の中で差別されていると推測される。このことは第4章で詳しく検討したい。

では初等教育修了者や中等教育修了者においても民族間の所得格差は存在するのであろうか。表6の平均月収に関しては、製造業については全産業の平均値が示されているので比較が難しいが、やはり所得格差は存在すると判断される。その根拠のひとつは、比較的低賃金の市営事業（水道・ガス・ゴミ清掃・住宅保守）部門でポーランド人比率が高いことである。また同じく低賃金の農業作業員にポーランド人比率が高いことも根拠のひとつとして挙げることができる。さらに製造業よりも賃金水準の低い商業一般店員においてポーランド人比率が高い

表6 1989年における各民族の職業構成比率（%）と1997年の税込み平均月収（リト）

	リトアニア人	ロシア人	ベラルーシ人	ポーランド人	平均月収
勤労者総数（人）	1,478,626	197,077	42,060	139,791	
ホワイトカラー比率	33.4%	40.9%	32.3%	21.0%	
ブルーカラー比率	66.6%	59.1%	67.7%	79.0%	
ホワイトカラー					
社長・支社長	0.2	0.2	0.0	0.1	
重役陣	2.6	2.4	2.2	1.4	1,995リト（社長を含む）
工業での技師・専門家	8.3	13.7	11.3	5.5	
農業での技師・専門家	1.1	0.2	0.4	0.6	
医療関係者（医師・看護婦）	3.6	2.7	2.5	1.5	644リト（保健婦を含む）
学校教員	6.2	5.1	4.1	3.2	644リト
出版関係者	0.2	0.1	0.1	0.1	
文化部門（図書館・体育施設等）	0.8	0.4	0.4	0.4	634リト
芸術関連	0.6	0.5	0.2	0.2	
法律家	0.2	0.2	0.1	0.1	
警備保障関係者	0.3	0.7	0.5	0.4	
小売・卸商業関係者	1.5	1.4	1.0	1.0	
一般事務職	4.8	4.6	4.3	4.0	
経理職	1.0	1.2	0.8	0.9	
市営事業（水道・住宅保守等）	0.3	0.2	0.2	0.1	
その他	1.7	7.3	4.2	1.5	
ブルーカラー					
ボイラー・電力作業員	1.1	0.8	0.7	1.0	1,224リト
機械・電機・金属製造作業員	12.0	17.5	19.5	17.1	1,001リト（製造業一般）
化学工業作業員	0.5	0.6	0.5	0.5	
建築素材製造・窯業作業員	0.6	0.4	0.6	0.6	
林業作業員	0.4	0.1	0.2	0.3	868リト
製材・木材加工作業員	1.7	1.4	1.5	1.8	
製紙工業作業員	0.1	0.2	0.5	0.3	
印刷業作業員	0.2	0.2	0.3	0.3	
繊維産業作業員	1.9	1.3	1.2	1.1	
服飾産業作業員	1.9	1.7	1.9	2.6	
皮革産業作業員	0.1	0.2	0.1	0.3	
靴製造作業員	0.3	0.3	0.3	0.5	
食品加工業作業員	1.3	0.8	1.0	1.0	
建築・土木作業員	5.6	4.5	5.5	5.2	969リト
農業作業員	11.0	2.8	3.2	10.3	648リト
漁業作業員	0.1	0.1	0.1	0.0	541リト
鉄道業作業員	0.3	0.7	1.0	0.8	1,031リト（運輸業一般）
海運業作業員	0.2	1.0	0.7	0.1	
自動車運輸・市電作業員	7.2	4.8	7.4	10.0	
その他の運輸作業員	1.0	1.2	1.2	1.7	
通信業作業員	0.6	0.9	0.7	0.7	857リト
クレーン等作業員	0.7	0.8	1.0	0.8	
商業一般店員・作業員	3.8	2.9	3.3	4.5	833リト（管理職を含む）
市営事業（水道・住宅保守等）作業員	3.7	3.2	3.8	5.1	640リト
保健婦・看護助手	1.3	1.2	1.2	1.5	
その他	9.0	9.5	10.3	10.8	

注1）1997年の賃金統計は，旧社会主義セクター部門と民営化部門とに分かれているが，1989年の職業構成に対応させるため旧社会主義セクター部門の数字を筆者は引用した。

注2）1997年の賃金統計は，管理職と一般従業員を区別していない。よって，この数字はホワイトカラーも含むものである。ただし経営陣の月収は別個に区別されている。

出所）『1989年国勢調査報告第2巻』（SD [1991a, pp.351-354]），『1997年賃金統計』（SD [1998a, pp.84, 85, 103]）

第 3 章　現代リトアニアの民族と宗教

表7　1998年における民族をまたがる婚姻

	総数	同民族の人と結婚した比率	ロシア人と結婚した比率	ロシア人以外の他民族と結婚した比率		総数	同民族の人と結婚した比率	ロシア人と結婚した比率	ロシア人以外の他民族と結婚した比率
1998年に結婚したリトアニア人女性	15,315人	92.7%	1.9%	5.3%	1998年に結婚したリトアニア人男性	15,181人	93.5%	2.1%	4.4%
1998年に結婚したロシア人女性	831人	28.9%	該当せず	71.1%	1998年に結婚したロシア人男性	824人	29.1%	該当せず	70.9%
1998年に結婚したポーランド人女性	1,188人	53.1%	8.5%	38.4%	1998年に結婚したポーランド人男性	1,088人	58.0%	7.6%	34.4%

出所)『1998年人口年鑑』(SD [1999a, p.43])

こ␣とも発見できる。さらに製造業においては，服飾産業作業員（縫い子）において際立ってポーランド人比率が高いが，服飾産業は製造業の中では低賃金職種の代表格である。

　以上のことから，リトアニアにおいては民族間に所得格差が存在することは否定できないが，しかし，昇給などで直接的な民族差別が存在したと理解されてはならない。この所得格差はすべて学歴に起因するものであると筆者は考えている。11番家庭の主人ヤン（ポーランド人）は職場での人種差別は厳しく禁止されていたと回想している。それにもかかわらずポーランド人の管理職への昇進は学歴条件から難しく，ヤンの妻テレサは某企業の課長に昇進しているが，それはその企業の歴史上で2人目のポーランド人課長だったと回想している。10番家庭の主人ズジスワフ（ポーランド人）も民族間のコンフリクト（紛争）はなかったと回想し，ＫＧＢ（当時のソ連秘密警察）の通報員が人種差別を厳しく見張っていたと述べている。職場には常に2人の通報員がおり，1人は本当に秘密の通報員だが，もう1人は通報員であることをなかば明示していて，この後者が民族差別の防止に努めたという。このほかにも多くの人が，複数民族の職場における調和関係について回想しているので，本書第二部を参照されたい。

　職場の中で民族差別が存在したと明確に述べているのは49番家庭の主人ダビッド（ユダヤ人）だけである。29番家庭の第5世代のバレル（ウズベク人）は職場で喧嘩して退職となっているが，民族差別が原因であったとの回想はなかった。

第4節　民族と婚姻関係

　まず第二部冒頭の117頁の表2を参照していただきたい。表2において，44軒の家系図の中で民族をまたがる婚姻例が発見できないのは，2番家庭，4番家庭，7番家庭，8番家庭，9番家庭，15番家庭，41番家庭の7軒のみであり，残りの37軒の家系図には民族をまたがる婚姻例があることが示されている。34番家庭では21例の異民族間婚姻があったことが分かる。民族をまたがる婚姻は，文字どおり直接的に民族の融合をもたらす。民族融合をめざす産業政策や学校教育政策，言語政策や宗教政策などにもまして，最も強力な民族融合要因となる。しかも婚姻関係には権力の意思は介入できず，男女間の自発的合意にのみ基づき結婚が発生する。

　最初に全国レベルのマクロ統計を紹介し，この問題を検討してみよう。

　表7から第一にいえることは，リトアニア人が圧倒的にリトアニア人と結婚しているということである。リトアニア人の全人口に占める割合は79%であったのに，結婚相手をみると，リトアニア人女性の92.7%，リトアニア人男性の93.5%がリトアニア人と結婚している。リトアニア人はやはりリトアニア人と結婚する傾向を持っているという当然の結果が確認できる。

　ところがロシア人の結婚相手の数値をみるとそれと逆の結果が確認される。ロシア人がロシア人の結婚相手を選ぶ率は男女共に29%であり，71%は異民族と結婚しているのである。この異民族の内容は統計からは知ることができないが，筆者は圧倒的にリトアニア人であろうと考えている。すなわちロシア人の「リトアニア化」が進行していると考えている。仮にそうでないとしても，71%の結婚相手はベラルーシ人かポーランド人ということになるので，この傾向が二世代継続すれば，リトアニアのロシア人は現地社会に完全に同化してしまうことになると述べることができる。

　ポーランド人の結婚相手をみると，ロシア人ほどではないが，「リトアニア化」の傾向が現れている。それでも過半数のポーランド人は結婚相手にポーランド人を選んでいるから，今後も「ポーランド人社会」はリトアニアで存続するであろう。

　表8の離婚統計ではポーランド人の離婚相手の民族比率が注目される。ポーランド人は47%（女性）ないし42%（男性）が他民族の結婚相手を選んでいるが，離婚した元の配偶者については，67%（女性）ないし58%（男性）が他民族となっている。すなわち他民族と結婚した場合，離婚が発生しやすいという結論が導出できる。しかしリトアニア人の場合，このような結論は導出しえない。

表8　1998年に離婚した人の元の配偶者の民族

	1998年に離婚した女性の総数	元の配偶者が別の民族だった比率	1998年に離婚した男性の総数	元の配偶者が別の民族だった比率
リトアニア人	9,308	13.3%	8,755	7.8%
ロシア人	775	65.3%	813	66.9%
ウクライナ人	106	88.7%	124	90.3%
ベラルーシ人	126	88.1%	145	89.7%
ポーランド人	566	67.7%	443	58.7%
ユダヤ人	20	70.0%	29	79.3%

出所)『1998年人口年鑑』(SD [1999a, p.52])

表8で最も特徴的なことは，ウクライナ人やベラルーシ人が離婚した場合，その離婚相手の9割前後が他民族であるということである。これは，そもそも結婚相手の8割とか9割が他民族となっていたからであろう。ウクライナ人やベラルーシ人の場合，ロシア人以上に「リトアニア化」ないし「現地同化」が進行している可能性が高い。

このように少数民族の場合，婚姻関係を通じて「現地同化」が進行する傾向があるということが明確に確認できる。そしてそれはかなりの程度まで「リトアニア化」であろう。

マクロ・データから推測される上記の事柄を，第二部の家系図で確認してみよう。

リトアニア人の婚姻行動を最も特徴的に示しているのは44番家庭の主婦ヨアンナの従兄弟たちの結婚である。家系図にあるようにヨアンナ（リトアニア人）は20人の従兄弟を持つ。乳児死亡の1人を除いて19人が結婚しているが，そのうち18人がリトアニア人と結婚している。家系図には書き込んでいないが，伯母ヤドビガの4人の子供は全員が母と同じ県内で結婚相手をみつけており，伯母ヘレナの7人の子供も全員が母と同じ県内で結婚相手をみつけている。伯母ブロニアの5人の子供のうち乳児死亡の1人を除く4人も全員が母と同じ県内で結婚相手をみつけている。このように，通婚圏がかなり狭く，しかもこれらの県は表4のアクメネ県村部のようにリトアニア人比率がいずれも90%以上の県である。おのずと結婚相手がリトアニア人ということになるのである。

その対極にあるのが少数民族のタタール人の婚姻行動である。かつてはタタール人家庭における父親の権力は絶大であった。15番家庭の第2世代ベキールは，息子の結婚相手を富農の娘から選んで息子に指名している。そして息子はそれに従って結婚した。1920年代の話である。14番家庭の主人ヤン（1924年生まれ）は独身時代，タタール人の娘にしか興味がなかったと回想している。結婚に際して両親の同意を必要とするという風潮は1970年代まで続いていたようである。その14番家庭のヤンの息子マチェイ（1954年生まれ）は，最初のガールフレンドのポーランド娘との結婚を親に反対され断念し，次のガールフレンドのロシア娘との結婚も親に反対されて断念している。3番目のガールフレンドのリトアニア娘とは親の反対を押し切って結婚している。ただし両親は乳牛を売って結婚披露宴の費用を出してくれた。21番家庭（タタール人）の主人ヤン（1951年生まれ）は息子が21歳の若さでリトアニア娘と結婚したことに関連して「もはや息子が親の言うことをきくような時代ではなくなった」と筆者にこぼしている。

20番家庭（タタール人）の第5世代（多くは1970年以降の生まれ）には既に結婚している人物が9人登場するが，そのうち7人までが他民族と結婚している。ただし結婚相手はリトアニア人ではなくポーランド人が圧倒的に多い。それは20番家庭の母語がプロスティ語（ベラルーシ語とポーランド語との混合語）であるからであろう。そして彼らの両親はポーランド語小学校を卒業している。男女交際では意思の疎通が重要な要件であることはいうまでもない。

イスラム教徒であるタタール人でさえ，このように現地同化が進行しているのである。キリスト教徒のウクライナ人やベラルーシ人にあっては婚姻関係を通じて現地同化が進行していることは当然のことといえよう。34番家庭（ベラルーシ人）の第6世代には既婚者が13人登場するが，8人がカトリック教徒と，1人がユダヤ人と結婚しており，ロシア正教徒と結婚したのは4人だけである。

筆者はパイガタイ村のカトリック教会の神父にインタビューしているが，カトリック教会は，カトリック教徒とプロテスタントあるいはロシア正教徒との結婚を認めており，カトリック教会で結婚の祝福を与えているという。しかしユダヤ教徒あるいはイスラム教徒との結婚には同意していないとも語っていた。ただし結婚の妨害を積極的に行っていないことはいうまでもない。タタール人にとってカトリック教徒との結婚には宗教上のバリアーが存在するのであるが，それにもかかわらず，このように現地同化が進行しているのである。47番家庭（ユダヤ人）の孫も48番家庭（ユダヤ人）の孫も，そして49番家庭（ユダヤ人）の娘もリトアニア人と結婚している。

このようにリトアニアにおいて，少数民族が婚姻関係を通じての現地同化を経験しつつあることは，そのことの善し悪しは別として，複数民族社会の平和共存に大きく寄与していると筆者は考える。

なお，少数民族が常に現地同化をするわけではないことにも留意されたい。タタール人社会も戦前まではもっぱらタタール人どうしで結婚しており，他民族との結婚がほとんどみられないことは第二部の家系図が示すとお

りである。41番家庭（ロシア正教古儀式派）ではほとんど古儀式派の間だけで婚姻関係が成立しており，一部にロシア正教正統派との結婚がみられるだけである。この家庭の家系図にはカトリック教徒は一人も登場しない。

　どのような条件が整うと婚姻関係を通じた少数民族の現地同化が始まるかという問題は極めて重要であるが，リトアニア一国だけの調査から一般的結論を推論することは危険であり，結論は差し控えたい。

第5節　現代リトアニアの宗教

　第二次世界大戦後，今日に至るまでリトアニアでは信徒数に関する宗教統計は存在しない。既に述べたように2001年4月の国勢調査では信徒数が明らかになるであろうが，筆者が示すことのできる統計は1923年のものだけである。それを表9に示そう。

　この表9でまず注目されるのは，カトリック比率が圧倒的であることを別とすれば，プロテスタント比率が9.5％と相当に高いことである。第2章53頁の表12は，現在のリトアニアの領土に相当する部分におけるドイツ人比率が1923年時点で3.4％であったことを示している。対象地域が異なるとはいえ，1923年の時点で相当数のリトアニア人がプロテスタント信仰を持っていたことが分かる。彼らの大部分はクライペダ地域に居住しており，「血筋」ではリトアニア人であり，リトアニア語を母語としていたが，ルター派の信仰を受け入れており，「クライペダ人」と呼ばれていた。

　1923年当時のプロテスタントの大部分はルター派であったが，ビルジャイ市（ラトビア国境の近くで，ビルニュースからは北々西の方向）にはカルバン派を信仰するリトアニア人が多数居住していた。この地方では，第2章で紹介した「黒いラジビル」が16世紀において広大な領地を保有し，カルバン派の擁護者として知られていた。16世紀当時のリトアニアではルター派よりもカルバン派の方が優勢であったのである。多くの農民がカルバン派を受け入れ，その末裔が今日でもその信仰を保っている。クライペダ地域にもカルバン派のドイツ人は入植し，若干のリトアニア人はクライペダ地域でもカルバン派を受容した。しかし今日では，66頁の表10で示すようにカルバン派はルター派と比較しても少数になってしまった。

　1990年代ではプロテスタントの比率は非常に小さいと考えられる。その理由は本章第1節で述べたように1945年以降，14万人もの人がクライペダ地方からドイツに移住しているからである。ドイツ人人口は第2章53頁の表12から分かるように，戦前では7万人前後と推定される。したがって7万人ものリトアニア人がドイツに移住（逃亡）しているのである。彼らの多くはプロテスタント信仰を持つ「クライペダ人」であった。同じクライペダ地域でもカトリックを信仰するリトアニア人は，明白なナチス協力者を除いて，ドイツへは逃亡しなかった。プロ

表9　1923年の宗教構成

宗教	信徒数	構成比
カトリック	1,746,942	80.5%
プロテスタント	207,118	9.5%
ユダヤ教	157,527	7.3%
ロシア正教	55,122	2.5%
その他のキリスト教	1,889	0.1%
非キリスト教	1,640	0.1%
宗教不明	378	

注1）1923年の国勢調査は当時のリトアニア領土の住民を対象としている。調査対象にはクライペダ地方が含まれている。
注2）プロテスタントにはルター派とカルバン派が含まれる。
注3）ロシア正教にはロシア正教正統派とロシア正教古儀式派が含まれる。
出所）Blaszczyk [1992, p.82]

テスタントの「クライペダ人」が，戦後のリトアニア社会で自らの存在が許容されえないと判断して逃亡したのであるから，筆者はこれら「クライペダ人」をドイツ人とみなしてよいと考える。

　表9ではユダヤ教の比率が7.3％と高いが，ナチスによるホロコーストや戦後のイスラエル移民の結果，その比率は1996年には本章59頁の表3が示すように0.1％（5600人）にまで減少している。ユダヤ人とはユダヤ教を信仰している人を指し，他の宗教に改宗した場合，その人はもはやユダヤ人とはみなされなくなる。ポーランド国内では戦後かなりのユダヤ人がカトリックに改宗しているが，彼らは陰口で「あの人はユダヤ人だ」と言われることはあっても，社会生活ではポーランド人とみなされている。

　表9では，ロシア正教徒の比率が2.5％と低いことにも注意されたい。その理由は，1923年の国勢調査がビルニュース県地方（当時はポーランド領だった）を対象にしておらず，しかしロシア人やベラルーシ人はビルニュース県に多数居住していたからである。1990年代のリトアニアではロシア正教の比率はもっと高いと考えられる。第二次世界大戦後にロシア人比率が一挙に高まるが，その主たる要因は，ソ連からの派遣・転入ではなく，ビルニュース県がリトアニアに編入されたことによるものである。

　なおこのロシア正教の数値には，ロシア正教正統派とロシア正教古儀式派の双方が含まれているが，これについては次節で説明しよう。

　表9で80.5％と圧倒的数値を誇っているのはローマ・カトリックである。これにはギリシャ正教は含まれていない。主にウクライナ人が信仰するギリシャ正教（ギリシャ・カトリックまたは合同教会とも呼ばれる）は，ロシア正教とは一線を画し，ローマ教皇の権威を認めるカトリックであるが，教会法などがローマ・カトリックとは異なっている。ギリシャ正教徒はリトア

表10　1997年における各宗派の礼拝所（教会など）の数と聖職者の数

宗教	礼拝所の数	聖職者の数
ローマ・カトリック	689	736
ロシア正教古儀式派	50	22
ルター派	41	17
ロシア正教正統派	44	41
カルバン派	9	2
ギリシャ正教	1	3
イスラム教	5	10
ユダヤ教	3	1
カライム教	2	1

注1) これ以外にバプチスト・モルモン教会・エホバの証人・聖霊降臨教会など16の宗派がリトアニア統計局の『リトアニア宗教団体』（SD [1996a, pp.34-35]）に記載されているが省略する。
注2) ユダヤ教の聖職者はロンドン在住であり、カライム教の聖職者はイスラエル在住である。
注3) 礼拝所とは教会のことを指し、小聖堂などは含まない。イスラム教の場合はビルの中のかなり小さい部屋でも一つの礼拝所とみなされる。
出所)『リトアニア統計年鑑1998年版』（SD [1998b, p.69]）

表11　1984年における各宗派の宗教儀式数

	結婚式	洗礼	葬式
ロシア正教古儀式派	8	398	289
ロシア正教正統派	37	627	579
ルター派	50	145	97
カルバン派	10	5	35
イスラム教	7	14	21

注1) イスラム教の場合の洗礼とは割礼を指す。
注2) 結婚式とは単に教会で結婚の祝福を受けるだけでなく、宗教上の儀式として結婚式を挙げた場合を指す。葬式とは葬儀ミサないし葬儀礼拝を指す。
出所) Blaszczyk [1992, pp.92-95]

アでは1923年当時も現在もごく少数である。

リトアニア人の大部分とポーランド人のほぼ全部はローマ・カトリックである。信徒統計を公表している『ポーランド統計年鑑1998年版』（GUS [1999, p.109]）によればポーランド国民の90.2％はローマ・カトリックである（他宗教は2.2％で無宗教が7.6％）。

まとめれば、リトアニア人とポーランド人の圧倒的大部分はローマ・カトリックである。リトアニアに居住するベラルーシ人の一部はローマ・カトリックであるが、大部分はロシア正教正統派である。リトアニアに居住するウクライナ人のごく一部はローマ・カトリックであるが、大部分はロシア正教正統派またはギリシャ正教（合同教会）を信仰している。リトアニア人の中には少数ではあるがプロテスタントを信仰する者がいる。そしてリトアニアに居住するドイツ人の圧倒的大部分はプロテスタントである。ユダヤ人は無神論者を除いてすべてユダヤ教の信者である。

リトアニア政府の統計局は1995年に宗教調査を行っているが、そこでも信徒数は調査対象外で、礼拝所の数などの調査にとどまっている（『リトアニア宗教団体』（SD [1996a]））。そこでは23宗教団体が紹介されているが、表10が示す宗派以外にモルモン教会やバプチストや聖霊降臨教会やエホバの証人が活動を続けていることが分かる。

表10の聖職者の数は、かなりの程度まで、現在のリトアニアの信徒数を反映しているものとみなされよう。ロシア正教古儀式派については次節で詳説するが、信徒も聖職者も減少し、1984年時点では聖職者の43％が80歳以上の老人であった（Blaszczyk [1992, p.92]）。戦間期には3万5千人の信徒がいたが（Blaszczyk [1992,

p.92]）、現在の信徒数はかなり減少しているもようである。信徒のほとんどは第一次世界大戦以前からリトアニアに居住するロシア人とその子孫である。一方、第二次世界大戦後に移住してきたロシア人はロシア正教正統派（つまり古儀式派ではない一般のロシア正教）を信仰している（ただし無神論者を除く）。もちろん19世紀から居住しているロシア人の中にもロシア正教正統派を信仰する者もいる。また大多数のベラルーシ人とかなりの数のウクライナ人もロシア正教正統派を信仰している（ただし現ウクライナにおける大多数のウクライナ人の信仰はギリシャ正教である）。

ここで、カトリックとユダヤ教を除く各宗派の1984年時点での宗教儀式の数を表11に示そう。表11では、3種類の宗教儀式のうち葬式の数が各宗派の信徒数の比率を最もよく反映していると考えられる。

イスラム教の場合、かつては男女共に出生時に割礼を受けていた。例えば19番家庭の長女ファティマ（1945年生まれ）や14番家庭の長女ミリア（1949年生まれ）は割礼を受けている。共産党は当初は割礼を禁止しなかったが（19番家庭の回想）、後に禁止するようになった（19番家庭の孫娘タンジーラ（1970年生まれ）に関する回想）。1991年の社会主義崩壊後は、もちろん国家は宗教に介入していないが、しかし女児の割礼はほとんど行われていないようであり、男児の場合も少数になっている。それでも20番家庭の第11子ハリン（1952年生まれ）は長男に割礼を受けさせている。このようにイスラム教の場合、洗礼（割礼）数は信徒数を反映していない。

また本書第二部の9軒のタタール人家庭の中でモスク（イスラム教寺院）で結婚式を挙げた者は一人もいない。全員が自宅に聖職者を招き宗教上の結婚式を挙げている。表11のイスラム教の結婚式の数がこの自宅での結婚式を含んでいるのか否かは不明である。

ロシア正教の場合、古儀式派も正統派も結婚式の数が少ないので、これも信徒数を反映していない。38番家庭の主婦の兄バシリー（古儀式派）は1951年に同じ古儀式派の女性と結婚しているが、教会での結婚式は挙げていない。41番家庭の主婦の兄ミコワイ（古儀式派）も1947年と1954年に、共に古儀式派の女性と2回結婚しているが、2回とも教会での結婚式を挙げていない。36番家庭

第 3 章　現代リトアニアの民族と宗教

表 12　1997 年のカトリック教会における宗教儀式数と全国統計との比較

	A		B		C（C＝0.8 B）
結婚式の数	13,222	全国での婚姻数	18,796	カトリック婚姻数（推定）	15,036
		同上（離婚者を除く）	約14,000	同上（離婚者を除く）（推定）	約11,000
洗礼の数	35,470	全国での出生数	37,812	カトリック出生数（推定）	30,249
葬式の数	32,845	全国での死亡数	41,143	カトリック死亡数（推定）	32,914

注1）全国7教区のうち、テルシアイ教区については洗礼統計はあるが葬式統計がないので、テルシアイ教区での洗礼数が全国での洗礼数に占める比率をまず計算し、その比率が葬式についてもあてはまると仮定して、その推定数を合わせて全国のカトリック教会での葬式の数（32,845）を筆者が計算した。
注2）結婚式とは、宗教上の儀式、すなわち七秘蹟のうちの一つである婚姻の秘蹟が与えられた場合のみを指し、異教徒との結婚に際して結婚の祝福だけが与えられる結婚式はその数に含まれていない。
出所）『リトアニア統計年鑑1998年版』（SD［1998b, pp.33, 34, 37, 70］）、『人口年鑑1997年版』（SD［1998c, p.45］）

の主人（ロシア正教正統派）は妻（ロシア正教正統派）との結婚に際して教会で結婚式を挙げていない。ただし41番家庭の主婦は1949年に古儀式派の教会で結婚式を挙げている。39番家庭の主人（ロシア正教正統派）は1970年に妻（ロシア正教正統派）と教会で結婚式を挙げている。このようにロシア正教の場合、教会で結婚式を挙げない場合も多いので、結婚式の数は信徒数を反映していない。

次にローマ・カトリックの宗教儀式の数を表12に紹介しよう。表12ではカトリック教会での葬式の数とカトリックの死亡者推定値がほぼ一致していることが分かる。カトリック死亡者推定値とは、全国の死亡者に推定カトリック比率の0.8を乗じたものである。無神論者として宗教上の葬儀を拒否する者は極めて少数だから、ほぼ全員が何らかの宗派により葬式を出してもらっていると考えてよい。逆にいえば表12は、カトリック比率の推定値0.8がかなり正しいことの傍証ともなろう。

結婚式の数値の評価はかなり難しい。なぜなら、この結婚式とは「婚姻の秘蹟」の数であり、カトリック教会は、離婚経験者の結婚の際に「婚姻の秘蹟」を与えていないからである。1997年に誕生した1万8796のカップルのうち、離婚経験のある新郎は2902人、離婚経験のある新婦は3379人であった。離婚経験者の再婚相手の半分は離婚経験者であるとの仮定を置くと、離婚経験者が関係しない婚姻は1万4000カップルとなる。その8割がカトリックであると推定すると1万1000カップルのカトリックが婚姻の秘蹟を受けたことになる。ところが、カトリック教会が与えた婚姻の秘蹟は1万3222であり、2000組ほど数値が多い。これは何を意味するのであろうか。これは明らかにカトリックと他宗派との結婚であり、カトリックの婚姻の秘蹟を受けるために他宗派の者がカトリックに改宗していることを意味する。したがって、カトリック教会での洗礼は出生時の幼児洗礼だけでなく、成人洗礼もあり、表12にあるように洗礼の秘蹟の3万5470という数値は、カトリックとして誕生した新生児の推定値3万を大きく上回っている。

39番家庭の主人の母イレナ（1927年生まれ）はロシア正教からカトリックに改宗して1975年にカトリック男性と結婚している。40番家庭の主婦の兄ユーゼフの妻ナタリア（1958年生まれ）は極東生まれのロシア人だが、カトリックに改宗してユーゼフと結婚しており、娘にも幼児洗礼を授けている。30番家庭の第2世代のアンジジェイはロシア正教からカトリックへと改宗し、その孫マリオナスの嫁フィオニアは古儀式派からカトリックへと改宗している。

このように表12からは、リトアニアに居住する非カトリック民族の「カトリック化」の傾向が読み取れる。ただし異宗教のカップルの結婚の場合、必ず改宗を伴うわけではないことにも注意する必要がある。14番家庭の第4世代のマチェイとコンスタンティ（共にタタール人）の妻たち（カトリック）は改宗していない。18番家庭のヤン（タタール人）の妻も改宗していない。19番家庭の娘ファティマ（タタール人）はリトアニア人と結婚し、本人は改宗していないが息子にはカトリックの洗礼を授けている。23番家庭の主人の妹マリティ（リトアニア人）はロシア正教徒と結婚するが改宗していない。35番家庭の主人の祖父母は共にロシア正教徒だが、「キリストはひとつ」だと言ってカトリック教会にも通っている。38番家庭の主婦の母（ポーランド人）はロシア正教古儀式派の人と結婚し、ロシア正教の教会で結婚式を挙げるが、改宗はせず、カトリック墓地に埋葬されている。これ以外にも改宗しなかった例が本書第二部には相当数みられる。

わずか44軒の調査であるから、厳密な統計数字を算出することは意味がないが、異宗教間の結婚に際して、7割前後が改宗を伴い、3割前後が改宗を伴わなかったという結果が出ている。

本書第二部の44軒の家系図から異宗教間の結婚に関して非常に明確な一つの傾向を読み取ることができる。それは異宗教間の結婚は、戦前にはほとんどなく、戦後になって若い世代が結婚するようになる1970年代から激増するということである。異民族間の結婚は、直接的に民族の融合をもたらし、複数民族社会の安定に大きく貢献するが、このような傾向は戦後の社会主義政権のもとで生み出されたのである。社会主義政権が複数民族間の平等をめざしていたことは疑いもなく、むろんそれは心情的にマルクス・レーニン主義が受け入れられていない社会を統治するために必要に迫られてのことであったのではあるが、種々の政策でこれを追求したことは評価され

るべきであろう。

　企業の人事政策でも少数民族は差別されていない。9番家庭の主人（ポーランド人）は1970年代にユダヤ人が企業長をつとめる会社に就職している。上司の課長はリトアニア人で会話はロシア語だった。21番家庭の主人（タタール人）は極小民族のカライム人が副社長をつとめる会社に部長職で入社している。11番家庭の主婦（ポーランド人）は，ポーランド人居住地域の中に，民族融合を目的として新しい工場が建設され，同地域に多くのリトアニア人が転入してきたと自分の勤務先に関して回想している。ＫＧＢ（ソ連秘密警察）の重要な任務に，職場での民族差別の防止があったことは既に紹介した。このような経済立地政策や職場での人事政策は，教育政策や言語政策とあいまって複数民族の融合に貢献したと筆者は理解している。このような社会環境の中で，若者の間で異民族との結婚に対する抵抗感が薄れていったのは当然のことであろう。少数民族の「現地同化」の開始の一般的条件を述べることはできないが，リトアニアに関していえば，上述のような政策が貢献したと筆者は考えている。

　リトアニアでユダヤ人に対する差別とポグロム（大量虐殺）があったことは既に述べたが，第二部の1番家庭から44番家庭の中で，ユダヤ人との異民族間結婚の事例は戦前期には一つも発見できない。ようやく1970年代以降になって，20番，34番，36番，39番の4家庭の家系図の中でユダヤ人との異民族間結婚が発生している。45番以降の4軒のユダヤ人家庭においても戦前期には一つの異民族間結婚も発生していない。49番家庭の主人が1955年にリトアニア人女性と結婚しているのが最初の事例である。45番家庭ではホナが1962年にリトアニア人女性と結婚している。このようにユダヤ人の中でも戦後は異民族間結婚が発生するようになった。このような傾向がもし戦前期において生じていれば，ポグロムは発生しなかったろうと筆者は考えている。

　表12の婚姻統計から，カトリックの信徒同士が結婚する場合は，一方がカトリックの配偶者と離婚していた場合を除いて，必ず婚姻の秘蹟を受け，埋葬の際には教会で葬儀ミサが捧げられることが分かるが，通常マスコミでいわれているように，リトアニア人は本当に信仰が厚いのだろうか。この問題は心の中の事柄にかかわることであり，評価は非常に難しい。2001年の国勢調査はこの問題を取り上げるが，ここではBlaszczyk [1992, p. 84]の評価を紹介しよう。同氏によれば，リトアニア政府側はリトアニアで信仰を持っている人の8割はカトリックであり，住民の25ないし40％（地域により差異があるという）がカトリック信仰を持っているとしている。すなわち政府側は住民の半分以上が信仰を失っていると述べているのである。一方，西側の見解では，住民の8割がカトリックであるという。これは表12の葬儀統計などが根拠となっていると思われる。Blaszczyk [1992, p. 84]が紹介する1987年の社会学調査によれば，毎週必ず教会に通う人は住民の30％にすぎないという。残りはクリスマスや復活祭などの大祭日にのみ教会に通う人だという。本書第4章第2節の表15（81頁）はもっと少ない数字を示している。何をもって「信仰が厚い」というのかという定義の問題になるが，多くの人が葬式のときだけお寺のお世話になるようになってしまった日本と比べれば，リトアニアは信仰が厚い国であると述べてよいだろう。しかし重要なことは，同じ民族であっても時代と状況によりその宗教態度が変化するという点であり，これについては第4章第2節で再び論じることにしよう。

　既に述べたように戦後の社会主義政権下では無神論教育が行われたが，第二部の44軒の中で明確に無神論であるという表現を聞いたのは，ユダヤ人家庭を除くと，11番家庭の第4世代のヤン・ザクシェフスキ氏と31番家庭の第4世代ヤドビガの夫と39番家庭第3世代のアンナの3人の場合だけだった。無神論者はわずか3人であるから，無神論教育は実効をもたらさなかったと判断してよさそうである。なおユダヤ人家庭には，大臣をつとめた49番家庭の父親（ユダヤ人墓地ではなく軍人墓地に埋葬された）のように，信仰を失った者が少なくない。

　本節の最後に，戦後の社会主義政権の宗教政策を概観しておこう。

　リトアニアで社会主義政権が誕生した1940年では，756のカトリック教会と35の修道院があり，1273人の神父がそのつとめを果たしていた（Blaszczyk [1992, p. 88]）。カトリック教会は単に信仰上だけでなく，経済生活や学校教育でも大きな影響力を持っていた。

　戦後の社会主義政権が導入した対宗教政策は以下のようなものであった（以下はBlaszczyk [1992, pp. 88-90]による）。

1）教会を国家と学校（戦後はすべて国立小学校であった）から分離し，したがって学校における宗教教育を禁止したこと。
2）国家から教会への補助金を打ち切ったこと。
3）教会・修道院の固定資産を国有化したこと。したがって教会は国有財産使用料を納入しなければならなくなった。また教会領農地や教会経営の会社を没収したこと。
4）従来はカトリック教会が行っていたカトリック教徒の出生・死亡届と婚姻届の受理を禁止し，住民登録役場を新設したこと。
5）教会の出版活動を禁止したこと。
6）18歳未満の未成年者に対して，いかなる形であれ宗教教育を行うことを禁止したこと。したがって教会学校も停止させられたこと。
7）修道院の廃止が行われたこと。1948年には最後の修道院が廃止させられた。

　このような方針のもとに，特に戦後のスターリン時代における宗教弾圧は激しく，250人の神父がシベリア送りになったことは既に紹介した。学校では無神論教育の時間が導入された。教会は教会の敷地に課税される国有財産使用料を納入しなければならなくなった。筆者がイ

ンタビューしたサルチニンカイ町（39頁の図10を参照）の教会関係者の回想によれば，1950年代のこの地方では，教会の敷地1平方メートルあたり年間4ルーブルを納入しなければならなかったという。農村部での教会敷地は2000平方メートルはあるから，年間で8000ルーブルとなる。1955年におけるソ連の労働者の年間平均賃金は8580ルーブルであった。200家族の信徒が賃金の0.5％を献金すれば教会は維持できた。神父は各家庭を訪問して献金を徴収したという。そして実際に農村部では多くの教会が維持されていた（ただしベラルーシでは事情は異なっていた）。教会建物の資産評価は都市部では巨額であったろうから，都市部では多くの教会が財産使用料を納入できず，教会建物を国家に没収された。

没収された教会は，美術館やスポーツ・クラブ，あるいは映画館に転用された。多くの日本語文献が「教会が国家によって破壊された」と述べており，筆者もかつては暴力的な打ち壊しがあったと理解していたが，実態は上記のようなものであった。リトアニアでは，これら没収された教会建物は1980年代以降に順次教会に返還されたが，ビルニュスの聖カジミエシ教会は戦後「無神論博物館」に転用され，現在は返還されたが，いまだに復旧作業がなされず無残な姿をさらしている。ビルニュスから南方90キロのベラルーシのリダ市の市役所広場前のカトリック教会は1999年夏の時点でもまだ映画館として使用されていた。

スターリンの死（1953年）とフルシチョフによる「雪解け」政策も宗教政策には無関係であった。1961年1月からソ連全体でデノミネーションが実施され，通貨単位が10分の1に切り下げられた。労働者の年間平均賃金は約1000ルーブルとなった。しかし1平方メートルあたりの国有財産使用料は4ルーブルのままに据え置かれた。つまり10倍の値上げが行われたことになる。さらに神父が各家庭を訪問して献金を徴収することは禁止され，教会でのミサの間の献金（献金かごが廻され，そこに信徒が現金を入れる方式）に限定された。戦後になって信徒の献金で献堂されたクライペダのカトリック教会は，1961年にコンサート・ホールになってしまった。ビルニュスの首座大司教ステパノビッチ氏は，ラトビア国境まで2キロしかないジャガレというさびれた田舎町の教会の司祭に転任を強要された。

宗教政策が若干緩和されたのは，1977年10月にソ連の4度目の憲法である「ソビエト社会主義共和国連邦憲法」が採択されてからである。1978年4月にはこれに準拠する「リトアニア社会主義ソビエト共和国憲法」が採択された。その第52条を紹介しよう（岩波文庫『世界憲法集第四版』の翻訳による）。「ソ連邦の市民は，良心の自由，すなわち，任意の宗教を信仰し，またはいかなる宗教をも信仰しない権利，宗教的礼拝をとり行い，または無神論の宣伝を行う権利を保証される。宗教的信仰と関連して敵意と憎悪をかきたてることは，禁じられる。ソ連邦においては，教会は国家から分離され，学校は教会から分離される」。この非常にあいまいで妥協的な憲法に基づき，1980年代には宗教政策は緩和された。未成年者への宗教教育が，それが教会内で行われることを条件に復活し，養老院や病院など国家機関の内部での宗教的行為（礼拝や聖体拝領）が認められ，若干の教会建物の返還が始まった。そして1990年8月には，1946年に閉鎖されていたフランシスコ会修道院が社会主義体制で初めて復活した。その5か月後の1991年1月にはソ連軍部隊とリトアニア市民との流血の衝突があり，リトアニアはソ連からの独立を勝ち取っていくのである。

第6節　ロシア正教古儀式派・タタール人・カライム人

本節では，日本でほとんど知られていないリトアニアのロシア正教古儀式派とリトアニア・タタール人とカライム人について簡単に紹介しよう。

ロシアにおける古儀式派については日本語文献でも知ることができる。17世紀になると東西キリスト教会の分裂から500年以上を経過して，ロシア正教会の典礼書には誤りが蓄積されてきていた。印刷術の普及によって誤りを正した典礼書の編集が必要になり，また典礼（ミサなどの宗教儀式）慣行の修正も必要となった（森安達也 [1986, p. 300]）。1652年にモスクワ総主教に就任したニキータ・ニーコンはロシア正教の宗教改革を決断した。それは，典礼書の中の誤りの訂正と従来の祈祷の方法をほんのわずか修正するといったものだったが（森安達也 [1991, p. 279]），従来の典礼慣行と典礼書を重んじる保守派からの強い反発を招いた。宗教改革は1653年から1656年にかけて行われ（NEP-PWN [1997, t.4, p. 495]），1667年になると保守派は総主教から分離した（NEP-PWN [1997, t.6, p. 29]）。分離した人たちは「分離派」とも「古儀式派」とも呼ばれた。古儀式派（分離派）の聖職者や修道士・信徒は破門され追放された。指導者は1682年に火刑に処せられている。この古儀式派は，すぐに，司祭職と教会の組織構造を維持する司祭派と，司祭職と古い組織構造を否定する無司祭派に分裂し，共に各地に離散するが，ポーランドに逃亡してきたのは無司祭派の人たちであり，スバウキ地方（39頁の図10に位置が記してある）に集中的に居住した（NEP-PWN [1997, t.6, p. 29]）。リトアニアに現れた古儀式派がこのスバウキ地方を経由したのか，あるいはロシアから直接移動してきたのかは調べがつかなかったが，最初に現れたのは1679年で，1709年にはビルニュスから北方90キロのアニクシチアイ町周辺に居住を始め，18世紀後半にはやはりビルニュスから北方のイグナリナ県に，その後はラトビア国境近くのザラサイ県に入植した（『リトアニア宗教団体』(SD [1996a, p. 9]) による。両県の位置は39頁の図10参照）。41番家庭の家系図では，スバウキ県の古儀式派との間で頻繁に婚姻が成立しているが，そのことだけをもって，リトアニアの古儀式派がスバウキ県経由で現

図1　41番家庭が家宝とするロシア正教古儀式派の典礼書
　　　写本第１頁　　　　　　　　　　　　　（筆者撮影）

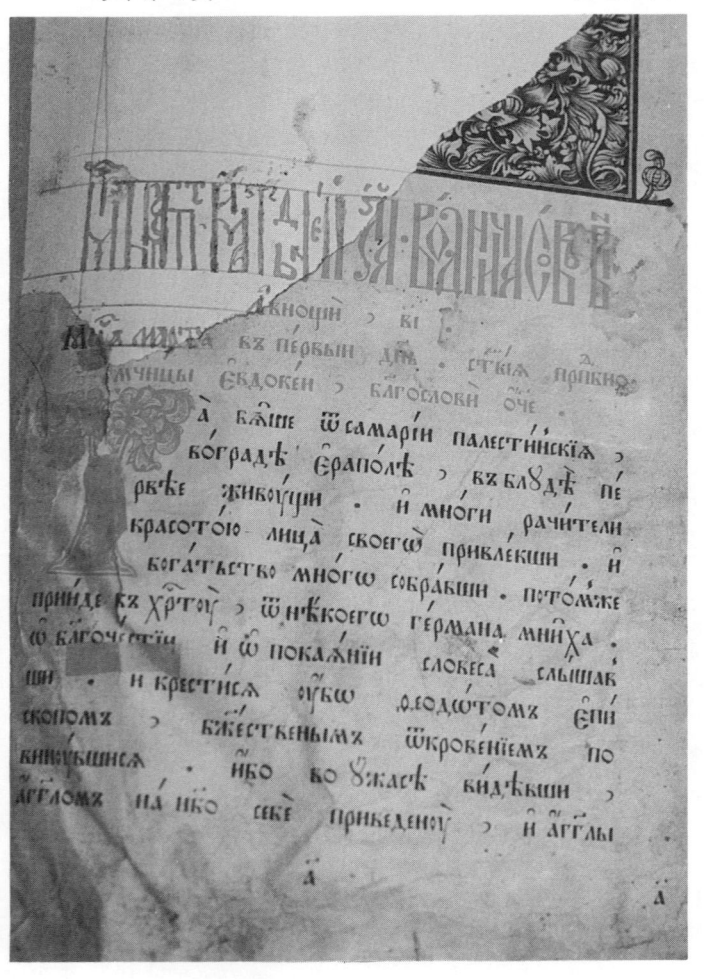

注）左上は三角形に破損して失われている。その部分に裏紙を当ててあり、失われた部分の文字は後世において書き加えられたものである。

翻訳）パレスチナのイェラポルの町に住むサマリア（地方）の女はひどく淫乱な生活を送っていた。その美貌のゆえに多くの崇拝者を引きつけ、多くの富を蓄えていた。（中略）敬虔と告解の（勧めの）言葉を聞き、神の啓示に従って司祭フェドットから洗礼を受けた。

れたと結論するのは危険だろう。

　この古儀式派は、ロシアではさらにいくつかのグループに分裂しつつも存続し、ムソルグスキーのオペラ「ホワンチシーナ」は古儀式派の運動を背景とする物語だし（森安達也［1986, p.301］）、ドストエフスキーの小説『罪と罰』の主人公ラスコーリニコフの名は、分離派を指すロシア語のラスコーリニキに由来するという（森安達也［1991, p.279］）。古儀式派は1917年のロシア革命前には約2000万人の信徒を擁しており、豊かな商人や富農層に特にその勢力を保っていた（NEP-PWN［1997, t.6, p.29］）。それゆえにロシア革命では最も激しい攻撃を受けた宗教団体となった。共産党が古儀式派を特に嫌ったのではなく、ブルジョアジーを撲滅するため古儀式派を攻撃したのである。1990年代の信徒数は古儀式派全体で、世界で100万人である（NEP-PWN

［1997, t.6, p.29］）。

　筆者は41番家庭（古儀式派）でのインタビューの際に、典礼書をみせてもらった。41番家庭の主人ミハイルの祖父は農民だったが、古儀式派の指導者だったので典礼書を持っていたのだという。上述したように、リトアニアに移住（逃亡）してきたのは無司祭派の古儀式派であり、ミハイルの祖父は世俗の一般人として生活しながら宗教的儀式で典礼書を朗読するなどの役割を果たしていた。

　この典礼書は革装丁で、しかも錠がついていて、鍵で錠を開けて初めて本が開かれるようになっていた。活字印刷ではなく、非常に美しい写本であった。何世紀の写本かはミハイルも分からないといっていた。筆者が調べた限りでは、今まで古儀式派の典礼書が活字で印刷されたことはないようである。その冒頭の1頁目の写真を図1に示す。筆者が41番家庭で撮影したものである。翻訳は北海道大学のロシア人留学生に依頼したが、文章は非常に難解で一部は理解できないとのことであったが、翻訳できた部分だけを図1の注記に紹介してある。

　図1の注の文章にあるように、この古儀式派の典礼書の内容はキリスト教の典礼書（聖書）からは相当程度乖離している。まず典礼書の冒頭1頁が新約聖書のサマリア布教に相当する部分から始まるのが奇異である。司祭（助祭）フェドットの名もサマリア地方の町イェラポルの名も新約聖書には見当たらない。新約聖書の『ヨハネによる福音書』第4章には、5人の前夫を持ち、今は別の男と住む（淫乱な）サマリアの女とイエズスとの問答が記されており、その女はイエズスのことを信じるようになった。しかし聖書にはその女が洗礼を受けたとの記述はない。41番家庭が家宝とする典礼書は、キリスト教の典礼書からは大きく逸脱したものと判断される。

　ロシア正教正統派で用いる旧約聖書は全50巻であり、ローマ・カトリックが用いる旧約聖書は全46巻であり（プロテスタントが用いる旧約聖書は全39巻である）、カトリック側からは外典とされる4巻が追加されていることを除けば、大きな違いはない。新約聖書については全く同一である。それに対して、この古儀式派の典礼書のローマ・カトリックからの乖離の程度、あるいはロシア正教正統派からの乖離の程度は極めて大きく、もはや合同したり融合したりすることは不可能であろう。同じようなことが日本でも明治の初期に長崎で起きている。隠れキリシタンの教えはローマ・カトリックが許容しうる範囲を逸脱するほどまでに乖離していたという。

　次にリトアニア・タタールとカライム人について紹介しよう。その両者が1397年にビトルド・リトアニア大公によってキプチャク・ハン国のクリミヤの地からリトアニアに「捕虜」として連れ去られてきたことは第2章第5節で述べたとおりである。当時のリトアニアはドイツ

騎士団の脅威にさらされており，兵力を必要としていた。騎馬を自由にあやつり，鐙（馬の腹につける足掛け）に乗って走りながら弓矢を射ることのできる彼らは優秀な兵力であった。彼らはリトアニアで兵役につくことの代償に土地を受け取り農業に従事した（Chalupczak i Browarek [1998, p.230]）。タタール人は13年後のグルンバルド（独語・英語ではタンネンブルグ）の戦いに参加して功績をあげ，いっそう優遇されるようになった。

いったい何人のタタール人が「捕虜」としてリトアニアの地に連れてこられたのかははっきりしない。米国で出版された『リトアニア百科事典』（EL [1973, v.5, p.377]）は，ビトルド大公は数千人の捕虜を捕らえたと述べているが，一部は現ベラルーシのグロードノなどネムナス川上流地域に配置されているので，リトアニアへのタタール人の入植者数は明確には分からない。重要なことは，グルンバルドの戦い以降，タタール人はリトアニアにおいて，クリミヤの地での生活より豊かな生活を享受できるようになったことであり，豊かな生活を求めて多くのタタール人が自発的にリトアニアの地に移住してくるようになったことである（EL [1973, v.5, p.377]）。1938年にポーランド語で書かれた『リトアニア・タタール』（Kricinskis [1993]）という本はリトアニア・タタールの通史として定評があり，リトアニア語にも翻訳されているが，同書でも「移住」という表現を用いている（Kricinskis [1993, p.18]）。

このようにしてタタール人のリトアニア移住は増加し，18世紀にはポーランド共和国の領土で10万人にまで達したという（Chalupczak i Browarek [1998, p.230]）。しかしこの推定は明らかに過剰であり，19世紀のリトアニア・タタールを研究したBairasauskaite [1996, pp.254-255]が引用する帝政ロシアの人口統計によれば，ビルニュース県（帝政ロシアの行政区分）で1851年に1422人，1885年に2174人であり，グロードノ県で1859年に1290人，1907年で2084人であり，カウナス県で1880年に706人であり，ミンスク県で1885年に2666人であった。すなわち現在のリトアニアとベラルーシ北半分の地域に居住するタタール人は20世紀の初頭で1万人前後であった。またBairasauskaite [1996, pp.254-255]は19世紀において上記4県の中に26のモスク（イスラム教寺院）が存在したと述べている。現在のリトアニアの領土の中には5つのモスクが存在した。Blaszczyk [1992, p.95]によれば，1980年代にはモスクの数は3つに減少しており，その3つのモスクがある部落には今でも100人前後のタタール人が居住している。既に述べたが，もう一つの部落に70人が居住している。しかし，1990年代で最も多くのタタール人が居住するのは首都ビルニュース市であり，それゆえ1989年の国勢調査でのタタール人人口は全国で5183人となっているのである。ビルニュースには1990年代に入って，ビルの中にモスクが開設され，さらにもう一つのモスクも開設され，表10にあるように1997年時点ではリトアニアに5つのモスクが存在している。

第3章　現代リトアニアの民族と宗教

カライム人（その歴史的経緯については本書第2章を参照）については，1397年にタタール人と共にリトアニア大公ビトルドによってリトアニアに連れてこられたと多くの歴史書が述べている。最初に連れてこられたカライム人の数についてはBlaszczyk [1992, p.75]は400家族であったと述べており，米国の『リトアニア百科事典』（EL [1973, v.3, p.41]）は350家族であったと述べている。しかしその連れ去りの目的については筆者が調べたどの歴史書も記していないが，リトアニアでは最初は城の番人として働き，ついで農業や馬の飼育，そして商業や手工業など一般のリトアニア人と同様の生活を送るようになったとの記述があるので（『リトアニア・タタール』SD [1997b, p.36]），やはり最初は兵力として連れてこられたのであろう。

カライム人はリトアニアの地で豊かな生活を保障され，その情報がクリミヤに伝わると多くのカライム人がリトアニアへ移住してくるようになり，最初の100年で人口は5千人に達した（EL [1973, v.3, p.41]）。リトアニア大公のカジミエシ・ヤギェウォ（15頁の図3のポーランド王ブワディスワフ・ヤギェウォの息子）によって1441年3月27日に，都市の自治権を認める「マグデブルク法」の適用がトラカイ市のカライム人に与えられている（TLE [1988, t.2, p.213]）。カライム人は共同体の生活を送り，その様子については，43番家庭の主人が祖父に関する回想として述べているので家系図を参照していただきたい。カライム人はこのような歴史的経緯から，1990年代でもトラカイ市にかなり集中的に居住している。ただし最大の居住地区は首都ビルニュースである。

カライム人が話すカライム語は，西キプチャク語族（チュルク語系言語）に属し，クリミヤの地のチュルク語が14世紀以降，周辺民族の影響を受けて変化してしまったのに対して，リトアニアのカライム語は周辺の言語（すべてインド・ヨーロッパ語族）の影響を受けず，中世の古チュルク語に最も近いという。それゆえ，17世紀以来，多くの言語学者がカライム語を研究している（『リトアニア・タタール』SD [1997b, pp.37-38]）。1935年にFirkowiczによって刊行されたカライム教の祈祷書（Firkowicz [1935, p.21]）の中のモーゼの十戒のうち，第六の「殺すなかれ」，第七の「姦淫するなかれ」，第八の「盗むなかれ」の部分のカライム語を以下に示しておこう。6) Karachlamahyn, 7) Azmahyn, 8) Urlamahyn。

第二次世界大戦以前のカライム人人口は，クリミヤの地に1万人，イスタンブールとエルサレムとカイロ（エジプト）に合計で2千人，リトアニアとウクライナに合計で1千人いたという（EL [1973, v.3, p.40]）。Chalupczak i Browarek [1998, p.233]によれば，戦前のポーランド領（トラカイ市はポーランド領だった）には1000人ないし1500人のカライム人が住んでいたが，1995年では現在のポーランド領に居住するカライム人は200人であるという。1989年の時点でリトアニアに居住

図2 カウナス市のシナゴグ（ユダヤ教寺院）の祭壇
(筆者撮影)

図3 トラカイ市のカライム教寺院の祭壇
(筆者撮影)

するカライム人は表2が示すように289人である。Lavinia Cohn-Sherbok [1999, p.114] は現在の全世界のカライム人人口を紹介している。イスラエルに7000人，ロシアに数千人，カリフォルニアに1500人，ポーランドとイスタンブールにそれぞれ100人としている。

ここでもう一度カライム人とは何かという問題をみてみよう。既に第2章で述べたように、カライム教はユダヤ人の中で発生した宗教改革で、それをアジア系チュルク族のハザール人が受容している。インド・ヨーロッパ語族の言語を母語として使用しカライム教を信じていたグループ（ビザンツ派カライム）と、チュルク語系言語を母語として使用しアジア系の容貌を持ちながらカライム教を信じていたグループ（クリミヤ・カライム）が存在していた。Lavinia Cohn-Sherbok [1999, p.114] によれば前者のグループは14世紀には衰退し始めたという。現在イスラエルの地に居住するカライム教徒はほとんどが後者のグループであり、戦後イスラエルに移民してきた人たちのようである。イスラエル政府はリトアニアやクリミヤのカライム教徒をユダヤ人と認定し、そのイスラエル移民を受け入れてきた。

ではなぜナチスはリトアニアのカライム人を虐殺しなかったのだろうか。なぜ「礼儀正しいドイツ将校」がカライム人家庭（43番家庭）に下宿したのだろうか。Wolkonowski [1996, p.76] によれば、ナチス・ドイツは当初カライム人を抹殺する予定であったという。しかしビルニュース大学教授で中世美術史学者のMorelowski（ポーランド人で戦後はブロツワフ大学教授）は、1939年にカライム人はハザール系の民族であってユダヤ人ではないとする論文を書き、ドイツ側はそれを受け入れ、よってカライム人のホロコーストは避けられたという。カライム人は戦後に同教授への感謝を述べているという。しかしその結果、戦後のスターリン時代にカライム人はドイツ軍協力者というレッテルを事実に反して張られて、多くのカライム人は国外に出国し、人口はいっそう減少してしまった（Blaszczyk [1992, p.75]）。

ここでカライム教寺院の内部の写真を示しつつこの問題を考えてみよう。図2はカウナスのシナゴグ（ユダヤ教寺院）の祭壇の写真で、六角形の「ダビデの星」が祭壇前に飾られている。図3はトラカイ町のカライム教寺院の祭壇の写真で「ダビデの星」はない。しかし祭壇の形状はシナゴグのそれに類似している。

図4はリトアニア国内のある部落のモスク（イスラム教寺院）の内部の写真である。これは男性用礼拝室から撮った写真で、正面の壁に縦に格子が入っているのが分かるが、この格子の向こう側に女性用の礼拝室がある。聖職者は男性用礼拝室でコーランの朗読など典礼を行うが、女性は隣の部屋でその典礼を聞きながら礼拝する。礼拝のときには格子の部分にカーテンが引かれ、互いに

第3章　現代リトアニアの民族と宗教

図4 リトアニアのあるモスク（イスラム教寺院）の内部
（筆者撮影）

図5 トラカイ市のカライム教寺院の内部
（筆者撮影）

内部がみえないようにする。すなわちこの格子は覗き窓ではなく，聖職者の声が女性用礼拝室にも伝わるようにするためのものである。図4の写真からは分からないが，礼拝室には椅子はなく，信徒は床に正座して礼拝する。モスクの入り口には靴脱ぎ場があり，靴を脱いで礼拝室に入る。

図5はトラカイ市のカライム教寺院の内部の写真である。1階から撮った写真で，1階が男性用礼拝室である。中2階の部分に格子がみえるが，この中2階が女性用礼拝室である。写真にもあるように床に椅子が設置してある。靴は脱がない。

このようにユダヤ教寺院（シナゴグ）とイスラム教寺院（モスク）との間には，礼拝室が男女別か否か，椅子があるか否か，靴を脱ぐか否か，「ダビデの星」があるか否かという違いがあるが，カライム教寺院の内部はこれらの特徴の折衷であることが分かる。

おそらく9世紀にはカライム教を受容していたハザール人たちは，その後の宗教儀式の在り方においてかなりの程度まで周囲のイスラム教徒の影響を受けたのであろう。教儀はモーゼ五書に基づくカライム教を保っていても，典礼様式はかなりイスラム化している。

リトアニアのカライム人は表13にあるように，1997年では257人までに減少しており，消滅寸前の極小民族になっている。その民族的性格を記録するため，1397年のカライム人のリトアニア移住の600年祭を記念して，1997年にリトアニア政府統計局はカライム人家庭の全戸調査を実施し，その報告書『リトアニア・カライム』（SD [1997b]）を刊行した。

1997年の総人口は257人であり，そのうち49％に相当する126人は50歳以上である。この調査は280人の人にインタビューしており，そのうち257人がカライム人であると回答した。報告書は「若いときは多くの非カライム人男性から求婚されたが，カライムの伝統はカライム人以外と結婚することを許さず，23歳のときに出会ったカライム人の夫と結婚した」という老女の回想を紹介しているが，実際はかなりの異民族結婚があった。そして

表13 カライム人人口の推移

	1959	1970	1979	1989	1997
総人口	423	388	352	289	257

出所）『リトアニア・カライム』（SD [1997b, p.47]）

「混血のカライム人のすべてが必ずしも自らをカライム人であるとは考えていない」と同報告書は述べる。さらに報告書は次のように述べている。「民族の特定のためには本人の宗教や母語を知るだけでは不十分であり，民族の特定は何よりもまず自己決定の事柄である」（SD [1997b, p.50]）。つまり自分が何人であると感じているかが重要であると述べている。

調査では，207人の人が，両親が共にカライム人の純粋カライム家庭に生まれている。257人のうち4分の1の人（つまり64人前後）は一度も結婚しておらず，そのうち30歳以下の人は29人しかいなかった（SD [1997b, p.50]）。中年以上の独身者が非常に多いことになり，それは43番家庭の家系図の結果とも一致する。結婚した人の結婚相手の3分の1はカライム人ではなかった。257人は102の家族からなっているが，51の家族では夫婦共にカライム人であり，51の家族では配偶者のどちらかが非カライム人であった。異民族の配偶者の52％はリトアニア人であり，35％はロシア人であった。ポーランド人とウクライナ人は少なかった。

257人のカライム人の居住場所は138人がビルニュース市であり，トラカイ市には65人が住んでいた。もう一つの村に31人が居住し，残りは全国に散在している。自分の子供が非カライム人と結婚するとした場合にどう思うかとの質問には39％が肯定的であると回答し，23％が否定的であると回答している。すなわちカライム人自身が純粋カライム社会の存続を願っているわけではないことが分かる。他民族との関係についての質問では，「非常に良好」が16.7％，「良好」が47.3％，「普通」が36.0％であって，「悪い」と回答した者は一人もいなかった。

　信仰に関する質問では86％の人がカライム教を信仰していると答え，13％の人が信仰を持っていないと答え，わずか1％の人が他の宗教を信仰していると回答している。

　言語については，82％の人が自分の母語はカライム語であると回答しているが，カライム語で読み書きができる人は全体の13％にすぎず，読み書きはできないが会話はできると回答した人も31％にとどまった。成人の4人に1人はカライム語の会話ができないと回答している。特に16歳以下の43人の児童については，わずか3人のみがカライム語を知っているにすぎなかった（以上はSD[1997b], pp.52-56]による）。リトアニアではカライム語は消滅したといってもよいであろう。

　教育については驚くべき結果が示されている。リトアニア国民は平均して11％のみが大卒であるのに対して，カライム人の44.5％が大卒であり，18.7％が短大卒であった。義務教育のみの修了者はわずか2.2％にすぎなかった。43番家庭の家系図でも駐モスクワ大使と駐アンカラ大使の2人の外交官が登場するが，この高学歴体質は43番家庭だけの特殊性ではないことが分かる。したがって生活も裕福であり，カラーテレビの普及率は88.2％，ビデオデッキの普及率は28.7％であり，これはリトアニアの平均の数値を大きく上回る。

　以上カライム人についてかなり詳しく紹介したが，本節の最後に，もうひとつの極小民族ロマ人（ジプシー）について簡単に触れておこう。ロマ人の人口は1989年で2718人である。リトアニアにおけるロマ人の最も古い記録は1501年にさかのぼる。現在のロマ人は3つの集団に分かれている。それは，リトアニア中央部と西部に住みカトリックを信仰するグループと，北部に住み主にルター派を信仰するグループと，東部に住みロシア正教を信仰するグループである（Blaszczyk [1992, p.75]）。もはや馬車で各地を放浪するようなジプシーはおらず，みな定住しており，かなり豊かな生活をしている人も多い。本書第二部では，11番家庭の主婦（小学校教師）が自分の学校にジプシーの児童が一人いてロシア語が上手であり，他の児童からのいじめはないと述べている。

参考文献
(注：リトアニア語の特殊文字は近似ラテン文字に置き換えた)

森安達也 [1986]: 森安達也「スラヴ民族の文化　1宗教」森安達也編『スラヴ民族と東欧ロシア』山川出版社, 1986。

森安達也 [1991]: 森安達也『東方キリスト教の世界』山川出版社, 1991。

Bairasauskaite[1996]: Tamara Bairasauskaite, *Lietuvos Totoriai XIX amziuje*, Vilnius, 1996.

Blaszczyk[1992]: Grzegorz Błaszczyk, *Litwa Współczesna*, Warszawa, 1992.

Chalupczak i Browarek[1998]: Henryk Chałupczak i Tomasz Browarek, *Mniejszości Narodowe w Polsce 1918-1995*, Lublin, 1998.

EL[1973]: *Encyclopedia Lituanica*, vol.1-6, Boston, 1973.

Firkowicz[1935]: Szymon Firkowicz UŁŁU HAZZAN, *Kołtchałar - krótki modlitwy Karaimskie*, wydanie Autora, Vilnius, 1935.

GUS[1999]: Głowny Urząd Statystyczny, *Rocznik Statystyczny 1998*, Warszawa, 1999.

Kricinskis[1993]: Stanislovas Kricinskis, *Lietuvos Totoriai*, Vilnius, 1993.

Lavinia Cohn-Sherbok[1999]: Lavinia Cohn-Sherbok, *Historia Cywilizacji Żydowskiej*, Warszawa, 1999. translated from: *A History of Jewish Civilization*, London, 1997.

NEP-PWN[1997]: *Nowa Encyklopedia Powszechna PWN*, tom 1-6, Warszawa, 1997.

SD[1991a]: Statistikos Departamentas, *1989 metu Visuotinio Gyventoju Surasymo Duomenys*, tomas 1-3, Vilnius, 1991-1992.

SD[1993a]: Statistikos Departamentas, *Demografijos Metrastis 1992*, Vilnius,1993.

SD[1996a]: Statistikos Departamentas, *Religines Bendruomenes Lietuvoje*, Vilnius, 1996.

SD[1997a]: Statistikos Departamentas, *Demografijos Metrastis 1996*, Vilnius, 1997.

SD[1997b]: Statistikos Departamentas, *Karaimai Lietuvoje*, Vilnius, 1997.

SD[1998a]: Statistikos Departamentas, *Darbo Apmokejimas 1997 metais*, Vilnius, 1998

SD[1998b]: Statistikos Departamentas, *Lietuvos Statistikos Metrastis 1998*, Vilnius, 1998.

SD[1998c]: Statistikos Departamentas, *Demografijos Metrastis 1997*, Vilnius,1998.

SD[1999a]: Statistikos Departamentas, *Demografijos Metrastis 1998*, Vilnius,1999.

TLE[1988]: *Tarybu Lietuvos Enciklopedija*, tomas 1-4, Vilnius, 1985-1988.

Wolkonowski[1996]: Jarosław Wołkonowski, *Okręg Wileński Związku Walki Zbrojnej Armii Krajowej w latach 1939-1943*, Warszawa, 1996.

第4章　現代リトアニアの言語と学校教育

第1節　マクロ・レベルとミクロ・レベルでの言語構成

　第3章で民族と宗教を論じた際に、筆者はしばしばマクロ統計は意味がないことが多いと述べてきた。本章では言語問題を論じるが、ここでも同じことがいえる。リトアニア国民の言語構成は、その民族分布をみなければ理解できないから、国民をひとまとめにしたマクロ統計は意味がない。地域によって民族構成が異なるから当然言語比率も地域ごとに異なる。また都市部か農村部か、また女性か男性かによっても、その教育水準等の違いを反映して、若干異なるかもしれない。しかし一番大きな差異は年代による差異である。

　第2章でみてきたように、リトアニアの歴史は各国による支配の歴史であり、戦後はソ連邦の一員となってしまった。本章第3節以下でみるように学校教育の言語も戦後変化した。したがって言語問題を考える際には、地域の民族構成だけでなく年代構成も考慮に入れなければならない。

　本章では、地域別に言語統計を示して、それをその地域の民族構成と対比させながら分析するという方法はとらず、いきなり民族別の言語構成を示して考察してみよう。

　分析を始める前に、言語には5つの種類があることに読者の注意を喚起しよう。まず第一は「母語」であり、これは生まれ育ったときの言語、すなわち母親の言語を指す。決して母国の言語ではない。第二に、現在最も流暢に話せる言語がある。第三に、現在の家庭内で用いている言語がある。第三の言語が第一の言語とも、また第二の言語とも異なっている場合がしばしばみられる。第四に思考の際に頭の中で用いる言語がある。第四の言語が第二の言語と異なる場合がある。そして第五に、当人が属する民族の言語がある。第五の言語が母語と異なることはしばしばみられる。また第五の言語を話せない例もときどきみられる。

　まずリトアニア民族の言語構成を表1に示そう。リトアニア民族とは、国勢調査で自分がリトアニア人であると回答した人たちを指す。表1から第一に分かることはその圧倒的なリトアニア語比率であり、それは全国レベルでは99%を超えている。60頁の第3章の表4にあるように首都ビルニュースではリトアニア人比率は50.5%にすぎず、49.5%は他民族であるが、そのビルニュース市でさえリトアニア民族のリトアニア語比率は98%を超えている（76頁の表2を参照）。すなわち、支配民族の場合、他民族が半数程度を占める地域にあってもその母語は失われないという傾向がみてとれる。

　第二に、それにもかかわらず、全国レベルでは0.4%（1万2004人）のリトアニア民族が自らの第一言語としてリトアニア語を挙げていないということが分かる。そして表1が示すように、この1万2004人のうち、42.6%の人のみが第二言語としてリトアニア語を挙げているので、残りの約7000人の人が第一言語でも第二言語でもリトアニア語を挙げておらず、しかし自分はリトアニア民族であると考えていることが分かる。民族の規定要因は言語ではない、少なくとも言語だけで決定されるものではない、ということが理解されよう。

　第三に、第二言語としてのロシア語比率が中年世代（30〜39歳）で高いことが表1から分かる。表1は各種の年代区分のうち、1929年以前に生まれて戦前期に4年間の義務教育を終えた70歳以上の層と、1950年代に生まれて、戦後すぐの学校教育混乱期の後の安定したソビエト教育期に学校教育を経験した30〜39歳層と、1980年代

表1　1989年でのリトアニア社会主義ソビエト共和国におけるリトアニア民族の言語構成（%）

対象集団	総数	生まれ育ったときの言語				第二言語として下記の言語が流暢に話せる人が全体に占める割合				
		リトアニア語	ロシア語	ポーランド語	その他の言語	リトアニア語	他言語を第一言語として挙げた人に占める比率	ラトビア語	ロシア語	その他の言語	流暢な第二言語を持たない人
全体	292万4251	99.6	0.26	0.09	0.06	0.17	(42.6)	0.33	37.36	0.11	62.0
10〜14歳	21万4909	99.4	0.49	0.07	0.04	0.32	(52.6)	0.05	21.21	0.05	78.4
30〜39歳	39万3848	99.6	0.25	0.06	0.06	0.18	(42.7)	0.35	60.44	0.15	38.9
70歳以上	21万4198	99.6	0.07	0.21	0.10	0.15	(40.1)	0.94	10.85	0.14	87.9

注1）出典では絶対数を示しているので、筆者が百分比に計算した。
注2）表の読み方。「全体」を例にとると、第二言語としてリトアニア語を挙げた人が5113人いるが、それはリトアニア民族総人口292万人の0.17%に相当する。そしてこの5113人は、第一言語としてリトアニア語以外の言語（つまりロシア語・ポーランド語・その他の言語）を挙げた1万2004人の42.6%に相当する。
出所）『1989年国勢調査報告第3巻』（SD [1991a, p.7]）

表2　1989年でのビルニュース市におけるリトアニア民族の言語構成（％）

| 対象集団 | 総数 | 生まれ育ったときの言語 ||||第二言語として下記の言語が流暢に話せる人が全体に占める割合||||||
		リトアニア語	ロシア語	ポーランド語	その他の言語	リトアニア語	他言語を第一言語として挙げた人に占める比率	ラトビア語	ロシア語	その他の言語	流暢な第二言語を持たない人
全体	29万4251	98.7	1.02	0.18	0.08	0.62	(48.6)	0.71	48.97	0.39	49.31
10〜14歳	1万9763	97.7	2.12	0.16	0.07	1.26	(53.9)	0.10	36.78	0.22	61.64
30〜39歳	4万4527	98.9	0.87	0.15	0.08	0.66	(59.1)	0.87	63.02	0.51	34.94
70歳以上	1万1125	98.9	0.48	0.42	0.20	0.42	(38.2)	1.55	25.43	0.64	71.96

注）出典では絶対数を示しているので，筆者が百分比に計算した。
出所）『1989年国勢調査報告第3巻』（SD [1991a, p.61]）

表3　1989年でのリトアニア社会主義ソビエト共和国におけるポーランド民族の言語構成（％）

| 対象集団 | 総数 | 生まれ育ったときの言語 ||||第二言語として下記の言語が流暢に話せる人が全体に占める割合||||||
		ポーランド語	リトアニア語	ロシア語	その他の言語	ポーランド語	他言語を第一言語として挙げた人に占める比率	リトアニア語	ロシア語	その他の言語	流暢な第二言語を持たない人
全体	25万7994	85.0	5.02	9.24	0.73	×	×	15.5	57.9	1.4	25.2
10〜14歳	1万6609	80.1	4.01	15.61	0.22	×	×	13.7	62.9	0.5	22.9
30〜39歳	3万7254	82.2	6.83	10.03	0.94	×	×	21.3	66.4	1.9	10.4
70歳以上	1万9637	93.7	3.82	1.58	0.90	×	×	11.3	37.5	3.5	47.7

注1）出典では絶対数を示しているので，筆者が百分比に計算した。
注2）ポーランド人はソ連邦の領土内の在来民族とはみなされていなかった。1989年のソ連国勢調査における第二言語の選択は，在来民族（例えばラトビア人，朝鮮人，ユダヤ人など）の言語から選ぶことになっていた。したがって，第一言語でリトアニア語を選択したポーランド人は第二言語としてポーランド語を選択することができず，もしロシア語が第三言語として流暢に話すことができれば，それを第二言語として選択したが，ポーランド語以外に流暢に話せる言語がない場合には，「流暢な第二言語を持たない」という選択肢を選ぶしかなかった。ほとんどがそのような人であったろう。したがって，表3における第二言語統計で具体的な言語を挙げた人は第一言語でポーランド語を選択した人だけであると考えられる。したがって，表3の第二言語の構成は，全体で85％を占めるポーランド語を第一言語として挙げた人の第二言語構成と理解すべきである。
出所）『1989年国勢調査報告第3巻』（SD [1991a, p.25]）

に学校教育を経験している児童・生徒である10〜14歳層の3つだけを抜粋して紹介してある。表1から分かるとおり，高齢者ではロシア語の熟知率が第一言語と第二言語を合計しても11％にすぎないのに，中年層では60％にのぼる。表1には示していないが，20〜29歳層では64.6％に達している。児童層（10〜14歳層）でロシア語熟知率が低いのは，小学校低学年ではまだ十分にロシア語が習得されていないからである。

第四に，戦後ロシア語教育が義務づけられたにもかかわらず，4割近い人が結局ロシア語をものにできなかったという点である。

第五に，第二言語でラトビア語と回答した人が高齢者では1％ほどいるのに，児童層では皆無に近いことである。これらの人たちの多くはリトアニア人とラトビア人の混血であり，しかし自らをリトアニア人と自覚している人たちである。ラトビア人の「血筋」が入っている家庭にあっては，民族意識においてもリトアニア人であると認識するようになってきているばかりでなく，言語においてもラトビア語が家庭内で消滅しつつあることを示す。少数民族の多数民族への同化の一例である。

次にリトアニアにおけるポーランド民族の言語構成をみてみよう。表3から分かるとおり，老年層では93％のポーランド民族がポーランド語を第一言語としているが，そのポーランド語比率は若年層になると低下しており，逆に第二言語としてのロシア語の比率が6割を超えるようになる。ポーランド語とリトアニア語は全く異なる言語であり，語彙はほとんど異なる。それに対してロシア語とポーランド語は語彙も文法もある程度共通ないし近似しており，ポーランド人にとってロシア語のバリアーは低い。このことは，共にロシア語の授業が必修となっている小学校児童層（10〜14歳）のリトアニア人児童のロシア語熟知率とポーランド人児童のそれとを比較すれば明白だろう。

1991年まではリトアニアの公用語はロシア語とリトアニア語の両言語だったが，リトアニアの独立後，公用語はリトアニア語だけとなり，ポーランド民族の公務員はリトアニア語の試験を受けなければならず，不合格になると配置転換となった。事実上の解雇である。このようにポーランド民族にとって言語問題は社会生活の上で，とりわけ社会の上層部に進出する上で大きな障害となっている。8番家庭の主人が回想するように，運転免許試験はロシア語かリトアニア語かのいずれかでのみ受験できた。ただし5番家庭の第4世代のダヌータの回想によれば，コックの昇任試験は基本的にはリトアニア語であったが，希望すればポーランド語やロシア語でも受験できたという。このように社会の上層部に進出するのでない限りリトアニア語の知識は必要なく，ロシア語の知識がある限り，ポーランド人に対して社会生活における言語

表4　1989年でのビルニュース市におけるポーランド民族の言語構成（％）

対象集団	総数	生まれ育ったときの言語				第二言語として下記の言語が流暢に話せる人が全体に占める割合					
		ポーランド語	リトアニア語	ロシア語	その他の言語	ポーランド語	他言語を第一言語として挙げた人に占める比率	リトアニア語	ロシア語	その他の言語	流暢な第二言語を持たない人
全体	10万8239	83.8	3.31	12.3	0.52	×	×	20.31	56.60	1.39	21.70
10〜14歳	1万6609	76.1	3.16	20.7	0.08	×	×	19.87	54.53	0.38	25.22
30〜39歳	3万7254	83.6	4.22	11.5	0.63	×	×	28.05	59.33	1.79	10.83
70歳以上	1万9637	94.9	1.12	3.2	0.74	×	×	6.94	54.30	2.50	36.26

注1）出典では絶対数を示しているので，筆者が百分比に計算した。
注2）表3の注2）と全く同一である。
出所）『1989年国勢調査報告第3巻』（SD［1991a, p.67］）

上の差別はなかったといってよい（ただし大学進学問題では事情が異なった）。

このような状況を背景にして，ポーランド民族にあっては，ポーランド語の第一言語としての比率は8割台を保っている。これは後にみるベラルーシ人やウクライナ人のそれと比較すると大きな違いである。ポーランド民族が少数民族となっているビルニュース市内（ポーランド人比率は18.8％）でも表4が示すように，この傾向に大きな変化はないことに注意されたい。

次にポーランド語ないしプロスティ語（ポーランド語とベラルーシ語の混合語）を母語とするポーランド人とタタール人の使用言語を家族というミクロ・レベルでみてみよう。3番家庭の娘ヤドビガ（ポーランド人）はリトアニア人の夫と結婚当初は夫婦間の共通言語であるロシア語で会話しており，リトアニア語を習得した現在ではリトアニア語で会話している。青年が徴兵されると，ソ連軍での会話がロシア語であったことから，かなりの男性が軍隊でロシア語の上達を得ている。8番家庭（ポーランド人）の主婦は看護婦だが，病院での会話は医局長の民族によって変わるがロシア語かリトアニア語であったと回想している。15番家庭の主人の父（タタール人）に関する回想では，父の母語はプロスティ語だが，戦後すぐのコルホーズではロシア語で会話がなされたという。19番家庭の息子ヤン（1956年生まれ）はポーランド語小学校を卒業しているが，タタール人（ベラルーシ生まれ）の妻とはロシア語で会話した。ベラルーシではポーランド語教育は存在しなかったからである。また19番家庭の第4世代タンジーラ（1970年生まれ）とシベトラーナ（1971年生まれ）は，両親がリトアニア語で会話するタタール人家庭に育ったが，2人ともポーランド人の夫と結婚し，結婚後は2人とも夫とロシア語で会話している。このように，家庭内言語の使用状況はさまざまで「典型例」とか「一般的傾向」というものはない。すべて配偶者の民族ないし配偶者の育った言語環境に対応した言語となっている。これらが積み重なってマクロ・レベルの統計数値が現れる。

なお，表3の注2で記した内容は重要で，ベラルーシ国内やウクライナ国内に居住するポーランド人が言語面で，とりわけ学校教育言語で差別を受けていたことは大きな社会問題であったが，本書ではこれについての紹介は省略したい。

次に表5のロシア人の言語構成についてみてみよう。ロシア人の95％は第一言語としてロシア語を挙げており，全人口の9.4％しか占めない少数民族であるにもかかわらず，母語を失っていないことが分かる。特に63頁の第3章の表7が示すように，ロシア人がロシア人どうしで結婚する比率は30％にすぎず，70％のロシア人は他民族から配偶者を選んでいるにもかかわらず，第一言語としてのロシア語の地位は失われていない。そして本章の表5から分かるとおり，中年層でも第一言語と第二言語を合計したリトアニア語熟知率は45％にしかすぎない。その他の言語（ポーランド語やウクライナ語やベラルーシ語）についてはすべて合計しても4％に満たない。

すなわち，ロシア人が他民族と結婚した場合，かなりの家庭においてロシア語で会話がなされていることをこの表5は意味している。非ロシア人の配偶者には，学校教育の中でロシア語の学習が義務づけられていたから，夫婦間の会話がロシア語になるのであろう。一方ロシア人にとってリトアニア語はかなり難しい言語である。

ロシア語の母語としての存続というこの傾向は，ソ連時代の学校教育の恩恵の結果であるが，1991年以降は小学校でのロシア語教育が第3節で述べるように英語・ドイツ語・フランス語に置き換えられつつあり，10年後においてもこのロシア語の母語としての地位が保たれているかどうかは不明である。

表6と表7はベラルーシ人とウクライナ人の言語構成を示している。ここでまず注目すべきは言語構成ではなく，子供の数の少なさである。表1のリトアニア民族にあっては，10〜14歳層の人口は30〜39歳層の人口の59％である。ところが，ベラルーシ人にあってはこの数値がわずか22.2％，ウクライナ人にあっては24.6％である。ベラルーシ人家庭やウクライナ人家庭にあってはリトアニア人家庭と比較して格段に子供の数が少ないという仮説は否定されるであろう。ではこれはソビエト化に伴う単身赴任の影響なのだろうか。たしかに単身赴任は存在する。特に独身者が職を求めて他の共和国へ移住する例は本書第二部の家系図で多数発見できる。しかし家族持ちの者が単身で他国へ転勤した例は，47番家庭の第2世

表5 1989年でのリトアニア社会主義ソビエト共和国におけるロシア民族の言語構成（％）

対象集団	総数	生まれ育ったときの言語				第二言語として下記の言語が流暢に話せる人が全体に占める割合					
		ロシア語	リトアニア語	ポーランド語	その他の言語	ロシア語	他言語を第一言語として挙げた人に占める比率	リトアニア語	ウクライナ語	その他の言語	流暢な第二言語を持たない人
全体	34万4455	95.6	4.08	0.15	0.17	3.25	(73.9)	33.45	1.11	0.95	61.24
10〜14歳	2万4616	96.7	3.05	0.13	0.13	2.07	(62.8)	31.99	0.21	0.31	65.42
30〜39歳	6万3277	94.3	5.38	0.15	0.19	4.77	(83.4)	40.94	1.72	1.38	51.19
70歳以上	1万6779	97.3	2.28	0.20	0.25	1.86	(68.1)	22.95	1.23	1.15	72.81

注）出典では絶対数を示しているので，筆者が百分比に計算した。
出所）『1989年国勢調査報告第3巻』（SD [1991a, p.16]）

表6 1989年でのリトアニア社会主義ソビエト共和国におけるベラルーシ民族の言語構成（％）

対象集団	総数	生まれ育ったときの言語				第二言語として下記の言語が流暢に話せる人が全体に占める割合					
		ベラルーシ語	リトアニア語	ロシア語	その他の言語	ベラルーシ語	他言語を第一言語として挙げた人に占める比率	リトアニア語	ロシア語	その他の言語	流暢な第二言語を持たない人
全体	6万3169	40.5	2.52	53.3	3.68	9.65	(16.2)	17.00	34.77	0.60	37.98
10〜14歳	2851	22.7	2.98	72.9	1.44	3.47	(4.5)	22.27	19.05	0.42	54.79
30〜39歳	1万2841	41.7	2.54	51.8	3.89	12.91	(22.2)	20.29	39.48	0.73	26.59
70歳以上	3140	57.1	2.52	36.1	4.30	7.36	(17.1)	6.59	38.34	0.64	47.07

注）出典では絶対数を示しているので，筆者が百分比に計算した。
出所）『1989年国勢調査報告第3巻』（SD [1991a, p.34]）

表7 1989年でのリトアニア社会主義ソビエト共和国におけるウクライナ民族の言語構成（％）

対象集団	総数	生まれ育ったときの言語				第二言語として下記の言語が流暢に話せる人が全体に占める割合					
		ウクライナ語	リトアニア語	ロシア語	その他の言語	ウクライナ語	他言語を第一言語として挙げた人に占める比率	リトアニア語	ロシア語	その他の言語	流暢な第二言語を持たない人
全体	4万4789	51.1	3.03	45.3	0.57	11.39	(23.3)	16.77	42.12	0.58	29.14
10〜14歳	2233	28.7	3.31	67.5	0.49	6.05	(8.4)	21.85	22.84	0.27	48.99
30〜39歳	9044	54.7	3.31	41.5	0.53	13.22	(29.2)	20.41	48.37	0.75	17.25
70歳以上	1790	57.6	0.89	40.9	0.55	15.47	(37.9)	7.37	40.28	0.73	36.15

注）出典では絶対数を示しているので，筆者が百分比に計算した。
出所）『1989年国勢調査報告第3巻』（SD [1991a, p.43]）

代のアンナ（ユダヤ人の農学博士）や21番家庭の第3世代のアレクサンデル（タタール人の獣医），31番家庭の第4世代のヤドビガの夫（ポーランド人で，病身の実母の介護のため生まれ故郷のベラルーシに戻った）など少数の例しか発見できない。リトアニアやポーランドでは子供を故郷に残した単身赴任や夫婦だけの赴任の例はほとんどない。したがってこの子供の数の少なさは転勤の影響でもない。

これは民族認定の問題である。64頁の第3章の表8で紹介した離婚統計が間接的に示すように，ベラルーシ人やウクライナ人の結婚相手の8割以上は他民族なのである。とりわけリトアニア人が多いと考えられる。この異民族夫婦の間に生まれた子供はベラルーシ人やウクライナ人とみなされることが少なく，国勢調査のときには配偶者の民族名に分類されたと推測される。それゆえ子供の数が少ないのである。国勢調査では小学校児童にも面接し，本人が民族名を回答していることを想起されたい。

児童の自己意識においても現地同化が進んでいることの証左である。

第3章の61頁の表5の村役場の統計では「民族確定不能」という項目があることが注目される。親でさえ判断に困る例は想像に難くない。しかし国勢調査では無理やり何らかの民族に分類している。パイガタイ村の村長へのインタビューでは，ソ連時代ではこのような場合は父親の民族に応じて分類したが，1991年以降は母親の民族に応じて分類して報告しているという。しかしこのような「民族分類不能」は村役場の統計でも少数である。多くの混血児童において，民族意識における少数民族の現地同化，すなわちリトアニア化が進行していると考えるべきである。

なお，イスラエル政府は母親がユダヤ人の場合は本人の宗教にかかわらず無条件でユダヤ人の認定を行い，母親がユダヤ人でない場合にのみ，ユダヤ教を受容していることを条件にユダヤ人認定を行っている。それゆえ，

表8　1989年でのリトアニア社会主義ソビエト共和国におけるユダヤ民族の言語構成（％）

対象集団	総数	生まれ育ったときの言語				第二言語として下記の言語が流暢に話せる人が全体に占める割合					
		ユダヤ言語	リトアニア語	ロシア語	その他の言語	ユダヤ言語	他言語を第一言語として挙げた人に占める比率	リトアニア語	ロシア語	その他の言語	流暢な第二言語を持たない人
全体	1万2392	35.7	6.69	56.8	0.82	1.95	(3.04)	37.98	22.15	5.39	32.53
10～14歳	640	23.9	10.94	64.2	0.93	0.31	(0.40)	35.31	20.16	0.47	43.75
30～39歳	1898	28.1	10.38	60.9	0.58	1.53	(2.13)	52.27	18.81	3.97	22.92
70歳以上	967	60.4	3.19	35.5	0.94	4.68	(11.80)	29.36	32.17	7.06	26.73

注1）出典では絶対数を示しているので，筆者が百分比に計算した。
注2）ユダヤ人にはクリミヤ系ユダヤ人やグルジア系ユダヤ人等を含むがカライム人は含まず。
注3）ユダヤ言語にはイーディッシュ語とヘブライ語が含まれるが実際はほとんどイーディッシュ語である。
出所）『1989年国勢調査報告第3巻』（SD [1991a, p.52]）

ユダヤ教を信仰しない「ユダヤ人」が多数イスラエルに移民できるようになっている。これは，既に旧ソ連でユダヤ人社会の混血化が進行している現実を前提に，イスラエル政府が，家族そろってのイスラエル移民を可能にすべく，移民条件を緩めていることの結果である。

さて，ベラルーシ人とウクライナ人の言語構成の問題に戻ろう。ベラルーシ人の場合，第一言語としてのベラルーシ語比率は40％までに低下しており，ウクライナ人の場合でも51％である。特に若年層での比率の低下が著しい。とりわけベラルーシ人の場合，6割の人が第一言語に他民族言語を挙げており，しかもそのうち第二言語にベラルーシ語を挙げている人はわずか16％である。すなわちベラルーシ人のちょうど50％に相当する人が，第一言語でも第二言語でもベラルーシ語を挙げていないのである。この50％のベラルーシ人にあっては，流暢に話せる言語はほとんどの場合ロシア語だけであり，ごく一部の人がロシア語とリトアニア語の双方を流暢に話せるという状況になっている。すなわち，ベラルーシ人社会の中でベラルーシ語が失われる傾向がみられる。とりわけ表6にもあるように10～14歳層ではわずか27.2％（第一言語と第二言語の合計）の子供しかベラルーシ語が流暢に話せない。5～9歳層でもほとんど同様の数値となっている。

ウクライナ人の場合にも同様の傾向が存在する。ではウクライナ語を知らないこのような子供たちはなぜウクライナ人と自己申告したのであろうか。それは，両親が共にウクライナ人の場合は当然の回答であるが，両親のうちどちらかが異民族の場合は，児童本人がギリシャ正教の洗礼を受けているからであろう。またベラルーシ語を知らない児童がベラルーシ人であると自己申告したとすれば，両親の一方がベラルーシ人（ロシア正教）で一方がリトアニア人（カトリック）で，家庭ではロシア語かリトアニア語で会話がなされ，しかし児童本人はロシア正教の洗礼を受けている場合がその代表例として考えられる。つまり宗教の観点から子供がベラルーシの伝統を受け継いでいるような場合に，子供自身が自分はベラルーシ人であると考えるようになるのであろう。そしてその背後には，その子供が社会の中でベラルーシ人として扱われているという状況があると筆者は考える。

既に何度も述べているが，民族を決定するのは自己意識であり，その自己意識には自分が社会の中でどのように扱われているかが大きく影響する。そして社会の中での扱われ方を決定するのは，言語と宗教であるが，以上みてきたように，宗教は言語以上に強い規定要因になる。リトアニアなど東欧地域の各種民族の認定問題は宗教によってほとんど決定されていると述べてよいと筆者は考えている。

本節の最後にユダヤ人の言語構成を表8に示そう。ユダヤ人の言語構成については次の2点を示すにとどめよう。第一は，70歳以上の人にあっては72％もの人が今でもイーディッシュ語が流暢に話せるという点である。第二は，児童層において中年層と比較して，ロシア語化の影響が出てきているということである。児童層のリトアニア語率はロシア語率を大きく下回っている。イーディッシュ語はドイツ系言語であって，ユダヤ人にとってロシア語がリトアニア語と比較して格段に容易な言語であるというわけではない。すなわち，ユダヤ人が言語面でリトアニア社会と同化していないという傾向がみられる。本節で検討した諸民族の中では，ユダヤ人だけが言語面で「現地同化」と逆の傾向を示している。このような社会的背景のもとに1987年以降ユダヤ人のイスラエルへの大量移民が始まり，現在のリトアニアではユダヤ人が消滅しようとしているのである。

第2節　リトアニア・ポーランド両民族共存地域での言語

リトアニアは複数民族国家であるが，60頁の第3章の表4が示すように，地域を限定すると単一民族社会もかなり存在する。住民の90％以上がリトアニア人であるような県もあれば，住民の80％以上がポーランド人であるような県も存在する。しかし，かなりの県で複数の民族が共存していることも確かであり，ポーランドにおいても既に紹介したスバウキ県ではリトアニア人とポーランド人が共存している。そこで両国が，このような県での住民の民族意識や言語・宗教状況をそれぞれ調査しようという共同企画が両国の政府統計局により実施された。

調査方法の詳細は省略するが，ポーランドのスバウキ

表9　ポーランド地域におけるリトアニア語普及度（％）

	リトアニア語会話		リトアニア語読み書き	
	ポーランド人	リトアニア人	ポーランド人	リトアニア人
流暢・上手	9.4	97.9	5.8	90.3
貧弱・下手	7.5	1.6	8.0	8.6
理解できるだけ	3.6	0.1	3.4	0.0
全く分からない	79.5	0.4	82.6	1.0

出所）『ポーランドのリトアニア人・リトアニアのポーランド人』（GUS-SD [1995, p.34]）

表10　ポーランド地域におけるポーランド語普及度（％）

	ポーランド語会話		ポーランド語読み書き	
	ポーランド人	リトアニア人	ポーランド人	リトアニア人
流暢・上手	99.3	96.6	96.0	93.0
貧弱・下手	0.4	2.8	3.8	6.0
理解できるだけ	0.0	0.1	0.0	0.1
全く分からない	0.3	0.5	0.3	0.9

出所）『ポーランドのリトアニア人・リトアニアのポーランド人』（GUS-SD [1995, p.34]）

表11　リトアニア地域におけるポーランド語普及度（％）

	ポーランド語会話		ポーランド語読み書き	
	リトアニア人	ポーランド人	リトアニア人	ポーランド人
流暢・上手	28.8	88.3	21.3	72.0
貧弱・下手	19.8	9.6	38.0	22.8
理解できるだけ	25.2	1.5	—	—
全く分からない	26.2	0.6	40.7	5.2

出所）『ポーランドのリトアニア人・リトアニアのポーランド人』（GUS-SD [1995, p.78]）

表12　リトアニア地域におけるリトアニア語普及度（％）

	リトアニア語会話		リトアニア語読み書き	
	リトアニア人	ポーランド人	リトアニア人	ポーランド人
流暢・上手	98.5	52.6	95.2	46.1
貧弱・下手	1.1	27.8	4.1	47.1
理解できるだけ	0.2	11.3	—	—
全く分からない	0.2	8.3	0.7	6.8

出所）『ポーランドのリトアニア人・リトアニアのポーランド人』（GUS-SD [1995, p.78]）

県で2633名，リトアニアの旧ビルニュース県（1940年までにリトアニアに編入された旧ポーランド領の県）で4112名がアンケート調査の対象となった。その調査報告書である『ポーランドのリトアニア人・リトアニアのポーランド人』（GUS-SD [1995]）から若干の統計表を引用しよう。

まず表10と表12を比較すると，両国の間で，支配言語の受容に関して驚くほどの違いがあることが分かる。ポーランドのスバウキ県では，公用語であるポーランド語をほとんどのリトアニア人がマスターしているのに対して，リトアニアにおいては公用語であるリトアニア語を完全にマスターしたポーランド人は半分程度しかいないことが分かる。リトアニア語会話が全くできないポーランド人がリトアニアのこの地域で8.3％も存在する。

この差異は両国の言語政策の違いに起因する。ポーランドではポーランド語を知らないと社会生活が営めない。ロシア語はポーランド社会ではほとんど通用しなかった。一方リトアニア社会では，ソ連の支配のもとにロシア語が通用しており，リトアニア語を知らなくても社会生活が営めたのである。ポーランドが戦後は単一民族国家になり，ソ連は複数民族国家であったという違いはあるが，リトアニアの方が少数民族の言語に対して寛容であったと述べてよいだろう。

したがって表9にあるように，スバウキ県のポーランド人でリトアニア語が流暢な人は9％程度であり，80％のポーランド人はリトアニア語が全く理解できない。一方リトアニアにおいてはリトアニア人の74％までが，多少のポーランド語を理解できるのであり，さらに28.8％のリトアニア人は流暢にポーランド語を話すことができるのである。これは筆者のインタビュー調査での経験とも一致する。9軒のリトアニア系家庭の中でポーランド語が全く分からなかったのは，27番家庭の主婦と29番家庭の主婦の2人だけであった。

もちろんリトアニアの旧ビルニュース県が戦前はポーランドの支配下にあったという歴史的事情は勘案する必要があり，またポーランドにおけるリトアニア人の人口が1万人ないし3万人程度しかなく（Tarka [1998, p.193]），全人口の0.1％にも満たない極小民族であるのに対して，リトアニアのポーランド人は全人口の7％を占めるという事情も考慮しなければならないが，戦後50年を経てこのような差異が両国間で生じていることは，リトアニア人の方が他民族に対して協調的であるという推論を強くサポートする。

表13はポーランド地域での思考言語と家庭内言語の比率を示す。ポーランド地域でのリトアニア人のほとんどがポーランド語を流暢に話すが，それにもかかわらず家庭内ではリトアニア語で会話しており，物を考えるときもリトアニア語で考えていることが分かる。ポーランド地域のポーランド人の中でリトアニア語で物を考えている人もいるが，それらの人はリトアニア人との混血で家庭内でいつもリトアニア語を話しているごく少数の者に限られることが表13から推測される。

一方表14は日本人にとっては衝撃的かもしれない。リトアニアに居住するポーランド人の12％が家庭内ではロシア語で会話しており，15％のポーランド人が物を考えるときロシア語で考えているのである。リトアニアに住むリトアニア人でさえ，その1.9％は物を考えるときロシア語で考えているのである。

多数民族であるリトアニア人でさえ，異民族結婚などにより家庭内でロシア語で会話するようになると，物を考えるときまでロシア語になってしまうのである。

両国政府の統計局によるこの企画は信仰についても調査しており，その結果は表15が示すとおりである。この結果をみると，「××人は信仰の厚い民族である」という

ような表現は簡単には許されないということが分かろう。最初に無信仰の人の比率をみてみよう。クリスマスや復活祭のときさえ教会に通わなくなってしまった人は，積極的に無神論であると公言するか否かは別として信仰を離れた人，「無信仰の人」とみなされよう。ポーランド地域における「無信仰の人」の比率は，ポーランド人では6％，リトアニア人では2％であるから，リトアニア人の方が信仰が厚いようにみえる。ところがリトアニア地域においては「無信仰の人」はポーランド人では13％，リトアニアでは25％に及んでおり，ポーランド人の方が信仰が厚いようにみえる。

毎週教会に通う人とだいたい毎週通う人を「篤信の人」と呼ぶと，「篤信の人」の比率はポーランド地域ではリトアニア人の方がポーランド人より高く，リトアニア地域ではポーランド人の方がリトアニア人より顕著に高い。

この表15で最も重要な点は，ポーランド地域において「篤信の人」の比率が60％ないし70％に達しているのに対して，リトアニア地域ではポーランド人で25％，リトアニア人で12％しかいないということであり，また「無信仰の人」の比率がリトアニア地区のリトアニア人において25％にも達していることである。

筆者は前章において，戦後の社会主義リトアニアにおける小学校の無神論教育が実効をもたらさなかったと述べた。たしかに明示的に無神論を公言する人の比率は高くなく，無神論者の育成には社会主義政権は失敗している。無神論者とは神が存在しないことを積極的に信じている人たちを指すが，神が存在しないことも信じないし，同時に神が存在することも信じない人たちもいる。後者を「無信仰の人」と呼べば，リトアニアの社会主義政権（つまりソ連政府）は無信仰の人の増加にはある程度成功したといえよう。なぜなら月に1回以上教会に通う人はリトアニア人の30％程度までに減少してしまったからである。一方ポーランドでは，この比率は1994年の調査時点でも80％に達している。

この違いはソ連政府とポーランド政府の宗教政策の違いに起因しているとしか説明がつかない。調査地域は戦前では共にポーランド領であり，地域的にも隣接しているからである。

両国の宗教政策で最大の相違点は，青少年・児童に対する教会での宗教教育が禁止されたか否かにある。戦後，小学校の授業科目から宗教の時間が消えたことは共通している。児童が宗教に接することのできる機会が家庭内だけになってしまったリトアニアと，ほとんど全員の児童が教会に通い小学校2年生の春には堅信の秘蹟を受けたポーランドとでは大きな違いがある。この堅信の秘蹟は日本の「七五三」の「七」に相当するようなもので，子供は親からご褒美として自転車などをプレゼントにもらう。子供にとっても待ち望まれる大切な宗教的儀式である。この儀式を受けるためには子供は教会に通って宗教教育を受けなければならなかった。このように児童に対する宗教教育は，社会の在り方まで変えてしまう重要な

表13 ポーランド地域における思考言語と家庭内言語（％）

	思考言語		家庭内言語	
	ポーランド人	リトアニア人	ポーランド人	リトアニア人
リトアニア語	2.4	91.7	3.5	93.5
ポーランド語	97.5	8.1	96.4	6.5
その他言語	0.1	0.2	0.1	0.0

出所）『ポーランドのリトアニア人・リトアニアのポーランド人』（GUS-SD [1995, p.35]）

表14 リトアニア地域における思考言語と家庭内言語（％）

	思考言語		家庭内言語	
	リトアニア人	ポーランド人	リトアニア人	ポーランド人
リトアニア語	95.6	10.9	92.1	9.4
ポーランド語	2.3	73.0	4.6	77.6
ロシア語	1.9	15.3	3.1	12.4
その他言語	0.2	0.7	0.2	0.7

出所）『ポーランドのリトアニア人・リトアニアのポーランド人』（GUS-SD [1995, p.79]）

表15 ポーランド地域とリトアニア地域での両国民の教会に通う頻度（％）

	ポーランド地域		リトアニア地域	
	ポーランド人	リトアニア人	ポーランド人	リトアニア人
毎週必ず通う	32.1	37.3	10.1	5.4
だいたい毎週通う	25.5	33.6	14.8	6.6
月に1・2回通う	23.4	19.4	27.8	17.6
大祭日のときのみ	12.9	7.7	34.1	45.3
葬式・結婚式等のみ	4.7	1.5	8.1	17.2
教会には行かない	1.3	0.5	5.1	7.6

出所）『ポーランドのリトアニア人・リトアニアのポーランド人』（GUS-SD [1995, p.47]）

要素であるので，次節であらためて宗教教育の現状を紹介しよう。

第3節 言語・民族・宗教と学校教育

第2章で紹介したように，1936年の教育改革で小学校は6年制となったが義務教育は4年のままであった。戦前の中等教育は7年間であり，高校生徒は13年の教育を経て大学に進学した。1940年6月に社会主義政権が誕生し，カトリック教会付属の諸学校が閉鎖され，ロシア語教育が導入され，1941年6月には学校教師の9人に1人に相当する1450名の教師がシベリア送りになったといわれている。1944年7月にソ連軍によりビルニュスが解放され，翌年にはクライペダも解放され社会主義リトアニアが再び誕生するが，当初の学校教育の混乱ぶりは43番家庭の主婦が回想するとおりであり，トラカイ市では小学校での教育言語が毎年変化している。戦後の社会主義的教育体制が確立したのは1949年の教育改革によってであり，これによりリトアニアの学校教育は完全にソビ

エト化し，義務教育は7年となった（Blaszczyk [1992, p.167]）。当時のソ連は4-3-3制度の学校教育であったが，リトアニアにおいては，中等教育期間をロシアのように3年ではなく，4年とすることができ，4-3-4体制となった。これはリトアニア語が言語学上は一応スラブ語系言語に分類されてはいるが，語彙の近似性の観点からはスラブ言語とは言い難く，ロシア語で講義がなされたソ連の大学に進学するためには，また中級技術者としてロシア語が支配するソビエト社会の中で職業生活を送るためには，4年の中等教育（高校相当）が必要であると判断されたからであろう。

1950年代の義務教育は7年で，農村部では4年間の初級小学校（pradine mokykla）と3年間の上級小学校（直訳では基本小学校）（pagrindine mokykla）に分かれていた。都市部や村の中心街（ミアステチコ）では7年一貫の小学校があった。初級小学校を規定する根拠を法的文書からみつけることはできなかったが，ポーランドの例では1991年9月制定の学校教育法（官報Dz.U. Nr.95 z 1991r., poz.425）の第17条が，「第1学年から第4学年までは通学距離が3キロを超えてはならず，第5学年から第8学年までは4キロを超えてはならず，これを超えた場合で公共交通機関がない場合には，地方自治体は通学手段を提供しなければならない」と規定している。おそらくリトアニアでも同様の規定が政令などにあると想像される。13番から21番までの家庭があるカクタロタール部落の小学校でも4キロ離れた部落の児童のために通学バスを運行していた。つまり通学距離だけの問題である。1番家庭の主婦は自分の部落の初級小学校に4年通い，ついで4キロ離れた隣村の上級小学校に通っている。2番家庭以下のほとんどの回想では小学校は実質的に2段階システムであった。ただし都市では一貫体制だったし，形式上は両者の区別はなかった。共に「学校」という組織であった。

1959年になると義務教育の小学校が8年に延長となり，8-4体制ないし4-4-4体制となった。義務教育が9年となり，4-5-3体制となるのは1986年になってからのことであった（Blaszczyk [1992, p.167]）。日本の高校に相当する3年間は中等学校（vldurine mokykla）という名称で呼ばれているが，厳密には12年間がひとつの「学校」なのであって，その最初の9年間が義務教育の対象になっているのである。実際，都市部では12年一貫の学校が多かった。つまり同じ学校敷地に一つの校舎が建っており，7歳の児童から18歳の生徒まで同じ学校に通う，しかし全員が最終学年まで通学するわけではなく，義務教育の9年を修了すれば退学（卒業）してもよい，という制度である。一方，農村部では，最初の4年間は自分の部落の初級小学校で，次の5年間は村の中心街にある上級小学校で，そして最後の3年間は隣村（または当該村）に設置されている中等学校に通学するというケースが多くみられらた（第二部でも相当数の家庭でこのようなケースが記載されている）。第二部では，この最後の3年間を中等学校と記述したり，日本風に高校と記述したりしているが，実は1年生から12年生までが，ひとつの同じ「学校」の生徒なのである。

1999年時点でも義務教育は9年間であり，9月1日の学校年度開始日に7歳になっている児童は学校に入学しなければならない。日本より1年遅いことに注意されたい。ただし親が希望し，かつ学校側が児童の発達状態から通学に適していると判断した場合には1年早く小学校に入学できる。1999年1月1日の7歳の人口は5万5306人（『人口年鑑1999年版』（SD [1999a, p.12]）による）だが，『教育統計1999年版』（SD [1999b, p.25]）によれば，1998年12月31日において7歳未満の児童が1万1096人いたから，1万5000人くらいの児童が9月に6歳入学していたと推定される。ほぼ4人に1人の割合である。

学校教育の前段階として幼稚園がある。幼稚園への通園率は，1985年には都市部で74%，農村部で33.6%であったのに対して，1998年では都市部で52.3%，農村部で12.3%へと激減している（『教育統計1999年版』（SD [1999b, p.45]）による）。通園率の分母は0歳児から6歳児までの全人口である。すなわち社会主義時代の都市部では多くの児童がかなり早くから，しばしば0歳児から幼稚園（保育園）に預けられていたことが分かる。1998年の幼稚園児は9万6887人だが，そのうち91.6%がリトアニア語で幼稚園教育を受け，6.3%がロシア語で幼稚園教育を受け，2.1%がポーランド語の幼稚園教育を受けている（『教育統計1999年版』（SD [1999b, p.57]）による）。ポーランド人の人口比率は7%であるから，多くのポーランド人幼児が他言語環境で幼稚園教育を受けていることになる。このように少数民族の子供は生まれたときから複数民族環境で育っていくのである。

表16と表17は，義務教育が9年となった翌年の1987年のリトアニア学校教育の教育課程表を示している。この教育課程表は1991年には廃止され，社会主義崩壊後の新しい制度にとってかわられたが，小学校教育は大きな変更を受けなかったので，社会主義時代最後の教育課程表を示そう。1991年以降は，後に示すように学校教育の中に宗教の時間が導入され，外国語教育で学校長の自由裁量権が広まるなど若干の改革が行われたが，基本的には現在でも表16と表17が示すカリキュラムが使用されている。複雑な現在のカリキュラム表より社会主義時代の単純なカリキュラム表の方が理解しやすいと筆者は判断してそれを引用した。

表16と表17で特に注目される点が3点ある。

第一は，言語教育における複数言語性である。ポーランド語小学校においては，ポーランド語の授業のほかにロシア語とリトアニア語の授業が低学年から始まり，小学校5年生からは第三外国語である外国語（英語・仏語・独語など）の授業が始まる。日本人には想像もつかないクワトロ・リンガル（4言語性）の教育である。リトアニア語小学校でも小学1年生から外国語であるロシア語の

第4章　現代リトアニアの言語と学校教育

授業が始まり，小学2年生からは第二外国語（英語・仏語・独語）の授業が始まるトライ・リンガル（3言語性）の言語教育であり，ロシア語小学校でも小学校2年生からリトアニア語の授業が始まり，小学校5年生から外国語の授業が始まるトライ・リンガルの言語教育である。

第二は，小学校の修了年限がロシア語学校では11年であり，リトアニア語学校とポーランド語学校では12年であるという点である。ロシア語学校に通う生徒（後に述べるように生徒は必ずしもロシア人とは限らない）は1年早く大学に進学できるのである（図1を参照）。これは少数民族に対する差別ではなく優遇策である。義務教育が9年に延長されたことに伴う1987年の教育課程表の改定が行われる以前は，ポーランド語学校でもリトアニア語学校でも生徒は11年の教育を経て大学に進学していた。ポーランド語小学校における11年間でのポーランド語の授業総時間は58時間週であった。つまり年間の週の授業時間の11年間の総計が58であった（もし毎学年で週に5時間のポーランド語の授業があったとすると，11年間で合計で55時間週ということになる）。ところが表16から計算すれば分かるとおり，1987年からはポーランド語の授業総時間は70時間週になった。これによりポーランド人生徒は大学に進学する前に（あるいは社会に出る前に），十

表16 1987学校年度におけるリトアニア語学校とポーランド語学校での初等教育と一般中等教育の教育課程表（週の授業時間数。3/4は週に3時間または4時間で学校長が決定する）

		1年	2年	3年	4年	5年	6年	7年	8年	9年	10年	11年	12年
リトアニア語学校	リトアニア語	7	8	8	9	8	7	5	5	4/5	5	5	4/5
	ロシア語	2	4	4	4	4	4	4	4	4	4/5	4	4
	外国語（独・仏・英）	-	2	3	4	5	5	4	5	5	4	4	4
	音楽と合唱	1	1	1	1	1	1	1	1	1	1	1	1
	単位外任意選択科目	-	-	-	-	-	-	-	-	-	-	-	1
	単位内の週授業時間	20	26	27	29	32	33	32	36	37	37	35/34	37/35
ポーランド語学校	ポーランド語	7	8	8	8	6	6	4	4	4	5	5	5
	ロシア語	2	4	4	4	3	4	4	4	4	4	4	3/4
	リトアニア語	-	2	2	2	2	2	2	2	3	3	3	3
	外国語（独・仏・英）	-	-	-	-	3	2	2	2	2	1	1	1
	音楽	1	1	1	1	1	1	1	1	-	-	-	-
	単位外任意選択科目	-	-	-	-	-	-	-	2	2	3	3	2
	単位内の週授業時間	20	24	25	25	30	30	31	34	35/34	33	34/33	36/34
リトアニア語学校とポーランド語学校で共通	数学	4	5	5	5	6	6	6	5	5	4	3	4
	統計学・情報処理初歩	-	-	-	-	-	-	-	-	-	-	1	2
	歴史（国史と世界史）	-	-	-	1/2	2	2	2	2	2	2	3/2	2/3
	リトアニア社会主義共和国史	-	-	-	-	1/0	-	-	-	2	-	-	1/0
	ソ連の国家と法律	-	-	-	-	-	-	-	-	-	1	-	-
	政治・経済	-	-	-	-	-	-	-	-	-	-	-	1
	倫理と家族心理	-	-	-	-	-	-	-	-	-	1	-	-
	まわりの自然と社会	1	1	-	-	-	-	-	-	-	-	-	-
	理科初歩	-	-	1	1	-	-	-	-	-	-	-	-
	地理	-	-	-	-	3	-	2	1	2	-	-	-
	生物	-	-	-	-	-	2	2	2	-	2	0/1	-
	物理	-	-	-	-	-	-	2	2	3	2	2	4
	天文学	-	-	-	-	-	-	-	-	-	-	1	-
	化学	-	-	-	-	-	-	-	3	3/2	2	2	2
	製図	-	-	-	-	-	-	1	1	-	2	-	-
	美術	1	1	1	1	1	1	1	-	-	-	-	-
	体育	2	2	2	2	2	2	2	2	2	2	2	2
	軍事教練	-	-	-	-	-	-	-	-	-	-	2	2
	技術家庭科	2	2	2	2	2	2	2	2	3	2	-	4/0
	単位外の必修社会奉仕・生産奉仕	-	1	1	1	2	2	2	3	2	3	3	2
	労働訓練（年間日数）	-	-	-	-	10	10	10	16	16	20	20	-

注1）表の読み方。歴史を例にとる。「戦後リトアニア史」を第5学年か第12学年かのいずれかで週に1時間開設しなければならず，合計で卒業までに3時間のリトアニア史の授業が行われる。第5学年を選択した場合は第5学年の歴史の時間は1時間となり第12学年の歴史の時間は3時間となる。リトアニア史の授業を第12学年に設定した場合は，第5学年の歴史の時間は2時間となり，第12学年の歴史の時間は2時間となる。第11学年の歴史の時間を3時間にするか2時間にするかは学校長の判断によるが単位内の授業時間は週に33時間か34時間でなければならない。とりわけ技術家庭科を最終学年で4時間まで設定するのか全く設定しないのかは学校長の判断に任せられており，その学校の性格に応じて選択することができる。この場合でも週の授業時間の規定幅は守る必要がある。

注2）外国語の授業は1980年代では主に独語と仏語であった。英語の授業も一部であったと思われるが確認できていない。また生徒は学校が設定した外国語を学ぶのであり，一般には外国語を選択できなかった。複数の外国語授業が並行して開講され生徒が選択できる場合もあったと思われるが確認できなかった。

注3）単位外の任意選択科目については，週の総授業時間がポーランド語学校ではリトアニア語学校より少ないこと，また外国語の授業時間が少ないことを考慮に入れると，ポーランド人生徒は希望すれば外国語の科目を追加で履修できるが，すべての生徒にそれが義務づけられていたわけではないと解釈される。ただし確認はとれなかった。カクタロタール小学校では任意選択科目は外国語に向けられていた。

注4）授業時間は原則45分である。ただし1990年代では校長の自由裁量権が広まり，カクタロタール部落の小学校では40分授業であった。休み時間は10分で，3時限後の給食時間の休憩は20分であった。またカクタロタール小学校では，単位外の必修の社会奉仕・生産奉仕は11月2日の「死者の日」（日本のお彼岸に相当する）の直前に，年間授業時間分をまとめて，5日間に集中して墓地の清掃を行わせていた。なお日本のカトリック教会では11月1日の諸聖人の日に墓参りをする。

出所）Koprukowniak［1992, pp.168-169］

分なポーランド語教育が受けられるようになった（Koprukowniak［1992, pp.168-169］）。またロシア語の学習も1年余計に受けられるようになった。国家が無料

83

表17 1987学校年度におけるロシア語学校での初等教育と一般中等教育の教育課程表(週の授業時間数。3/4は週に3時間または4時間で学校長が決定する)

	1年	2年	3年	4年	5年	6年	7年	8年	9年	10年	11年
ロシア語	9	10	11	10	11	9	6	5	5	4	3
外国語(独・仏・英)	-	-	-	-	4	3	2	2	1	1	1
リトアニア語	-	2	2	2	2	2	2	2	2	2	2
数学	4	5	5	6	6	6	6	6	6	4/5	4
統計学・情報処理初歩	-	-	-	-	-	-	-	-	-	1	2
歴史(国史と世界史)	-	-	-	1/2	2	2	2	2	2	4	2/3
リトアニア社会主義共和国史	-	-	-	-	1/0	-	-	-	2	-	1/0
ソ連の国家と法律	-	-	-	-	-	-	-	-	1	-	-
政治・経済	-	-	-	-	-	-	-	-	-	-	2
倫理と家族心理	-	-	-	-	-	-	-	-	1	-	-
まわりの自然と社会	1	1	-	-	-	-	-	-	-	-	-
理科初歩	-	-	1	1	1	-	-	-	-	-	-
地理	-	-	-	-	-	2	3	2	2	2/1	-
生物	-	-	-	-	-	2	2	2	2	1	1/2
物理	-	-	-	-	-	-	2	2	3	4	4
天文学	-	-	-	-	-	-	-	-	-	-	1
化学	-	-	-	-	-	-	-	3	3/2	2	3
製図	-	-	-	-	-	-	-	1	1	1	-
美術	1	1	1	1	1	1	1	-	-	-	-
体育	2	2	2	2	2	2	2	2	2	2	2
音楽	1	1	1	1	1	1	1	-	-	-	-
軍事教練	-	-	-	-	-	-	-	-	-	2	2
技術家庭科	2	2	2	2	2	2	2	3	3	4	4
単位内の週授業時間	24	24	25	25	32	32	32	33	35/34	34	34/35
単位外の必修社会奉仕・生産奉仕	-	1	1	1	2	2	2	3	2	3	2
単位外任意選択科目	-	-	-	-	-	-	-	-	2	3	3	4
労働訓練(年間日数)	-	-	-	-	10	10	10	16	16	20	-

出所) Koprukowniak [1992, p.170]

で1年間の予備校を準備してくれたようなものである(なお,27番家庭の娘マリテが回想するように,1950年代では中等学校は有料であったが,現在は無料である)。1980年代後半のペレストロイカの流れの中で,このような少数民族優遇策がとられるようになった。

第三は,学校教育の社会性である。まず「軍事教練」の時間がある。これは直訳では兵役準備教育であり,鉄砲を撃つわけではないが,戦争史の講義や映画鑑賞などの授業を男女共に受ける。また同様に単位外であるが,社会奉仕・生産奉仕の時間が2年生から卒業まで毎週1時間ないし2時間行われる(表16の注4参照)。さらに年間で10日程度労働訓練が行われる。これは農村部ではコルホーズやソホーズの収穫の手伝いである。これについては2番家庭の第4世代のマリアが回想している。このように学校教育が社会生活と密接に連関していることが分かる。これはソ連教育の特徴である。

次にリトアニアの学校教育体系の骨格だけを図1に示そう。これ以外にも芸術系学校(音楽学校は小学1年生から別体系である),聾唖学校・盲学校・障害児教育用学校もあり,また成人教育のための学校もあるが,すべて省略してある。この図1には小学校卒業時(16歳の初夏)の進学率と高校卒業時(19歳の初夏)の進学率も記載してある。社会主義崩壊後7年を経て,普通高校への進学率と大学への進学率が飛躍的に向上したことがみてとれる。

学校教育の問題は多岐にわたり,とりわけ職業教育や成人教育は重要であるが(カクタロタール部落の小学校では30歳すぎの小学生がいた),本書ではもっぱら民族と言語と宗教にかかわる部分だけを取り上げることにしたい。そこでまず小学校の教育言語の問題をみてみよう。

学校における言語には2つの種類がある。それは,授業科目としての言語と授業を実施する際の使用言語である。授業科目としての言語は,表16と表17のカリキュラム表が明らかにしているので,ここでは授業実施言語の状況を86頁の表18にみてみよう。

表18からはロシア語学校の数が減少し,ポーランド語学校の数が増加していることが分かる。また少数民族向けの学校教育が,単一言語クラスのみからなる学校だけでなく,複数言語のクラスが併存する複数言語学校(その授業方法は表18の注を参照)でも行われていることが分かる。さらに民族の人口が少ないウクライナ人やラトビア人やドイツ人に対する国立学校での当該言語による教育は行われていないことが分かる。ただし社会主義崩壊後,私立の学校(9年制または12年制)が設立されるようになり,1998年では23校で1734人の生徒が学んでおり(『教育統計1999年版』(SD [1999b, p.17])による),ビルニュースではユダヤ語(ヘブライ語)学校も設立されている。なお短大タイプの私立学校も18校設立されており,特に商業・経済の分野で英語中心の授業により中級専門家の育成がなされている。

86頁の表19は学校生徒がどのような言語で学習しているかを示している。この統計も国立学校のみの統計である。1998年のポーランド語の「小・中・高校」の例でいえば,全国のポーランド人比率の7%よりかなり少ない3.8%の生徒だけがポーランド語で授業を受けており,後述するように,残りは他の言語,とりわけロシア語で授業を受けていることが分かる。

87頁の表20は1998年における外国語授業の科目構成を示しているが,英語が圧倒的となってきており,これは社会主義時代と大きく変わった点である。当然のことであるがロシア語の比率は低下した。

Kalczynska [1992, p.187]によれば,ポーランド語学校は戦前のポーランド領かその隣接地帯だけに設立されており,西部リトアニアには1校も設立されていない。カウナス市にもポーランド語学校は設立されていない。リトアニアには通学年齢のポーランド人児童・生徒が5万人もいるのに,ポーランド語で授業を受けているのは1998年で2万1000人にすぎない。さらに重要なことは,将来の出世のことを考えて,近くにポーランド語学校があるにもかかわらず,ロシア語学校に通学するポーランド人

第4章　現代リトアニアの言語と学校教育

が多いことである。例えばビルニュース県（第2章第16節で説明したように，ビルニュース市を除くドーナツ状の農村部の地帯）の児童・生徒のうち48.2%はロシア語学校に通っている。ところが，同県でのロシア人比率は8.8%しかないのである。すなわち大量のポーランド人児童・生徒がロシア語学校に通学していることが分かる。ビルニュース県ではポーランド人人口比率が68%もあるのに，1987年では全児童・生徒の32.4%しかポーランド語学校に通学していない（以上はKalczynska [1992, p.187]による）。4番家庭のポーランド人の主婦バランティナ（1957年生まれ）は，父親が将来の大学進学を考えてロシア語小学校へ入学させることを決めたと回想している。ただしバランティナは大学へは進学しなかった。本書第二部では，4番家庭以外にもポーランド人でありながらロシア語小学校へ通学した事例がいくつか発見できる。11番家庭の第4世代のブロニスワフは「ポーランド人の場合，大学進学に困難が伴った」と回想している。

1992年の時点では，ビルニュース市内においては5つの小学校でポーランド語による授業が行われていた。第11小学校（アダム・ミツキェビッチ記念小学校）は全クラスがポーランド語クラスであり，第5小学校と第26小学校と第29小学校はポーランド語クラスとロシア語クラスが併存しており，第19小学校ではポーランド語クラスとリトアニア語クラスが併存していた。少数民族からの小学校における授業実施言語の多様性の要求が強まり，しかし新規学校建設は1990年から1997年までの8年間でわずか90校であり（『教育統計1999年版』(SD [1999b, p.73])による），さらに週5日授業が一般化したので，二部授業（朝始まりグループと午後始まりグループに生徒を分ける方式。東京でも1955年ころまで行われていた）を行わなければならない学校が増えた。1998年では全国2295の「学校」のうち218校が二部授業である（『教育統計1999年

図1　1998年のリトアニアの教育制度と上級学校への進学率ならびに1992年の上級学校への進学率（年齢は9月1日時点の年齢）

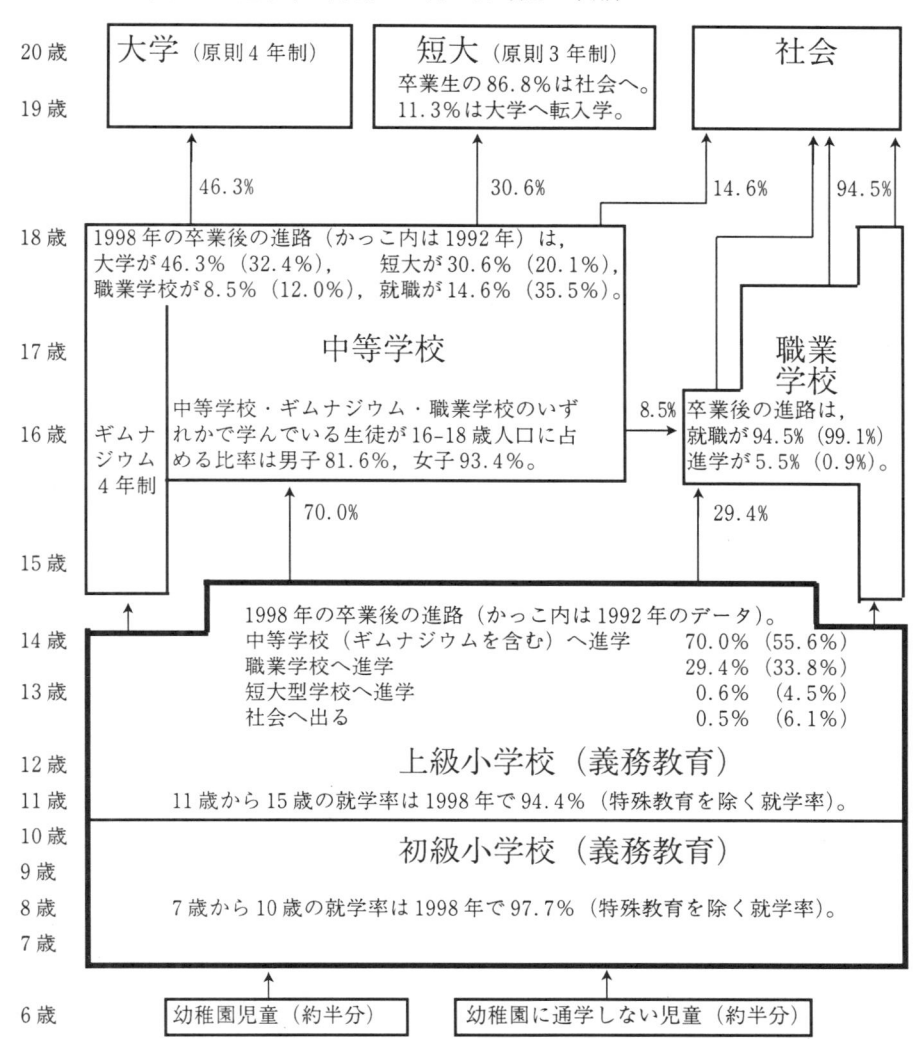

[図：教育制度の階層図。6歳から20歳までの教育課程を示す。幼稚園児童（約半分）と幼稚園に通学しない児童（約半分）から始まり，初級小学校（義務教育，7-10歳，就学率97.7%），上級小学校（義務教育，11-15歳，就学率94.4%），中等学校（ギムナジウム4年制，16-18歳），職業学校，短大（原則3年制），大学（原則4年制），社会への流れを示す。

上級小学校卒業後の進路（1998年，かっこ内は1992年）：
- 中等学校（ギムナジウムを含む）へ進学　70.0% (55.6%)
- 職業学校へ進学　29.4% (33.8%)
- 短大型学校へ進学　0.6% (4.5%)
- 社会へ出る　0.5% (6.1%)

中等学校・ギムナジウム・職業学校のいずれかで学んでいる生徒が16-18歳人口に占める比率は男子81.6%，女子93.4%。

中等学校卒業後の進路（1998年，かっこ内は1992年）：大学が46.3% (32.4%)，短大が30.6% (20.1%)，職業学校が8.5% (12.0%)，就職が14.6% (35.5%)。

職業学校卒業後の進路：就職が94.5% (99.1%)，進学が5.5% (0.9%)。

短大卒業生の86.8%は社会へ。11.3%は大学へ転入学。]

注）1991年までの教育体系もこの図とほとんど同一であった。上級小学校を卒業した児童は中等学校に進学するか，職業学校に進学するかしていた。社会に出る卒業生は1980年代ではほとんどいなかった。職業学校は3年制であり，労働を兼ねた実習の時間が多く，若干の賃金が支給された。中等学校の卒業生も職業学校に進学することがあったが，その場合の職業学校は1年制であった。職業学校はブルーカラー労働者を育成することを目的としていた。さらに高等専門学校が存在した。これは工業・農業・建築・運輸の場合にはテフニクムと呼ばれ，上級小学校卒業生が入学した場合は3年ないし4年の教育期間で賃金は出なかった。実習の時間は少なかった。中等教育卒業生が入学した場合の教育期間は2年ないし3年であった。テフニクムは中級技術者の育成を目的としていた。医療（看護婦養成）や教員養成（初級小学校教員と幼稚園教員の養成）や文化（図書館司書等の養成）を目的とする高等専門学校もあり，中等教育の卒業生が入学した。社会主義崩壊後の教育改革では，このテフニクムと高等専門学校は短大型学校に転換され，この図1のように，上級小学校の卒業生は入学できなくなった（ただし図1の上級小学校卒業生進路にあるように，現在でもごく一部だけ例外が認められている）。また4年制のギムナジウムが部分的に導入された。以上はBlaszczyk [1992, p.167]による。

出所）就学率は『教育統計1999年版』(SD [1999b, p.16])
　　　進学率は『教育統計1999年版』(SD [1999b, p.23])

表18 1990学校年度と1998学校年度における「学校」（初級・上級小学校と高校）での授業実施言語

	1990学校年度		1998学校年度	
	学校数	生徒数	学校数	生徒数
総数	2040	501,700	2295	559,900
単一言語学校				
リトアニア語学校	1801	398,400	2066	481,700
ロシア語学校	85	50,800	76	38,200
ポーランド語学校	44	4,100	71	12,400
ベラルーシ語学校	0	0	1	100
複数言語学校				
リトアニア語・ロシア語学校	31	15,800	25	9,000
リトアニア語・ポーランド語学校	7	1,100	11	700
リトアニア語・ロシア語・ポーランド語学校	25	9,400	13	6,000
ロシア語・ポーランド語学校	47	22,100	30	10,400
ロシア語・ベラルーシ語学校	0	0	1	1,000
リトアニア語・英語学校	0	0	1	400

注）複数言語学校の生徒数はその学校に在籍している生徒数である。複数言語学校とは1学年に例えばリトアニア語クラスとロシア語クラスが併設されているタイプの学校であり，算数や地理がバイリンガルで授業されているわけではない。生徒は所属するクラスの言語で教育を受ける。ただし農村部などで地理や生物や物理や化学などの科目ですべて複数言語の教師をそろえることが難しい場合には科目によっては，別の言語で授業がなされることがある。

出所）『リトアニアのこどもたち』（SD [1995a, p.48]），『教育統計1999年版』（SD [1999b, p.62]）

表19 1990年と1998年における児童・生徒・大学生に対する教育実施言語（％）

	リトアニア語	ロシア語	ポーランド語	ベラルーシ語	英語	フランス語	ドイツ語
1990年の小・中・高校	82.6	15.1	2.3	-	-	-	-
1998年の小・中・高校	87.9	8.3	3.8	0.0	0.0	-	-
1990年の職業学校	89.3	10.0	0.7	-	-	-	-
1998年の職業学校	91.6	7.7	0.7	-	-	-	-
1990年の短大	88.1	10.9	1.0	-	-	-	-
1998年の短大	98.7	0.4	0.9	-	-	-	-
1990年の大学	90.1	9.5	0.4	-	-	-	-
1998年の大学	97.6	1.0	0.2	0.1	0.9	0.1	0.1

注1）（－）は全く存在しなかったことを示し，0.0は0.1％未満であったことを示す。
注2）外国語授業としての語学授業は除いてある。
出所）『教育統計1999年版』（SD [1999b, pp.29-30]）

版』（SD [1999b, p.60]）による）。26人学級制度（1学年の児童が26人になると13人の学級を2つ作り，クラスの児童数の上限は25人となる制度）なので教室数が足りないのである。一方クラス下限は16人であり，16人以上の児童がいる場合は単独クラスを編成できるが，15人以下の場合は，複数学年を合併して複式学級を編成しなければならないとする文部省基準があるという（筆者がインタビューしたカクタロタール部落の小学校長の話による）。ただし第5学年以上の場合は児童数が4人以下の場合に限って複式学級を編成することになっているという。

第二部で紹介するカクタロタール部落の小学校（児童数は80人）は9年一貫型であったが，1年生にはリトアニア語希望の児童（リトアニア人とは限らない）が6人，ポーランド語希望の児童が7人（タタール人も含む）おり，人数が少ないので複式学級であった。つまりリトアニア語クラスでは1年生と3年生を一つの教室に入れて授業を実施し，2年生と4年生を一緒の教室に入れて授業を実施している。黒板は1枚で全員が前を向いて座っていた。1年生と2年生を一緒にすると授業は大変だという。また体育の授業だけはポーランド語クラスとリトアニア語クラスを一緒にして実施しているという。このような授業方式は校長の自由裁量で決められる。

アダム・ミツキェビッチ記念小学校では二部授業である。言語教育に関する学校長の自由裁量の幅が広まり，同小学校では，1年生と2年生ではポーランド語の授業だけであり，3年生からリトアニア語の授業が始まり，4年生からロシア語の授業が始まり，5年生から外国語の授業が始まる。同小学校ではドイツ語と英語の外国語授業クラスを用意していて，児童はどちらかを選択できる。また1992年からは単位外任意選択授業として小学2年生から週に3時間の英語の授業を実施している（以上はKalczynska [1992, p.187] による）。小学5年生でドイツ語を選択した児童にとっては，ポーランド語・リトアニア語・英語・ロシア語・ドイツ語の5か国言語（ペンタ・リンガル）を学んでいることになる。5年生（11歳児童）が5か国の言語を学んでいるのである。少数民族が複数民族社会に適応するために必要とはいえ，児童にとって負担になっていることは間違いなく，うらやましく思われる反面，ポーランド人に課せられている教育上の不利益は少なからざるものがある。なお農村部のカクタロタール部落の小学校では，1996年の時点では，外国語の授業が始まるのは7年生からであった。外国語はロシア語かドイツ語かの選択であった。したがってポーランド人児童はリトアニア語と合わせて3か国語を学習することになっていた。リトアニア人児童はロシア語が必修で外国語のドイツ語と合わせて3か国語を学習しており，ポーランド語は学習していなかった。ただし単位外任意授業でポーランド語の授業も受けられた（無料である）。

ポーランド人が受けた教育上の不利益は大学入学試験にとどまらず，短大などの中級管理職養成機関への入学試験にも存在した。8番家庭の主婦（1957年生まれ）は高校卒業後に，短大に相当する看護高等専門学校に入学しているが，入学試験は化学とリトアニア語だったと回想している。11番家庭の娘ヘレナ（1971年生まれ）はビルニュス大学に入学しているが，入学試験の解答言語はロシア語かリトアニア語の選択であったと回想してい

る。ただし当人の回想によれば1988年からは一部の学部でポーランド語でも受験できるようになったという。

このような状況の中で少数民族であるポーランド人の大学進学率は低迷した。このことを表21で確認しよう。全国でのロシア人比率（8.2％）とポーランド人比率（6.9％）を考慮に入れて表21の数値をみると，ポーランド人が高等教育への進学機会で差別されていることが歴然と分かる。1995年では大学におけるポーランド学生比率は2.1％であったから1998年では多少改善されたとはいえ，2.5％という数値はあまりに低すぎる。短大においてすら人口比率の半分程度の4.4％である。

大学は現在15あり，しかし総合大学は少なく，医科大学や農業大学など単科大学が多い。かつてのソ連がそうであったように，またポーランドでもそうであるように企業や役所の上層部に出世するためには大卒の資格が絶対条件である（詳細は吉野悦雄［1990］を参照）。短大は1998年には全国で70校あり，電気・建築・医療・商業など中級管理職とスペシャリストの養成を目的としている。

このように高等教育機関からポーランド人が排除されているとまではいえないまでも，かなりの差別が存在する結果，ポーランド人はリトアニアにおいて社会の上層部に進出することが困難となり，それは62頁の第3章の表6にあるような低賃金職種へのポーランド人の集中という結果をもたらす。既に述べたが複数民族社会における民族の平和的共存のためには，民族アイデンティティを支える宗教の自由の保障と民族言語の維持が重要である。それも単に民族言語の維持だけでなく，言語面での教育の平等が保障されなければならない。なぜなら，それが保障されないと，直接的に所得の不平等をもたらすからである。

なお，社会主義崩壊後の教育改革は中等教育と高等教育において大きな変化をもたらしており，例えば図1にあるように4年制の中等教育機関であるギムナジウム学校が導入された。1998年では88校でギムナジウム型の4年制中等教育が実施されている（『教育統計1999年版』(SD [1999b, p.77]）による）。従来の高等専門学校を短大型に編成替えする改革も行われた。しかし本書ではこれらの教育改革の詳細についてはすべて省略したい（なお非常に簡単な説明を図1の注に記した）。

本節の最後に，「学校」（小・中・高校）における宗教教育の状況を表22に紹介しよう。リトアニアの「学校」に宗教教育が導入されたのは，社会主義崩壊後の教育改革に先立つ1989年のことであった（Kalczynska [1992, p.188]）。まだゴルバチョフが政権を維持していた時代である。ソ連政府は市民の要求に妥協せざるをえなくなっていたのである。しかし最初から宗教教育が順調に展開されたわけではない。学校側は宗教教育の担当者を探す仕事から始めなければならなかった。教会の神父はほとんどの場合，1つの教区に1人であり，66頁の第3章の表10にあるように全国で736人しかいなかった。そして「学校」の数は全国で2375（1998年の場合）もあったの

第4章　現代リトアニアの言語と学校教育

表20　1998年で小・中・高校における外国語授業の言語別の児童・生徒数の比率（％）

外国語授業を受講している児童・生徒の比率	英語	フランス語	ドイツ語	ロシア語	その他言語
72.1	53.0	5.2	23.3	35.5	なし

注）小学校低学年では外国語授業がないことが多いので，72.1％という低い数値が出ている。またロシア人児童のロシア語授業は外国語授業とはみなされない。
出所）『教育統計1999年版』（SD [1999b, p.63]）

表21　1998年における大学と短大における学生の民族別構成（％）

	リトアニア人	ロシア人	ポーランド人	その他民族	民族名未記入
大学	76.0	3.6	2.5	0.9	17.0
短大	83.1	8.0	4.4	0.9	3.6

出所）『教育統計1999年版』（SD [1999b, pp.88, 100]）

表22　1998年学校年度の「学校」（小・中・高校）における宗教教育

	総数	1-4学年	5-9学年	10-12学年	ギムナジウム9-12学年
宗教教育を選択せず「倫理教育」を選択した児童・生徒数	214673	42771	125946	37905	8051
宗教教育を選択した児童・生徒数	337830	173887	128540	28892	6511
ローマ・カトリック教育	327750	170350	123407	27510	6483
ギリシャ・カトリック（ギリシャ正教）教育	190	108	78	4	0
ルター派教育	900	400	439	55	6
カルバン派教育	261	139	105	17	0
ロシア正教正統派教育	8360	2741	4312	1287	20
ロシア正教古儀式派教育	94	41	52	0	1
ユダヤ教教育	246	98	129	19	0
イスラム教教育	24	10	14	0	0
カライム教教育	5	0	4	0	1

注）障害児教育など特殊教育の児童・生徒数を除いてある。
出所）『教育統計1999年版』（SD [1999b, p.67]）

である。そして12の各学年で週に1回の宗教の時間を担当するとすれば，すべての学校が12年学校でないにしても，神父は毎週30時間以上働かなければならないことになる。神父の仕事は日本人が想像するよりはるかに忙しい。毎日，朝と晩にミサを捧げる。日曜日は4回もミサを捧げる。教会学校も運営する。病人の家庭を訪問する。各種会議がある。平日には葬儀ミサが飛び込んでくる。そして神父自身が静寂な黙想と祈りの時間を必要とする。

このような状況をふまえて1990年から宗教担当教員の制度的養成コースがカトリック教会の協力を得て設置された。宗教担当教員は聖職者ではなく，信仰の厚い世俗の人から選ばれ，この養成コースで訓練を受ける。しかし正式の国家公務員としての教員ではない。宗教の時間を担当すると賃金が支払われる（むろん国家から支給される）。そして宗教担当教員以外にも神父や修道士・修道

女も協力するが，彼らには報酬は支払われない。このようにして1998年では表22にあるように9つの宗教で宗教教育が実施されている。ギムナジウムでたった一人の生徒がロシア正教古儀式派の宗教教育を希望しており，またたった一人の生徒がカライム教の宗教教育を希望しているが，このような場合にも一人の生徒のために宗教教育担当教員ないし聖職者が宗教教育を実施している。極小の少数民族の宗教にも十分の配慮が行われているのである。これは1989年11月に制定され，1991年1月に改正された「リトアニア共和国少数民族法」(MFARL [1992, p.32])の第2条の規定に従うものである。そこでは各民族の宗教の教育上での保障がうたわれ，同時に無信仰の権利も保障されている。

カクタロタール部落の小学校でもカトリックとイスラム教の宗教教育が実施されていた。ただし1996年ではイスラム教聖職者が病気になったのでイスラム教の宗教教育は中断されていた。

したがって，「学校」における宗教教育は強制ではなく，「倫理教育」か宗教教育かの選択科目となっている。ただしどちらかの科目は必ず修得しなければならない。「倫理教育」選択状況は表22が示すとおりであるが，初級小学校では80％の児童が宗教教育を選択し，中等学校では43％の生徒が宗教教育を選択して57％の生徒が「倫理教育」を選択している。この宗教教育の導入に伴い表16の「倫理と家族心理」の授業科目は廃止された。

小学校で重要な性教育がどの時間で行われているかは調べがつかなかったが，既に宗教教育が導入されているポーランドの場合は，宗教の時間ではなく，生物の時間に生物の教師が性教育を行っていた。ただし男女の愛などの問題が「宗教」あるいは「倫理」の時間で教えられていることは当然のことである。

以上みてきたように，リトアニアの学校は複雑な民族環境の中に置かれている。ただ幸いなことに学校の中での民族対立はみられない。10番家庭の主婦も44番家庭の主婦も小学校の教師だったが，民族の違いが原因で子供が喧嘩をすることはないと述べている。カクタロタール部落の小学校長も同様のことを述べていた。

現在のリトアニアの学校が抱えている最大の問題は経済問題である。まず教師の賃金が低く，44番家庭の主人のように教師を辞めて民間に転出する人が出てきた。また教員という職業が低賃金のゆえに魅力がなくなったため，教員養成大学は入試レベルが最低となってしまったと44番家庭の主婦は嘆いている。1996年9月の大卒新任の教員の月給はわずか320リトだとカクタロタール小学校長は述べている（第3章の62頁の表6によれば運輸業従業員の平均賃金は1997年で1031リトだった）。

また児童の家庭の貧困も大きな問題である。1996年のカクタロタール小学校では有料の給食を提供していた。バターなしのパンと紅茶と砂糖だけの給食で45セント（1リトは100セント），つまり12円である。それでも15人の児童の家庭はそれを払えず，貧困家庭の児童は国家からの補助金で無料で給食を食べているという。月間10リトである。ただし1998年には補助金は大幅に増額されたようで44番家庭の主婦は，月間108リトの補助金が学校に支給され，肉もスープも出していると述べている（ただしこの高額の補助金が全国的に一般的となったか否かについては確認がとれなかった）。

多くの児童の家庭がアル中などで崩壊しているのも深刻な問題であるとカクタロタール小学校長も44番家庭の主婦も述べている。同小学校長は，男の子が6年生くらいになると，いたずらで煙草を吸うようになると述べており，44番家庭の主婦も同じことを述べていた。ロシア語の人気がなくなったためロシア語教員が過剰となり，教員再教育の必要も出てきた。カクタロタール小学校長（ポーランド人）はかつてはロシア語担当教員だったが，現在では学校長のかたわらリトアニア語の授業も担当しているという。

このようにさまざまな困難に直面するリトアニアの学校教育であるが，教員の努力により着実な改善がみられ，それは普通高校や大学・短大への進学率の向上などによって確認することができる。

参考文献
(注：リトアニア語の特殊文字は近似ラテン文字に置き換えた)

吉野悦雄 [1990]： 吉野悦雄「ポーランドにおける「社会主義社会」の実質的解体」『経済研究』第40巻第4号，1990。

Blaszczyk[1992]: Grzegorz Błaszczyk, *Litwa Współczesna*, Warszawa, 1992.

GUS-SD[1995]: Głowny Urząd Statystyczny i Statistikos Departamentas, *Litwini w Polsce Polacy na Litwie 1994*, Warszawa, Vilnius, 1995.

Kalczynska[1992]: Maria Kalczyńska, Szkolnictwo polskojęzyczne na Litwie w latach 1980-1990: w Uniwersytet Jagielloński Instytut Badań Polonijnych(red.), *Mniejszości Polskie i Polonia w ZSRR*, Wrocław, 1992.

Koprukowniak[1992]: Albin Koprukowniak, Zmiany progamowe w polskojęzycznych szkołach na Litwie: w Uniwersytet Jagielloński Instytut Badań Polonijnych(red.), *Mniejszości Polskie i Polonia w ZSRR*, Wrocław, 1992.

MFARL[1992]: The Law on National Minorities of the Republic of Lithuania: in Ministry of Foreign Affairs of the Republic of Lithuania, *National Minorities in Lithuania*, Vilnius, 1992.

SD[1991a]: Statistikos Departamentas, *1989 metu Visuotinio Gyventoju Surasymo Duomenys, tomas 1-3*, Vilnius, 1991-1992.

SD[1995a]: Statistikos Departamentas, *Lietuvos Vaikai*, Vilnius, 1995.

SD[1999a]: Statistikos Departamentas, *Demografijos Metrastis 1998*, Vilnius, 1999.

SD[1999b]: Statistikos Departamentas, *Svietimas*, Vilnius, 1999.

Tarka[1998]: Krzysztof Tarka, *Litwini w Polsce 1944-1997*, Opole, 1998.

第5章　複数民族環境における市場経済化
－微視的視点から－

第1節　分析の範囲

　1991年にリトアニアはソ連からの独立を果たした。経済改革の準備は1988年から始まっていたが（LER [1997, p.24] による），本格的に実行に移されたのは1991年9月6日にソ連がバルト三国の独立を認めてからであった。反共産党系の新政権は，当初は急激な市場経済化による体制転換をめざしていたが，1992年10月25日の総選挙で旧共産党の流れをくむ政党が勝利を収めてからは，穏健な市場経済化の方向に政策が転換され，しかし民営化政策のネガティブな影響はこのころから社会の中に浸透していき，失業率が増大し始めた。101頁の補章の表1が示すように，リトアニアは1992年と1993年に，経済成長率の最悪の落ち込みを経験するのである。

　この過程の中でさまざまな経済改革が実施された。しかし国営企業の漸進的な民営化，商業銀行制度の導入，価格制度の変更などを，この章でとりあげるのは適切ではないであろう。筆者の専門は，最もこの分野に近いのであり，ポーランドの市場経済化に関しては既に数本の論文を発表している。リトアニアの市場経済化に関しては，筆者の知る限り，今まで日本語ではひとつの論文も公刊されておらず，リトアニアの市場経済化を日本人に紹介するのは，あるいは筆者の責務かもしれない。しかし本書は，リトアニアを例にとって複数民族問題を検討することをその課題としており，とりわけ微視的制度分析を用いて社会を解明することを目的としている。そこで本章では，市場経済化と複数民族問題が交差する側面だけをとりあげて検討することにしよう。すなわち市場経済化のネガティブな側面としての失業の発生ないし生活の困窮化と民族との関連が第一の側面であり，市場経済化の中でのポジティブな側面として，荒廃した経済を立て直す新しいエネルギーとしてのニュー・ビジネスの担い手の問題と複数民族との関連が第二の側面である。本章では，このふたつの側面だけを検討することにしよう。

　リトアニアの市場経済化を詳しく紹介することができないのは筆者としてたいへん心苦しいので，さらに研究を深めたいと考えている読者のために英文の参考書を紹介しておこう。

　筆者の知る限り，英文で最もすぐれた概説書は *Lithuanian Economic Reforms* （LER [1997]）であり，リトアニアの主要な経済学者や政策担当者が英文で執筆した大部な書物である。ビルニュスで刊行されたものであり，日本の図書館には入っていない。さらに1999年の時点では品切れとなっており，リトアニア国会図書館などで閲覧するしかないのだが，その内容は客観的な記述で信頼できるものである。経済改革の根幹は各種の法律が規定するが，主要な経済関連法は，そのほぼすべてがリトアニアの国会によって英語に翻訳されて国会出版部から出版されている。それは *Selected Anthology of Economic and Financial Legislation* （PHS [1994]）という本であり，これも日本の図書館にはないし，既に品切れであるが，必読の文献であろう。

　リトアニアの国会は，経済関連法に限らず，公法・私法の主要な法律を英語に翻訳して月刊誌で発表している。それは *Parliamentary Record* （PHS [1992-]）という月刊誌で発行者は国会であり，発行部数は169部である。創刊号は1992年1月であり，非売品であって在外公館や駐ビルニュースの大使館や関係者に配布されているもようである。これもリトアニア国会図書館で閲覧できる。なおこれは1999年夏から過去の分も含めインターネットで無料で閲覧できるようになった（2000年1月時点でのアドレスは http://www.lrs.lt/n/eng/DPaieska.html）。

　リトアニア政府統計局は半期ごとに英文の経済報告書を出版している。*The Survey of the Lithuanian Economy* （SD [1995-]）という本で毎年5月と11月に出版される。内容は国民所得・金融・農業・外国貿易・環境問題まで経済にかかわる幅広い分野にわたり，執筆者は経済学博士号を持つ研究者と関連の実務家である。統計データも掲載されており，半年遅れではあるが，最新のリトアニア経済の動向を知ることができる。発行部数は250部で，入手は若干難しいかもしれないが，リトアニア経済に関心を持つ読者には推薦したい。筆者が知る限りでは1995年から発行されている。

　英米で出版されている英語文献で，上記のものにまさるものはなく，特に推薦できる書物はない。

　ポーランド語ではいくつかの概説書と多くの論文があるが，ポーランド語が読める読者は少ないであろうから，その紹介は省略したい。しかし最も水準の高い論文は，ワルシャワ経済大学でリトアニア国籍のポーランド人卒業生が書いた修士論文であるということだけは述べておこう。86頁の第4章の表19で示したように，教員養成大学を除けばリトアニアの大学ではポーランド語で学ぶことができないので，ポーランド政府はリトアニア国籍のポーランド人学生に奨学金を給付してポーランド国内で学ばせている。彼らの書いた修士論文は，原資料を駆使した精緻なもので，水準が高く非常に参考になる。本書第二部の9番家庭の娘は国際バスでワルシャワに通学し

ているが，このように在ワルシャワのリトアニア国籍学生にとって祖国の原資料の利用は極めて容易であり，米国に留学しているリトアニア人学生よりも論文執筆の上で有利な立場にあるからである。

第2節 失業と民族問題

市場経済化に伴い，なぜ失業が発生したのか，また解雇がなぜ可能となったのかの説明は省略して，まず失業率の経緯を表1に示そう。なお，ポーランドの場合での解雇の発生の根拠とその状況については吉野悦雄[1990]を参照されたい。

表1の異なる2つの数値は，共に政府統計局が発表しているものであり，「働いている人」の定義が異なるから失業率も異なってくるのである。両者の定義の違いを示すことは省略するが，政府統計局自身が「労働実態調査の方が信頼できる」と述べていることは紹介しておこう（『リトアニア統計年鑑1998年版』（SD［1998a, p.102］）による)。それゆえ，以下では1998年5月に全国の7631人を対象に行われた労働実態調査の結果を用いながら民族と失業の関係を検討してみよう。なお，リトアニア政府統計局は1998年5月に実施した労働実態調査の報告書を2回出版している。最初のものは1998年10月20日発行であり，第2回は1999年6月24日発行（本のタイトルは全く同一である）である。最初の報告書では農村部での大卒者の中年の失業率が0.0％となっているなど（『1998年労働実態調査報告』（SD［1998b, p.68］）による)，ややおかしい点がみられ，おそらく再計算した結果を出版し直したと考えられるが，第2回の出版の序文はこのことについて全く触れていない。両者の数値はかなりの箇所で大幅に食い違っているが，以下では第2回の報告書の数値を用いる。

失業率統計においても，全国を一律にとらえるマクロ統計は意味がない。まず第一に失業率は地域によって大きく異なる。1997年のポーランドの場合，ワルシャワ県の失業率が2.7％であり，リトアニアに隣接するスバウキ県で21.2％であった（『ポーランド統計年鑑1999年版』（GUS［1999, pp.LXVIII, LXXIV］）による)。リトアニアの場合これほど大きな違いはないが，それでも1995年では全国平均の失業率が表1のように6.1％であったとき，ビルニュース市内が4.5％であるのに，その南隣の県でポーランド人比率が82.5％を占めるサルチニンカイ県で

表2　1998年の民族別失業率

全民族平均	13.47%
リトアニア人	11.89%
ロシア人	17.19%
ポーランド人	22.20%
ベラルーシ人	22.47%
ウクライナ人	30.49%
その他民族	23.08%

出所）『1998年労働実態調査報告』（SD［1999a, p.22］）

は失業率が11.0％であり，クライペダに近いタウラゲ県では実に18.1％にのぼっていた（共に統計年鑑の定義による失業率である)。

さらに失業率は年齢によっても大きく異なり，男女別でも異なり，学歴によっても異なり，そして民族によっても異なる。その実態を以下で紹介しよう。

まず民族別の全国平均の失業率を表2に示そう。

表2の数値をもって，リトアニア人が優遇され，少数民族が差別されているとただちに結論づけることはできない。既に何度も述べたように，地域や性別，学歴や年齢などもっと下のレベルに降りて分析しなければ民族問題は理解できないからである。そこで表3に男女別と地域別と民族別に分けた失業率を紹介しよう。そして学歴と失業率の関係を表4に示そう。

最初に失業者とはどういう人であるかを考えよう。当然のことであるが，解雇か自発的退職かは問わず職を失い，しかし次の職がみつからない人を指す。ところが現在のリトアニアでは求人は極めて少ない。1996年の12月31日の時点で，求人総数は全国で1564人であり，そのうちビルニュース市で411人，カウナス市で634人であり，農村部ではほとんど求人がない。求人数がゼロの県が7つもあるほどである（以上は『雇用と失業 1992-1996』（SD［1997a, pp.50-51］）による)。したがって表3の失業者とは，解雇者の数値と理解してよい。

そこで，解雇において民族差別が存在したかどうかという問題を検討してみよう。

まずリトアニア人とロシア人を中年層（25歳から49歳の階層）で比較してみよう。表3から中年層ではロシア人の女性がリトアニア人女性と比較して失業率が高く，また都市部のロシア人が都市部のリトアニア人より失業率が高いことが顕著に示されている。つまり都市部のロシア人女性においてリトアニア人女性より失業率が高いのである。

表4に示されているように，上級小学校卒ののち職業学校も卒業した女性は非常に少なく（全年齢で2.4％)，また初級小学校卒の比率は高いものの（全年齢で21.4％)，これは主に高齢者（50歳以上）に集中しているので，この2つのグループは除いて，都市

表1　リトアニア統計年鑑が掲げる失業率の変化（％）と労働実態調査が示す失業率の変化（％）

	1991	1992	1993	1994	1995	1996	1997	1998
リトアニア統計年鑑	0.3	1.3	4.4	3.8	6.1	7.1	5.9	
労働実態調査報告							14.1	14.3 (13.5)

出所）『リトアニア統計年鑑1998年版』（SD［1998a, pp.90, 109］）
1998年の14.3％という数値の出所は『1998年労働実態調査報告』（SD［1998b, p.54］）
1998年の13.5％という数値の出所は『1998年労働実態調査報告』（SD［1999a, p.27］）

の中年の女性の学歴と失業率の関係をみてみよう。表4からは都市部の女性にあっては，職業学校を卒業していない高校卒の者（22.4％）と上級小学校卒の者（18.8％）において失業率が高いことがみてとれる。すなわち女性の場合，手に職のない一般職から解雇されていったことが分かる。87頁の第4章の表21から分かるとおり，ロシア人の短大進学率はほぼ人口比と等しく決して短大進学率が低いわけではないが，リトアニア人の短大進学率はもっと高く，さらに大学進学率では明白に差が出ている。この高等教育進学率の違いが都市のロシア人女性の失業率の高さに反映されていると理解される。

85頁の第4章の図1で示したように，近年では小学校卒のみの人は非常に少なく，多くが高校（中等学校）か職業学校に進学している。したがって中年層では上級小学校卒のみの者の数は少ない。このことを念頭に置いてロシア人男性の失業率をリトアニア人男性と比較してみよう。表4からは，男性の場合，高卒のみで手に職がなくとも，女性の場合ほどにはめだって解雇されることがないことが分かる。もちろんその失業率は18.3％であるが，女性の22.4％よりは低い。このことの結果，ロシア人男性の場合，リトアニア人男性より失業率が高いとはいえ，その失業率の差は小さくなっている（中年層の場合，15.1％対12.7％）。このことからロシア人とリトアニア人を比較した場合，解雇に民族差別があったとする仮説は受容できない。失業率の差異はもっぱら学歴（とりわけ大卒資格）にあると考えられる。

表4から分かるとおり，学歴と失業率の関連は明白で，大卒の失業率は5〜8％であり，短大卒の失業率は11〜13％である一方で，高卒のみの者の都市部での失業率は25％であり，上級小学校卒業のみの者の都市部での失業率は34％であり，初級小学校卒業のみの者の都市部での失業率は61％に達している。低学歴の者から馘首が行われたのである。

表3からは，民族や性差にかかわりなく，若年層から解雇が行われたことが読み取れるが，この若年層の解雇という傾向と低学歴者の解雇という傾向の双方の影響を最も深刻に受けたのが若年層（14歳から24歳まで）のポーランド人である。農村部での若年層のポーランド人の失業率は56.6％にのぼっている。都市部での若年ポーランド人の失業率が14.7％と低いのは，ポーランド人がビルニュース市に集中しているからであり，全国25万人のポーランド人人口のうち11万人がビルニュース市に居住している。後に述べるがビルニュース市は外国直接投資の恩恵を受け，比較的好景気であり，失業者も少ない。それゆ

表3　1998年の民族別・男女別・地域別の失業率（％）と労働力人口

		男性	女性	都市部	農村部
全体	リトアニア人	13.0%	10.6%	12.8%	10.0%
	同労働力人口	77万8900人	72万0600人	103万3000人	46万6500人
	ロシア人	15.9%	18.6%	17.2%	17.2%
	同労働力人口	7万2000人	6万9900人	12万6000人	1万5900人
	ポーランド人	22.6%	21.7%	15.4%	34.9%
	同労働力人口	7万700人	6万400人	8万5200人	4万5900人
	その他民族	26.7%	22.2%	23.3%	30.1%
	同労働力人口	3万5300人	2万7400人	5万3000人	9800人
14歳から24歳まで	リトアニア人	22.8%	20.9%	25.4%	16.9%
	同労働力人口	11万7300人	8万4800人	12万1100人	8万1000人
	ロシア人	25.3%	31.7%	28.8%	25.4%
	同労働力人口	6300人	4600人	8300人	2500人
	ポーランド人	36.8%	25.1%	14.7%	56.6%
	同労働力人口	1万900人	5600人	9500人	6900人
	その他民族	28.5%	6.2%	11.9%	0.0%
	同労働力人口	2900人	2800人	5100人	500人
25歳から49歳まで	リトアニア人	12.7%	10.1%	11.7%	10.5%
	同労働力人口	49万5500人	49万2300人	71万1600人	27万6200人
	ロシア人	15.1%	19.8%	17.8%	14.6%
	同労働力人口	5万1100人	5万2400人	9万2600人	1万900人
	ポーランド人	19.6%	24.3%	16.7%	32.0%
	同労働力人口	4万9100人	4万1800人	5万9600人	3万1300人
	その他民族	29.2%	23.1%	25.6%	28.5%
	同労働力人口	2万3700人	2万400人	3万5600人	8400人
50歳から64歳まで	リトアニア人	7.7%	7.1%	9.2%	3.9%
	同労働力人口	15万200人	13万1900人	18万9200人	9万3000人
	ロシア人	16.6%	9.9%	11.9%	27.5%
	同労働力人口	1万3900人	1万1600人	2万3700人	1900人
	ポーランド人	22.4%	13.0%	12.3%	27.4%
	同労働力人口	1万700人	1万2600人	1万5600人	7800人
	その他民族	17.6%	29.9%	21.9%	13.6%
	同労働力人口	8800人	3800人	1万1800人	800人

注）ベラルーシ人とウクライナ人は「その他民族」に含められている。
出所）『1998年労働実態調査報告』（SD [1999a, pp.27, 30]）

表4　25歳から34歳の階層における教育水準と失業率（％）ならびに全年齢の労働力人口の教育水準の分布（％）

	全年齢の労働力人口における構成比		1998年での25歳から34歳までの階層における失業率			
最終学歴	男性	女性	男性	女性	都市	農村
大卒	12.7	14.3	8.4	5.4	6.5	8.6
大学中退	1.9	2.0	—	—	—	—
短大卒	15.3	18.7	11.3	13.5	12.7	11.5
高卒	18.0	19.0	18.3	22.4	25.6	11.8
高卒で職業学校も卒業	16.1	9.6	17.6	13.9	13.2	22.8
上級小学校卒	14.4	12.7	38.2	18.8	34.0	28.9
上級小学校卒で職業学校も卒業	6.7	2.4	19.1	34.2	22.0	22.2
初級小学校卒（中退も含む）	14.8	21.4	38.5	—	61.8	0.0

注）[—]は実態調査で当該年齢階層に該当者がいなかったことを示す。
出所）『1998年労働実態調査報告』（SD [1999a, pp.36, 39]）

えポーランド人の都市部での失業率が低くなっていることに注意しなければならない。

なぜ農村部のポーランド人青年に失業者が多いのかは，ロシア人の場合の検討を敷延すれば明らかになるだろう。しかしそれにしても56％という失業率は，表4の各種集団のどの失業率よりも高い。当然，ポーランド人青年に対する差別が存在したのではないかという疑問は

生ずるであろう。しかし，この疑問は職種別失業率をみると解明される。統計表は示さないが，農村部では，以前農林業に従事していた者の失業率が38.3%であるのに対して，工業では21.6%，運輸業では3.4%，教育・医療では7.5%，公務員では0.7%，商業では12.3%となっている（『1998年労働実態調査報告』（SD［1999a, p.89］）による）。ここで再びポーランド人が旧ビルニュース県（戦前のポーランド領）に集中的に居住していることを想起されたい。この地方では工業はビルニュース市に集中し，農村部は典型的な農業地帯となっている。みるべき工場は非常に少ない。一方，東部リトアニアや北部リトアニアでは，産業立地政策から農村部にも工場が誘致された。旧ビルニュース県農村部のポーランド人青年は，この産業立地政策の結果，非常に高い失業率を経験しているのである。すなわち，以前農林業に従事していた労働者の失業率が38.3%（全民族の平均値）であることに加えて，ポーランド人青年の学歴水準が低いことが加味され，さらに勤続年数の少ない若年者であるという不利な条件も付け加わって56.6%という信じられないような失業率が出現したのである。

この農業部門からの失業者の排出問題，すなわちコルホーズとソホーズの解体の結果生じた失業問題は，ロシア人やベラルーシ人・ウクライナ人の場合にあっても深刻であり，高齢者の農村部ロシア人の高い失業率（27.5%）などにその影響をみることができる。

戦後の社会主義体制のもとで多くのウクライナ人やベラルーシ人が高賃金を求めてリトアニアに移住してきたこと，そしてそのほとんどが都市部に居住していたこと，特に建築・土木作業に従事していたことは既に述べた。この人たちも市場経済化による失業発生の影響を深刻に受けている。それは本章の表2に如実に表れている。彼らのほとんどは低学歴であり，1998年の時点ではみな中年層か高齢層に属している。表3にあるように，「その他の民族」の都市部での失業率は20%を超えている。しかしこれも学歴から生じる高失業率であるといえよう。特に公共事業投資が衰退し，以前建築業に従事していた男性労働者の失業率が18.5%に達していることもベラルーシ人・ウクライナ人には不利に働いた（『1998年労働実態調査報告』（SD［1999a, p.89］）による）。

以上みてきたように，解雇における民族差別はなかったと筆者は理解している。しかしそれにもかかわらず，過半数の農村部ポーランド人が貧困にあえいでいるのも事実である。ここに民族問題の難しさが存在する。差別を廃止すれば平等が生まれるわけではないのである。この問題の背後には教育問題があり，さらにその背後には言語問題がある。そして言語は民族の最も大切なアイデンティティのひとつである。民族のアイデンティティを維持しつつ，実質的に平等社会を築き上げることはまことに困難な課題であるといわなければならない。

本節の最後に，本書第二部での個別事例をみながら，ここで検討された結論を確認してみよう。

2番家庭の息子エドムンド（1963年生まれ，ポーランド人）は高校卒業のみで職業学校には通っておらず，国営農場の人員削減で解雇され1年以上失業を続けている。3番家庭の娘ヤドビガの夫（リトアニア人）は小学校卒業ののち職業学校に通っているが，定まった職を持たず，種々の職種を転々として1993年に解雇されたままずっと失業者である。4番家庭の主人（1955年生まれ，ポーランド人）は小学校しか卒業しておらず，1993年に解雇されたままずっと失業者である。18番家庭の息子ヤン（1948年生まれ，タタール人）は小学校しか卒業しておらず，国防産業の工場で職長まで昇進するがやはり人員削減により解雇されている。20番家庭の第9子スリマン（タタール人）は職業学校卒だが失業中である。38番家庭の娘アンナ（1964年にカザフスタンに生まれたベラルーシ人）は小学校しか卒業しておらず，その後に裁縫実習コースに通っているが，ビルニュースの巨大ラジオ工場（現在はテープレコーダーを生産）に組み立て工として就職して，やはり解雇されている。24番家庭の息子ビトルダス（1957年生まれ，リトアニア人）は工業高校を卒業しているが，コックとなり，現在は失業中である。3番家庭のヤドビガの夫やアンナやこのビトルダスのように，職業学校や工業高校を卒業しても，その技能を生かさず，種々の職場を転々としたり，コックのような比較的単純労働に従事している場合には学歴にかかわらず解雇されやすいことが分かる。このように解雇の問題にも個人の個別事情が強く左右するのであり，一般的に学歴が重要であるという結論だけでは表面的な理解に終わってしまう。ここに微視的分析の有効性が確認できる。

29番家庭の娘ワンダ（1950年生まれ，リトアニア人）はビルニュース工業大学を卒業しているが最近解雇されている。表4にあるように大卒の失業率は5ないし8%であり，このワンダの例は決して例外ではない。ここで紹介した失業例以外に，本書第二部では4人の者が失業している。

第二部はわずか44軒の調査であるが，しかしその結果は本節での分析結果と合致しているといえよう。第二部からは，解雇の主たる要因が学歴にあるという点と，ポーランド人社会において失業が深刻であるという点が読み取れるからである。それだけではない。解雇の要因が単に学歴にあるのではなく，工業高校卒などの学歴があっても，それを生かしていない場合には解雇の対象になりやすいということも確認できた。このことはマクロ統計からは知ることができない。

また具体的に誰とはいわないが，上記に引用した失業者のうち2名はアル中であった。このようなことが総合的に判断されて解雇されたのであろう。また調査時点では中級管理職であった女性がアル中になり，1999年になってから解雇されたことも筆者は確認している。解雇と失業という問題も，微視的レベルから検討しないと，なかなか実態は把握できないだろうと筆者は考えている。

第3節　新規創業の民間企業と民族環境

　リトアニアで戦後45年も続いた社会主義体制は，一面では第二次世界大戦後の廃墟からリトアニア経済を復興させたが，しかしブレジネフ期に至ってその経済の停滞は明らかとなり，社会主義経済制度の欠陥が露呈するようになった。留意すべき点は，社会主義が崩壊し体制転換がなされた時点で，既にリトアニア経済は疲弊していたということである。

　旧来の大型産業に経済を立て直す力はもはやなかった。全く新しいニュー・ビジネスこそが次の世代のリトアニア経済を発展させていく原動力と期待された。

　幸い，リトアニアに限らず，ポーランドでもハンガリーでも国民の教育水準は高く，文盲はほとんど駆逐されていたし，国民のかなりの者は掛け算の九九ができた。そして国民は低賃金にあえいでいたから，ハンガリーやポーランドでは，労働集約型産業（少ない資本と大量の労働力で生産を行う部門。服飾産業・靴産業・家具産業などがその典型）に外国資本が集中的に流入した。この外国資本の力が旧社会主義諸国の経済の復興を支えたと，一般には理解されているが，本書第二部の44軒の調査を分析した筆者は，現在では若干異なる見解を持っている。

　まず44軒の実態を紹介しよう。44軒のうち22名が民営化部門にかかわっており，全体の50％が（家族の一部が民営化部門にかかわっている場合も含めて）民営化部門から生活の糧を得ていた。またこれ以外に個人農で生計を立てている者も多く，44軒の中で旧国営部門から収入を得ている者は学校教師も含めて少数になっている。

　ここで，44軒において民営化部門にかかわっている者を4つのグループに分類することができよう。

　ア）個人営業の開業（3件）。

　◎1番家庭の息子グジェゴシ（1968年生まれ，ポーランド人）は体制転換後，ビルニュース市内の市場（バザール）で間口2メートルの私営の肉屋（バラックの小屋）を開業した。◎7番家庭の主婦（1959年生まれ，ポーランド人の未亡人）は1994年に部落の中で自宅の玄関を改造して3坪ほどの食料品店（駄菓子屋）を開業している。◎13番家庭の主人（1964年生まれ，タタール人）は，以前は国営の自動車修理工場に勤務していたが，体制転換後は民営の自動車修理工場に転職し，ついで独立して自宅で自動車修理業を開業した（自宅の車庫の利用）。

　イ）新設の私営企業への就職（8件）

　◎1番家庭の息子は従業員4人の私営の自動車修理工場に就職した。◎3番家庭の娘ヤドビガの夫も私営の商店で働いていた。◎19番家庭の娘ファティマの夫（リトアニア人）は現在私営の工務店に勤務している。◎30番家庭の息子ヨーナス（1958年生まれ，リトアニア人）は工業高校卒業だが，最近は私営の建設会社に勤務している。◎31番家庭の主人の姉（1947年生まれ）は幼稚園教師を辞めて私営の商店に就職し，兄のブワディスワフも国営運輸会社を辞めて，私営の観光バスの運転手になった。◎41番家庭の三女イレナは国内資本の株式会社形態の木材会社に勤務している。◎17番家庭の孫エウゲニウシ（1969年生まれ，タタール人）は現在外資系の企業に勤めている。◎40番家庭の主婦の従兄弟ミレクはポーランドとリトアニアの合弁企業のビルニュース支店に勤務している。

　ウ）国外出稼ぎ型（4件）

　◎48番家庭の孫トマス（1967年生まれ，ユダヤ人）は現在ドイツで働いている。◎5番家庭の第4世代のダヌータ（1937年生まれ，ポーランド人）はポーランドに出稼ぎに行って，私営ドライブ・インで働き毎月100ドルを稼いだ。◎40番家庭の第2世代ベロニカの息子（1972年生まれ）は体制転換後に行商を始めてウクライナまで商売に行ったが，そのときに街で妻と知り合い，そのままウクライナに居着いてしまった。◎40番家庭の息子セルゲイもモスクワまで行商に行っている。

　エ）新規事業起業型（7件）

　◎44番家庭の主人は学校教師を辞職し，食品加工会社の販売部長に転職している（ただし本人が出資したかどうかは確認できていない）。◎45番家庭の娘ギナ（1960年生まれ，ユダヤ人）の夫は現在は私営の印刷工場の副工場長である。◎10番家庭の主婦の弟ミハウ（1960年生まれ，経済学部会計学科卒のポーランド人）は最近会計監査事務所を開業している。◎21番家庭の主人（1951年生まれ，タタール人）は全国規模の資材供給機構の部長までやったが，1990年に辞職し，4人のリトアニア人と共同で出資して株式会社形態の商社を興した。1995年で年商650万ドルであるという。外国資本は参加していない。◎41番家庭の長男エウゲニ（1951年生まれ，ロシア正教古儀式派）は建築高校を卒業の後，国営の建設会社で課長にまでなるが，1994年に退職し，同僚と私営の工務店を設立し，20人を雇用している。外国資本は参加していないが，従業員はロシア人・ポーランド人・リトアニア人が3分の1ずつであるという。◎39番家庭の主人の兄アレキサンデル（1949年生まれ，ロシア人）は建築高等専門学校（短大相当）を卒業し，ソホーズの建築課長になるが，体制転換後は私営の材木店を開業し，ベラルーシにも支店を設け，材木をドイツに輸出している（ドイツ資本やベラルーシ資本が参加しているか否かは確認していない）。義理の妹（ビルニュース大学経済学部卒）も材木会社の経理事務を担当している。◎11番家庭の長男エドワルド（1972年生まれ，ポーランド人）はポーランド政府の奨学金をもらい，ポーランドのグダインスク大学経済学部に入学したが，在学中にポーランドとリトアニアの共同出資の窓枠製造企業を興した。ポーランドのスバウキ県の南のビアウィストク県（ビルニュース市とワルシャワ市の中間）に工場を建て，12人の従業員を雇い，最近ではリトアニア国内で販売だけでなく製造も始めている。金属製の窓枠に2枚組のガラスをはめこむ防寒窓の製造である。1993年からはエドワルドの父親もリトアニアの支店（ただし自宅）で勤務する

ようになった。なお，エドワルドは法人税や付加価値税の優遇措置を述べているが，本節の本文で詳しく検討しよう。

以上の具体例からとりあえず4つの点が指摘されよう。

第一は，イ）の新設の私営企業への就職は8名の者が行っているが，そのうち外資企業への就職はわずか2名しかないという点であり，またエ）の新規事業起業型の7件のうち，明確に外国資本が参加していることが確認できたのは11番家庭の事例だけであり，あるいは39番家庭の事例も外国資本が参加しているかもしれないが，いずれにせよ外国資本の参加は少数であったという点である。

第二は，新規事業の起業にあっては家族のつながりが重要な要素であることがみてとれる点である。39番家庭の材木店（ドイツに材木を輸出している）では本人と義理の妹が協力して会社を経営している。11番家庭の場合は，息子がポーランドに居住して工場を経営し，父親がリトアニアに残って会社経営に協力している。

ポーランドにおける農村調査の結果でも確認できたが（吉野悦雄［1993］参照），リトアニアでも家族の絆は極めて強力であった。個人農の事例なので，上記の22件の中には含めていないが，31番家庭は28haの大規模農家に成長した。その土地取得の際に，妹のスタニスワバ（レニングラード大学卒で当時はビルニュース県庁の幹部級役職）が書類の整備などで助けてくれたとの回想がある。

もちろん親族だけの結合だけでなく，21番家庭の場合や41番家庭の場合のように，かつての会社の同僚と共同で出資して企業を興した例もみられる。このようにヒューマン・ネットワークの結合の中でニュー・ビジネスが勃興してきているということが44軒の調査から確認できた。

親族だけの場合は当然，同一民族からのみ出資者が構成されるが，会社の同僚が企業を設立した場合には，同一民族だけの結合という傾向は発見できなかった。21番家庭の場合は，4人のリトアニア人とタタール人の5人の共同出資で会社が設立されているし，41番家庭の長男が興した会社の従業員はロシア人・ポーランド人・リトアニア人がほぼ3分の1ずつであるという。

第三は，新しい企業を興したり，新しい企業に就職した人たちはみな若い世代であるということである。新規企業の幹部に就任した人たちもみな40歳代の働き盛りの人たちであった。

第四に，新規企業は，どれも従業員が10人ないし20人前後の小規模企業であったということである。

44軒の調査結果からは上記のような特性が読み取れるが，これを全国レベルのマクロ情報・ミクロ情報と照らし合わせて微視的制度分析の有効性を確認しよう。

まずリトアニア経済全体を見渡して，新規の企業創設の状況をみてみよう。ここでも経済全体をとらえるマクロ統計ではなく，個別企業のレベルまで降りたミクロ情報を活用しよう。

筆者が注目したのは『リトアニア企業一覧95/96』（LII［1995］）という本である。電話帳ほどの大きさで814頁あり，紙の質は日本の電話帳とそっくりであり，全国の4556社の会社名・住所・電話番号・FAX番号・社長名・設立年・従業員数・企業形態・製造品目と営業形態および外資企業の場合は出資国が記載されているものである。ただし資本金額は掲載されていないが年商額が記載されている場合がいくつかあった（例えば表5の第454社）。発行部数は2000部であり，しばしば半頁や全頁の広告も掲載されているもので，おそらく職業別電話帳として使用されているものと思われる。

表5は，その4556社のうち，アルファベット順にAからEの途中まで1000社まで調べて外資企業を抜き出したものである。表6は第1000社以降の会社から，国内資本の会社も含めて連番で40社を抜き出したものであり，表6のタイトルに記したとおり，会社名のアルファベット順であるから業種に偏りがある。

この表5と表6から，日本の新聞報道などで知ることができる旧社会主義国の市場経済化とはだいぶ様相の異なる実態がみえてくる。その特徴を列挙しよう。

第一の特徴は，企業設立年がみな新しいということである。もちろん第1014社のように，帝政ロシア支配下の1904年にカウナスに設立された電気モーター工場（ELEKTRA社）は現在でも従業員1000人で存続している（設立当初の資本家やリトアニア独立後の接収形態，ドイツ支配下の接収形態は調べがつかなかったが，1944年以降は国営企業に編成替えされた）。表6には掲げていないが，第912社のDROBE社は1922年にカウナスに設立された羊毛織物工場で，現在でも1378人の従業員を抱えて国営企業として存続している。しかしこれらは例外であって，第454社や第718社や第721社のように，旧国営企業を解体してドイツ資本等を迎え入れて，新規に別法人を興した例が大多数である。その際に大量の馘首が行われたことはいうまでもない。

企業設立年が新しいという特徴は大規模・中規模工場に限らない。表5のジョイント・ベンチャー（JV）企業のほとんどが従業員数が20名以下であり，中には第700社のように社長以外に社員1人という企業もある。これらは国営企業の一部門を買い取ったものではなく，全く新たに設立された企業である。

また外国資本が参加していない国内資本の企業でも表6が示すように企業設立年はみな若い。従業員が10名以下の企業は，すべて旧来の国営企業とは無関係に新規に設立されたものと思われるが，1991年以降，雨後の筍のごとく膨大な数の企業が設立されたことが分かる。

したがって表5と表6からみてとれる第二の特徴は，従業員数が極めて少数であるという点である。リトアニア経済は1994年以降，回復基調に転じ，1995年以降は高度経済成長に突入するのであるが（補章の101頁の表1参照），その原動力はこのような少人数の若い企業だったと

表5　1995年のリトアニア企業4556社一覧のうち，企業名の頭文字がAからEまでの1000社の中に見出される外資企業

企業番号	形態	出資国	従業員数	設立年	主な営業内容
6	JV	米	不明	不明	大理石加工
8	JV	露	3	1992	商業仲介
12	FC	芬・エ	14	1992	変圧器輸入
23	JV	米	30	1993	ホテル
33	JV	芬	3	1992	広告代理店
37	JV	波	6	1992	旅行代理店
41	JV	エ	14	1993	広告代理店
42	JV	英	20	1991	繊維輸入
166	JV	米・露	50	1992	蓄電池製造・輸出
172	JV	米	7	1992	暖房器具輸入
173	JV	エ	不明	1994	火災報知機販売
176	FC	波	4	1994	子供靴製造・輸出
256	JV	独	4	1992	中古衣服の輸入
277	JV	希	27	1994	トイレ・シャンデリア輸入
291	JV	伊	3	1991	イベント準備業
292	JV	米	5	1993	商業コンサルタント
294	JV	米	6	1994	旅行代理店
295	JV	波	29	1991	輸出入一般
300	JV	米	3	1992	避妊薬製造
301	JV	波	4	1991	農業機械輸入
304	JV	米	17	1991	木製玩具製造・輸出
323	FC	波	不明	不明	アイスクリーム輸入
352	JV	瑞	30	1993	木製窓枠・暖炉製造
388	JV	露	2	1992	化学肥料輸出入
403	FC	波	2	1992	ステンドグラス製造
409	JV	波	16	1991	製材輸出入・室内修理
417	JV	波	14	1994	セルロース・紙輸出入
421	JV	チェコ	不明	不明	スコダ社の自動車輸入
430	JV	ウ	2	1991	養蜂業コンサルタント
440	JV	露	5	1991	商業コンサルタント
444	JV	英	2	1993	食品輸出入
454	JV	露	412	1990	ボンベ・ボイラー・牛乳タンクの製造・輸出（年商560万リト）
500	JV	チェコ	11	1994	スコダ社の自動車輸入
505	JV	独	6	1992	国際貨物輸送
511	JV	芬	4	1994	自動車輸入
529	JV	独・露	18	1991	自動車・自動車部品の輸入
549	FC	米	4	1994	紳士服輸入・販売
558	JV	独・波	30	1991	観光バス・貨物輸送
562	JV	エ	3	1994	アイスクリーム輸入
577	JV	独	83	1988	パソコン・コピー機部品製造・保守・ソフト製作の輸出入
578	JV	墺	10	1993	シトロエン社の自動車輸入
579	JV	独	24	1993	三菱自動車の自動車輸入
580	JV	英	不明	不明	旅行代理店
581	JV	仏	7	1991	広告代理店
582	JV	エ	不明	1992	商業コンサルタント
583	JV	米	5	1991	レンタ・カー
585	JV	芬	不明	1993	絵葉書印刷
586	JV	スイス	不明	不明	セーター製造
590	JV	独	3	1994	自動車修理業
599	JV	瑞	5	1994	コカ・コーラ輸入

企業番号	形態	出資国	従業員数	設立年	主な営業内容
600	JV	独	4	1992	商業コンサルタント
601	JV	丁・瑞・芬	16	1993	汚染除去・産廃処理・衛生
602	JV	白・蘭	10	1994	港湾荷役自動車輸送
607	JV	ブル	11	1993	建築資材輸出入
608	JV	波	不明	不明	運輸業仲介
609	JV	独	不明	1994	自転車製造・輸出
613	JV	エ	16	1993	紳士服輸出入
615	JV	日本	24	1992	松下電器製品輸入
619	JV	独	5	1992	中古衣服輸入
636	JV	独	不明	不明	トイレ・暖房機器修理
644	JV	ベラ	10	1992	プラグ・ソケット製造
647	JV	米	75	1992	アルコール・ジュース・ビールの輸入
648	FC	独	不明	1993	貿易仲介
655	JV	加	25	1992	化粧タイル・化粧レンガ製造
700	JV	英	1	1991	ＣＤレコードの輸入
701	FC	不明	8	1993	コンピュータシステム設計
712	JV	露	4	1991	労働着・食品の輸出入
714	JV	独	不明	1994	造花・人工植物のレンタル
718	JV	独	214	1993	下着・セーターの製造
721	JV	独	265	1991	ガソリン携帯缶・金属玩具塵芥コンテナ・燻製機器製造
724	JV	米	220	1990	精密測定機器製造
727	FC	独	4	1992	販売コンサルタント
737	FC	不明	5	1993	情報処理システム
739	JV	瑞	9	1992	旅行代理店
749	JV	独	不明	不明	技術コンサルタント
756	JV	波	25	1992	茸・苺輸出
773	FC	不明	8	1993	会計監査
777	JV	チェコ・ス	30	1992	パソコン機器輸入
786	JV	丁	17	1990	乗馬馬育種・人参栽培
792	JV	独	不明	不明	商業コンサルタント
816	JV	露	10	1991	作業着製造
825	JV	蘭	40	1989	毛皮・食肉の輸出入
841	JV	波・露	3	1992	警備保障コンサルタント
853	JV	露	10	1991	消費財輸出入
856	JV	独	10	1990	地域携帯電話
879	JV	露	13	1992	運輸・商業コンサルタント
885	JV	ラ	4	1993	名刺印刷
893	JV	露	2	1991	商業仲介
905	JV	独	10	1991	海外旅行保険
925	JV	ス	35	1994	ガス機器製造・輸出
930	JV	エ	5	1991	園芸用品輸入
950	JV	瑞	10	1992	商業コンサルタント
969	JV	仏	8	1994	婦人服・化粧品輸出入
982	JV	加	不明	不明	衣服輸出入
988	JV	希	不明	不明	衛生陶器輸出入
999	JV	独	不明	1993	住宅断熱材輸入
2957	JV	米	300	1993	フィリップ・モリス煙草製造
2958	FC	蘭	不明	1993	フィリップス家電製品輸入
2561	JV	墺	27	1991	ミノルタの写真機・コピー機の輸入，マツダの自動車輸入

注1）国名略号は以下のとおり。芬はフィンランド，波はポーランド，瑞はスウェーデン，丁はデンマーク，希はギリシャ，蘭はオランダ，白はベルギー，エはエストニア，ラはラトビア，ウはウクライナ，ベラはベラルーシ，ブルはブルガリア，スはスロバキア，墺はオーストリア，加はカナダ，伊はイタリア，米はアメリカ合衆国，独はドイツ，露はロシア，仏はフランス，英は英国。
注2）リトアニア企業一覧の4556社はＡＢＣ順に掲載されている。したがって，この表の外資企業もＡＢＣ順に掲載されている。
注3）ＪＶは外国資本が一部出資している会社，ＦＣは外国資本が全額出資している会社を指す。
注4）営業内容は，第2561社のように複数あることが多いが，代表的なひとつを選んである。最後の3社は筆者が適宜選んだ。
出所）『リトアニア企業一覧95/96』（LII [1995, pp.18-85]）

表6 1995年のリトアニアの企業4556社一覧のうち、企業名の頭文字がEの第1001社から20社（電気関係が多い）と頭文字がKの第2001社から10社と頭文字がPの第3001社から10社（印刷関係が多い）の企業一覧（外資企業を含む）

企業番号	企業形態	従業員数	設立年	主な営業内容
1001	有限会社	9	1990	消費財品質検査
1002	有限会社	5	1990	ロシアとの商業仲介
1003	銀行	25	1993	銀行
1004	有限会社	20	1991	金属貿易
1005	有限会社	10	1991	輸出入事務代理
1006	株式会社	10	1990	家屋室内修理
1007	有限会社	12	1992	国際貨物輸送
1008	有限会社	不明	1992	データベース販売
1009	私営会社	8	1991	冷蔵庫輸入販売
1010	国営企業	38	1963	自家発電システム
1011	国営企業	336	1957	配電盤等重電機器製造
1012	私営会社	8	1990	ミニ印刷機
1013	私営会社	2	1985	パソコン・ゲーム
1014	国営企業	1000	1904	電気モーター製造
1015	有限会社	5	1991	防火システム
1016	有限会社	7	1991	電子製図システム
1017	私営会社	9	1991	テレビ修理
1018	株式会社	180	1957	ビデオ・オーディオ販売
1019	有限会社	6	1987	電子部品設計
1020	有限会社	7	1991	コンピュータ・メンテ
2001	株式会社	62	1993	国内貨物輸送
2002	有限会社	3	1991	ケーブル・テレビ
2003	有限会社	不明	不明	国際貨物輸送
2004	株式会社	64	1993	金属切断機器製造
2005	有限会社	12	1991	語学教室
2006	私営会社	4	1988	温度センサー機器輸入
2007	有限会社	30	不明	大工仕事
2008	有限会社	5	1991	建築設計
2009	有限会社	10	1991	コンピュータ・メンテ
2010	合弁	6	1991	経理ソフト開発 ロシア・ハンガリー合弁
3001	私営会社	2	1992	ラジオ修理
3002	合弁	3	1991	印刷インキ製造 リヒテンシュタイン合弁
3003	合弁	15	1991	コピー機等修理・販売 ポーランド合弁
3004	有限会社	46	1982	印刷用紙輸入販売
3005	有限会社	9	1992	銀行用事務用品輸入販売
3006	有限会社	2	1991	農業機械修理
3007	国営企業	42	1993	ポリエチレンチューブ販売
3008	国営株式会社	227	1993	リノリウム製造・輸出
3009	有限会社	不明	不明	建築資材販売
3010	有限会社	8	1990	ポーランド家具の輸入

注）「有限会社」とは直訳では「閉鎖株式会社」で、持ち分権利の自由譲渡が禁止されている企業形態であり、有限会社に相当する。国営企業には第3008社のように株式会社化されたものと、まだ株式会社化（商業化）されていないものがある。銀行は別個の法人形態をとる。「私営会社」についての説明は省略する。

出所）『リトアニア企業一覧1995/1996』（LII［1995, pp.85-3012］）

いうのが筆者の理解である。たしかに外国直接投資の影響は無視できない。しかし、1994年までの段階で最大の外国直接投資はフィリップ・モリス社による国営煙草工場への資本参加（表5の第2957社）であり（LII［1996, p.53］による）、従業員はわずか300人にすぎない。それに対して従業員数が20人以下の小規模企業が1991年以降に3500社は創設されたと思われる（電話帳の冒頭1000社の数値から比例推定した）。

補章の101頁の表1が示すように、1998年の段階で、リトアニア経済は旧社会主義諸国の中で、ポーランドやエストニアやスロバキアと並んで最も好調な経済成長を続けている国である（ベラルーシの特殊性については省略したい）。大規模な西側資本が進出したチェコ経済やハンガリー経済が必ずしも順調に回復していないことと対照的である。この原動力は一般市民による起業行動（新規企業設立）にあり、その背後には西側に居住する親戚との連携があるというのが筆者の理解である。

では次に、どのような西側諸国との連携が強いのであろうか。第2章と第3章で明らかにしたように、前世紀から通算して80万人前後のリトアニア人が米国や中南米に移民したと考えられている。戦後には14万人のドイツ人とドイツ系リトアニア人がドイツに移民（逃亡）した。また戦後20万人のポーランド人がポーランドに引き揚げた。そして社会主義体制のもとに戦後相当数のロシア人がリトアニアに移住してきた。これらの民族移動の結果は、外資企業の出資国の分布に如実に反映されている。

表5はわずか96社の外資企業を示すだけであるが（最後の3社を除く）、その出資国の分布を示そう（重複出資も1か国として計算した）。ドイツ21社、米国13社、ポーランド12社、ロシア11社である。このように上位4か国はいずれもリトアニアと密接な移民関係を持っている国である。ついでエストアニア7社、フィンランド5社、スウェーデン4社が続き、英国は4社、フランスは2社にすぎない。イスラエルは1社もないが、その事情については本書の補章第4節で述べよう。

国外移民と新規企業設立との関連は外資企業だけに限らない。表6の第2005社は語学学校の経営であり、第3010社はポーランド家具の輸入を手がけているが、共に国内資本の企業である。しかし、ここに在外の親戚・知人の協力があったと推測することは極めて妥当であろう。外国資本が参加しない場合でも、国外の親戚・知人の影響は大きいものがあると筆者は考える。この国外移民と経済成長の関係は本書補章で詳しく検討される。

なお、日本の直接投資は残念ながら微々たるものであり、表5の第615社が唯一の例である。しかも社名は「BALTOJI SAKURA」であって、松下電器の資本が出資されているか否かは不明である。ただし日本の法人または個人の出資があることは確かである。なお、1998年の時点では、外国投資統計は3社以上の国のみを公表しており日本の名前は登場していない。多くの日本製品は表5の第2561社のように、欧州の出資家が設立した企業に

第5章　複数民族環境における市場経済化

表7　1990年代のリトアニアの投資

(単位：リト)

	1993	1994	1995	1996	1997
1993年価格で評価してインフレ効果を除去した投資額	11億6000万	13億2800万	15億1500万	17億8500万	20億4700万
当該年の価格で評価した各年の国家全体の投資額	11億6000万	23億1100万	31億6300万	43億8000万	54億8800万
政府公共投資	2億8400万	5億7300万	6億3600万	6億2500万	6億9000万
国営企業等の投資	4億4900万	8億0900万	4億1400万	6億4300万	22億3000万
民間国内資本企業の投資（外国銀行からの借入も含む）	1億8400万	3億6900万	11億4900万	17億400万	10億2400万
外国資本部分参加企業（ジョイント・ベンチャー）と外国資本全額出資企業の投資（国内資本の参加分も含む）	3900万	1億6100万	4億9500万	8億4300万	9億7600万
個人住宅建設投資	9300万	2億8100万	3億5500万	4億5200万	4億2400万

注）旧コルホーズ・ソホーズ解体後の農業団体の投資と協同組合投資ならびに第三セクターの投資は額が小さいので省略した。また分譲マンション型の住宅投資も省略した。全体の住宅投資の約85％は一戸建型の個人住宅建設投資となっている。
出所）『リトアニア統計年鑑1998年版』(SD [1998a, p.319])

表8　1997年の全国の投資の資金源（％）

総額	国家・地方公共団体予算	民間資本	外国資本直接投資	国内銀行貸付	外国銀行貸付	その他
54億8830万リト	25.12	55.63	7.74	2.87	17.80	3.37

出所）『リトアニア統計年鑑1998年版』(SD [1998a, p.320])

よって輸入されており，しかも，この会社の場合はミノルタの写真機とマツダの自動車を同時に輸入している。このような複数業態の事例は，スペースの都合から表5には示せないが，ほかにも多くみられる。

今まで44軒の調査結果と1995年の『企業一覧』を用いてミクロ・レベルから経済の活性化と民族との関連をみてきたが，次にマクロ統計データを用いてこの問題を考察してみよう。表7は1993年以降，リトアニアの投資が実質値でも順調に増大していることを示している。表7がカバーする5年間で総投資額は名目値で5倍に増えた。国内資本の民間企業の投資は6倍に増えているが，外国資本参加の企業の投資は25倍に増えている。とはいえ，1997年の場合でも，外国資本企業の投資（9億リト）は国民経済全体の投資総額の18％にしかすぎず，国内資本の民間企業の投資額（10億リト）を下まわり，復調した国営企業部門の投資（22億リト）の半分以下であるという点は留意する必要がある。経済回復の原動力はやはり国内資本なのである。

しかし投資の資金調達を示す表8からは別の側面がみえてくる。すなわち，外国直接投資（株式購入等）は総投資の7.74％にすぎないのに，外国銀行からの貸付が17.8％にのぼっているのである。外国銀行は，外国資本企業に限らず，国内資本の企業や，まだ民営化していない国営企業にまで融資を行っているのである。リトアニア統計局はこの外国銀行からの借款も外国直接投資の範疇に入れているので，その累積額は表9が示すように1999年4月の時点で70億リト（17億ドル）に達している。

表9ではかなり詳しい国別統計を紹介しているが，その理由は1995年までの状況と1996年以降の状況が全く変化してしまったからである（1995年以前のマクロ統計データは公表されていない）。ドイツの比重は1996年から1999年までに半分に減ってしまった。ロシアもポーランドも投資額の比重は1％台に落ち込んでいる。米国でさえ首位の座をスウェーデンに明け渡している。スウェーデン・フィンランド・デンマーク・英国・スイス・ノルウェー・ルクセンブルグなどは，リトアニアと強い移民関係は持っていない。105頁の本書補章の表7が示すとおり，これら西側諸国に移民出国したリトアニア国民は，1992年が一番多くて合計でもわずか56人であり，ほかの年は年間で十数人であった。リトアニアはこれらの国と姻戚関係を持っていないといってよい。

ではなぜこのような現象が発生したのであろうか。それは，リトアニアの経済改革が順調に進み，経済システムがＥＵ体制に準拠するようになったからであり，政治的にも安定しており，資産の保全が保証されるようになったからである。このような状況が生まれると資本は国境を越えて自由に移動するようになる。資本のグローバリゼーションである。「血のつながり」によって資産の保全を確保する必要はなくなった。知人のツテやコネに頼ってその国の特殊な経済システムに食い込む必要もなくなった。リトアニアに関していえば，資本から「民族色」は消滅したと筆者は考えている。

では企業や経営主体からも「民族色」は消滅するのであろうか。筆者はそのようには考えない。その根拠は表10にある。表10は外国資本参加の企業を3つのグループに分けて，出資・融資比率と外国資本総額との関係を示したものであるが，企業の総資金量を推定すれば分かるように，おそらく「10％以上50％以下」のグループが最大の資金量を誇っているのではないだろうか。「100％出資」のグループが最も小さいウェイトを占めているのは明らかである。すなわち外国資本を導入しつつも，リトアニア経済の主体を担っていくのはリトアニア資本とリトアニア企業であるという結論を出すことに強い異論はないであろう。

本書の補章で，外国との姻戚関係と経済成長との関係を分析するが，その際に，分析期間を，体制転換の直後の混乱期の1年を除いて，それに続く3年間としたが，その理由は上でみたように，経済が安定成長期に入ると，資本に「民族色」が薄れてくるからである。

ここでリトアニア企業の小規模性についてもう一度注

表9 外国資本の累積直接投資額（リト）と各国の構成比（％）ならびに投資主体数

	1996年1月1日	1997年1月1日	1998年1月1日	1999年1月1日	1999年4月1日	同年同日の投資出資者の国別内訳（会社数による合計数）
外国資本出資者数	781	1045	1624	1758	1808	
外国直接投資累積総額（リト）	14億633万	28億123万	41億6247万	65億119万	69億7974万	
スウェーデン	8.51	11.99	12.18	16.86	17.28	123
アメリカ合衆国	17.15	28.54	25.93	18.67	15.26	146
フィンランド	3.91	4.67	4.34	10.67	10.29	75
ドイツ	19.44	12.98	11.24	8.16	8.06	356
デンマーク	4.51	5.59	6.24	6.58	7.98	100
英国	11.49	8.88	7.85	6.77	6.32	90
スイス	2.49	1.62	1.58	1.67	4.77	36
ノルウェー	1.70	2.52	3.12	4.19	4.63	54
ルクセンブルグ	1.34	4.34	3.88	4.65	4.32	12
エストニア	0.96	0.93	4.27	4.31	3.91	79
アイルランド	5.12	4.26	4.87	2.80	2.85	55
ポーランド	1.52	1.02	0.93	1.78	1.72	113
フランス	1.81	1.29	1.45	1.32	1.27	37
ロシア	6.54	1.83	1.46	1.70	1.23	137
オーストリア	2.55	2.11	2.28	1.30	1.21	19
オランダ	0.58	1.18	1.00	0.56	1.03	52
ラトビア	1.23	0.50	0.37	0.49	0.86	50
カナダ	2.52	0.71	0.72	0.72	0.76	15
イタリア	0.39	0.43	1.37	1.04	0.69	30
チェコ	0.27	0.21	0.52	0.40	0.38	27
ウクライナ	0.33	0.06	0.09	0.29	0.23	29
ベラルーシ	0.27	0:11	0.11	0.11	0.10	24
ハンガリー	0.14	0.04	0.03	0.03	0.03	12

注1) 1995年以前の外国直接投資に関するデータはリトアニア統計局は公表していない。
注2) リトアニア統計局による「外国直接投資」の定義は，以下の項目の合計額である。
　　1) 外国資本全額出資の企業の投資額，2) ジョイント・ベンチャー企業の外国資本投資額，3) 利潤からの自己資本投資のうち外国資本出資比率に相当する部分，4) 外国銀行からであれ国内銀行からであれ，外国資本参加の企業が借り入れている債務（ただし政府保証融資を除く），5) 株式会社の発行株式のうち外国投資家が保有する分，以上である（『リトアニア統計年鑑1998年版』（SD［1998a, p.325］による）。
出所）『リトアニアの対外借り入れ1990-1998』（SD［1999c, p.12］）および『リトアニア外国直接投資1999年4月1日』（SD［1999d, p.11］）

表10　1999年4月1日における外国資本参加企業の外国資本出資比率に応じた分布

外国資本出資・融資比率	10%以上50%以下	50%超	100%
企業数	565	572	533
外国資本出資・融資総額（リト）	14億4368万	34億4994万	20億8611万

出所）『リトアニア外国直接投資1999年4月1日』（SD［1999d, p.9］）

意を喚起したい。表10が示す外国資本参加の企業数は合計で1670社でしかない。ところが『中小企業主要指標』（SD［1999b, p.14］）によれば，1997年において全国に1万3930社が存在していたのであり，そのうち従業員9人以下が6980社，10～19人が2584社，20～49人が2261社であって小規模企業だけで1万2000社近くにのぼる。もちろん従業員9人以下の会社のほとんどは無限責任の私営企業（個人会社，すなわち合資・合名会社）である。従業員1000人以上の企業は59社，500～999人の企業が73社であった。49人以下の企業で付加価値（国内総生産）の23％が生産されている。

さらに，政府統計局が全国9550所帯を対象に行った調査の結果である『闇経済』（SD［1998c, pp.16-17］）によれば，無限責任の個人会社の場合，小売業では所得の35％が隠匿されており，建築業の場合では31％が隠匿されていた。有限会社形態をとる中小企業では平均で18.8％の所得が隠匿されており，大企業でさえ所得の9.1％が隠匿されていた。これらの所得はもちろん国民所得統計には現れない。

このようにみていくと，リトアニア経済の高度成長を支えているのは，リトアニア国民とリトアニア資本であって，その高利潤に向かって外国資本が流入しているという構図が描かれるのである。その主体は表8が示す外国銀行貸付（9億7686万リト）であり，ハイリスク・ハイリターンを求めて，スウェーデンやフィンランドの投資家が資金をリトアニアに投入しているのであろう。この外国銀行貸付にはヘッジファンド（数週間の利回りを稼いで世界中を移動する資金）は含まれていない。1999年1月1日時点での外国からの借り入れ残高は16億ドルだが，工業投資とエネルギー・農業・中小企業への融資の合計は11億5000万ドルであり，財政赤字への補填融資（国債購入）は3億9000万ドルにすぎない（『リトアニアの対外借り入れ1990-1998』（SD［1999c, p.16］）による）。外国銀行からの融資のほとんどは実質的な投資に向けられている。日本からは丸紅から1085万ドル，東京三菱銀行から5000万ドル，「ジューキ」（ミシンメーカー）から22万ドルの3件の融資が行われているだけである（『リトアニアの対外借り入れ1990-1998』（SD［1999c, p.53］）による）。

外国直接投資で重要な点は，それがビルニュースに一極集中していることである。金額ベースでみると，ビルニュースに61.0％，カウナス市に9.9％，クライペダ市に10.9％でその他の県には合計でも18.2％でしかない。ビルニュースが好景気なのも理解できよう。

本節の最後に外国直接投資の法的根拠を極めて簡単に紹介しておこう。

外国直接投資が一般的に認められるようになった法的根拠は，1990年12月29日制定の「リトアニア共和国外国投資法」（法律番号 Nr I-905）である。この法律に基づき，自由経済の原則により外国資本はリトアニア国内

で自由に活動できるようになった。ただ1991年5月20日制定の「外国投資制限・禁止法」（法律番号 Nr I-1276）が若干の分野での外国資本の活動を禁止しているだけである。それはガス会社・鉄道・カジノ・移民仲介業・アルコールと煙草製造（ただし国営株式会社の株式取得は可能），武器製造・麻薬製造などの分野である。

外資企業には税法上の特典が与えられ，1993年以前に法人登記した外資企業にあっては，利潤が自己資本投資に向けられるという条件のもとに5年間はその利潤からの法人税の70％が免除され（ジョイント・ベンチャー企業の場合には外国資本額の比例部分のみが対象），次の3年間は法人税の50％が免除される。1994年以降に設立された外資企業の場合は，上記の条件のもとに6年間は法人税の50％が免除される。配当金には所得税は免除される（以上は「外国投資法」第29条）。また外資企業設立の際に輸入した資材には関税は免除される（同法第32条）。

なお11番家庭の息子エドワルドは外資企業の若社長だが，その回想で一般法人税率を33％と述べているのは，個人所得税率の最高税率と勘違いした発言であり，正しくは29％である。また彼の企業は1994年以降に設立されているので，法人税の50％減額が認められており，同氏は15％と述べたが，正しくは14.5％である。

なお従業員が100人以下の企業に対しては，外資企業であるなしにかかわらず1991年12月20日制定の「中小企業法」（Nr I-2125）が優遇措置を定めている。特に従業員が50人以下の企業にあっては，金融取引等の副業収入が3分の1を超えないという条件で，最初の2年間は法人税の70％が免除，3年目は50％が免除になり，従業員が51～100人の企業に対しては法人税の延納が認められた（「中小企業法」第3条，第4条）。

法人税の基本だけを紹介すると，一般税率は29％だが，自己資本投資を行った場合は，その部分の利潤に対しては10％の税率が適用される。また農業関係においては全面的に10％の税率が適用される。

個人所得税は本給の場合，10％，18％，24％，28％，33％の5段階累進課税が適用される。法人形態をとらない個人営業者には24％の税率が適用されるが，自己資本投資を行った場合は12％となる。農業関係者には農業収入が家計に占める比率に応じて5ないし10％の税率が課税される。

付加価値税は一律18％である。内税で1万リトで商品を販売するためには売上から1525リトの付加価値税を納入する必要がある。農産物の税率は9％で，輸出向けの財には税が免除される。

本節ではリトアニアの農業改革についてほとんど紹介することができなかった。とりわけ31番家庭・39番家庭・40番家庭はコルホーズとソホーズの解体後に大規模個人農をめざして農業投資を行った重要な例であり，この3家庭の歴史を理解するには1991年の「農地改革法」（法律番号 Nr I-1607）を説明しなければならない。しか

し農地改革は複数民族問題と直接かかわる事柄ではないので，本書ではその説明を全面的に省略したい。ただ1992年10月25日のリトアニア憲法の第47条が，農地（原文では土地）の所有をリトアニア国籍者とリトアニア国家にのみ限定しており，ただ大使館・領事館が宅地として土地の取得を認められると規定していることだけは紹介しておこう。シベリア送りになったままロシア国籍を取得した人や，米国移民で老年となった人の帰国の際に，この土地取得の禁止は大きな障害となる。リトアニア憲法では，このほか第48条で「外国人の労働は法律の定めるところによる」という条文があるだけで，これら以外の点では，外国国籍者・少数民族者は平等に扱われている。

参考文献

（注：リトアニア語の特殊文字は近似ラテン文字に置き換えた）

吉野悦雄 [1990]： 吉野悦雄『ポーランドの雇用法と解雇法』海外資料 No.1，日本労働研究機構刊，1990。

吉野悦雄 [1993]： 吉野悦雄『ポーランドの農業と農民』木鐸社，1993。

GUS[1999]: Glowny Urząd Statystyczny, *Rocznik Statystyczny 1999*, Warszawa, 1999.

LER[1997]: Antanas Buracas(ed.), *Lithuanian Economic Reforms*, Vilnius, 1997.

LII[1995]: Lithuanian Information Institute, *Lithuanian Companies & Organizations 95/96*, Vilnius, 1995.

LII[1996]: Lithuanian Information Institute, *Guide for Foreign Investors in Lithuania*, Vilnius, 1996.

PHS[1992-]: *Parliamentary Record*, monthly, The Publishing House of the Seimas, Vilnius.

PHS[1994]: Seimas, *Selected Anthology of Economic and Financial Legislation*, The Publishing House of the Seimas, Vilnius, 1994.

SD[1995-]: Statistikos Departamentas, *Survey of Lithuanian Economy, by-year*, Vilnius, 1995-.

SD[1995a]: Statistikos Departamentas, *Lietuvos Vaikai*, Vilnius, 1995.

SD[1997a]: Statistikos Departamentas, *Uzimti ir euzimti Gyventojai 1992-1996 metais*, Vilnius, 1997.

SD[1998a]: Statistikos Departamentas, *Lietuvos Statistikos Metrastis 1998*, Vilnius, 1998.

SD[1998b]: Statistikos Departamentas, *Darbo Jega, Uzimtumas ir Nedarbas 1998: geguzes menesi*, Vilnius, 1998.

SD[1998c]: Statistikos Departamentas, *Non-Observed Economy*, Vilnius, 1998.

SD[1999a]: Statistikos Departamentas, *Darbo Jega, Uzimtumas ir Nedarbas 1998: geguzes menesi*, Vilnius, 1999.

SD[1999b]: Statistikos Departamentas, *Mazu, Vidutiniu ir Dideliu Imoniu Rodikliai*, Vilnius, 1999.

SD[1999c]: Statistikos Departamentas, *Uzsienio Paskolos Lietuval 1990-1998*, Vilnius, 1999.

SD[1999d]: Statistikos Departamentas, *Tiesiogines Uzsienio Investicijos Lietuvoje 1999 04 01*, Vilnius, 1999.

補章　対西側移民出入国と体制転換後の経済過程
－微視的制度研究に基づくマクロ経済分析－

　本章は「対西側移民出入国と体制転換後の経済過程－旧ソ連・東欧8か国の比較－」と題して，1999年に『経済研究』（岩波書店発行）の第50巻第4号に発表したものである．本書に収録するに際して，一切の修正を加えていない．本書の内容から明らかになるように，微視的制度分析は社会学や歴史学において極めて有効な分析手法となりうると考えている．しかし微視的制度分析の有効性はこれらの分野に限定されることなく，経済学や法学などの分野においても，その理論研究の基礎を提供しうるものであると考える．とりわけ経済学の分野では，極度に単純化された仮説を導入し，シンプルなモデルを構成して分析がなされることが多い．しかし単純化された仮説とシンプルなモデルを構想するとき，現実の制度を十分に把握しておくことが要請されることは当然であろう．抽象的な思考だけで，現実の経済過程の決定要因を探ることは不可能に近い．理論体系の枠の中だけで分析を構想すると，その理論体系の枠に入りきらない重要な影響因子がみえてこない．第1章で述べたとおり，抽象的なマクロ経済は直接に観察することはできない．マクロ経済学の分野でも観察可能な対象とは，個別的でかつ具体的な個々の現象である．筆者は，本書第一部第2章から第5章の中で，また本書第二部の44軒の家系図の中で，20世紀のリトアニアの歴史と社会をみるとき，移民がその経済過程に大きな影響力を及ぼしてきたことを発見した．この補章では，移民に注目して，社会主義崩壊後の旧ソ連・東欧8か国の経済過程を分析する．旧社会主義国の国内総生産（GDP）変化率は国ごとにさまざまであって，対西側の対外債務残高や外資導入額，あるいは国民一人あたりの資本蓄積額など狭義の経済的要因では説明が困難であるが，移民率という単純な指数でかなりの程度まで統一的に説明できることを本章で示す．微視的制度研究に基づく経済分析の一例として，読者に提示するものである．

要　約

　本章では，移民データが入手できた旧ソ連・東欧地域の8か国について，体制転換前の西側への移民出国者数，ならびに体制転換後の西側からの帰国者数（移民入国者数）と，体制転換後の各国の経済パフォーマンスとの間にどのような関連があるのかを検討するものである．移民の数が増えるにつれて，高学歴者などアクティブな移民の比率が減少するという仮説を導入することにより，移民出国率と体制転換後の経済停滞期間の短さが相関することを示し，また移民出国率と体制転換後の成長率の落ち込みの少なさも相関することを示す．体制転換を考察する際に，市場メカニズムの導入などの制度改革や外国資本の重要性と並んで，その背後にある歴史的・社会的・文化的諸要素の代表変数として移民をとりあげ，これらの諸要素の重要性を間接的に証明することを目的とする．

第1節　問題の所在と分析モデル

　旧ソ連・東欧地域で体制転換が行われてから10年近い時間が経過した．その間，各国の経済過程は，表1にあるようにGDP変化率でみる限り，景気後退の期間の長さ，景気後退の深さ，回復過程のスピードなど，いずれをとってもさまざまであり，統一的な説明は困難であるようにみえる．

　すなわち，市場経済化率（民営化率）や外国資本投下額など重要な説明変数となりうるような指標は，いずれもGDP変化率と強い相関を持っていない．最も良好な景気回復をなしとげたポーランドでは，これらの指標は他国と比較して必ずしも高い数値を示しているわけではない．これらの数値が高いチェコやハンガリーの景気回復はルーマニアなどと比較しても遅れている[1]．またエストニアとリトアニアの相違なども経済指標だけでの説明は困難と思われる．

　本章では，経済指標の背後に隠されている歴史的依存性や社会構成上の特性を考慮に入れて，これら体制転換諸国の経済過程を統一的に説明しようとするものである．筆者が注目したのは，西側諸国との文化的つながり，西側メンタリティーの普及と市場メカニズムへの馴化，西側の知識や技術の流入と流布である．むろんこれらの特性を直接的に示す統計データは存在しない．そこで，筆者は西側への移民出国数と西側からの移民入国数（帰国者数）を代理変数として採用し，これによって体制転換後の景気後退期の長さと，回復過程の成長率の変化を説明しようとした．筆者の理解では，景気後退の長さと回復過程のスピードを決定するものは，輸出生産を主として指向する大規模外国資本ではなく，内需の拡大

表1　8か国のGDP前年比の変化率（%）

	1989	1990	1991	1992	1993	1994	1995	1996	1997	1998
ポーランド	0.2	-11.6	-7.0	2.6	3.8	5.2	7.0	6.1	6.8	4.8
チェコ	3.0	-1.2	-14.2	-6.4	-0.9	2.6	4.8	4.4	1.0	-2.7
スロバキア	3.0	-2.5	-14.5	-6.5	-3.7	4.9	6.8	6.9	6.5	4.4
ルーマニア	3.0	-5.6	-12.9	-8.8	1.5	3.9	7.1	4.1	-6.6	-7.3
ロシア	1.6	-4.0	-5.0	-14.5	-8.7	-12.7	-4.1	-3.5	0.8	-4.6
ベラルーシ	8.2	-2.4	-1.2	-9.6	-10.6	-12.6	-10.1	2.8	10.4	8.0
エストニア	6.6	-8.1	-13.6	-14.2	-9.0	-2.0	4.3	4.0	11.6	4.0
リトアニア	1.6	-6.9	-5.7	-21.3	-16.2	-9.8	3.3	4.7	7.3	5.1

出所）東欧各国については，各国の統計年鑑。ロシアとベラルーシについては，CIS統計委員会統計集も参照した。バルト諸国の1991年から1992年までについては，公式データがないので，Business Central Europe のホームページに掲載の数値を採用した。

とそれに支えられた国内資本の活性化である。一般市民による小規模な私営企業の創設と，それから派生する所得の増大ならびに内需の拡大こそ，衰退した国営企業になりかわって景気回復を推進する牽引力であると考える。大量の外国資本が流入したハンガリーでも，外国直接投資の額は国内総投資の4分の1程度にすぎないことに留意すべきである。

本章のモデルを図解すれば図1のように表現できよう。

そもそも東欧や西部ロシアは西側世界への重要な移民供給源であった。ポーランドでは1920年以前に409万人が移民出国し，239万人が帰国（本章では，移民出国した者が祖国に帰還することを帰国と呼ぶ）した。1921年から1940年までの期間に205万人が移民出国し，111万人が帰国した[2]。当時の移民出国の理由は，もっぱら本国での生活が貧しく，「口減らし」のため移民するものであり，彼らの理想は数年ほど米国等で蓄財し，その資金を持って帰国して，本国で農地を購入し農家を創設することにあった。筆者がポーランドとリトアニアで実施したインタビュー調査でも，帰国した祖先の外国滞在期間は3年から7年であり，それ以上長くなると移民先に永住することになることが明らかになった[3]。移民後10年を経過すると，本国の親戚に小包を送る程度の接触となり，さらに30年を経過すると多くの者が音信不通となっていた。

これらの心理的特性が現在でも変わらないとすれば，移民出国者が図1にあるように本国での経済回復に貢献できる期間はせいぜい6年までであろうと考え，本章での分析にあたっては体制転換の直前の移民出国を考察の対象とした。

一方，移民入国者については，体制転換前の帰国者と体制転換後の帰国者では，その性格が大きく異なる。体制転換前にあっては，老年を祖国で過ごすための高齢者と西側での生活に失敗した敗残者が主であった。一方体制転換後にあっては，以前政治的理由などから西側に出国した有能な人材が祖国で活躍するため帰国するケース

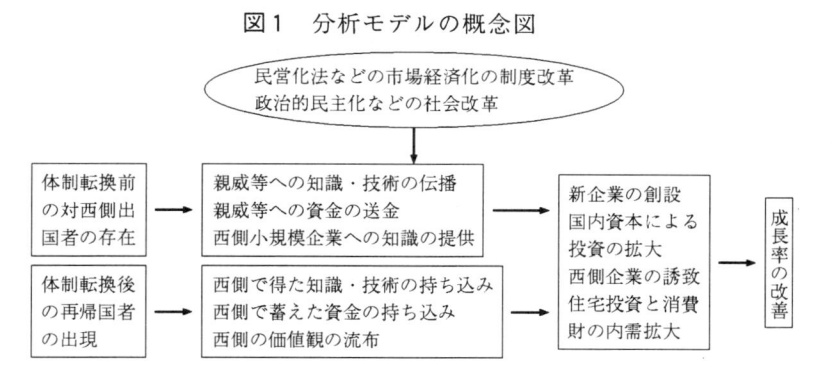

図1　分析モデルの概念図

が多く，移民入国後1年を経て経済活動を開始すると考え，分析期間の1年前からのデータを採用した。

第2節　関連研究の状況

移民して入植した入国者が，その国の経済発展にどのようにかかわったかという問題は，南北両アメリカ大陸の経済史の主要課題であった。しかし移民入国した者が，出身国の経済発展にどのようにかかわったかという問題が検討されるようになったのは1970年代になってからである。筆者の知る限り最初のものは，Zottola [1973] がプエルトリコからの米国移民について研究した博士論文であろう[4]。この論文は，本国への送金と，米国での技術修得を経ての帰国による出身国の経済発展への貢献をとりあげている。

その後，移民出国者による，祖国への直接・間接の外国直接投資の問題も検討されるようになり，最近では United Nations [1996] による包括的な概説書も出版され，巻末に豊富な参考文献が紹介されている。これら移民による祖国の経済発展への貢献については，ほとんどが中南米および南アジアならびに一部アフリカ諸国にかかわるものであり，ヨーロッパにかかわるものは，Riis [1988] によるノルウェー移民の研究が発見できるだけである[5]。旧ソ連・東欧諸国からの移民にかかわる研究は全く発見できず，社会主義国に関連するものは，Li [1996] による香港周辺地域に関するものが唯一である[6]。

また移民による祖国送金は移転収支の項目で国際収支に大きな影響を与えるので国際金融論の観点からも注目を集めるようになった。移民送金により外貨が流出している国や，それにより国際収支が改善している国，例えばフィリピン・タイ・ヨルダン・エジプト関連など相当数の論文が発表されている。しかし旧ソ連・東欧をはじめ社会主義国に関連するものは，アルバニアに関するKorovilas [1998]を除いて発見できなかった[7]。

このように，移民出国者による祖国への経済貢献は，発展途上国では重要な問題であるが，旧ソ連・東欧諸国に関しては，ほとんど研究されてこなかった。しかし後に述べるように，ポーランドでは社会主義時代から毎年大量の移民が西側に出国してきたし，1990年前後の体制転換からは他の旧社会主義国からも大量の移民が西側，とりわけドイツに出国するようになった。このような事態をふまえ，United Nations [1998]の欧州経済委員会は，家族の中に移民出国者と帰国者を抱える家族を，ポーランドで425家庭，リトアニアで200家庭，ウクライナで440家庭，合計約千サンプルを選び，インタビュー調査を実施した。この微視的調査は，もちろん永住移民も調査対象としているが，1週間以上の出稼ぎも調査対象に含めているので，本章での移民概念とは異なるが，興味深い結果を提示している。

このUnited Nations [1998]は，とりあえずポーランドの調査分の報告書であるが，その序文によれば，西側移民による祖国経済への貢献は極めて大きく，ウクライナのキエフでは，移民による送金と外貨持ち帰りにより，その家族の80％が住宅を新規に購入していた。またウクライナの農村部では調査家族のほぼ100％が住宅を新規に購入・建設していた。このように住宅投資に代表される内需への貢献は大きいものがある[8]。

同書はポーランドの4地域での調査結果を経済面に限らず，移民出国のツテ，帰国後の人間関係，家族への心理的影響なども含めて検討している。調査は耐久消費財の保有状況にも及び，移民を抱える家庭において，ビデオ・自動車・電子レンジなどの保有率が一般家庭と比較して有意に高く，移民の内需への貢献が大きかったことを示している[9]。

移民による効果は内需拡大だけにとどまらない。この調査結果によれば，ポーランドの調査対象425家庭の30.5％に相当する135家庭により，新規投資が開始されていた。調査対象は農家が多かったため，投資内容は農地の新規購入や農業機械の購入，畜舎の建設などが主であるが，調査対象の5％に相当する22家庭において，新規企業が創業されていた。

消費財に限らず，投資財への内需の拡大にも大きく貢献し，さらには新規私営企業の起業にも貢献していることが分かる。ポーランドでは1975年から1994年までの20年間に50万4000人が永住移民出国しており，仮にその5％としても2万5000社の私営企業が創設されていたとすれば，その効果は巨大なものがあろう。

さらに1981年から1988年までに正規の永住移民出国手続を踏んだ者は22万1000人であるのに対して，ポーランド内務省は，帰国時のパスポート検査の結果から，その期間に53万3000人の者が，「非合法」に外国で長期就労していたと推計している[10]。

このように「合法」と「非合法」を合わせた移民出国は膨大な数にのぼる。彼らによる持ち帰り外貨と祖国への外貨送金によってもたらされた内需の拡大と，私営企業の創設などの投資活動は，ハンガリーを除けば，外国直接投資の効果よりも大きかったと推測しても誤りではなかろう。

United Nations [1998]は，経済成長などマクロ経済パフォーマンスとの関連は考察していないが，本章では，移民データが入手できた旧ソ連・東欧8か国について，移民入出国と経済パフォーマンスとの関連を考察しようとするものである。

第3節　データの所在と公開度

社会主義時代では西側への移民出国のデータはタブーとされ，いかなる国でも公表されてこなかった。しかしポーランドでは1985年データから国別に公表するようになり，ロシアは体制転換後，1980年のデータにさかのぼって公表した。これらは各国の統計年鑑または人口年鑑で公表されるが，対象となる26か国のすべての統計年鑑を所蔵する図書館は日本にはなく，筆者は，出版物の相互交換を行っているポーランド中央統計局図書館を利用した。そこで確認された公表データは，エストニア（1989年データから），リトアニア（1988年データから），ベラルーシ（1990年データから），チェコ（1988年データから），スロバキア（1988年データから），ルーマニア（1986年データから）についてである。本章が8か国を分析対象とするのは，もっぱらデータ入手の制約からである。

一方，タジキスタン・モルドバ・マケドニア・アルバニアなどの年鑑類は統計局図書館にも所蔵されておらず，当該国で統計年鑑が出版されているのかどうかさえ不明であるとのことであった。ハンガリーについては，詳細な人口年鑑が出版されており，在留外国人の出入国データは国別で公表されているがハンガリー人のデータは過去30年間で一度も公表していない。旧ユーゴでは，分裂前から共和国別の移民統計はとっていなかったと思われる。ブルガリアはデータを全く公表していない。ラトビアは体制転換後のデータは独・米・イスラエルの3国についてのみ公表するようになったが，転換前のデータがないので分析対象から除外した。

第4節　移民出国の二側面とイスラエル移民の特殊性

旧社会主義国の移民には2つの側面がある。ひとつは

補章　対西側移民出入国と体制転換後の経済過程

表2　ロシア（ソ連時代も現ロシア共和国部分のみ）の移民統計

	1985	1986	1987	1988	1989	1990	1991	1992	1993	1994	1995
旧ソ連以外の国への移民出国総数	3089	2873	9788	20800	47619	103694	88347	103117	113913	105369	110313
うち ドイツ	435	501	3875	9990	21133	33754	33705	62697	72991	69538	79569
米国	58	94	236	670	678	2322	11017	13200	14890	13766	10659
カナダ	4	15	27	34	114	179	164	292	661	874	754
ギリシャ	24	30	89	190	1832	4184	2089	1873	1792	1006	1278
スウェーデン	48	73	93	91	80	106	134	207	266	144	106
フィンランド	161	175	233	193	265	450	583	451	536	586	603
オーストリア	4	2	13	49	68	79	305	800	526	687	486
上記西側7か国の合計数	734	890	4566	11217	24170	41074	47997	79520	91662	86601	93455
ポーランド・ブルガリア・キューバ・アフガニスタン・中国の合計	785	714	703	696	728	686	1006	1347	1101	1108	1003
イスラエル	645	325	3523	8088	21956	61023	38744	21975	20404	16951	15198
その他の旧ソ連以外の国	911	928	978	840	828	987	901	1073	1266	1395	1133
上記西側7か国への人口千人あたりの移民者数	0.005	0.006	0.031	0.076	0.163	0.277	0.323	0.534	0.616	0.583	0.630
旧ソ連諸国への移民出国総数	701991	718983	764133	771057	691678	625773	587150	570026	369115	231752	229287
うち ウクライナ	325276	322713	332003	330606	299136	274577	276196	309336	172131	108370	99422
カザフスタン	115785	119455	127878	126243	114749	102833	99380	87272	68703	41864	50388
ベラルーシ	58020	56693	63411	66821	60516	49898	50272	57520	46058	27751	25229
エストニア	10443	10724	10134	9193	7286	5157	4012	2601	1582	1058	877
全世界からの移民入国総数	877131	957460	894048	874185	854590	913223	692238	926020	923280	1146735	842050
うち ウクライナ	351380	387344	348813	332617	301192	270453	210121	199355	189409	247351	188443
カザフスタン	185793	183129	170914	166213	158679	157401	128906	183891	195672	346636	241427
ベラルーシ	59748	75173	71182	60693	55951	73218	45618	36212	34670	43383	35337
エストニア	8245	8329	8593	8393	7868	8418	8176	24440	14340	11250	8591
ドイツ	26	28	39	29	20	8	0	4	6	3	6

出所）『ロシア人口年鑑』1998年版，330-333頁および19頁

永住移民であり，もうひとつは転居である。この2つの側面が明確に現れているのがロシアであり，体制転換前の6年間のデータが完全に得られた唯一の国でもあるので，詳細な統計表を表2に紹介しよう。体制転換前の旧ソ連諸国内の人口移動は，対ウクライナなどの数値から分かるように出入国がほぼ均衡していた。これは就職，転勤，入学と卒業などによる人口移動である。体制転換後は，移民に関する人種統計（統計表は省略する）から明らかになるように，母国への帰還という性格が強くなったが，これも転職による人口移動と理解すべきであろう。

一方，永住移民の性格を持つものは西側への出国である。ソ連は領土内に多くのドイツ民族とユダヤ民族を抱えており，フィンランド人やギリシャ人も少なくなかった。社会主義時代の末期から，これら民族に対して出国許可が出るようになり，その結果は表2が示すとおりである。ドイツも帰国者を厚遇した。表2にあるように，移民出国の国別データは13か国分のみ公表されており，英・仏・伊・ルーマニアなどへの出国数は「その他」にまとめられている。「その他」の数の比重は全体の中で極めて小さいことと，そのほとんどが東欧への出国と思われることから，分析に際してこれを無視した。表3以下の各国の統計表においても同様の方針を採用した。

表3のエストニアに関しては体制転換前の2年間のデータしか入手できない。しかし表2のエストニアからロシアへの入国統計をみれば，1980年代は極めて安定していたことが分かり，2年間の平均値で体制転換前の6年分の平均値のデータとすることは許されよう。エストニアは1989年の時点で人口156万人のうちドイツ人はわずか3466人であり，ロシアにみられたような西側移民出国の漸増という現象はなかったと考えられる。エストニアでは国別データの得られた6か国の合計を西側移民出国者数とした。

一方，表4のベラルーシのデータは極めて興味深い。1990年においては，西側への出国が1000人以下であるのに対して，イスラエルへの出国は3万3000人にのぼっている。イスラエルへの移民は，上述の移民の2側面のうち，永住移民という第二の側面が非常に強い。しばしば近親者だけでなく，親戚一同による集団移民もみられた。移民に際してはイスラエル政府から旅費が支給され，移民後の住居と就業が保証された。彼らはイスラエルの地に入植するのであり，その後の出身国への影響はほとんど考えられない。事実，ポーランドへの100万ドル以上の直接外国投資492社のリストの中にイスラエル資本は1社もない[11]。また上垣彰（西村可明・渡辺博史・上垣彰［1998］における上垣彰執筆部分）によれば，ルーマニアへの外国投資主要10か国の中にもイスラエルは登場しない[12]。本章では，ベラルーシだけでなく，8か国すべてについてイスラエルへの移民を西側移民の範疇か

103

表3　エストニアの移民出国統計

	1989	1990	1991	1992	1993	1994	1995
移民入国総数	12498	8381	5203	3548	2390	1575	1616
移民出国総数	12326	12403	13237	37375	16169	9206	9785
うち　ドイツ	698	563	496	543	488	311	496
スウェーデン	42	27	46	109	68	57	81
フィンランド	70	139	289	402	569	816	1067
米国	78	30	272	303	141	108	230
カナダ	21	9	16	40	38	50	40
オーストラリア	8	2	16	23	3	2	3
上記西側6か国への移民出国	917	770	1135	1420	1307	1344	1917
イスラエル	788	505	362	133	137	48	36
ベラルーシ	637	602	823	3059	1068	280	276
ウクライナ	1535	1799	2068	5669	1677	583	539
ロシア	6677	7353	7723	25882	11447	6692	6746
移民先判明の15か国への移民	11884	12006	12909	36918	16000	9103	9665
その他の国への移民出国	442	397	328	457	169	103	120
上記西側6か国への人口千人あたりの移民出国	0.585	0.486	0.716	0.919	0.859	0.891	1.284

出所）『エストニア統計年鑑』1998年版, 80-81頁

表4　ベラルーシの移民出国統計

	1990	1991	1992	1993	1994	1995
旧ソ連諸国への移民出国	99310	95821	117697	85971	50043	33256
旧ソ連以外の諸国への移民出国	34094	22017	9727	6901	6950	8780
うち　ドイツ	95	208	370	464	398	552
米国	508	6191	5590	3627	2826	2169
オーストラリア	62	132	213	57	94	61
上記3か国の合計	665	6531	6173	4148	3318	2782
イスラエル	33085	15146	3157	2431	2952	3705
ポーランド	66	116	152	101	99	147
その他の国への移民出国	278	224	245	221	581	2146
上記独・米・オーストリア3か国への人口千人あたりの移民出国	0.064	0.635	0.598	0.400	0.320	0.271

出所）『ベラルーシ統計年鑑』1998年版, 88-93頁。

ら除外した。

　ベラルーシは，1989年においてその人口の77.9％をベラルーシ人が，13.2％をロシア人が，4.1％をポーランド人が，2.9％をウクライナ人が，1.1％をユダヤ人が占めていた。「その他の民族」の0.8％の中にリトアニア人やラトビア人が相当含まれていると思われるので，エストニアと同様，ドイツ人は無視しうるほど少数であった。ベラルーシについては体制転換前1年だけのデータしか入手できなかったが，その数値をもって，体制転換前6年の平均的移民データとした。

　またベラルーシは国別データを上位5か国しか公表しておらず，1990年においては「西側3か国への移民」が665人，東欧諸国も含む「その他の国への移民」が278人であった。「その他の国」を無視した結果，表11にあるように，人口千人あたりの西側移民出国数は0.064となるが，これが0.08に上昇したとしても，図3や図4から分かるように，本章の分析には影響を及ぼさない。よって「その他の国への移民」は無視した。

第5節　各国データにおける留意点

　本節では，上記3か国以外の5か国のデータにおける留意点を述べる。

　表5のポーランドについては，いずれの年も移民出国総数の圧倒的大多数を西側12か国が占めており，「その他の国への移民出国」は無視しうる。また統計データは紹介しないが，1984年以前の移民総数に大きな変化はないから，体制転換前4年のデータで体制転換前データとした。

　表6のルーマニアについては，西側9か国への移民が2万3000人前後であるのに対して，「その他の国」はわずか3000人前後である。よってこれを無視した。体制転換前の4年のデータのみ入手可能であるが，4年間を通して西側9か国への出国数は安定しているので，この数値の平均値をもって体制転換前のデータとした。

　表7のリトアニアについては，表7の注に記したように，相当強い仮定を置いて数値を計算しているが，

表5　ポーランドの移民出国統計

	1985	1986	1987	1988	1989	1990	1991	1992	1993	1994	1995
永住出国総数	20578	29008	36436	36291	26645	18440	20977	18115	21376	25904	26344
うち　ドイツ（89年以前は西独と西ベルリン）	9584	12998	19290	24630	18669	11587	14502	12851	15333	18876	18161
オーストリア	1308	2227	1970	1100	533	357	315	252	323	441	620
フランス	1044	1578	1516	924	546	398	328	265	212	309	380
オランダ								155	152	189	181
スウェーデン	928	1040	1072	795	530	479	460	283	280	518	570
英国	397	604	518	288	200	87	122	79	95	137	154
イタリア	1082	2010	2700	1375	351	179	223	88	141	172	199
米国	2469	3318	3345	2770	2728	2493	2158	1960	2592	2767	3181
カナダ	879	1052	1378	1398	1573	1586	1547	1232	1373	1457	1677
中南米	39	39	48	18	25	11	13	10	5	5	11
オセアニア	451	470	556	420	308	344	327	283	236	324	383
ギリシャとデンマーク									100	61	102
上記西側12か国への移民者数	18181	25336	32393	33718	25463	17521	19995	17558	20803	25297	25517
その他の国への移民出国	2397	3672	4043	2573	1182	919	982	557	573	607	827
上記西側12か国への人口千人あたりの移民出国	0.486	0.674	0.857	0.890	0.669	0.458	0.521	0.457	0.540	0.655	0.660

注）空欄はデータなし。
出所）『ポーランド統計年鑑』1991年版（55頁），1992年版（59頁），1998年版（105頁）。『ポーランド人口年鑑』1993年版（283頁），1994年版（285頁），1995年版（313頁）

表6　ルーマニアの移民出国統計

	1986	1987	1988	1989	1990	1991	1992	1993	1994	1995
移民出国総数	26509	29168	37298	41363	96929	44160	31152	18446	17146	25675
西側9か国への移民出国総数	20730	23569	22273	26233	81337	36006	23675	13438	13587	20346
うち　ドイツ	13804	15377	13943	17378	66121	20001	13813	6874	6880	9010
米国	2685	3435	3063	3583	4924	5770	2100	1245	1078	2392
カナダ	648	948	923	1151	1894	1661	1591	1926	1523	2286
オーストリア	1705	1430	1544	1500	3459	4630	3282	1296	1256	2276
フランス	427	434	532	436	1626	1512	1235	937	787	1438
イスラエル	1376	1694	1483	1486	1227	519	463	324	417	316
ハンガリー	1184	1262	10529	11163	10635	4427	4726	3674	1779	2509
その他の国への移民	3219	2643	3013	2481	3730	3208	2288	1010	1363	2504
上記西側9か国への人口千人あたりの移民出国	0.907	1.026	0.970	1.133	3.504	1.552	1.038	0.590	0.597	0.897

出所）『ルーマニア統計年鑑』1996年版，132頁

表7　リトアニアの移民出国統計

	1988	1989	1990	1991	1992	1993	1994	1995
移民出国総数	16114	17637	23592	20703	28855	15990	4246	3773
旧ソ連以外の諸国への出国	1259	2198	3765	2618	1531	914	828	857
うち　ドイツ				253	307	191	180	250
米国				362	428	234	199	182
カナダ				30	54	27	22	31
オーストラリア				28	16	14	18	9
その他西側11か国への出国				14	56	19	11	4
（西側15か国への出国）	328*	572*	980*	687	861	485	430	476
イスラエル				1142	451	368	281	337
ポーランド				725	181	50	75	38
他の旧社会主義諸国への出国				64	38	11	42	6
西側15か国への人口千人あたりの移民出国	0.090	0.155	0.264	0.183	0.229	0.129	0.115	0.128

注）1988年から1990年までの*印は，旧ソ連以外への出国者に占める西側出国者の比率が1991年と同一であるとの仮定に基づき筆者が推定したものである。
出所）『リトアニア統計年鑑』1990年版（17頁），1993年版（39頁），1998年版（42頁）
　　　『リトアニア人口年鑑』1996年版（117頁）

実際の移民出国率はこの数値を大幅に下回る可能性がある。第一に，1989年にはユダヤ人が人口の1.3％（約4万人）も居住しており，ロシアからの類推からすれば，1989年以降にイスラエルへの大量出国があったと考えられる。すなわち「西側への出国」は推定値よりかなり下回るであろう。また統計表には示していないが1985年の「ソ連以外の諸国への出国」はわずか672人であり，移民出国総数も1987年以前は少なかった。これらを考慮に入れると表11におけるリトアニアの出国係数は0.169ではなく，その半分程度であった可能

表8 チェコ（スロバキア地域を除く）の移民出国統計

	1988	1989	1990	1991	1992	1993	1994	1995
移民出国総数	1672	2015	4113	3896	468	7424	265	541
ドイツ（旧東ドイツを含む）	623	878	1226	1393	205	79	108	195
スイス	57	56	642	767	27	7	7	36
米国	39	62	111	271	34	12	10	21
上記3か国を含む西側16か国への移民出国	1436	1789	3783	3599	404	150	179	363
スロバキア	×	×	×	×	×	7232	56	140
スロバキアを除く東側への移民	112	64	52	57	7	14	9	4
その他の国への移民	124	162	278	240	57	28	21	34
西側16か国への人口千人あたりの移民出国	0.138	0.172	0.365	0.349	0.039	0.014	0.017	0.035

注）×はチェコスロバキア時代なので，移民出国に該当せず。
出所）『チェコスロバキア統計年鑑』1990年版（125頁），1991年版（126頁）
『チェコ統計年鑑』1993年版（100頁），1994年版（91頁），1995年版（105頁），1996年版（118頁）

表9 スロバキア（チェコ地域を除く）の移民出国統計

	1988	1989	1994	1995
移民出国総数	569	575	154	213
ドイツ（旧東ドイツを含む）	98	143	15	26
独を含む西側16か国への移民	376	402	40	67
チェコへの移民	×	×	95	108
西側への移民（千人あたり）	0.071	0.076	0.007	0.012

注）1990年から1993年までのデータは公表されていない。
×印はチェコスロバキア時代なので該当せず。
出所）『チェコスロバキア統計年鑑』1990年版（125頁），1991年版（126頁）。『スロバキア統計年鑑』1995年版（154-155頁），1996年版（164-165頁）

表10 ポーランドからの移民出国者の中に占める短大卒者（15年教育）と大卒者（17年以上の教育）の合計の比率（％）

	1988	1989	1990	1991	1992	1993
男性	11.7	8.2	5.5	3.7	3.6	2.8
女性	6.2	5.6	4.1	2.9	2.7	2.1

出所）『ポーランド人口年鑑』各年版

図2 アクティブな移民出国者数と移民入国者数

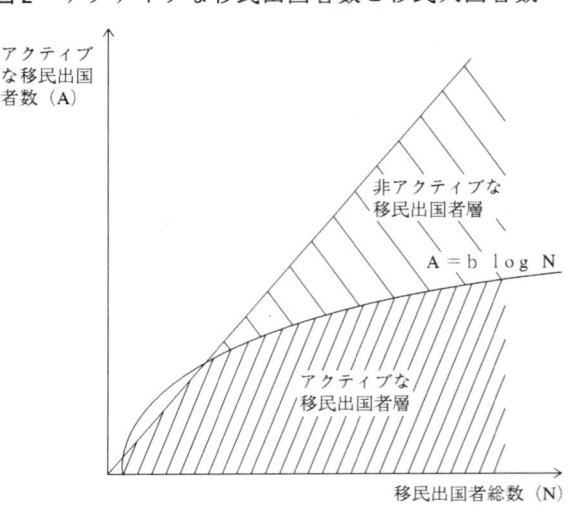

性がある。しかし，もし，そうだとしても，図5にあるように，統計的なあてはまりはかえって向上する。それゆえ，あえてリトアニアを分析対象から除外することはしなかった。

表8と表9のチェコとスロバキアについては，ともに西側16か国の国別データが入手できるので「その他の国への移民」は無視しうる。またポーランドと同様に1980年代後半に移民出国に大きな変化はみられない。一方で，この両国については，住民票の転出手続きをとらないで長期に西側で就労する目的で出国した者が3千人から6千人いたというのが，チェコの人口専門家の見解である。分析対象の8か国の中で，チェコスロバキアがドイツと国境を接する唯一の国であったことを考慮すべきであろう。しかし，もしそうであったとすれば，表11における移民出国係数は0.1から0.3に跳ね上がることになるが，図5における統計的あてはまりはかえって向上する。それゆえ，この「不法出国」の存在が分析結果の信頼度を低下させることにはならないであろう。

第6節 アクティブな移民層に関する対数型仮説

ここまでは，移民数を紹介してきたが，これら移民出国者のすべてが，図1にあるように，祖国での経済過程に積極的にコミットしているわけではない。そのような活動を行っている移民出国者は一部に限られ，多くの移民出国者は単純労働者として移民先で働いているだけである。祖国に影響力を行使できるのは，主に高学歴者や技能を身につけた者に限られよう。そこで，出国移民数と学歴の関係をみてみよう。このデータを公表しているのはポーランドだけであるが，それを表10に紹介する。年を経るごとに高学歴者の比率が低下していることが明確にみてとれる。

8か国すべてにおいて，1985年から体制転換時点まで，対西側移民出国者が増加し続けたことは表2から表9までで推測される。したがって，ポーランドからの類推により，これら8か国において，年をおって移民出国者が増えるごとに，高学歴者の比率が低下していったという仮説は，高い説得力をもって受容されるであろう。すな

表11 8か国の移民出国率と移民入国率と体制転換後のGDP累積変化率

	3年累積経済成長率	3年累積成長率の計算期間	人口千人当り西側移民出国	移民出国の平均率計算期間	人口千人当り西側移民入国	移民入国の平均率計算期間	移民出国と移民入国の合計	注記
ポーランド	99.0%	1991-1993	0.726	1985-1988	0.072	1990-1992	0.798	体制転換を1989年春とした。
ルーマニア	96.1%	1992-1994	1.009	1986-1989	0.070	1991-1993	1.079	体制転換を1990年春とした。
チェコ	95.1%	1992-1994	0.155	1988-1989	0.405	1991-1993	0.560	体制転換を1990年春とした。
スロバキア	94.4%	1992-1994	0.073	1988-1989	0.225	1991-1993	0.298	体制転換を1990年春とした。
ロシア	76.4%	1993-1995	0.093	1985-1990	0.001	1992-1994	0.094	旧ソ連諸国の体制転換を1991年の春から夏とした。
ベラルーシ	70.2%	1993-1995	0.064	1990	データなし	1992-1994	0.064	西側からの移民率はロシアと同等に0.001とした。
リトアニア	78.0%	1993-1995	0.169	1988-1990	0.045	1992-1994	0.214	出国移民率の推定は本文参照。
エストニア	93.0%	1993-1995	0.535	1989-1990	データなし	1992-1994	0.635	西側からの移民率は0.1と推定した（本文参照）。

わちアクティブな移民者数（A）の占める比率は，移民出国者総数（N）の減衰関数であるという仮説である。ここでは次の対数型関数を仮定しよう。bは定数である。

$$A = b \log N$$

もちろん，AがNの平方根（あるいは0.3乗）に比例するというような関数も想定できようが，本章では対数型の関数を採用して，図1の仮説を検討してみよう。

第7節　移民出国率による経済過程の分析

表1から，体制転換後，それぞれの国でマイナス成長が何年続いたかが分かる。最短はポーランドの2年であり，最長はロシアの7年である。また体制転換前の人口千人あたりの対西側移民出国者数は表11にまとめてある。この両者を前節での対数型仮説を採用して，縦軸対数のグラフにプロットしたものが図3である。それぞれの国に付随する特殊事情も考慮に入れて評価しなければならないから，あえて回帰分析は行わないが，明らかに右下がりの傾向が読みとれる。また第4節で述べたように，リトアニアについては出国率がもっと小さい可能性が高く，チェコとスロバキアについては出国率がもっと高い可能性があるので，これを盛り込めば，右下がりの傾向はさらに強く出るであろう。

すなわち，体制転換前に多くの国民が西側に出国していた国ほど，体制転換後の経済停滞の期間が短くてすんだという結論である。

次に，体制転換後の経済成長率と体制転換前の移民出国率との関係をみてみよう。体制転換の時期の特定については表11の注記に記したとおりであるが，いずれの国も体制転換の年は政治的改革に忙殺され，市場機構の導入や民営化などの経済制度の整備は，その理念だけは謳われたが，実施はされなかった。体制転換の翌年においては，各国において市場経済化をめざした法制度の整備などがなされたが，いずれの国においても激しいインフレが発生し，経済は混乱を極めた。事実，表1から分かるとおり，ベラルーシを除いた7か国において，体制転換の翌年においてGDPの最大の落ち込みを経験している。

西側に出国していたアクティブな移民層が，祖国に何らかの影響力を与えうるようになるのは，体制転換の2年後からであると考え，各国で体制転換2年後の年から3年間のGDPの累積変化率を計算したものが表11に掲げてある。体制転換4年を経ると，市場経済も定着し，西側巨大資本や韓国資本などが進出するようになる。また市場経済が定着した後の経済パフォーマンスは，金融政策や財政政策などの経済的要因で分析すべきものであろう。それゆえ筆者は表11に掲げてあるように3年間という期間に絞って移民出国との関係をグラフにプロットしてみた。それが図4である。

チェコとスロバキアを除けば，はっきりと右上がりの傾向が確認される。すなわち体制転換前に移民出国が多い国ほど，転換後2年を経てから4年後までの経済成長率において，その落ち込みが小さくですんだという結論である。しかしチェコとスロバキアについては，第4節で述べた「不法出国」を考慮に入れたとしても，傾向線からはかなり乖離してしまう。そこで次節では移民入国の効果を考察しよう。

第8節　体制転換後の帰国者とチェコとスロバキアの特殊性

表11に人口千人あたりの西側からの移民入国者数（移民入国係数）がまとめてあるが，そのバラツキは非常に大きい。ロシアについては表2にとりあえずドイツからの帰国者数のみを紹介してあるが，そこからも分かるとおりほぼゼロに等しい。西側7か国からの合計でもロシアの移民入国係数は0.001である。

一方，チェコとスロバキアにおいては，西側からの帰国者が出国者の10倍にも達した年がある。大変な帰国ブームが出現したのであるが，帰国者の多くは祖国での就業機会を求めた普通の労働者であったといわれている。

表13のスロバキアはチェコスロバキア時代のデータを公表していないので，その数値は表の注記にあるように筆者の推定であるが，現実からの大きな乖離はないであろうと考えている。

ベラルーシについては，移民入国の国別データが公表されていないが，ロシアと同様にゼロと推定することは

図3　対西側移民出国と体制転換後の経済停滞期間

（縦軸：対西側移民出国者数（人口千人当）、横軸：体制転換後のマイナス成長継続年数）

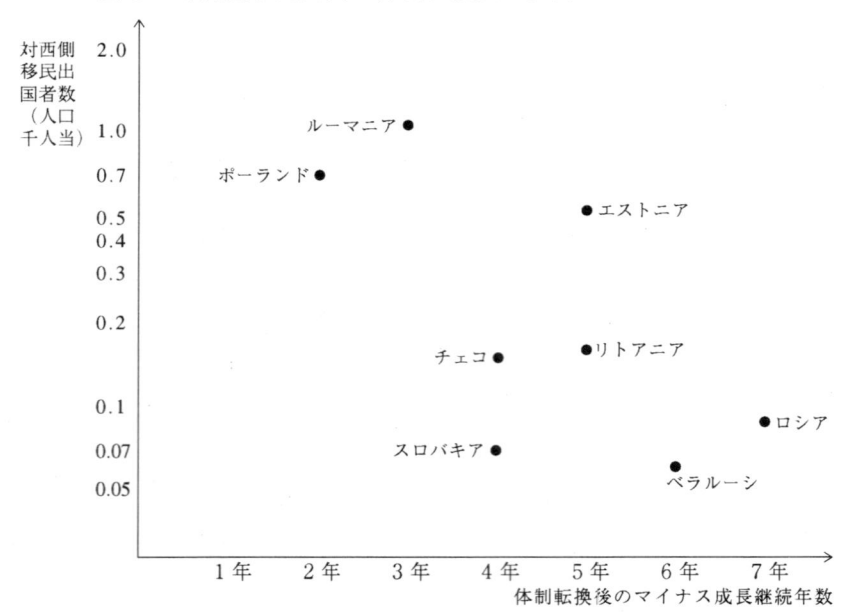

ルーマニア：約1.0、3年
ポーランド：0.7、2年
エストニア：0.5、5年
チェコ：0.15、4年
リトアニア：0.15、5年
スロバキア：0.07、4年
ロシア：0.08、7年
ベラルーシ：0.06、6年

図4　対西側移民出国と体制転換後の3年累積GDP変化率（％）

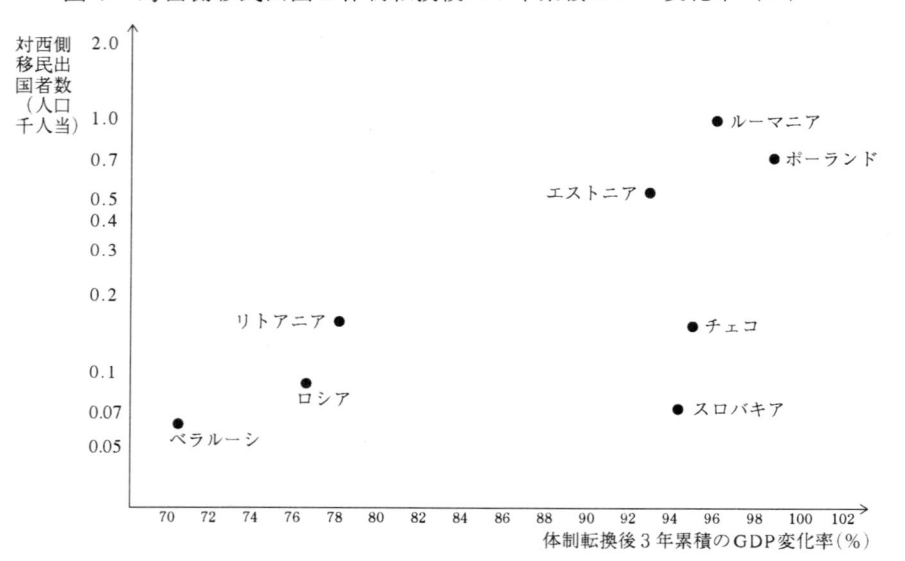

（縦軸：対西側移民出国者数（人口千人当）、横軸：体制転換後3年累積のGDP変化率（％））

ルーマニア：約1.0、96
ポーランド：0.7、100
エストニア：0.5、92
チェコ：0.15、94
スロバキア：0.07、94
リトアニア：0.15、76
ロシア：0.08、77
ベラルーシ：0.06、71

表12　チェコ（スロバキア地域を除く）の移民入国統計

	1989	1990	1991	1992	1993
移民入国総数	729	2338	5762	7332	12900
西側20か国からの移民入国総数	158	1277	4025	4899	3631
うち　ドイツ（西独）	38	430	1286	1671	1391
スイス	5	115	421	560	404
カナダ	9	132	565	596	421
米国	17	144	556	504	314
オーストリア	19	138	255	444	281
スロバキアからの移民入国	×	×	×	×	7276
西側20か国からの人口千人あたり移民	0.015	0.123	0.390	0.474	0.351

注）×印は，チェコスロバキア時代なので，外国からの移民入国とはならない。
出所）『チェコスロバキア統計年鑑』1990年版（125頁），1991年版（126頁）
　　　『チェコ統計年鑑』1993年版（100頁），1994（91頁），1995年版（105頁）

妥当であろう。

残りの4か国のデータを表14から表17までに紹介してあるが，表17のエストニアについては国別データが公表されておらず，人種別統計しか公表されていない。1993年を例にとれば，入国者は2390人で，ロシア共和国から1582人が，またベラルーシから88人が帰国したことが他国の統計年鑑から分かる。筆者は西側からの帰国者は200人前後と推定しているが，その場合，移民入国係数は0.1となり，表11の出国・入国の合計係数に大きな影響を与えない。

第9節　移民出入国の合計とGDP変化率

移民入国の数値をどのように扱ったらよいであろうか。筆者はまず，アクティブな帰国者数についても対数型の仮説を採用した。第1節で述べたように，当初は野心的な移民者が帰国し，経済が落ち着くにつれて，祖国で再就職するために帰国する単純労働者や高齢の年金生活者などの帰国が増加すると考えるからである。

ついで筆者は入国者数と出国者数を単純に合計している。異質な数値を合計してはならないという批判は当然予想される。西側からの帰国者1人の方が西側への移民出国者1名より，祖国の経済に与える影響力がはるかに大きいと考えられるからである。しかし次の事実も考慮に入れるべきだろう。すなわち帰国者は出国後相当の年数を外国で過ごしている。チェコの場合でいえば，1968年のプラハの春から30年は経過した。当時，乳幼児で両親と共に出国した者が30歳くらいになり，祖国での成功を狙って帰国す

補章　対西側移民出入国と体制転換後の経済過程

表13　スロバキア（チェコ地域を除く）の移民入国統計

	1991	1992	1993	1994
移民総数（チェコを除く）	1752	2106	3482	1323
西側20か国からの移民	1223*	1407*	980*	589
うち　ドイツ				128
カナダ				103
米国				68
スイス				52
西側20か国からの人口千人あたり移民	0.230	0.264	0.183	0.110

注）*印は推定値。1990年から1993年までの移民元の国別統計は公表されていない。西側20か国からの移民入国の全体に占める割合がチェコと同一であるとの仮定を置いて筆者が推計した。
出所）『スロバキア統計年鑑』1994年版（136頁），1994年版（136頁），1995年版（154頁）

表14　ポーランドの移民入国統計

	1990	1991	1992	1993	1994
移民入国総数	2626	5040	6512	5924	6907
西側9か国からの移民	1414	2943	4019	3940	4486
うち　ドイツ	555	1118	1432	1484	1843
米国	393	710	1031	982	1175
カナダ	113	189	308	265	348
オーストリア	58	158	195	185	168
フランス	111	174	278	267	303
スウェーデン		121	157	108	115
英国	97	184	284	261	237
イタリア		110	130	177	160
オセアニア	87	179	204	211	137
西側9か国からの人口千人あたり移民入国	0.037	0.076	0.104	0.102	0.116

注）空欄はデータなし。
出所）『ポーランド人口統計年鑑』1993年版（283頁），1994年版（285頁），1995年版（313頁）

表15　ルーマニアの移民入国統計

	1990	1991	1992	1993
移民入国者総数	3095	3443	3077	3257
西側5か国からの入国総数	1528	1625	1612	1657
うち　オーストリア	160	142	121	215
フランス	164	240	191	229
イスラエル	264	254	273	259
ドイツ	531	556	579	606
米国	409	433	448	348
西側5か国からの人口千人あたりの移民入国	0.065	0.070	0.070	0.072

出所）『ルーマニア統計年鑑』1996年版，134頁

表16　リトアニアの移民入国統計

	1991	1992	1993	1994
移民入国総数	11828	6640	2850	1664
西側4か国からの入国総数	517	310	132	67
うち　ドイツ	489	223	50	24
米国	7	59	60	28
カナダ	1	10	21	4
イスラエル	20	18	1	11
旧社会主義国10か国からの移民入国総数	10799	6046	2629	1507
西側4か国からの人口千人あたりの移民入国	0.138	0.082	0.035	0.018

出所）『リトアニア統計年鑑』1998年版，42頁

表17　エストニアの移民入国統計

	1991	1992	1993	1994
移民入国総数	5203	3548	2390	1575
民族構成				
うち　ロシア人	3596	2299	1233	865
ウクライナ人	567	255	117	90
ベラルーシ人・ラトビア人・リトアニア人	234	160	80	36
エストニア人	415	564	691	418
ドイツ人	34	20	14	13
フィンランド人	36	47	38	64
（参）ロシア共和国からの移民	4012	2601	1582	1058

出所）『エストニア統計年鑑』1998年版，56頁
　　　『ロシア人口年鑑』1998年版，332頁

るが，彼を迎え入れる親戚の数はそうは多くないであろう。一方，移民出国者は出国から歳月を経ていなければ，祖国に残った協力者の数も多いであろう。

また帰国者の数値は体制転換後の3年分の平均値を考慮しているが，移民出国者の数値は体制転換前の6年分の平均値を考慮しており，さらに，祖国との接触は減衰していくとはいえ，それ以前の1960年代・1970年代に出国した者の累積数は相当にのぼる。表11における移民入国係数と移民出国係数のどちらが，祖国の経済への影響力を強く持つかについては見解が分かれるところかもしれない。筆者は，とりあえず，両者を単純合計した数値を用いて，GDP変化率を説明してみようと思う。

その結果が図5に示されている。非常に高い相関関係がみてとれる。

第10節　結　語

本章は明らかにいつくかの問題点を含んでいる。まずデータの入手可能性からサンプル数が8にとどまった。また得られたデータも分析対象期間をすべてカバーするものではなく，いくつかの仮定を置いて推定しなければならなかった。さらにアクティブな移民層が移民総数の減衰関数であるという仮定は妥当であるにしても，常用対数型関数を仮定した理論的説明が与えられていない。すなわち移民が10倍に増えるとアクティブな移民の影響力が1ポイント増えるという仮定の妥当性が検討されていない。もちろん移民が8倍に増えると影響力は2倍に増えるという指数型の関数も検討に値しよう。最後に，サンプル数から多変量解析が行えないとはいえ，移民出国係数と移民入国係数を単純合計することを図5においては行っている。

以上のような限界はあるが，旧社会主義諸国における移民出入国と体制転換後の経済パフォーマンスが密接な関連にあるということは示せたと考える。

これからのロシア・東欧地域の経済を理解する上で，本章の分析から2つの問題点を提示することができよう。第一は，東欧地域がEU経済圏に統合されることを望んでいることは周知のことであるが，実はドイツ経済圏の傘下に入ることを意味するのではないかという点である。

図5　対西側移民出国と入国の合計ならびに体制転換後の3年累積GDP変化率（％）

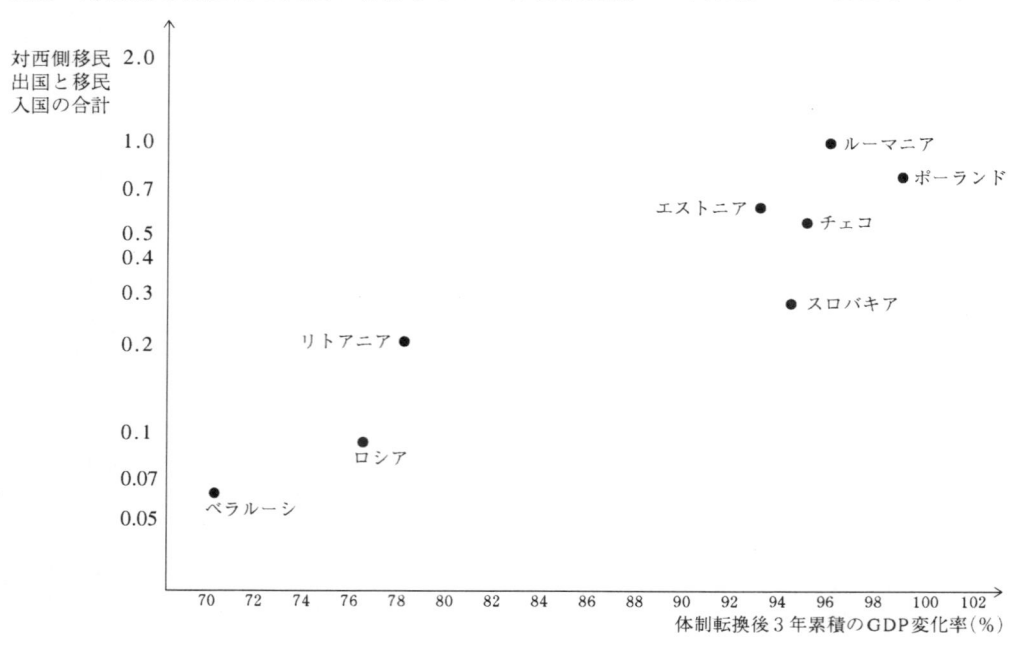

東欧地域については，外国資本投下などの観点から多くの人がこれを指摘するところである。しかし移民出国の数値からみると，ドイツ密着というこの傾向は東欧地域に限らず，ロシアやベラルーシにも及んでくるのではないだろうか。第二点としては，たしかにロシア経済は現在でも低迷しているが，1980年代末になってからドイツ・米国への移民出国が急増しており，この効果は近い将来に現れてくるかもしれないということを指摘しておきたい。

注　記

本章の作成過程で，田畑伸一郎氏（北海道大学）とDusan Drbohlav氏（プラハ・カレル大学）から貴重なアドバイスを受けた。また一橋大学における研究会において深尾京司氏（一橋大学）から貴重な助言を受けた。記して謝意を表す次第である。

1) 西村可明・渡辺博史・上垣彰 [1998, p.337] の表1が各国への外国直接投資を示している。
2) GUS [1990, p.304]．
3) 詳しくは，吉野悦雄 [1993] を参照されたい。
4) 内容については論文データ・ベースのサマリーで確認できるが，マイクロフィルム版Ph. D論文のため，筆者は未見である。
5) 内容については論文データ・ベースのサマリーで確認できるが，オスロ大学のディスカッション・ペーパーのため，筆者は未見である。
6) 内容については論文データ・ベースのサマリーで確認できるが，香港バプテスト大学のワーキング・ペーパーのため，筆者は未見である。
7) 内容については論文データ・ベースのサマリーで確認できるが，The West of England大学のワーキング・ペーパーのため，筆者は未見である。
8) United Nations [1998] のxxii頁。
9) 同上書，118頁。
10) 同上書，19頁。
11) Foreign Trade Research Institute [1997, pp.184-214].
12) 西村・渡辺・上垣 [1998] を参照。

参考文献
（注：各国統計集については省略する）

西村可明・渡辺博史・上垣彰 [1998]：西村可明・渡辺博史・上垣彰「中・東欧における外国直接投資」『経済研究』第49巻第4号，336-361頁，1998。

吉野悦雄 [1993]：吉野悦雄編著『ポーランドの農業と農民』木鐸社，1993。

Foreign Trade Research Institute[1997]: Foreign Trade Research Institute, *Foreign Investments in Poland*, Warsaw, 1997.

GUS[1991]: Główny Urząd Statystyczny, *Kościół Katolicki w Polsce 1918-1990*, Warszawa, 1991.

Korovilas[1998]: Korovilas, J.P., *The Albanian Economy in Transition: the Role of Remittances and Pyramid Investment Schemes*, Working papers no.28/Faculty of Economics and Social Science, Britol: Univerisity of the West of England, 1998.

Li[1996]: Li, Si-ming, *Population Migration, Regional Economic Growth and Income Determination: a Comparative Study of Dongguan and Meizhou, China*, Working paper series/Faculty of Social Sciences, Hong Kong: Hong Kong Baptist University, 1996.

Riis[1988]: Riis, Christian, *Did Emigration from Norway Promote Economic Growth?*, Memorandum from Department of Economics no.26, Oslo: Universitet i Oslo, 1988.

United Nations[1996]: United Nations, *Foreign Direct Investment, Trade, Aid, and Migration*, Geneva, 1996.

United Nations[1998]: United Nations, *In-depth Studis on Migration in Central and Eastern Europe: the Case of Poland*, Economic studies no.11, Economic Commission for Europe, Geneva, 1998.

Zottola[1973]: Zottola, Armand, Joseph, *Reverse Migration in Puerto Rico: a Case Study of Human Capital Investment and Technological Transfer*, Ph.D Thesis, Catholic University of America, Microfilm, Ann Arbor, University Microfilms International, 1973.

第二部

家系図分析

家系図分析　概要

　この第二部概要は，本書第二部の各家庭における特徴的なできごとや特性を一覧表にまとめたものである。家庭番号の次に頁を示す。第二部の家系図においては，学校教育制度や相続制度など多くの家庭に共通することがらについての説明を，最も代表的と思われる家庭の家系図の中において示してあるが，このような場合の説明事項も，本概要では当該家庭の特記事項と共に，該当する家庭番号の欄に分類して示してある。以下，記号の意味と読み方を説明する。

注1）各家系図の一番左側の列を第1世代と呼び，順次右側に移るに従い第2世代，第3世代と呼ぶことにする。ローマ数字のⅢは第3世代を表す。③とは第3子として誕生したことを示す。したがって（Ⅱ⑤）とは，第2世代において第5子として生まれた人物のことを指す。1番家庭の例でいえば，第2世代の第5子として誕生したゾフィア（女）の欄において，ドイツ強制労働の様子が説明されていることがこの概要から分かる。また各家庭における特徴的なできごとについては，例えば3番家庭において，幼児の手榴弾爆発事故死という事件が第3世代の第1子において発生していることが分かる。

注2）一般にひとつの世代の中に第1子や第2子は複数登場しているが，該当する世代の列の中で①や②の記号を持つ人物を探せば，読者は容易に当該人物を発見することができる。

注3）出産順序が不明な場合は家系図の中で生誕順序の記号が付されていない。その場合には，本概要では名前を記してある。6番家庭の例では，第2世代に生まれたバツワフの欄で戦前の水車小屋経営が説明されていることが分かる。

注4）家系図の中で生誕順序記号が付されていない人物であっても，その配偶者には生誕順序記号が付されている場合がある。そのような場合は，スペースの省略のため当該人物の名前を記さず，配偶者の生誕順序記号を記しているので，読者は家系図の中で，該当する生誕順序記号を持つ人物とその配偶者の双方に注意しながら，当該人物を探していただきたい。

注5）一部の家系図では，スペースの都合上，異なる世代が一つの列に併せて組み込まれている場合がある。例えば31番家庭の場合である。家系図の中にゴチック活字で世代を記入してある。

　表1　（116頁）　家系図登場人物の人種分類表
　表2　（117頁）　各家庭における移民出国例・特殊婚姻例・戦争被害例・ラーゲリ収容例

　1番家庭（118頁）　ドイツ強制労働の様子（Ⅱ⑤），材木による嫁入り生前贈与（Ⅲ①），コルホーズのソホーズ化（Ⅲ④），初級小学校の制度と小学校における言語教育および小学校建物の構造と授業のやり方（Ⅲ⑤），私営の小商店の開業（Ⅳ①），私営自動車修理業の活動（Ⅳ②）。

　2番家庭（120頁）　今世紀初頭の自給的農業の様子（Ⅱ④），ドイツでの捕虜の労働実態（Ⅲ⑥），土地税（Ⅲ⑥とⅢ③），均分相続（Ⅱ④とⅢ①），地条の形（Ⅱ④），農家用分譲住宅の販売方法（Ⅲ⑥）。

　3番家庭（122頁）　7人の子供による均分相続（Ⅱ①から⑦），幼児の手榴弾爆発事故死（Ⅲ①），ソホーズにおける農民による農作物の窃盗（Ⅲ②），ソホーズ牛舎の作業形態（Ⅲ②），ソホーズでの生活実態（Ⅲ②），行政区域とソホーズ区域の不一致（Ⅱ⑤），農家でのパン焼き（Ⅲ②），異民族の夫との会話言語（Ⅳ②）。

　4番家庭（124頁）　プロスティ語（Ⅰ），ソ連軍による人種選別の実施（Ⅱ①），1944年のソ連軍の略奪（Ⅲ③），ベラルーシにおける農業集団化（Ⅱ①），戦後ポーランド移住の第一波（Ⅱ①），国内旅券における人種欄（Ⅱ①），スターリン期における教会への弾圧（Ⅲ③），ベラルーシとリトアニアの間の賃金格差と両国間の移住（Ⅲ③），闇ウォッカの製造販売（Ⅲ③），他国への労働者派遣（Ⅲ①），部落で最初のテレビ（Ⅳ①），私営運送業の開業（Ⅳ③），職場での従業員同士の会話言語（Ⅳ①）。

　5番家庭（126頁）　19世紀における140ha所有の大農の様子（Ⅰ），大農における完全な均分相続（Ⅱ①から④），アルゼンチンへの兄弟そろっての集中移住（Ⅲ②③⑤），1944年におけるリトアニア人の疎開（Ⅳ①），トロイカ（支配権力の3人組）（Ⅲ⑤），苛酷でないラーゲリの例（Ⅲ⑤），ラーゲリでの出産（Ⅳ③），ラーゲリからの帰国切符（Ⅲ⑤），社会主義時代の馬の飼育許可（Ⅲ④），職場での昇任試験の言語（Ⅳ①），1990年代でのポーランドへの長期出稼（Ⅳ①）。

家系図分析　概要

6番家庭（128頁）　ドイツ軍による非ユダヤ人部落の集団殺戮（Ⅲ娘），戦前の水車小屋経営（Ⅱバツワフ），トロイカ（Ⅲ⑤），兄弟そろってのポーランドへの集中移民（Ⅲ②③④⑧），兄弟そろってのアルゼンチンへの集中移民（Ⅲ①②③），妊娠によるラーゲリ送りの免除（Ⅲ⑥），ラーゲリからの月に一回の手紙（Ⅲ⑥），パルチザンと誤認されてのソ連軍による射殺（Ⅲ④）。

7番家庭（130頁）　戦後の裁縫学校（Ⅳ②），結婚熟慮期間（Ⅳ②），1990年代における村の小商店の営業実態（Ⅳ②），児童手当（Ⅳ②）。

8番家庭（132頁）　1haずつの均分相続（Ⅰ），均分相続された土地の再集積（Ⅱ②），共産党員によるクラークの略奪殺害（Ⅱステファニア），ポーランド集中移民（Ⅲ①②⑥），酔った警察官による殺人（Ⅲ④），寄宿舎型リトアニア語小学校（Ⅳ②），高校入試科目（Ⅳ②），卒業後の義務的就職（Ⅳ②），病院医局での会話言語（Ⅳ②），運転免許試験の実施言語（Ⅳ②）。

9番家庭（134頁）　戦後における農民の自家栽培野菜の販売（Ⅲ①），自宅でのパン焼き（Ⅲ①），農村での有線ラジオ（Ⅲ①），リトアニア風の子供の命名（Ⅴ②），ワルシャワへの国際バス通学（Ⅴ②）。

10番家庭（136頁）　男子だけの均分相続（Ⅲ③⑤⑦），大農のコルホーズ率先加盟（Ⅲ②），貧農のポーランド集中移民（Ⅲ④⑦⑪），病院での出産（Ⅳ②），緊急洗礼（Ⅳ②），子供の国内旅券の民族欄記入（Ⅴ息子），社内書類の使用言語（Ⅳ①），KGBの社内での役割（Ⅳ①），学歴と教員資格（Ⅳ③②①），子供の喧嘩とジプシーの児童（Ⅳ③），小学校での宗教教育（Ⅳ③），私営会計事務所の開業（Ⅳ④）。

11番家庭（138頁）　第一次世界大戦での毒ガス後遺症（Ⅱミハウ），ポーランド集中移民（Ⅲ①②④⑤），ドンバス炭坑からの逃亡帰国（Ⅲビットルド），職場での民族差別の禁止（Ⅳ①），党員の小学校長（Ⅳ③），ロシア風の社内風土（Ⅳ①），民営化企業の倒産（Ⅳ③），民族融合目的の企業設立（Ⅳ⑤），企業経営陣の人種（Ⅳ⑤），合弁企業の設立（Ⅴ②），ポーランド人の大学進学の困難さ（Ⅳ④），大学入試の実施言語（Ⅴ①），ロシアへの労働力徴発（Ⅲビットルドと⑧）。

13番家庭（140頁）　タタール人墓地（Ⅱステファン），トルコ語のコーラン（Ⅱステファン），安息日の労働（Ⅳ⑥），スターリン期の礼拝（Ⅳ⑥），ベラルーシのイベ市との緊密な婚姻関係（ⅡとⅢ全体），ポーランド語の衰退（Ⅵ①②），私営運送業の開業（Ⅴ②）。

14番家庭（142頁）　タタール人の大農場経営（Ⅰヤクープ），6人の子供の均分相続（Ⅱ①から⑥），1914年のクリミヤ半島への集団疎開（Ⅱの14人），異民族との結婚に対する両親の反対（Ⅲ⑤とⅣ②），若者の民族的な異性観（Ⅲ③とⅢ②），ドイツ軍の占領政策（Ⅲ③），外国国籍取得と土地返還の権利喪失（Ⅲ②）。

15番家庭（144頁）　ポーランド風の名字への改姓（Ⅰビンゲツキ），クリミヤ半島からの婿入り（Ⅰバザレビッチ），ユダヤ人手工業者（Ⅱベキール），米国移民帰りの農家創設（Ⅱベキール），息子の結婚相手の父親による指名（Ⅱベキール），トルコ語の理解度（Ⅲ①），パルチザン支配地域（Ⅲ①），コルホーズ議長の解任（Ⅲ①），スターリン期でのモスク礼拝の制約（Ⅲ①），国内旅券（Ⅳ③），ベラルーシと当地のコルホーズの賃金水準（Ⅳ③），自宅建設費（Ⅳ③）。

16番家庭（146頁）　カトリックへの改宗（Ⅱエバ），不在地主（Ⅱアダム），1917年のペストの猛威（Ⅳの5人），1940年のソ連による集団化（Ⅳ⑥），ユダヤ農家（Ⅳ⑥），ポーランド国内軍（AK）のパルチザンと嵐作戦（Ⅳ⑧とアレキサンデル），シベリア送り（Ⅳアムラト），国内旅券の人種名（Ⅲ①）。

17番家庭（148頁）　ロシア革命後の内戦への徴兵（Ⅲ①），1914年のロシアへの疎開（Ⅳ④），戦前での聖職者への給与支給（Ⅲ⑧），米国からの移住帰国（Ⅲ④⑤②），ドイツへの労働力徴発対象者の選定方法（Ⅳ①），1944年でのパルチザン強盗による殺害（Ⅲ④とⅣ①）。

18番家庭（150頁）　1944年のソ連軍による徴兵（Ⅲ①），ドイツ軍の捕虜に対する扱い（Ⅲ①），捕虜の戦後の移住先選択（Ⅲ①），旧捕虜のソ連での強制（矯正）労働（Ⅲ①），ソ連の収容所からの逃亡（Ⅲ①），異民族との結婚に対する両親の反対（Ⅳ①），兄弟がみな同じ就職先（Ⅳ①②③）。

19番家庭（152頁）　自宅での宗教上の結婚式（Ⅱ②），5人の子供の均分相続（Ⅱ①②③④⑤），兄弟の集中同居（Ⅱ③），兄弟の農業共同経営（Ⅱ③），ドイツ占領政策（Ⅱ③），ドイツ占領中の強盗団（Ⅱ③），割礼（Ⅲ②とⅣ②），ソホーズ管理職の転勤（Ⅲ⑤），ロシア風の命名（Ⅳルスラン），家族内での多様な使用言語（Ⅳ①），リトアニア風への改名（Ⅳ②）。

20番家庭（154頁）　1914年のクリミヤへの集団疎開（ⅠとⅡの11人），モスクでの礼拝の頻度（Ⅲ③），15人の子供を産んで母親英雄勲章の授与（Ⅲ①），頻繁な乳児死亡（Ⅳの4人），キルギス人の移住（Ⅳ⑤），ロシア語の普及（Ⅳ⑨），親戚同士の結婚（Ⅳ⑩），異民族結婚への親の反対（Ⅳ⑪），私営小売業の開業（Ⅳ⑭），ベラルーシ国籍からリトアニア国籍への変更（Ⅳ⑮），異民族間結婚の一般化とそのもとでのイスラム伝統の保持（第5世代全般）。

21番家庭（156頁）　入党と党機関への就職（Ⅱ①），ソ連軍第17リトアニア民族師団の解散（Ⅱ②），アリトゥス県のタタール人部落（Ⅲ①②），私営商社の設立（Ⅲ③），異民族間結婚の一般化（第4世代全般），イスラム教からの離教と割礼の否定（Ⅲ②），子供にリトアニア語教育を受けさせる傾向（Ⅳ①②），父親の権威の低下（Ⅳ①）。

23番家庭（158頁）　ドイツ占領政策（Ⅲ①），1940年におけるリトアニア風の名字への改姓（Ⅲ①），パルチザンと誤認されてのソ連軍による射殺（Ⅲ①），兄弟・姉妹同士の結婚（Ⅲ），コルホーズのブリガード長への就任要請の拒否（Ⅲ①），軍隊での技能修得（Ⅳ③），異民族結婚への両親の反対（Ⅳ④），リトアニアの警察学校へのロシアからの留学（Ⅳセルギェイ），父から息子への同種職種の継続（Ⅴ③）。

24番家庭（160頁）　1850年ころの自発的な農奴解放と土地分割区分の大きさ（Ⅰパルジェロニス），集中的な米国移民（Ⅲの3人），移民仲介人と帝政ロシアへの移民（Ⅴヤヌシ），パルチザンに参加しドイツ軍に殺害される（Ⅴヤヌシ），ユダヤ人農家と虐殺（Ⅵ②），1950年代の専業主婦（Ⅵ②），地区ソビエトの書記（Ⅵ②），労働組合の海外旅行（Ⅵ②），反体制運動（Ⅶ①）。

25番家庭（162頁）　米国移民からの送金（Ⅱ①②），巡回教師（Ⅱ①），国境線の設定（Ⅱ①），西側在住親戚の存在の秘匿（Ⅱ④），ポーランド国有林とポーランド人きこり（Ⅱ①），コルホーズの初代議長への就任（Ⅱ①），ドイツ強制労働の後の定住（Ⅲ③）

26番家庭（164頁）　農奴解放の土地分割の大きさ（ⅠとⅡ），トラホームによる米国移民の不許可（Ⅲ②），大量の移民出国（Ⅲの7人），ユダヤ人とリトアニア人の助け合い（Ⅲアダマス），米国移民の嫁探しの一時帰国（Ⅳ④），戦前の貧農の暮らし（Ⅳ⑥），ユダヤ人商店（Ⅳ⑥），コルホーズ議長就任拒否によるラーゲリ送り（Ⅳ⑥），ラーゲリ送りの後のロシア定住（Ⅳ⑥），初期コルホーズの生活水準（Ⅳ①），土地返還の権利認定（Ⅳ⑥⑦）。

27番家庭（166頁）　兄弟の愛（Ⅱ④），第一次世界大戦での出征と戦死（Ⅱ④），見合いと結婚観（Ⅲ⑥），ユダヤ人部落（Ⅱマタス），中農の生活とユダヤ人商人（Ⅱ③），占領中のリトアニア警察官で戦後戦争犯罪者としてシベリア送り（Ⅲ⑥），郵便配達夫制度の変更（Ⅲ⑥），有料の高学年教育と進級断念（Ⅳ②），土地返還の認定（Ⅲ⑦）。

28番家庭（168頁）　移民仲介人による詐欺（Ⅲ⑤），均分相続（Ⅲ⑤③④②），米国出稼ぎでの蓄財（Ⅲ②），冬期間のみの小学校通学（Ⅳ②），戦前の住み込み農民の生活（Ⅳ②），ドイツ占領中に部落長として労働力徴発対象者の選定をしたため戦後戦争犯罪者とされ受刑（Ⅲ⑤），1953年での米国製スキー靴の購入（Ⅳ②），1940年にリトアニア風の名字に改姓し戦後再びもとの姓に戻る（Ⅳ②），米国移民老人の帰国願望（Ⅲ①）。

29番家庭（170頁）　第一次世界大戦のときのロシア軍敗走の際の村の焼き払い（Ⅰピョートル），戦前の国境警備隊長（Ⅱ⑤とⅢ①），トラホームによる米国移民拒否（Ⅱ①），内縁の夫への土地相続の拒否（Ⅱ③），戦前の農家の食事（Ⅲ①），1939年におけるソ連軍の略奪がなかった事例（Ⅲ①），初期コルホーズの貧しい実態（Ⅲ①），父親による小学校の語学の選定（Ⅳ①），ウズベク人のカトリック改宗（Ⅴ②）。

30番家庭（172頁）　第一次世界大戦での村の焼き払い（Ⅰシモス），国境をまたがる農地（Ⅰシモス），ユダヤ人商人のゴールドの取引（Ⅰモティエス），宗教限定の土地売買（Ⅰイワン），見合い結婚（Ⅱ①），住み込み農夫の賃金（Ⅱ①），1944年でのクラーク告発の形態（Ⅱ①），苛酷なシベリア・ラーゲリ（Ⅱ①），国境をまたがる農作業とそれに伴う民族紛争（Ⅱ⑥），1941年のシベリア送り（Ⅲ①），リトアニア・パルチザンとして逮捕されるクラークの息子（Ⅲ①），息子がリトアニア・パルチザンとなったため身代わりに処刑された父親とラーゲリ送りになった母親（Ⅱ⑤），ベラルーシからの出稼労働者（Ⅳ①），反体制学生としての退学処分と復学とその後の出世（Ⅳ②），カトリックへの改宗（ⅡアンジジェイとⅣフィオニア），異民族結婚に対する両親の同意（Ⅳ②），通勤農業（Ⅲ①）。

31番家庭（174頁）　村長と学歴（Ⅲミエチスワフ），亡命ポーランド政府の軍隊に従軍し英国へ移民（Ⅲ①），1945年のソ連による労働力徴発（Ⅲ②①③②），1989年からの個人農経営への挑戦と成功（Ⅳ⑤），妻の親の援助（Ⅳ⑤），ベラルーシの高校進学（Ⅳ①），ソ連の大学への進学とその後の出世（Ⅳ③）。

32番家庭（176頁）　日露戦争従軍（Ⅱ③），息子全員の移民出国（Ⅱ①），夫の裏切りと妻の移民後の行方不明（Ⅱ③），リトアニア警察官が改名して戦後に国外逃亡（Ⅲ④），国内旅券の民族名の選択可能性（Ⅲフェリックスとヤニーナ），カトリックへの改宗（Ⅳ②），異民族間結婚の一般化（Ⅳ全般）。

34番家庭（178頁）　19世紀初頭のトランプ博打の儲けでの領地購入（Ⅰボリス），領主と農奴の保護関係（Ⅱイザベラ），帝政ロシア時代のベラルーシ人とロシア人の区別のなさ（Ⅳダリア），イーディッシュ語を話すベラルーシ人女中（Ⅳソフィア），若い世代の異民族間婚姻の一般化（第6世代全般），改宗（Ⅴ①①①とⅥディミトリ）。

35番家庭（180頁）　日露戦争従軍（Ⅲダニエル），ロシア革命での処刑（Ⅲダニエルの3人の弟），ドイツ軍の村の焼き払い（Ⅲダニエル），ユニア派ギリシャ正教（Ⅳマリア），レニングラード攻防戦（Ⅳ③），彫刻家の教会での非合法就労（Ⅴエドワルド），市場経済化の中での彫刻家としての成功（Ⅴエドワルド），お祭りを2回祝う習慣（Ⅴマリア）。

36番家庭（182頁）　1914年の東方への脱出とペストによる死亡（Ⅱアンナ），兄弟で赤軍と白軍とに分かれての徴兵と戦死（Ⅲアレキサンデルとアナトリ），ソ連によるロシア正教会の破壊（Ⅳ②），モスクワ攻防戦でのドイツ軍による村の焼き払い（Ⅲアレクセイ），1939年での医科大学の転学（Ⅳ②），極東への就職（Ⅳ②）。

37番家庭（184頁）　1914年のロシアへの家族そろっての疎開（Ⅱ①②③④⑤），ボリシェビキによるスパイ容疑による処刑（Ⅰダビド），戦前の女中の生活（Ⅱ④），ヒトラーという名前を知らないような生活（Ⅱ④）。

38番家庭（186頁）　ドイツ軍による労働力徴発のなかった部落の例（Ⅱ⑦），職業事務所によるカザフスタンへの就職斡旋（Ⅲ③），カザフスタンでのアパート割当（Ⅲ③），1980年代のビルニュースでの公衆浴場の存在（Ⅲウラジミール），カザフでの永住（Ⅳ①②），ソ連での研修（Ⅳ③）。

39番家庭（188頁）　ロシアからリトアニアに派遣されてきたコルホーズ農場長（Ⅱピョートル），ソ連の大学の通信課程に進学（Ⅲ③），ソホーズでの出世と賃金（Ⅲ③），私営の木材取引企業の創設と国際取引（Ⅲ②），1991年からの大規模個人農の創設（Ⅲ③），リトアニア国籍の取得（Ⅲ④③），ベラルーシからリトアニアの中等教育機関への進学（Ⅲマリア），リトアニアからベラルーシの中等教育機関への進学（Ⅳ②），カトリックへの改宗（Ⅱ①）。

40番家庭（190頁）　1949年でのクラークの認定方法（Ⅰイレナの夫），女中奉公（Ⅱ②③），1970年代におけるロシアへの進学と極東での就職（Ⅲ②），党員警察官と信仰（Ⅲ③），大規模個人農の創設（Ⅲ①），銀行ローンと担保（Ⅲ①），徴兵解除後の帰郷義務免除が得られる就職先（Ⅲ④），カトリックへの改宗と娘の洗礼（Ⅲ②）。

41番家庭（192頁）　老後を同宗教の人と暮らすための68歳での再婚（Ⅱイワノフ），スバウキ県の古儀式派との緊密なつながり（第2世代と第3世代と第4世代の各世代全般），1944年におけるソ連軍への徴兵と多くの戦死者（Ⅲ①②），私営工務店の経営（Ⅳ①），私営企業への就職（Ⅳ③），強固な同一宗教同士の婚姻（第2世代と第3世代と第4世代全般）。

43番家庭（194頁）　クリミヤへの集団疎開（Ⅱ①②③④⑤⑥⑦），クリミヤ半島でのカライム神学校での研修と最後のカライム聖職者（Ⅱ⑦），ポーランドへの大量移住（Ⅲ③④など多数），ドイツ軍の好意的態度（Ⅱ⑦），カライム共同体（Ⅱアラヌシ），外交官（Ⅳ①とⅢソフィアとⅣアレキサンデル），大学教授（Ⅲ①），独身者が多い（ⅢとⅣの全般），1939年からほぼ1年おきに変わる小学校教育での使用言語（Ⅲ④）。

44番家庭（196頁）　ドイツからのバルト植民（ⅠリーテンスとⅡヨンス），ドイツへの避難逃亡（Ⅴ③⑨④），ドイツ語の放棄とリトアニア語での会話（Ⅴ⑤），リトアニア人は同県内だけで同人種の人と結婚する傾向（Ⅶ全般），極秘結婚式（Ⅶ②④），リトアニア人一般農民によるユダヤ人殺害とそれによる戦後の戦争犯罪者認定ならびにシベリア送り（Ⅶ②），小学校の実態（Ⅶ②④），教師の出世（Ⅶ②），ドイツ名からリトアニア名への改名（Ⅴ②），改宗はしないがカトリックの受容（Ⅶ②）。

45番家庭（200頁）　ユダヤ人集団虐殺（Ⅲ全般），シュテッテル（ユダヤ人が居住する田舎町）（Ⅱアブラハム），第二次世界大戦中でのリトアニア陸軍師団の結成と多くの戦死者（Ⅲ⑥），カザフスタンにおける多くの朝鮮人（Ⅲ⑥），戦間期におけるドイツ人とユダヤ人の共存（Ⅲ⑤），ヘブライ語小学校における教室外でのイーディッシュ語での会話（Ⅳ①），ソ連留学と出世（Ⅳ①），社会主義時代の高官の結婚披露宴（Ⅳ①），リトアニアのユダヤ人の信仰の保持状況（Ⅳ①），極東のビロビジャン・ユダヤ人自治区（Ⅴミハウ），私営企業の副工場長（Ⅴ①②），イスラエルへの挙家移住（Ⅳ③とⅤ①②）。

47番家庭（202頁）　ユダヤ人熟練工のゲットー初期段階での虐殺例（Ⅱ⑤⑥），ゲットー外の労働（Ⅲ①②），偽装結婚によるリトアニア脱出（Ⅱ③），引っ越しのないゲットーの生活（Ⅱマキシム），ゲットー脱出（Ⅲ①①），リトアニア警察官のパルチザンへの協力（Ⅲ①①），出世とアパート（Ⅲ①），ソ連側パルチザン（Ⅲ①①），1944年でのソ連軍による職業割り当て（Ⅲ①①），ソ連の通信教育制度による大学の卒業（Ⅲ①とⅥ①），イスラエルへの移住の手続きとイスラエル政府の援助（Ⅲ父）。

48番家庭（206頁）　極貧のユダヤ人（Ⅱ④），トラホームによる米国移民の拒否（Ⅱ④），極貧のユダヤ移民（Ⅱ①），戦間期でのソ連への脱出と違法越境の手引き人（Ⅲ②とシモン），1935年のキーロフ暗殺（Ⅲシモン），ソ連内務省による粛正の処刑（Ⅲシモン），1941年におけるユダヤ人共産党員のロシアへの逃亡（Ⅲ①），戦間期のシオニスト運動（Ⅲ①），戦間期の共産主義運動（Ⅲ②とシモン），共産主義活動へのみせしめとしての生後2か月の幼児の公開絞首刑（Ⅲ①），極東タイガの中のラーゲリ（Ⅲ②），ラーゲリでの食事（Ⅲイサク），ラーゲリでの男女交際（Ⅲ②），ラーゲリでの出産（Ⅲ②），米国製飛行機によるラーゲリからの帰還（Ⅲイサク），ユダヤ人米国教授のユダヤ連帯意識による援助（Ⅲ②），ドイツへの出稼ぎ（Ⅴ①）。

49番家庭（210頁）　ユダヤ人農家（Ⅰアブラハム），1940年の社会主義リトアニア政府における2人のユダヤ人大臣（Ⅱ⑤），1941年におけるロシア領内での亡命リトアニア政府樹立（Ⅱ⑤），ソ連共産党による入党拒否とそれにもかかわらずの戦後の出世（Ⅱ⑤），1941年6月22日のカウナスからの脱出列車（Ⅱ②），最後まで殺されなかったゲットーのユダヤ人の例（Ⅱタボルスキ），ポーランドへの偽装移住を経てのイスラエル移住（Ⅱタボルスキ），ドイツ兵慰安所のユダヤ人慰安婦（Ⅲイレナ），大学卒業時の優秀賞（Ⅲダビド），ユダヤ人に対する出世の差別（Ⅲダビド）。

表1 家系図登場人物の人種分類表

家庭番号	民族系列	登場人物総数	リトアニア人	ポーランド人	ロシア人・ロシア正教・正統派	ロシア人・ロシア正教・古儀式派	ロシア人・宗派不明者と無信仰者	ベラルーシ人	ウクライナ人	タタール人	ユダヤ人	ドイツ人	カライム人	その他の民族	
1番	ポーランド	28	1	27											1番
2番	ポーランド	25		25											2番
3番	ポーランド	31	1	30											3番
4番	ポーランド	24		24											4番
5番	ポーランド	31	3	28											5番
6番	ポーランド	43		42				1							6番
7番	ポーランド	26		26											7番
8番	ポーランド	40		40											8番
9番	ポーランド	22		22											9番
10番	ポーランド	43	2	41											10番
11番	ポーランド	52	2	47			1	2							11番
13番	タタール	36	1							35					13番
14番	タタール	51	1	2				1		47					14番
15番	タタール	46								46					15番
16番	タタール	50	1	7			1			41					16番
17番	タタール	65	1							64					17番
18番	タタール	52		6						46					18番
19番	タタール	59	4	4		1			1	49					19番
20番	タタール	68	1	9						56	1			キルギス人1	20番
21番	タタール	50	4	5				1		40					21番
23番	リトアニア	45	42		3										23番
24番	リトアニア	45	40	5											24番
25番	リトアニア	45	40	4				1							25番
26番	リトアニア	64	63									1			26番
27番	リトアニア	62	60	2											27番
28番	リトアニア	46	43	2			1								28番
29番	リトアニア	55	40	7	1		2	1						ウズベク人1, 米国人3	29番
30番	リトアニア	58	39	15		1			3						30番
31番	ポーランド	61	1	52	2	1		4						スコットランド人1	31番
32番	リトアニア	63	50	11	1		1								32番
34番	ベラルーシ	63	2	11	4	2		42		1	1				34番
35番	ベラルーシ	43	4	8		1		30							35番
36番	ベラルーシ	30		1	3			24			1	1			36番
37番	ベラルーシ	13		2		4		7							37番
38番	正教古儀式派	44		16	2	25			1						38番
39番	正教正統派	33		5	17		6	3			2				39番
40番	ポーランド・ウクライナ	66	2	53			2	3	6						40番
41番	正教古儀式派	44			4	40									41番
43番	カライム	98	4	3	3		1						87		43番
44番	ドイツ	52	24		1		1					26			44番
45番	ユダヤ	51	3								48				45番
47番	ユダヤ	71	1								68			米国人2	47番
48番	ユダヤ	33	3								29			米国人1	48番
49番	ユダヤ	29	6	2							21				49番

注1) 登場人物とは，家系図において何らかの情報が書き込まれている者を指す。単に名前と人種だけしか書き込まれていない者は登場人物総数に算入していない。ただし，当該家庭の民族系列とは異なる民族の者で名前と人種だけが書き込まれている場合はすべて登場人物総数に算入している。

注2) ロシア正教正統派とロシア正教古儀式派の用語については第一部第3章を参照されたい。

表2 各家庭における移民出国例・特殊婚姻例・戦争被害例・ラーゲリ収容例

家庭番号	民族系列	米国等西側への移住者	ポーランドへの移住者	ロシア・ベラルーシ等旧ソ連諸国および帝政ロシアへの移住者	人種をまたがる結婚例	改宗した者	兄弟・姉妹・従兄弟同士の結婚例	第二次大戦でドイツ軍により殺害された者	ドイツ軍の捕虜になった者・ドイツでの強制労働に連行された者	パルチザンの参加者とパルチザンにより殺害された者	ソ連のラーゲリに送られた者	
1番	ポーランド		1	1例				1				1番
2番	ポーランド		4			1例		2		1		2番
3番	ポーランド		2	1例				2		1		3番
4番	ポーランド					1例						4番
5番	ポーランド	1アメ,4アル,1加	3	1例						6		5番
6番	ポーランド	4米,3アル	8	1例		2例	1		1	2		6番
7番	ポーランド					1例						7番
8番	ポーランド		5			1例			1	1	1	8番
9番	ポーランド	1アメ	2							2		9番
10番	ポーランド		5	1例						1		10番
11番	ポーランド		8	5例					1	2		11番
13番	タタール			1例				1		1		13番
14番	タタール			3例								14番
15番	タタール	7米							1	3		15番
16番	タタール	1アメ,1米	3	2	4例	1			2	2		16番
17番	タタール	7米	1	1例				2	2			17番
18番	タタール	1米	2	4例				1		1		18番
19番	タタール	1米	1	7例								19番
20番	タタール			12例								20番
21番	タタール		1	10例		1例	1					21番
23番	リトアニア		2	1例		1例		1		1		23番
24番	リトアニア	3米	4	2	1例			1		1		24番
25番	リトアニア	2米		5例		1例			1			25番
26番	リトアニア	7米,1独,2アル		1例								26番
27番	リトアニア	4米		1	2例			1			1	27番
28番	リトアニア	3米	1	3例								28番
29番	リトアニア			11例					1			29番
30番	リトアニア			9例	2					1	3	30番
31番	ポーランド	1英	1	6例		1		1	1	3		31番
32番	リトアニア	2米,2アル	9	2	10例	1						32番
34番	ベラルーシ	1米		2	21例	4	1例					34番
35番	ベラルーシ			4	6例			3	1	2		35番
36番	ベラルーシ	1イス		1	3例			2				36番
37番	ベラルーシ		1	1	4例			1				37番
38番	正教古儀式派	1加	5	4	4例		1例					38番
39番	正教正統派				5例	1						39番
40番	ポーランド・ウクライナ			3	13例	1	2例					40番
41番	正教古儀式派			3				1		1		41番
43番	カライム	1スイス	14	6	12例		1例					43番
44番	ドイツ	1米,5独			5例		1例				1	44番
45番	ユダヤ	8イス		1	3例			17				45番
47番	ユダヤ	2米,16イス		2	1例			28		3		47番
48番	ユダヤ	6米,1イス,1独		5	3例		1例	12		2		48番
49番	ユダヤ	3イス	3		2例			14				49番

注1) 米はアメリカ合衆国，イスはイスラエル，アルはアルゼンチン，加はカナダ，アメは南北アメリカ大陸，独はドイツ，英はイギリスを指す。
注2) 旧ソ連諸国および帝政ロシアへの移住者数とは，自発的に移住した者とラーゲリに送られたのち帰国しなかった者の合計である。
注3) ロシア人同士の結婚の場合，たとえ宗派が異なっていても，人種をまたがる婚姻例には算入していない。
注4) ドイツ軍によって殺された者の中には，ドイツ支配地域の現地警察によって殺害された者を含む。
注5) パルチザンとは，ソ連側パルチザン，ポーランド国内軍パルチザン，リトアニア・パルチザンのすべてを指す。この数字はパルチザンに参加した者，パルチザンと誤認されて殺された者，およびパルチザンによって殺された者の合計数である。

テレサ・サムソノビッチ家，1番家庭，ポーランド系，シラヘレニ部落，1996年7月2日

アンジジェイ（男）
ポーランド人。カトリック。1870年代か1880年代の生まれ。姓は不詳。シラヘレニ部落が属するパイガタイ村は，ビルニュース市からの方角は明らかにできないが，5ないし25キロの地点にあり，その中心部パイガタイ部落（そこに村役場がある）から南に4キロほど行ったところにシラヘレニ部落がある。この一帯はビルニュース県（ビルニュース市をとりまくドーナツ型の県）に属する。そのシラヘレニ部落からさらに南の方に5キロ前後行ったところにハリーナ部落がある。アンジジェイはハリーナ部落で生まれた。当時はロシア帝国領だった。1915年から1918年までは第一次世界大戦でドイツ軍の支配下になる。1918年から1920年まではポーランド政府とソビエト政府の間で領土の帰属をめぐって戦争があり，1921年からはポーランド領になる。1939年9月には第二次世界大戦が勃発し，ソ連軍の支配地域になるが，ソ連政府はただちにビルニュース県をリトアニア政府の領土として割譲した。しかし1940年にはソ連軍はリトアニアに大規模に進駐し，リトアニア共和国はリトアニア社会主義ソビエト共和国となってソ連邦の一員となった。すなわちビルニュース県はソ連の領土となった。1941年6月22日に独ソ戦が勃発し，ドイツ軍はただちにこの地方を制圧した。1944年7月ソ連軍はこの地方を解放し，1944年7月には再びリトアニア社会主義ソビエト共和国となってソ連邦の一員となった。1991年にリトアニアはソ連からの独立をかちとり，リトアニア共和国となった。

アンジジェイはハリーナ部落で農地を持ってはいたが貧農だった。3ないし5haの土地と1頭の乳牛を所有していた。戦間期（第一次世界大戦と第二次世界大戦の間の期間）に，土地と農家建物の全部を長女のブロニスワバに相続させた。その下の3人の娘が嫁に行った際には，金銭か家畜の形で生前贈与を与えたと思われるが，詳細は不明である。1945年にハリーナ部落で死亡した。

ユーゼファ（女）
ポーランド人。カトリック。ハリーナ部落に生まれる。同じ部落のアンジジェイの家に嫁に行った。1957年にハリーナ部落で死亡した。夫より4歳年下だったが生年は不詳。

ビンツェンティ・サムソノビッチ（男）
1880年前後にシラヘレニ部落の生まれ。1959年に死亡。ポーランド人。カトリック。結婚して妻が当家に移ってきた。第一次世界大戦後においては，シラヘレニ部落に15haの土地を持っていた。その土地が親から受け継いだものかどうかは不明。戦間期に土地を子供たちに分割して相続させた。特に娘は大きな土地をもらった。1949年から社会主義体制のもとで農業の集団化が始まった。土地を生前贈与で受け取っていた子供たちは土地をコルホーズ（協同組合形式の集団農場）に供出しなければならなかった。シラヘレニ部落で死亡した。

妻
ポーランド人。カトリック。1961年死亡。

ジィグムント（男）
ポーランド人。カトリック。戦前には，シラヘレニ部落ないしその近隣の部落で13haの土地を持っていた。

妻
ポーランド人。カトリック。1961年死亡。

- 息子ユーゼフ（生年順序不明）
- 息子アダム（生年順序不明）
- 息子ヤン（生年順序不明）

①アレキサンデル・トロヤノビッチ（男）
1901－1985。ポーランド人。カトリック。当地シラヘレニ部落から西南西18キロ前後のギェリアイ村の生まれ。ポーランド人農家の住み込み農民（土地なし農民）だった両親のもとに生まれる。両親が早くに死亡し孤児となった。若い時は森林労働者として働く。後に大農の住み込み農民となる。その農家には他に女中もいた。1922年ころブロニスワバと結婚し，ハリーナ部落の妻の実家に移り住んだ。妻は3ないし5haの土地を父から生前贈与で受け継いでいたが，アレキサンデルはその後さらに，同部落の別の場所に相当の農地を買い足し，合計15haとした。アレキサンデルは同部落に自宅を新築した。戦争中も農業を営む。約20戸の農家があったハリーナ部落では最大の農家となった。1949年の農業集団化でコルホーズに加盟させられ，農地と馬と納屋・馬小屋を失った（注：形式的には，これらの資産をコルホーズに自発的に供出し，コルホーズに加盟したことになる）。自宅と1頭の豚と60アール（回想のまま。当初は1番家庭テレサの発言のまま。実際は住み込んでいた地域が戦後ポーランド領に編入されたため，ポーランドに残留したとも考えられる）。戦後ポーランドから手紙を書いてきた。しかし当地の実家には子供も多く，生活も厳しかったので，ゾフィアはポーランドに残ることにした。その後は音信がなくなった。ポーランド人と結婚した。最近になってゾフィアは当地を訪問した。現在はポーランドのチェハヌーフ市（ワルシャワから北方70キロの地方都市。戦前もポーランド領）に住む。

夫（ポーランド在住のポーランド人）

- 娘（結婚し，夫が婿に来た。父から建物を相続した。かなりの土地も相続したが，土地は集団化で失っている。父から相続した建物は現在でも残っていて，孫娘一家が居住している）

ヤン・サムソノビッチ（男）
7番家庭の主婦の夫の祖父。1906年ころの生まれ。1986年に死亡。父の実家の敷地内に小さい小屋を建て，国鉄に勤務した。若干の土地も相続して兼業の農家を営んだ。

- その他の兄弟の数は不明

ブロニスラフ・サムソノビッチ（男）
1912年生まれ。戦後は国鉄に勤務し，官舎に住む。シラヘレニ部落のそばを国鉄線路が通っており，そこに貨物駅があり，職員宿舎もあった。1960年代に村役場に願書を書き，ソフホーズ（国営農場。当初は数百ha以上の大領主の土地を国家が没収し農業経営を始めた形態。後にコルホーズを吸収合併することなどもあった）から12アールの土地を無料で賃借する権利を得た。ただし毎年3.5ルーブルの土地税を支払う必要があった。土地が入手できたので，1965年に78平米の自宅を建てた。建築費は2500ルーブルだった（注：ソ連政府の公式賃金統計によれば，1964年のソ連全体での労働者の年額平均賃金は1081ルーブルだった）。

回想のまま。当初はもっと少なかったかもしれない）の自留地（自宅菜園）は残った。後に乳牛1頭を飼う。コルホーズ員としてコルホーズで働く。1985年に死亡。第5子ベルナルドが建物を相続した。アレキサンデルは当地から北東5キロ前後のサチライ村のカトリック教会付属墓地に埋葬されている。サチライ村のカトリック教会が，ハリーナ部落の教区の教会である。

①ブロニスワバ（女）
1904－1984。当地シラヘレニ部落から南方に5キロほど離れたハリーナ部落の貧農の家に生まれる。近所の村の青年アレキサンデルと知り合い，20歳くらいの時に結婚。夫が婿に来た。父の小さい土地を全部受け継いだ。夫の働きのおかげで部落で最大の農家の主婦となった。しかし戦後の農業集団化で資産を失い，コルホーズ員としてコルホーズで働いた。ハリーナ部落で死亡。

②ゲノベファ（女）
ハリーナ部落で生まれ，実家で育つ。パイガタイ村ズイダタ部落（パイガタイ村の中心にあるパイガタイ部落からは北方に4キロの部落）の農家に嫁に行き，そこで死亡。

③プワディスワ（女）
ハリーナ部落で生まれ，実家で育つ。パイガタイ村ズイダタ部落の農家に嫁に行き，そこでで死亡。

④ヤドビガ（女）
戦前に，シラヘレニ部落から南東10キロのスチガネイ部落に嫁に行った。生存。

⑤ゾフィア（女）
1926年生まれ。生存。17歳の時にドイツ軍による労働者徴発にあい，ドイツでの強制労働に連行された（注：戦間期のドイツ領は，現在のポーランドの北部ならびにドイツの西部，および現在はロシア共和国領となっているカリニングラード地域を含んでいた。おそらくはバルト海沿岸地域のドイツ領に連行されたと思われる。また強制労働といってもアウシュビッツ強制収容所のような閉鎖型収容所ではなく，働き手の主人が出征していたような農家の納屋に住み込んで働かされた場合が多い。ドイツ兵による監視はなかった。ただし移動の自由はなかったから無断で逃亡し，それが露見した場合は重罰が課せられた）。終戦時（注：この地方の戦闘は1944年には終わっていた）18歳だった。当地に帰還せず，ポーランド女性に連れられて直接にポーランドに移住した（注：1番家庭テレサの発言のまま。実際は住み込んでいた地域が戦後ポーランド領に編入されたため，ポーランドに残留したとも考えられる）。

ベロニカ（女，1922年生まれ）
- 兄弟の数は不明

第二部　1番家庭

①アレキサンドラ（女）
1923年にハリーナ部落の生まれ。1943年に結婚し，結婚に際して生前贈与として，木材を父親から受け取った。しかし首都のビルニュース市に嫁に行ったので，木材を使用しての自宅の建設は行わなかった。ビルニュース市で生存。材木を生前贈与で与えることはよく行われた（注：これにより父アレキサンデルの15haの土地の中には森が含まれていたことが分かる）。結婚後は専業主婦だったが，戦後は働きに出た。

②チェスワバ（女）
1926年にハリーナ部落の生まれ。1952年に結婚。ビルニュース市で生存。裁縫工場で働いた。

③レオン（男）
1928－1989。ハリーナ部落の生まれ。結婚し，ビルニュース市に居住した。

④ブワディスワバ（女）
1933年にハリーナ部落の生まれ。近隣の農家に嫁に行った。コルホーズで働き，後にソホーズで働いた（注：この地域では，最初は部落ごとにコルホーズが形成された。ついでいくつかのコルホーズが合併して大きなコルホーズが誕生した。しかし，これらコルホーズはいずれも赤字経営で債務が嵩んでいった。最終的に1960年代前半になると，これらコルホーズは清算されて解散し，資産は債権者である国家のものとなり，ソホーズとして再出発することになった。この変化は単なる制度変更であり，コルホーズ員の労働の実態に大きな変化はなかった。生活水準も変化しなかった）。生存。

⑤ベルナルド（男）
1935年にハリーナ部落の生まれ。戦後，ハリーナ部落のロシア語初級小学校に入学した（注：ロシア語小学校とは，算数・理科・社会などの教科書がロシア語で書かれていて，教師がロシア語で授業を行う小学校を指す。高学年になるとリトアニア語の国語の授業が始まる。またポーランド人生徒が多いロシア語小学校ではポーランド語の国語の授業もあった）。戦後すぐには近隣にはロシア語上級小学校しかなかった（注：小学校は実質的には2段階に分かれていた。4年生までの初級小学校と5年生以降の上級小学校である。この2つが都市部では1つの校舎に併設されていて，2つ併せて単に小学校と呼ばれていた。農村部では，小さい部落には初級小学校しかなく，5年生になると別の部落に設置されている上級小学校に転校する場合が多かった。それ故，初級小学校とか上級小学校とかの呼び名が生まれたが，これは住民の間の非公式な名称で，公式には両者共に小学校である。また近隣にはロシア語上級小学校しかなかったという発言は，この地方だけのことである。全国的にはリトアニア語上級小学校が一般に設置された。詳細は本書第一部第4章を参照）。コルホーズで働き，後にソホーズで働いた。晩婚で1973年に結婚した。両親の実家を相続し，そこで生存。年老いた両親の面倒をみた。

⑥スタニスワバ（女，双子。1938年生まれ，1940年死亡）
⑦ゲノベファ（女，双子。1938年生まれ，1940年死亡）
⑧テレサ（女）
1946年にハリーナ部落の生まれ。生存。**1番家庭の主婦**。7歳の時にハリーナ部落のポーランド語初級小学校（国語・算数などの授業がポーランド語で行われる小学校）に入学した（注：1944年9月の兄ベルナルドの小学校入学の時にはロシア語小学校だったが，1953年の時点ではポーランド語小学校に変わっていたことが分かる）。4年制複式学級で教師はたった1人だった。学校の建物は2部屋しかなく，1部屋が教室，もう1部屋は教師の自宅だった。3年生からはロシア語の授業が始まった。5年生からは，シラヘレニ部落から東方4キロのモルドミナ部落の4年制上級小学校に進級し（義務教育は8年に延長されていた），リトアニア語の授業も始まった。昼食は家から黒パンと砂糖を持参した。有線ラジオがあったが，電気はなかった。卒業後，ビルニュース市の裁縫職業コース（有料）に半年通った。バスで通った。兄レオンの家に住んでビルニュースの機械工場のクローク（工場入口で出社した従業員のオーバー・帽子などを預かる係）で働く。次に商店で4年働いた。20歳の1966年に結婚した。シラヘレニ部落へ嫁に来た。結婚後は，外に働きに出ることはなく専業主婦。夫の家の自留地（自家菜園）で豚の世話などをした。

①ヘンリク（男）
1941年生まれ。ポーランド人。**1番家庭の主人**。シラヘレニ部落の農家の生まれ。モルドミナ部落のポーランド語上級小学校7年を卒業（注：当時の義務教育はまだ7年だった）。卒業後は自宅の豚飼育などを手伝い，夏だけ灌漑土木事業所に2年間勤務した。その後は大工，溶接工として働く。そして18歳の時に軍隊に徴兵になった。除隊後は暖房配管などの溶接工として働く。25歳の1966年11月12日に役所で結婚届けを出し，翌年1月1日に教会で結婚式を挙げ，自宅で結婚披露宴を行った。結婚後も父の家に住む。妻が嫁に来た。1971年に乳牛を1頭買う。豚も飼育した。週末だけ畑で働く兼業農家。父の家を相続した。基本的には工具である。1994年に，さらに35アールの自留地の賃借権を国から得た。同時に馬も購入した。しかしあくまで兼業農家である。

②リリア（女）
③フランチシェク（男）

①グジェゴシ（男）
1968年生まれ。ポーランド語上級小学校卒業の後，鉄道中等学校（テフニクムと呼ばれ，当時は職業高校に相当した。現在は格上げになり普通高校卒業後に入学する短大相当の学校になった）を卒業。徴兵の後，国鉄で働く。社会主義崩壊後，私営の肉屋を始める。ビルニュース市内のバザール（市場）で間口2メートルくらいの小さい店を持つ。1991年に結婚。パイガタイ村パイガタイ部落の鉄筋アパートに住む。妻へはポーランド語で話しかけ，妻は夫にリトアニア語で話しかける。

娘
4歳。幼稚園には通っていない。ポーランド語もリトアニア語もできる。

妻
リトアニア人。ビルニュース生まれ。カトリック。ポーランド語は理解できるがあまり話せない。結婚に際して生前贈与は受け取っていない。

②ボイチェフ（男）
1975年生まれ。ポーランド語小学校・中等学校11年を卒業の後，近隣の農業高等専門学校（短大相当）自動車学科を卒業した。卒業後は私営の自動車修理工場で働く。4人が働いているその工場は月額1200リトの売上があるのに，ボイチェフは180リトの賃金しか受け取っていない。独身。

③マウゴジャタ（女）
1978年生まれ。小学校卒業後は，兄のグジェゴシの商売を手伝ってビルニュースの市場で肉を売った。その後は，衣料品製造の個人商店に勤める。独身。

ビトルド・ライトビッチ家，2番家庭，ポーランド系，シラヘレニ部落，1996年7月3日

カジミエシ（男）
ポーランド人。カトリック。シラヘレニ部落（位置については1番家庭の家系図を参照）から2キロないし3キロほど離れたビェルキ・ポーレ部落に36haを持っていた。2番家庭の主人ビトルドは現在はシラヘレニ部落に居住しているが，その祖父カジミエシはビェルキ・ポーレ部落の生まれであった。カジミエシには子供が多かったので，農作業のための雇い人はいなかった。カジミエシはその死の直前に土地を2人の息子に等分に分けて相続させた。自宅住居は2人の息子に共同で相続させた。家畜小屋も2人の息子に平等に相続させた。娘たちにもその結婚の際に生前贈与を与えた。

妻（ポーランド人，名前不詳）

ミハリナ（女）
1888（?）－1918。ポーランド人。カトリック。旧姓タラシェヴィッチ。伝染病で死亡。

④ヤン・ライトビッチ（男）
1872－1927。学校には通っていない。18haを父より相続した。父の住居の半分の部分に住んだ。馬小屋も牛小屋も納屋もすべて半分にして弟カジミエシと均等に相続した。1キロメートル以上の長さの地条（注：帯のように細長い農地の形を指す）の農地が4か所にあった。幅は30メートルくらいだった。その他にさらに細い地条が2本あった。これらの地条も，もともとの地条を二つに裂いて，兄弟で均等に分けて相続した。ある地条は自宅から2キロとか3キロ離れていた。ビェルキ・ポーレ部落は純粋のポーランド人部落だった。25軒あった。他民族は住んでいなかった。農家建物が散在する散居型の部落だった。隣部落もすべてポーランド人部落だった。10キロメートル離れたところにロシア人部落があった。1920年代のこの農家の様子は次のようなものであった（以下は息子ビトルドの回想による）。馬は2頭いた。それ以外に子馬が2頭いた。乳牛は5頭くらいいた。子牛（雌牛だがまだ出産前で乳を出さない乳牛）も5頭くらいいた。羊もいた。豚は7頭くらいいた。母親豚（交尾して子豚を出産するために飼育されている豚。屠殺されて食肉を得るための豚ではない）も1頭いた。食糧はすべて自家生産だった。小麦は栽培しなかった。ライ麦だけだった。ジャガイモも栽培した。穀物を商人に売ることはなかった。自分の家のパンにするためと，家畜の餌にするために穀物を栽培した。商人が町から来て，肉を買い付けることはあった。子豚を売ることもあった。これらが唯一の現金収入だった（注：豚の出産までの平均妊娠期間は94日。出産頭数は2頭から12頭の間で平均値は8頭。したがって母親豚を保有するということは，年間に20頭近い子豚を得ることを意味する。自家用の食肉のための豚肉を得るにはこれほどの豚は必要ないから，近隣の農家や買い付け商人に子豚を売却して現金収入の源とした。なお豚を屠殺すると，塩蔵にして屋根裏に吊したり，燻製のソーセージにして地下蔵に貯蔵するので，1か月以上は保存できる）。近隣にはバター工場がなかったから，牛乳の上澄みの脂肪（注：牛乳を放置すると自然に脂肪分が上に浮かんでくる。バターはこの脂肪から作る）を販売することはなかった。バターは自家生産で作った。5リッターくらい入る木の箱に上澄み脂肪を入れて，塩を入れて1時間くらいゆすってやるとバターができる。ヤンの家は豊かな農家だった。暖房は暖炉で燃料は薪だった。石炭を用いることはなかった。森を持っていたから自分の薪を用いたが，それでは不十分なので，木材商人からも薪を買った。大きな森は国有林だったので，ポーランド人商人が国有林から木を伐採して販売していた（注：1920年代は，この地方はポーランド領であった。国有林とはポーランド政府の所有林であり，ポーランド人商人が伐採許可を得ていた）。ヤンは腐ったソーセージを食べて食中毒で死亡。1927年に死亡した時，長女スタニスワバは既に嫁に行っていたが，長男以下の子供は独身で家にいた。ヤンの死後，これらの子供が土地を耕した。

①ウルシュラ（女）
結婚に際して，金銭や乳牛を生前贈与としてもらう。土地はもらわなかった。
夫（ポーランド人）

②アントニナ
結婚に際して，金銭や乳牛を生前贈与としてもらう。土地はもらわなかった。
夫（ポーランド人）

③イザベラ（女）
結婚に際して，金銭や乳牛を生前贈与としてもらう。土地はもらわなかった。
夫（ポーランド人）

⑤カジミエシ（男）
18haの土地を父より相続した。父の住居の半分の部分に住んだ。馬小屋も牛小屋も納屋もすべて半分にして兄ヤンと均等に相続した。
妻（ポーランド人）

右頁A ④ヤン（男）
1912－?。戦間期に一度徴兵になる。兄弟たちと農家を共同経営した。大戦の勃発により1939年9月上旬に再び緊急徴兵になったが，9月下旬に徴兵解除となり帰宅した。ワルシャワ行きの線路は爆撃で破壊され師団は対ドイツ前戦に行けなかった。9月17日にはソ連軍がポーランド領東部に侵入してきた。師団は解散し兵隊は自宅に帰ることができた。ソ連軍の捕虜にはならなくてすんだ。1944年に結婚し，妻の家に移った。

妻（ポーランド人）
ステファニア（女）
ポーランド人。1920－1953。

右頁B ⑤スタニスワフ（男）
1913－?。1939年にステファニアと結婚した。1939年9月上旬に徴兵になったが，9月下旬に徴兵解除となり帰宅した。戦争中に，自分が相続した農地の上に新たに自宅を建設した。6人の子供があり，次女ヘレナは**3番家庭の主婦となる**（注：詳細は3番家庭の家系図を参照）。父ヤン・ライトビッチの18haの土地のうち7分の1に相当する2.5haの権利を相続した。戦後この土地をコルホーズに供出し，コルホーズに加盟した。妻の死後1953年に再婚した。1970年代に死亡。

アポロニア（女）
ポーランド人。1927年生まれ。1953年に結婚。

右頁C ⑦ワンダ（女）
1918－?。1941年に結婚し，同じビェルキ・ポーレ部落の夫の家に移った。1960年代に死亡。

ユーゼフ（男）
ポーランド人。**6番家庭の主人タデウシの伯父**。ビェルキ・ポーレ部落の富農の息子。戦後はコルホーズに加盟せず，1951年に逮捕されシベリアのラーゲリに送られ，1955年に釈放。

第二部　2番家庭

⑥ビトルド・ライトビッチ（男）
1916年9月にビェルキ・ポーレ部落の生まれ、生存。2番家庭の主人。小学校が部落から遠かったから学校には通わなかった。父の死後、13歳くらいから畑で働いた。父が建てた家に住んだが、長兄バツワフが家長だった。1939年3月に徴兵になった。ビルニュース市のポーランド軍師団に入り、ついでカルパチア山脈の中のスロバキア国境近くの基地に派遣された。1939年9月1日に第二次世界大戦が勃発しドイツ軍が侵入してきた。1939年9月19日に国境を越えて脱出したが、スロバキアでドイツ軍の捕虜となりハンガリーに送られ、1945年までハンガリー人の農家で働かされた。戦争中は平穏に過ごした。農家の主人も悪い人ではなかった。1945年7月16日に故郷の村に戻った。長兄バツワフが既にポーランドに移住していたので、次兄カジミエシが実家の経営を継いだ。ビトルドはカジミエシが戦争中に新築した家に住み込み、カジミエシと共に共同で農家を経営した。戦前に、父の土地の7分の1である2.5haの権利を受け取っていた。この2.5haの土地は6か所に分かれていた。1949年の秋の収穫後に集団化が始まった。兄カジミエシはコルホーズに加盟しなかった。ビトルドもコルホーズに加盟せず、7キロほど離れたジェロナバカ村の泥炭採掘現場に勤めた。泥炭を乾燥させてブロック状に固める作業に従事した。月給は500ルーブルだった（注：ソ連では1961年1月1日に貨幣価値を10倍に高めるデノミネーションが行われたので、これは後の50ルーブルに相当する。ソ連時代にはインフレはなかった）。コルホーズに加盟するより炭鉱の方が割にあった。1950年では、コルホーズ員には貨幣での報酬は支払われず、穀物がほんのわずか支給される程度だった。土地税は1950年では年間2000ルーブルを越えていた。ビトルドは土地税を支払えず、コルホーズに土地を取り上げられた。15アールだけを自留地（自家栽培のための家庭菜園）として受け取った。社会主義企業に勤務していたため、また既に土地を失っていたので、兄カジミエシとは異なり、ラーゲリ送りにはならなかった。43歳の時の1959年に結婚した。最初に役場で結婚届を出し、ついで翌月に教会で結婚式を挙げた。結婚後はビェルキ・ポーレ部落にあった姉スタニスワバの住居を舅が買い取ってくれて、そこに住んだ。1978年に、妻の実家があるシラヘレニ部落の今の場所に自宅を建設した。12アールの庭つきの分譲住宅建設用地を買った。設計図付きの建て売り型だったが、金を払ってから建築が始まった。乳牛を売り払うなどして資金を工面した。最近、再び乳牛1頭を飼うようになった。現在は年金生活。

父──ヘレナ（女）
1924年にシラヘレニ部落に生まれる。旧姓トロヤノビッチ。ポーランド人。1959年に結婚した。2番家庭の主婦。結婚に際して、夫ビトルドの姉スタニスワバの住居を父が買い取ってくれて、それを父からの生前贈与としてもらった。父は乳牛1頭もくれた。現在は年金生活で毎月84リトを受け取っている。11番家庭の主人の叔母。

──トロヤノビッチ（男）
ポーランド人。ビェルキ・ポーレ部落で農業を営んだ。1956年か1957年ころ、家族そろってポーランドへ移住した。

①スタニスワバ（女）
1904－？（ポーランドで死亡）。1926年に、同じビェルキ・ポーレ部落の農家に嫁に行った。実父の死後に、父の土地18haを7人の子供で均等に分割して相続した。細長い地条をそれぞれ大根を切るように7つに分けた。ひとつひとつの地面は正方形に近い形になった。以下の6人の兄弟も同様の形の地面を相続した。1軒の農家建物の半分に夫と共に住んだ。もう半分は夫の兄弟が住んだ（注：農家建物の中央をレンガの壁で仕切って二所帯住宅にして、兄弟が住むことはしばしば行われる）。スタニスワバは夫や息子と共に、戦後、家族揃ってポーランドに移住し、この住居の半分は弟ビトルドの嫁ヘレナの父親が買い取った（注：ポーランド移住の年は不明だが、フルシチョフが政権を取った1956年からポーランドへの移住が容易になり、戦争終結の1945年、農業集団化の1949年に続いて戦後3度目のポーランド移住の波が始まった。スタニスワバの移住は1956年か1957年と推定される）。

②バツワフ（男）
1905－？（ポーランドで死亡）。徴兵の後、1927年の父の死後は18haの農家を経営した。土地は分割して兄弟がそれぞれ相続したが、農家経営は弟たちと一緒に行った。家畜頭数などは父ヤンの頃と変化はなかった。晩婚で1938年に結婚した。父の住居を相続し、そこに住んだ。弟カジミエシも同居した。1939年にポーランド軍に徴兵され、ドイツ軍の捕虜となり、現ポーランド領のオルシティン市郊外（当時ドイツ領）で働かされた。1943年ころ弟カジミエシが新居を建設し、引っ越して出ていった。戦争終了後もバツワフはポーランドから戻らなかった。1946年に妻と子供をポーランドのオルシティンに呼び寄せた。

妻
近隣に生まれたポーランド人。1946年に子供を連れて、ポーランドに移住した。

③カジミエシ（男）
1906－？。兄が軍隊に行ったので農家経営を引き継いだ。弟たちと農家を共同経営した。戦前・戦中は父の住居に住んだ。1942年に結婚し、1943年頃に新居を建設して引っ越した。子供1人あり。1949年の集団化の時点で馬1頭、乳牛2頭を持っていた。コルホーズに参加せず資産に対する税金を払った。最初は部落の25軒のうち5軒がコルホーズに加盟した。1950年になると、23軒が加盟した。カジミエシともう1軒が加盟しなかった。税金は土地だけでなく、動物1頭についてもいくらと定まっていた。鶏1羽につき卵何個か払った。土地税は現金で払った。コルホーズに加盟すると税金は免除された。土地を手放さず、コルホーズに加盟せずに農家経営を続けたが、法律により1951年に土地をコルホーズに取り上げられ、妻と子供と共にロシアのラーゲリ（スターリン時代に各地で作られた矯正労働収容所）に送られた。富農（クラーク）とみなされるとみなラーゲリ送りになった（注：ラーゲリ所在地はシベリアには限らなかった。シベリア送りとも呼ばれた）。土地面積が小さくても、馬を所有するなどで反ソビエト勢力とみなされるとラーゲリ送りとなった。カジミエシは後者の例と理解される。1956年頃ラーゲリから帰還し、土地を15アールだけ受け取った。晩年は病気のため年金を受け取って生活した。既に死亡している。

妻（ポーランド人）

──A（左頁へ）
──B（左頁へ）
──C（左頁へ）

①マリア（女）
1960年生まれ。ビェルキ・ポーレ部落の4年制のポーランド語初級小学校に通う。3年生からロシア語を学ぶ。教師は1人のみだった。4年修了の後、モルドミナ村の8年制（当時の義務教育は8年だった）のポーランド語小学校の5年生に進級した。2階建の大きな小学校で、教師もたくさんいた。数学や地理など科目ごとに先生が決まっていた。5年生からリトアニア語を学び、後にドイツ語も学んだ。学校の労働訓練として農繁期にはコルホーズで強制的に働かされた。ジャガイモ拾いなどの作業である。ついでジョロナボル村（ビェルキ・ポーレ部落から南方10キロの村）の3年制の普通中等学校（高校相当）に通う。1978年に卒業して郵便局に就職した。郵便局の貯金係として1985年まで勤務。1984年に結婚。育児休業の後、1987年から夫と同じビルニュース近郊の国営農場複合栽培合同部門（穀物・温室野菜・酪農等）に転職した。最近この合同部門が人員削減を打ち出し解雇された。現在無職。現在はビルニュース市に住む。

タデウシ（男）
ポーランド人。1960年にパイガタイ村パイガタイ部落（シラヘレニ部落より北方4キロ）の生まれ。母はパイガタイ部落のソホーズに勤務していた。父はビルニュース市で労働者として働いていたが1950年代にパイガタイ部落に引っ越してきた。7歳の時にパイガタイ部落の8年制小学校（ポーランド語・リトアニア語・ロシア語の3つのクラスがあった）に入学した（注：この小学校の場合は初級小学校と上級小学校が一貫教育で統合されていた）。同小学校を8年で修了し、近隣の村の高等農業専門学校（短大相当）の農業機械学科で4年学ぶ（注：この高等農業専門学校は10年ないし11年教育修了者のための教育機関であったが、小学校8年修了者のためのコースも設けられていた。このコースの修了年限は3年ではなく4年だった）。除隊後にビルニュース近郊の国営農場複合栽培合同部門（穀物・温室野菜・酪農等）で働くが、最近人員削減で解雇され、現在は国鉄に勤務。ビルニュース市に在住。

②エドムンド（男）
1963年生まれ。ビェルキ・ポーレ部落の4年制のポーランド語初級小学校に入学したが、1年後にはモルドミナ村の8年制のポーランド語小学校の2年生に編入した（当時の義務教育は8年間）。卒業後、3年制の中等学校（高校）に通い、18歳でソホーズに就職し、同年徴兵となる。除隊後は、姉と同じビルニュース近郊の国営農場複合栽培合同部門（穀物・温室野菜・酪農等）に勤務。1990年に結婚。ビルニュース市南西10キロのボナリ地区（47番家庭の系図参照。ボナリの森では戦争中にユダヤ人の大量虐殺があった）の妻の家に住む。ビルニュースから通勤した。1995年から合同部門が人員削減を打ち出し、解雇された。現在失業中。

妻
ポーランド人。ビルニュースの人。

①ユスティナ（女）
1985年生まれ。

②ロベルト（男）
1990年生まれ。

ヘレナ・アンドレビッチ家，3番家庭，ポーランド系，シラヘレニ部落，1996年7月4日

ミハリナ（女）
1988（?）－1918。ポーランド人。タラシェビッチ家の出身。

④ヤン・ライトビッチ（男）
1872－1927。ポーランド人。シラヘレニ部落（位置については1番家庭の家系図参照）から南に2キロのビェルキ・ポーレ部落の生まれ。3番家庭は現在シラヘレニ部落に居住しているが，その祖父ヤン・ライトビッチはビェルキ・ポーレ部落の生まれだった。ヤンは18haの土地を父より相続した。父の住居の半分の部分も相続した。1キロメートル以上の長さの地条の農地が4か所にあった。幅は30メートルくらいだった。その他に細い地条が2本あった。ある地条は自宅から2キロとか3キロ離れていた。ビェルキ・ポーレ部落は純粋のポーランド人部落で25軒の農家があった。他民族は住んでいなかった。

- ①ウルシュラ（女）
- ②アントニナ（女）
- ③イザベラ（女）
- ⑤カジミエシ（男）
18haの土地を父より相続した。父の住居の半分の部分を相続した。

前夫
ポーランド人。2人の子供を残して死亡した。

祖母（名前は不詳）
ポーランド人。未亡人となり再婚した。

フロリアン・アンドレビッチ（男）
1901－1976。ポーランド人。出生地不明。両親と早く死に別れ，孤児となった。ビェルキ・ポーレ部落で育ったが，その経緯も不明。結婚年も不明。少なくとも1919年には結婚しており，第一次世界大戦後にシラヘレニ部落で土地なし住み込み農民として働いた。

兄弟の数は不明。

①スタニスワバ（女）
1904－?。1926年に，同じビェルキ・ポーレ部落の農家に嫁に行った。実父の死後に，父の土地18haを7人の子供で均等に分割して相続した。細長い地条を大根を切るように7つに分けたので，ひとつひとつの地面は正方形に近い形になった。以下の6人の兄弟も同様。
夫ビトレビッチ（ポーランド人）

②バツワフ（男）
1905－?。1927年の父の死後は18haの農家を経営した。一度軍隊にとられた。土地は分割して相続したが，農家経営は弟たちと一緒に行った。馬が4頭で牛は12頭もいたことがある。乳牛はだいたい4頭。豚は6から7頭。羊もいた。1938年に結婚した。父の住居を相続し，
妻（ポーランド人）

③カジミエシ（男）
1906－?。兄が軍隊に行ったので戸主となり，弟たちと農家を共同経営した。戦前・戦中は父の住居に住んだ。1942年に結婚し，1943年頃に新居を建設し引っ越した。1949年の集団化の時点で馬1匹，乳牛2頭を持っていた。コルホーズに参加せず財産税を払った。部落の25軒のうち最初は5軒が加盟した。1950年になると，23軒が加盟した。カジミエシともう1軒が加盟しなかった。税
妻（ポーランド人）

④ヤン（男）
1912－?。兄弟たちと農家を共同経営した。1944年に結婚した。妻の家に移った。
妻（ポーランド人）

⑦ワンダ（女）
1918－?。戦争中に結婚し，夫の家に移った。
夫（ポーランド人）

⑥ビトルド（男）
1916年9月にビェルキ・ポーレ部落の生まれ，生存。学校には通わなかった。13歳くらいから畑で働いた。1939年3月に徴兵になった。ビルニュース市のポーランド軍師団に入り，ついでカルパチア山脈のスロバキア国境近くに派遣された。1939年9月19日に国境を越えて脱出した。ドイツ軍の捕虜となりハンガリーに送られ，1945年までハンガリー人の農家で働かされた。7月16日に故郷に戻った。兄カジミエシの家に住んだ。カジミエシと共同で農家を経営した。戦前に，父の土地の7分
ヘレナ（女）
シラヘレニ部落に生まれる。ポーランド人。1959年に結婚した。結婚に際して乳牛1頭と，夫ビトルドの姉スタニスワバの住居を父が買い取って生前贈与としてもらう。現在は年金生活で毎月84リトを受け取っている。

後妻アポロニア（女）
ポーランド人。1927年生まれ。1953年に結婚し，夫スタニスワフの家に住む。生存。

⑤スタニスワフ・ライトビッチ（男）
1913年にパイガタイ村のビェルキ・ポーレ部落に生まれる。1970年代前半に死亡。1939年9月に緊急徴兵になったが，同月に徴兵解除となり帰宅した。実父の死後に，父の6か所の土地18haを7人の子供で均等に分割して相続した。細長い地条を大根を切るように7つに分けたので，ひとつひとつの地面は正方形に近い形になった。1939年に結婚。戦争中に，自分が相続した農地の上に新たに自宅を建設した。戦前からビェルキ・ポーレ部落でキャンディー製造・販売の自営業（駄菓子屋）を営む。馬と乳牛2頭と豚を飼った。集団化で馬を失い，同部落のコルホーズに勤務した。後に4キロ離れたモルドミナ村のソホーズがシラヘレニ部落に牛舎を建設したので，コルホーズを辞め，モルドミナ村のソホーズに就職し，シラヘレニ部落の畜舎で家畜飼育

①ステファニア（女）
ポーランド人。1920－1953。ビェルキ・ポーレ部落の生まれ。1939年に同じ部落の夫のところに嫁に行き，そこに新居を建設した。

②ステファン（男）
1920年代後半の生まれ。1953年頃に汽車に轢かれて死亡。1人の乳児があった。
妻（ポーランド人）

チェスワフ・アンドレビッチ（男）
ポーランド人。ビェルキ・ポーレ部落に1913年に生まれる。生存。同部落に土地を持っていた。馬もいた。家は1部屋と台所だけの家だった。1949年か1950年にコルホーズに加盟した。1971年にシラヘレニ部落で中古建て売り住宅を購入した。同県内の離農農家の廃屋を解体して移築したものだった。敷地は火事で焼失した農家の跡地だった。建物に9000ルーブルを支払った。土地は国有地だから，購入したわけではない。土地代金はなかった。貯金も
ミハリナ（女）
1908－1993。ポーランド人。

の形の地面を相続した。1軒の農家の半分を夫と共に住む。もう半分は夫の兄弟が住んだ。スタニスワバは夫と息子と共に戦後ポーランドに移住し，空き家となったこの住居の半分を弟ビトルドの嫁ヘレナの父親が買い取った。ポーランドへの移住は1956年か1957年。

こに住んだ。1939年にポーランド軍に徴兵され，ドイツ軍の捕虜となり，現ポーランド領のオルシティン市郊外（当時はドイツ領）で働かされた。戦後も帰国せず，ポーランドに残った。1946年に妻と子供をオルシティンに呼び寄せた。ドイツ人退去後の農地を受け取った。

金は土地だけでなく，動物1頭についてもいくらと定まっていた。鶏1羽につき卵何個かを払った。土地税は現金で払った。コルホーズに加盟すると税金は免除された。法律により1951年に土地をコルホーズに取り上げられ，家族揃ってロシアのラーゲリ（矯正収容所）に送られる。1956年頃に家族揃って故郷に帰国し，15アールだけの土地を受け取った。病気のため年金を受け取った。

の1の権利である2.5haを受け取っていた。この2.5haの土地は6か所に分かれていた。1949年の秋の収穫の後に集団化が始まった。コルホーズには一度も加盟しなかった。7キロほど離れたジェロナバカ部落の泥炭工場に勤めた。その方が割に合った。法律により1951年に土地をコルホーズに取り上げられ，15アールだけの自留地を受け取った。1978年に，妻の実家のあるシラヘレニ部落の今の場所に，建て売り住宅の自宅を購入した。乳牛1頭を飼う。現在は年金生活。**2番家庭の主人。**

員として働く。モルドミナ村のソホーズは後にパイガタイ村のソホーズに吸収合併された。ビェルキ・ポーレ部落のコルホーズはそこから8キロ北西の隣村サチライ村のコルホーズと合併し，さらにソホーズ形態に再編成された。したがってビェルキ・ポーレ部落が属するこのソホーズは，パイガタイ村のソホーズとは別である（注：ベラルーシなどでは市町村の行政区とソホーズ・コルホーズの地域は完全に一致していることが多い。ところがパイガタイ村では，はずれにある部落などは隣村のソホーズに属していたことが分かる）。スタニスワフは1956年頃に飼っていた乳牛を1頭に減らす。後に馬の飼育許可を得て馬を購入した（注：馬の飼育には身体障害など特別な理由による許可の申請が必要だった）。1970年代に死亡し，モルドミナ村の墓地に埋葬された。

あったし，さらに乳牛や豚を売って資金を作った。借金はしなかった。当時，乳牛は800ルーブルくらい，豚は250ルーブルくらいだった。馬は持っていなかったが，馬の価格は1000ルーブルくらいだった。馬の保有には許可証が必要だったから馬は安かった。息子ビクトルが同居した。同居していた息子夫婦が白黒テレビを500ルーブルで買った。後に冷蔵庫も買った。ビェルキ・ポーレ部落の古い自宅を売り払い，現在はリトアニア北部のイグナリナ市（ビルニュースの北西90キロ）の娘ブロニスワバの家に身を寄せている。

⑦チェスワフバ（女）
1956年生まれ。ビルニュース市に住む。
夫（ポーランド人）
⑧ユーゼフ（男）
1957年生まれ。ビェルキ・ポーレ部落で母アポロニアと共に住む。小学校卒業後は潅漑会社に勤め，現在は農業を営み，乳牛3頭と馬を持つ。まだ独身。

①ゲノベファ（女）
1940－1948。小学校1年の時の復活祭の日に，祖父フロリアンの家があったシラヘレニ部落に遊びに行き，道路で拾った手榴弾で遊んでいて，その爆発事故で死亡。
③アントニ（男）
1944年生まれ。生存。
④バツワフ（男）
1945年生まれ。生存。
⑤スタニスワバ（女）
1947年生まれ。生存。
⑥フランチシェク（男）
1952年生まれ。生存。

②ヘレナ（女）
1942年にビェルキ・ポーレ部落の生まれ，生存。旧姓ライトビッチ。**3番家庭の主婦。**4キロ離れたモルドミナ村の7年制のポーランド語小学校に入学しそこを卒業。隣のクラスはリトアニア語小学校だった。1年間自宅で働き16歳になった時，身分証明書（ロシア語では国内旅券と呼ばれていた）を受け取り，ビルニュース市郊外の家具工場で掃除婦として働いた（注：当時は国内旅券がないと農村部を離れて都市部に居住できなかった）。月額30ルーブル（デノミ後の新ルーブル）くらいの賃金だった。汽車通勤をした。19歳の1961年に結婚。同じ部落の夫の家に移り，家具工場を退職した。結婚に際して父親から乳牛1頭を生前贈与としてもらった。継母は家具をプレゼントしてくれた。1961年にソホーズに就職し，畑労働に従事した。ソホーズのブリガード長（作業班長）が就職の世話をしてくれた。賃金は月に2回支給された。月額60ルーブルくらいだった。ジャガイモなどの現物給付はなかった。労働着・作業靴・作業手袋の支給もなかった。ジャガイモや砂糖大根をポケットに入れて畑から持ち帰る行為はよく行われたが，穀物の集団的な窃盗などはなかった。冬季に仕事がない時は賃金はなかった。麦刈り機はなく手刈りでの労働だったが，1965年頃に馬が引くタイプの刈り取り機が入った。長女が生まれた後は育児が大変だったので退職し専業主婦になった。自宅でパンは焼かなかったが，それ以外は自家生産でまかなった。豚肉も自宅の豚を屠殺して作った。バターも作った。1968年ころビェルキ・ポーレ部落に電気が引かれた。灯油ランプの生活をしなくてすむようになった。電柱などの費用はソホーズが負担した。料金メーターは最初からあったが電気料金は安かった。電気が来

たので，部落中が大喜びした。1971年に夫の父親がシラヘレニ部落に購入した建物に引っ越す。子供が多く生活が苦しくなったので，1972年にソホーズに再就職した。畑での労働に従事した。1982年にシラヘレニ部落のソホーズ牛舎に配置転換になった。そのソホーズのブリガード長が配置転換を世話してくれた。そのブリガード長（牛舎長）はポーランド人女性だった。牛舎の17人の従業員は全員がポーランド人だった。長靴の支給があった。ヘレナは約20頭の乳牛の搾乳を担当した。後に24頭に増え，最後は30頭くらいを担当していた。担当する牛は決まっていて責任を持たされた。乳房炎など牛の病気に対しても責任を持たされた。賃金は搾乳量総量によって影響を受けた。搾乳係は6人。朝6時に出勤し搾乳し，10時ころ帰宅し，夕刻再び出勤し搾乳して，夜遅く帰宅した。週に1回の休日は，曜日を変えて受け取り，その日は予備の搾乳係が搾乳した。週休2日制導入の時は，1人が担当する牛の数を増やして，1日に出勤する搾乳係の数を削減し，週休2日制に対応した。ソホーズ全体には他民族もいたが，コンフリクト（摩擦）はなかった。リトアニア人女性が牛舎に配属されたことがあったが，彼女とはポーランド語かロシア語で会話した。リトアニア語は使わなかった。ヘレナは自留地で豚2頭と乳牛1頭を飼った。パンは町で買った。野菜は自家栽培でまかない，買うことはなかった。ドブロク（自家製蒸留のウォッカ）を作った。50歳になった1992年に20年勤続のソホーズを退職し，年金生活に入る。まだ50歳だったが，未亡人であり5人の子供を育てたという理由で特別早期年金受給を申請し認められた。1996年6月の月額年金は166リトだった（注：為替レートで換算すると41米ドル）。

②ビクトル・アンドレビッチ（男）
1940－1985。ビェルキ・ポーレ部落の生まれ。シラヘレニ部落の4年制ポーランド語初級小学校に入学した。16歳で身分証明書（国内旅券）がもらえると，ビルニュース市の工場で働く。父が老齢で一人息子だったので徴兵免除となった。1961年の結婚後はビルニュース市の集中暖房用温水工場に就職し，そこで1979年まで働く。列車通勤でビルニュースに通った。朝6時に家を出て，夜7時に戻ってきた。家ではパンを焼かなかったので，ビルニュース市で毎日パンを買って家まで持ち帰った。初任給は60ルーブルくらいだった

（注：回想のまま。おそらく1961年1月のデノミ前の600ルーブルを新ルーブルで換算したものであろう）。1968年頃にビェルキ・ポーレ部落に電気が引かれ，ラジオを買った。80ルーブルくらいした。1971年に，父が買ったシラヘレニ部落の家に父と一緒に引っ越した。当時の月給は120ルーブルだった。1980年に胃癌が発見され手術した。会社を退職し，回復後はシラヘレニ部落のソホーズ牛舎に転職し3年勤務した。その後の1年は闘病生活。胃癌で死亡。

①ブロニスワバ（女）
生年不明。1960年の時には既に近隣の部落に嫁に行っていた。その後，ビェルキ・ポーレ部落に自分の家を建築し引っ越してきた。その家を売却し，現在はリトアニア北部のイグナリナ市（近

くにチェルノブイリ型原子力発電所がある小都市）に住む。娘があり，父チェスワフを引き取る。転居の理由や夫の詳細については調査できず。

夫

①テレサ（女）
1962年生まれ。モルドミナ村の8年制ポーランド語小学校卒業の後，ポーランド語3年制普通高校を卒業した。ビルニュースの工場に就職した。結婚してカクタロタール部落の夫の家に移る。娘2人あり。
夫（ポーランド人）
鉄道員でパイガタイ村の駅に勤務。

②ヤドビガ（女）
1963年生まれ。シラヘレニ部落からは4キロ離れているモルドミナ村の8年制ポーランド語小学校卒業の後，ビルニュースのロシア語商業高校（テフニクム）に3年通学し卒業。同市内の国営食料品店チェーンに就職し現在に至る。友人の自宅のパーティで夫と知り合った。その頃は夫とはロシア語で会話していた。1986年に結婚しビルニュース市内の社宅に住む。娘ロレタを出産した。子供は1人。現在，家庭では夫ともリトアニア語で会話する。娘ロレタはリトアニア語小学校に通う。娘ロレタは祖母ヘレナとはロシア語かポーランド語で会話する。今でも社宅に住んでいる。
夫（リトアニア人）
1964年生まれ。カトリック。リトアニア語小学校卒業の後，ロシア語コースの飲食業職業学校2年または3年の実業学校）を卒業。ポーランド語は理解できるが，話すのは困難である。レストランのウェイターや電気工などで働く。1993年に解雇された。私営の商店で働いたりしたが，現在は失業中。

③アナトル（男）
1967年生まれ。モルドミナ村の8年制ポーランド語小学校の後，近隣の村にあった農業高等専門学校（短大相当）の中に併設されていたポーランド語3年制畜産学校（実業学校相当）を卒業。現在はパイガタイ村の貨物駅に勤務。独身。

④レギナ（女）
1968年生まれ。モルドミナ村の8年制ポーランド語小学校の後，兄と同じポーランド語3年制畜産学校を卒業。ビルニュースの工場で働く。結婚し，出産後は長期の育児休暇を取る。現在はパイガタイ村の貨物駅で働く。
夫（ポーランド人）

⑤ヤニナ（女）
1975年生まれ。モルドミナ村の8年制ポーランド語小学校卒業の後，職業学校に1年通い退学した。1年は自宅にいたが，18歳からパイガタイ村の貨物駅で働いている。独身。

スタニスワフ・ヤコブビッチ家, 4番家庭, ポーランド系, シラヘレニ部落, 1996年7月5日

妻
ポーランド人。

ビクトル（男）
ポーランド人。カトリック。生年不明, 1945年死亡。当地から東方へ40キロ前後離れたムロバナ・オシミアンカ村（当時はロシア帝国領, 戦間期はポーランド領で現在はベラルーシ領。リトアニアとの国境から9キロ先）の部落の生まれ。20戸くらいの部落。住民は全員がカトリックでポーランド語とベラルーシ語の混合語であるプロスティ語（単語等が適宜入れ替わる会話言語）を話していた。住民には, 自らをポーランド人と自覚している人もベラルーシ人と自覚している人もいた。しかし言語はみなプロスティ語だった。カトリック教会のある村。ビクトルは10haの土地と馬1頭, 乳牛2頭, 豚2頭, 羊3頭を持っていた。土地は細長い地条ではなく, 正方形であった。妻の死後に再婚した。戦前に土地を分割して子供に与えた。

マリア（女）
後妻。子供は生まれなかった。

③フランチシェク（男）
1920年代に約5haの農地と自宅を生前贈与として相続していた。馬1頭と乳牛2頭を持っていた。1944年にポーランド人民軍（ソ連領内で編成されたポーランド軍。ロンドンのポーランド亡命政府の軍隊であるポーランド国内軍とは敵対関係にあった軍隊）により兵士として徴発され, ポーランド人民軍兵士としてドイツ軍を追撃してベルリンまで行った。

②アナスタズィア（女）

①ブロニスワフ（男）
1902－1960。ポーランド人。ムロバナ・オシミアンカ村の部落で生まれる。20戸くらいの部落だった。5haを生前贈与でもらった。字が読めた。1920年代に土地を相続し, 自宅と畜舎を建設した。自宅の壁はレンガ壁ではなく板張りの木造家屋で寝室が1部屋と台所の2部屋だけで, 屋根は藁葺きだった。建物の中央に煙突とストーブ兼用のコンロがあった。馬1頭と乳牛2頭を持っていた。豚と羊も飼育した。靴は木の靴だった。1944年に弟と同様に, まずソ連軍により連行され, キャンプに入れられ, ついでポーランド人民軍の部隊に兵士として配属され, 42歳でポーランド人民軍兵士となった（注：ソ連軍は連行した男性を人種ごとに選別した。ベラルーシ人と判断された男性はベラルーシ人ソ連軍部隊に配属となった。これによりブロニスワフが自己意識においてだけでなく, 周囲からもポーランド人とみなされていたことが分かる）。終戦時には現在のポーランド領（注：おそらくは旧ドイツ領地帯）にいた。そこでアパートの割り当ても受けた。上官がポーランドに移住するよう薦めてくれて, ポーランドに移住することを決心し, 故郷の妻（注：妻は字が読めなかった。代読・代筆か）に手紙を書いて相談したが妻が同意しなかったので, 1945年9月にベラルーシ領となった故郷に戻ることにした。部落の中では4戸がポーランドに移住した。ベラルーシ領となったこの村では, 戦後すぐに集団化が始まり（注：正確な年については息子エドワルドは覚えていない。1945年の初冬か）, 土地を失う。馬や乳牛など家畜も, そして犂などの農機具もすべてコルホーズに取られた。自宅の前の家庭菜園の庭も取られた（注：リトアニアの農業集団化では, 宅地内の家庭菜園の庭は残されたが, ベラルーシのこの村ではそれさえも奪われていることが分かる。またリトアニアとは異なり, 乳牛も取られたことが分かる）。そのかわりブロニスワフがコルホーズに加盟すると, 自宅からかなり離れた場所に0.5haの自留地（家庭菜園用地）が渡された。クラークと呼ばれた富農はシベリアのラーゲリ送りになった。何人かのクラークは村から逃亡し森の中に隠れたが, それもつかまってラーゲリ送りとなった。戦後は他のポーランド人と同様に人種欄にベラルーシ人と記入して国内旅券の登録をした（注：国内旅券とは農村部を離れて都市部に居住する際に必要であった。また長距離国内旅行の際に携行が義務づけられていた。全ての農民が国内旅券を受け取れたわけではない。身分証明書も兼ねた）。ベラルーシのムロバナ・オシミアンカ村で死亡。

パウリナ（女）
1894－1984。**ポーランド人。**夫より8歳年上だった。結婚して夫の家に移る。ほとんど文盲。終戦時には土地に愛着もありポーランド移住に反対した。90歳で自動車にはねられてベラルーシで死亡。

妻（ポーランド人。専業主婦だった）

ユーゼフ（男）
ポーランド人。シラヘレニ部落に住む。戦前は森の中に3haを持っていた。戦後は同部落からポーランドに移住出国した農民の家を買い取り, 森から引っ越した。コルホーズに加盟し, のち同部落のソホーズ牛舎（注：コルホーズはのちにソホーズに編成替えになった）に勤務した。

②レオナルダ（女）
1929年生まれ。ムロバナ・オシミアンカ村で結婚。同じ部落の夫の家に移る。その後, その家を売ってビルニュース市で家を買いリトアニアに引っ越した（注：戦後はベラルーシもリトアニアもソ連の一員であり, 国境線もなく, このような引っ越しはしばしば行われた。ただし国内旅券が必要だった）。現在はビルニュース市で生存。

夫
ポーランド人。ムロバナ・オシミアンカ村の部落の生まれ。

④ヤン（男）
1938年生まれ。父親のムロバナ・オシミアンカ村の自宅を相続した。コルホーズに就職。同村で死亡した。

エドワルド（男）
1930年にベラルーシ（当時ポーランド領）のムロバナ・オシミアンカ村の部落の生まれ。自宅から村の中心まで4キロ, 鉄道まで18キロあった。生存。戦前には小学校に通学しなかった。1939年からのソ連占領下でロシア語小学校に入学。1941年からのドイツ占領下でポーランド語小学校に通った。1944年に父が徴兵になったので学校をやめた。戦後は村にロシア語小学校とベラルーシ語小学校が設置されたが, エドワルドはもう学校に通わなかった。字は読めるが書けない。ドイツ占領下では, しばしばポーランド国内軍の系統のパルチザンがやってきて肉を奪っていった。1944年に進駐してきたソ連軍は羊の略奪を行った。戦後はすぐにコルホーズに加盟した。1950年代前半まで照明は松の木を使ったたいまつ。豊かな農家は灯油ランプを使っていた。戦前も戦後も映画は見たことがなかった。戦後も村のカトリック教会は閉鎖されなかったので毎週通った。カトリック教会の存続はベラルーシでは例外的だった（注：ベラルーシの農村部では, 教会の土地に1平米あたり4ルーブルという高額の土地税が課せられ, 教会は住民の献金でそれを支払っていたが, 支払えなくなると, 教会建物は国家により没収され教会が閉鎖された。また神学校が閉鎖または制限され, 神父が死亡しても後継の若い神父が見つからず, 教会の閉鎖されることも多かった）。戦後, ソ連軍の徴兵は受けなかった（注：一人息子でもないのに徴兵を受けなかった理由は不明）。姉のワンダがオシミアンカ部落で結婚して, その結婚披露宴にリトアニアからやってきた妻と知り合う。1955年に結婚し, 1年間は父の家に住む。1956年にベラルーシのムロバナ・オシミアンカ村からのリトアニアのソレチニンカイ町（当地シラヘレニ部落から南方20キロないし30キロの町）近くの妻の実家に引っ越してきた。電気はなかった。ベラルーシのコルホーズでは年間に穀物が1600キロしかもらえなかったのでリトアニアに引っ越した。リトアニアの方が賃金が良かった。自転車で引っ越した。ソレチニンカイ県では国鉄に就職した。1958年2月にシラヘレニ部落（位置関係は1番家庭の家系図参照）の中古住宅を1万2000旧ルーブルで購入した。その家はポーランドに移住出国したソホーズ従業員の空き家だった。エドワルドはコルホーズやソホーズの従業員ではなく, 国鉄従業員だったから敷地面積は15アールしかもらえなかった。舅から数千ルーブルを借りたが, それ以外に闇ウォッカを蒸留し闇で売って貯めた金も使った。また父ブロニスワフから乳牛1頭を生前贈与でもらっていたがそれも1000ルーブルで売却した。森の中に200リットル型の木製発酵・蒸留器を隠して蒸留した。知り合いのタクシー運転手がビルニュースで売りさばいた。ウォッカ1ビンは公定4ルーブルだったが, 1ルーブルで売った。かなり儲かった。シラヘレニ部落に引っ越した後は, ビルニュース市の建築資材製造工場で働いた。1990年に退職して年金生活に入った。

ワンダ（女）
1931－1995。ポーランド人。カトリック。リトアニア（当時ポーランド領）のシラヘレニ部落から南方20キロないし30キロのソレチニンカイ県の村で生まれる。従兄弟の結婚式でその嫁の弟エドワルドと知り合う。

夫
ポーランド人。カトリック。ワンダ（エドワルドの妻）の従兄弟。ソレチニンカイ県で生まれ, ムロバナ・オシミアンカ村のワンダと結婚。

①ワンダ（女）
1926年生まれ。故郷のムロバナ・オシミアンカ村のコルホーズに就職した。1954年に労働派遣でリトアニアに短期移住してソホーズで働く。移動に際して国内旅券は必要なかった。賃金はリトアニアの方が高かった。リトアニアのソホーズ（注：たぶんソレチニンカイ県か）で夫と知り合う。故郷のムロバナ・オシミアンカ村で1955年に結婚式と結婚披露宴を挙げる。結婚後はリトアニアの夫の家に移った。移住の際に国内旅券は必要なかった。乳牛1頭を生前贈与でもらう。現在はビルニュース市で生存。

①子供。生後すぐに死亡。
ブワディスワバ・ガドレエフスカ（女）
ポーランド人。近くのシキビポ部落の生まれ。

②ユーゼフ（男）
1945年生まれ。シラヘレニ部落の生まれ。部落のポーランド語4年制初級小学校に通い、ついでモルドミナ村のポーランド語上級小学校に通う。職業学校で学び電気溶接工になる。18歳から3年間はロシアのオムスクで兵役。除隊後はビルニュース市の工場で働く。1968年に結婚。妻の実家のシキビポ部落で住宅を購入した。8000ルーブルした。両親が3000ルーブルを援助した。

③ルツィア（女）
1950年生まれ。シラヘレニ部落の生まれ。部落のポーランド語4年制初級小学校に通い、ついでモルドミナ村のポーランド語グループの8年制小学校に進級した。ロシア語グループもあった。ついでクロノバカ村の3年制中等学校（高校相当）に学ぶ。小学校2年からロシア語授業が始まった。小学校4年からリトアニア語の授業が始まった。小学校教師はリトアニア人でポーランド語で授業をした。2学年複式学級で2交替授業だったので教師は1人だった。泊まりの修学旅行はなかった。いまだに海を見たことがない。シラヘレニ部落では、この教師と、もう一人リトアニア人女性で部落のポーランド人男性と結婚した人がいて、この2人が当時では唯一の他民族だった。ロシア語グループにはロシア人児童だけでなくポーランド人児童もいた。子供同士で互いに遊んだ。18歳で学校卒業の後はビルニュースの工場の倉庫に発注係として勤務。20人の職場で半分以上はポーランド人、残りはロシア人とリトアニア人だった。シラヘレニ部落の知り合いが既にその倉庫に勤めていたので，自分でそこに就職を決めた。出来高賃金だった。課長はリトアニア人だったがポーランド語で話した。1973年に結婚。1976年の父の死後に退職し、家事に従事。後に別の会社に就職した。

スタニスワフ・ゲレンスキ（男）
9番家庭の主人。両親共にポーランド人。1950年11月生まれ。シラヘレニ部落の東方10キロの村のコルホーズ員の家庭の生まれ。出生届は1951年。その村のポーランド語8年制小学校に通学。他にロシア語グループのクラスがあった。村はポーランド人が多数でタタール人もいた。タタール人児童はポーランド語グループに通った。卒業後は国鉄に就職し徴兵になる。1972年に除隊となり、ビルニュースのトラック運転手になる。妻の兄ユーゼフと仲が良かったので、その妹である妻と知り合った。結婚後はシラヘレニ部落の妻の実家に住む。トラック運送会社の企業長はユダヤ人で、課長はリトアニア人だった。職場ではロシア語で話した。ついで1986年から溶接工として8年働き、1994年にアルメニア製のマイクロバスを買って自営の運送業を始めた。

④スタニスワフ（男）
1955年にシラヘレニ部落の生まれ。ポーランド人。4番家庭の主人。4年制ポーランド語初級小学校、ついでモルドミナ村の4年制ロシア語上級小学校卒。卒業後1年は自宅で働く。ついで金属加工工場で実習を学ぶ。ついで自動車学校で自動車運転を学ぶ。大型免許を取得。バス以外のすべての車を運転できる。1974年から徴兵でカザフスタンに駐在。1976年除隊。理髪業協同組合の経理掛に半年勤務。自分の自家用車で理髪店を廻って売上を回収する係だった。自動車事故を起こし運転免許が停止となり、現金回収の仕事ができなくなったので退職した。2年ほど無職で、1978年に運送企業でトラック運転手として働く。1978年に同じシラヘレニ部落の娘と結婚し、妻の家に移る。1993年に失業し、自宅の家庭菜園で働き始める。解体部品を集めてトラクターを組み立てて所有している。

①バランティナ（女）
4番家庭の主婦。1957年にリトアニアのソレチニンカイ町（ポーランドとの国境まで3キロの町）から北西12キロの村で生まれた（注：厳密にはソレチニンカイ町の病院で生まれた。戦後生まれの人の出生地については以下、両親の自宅住所を記載する）。生後3か月で両親と共にシラヘレニ部落に引っ越す。同部落の4年制ポーランド語初級小学校に入学。入学時に父親が部落で最初のテレビを買ったことを覚えている。卒業後4キロ離れたモルドミナ村の4年制ロシア語上級小学校に進級。ロシア語小学校に進級することは父親が決めた。初めてロシア語を学んだ。教師はポーランド人だった。1学級は12人だった。ポーランド語小学校も併設されていた。1つの学年にポーランド語学級とロシア語学級があった。親がベラルーシ生まれということでいじめられたことはなかった。ずっと離れたマリアンポーレ村にはリトアニア人が多く住んでいたのでリトアニア語小学校もあった。その小学校にはベラルーシ在住のリトアニア人の子供たちも寄宿舎に入って学習していた。週末にはベラルーシの親元に帰っていった。国境線を越えた小学校の通学である。バランティナはこのリトアニア語小学校の寄宿舎に入って勉強したかった。しかし父親が将来の大学受験のことを考えてロシア語小学校に決めた。リトアニア語とドイツ語の授業があった。ポーランド語の授業はなかった。上級生の中に将来の夫となるスタニスワフがいた。バランティナは小学校8年卒業の後はビルニュース市内の製靴工場附属の昼間実業学校（職業学校）に2年学んだ。同時に普通中等学校（高校）の夜間部にも3年通学し、ロシア語で学んだ。17歳で靴工場に就職した。千人以上の従業員がおり、各種民族が働いていた。リトアニア人が一番多かったが、職場では主にロシア語で話した。1978年に結婚。教会で結婚式を挙げ、自宅で披露宴を持った。夫がバランティナの家に移った。同年に長男が誕生し退職。長男誕生後はバイガタイ村のソホーズに勤務。朝と晩に搾乳された牛乳を農家から集め、牛乳集荷場に運ぶ係。その牛乳は牛乳会社が牛乳工場まで運んでいた。自宅から通えて朝晩の勤務だけの職場だったので、乳児を抱えていても働けた。1992年からはシラヘレニ部落のソホーズ牛舎で働く。1991年以降ベラルーシには一度も行っていない。国境を越えるにはベラルーシのビザが必要になった。近い親族でベラルーシに住んでいる者はもう誰もいないので、ビザ取得料はとても高い（注：実母をベラルーシに残してリトアニアに移住し、リトアニアに居住しているような人には、無料のビザが発行されるが、近親者がいない場合は、1996年時点で、ほぼ1か月の給与に相当するビザ取得料をベラルーシ政府は要求していた）。

②アリツィア（女）
1959年生まれ。

①グジェゴシ（男）
1978年生まれ。モルドミナ村の9年制ポーランド語小学校（両親の時代とは異なり、義務教育は9年に延長されていた）を卒業後、現在は大工の職業実習中。

②アンジジェイ（男）
1982年生まれ。兄と同じ小学校に通学中。

③トマシ（男）
1989年生まれ。兄と同じ小学校に通学中。

④エルジビエタ（女）
1991年生まれ。

リディア・シェビンスカ家，5番家庭，ポーランド系，シラヘレニ部落，1996年7月6日

クシシトフ・ノボシンスキ（男）
ポーランド人。カトリック。シラヘレニ部落に生まれ，そこで死ぬ。1900年に死亡している（注：墓石で確認した。生年と死亡年齢の刻銘なし）。シラヘレニ部落が属するパイガタイ村は，ビルニュースからの方角は明らかにできないが，5キロないし25キロの地点にあり，その中心部パイガタイ部落から南に4キロほど行ったところにシラヘレニ部落がある。クシシトフはシラヘレニ部落のはずれにあるカトリック旧墓地に埋葬された（注：この旧墓地は森の中にあり，現在確認できる墓石は10基程度。クシシトフの墓石が最も立派であった。旧墓地は場所が狭く第一次世界大戦後には満杯になってしまった。そこで部落の別の場所に新墓地が作られた）。シラヘレニ部落は18世紀においてはタタール人（注：タタール人の詳細は13番家庭以下の家系図を参照）の部落であった。19世紀初頭からポーランド人によるこの部落への入植が始まり，タタール人は他の地へ移って行き，ポーランド人だけの部落になった。タタール人墓地の上に，第二次世界大戦後コルホーズの牛舎が建設された。社会主義政権によってタタール人墓地はブルドーザーで平らにされ，破壊された。ノボシンスキ家がこの地に入植した時代と経緯は不明であるが（注：墓地と墓石の状況から判断すると，クシシトフがノボシンスキ家としては初代の入植者であろう），クシシトフ・ノボシンスキは19世紀末には140haの土地を持ち，息子が4人いた。自宅の大きな庭を囲むように馬小屋や牛小屋や穀物倉庫が建っていた。馬小屋は10頭くらい入る巨大なものである。これらの建物は100年以上たっているが今でも現存している。クシシトフは自分の土地を35haずつに分けて4人の息子に均等に与えた。息子が結婚するごとに35haの土地を与えた。息子たちは，この庭のそばに自分たちの住宅を建てて住んだ。息子たちの農業経営は別々に行われた。しかし，馬小屋や穀物倉庫は父親の残したものを共同で利用した。所有耕地は地条（帯のように細長い短冊型の畑）の形をとり，分割相続の後は数十か所に分かれていた。所有地の中には，耕地以外に森もあったが，いずれもシラヘレニ部落の中にあった。耕地の地条はしばしばシラヘレニ部落と隣部落との境界線まで伸びていた。しかし隣部落の中まで食い込むことはなかった。自宅に一番近い地条の場所は，現在の5番家庭の家の前あたりであった。自宅近辺の農地は一番末の息子ヤンが相続したらしい。それ故，息子ヤンはそこに現在の5番家庭の建物を建設した。現在の5番家庭の建物の前を通っている道路は，第二次世界大戦前はまだなかった。クシシトフの農地のうち一番離れた地条は徒歩30分くらいのところにあった。第一次世界大戦前にあっては，シラヘレニ部落全体の土地の相当な部分をこのノボシンスキ家が所有していたことになる。現存している馬小屋などは1951年に没収され，コルホーズが長らく使用した。コルホーズは解散し，これらの馬小屋などは利用されていない。しかし朽ち果てる寸前の状態で，もしノボシンスキの一族に返還されたとしても，もはや利用することはできない。

ロザリア（女）
ポーランド人。カトリック。

③ミハウ（男）
ポーランド人。カトリック。結婚した時に35haを相続した。1939年死亡。6人の子供があった。

妻（ポーランド人）

①ピョートル（男）
ポーランド人。カトリック。結婚した時に35haを相続した。

②クシシトフ（男）
ポーランド人。カトリック。結婚した時に35haを相続した。

⑤ヤドビガ（女）
ポーランド人。カトリック。結婚に際して土地は相続せず，金銭で生前贈与を受けた。のち夫と共に**カナダ**に移住した。その後の消息は不明。

④ヤン・ノボシンスキ（男）
ポーランド人。カトリック。結婚した時に35haの土地を相続した。10か所以上の地条であった。第一次世界大戦後の戦間期に**アメリカ**（注：娘リディアは米国ではなく，アメリカという表現を用いた）へ単身で移住した。ドルを家族へ送金した。戦間期にアメリカで死亡（注：アメリカがどこを指すかは不明である。南米大陸である可能性もある。ヤンがなぜアメリカに出稼ぎ移民したかの理由は不明である。所有地が35haであったとしても，もし耕地がそのうち20haくらいしかなかったとしたら，6人の子供を抱えた生活は裕福とはいえなかったといえる。16haを持ちながら子供たちを養えず，4人の息子のうち3人が米国に移民してしまった24番家庭の家系図や，12haを持ちながら4人の息子全員が移民してしまった26番家庭の家系図などが参考になる。特に，ヤンの場合，息子が成人していて農業経営を任せられる年齢に達していたので，父親ヤンがアメリカに出稼ぎ移民したと理解することもできる）。

ルツィア・オシポビッチ（女）
1888－1977。ポーランド人。カトリック。オシポビッチ家の出身。夫がアメリカに移住した後，一人で農家を経営する。娘ブロニスワバと息子レオンに土地を分け与えたので，土地面積は1939年時点では35haから二十数ヘクタールへと減少していた。当時，この家にはルツィアと娘リディアと息子アントニが住んでいた。当時は若い住み込み女中が1人いた。1940年にソ連軍が進軍してきた時にも大きな変化はなかった（注：戦間期はポーランド領であったこのビルニュース地方は，1939年にはリトアニアに併合され，1940年夏にはリトアニア全体がソ連邦に併合された。ソ連政府はリトアニアにおいて，数百ヘクタール，数千ヘクタールを所有する大地主を反ソビエト勢力とみなし，土地を没収し，ソホーズを形成する試みを行った。多くの大地主がシベリアに送られ，殺された。パイガタイ村の大地主の某氏一家（名を秘す）もウラル地方に送られ，殺されている。ルツィアの所有地は30haに達しておらず，撲滅の対象にはならなかったことが分かる）。1941年にドイツ軍が進軍してきた時も大きな変化はなかった。労働力調達目的のドイツ軍による集団的な人さらい（労働力徴発，ポーランド語でワパンカと呼ぶ）もあったが，この家からは誰も連れていかれなかった。1944年には馬が2頭，乳牛は3頭いた。1949年からの農業集団化の時にクラーク（富農）として攻撃され，ルツィアは63歳の時の1951年に**シベリアのラーゲリ**に連行された（詳細は娘リディアの欄を参照）。1955年に娘リディアと息子アントニ夫妻と共にリトアニアに帰国できた。自宅は残っていたが屋根が破れていて，誰も住んでいなかった。家具もなく内部はメチャメチャだった。牛舎や家畜倉庫はコルホーズの所有となっていた。自宅以外の建物はすべて没収されていた。自宅を修理して，そこに娘リディアと共に住んだ。シラヘレニ部落のこの家で死亡。

子供の数は不明

妹

ユーゼフ・トロヤノビッチ
ポーランド人。カトリック。当地の生まれ。農地をサムソノビッチ氏に売却。サムソノビッチ氏の娘はルツィアの息子レオンと結婚した。

アンナ・ウズダビリテ（女）
リトアニア人。カトリック。1899－1978。戦前のシラヘレニ部落で2人いたリトアニア人のうちの一人。だいぶ離れたマリアンポーレ村の出身だった

④スタニスワフ
1907－1969。35haの半分を父ミハウより相続した。沼地が多く耕地は7～8haだった。1935年に結婚した。1942年に木材切断の際に左手の指を3本、右手の指を2本失った。1945年の時点では馬2頭と乳牛2頭を持っていた。立派な農家だった。野菜も栽培し販売した。1949年に集団化が始まったがコルホーズには加入しなかった。土地税が払えず

┌①ユーゼフ（男）35haの半分を父ミハウより相続した。
├②ユリアン（男）戦前にアルゼンチンに移住した。
├③アントニ（男）戦前にアルゼンチンに移住した。
├⑤ヤドビガ（女、戦前にアルゼンチンのブエノスアイレスに移住した）
├ザレスキ（男、ポーランド人。当地で結婚してヤドビガと共にアルゼンチンに移住した）
└⑥アレキサンデル（男、ビルニュースに住み、その後ポーランドに移住し、ポーランドで生存）

アントニ・アイシモンド（男、ポーランド人）

┌①ブロニスワバ（女）
│1904年生まれ。結婚の時に3ないし4haの土地と乳牛と馬を受け取った。
├②ミエチスワフ（男）
│1907年または1908年生まれ。1937年か1938年に当地で結婚しビルニュース市に引っ越した。農業を嫌い、土地は相続せず、農業には従事しなかった
├─ポーランド人女性（一人っ子であった。農業を嫌い国鉄で働いた）
├③レオン（男）
│1912年または1913年生まれ。1935年に結婚。少しの土地を相続した。ビルニュース市で1995年死亡。
├─サムソノビッチ（ポーランド人女性）
│カトリック。当地の人。父親はアメリカで働き、金を貯めて当地に帰国し、レオンの母ツィアの義理の弟トロヤノビッチから土地を購
├④ワンダ（女）
│1914年生まれ。戦前に結婚した。母ルツィアが生前贈与として土地を買ってくれた。そこに家を新築し夫婦で住んだ。
├─夫
│ポーランド人。シラヘレニ部落の近くの村に住む。1939年にポーランド軍（戦間期のポーランド政府陸軍の軍隊）に出征し、戦後ポーランドに残った（戦争中どこで過ごしたかは不明）。
├⑥アントニ（男）
│1923年生まれ。生存。ポーランド人。1944年にポーランド人民軍（ソ連で編成された軍隊）に徴兵となり（注：徴兵の実態は4番家庭の家系図を参照）、復員し1948年に結婚。結婚後はこの家を出て近所に住んだ。土地は所有しなかったが、二十数haを所有していた母ルツィアの農家で働いた。アントニがその農家の実質的な戸主だった。子ヘレナ（女、1929年生まれ。ポーランド人。ラーゲリに送られる。帰国し生存）
└⑤リディア・シェビンスカ（女）
1920年3月生まれ。生存。**5番家庭の主婦**。当家で生まれ、子供の頃から農作業を手伝った。独身のまま、1949年の農業集団化まで平穏に母親と弟と共に農業を営む。集団化が始まると税金が大変多かった。肉や麦や豚や牛を売って、東南東18キロにあるサチライ村の役場で税金を払った（注：土地税徴収の業務が村役場ごとでなく、もっと広域の単位で行われていたことが分かる）。役人はリトアニア人であった。「収入税」と呼んでいた。しかし収入に対してではなく、土地と建物に課税された。権力は母親ルツィアをコルホーズに加入させようとしたが、母親は加入しなかった。母親は逮捕されるまで税金を払った。シラヘレニ部落では、この家だけが攻撃された。しかし村の人からの襲撃等はなかった。1951年の9月、麦の収穫が終わりジャガイモの収穫が始まった最初の日の深夜に地区のソビエト議長が2人連れてやってきた。もう1人は民間服で、別の1人は機関銃を持った軍服姿だった（注：この3人組をトロイカと呼ぶ。一般には地区共産党組織の書記、保安警察、検事の3人）。リディアも母親も弟も連行された。弟の妻と子供も連行された。全員が1951年9月に80両編成の貨車でビルニュース市からシベリアのトムスク市（ノボシビルスクから北東へ200キロ）の強制（矯正）労働ラーゲリに送られた。ラーゲリに着くまで半月もかかった。最初は小学校の床の上で寝たが、すぐに弟アントニと共にタイガ（密林）の中の木造バラックに移送された。1軒のバラックに50人が住んだ。男女が一緒だった。母親と弟の妻とその子供は30キロ離れた

が、教区が同じだったのでスタニスワフと教会で知り合った。夫とはポーランド語で話をした。妹（または姉）はこの部落で35年間小学校の教師をした。

土地は全部失った。死ぬまで馬を持っていた（注：集団化以降においては馬を持つためには許可証が必要だった。特別な理由がないと馬の所有は認められなかったが、しばしばコネやツテを用いて許可証を得ることが行われた。身体障害者には馬の所有が認められたので、スタニスワフは指がないことを利用したのかもしれない）。15アールの土地を耕した。

戦後すぐに現ポーランド領のオルシティン（ワルシャワ北方180キロ。戦間期はドイツ領）に移住した。80歳くらいで死亡。

入した。彼女はその土地を自分の父親から相続した。レオンの土地と合わせて農業に従事し、家を建てた。

家族用の別のバラックに住んだ。日曜日だけはリディアとアントニは森の中のバラックから家族が待つ家族用バラックに戻ることができた。囚人の中にはウクライナ人やカフカス人やポーランド人がいた。ウクライナ人が一番多かった。賃金は月給制で200旧ルーブルであった（注：これは当時の単純肉体労働者の普通の賃金水準だった）。そこから食料品や衣料を買った。パンやバターやニシンなどが買えた。ジャガイモは自分で栽培した。2年半森で働いて病気になった（注：病名をリディアは語らなかった）。1年後に回復し労働した。再び病気になり1955年6月に故国に帰国が許された。帰国の願書を書いてそれが認められた。リディアの一家がこのラーゲリでの最初の帰国許可例だった。帰国の時は腕時計を売って、その金で切符を自分で買って普通の客車で帰国した（注：回想のまま。一般には無料切符が交付された）。母と共に自宅に戻った。1966年まで営林署で働いた。自宅で乳牛を飼い、牛乳をビルニュース市で売った。自宅菜園用の4アール（注：回想のまま。一般にはもっと広かった）の自留地を受け取った。営林署でポーランド人のシェビンスキ氏と知り合った。同氏の祖父が当地に住んでいて、それで同氏は徴兵解除後にポーランドから当地を訪れ営林署で働いていた。職場で同氏と知り合い、結婚届は出したが教会の結婚式は挙げなかった。子供はできなかった。しばらくするとシェビンスキ氏はポーランドへ行って戻らなかった。ポーランドで別の女性と結婚したらしい。離婚手続をとっていないので、リディアの姓はシェビンスカのままである。

イェロミナス・キェビッチス（男）
1941年生まれ。リトアニア人。1966年にダヌータと結婚。1982年に離婚し、別の女性と再婚。

┌①ダヌータ（女）
│1937年生まれ。生存。一人っ子。カトリック。リトアニア人として住民登録している。1966年結婚。7歳になるまでリトアニア語は全く分からなかった。1944年に前線が近づいたので母と共にビルニュース市に逃げて、その後にカウナス市に移って、そこでリトアニア語を知った。ポーランド国内軍（AK）とソ連側パルチザン軍が毎晩のようにドイツ軍と戦闘をしていて危険だった。父スタニスワフは当地に残った（注：ドイツ占領中においてリトアニア人はドイツに協力的であるとみなされていた。ソ連軍が近づいた時、ソ連軍を恐れたリトアニア人は少なくなかった。それでポーランド人の父親はリトアニア人の妻と子供を避難させたと解釈することもできる）。1948年にこの部落の4年制のポーランド語初級小学校を卒業後、ビルニュース市で3年制のリトアニア語上級小学校を卒業した。その後に商業中等学校を卒業した。1958年にビルニュースのレストランに就職した。職場ではリトアニア人として扱われた。コックの昇任試験もリトアニア語であった。ただしポーランド語やロシア語を希望すればそれでも受験できた。上級コックを経て1968年に調理部長となった。歴代店長はポーランド人男性やロシア人女性などであった。ダヌータはポーランド語もリトアニア語も全く同じ程度に話せる。1982年離婚。1993年から3年間、ポーランドのビアウィストク県（ワルシャワから北東180キロ）の国道沿いの私営のドライブインで働いた。毎月100ドルもらった（注：1993年当時のリトアニアの平均賃金は為替レートで計算すると50ドル程度だった）。息子と娘がある。息子リマスの身分証明書にはリトアニア人と記載してある。息子は、勤め先の職場では、ウクライナ人とベラルーシ人と一緒の作業班にいる。

├①ヘレナ（女）、1949年生まれ。3月25日生まれであるが、戸籍が9月15日生まれとなっている。母親とヘレナは1951年にシベリアに連行され、母親がシベリアで9月に初めてヘレナの出生届を出したので、こういう日付になった。出生時に教会でカトリックの洗礼を受けている。
├②ヤニーナ（女）、1951年生まれ。生後7か月でシベリアに連行された。
└③アントニ・ノボシンスキ（男）、1953年にシベリアのトムスク市郊外のラーゲリで生まれた。母が住んでいた50人のバラックの中では、もう1人別の家族の子供が生まれた。シラヘレニ部落の4年制ポーランド語初級小学校の後、隣村にある4年制ロシア語上級小学校を卒業。そして工業中等学校を終えた。電気工である。1972年から1975年まで徴兵。エストニアに駐留。軍隊ではロシア語で会話した。軍隊を除隊になり、1975年から1993年までビルニュースの工場でずっと働いていた。賃金が低かったので辞職した。現在は軍に勤務している。管理職である。

タデウシ・ギンタス家，6番家庭，ポーランド系，シラヘレニ部落，1996年7月8日

ビクトル・ガイドゥレビッチ（男）
ポーランド人。シラヘレニ部落が属するバイガタイ村は，ビルニュース市から方角は明らかにできないが，5キロないし25キロの地点にあり，その中心部バイガタイ部落から南に4キロほど行ったところにシラヘレニ部落がある。そのシラヘレニ部落から南方2キロほどのところにあるビェルキ・ポーレ部落で19世紀の中頃に生まれた。ビクトルはビェルキ・ポーレ部落で21.8haの農地を持っていた。

ヘレナ（女）
ポーランド人。

トロヤノビッチ（男）
ポーランド人。シラヘレニ部落の人。

①**ユーゼファ（女）**

②**アンナ（女）**，一生独身。第一次世界大戦後も父の実家に住むが1923年頃死亡。

④**ビクトリア（女）**，第一次世界大戦の頃から家を出て，**ポーランド東部のアウグストゥフ県**のカトリック教会の住み込み女中で働く。教会の神父は親戚だった。独身のまま第二次世界大戦後に66歳で死亡。

⑤**ビンツェンティナ（女）**
第一次世界大戦以前に当地より南方15キロのラグライ部落へ嫁に行った。結婚後直ちに**米国**に移住した。第二次世界大戦後も小包をポーランドに移住した甥のアントニに送った。兄弟・姉妹同士の結婚の例であり，また双方の家族がそろって米国へ移民した例でもある。

  レガノビッチ（男）
  ポーランド人。結婚後**米国**に移住した。

  レガノビッチ（男）
  ポーランド人。結婚後**米国**に移住した。

⑥**マリア（女）**
ラグライ部落へ嫁に行き，結婚後直ちに**米国**に移住した。姉のビンツェンティナとどちらが先に結婚したかは不明。

ヤン（男）
生年順序は不明。結婚したが20歳くらいで死亡。

③**ビンツェンティ・ガイドゥレビッチ（男）**
1882－1922。父から相続した21.8haの土地をビェルキ・ポーレ部落に所有していた。1901年か1902年に結婚した。馬2頭を保有。乳牛や羊もいた。部落で一番大きな農家だった。独身の住み込み農民が1人いた。牛小屋兼豚小屋と馬小屋があった。自宅建物は寝室が2部屋で，それを挟んで真ん中に台所があった。120平方メートルくらいの建物だった。地条（短冊型の細長い畑）は幅50メートルくらいで，長さ300から400メートルくらいだった。11の地条があった。40歳で死亡し，死後は妻が農業経営を継いだ。

レオカディア（女）
1884年ないし1886年の生まれ。ポーランド人。夫の死後は，農家を経営した。子供が農作業を手伝った。第二次世界大戦後の集団化まで土地を分割しなかった。息子ユーゼフはクラークとしてシベリア送りになったが，レオカディアは高齢のためかシベリア送りにはなっていない。クラークのシベリア送りは家族揃っての強制送還が原則だが，高齢者の場合の判断はかなり恣意的に決定されていたようである。1970年死亡。

バツワフ・ギンタス（男）
1877－1917。**ポーランド人**。トラカイ県（ビルニュース市から西方25キロに県都がある県）の生まれ。トラカイ県では水車経営者だった。農民の収穫した穀物を粉にひいて，一定の現物手数料を取る商売。動力が風である風車も東欧では広く使われていたが，バツワフの場合は，動力が段差のある小川の水流である水車だった。川をせき止めて50センチメートルほどの水位の差があれば水車は回る。各地の川で水車小屋経営を行い，3回ほどの引っ越しを経て，1914年に現在のシラヘレニ部落に引っ越してきて，現存する6番家庭のこの家と水車を建てた。水車は分解して運んできた。シラヘレニ部落のはずれに小川が流れており，その岸辺に水車小屋と自宅を建設した。農地は全く保有していなかった。1917年に死亡。

ブワディスワバ（女）
ポーランド人。夫の死後は水車小屋の経営者となる。

第二部　6番家庭

娘，結婚して40キロ離れた村に住んでいたが，1941年6月にドイツ軍に殺された。その村では100人くらいの住民が殺された。ユダヤ人ではなく，ポーランド人やリトアニア人が焼き打ちで殺された。ドイツ軍は，一般にユダヤ人や反ドイツ・パルチザンを除いて，現地人の虐殺を行わなかったので，これは例外的ケースである。虐殺が行われた事情は不明。

- ① アナスタズィア（女），1905－1907。2歳で死亡。
- ③ ワンダ（女）
  1910－1968。1930年に結婚。1946年にポーランドに移住した。
  - コバレフスキ（男）
    ポーランド人。ビルニュースの郵便局に勤務したが戦後ポーランドに移住した。
- ④ マリア（女）
  1913年生まれ。1930年に結婚。1948年にポーランドに移住。現在はポーランドで生存。
  - ヤコブビッチ（男）
    ポーランド人。ビルニュースの人。6haの農地を持っていた。戦後ポーランドに移住。
- ⑤ ユーゼフ（男）
  1915－1969。1941年に結婚。結婚後は妻がビェルキ・ポーレの実家に移ってきた。農地は分割せず，兄アントニ夫婦と妹ブロニスワバ夫婦と共に耕した。自分で馬を1頭持つ。母レオカディアは自分の部屋に引き取った。1946年には兄夫婦がポーランドに移住した。1951年に妹の夫ブロニスワフ・ギンタスが逮捕された後，ユーゼフも逮捕された。逮捕理由も不明な政治裁判だった。共産党地区書記等3人が判事だった。この3人組はトロイカと呼ばれ恐れられていた。ユーゼフはシベリアのラーゲリに送られ，1955年に釈放され帰国した。
  - ワンダ・ライトビッチ（女）
    ポーランド人。1918年生まれ。2番家庭の主人のビトルド・ライトビッチの妹。ワンダがラーゲリに送られたかどうかは不明。1960年代に死亡。
- ⑦ ゾフィア（女，1920－1932）
- ⑧ ヤニナ（女）
  1925－1986。21歳の時の1946年に独身のまま兄アントニと共にポーランドに移住した。
- ⑥ ブロニスワバ（女）
  1916年にビェルキ・ポーレ部落の生まれ。生存。ポーランド人。1937年に結婚。1951年の10月に夫が逮捕されシベリア送りになった。ブロニスワバも逮捕されたが，妊娠していたので釈放された。12月に娘サビナを自宅で出産。隣人は共産党を恐れていて，夫がいない時期も助けてくれなかった。コルホーズに加盟したが数か月で脱退した。自留地で野菜を栽培しキノコを集めビルニュース市で売って生活した。乳牛1頭と豚1頭を飼育した。夫から1回手紙がきた。届くのに3か月かかった。封筒にルーブル紙幣が入っていることもあって子供にノートを買った。1957年にシラヘレニ部落に移った後もソホーズ等では働かなかった。
- ② アントニ（男）
  1908－1994。軍隊には行かなかった。1934年に結婚。結婚後もビェルキ・ポーレの実家に住んだ。自分で馬を1頭持った。1946年にポーランドに移住しポーランドで死亡した。
  - ⑤ フランチシカ・ギンタス（女）
    1906－1995。1934年にアントニと結婚し，ビェルキ・ポーレ部落に嫁に行った。1946年にポーランドに移住しポーランドで死亡した。ブロニスワフ・ギンタスの姉。
- ⑥ ブロニスワフ・ギンタス（男）
  1911－1978。父の死後は，兄ユリアンと母が水車小屋を経営したが，兄ユリアンがアルゼンチンに移住した後はブロニスワフが水車小屋を経営した。ついで1927年に兄ボレスワフが結婚して水車も移築のため解体して持っていったので，水車小屋経営は中断した。1937年に結婚し水車を新たに建設した。1938年に4haの土地を買う。戦争中も水車小屋を経営した。水車小屋を所有しているとシベリア送りになるのではないかと恐れたから，1946年の夏頃に水車小屋経営を放棄した。ビェルキ・ポーレ部落の姉フランチシカの家に引っ越した。姉フランチシカ夫婦がポーランドに移住した後の空き家に移った。脅迫もあった。ビェルキ・ポーレ部落ではコルホーズに参加しなかったので，1951年10月に逮捕されシベリアに送られた。コルホーズは水車小屋を提供するよう求めたが同意しなかったのでクラーク（反体制的富農）とみなされた。ある時，隣家と喧嘩して殴りあった。それを隣家が警察に密告した。それが逮捕の形式的理由だった。妻と子供はシベリア送りを免れた。1955年秋にシベリアから特赦で帰国した。コルホーズには加盟せず，馬を購入してコルホーズが利用していない放棄地を耕作した。隣人は黙認した。しかし1956年に馬を没収された。1957年夏に，ビェルキ・ポーレ部落からシラヘレニ部落の自宅に戻ってソホーズに就職した。水車は破壊されていた。ソホーズの農作業員や倉庫番などをして働いた。1976年に年金生活に入る。
  - ① マリア（女）
    父の死後に当地で結婚してアルゼンチンに移住した。
    - 夫（ポーランド人）
  - ② バレンティナ（女）
    父の死後に当地で結婚してアルゼンチンに移住した。
    - 夫（ポーランド人）
  - ③ ユリアン（男）
    1900年生まれ。父の死後1923年に当地で結婚し直ちにアルゼンチンのブエノスアイレスに移住した。当時既に姉マリアがアルゼンチンに移住していた。
    - 妻（ポーランド人）
  - ④ ボレスワフ（男）
    1927年に結婚し，直ちに家を出て，南方30キロ前後のソレチニンカイ県の村に水車を移築し，そこに引っ越していった。水車を組み立て直して水車経営を続けた。1944年にソ連軍によってパルチザンと誤認され農作業中に射殺された。ソ連軍の車が近づいてきたので単純に怖くなって森に逃げ出した。ソ連軍はパルチザンと誤認し，射殺した。8番家庭の主婦の祖父。
    - 妻
      ポーランド人。夫の死後，15歳の息子と娘と共にシラヘレニ部落の夫の実家に移る。1955年までそこに住む。

- ① ユーゼフ（男）
- ② ヤニーナ（女）
- ③ マリア（女）
- ④ ライムンド（男）

- ① マリアン（男）
  1938年生まれ。1962年に結婚。ビルニュースで労働者になる。
  - 妻（ポーランド人）
- ② バツワフ（男）
  1942年生まれ。双子。ビルニュースで労働者になるが既に死亡。
  - 妻（ポーランド人）
- ③ アントニ（男）
  1942年生まれ。双子。ビルニュースで労働者になる。妻とはポーランド語で話す。
  - 妻（ベラルーシ人）
    ベラルーシ生まれ。父親はポーランド人。国内旅券（旧ソ連時代の都市居住用・国内旅行用の身分証明書。都市への移住と遠距離旅行には携行が義務づけられたいた）の民族欄にはベラルーシ人と記載されていた。母語はプロスティ語（ポーランド語とベラルーシ語の混合語）。カトリック。ビルニュースで就職し，夫と知り合う。
- ④ タデウシ（男）
  1948年生まれ。6番家庭の主人。シラヘレニ部落の4年制ポーランド語初級小学校の後，かなり離れたマリアンポーレ村の寄宿舎に入りリトアニア語小学校に4年・中等学校に3年通う。ロシア語の授業もあった。卒業後は大学に入り歴史を学んだ。小学校の教師になった。24歳の時の1972年に水車を取り壊して，その跡に自宅を建設した。1977年結婚。今でも学校教師。自宅の庭に小規模の合法のケシ畑を持つ。
  - ヘレナ（女）
    ポーランド人。6番家庭の主婦。1950年生まれ。シラヘレニ部落の11番家庭の主人ヤンの妹。
  - ① レナータ（女）
    1978年生まれ。
  - ② ダリウシ（男）
    1979年生まれ。
  - ③ アルトゥール（男）
    1988年生まれ。
- ⑤ サビナ（女）
  1951年11月生まれ。ビルニュース在住。
  - 夫（ポーランド人）
  - 息子
    父がソ連軍に殺された後，母と共にシラヘレニ部落の家に移る。
  - 娘

アリツィア・サムソノビッチ家，7番家庭，ポーランド系，シラヘレニ部落，1996年7月9日

ビクトル（男）
ポーランド人。カトリック。生年不明，1945年死亡。当地から東方へ40キロ前後離れたベラルーシのムロバナ・オシミアンカ村のある部落の生まれ。20戸くらいの部落だった。住民は全員がカトリックでポーランド語方言のプロスティ語（ポーランド語とベラルーシ語の混合語）を話していた。住民は自らをポーランド人と自覚している人とベラルーシ人と自覚している人がいた。しかし言語と宗教は同じだった。ムロバナ・オシミアンカ村は第一次世界大戦前はロシア帝国領で戦間期はポーランド領で現在はベラルーシ領。リトアニアとの現国境から9キロ。カトリック教会のある村。ビクトルは10haの土地と馬1頭，乳牛2頭，豚2頭，羊3頭を持っていた。土地は地条（注：細長い短冊型の畑）ではなく正方形であった。妻の死後に再婚した。1920年代に土地を分割して子供に与えた。

妻
ポーランド人

マリア（女）
後妻。子供は生まれなかった。

ビンツェンティ・サムソノビッチ（男）
1880年前後の生まれ。1959年に死亡。**ポーランド人。カトリック**。結婚して妻がシラヘレニ部落の当家に移ってきた。第一次世界大戦後においては，シラヘレニ部落で15haの土地を持っていた。戦間期に土地を子供たちに分割して相続させた。特に，娘は大きな土地をもらった。1949年からの農業集団化で，土地を生前贈与で受け取っていた子供たちは土地をコルホーズに供出しなければならなかった。シラヘレニ部落で死亡。**1番家庭の主人の祖父**。

妻
ポーランド人。カトリック。1961年死亡。

③フランチシェク（男）
約5haと自宅を相続した。1944年にポーランド人民軍（AL，ソ連で組織されたポーランド軍）に徴兵となりドイツ軍を追撃してベルリンまで行った（注：徴兵の実際については4番家庭の家系図第二世代を参照）。

②アナスタズィア（女）

①ブロニスワフ（男）
1902－1960。ポーランド人。当時ロシア帝国領だったムロバナ・オシミアンカ村の部落で生まれる。20戸くらいの部落だった。5haを生前贈与でもらった。字が読めた。第一次世界大戦後，ポーランド領土になり，パウリナと結婚し，1920年代に土地を相続し，自宅と畜舎を建設した。自宅は木造で1部屋の寝室と台所だけの建物で屋根は藁葺きだった。中央に煙突とコンロがあった。馬1頭と乳牛2頭を持っていた。第二次世界大戦末期の1944年に，ポーランド人民軍に徴兵された。1945年5月の終戦時には現在のポーランド領にいた。上官がポーランドに移住するよう薦めてくれて，ポーランドに移住することを決心し，妻に手紙を書いた。しかし妻が移住に同意しなかったので，ベラルーシ領となっていた故郷に9月に戻った。部落の中では4戸がポーランドに移住していた。戦後すぐに集団化が始まり土地を失う（注：ベラルーシでの集団化は，リトアニアとは異なり，戦後直ちに始まった）。0.5haの自留地（注：自家消費用の作物栽培のための家庭菜園）を受け取る。戦後は，他のポーランド人と同様に，民族名にベラルーシ人と記載された国内旅券を受け取った（注：国内旅券とは，都市居住やソ連国内を移動する際に携行を義務づけられていた書類）。ベラルーシのムロバナ・オシミアンカ村で死亡。

パウリナ（女）
1894－1984。ポーランド人。夫より8歳年上だった。ほとんど文盲。終戦時には土地に愛着がありポーランド移住に反対した。90歳の時に自動車事故でベラルーシで死亡。

他の兄弟姉妹については1番家庭の家系図第二世代を参照されたい。

ヤン・サムソノビッチ（男）
1986年頃80歳くらいで死亡。ポーランド人。シラヘレニ部落（注：部落の位置については1番家庭の家系図を参照のこと）の父の家の敷地内に小さい小屋を建てて住む。国鉄にずっと勤めた。若干の土地も相続し，兼業農家を営んだ。乳牛も持っていた。妻の死後の晩年は孫のヤンの家に住む。

マリア（女）
1976年頃死亡。ポーランド人。

②レオナルダ（女）
1929年生まれ。ムロバナ・オシミアンカ村で結婚。現在はビルニュース市で生存。

夫（ポーランド人）

④ヤン（男）
1938年生まれ。既に死亡。父親のムロバナ・オシミアンカ村の自宅を相続した。

③エドワルド（男）
1930年にベラルーシのムロバナ・オシミアンカ村の部落の生まれ。生存。自宅は村の中心まで4キロ，鉄道まで18キロ。戦前には小学校に通学しなかった（注：当時はポーランド領であり，7歳からの義務教育が実施されていた。それにもかかわらず小学校に通学していない事例である）。ソ連占領下でロシア語小学校に入学。ドイツ占領下ではポーランド語小学校に通った。戦後は学校に通わなかった。字は読めるが書けない。ドイツ軍は略奪はしなかった。ソ連軍は羊の略奪を行った。1950年代前半まで室内の照明はたいまつ。戦後も映画は見たことがなかった。戦後も村のカトリック教会は閉鎖されなかったので毎週通った。カトリック教会の存続はベラルーシでは例外的だった。姉のワンダがオシミアンカ部落で結婚して，その結婚披露宴でリトアニアからやって来た妻ワンダと知り合う。1955年に結婚し，1年間はムロバナ・オシミアンカ村の父の家に住み，1956年にベラルーシから，当地より南方30キロ前後のソレチニンカイ県の妻の実家に引っ越してきた。ベラルーシのコルホーズでは年間に穀物が1600キロしかもらえなかったから生活が苦しく移住を決意した。リトアニアの方が賃金が良かった。自転車で引っ越した。ソレチニンカイでは国鉄に就職した。1958年2月にシラヘレニ部落の住宅を1万2000旧ルーブルで購入した。それはポーランドに移住出国したソフホーズ従業員の空き家だった。舅から数千ルーブルを借りたが，それ以外に闇ウォッカを森の中で蒸留し闇で売って金を貯めた。また父ブロニスラフから乳牛1頭をもらったがそれも1000ルーブルで売却した。森の中に200リットル型の木製蒸留器を隠して蒸留した。知り合いのタクシー運転手がビルニュースで売りさばいた。ウォッカ1ビンは公定4ルーブルだったが，1ルーブルで売った。シラヘレニ部落に引っ越した後は，国鉄を辞めビルニュースの建築資材製造工場で働いた。1980年に退職して年金生活に入った。生存。

ワンダ（女）
1931－1995。**ポーランド人**。カトリック。リトアニア（当時はポーランド領）のシラヘレニ部落から南方30キロ前後のソレチニンカイ県で生まれる。伯父の結婚式でその嫁の弟エドワルドと知り合う。ベラルーシに嫁に行く。後に夫と共にリトアニアの実家に戻る。

夫
ポーランド人。カトリック。ワンダ（エドワルドの妻）の甥。ソレチニンカイ県で生まれ，オシミアンカ村のワンダと結婚。

①ワンダ（女）
1926年にベラルーシのムロバナ・オシミアンカ村の部落の生まれ。1954年に労働派遣でリトアニアに移住してソフホーズで働く（注：おそらくソレチニンカイ県のソフホーズか）。賃金はリトアニアの方が高かった。そこで夫と知り合う。故郷のムロバナ・オシミアンカ村の教会で1955年に結婚式を挙げる。乳牛1頭を生前贈与でもらう。結婚後夫のソレチニンカイ県の夫の家に移る。移住の際に国内旅券は必要なかった。現在はビルニュース市で生存。

ヤン・サムソノビッチ（男）
1928年頃生まれ，1963年または1964年に死亡。シラヘレニ部落に住んだ。一人っ子だった。戦後はビルニュース郊外の露天掘の泥炭鉱山に勤めた。自宅から通勤した。

ヤニナ（女）
生存。ポーランド人。現在は息子ヘンリクと共に住む。

- ①子供（生後すぐに死亡）

- ②ユーゼフ（男，1945年生まれ。既に死亡）

- ③ルツィア（女）

- ④スタニスワフ・ヤコブビッチ（男）
  4番家庭の主人。1955年にシラヘレニ部落の生まれ。ポーランド人。4年制ポーランド語初級小学校，ついで4年制ロシア語上級小学校に通学。卒業後1年は自宅で働く。ついで金属加工工場で実習を学ぶ。徴兵でカザフスタンに駐屯した。1976年除隊。理髪業協同組合の経理掛に半年勤務。自家用車での集金係。自動車事故を起こし運転免許停止となったので退職。後に工場の運転手として働く。1978年に結婚して妻が自宅に移ってきた。1993年に失業し自宅で農業を始める。解体部品を集めてトラクターを組み立てて所有。

  - ①バランティナ（女）
    ポーランド人。1957年にソレチニンカイ県の生まれ。**4番家庭の主婦**。生後3か月でシラヘレニ部落に移住。シラヘレニ部落の4年制ポーランド語初級小学校に入学。入学時に父親が部落で最初のテレビを買ったことを覚えている。後にモルドミナ村の4年制ロシア語上級小学校に進級。ロシア語学校への進学は父親が決めた。初めてロシア語を学んだ。教師はポーランド人だった。1学級は12人だった。ポーランド語小学校も併設されていた。1つの学年にポーランド語学級とロシア語学級があった。親がベラルーシ生まれということでいじめられたことはなかった。少し離れたマリアンポーレ村にはリトアニア語小学校もあり，そこにはベラルーシ在住のリトアニア人の子供たちが国境を越えて，しかし寄宿舎に入って学習していた。週末にはリトアニアからベラルーシの親元に帰っていた。バランティナはその小学校に通学したかったが，父親がロシア語小学校を選んだ。小学校卒業後はビルニュースの製靴工場附属の昼間実業学校（職業学校）に2年学ぶ。ロシア語で学んだ。各種民族が働いていた。職場では主にロシア語で話した。1978年に結婚。同年に長男が誕生し退職。教会で結婚式を挙げた，自宅で披露宴。結婚後は同じ部落内の夫の実家に移る。後にパイガタイ村のソホーズに勤務。1992年からはシラヘレニ部落にあるソホーズの牛舎で働く。
    - ①グジェゴシ（男）
      1978年生まれ。モルドミナ村の9年制のポーランド語小学校を卒業後，現在は大工の職業実習中。
    - ②アンジジェイ（男）
      1982年生まれ。兄と同じ小学校に通学中。
    - ③トマシ（男）
      1989年生まれ。兄と同じ小学校に通学中。
    - ④エルジビエタ（女）
      1991年生まれ。

  - ②アリツィア（女）
    1959年にシラヘレニ部落の生まれ。**7番家庭の主婦**。シラヘレニ部落の4年制ポーランド語初級小学校に通う。1教室だけの4学年複式授業だった。ロシア語の授業もあった。教師は1人だけだった。ついでモルドミナ村の4年制ポーランド語上級小学校に進級した。リトアニア語についでドイツ語の授業も加わった。卒業後ビルニュースのロシア語裁縫職業学校に通う（注：1946年生まれの1番家庭の主婦テレサも同じ学校に通っているが，テレサは授業が有料であったと回想している。アリツィアの頃には授業料は無料になっていた）。生徒はポーランド人とロシア人だった。ユダヤ人の女の子が1人いた。男の子は1人もいなかった。主にミシンの操作を学んだ。裁縫学校にはリトアニア語のクラスもあった。1978年に結婚した。結婚届を出すまでに3か月の熟慮期間が法律で義務づけられていた。近隣の村の裁縫店に就職した。靴修理店など6業種が一緒になった国営企業だった（注：村の総合マーケットのこと。ソ連ではこのような小規模店舗も国営企業だった。ポーランドでは協同組合形態であった）。1992年に夫が死亡した。1994年にシラヘレニ部落で商店を開業した。3坪ほどの自宅の玄関部分を改装して店にした。食料品だけの店である。パンが一番よく売れる。サラミ・ソーセージやミネラル・ウォーター，ビスケットなども置いてある。生鮮肉は置いていない。商品はビルニュース市で仕入る。利幅は薄い。息子たちが店番を手伝うこともある。部落には以前は国営商店がひとつあったが撤去され，現在では唯一の商店である。未亡人なので児童手当を国から受給している。
    - ①ユーゼフ（男）
      1978年生まれ。パイガタイ村のパイガタイ部落にある11年制一貫のポーランド語小学校・中等学校に通う。同じ校舎に併設されている。9月からは最終学年である。
    - ②パベウ（男）
      1984年生まれ。小学生。ときどきは店番をして母親を助ける。

  - ④ヤン・サムソノビッチ（男）
    1955－1992。若くして死亡した。シラヘレニ部落の4年制ポーランド語初級小学校の後，モルドミナ村の4年制ポーランド語上級小学校を卒業。卒業後，ビルニュースのポンプ工場で旋盤工として働く。結婚後にビルニュースの高校の夜学に通学した。祖父を引き取って面倒を見た。

- ①アントニ（男）
  1950年生まれ，生存。母ヤニナとシラヘレニ部落に住んだが，現在は内縁の妻とビルニュースに住む。

- ②スタニスワバ（女）
  1952年生まれ，生存。

- ③チェスワバ（女）
  1953年生まれ，生存。

- ⑤ヘンリク（男）
  1957年生まれ，生存。独身で実家に住む。

ルツィア・ドシンスカ家，8番家庭，ポーランド系，シラヘレニ部落，1996年7月10日

バツワフ・ギンタス（男）
1877－1917。ポーランド人。トラカイ県（ビルニュース市から西方25キロに県庁所在地のトラカイ市がある）の生まれ。水車小屋経営を行い（注：水車小屋経営の詳細は6番家庭の家系図におけるバツワフ・ギンタスの欄を参照されたい），1914年に当地バイガタイ村シラヘレニ部落に引っ越してきて水車小屋経営を行った。バイガタイ村はビルニュース市から方角は明らかにできないが，5キロないし25キロの地点にあり，その中心部バイガタイ部落から南に4キロほど行ったところにシラヘレニ部落がある。

ブワディスワバ（女）
ポーランド人。

⑥ブロニスワフ・ギンタス（男）
6番家庭の主人タデウシの父。1911－1978。当地から南に4キロのビェルキ・ポーレ部落に水車つきの家を持っていた。1951年から1955年までシベリアのラーゲリ送りになった。

⑤フランチシカ（女），ポーランドに移住した。
①マリア（女），アルゼンチンに移住した。
②バレンティナ（女），アルゼンチンに移住した。
③ユリアン（男），アルゼンチンに移住した。

④ボレスワフ・ギンタス（男）
1900－1944。シラヘレニ部落に住むが1927年に結婚して，当地から南方30キロ前後のソレチニンカイ県に水車を移築して引っ越した。6番家庭主人の叔父。1944年にソ連軍によってパルチザンと誤認され農作業中に射殺された（詳細は6番家庭の家系図参照）。

アントニナ（女）
両親ともにポーランド人。夫の死後，ソレチニンカイ県から当県に戻り，姉（または妹）のステファニアの家に住む。息子のアロイズィも連れてきた。

ステファニア（女）
両親ともにポーランド人。近くの部落の富農の家に嫁に行った。子供なし。夫は強盗に殺された。晩年の1971年に甥のアロイズィ・ギンタスの家に移って面倒をみてもらった。

夫（ポーランド人）
30haの土地を持っていた。1949年頃クラークとして扱われ，強盗に殺された。地域の共産党権力機関に属する人間が銃を持って自宅に来て，家財を運び出そうとした。「地面に顔を伏せて上を向くな」と命令したが，夫は顔をあげて見た。それは，夫の知人だった。そこでその知人は銃で夫を射殺した。クラークに対する権力機関の非合法の略奪だった。あるいはクラーク撲滅に名を借りた強盗だった。それで犯人は顔を見られたくなかった。妻ステファニアはおとなしく顔を伏せていたので殺されなかった。

②ロベルト・ガイドゥレビッチ（男）
1988－1962。父から1haを相続し，後に3人の兄弟から1haずつ3haを買い集めた。農地の再集積は1920年以前のことである。第一次世界大戦前に結婚し，第一次世界大戦ではロシア軍に徴兵となった。1914年から4年間，ドイツ軍の捕虜となり，大工として働かされ，戦後故郷に戻った。そしてビェルキ・ポーレ部落の古い家の横に自宅を新築した。馬は1頭，乳牛は2頭。第二次世界大戦後の集団化で土地を全部失った。コルホーズには加盟しなかった。

ステファニア（女）
1895－1968。ポーランド人。

③ミハウ（男）
父から1haを相続し，後に兄ロベルトに売却した。ビルニュースに引っ越した。子供は生まれなかった。

⑤ペトロニア（女）
当地から7キロ東方の村の農家に嫁に行った。

夫（ポーランド人）

⑥ステファニア（女）
当地から南西に100キロ前後の現リトアニア領のアリトゥス市（位置は第2章の38頁の図10を参照）に嫁に行った。

夫（ポーランド人）

①ヤン（男）
父から1haを相続し，後に弟ロベルトに売却した。ビェルキ・ポーレ部落の小さい小屋に住み，ビルニュースで働いた。1920年頃に死亡した。

妻（ポーランド人）
夫の死後もビェルキ・ポーレ部落の小屋に住んだ。

④ルードビック（男）
父から1haを相続し，後に兄ロベルトに売却した。ビルニュースに引っ越した。

ミハウ・ガイドゥレビッチ（男）
ポーランド人。19世紀中頃の生まれ。最初は当地から北東4キロのモルドミナ村の領主の農奴だった。後に当地から南方4キロのビェルキ・ポーレ部落に住み，4haを所有した。土地は地条（注：細長い短冊型の畑）に分かれているのではなく，1か所にまとまっていた。4人の息子に1haずつ分けた。シラヘレニ部落のカトリック旧墓地に埋葬される。シラヘレニ部落は200年前はタタール人部落で，その墓地もあったが，19世紀になってポーランド人の入植が始まり，タタール人は部落を立ち去った。タタール墓地の上に戦後，ソホーズが牛舎を建設して，墓地が破壊された。カトリック旧墓地は19世紀の初めに建設された。墓石の没年で判読可能で最も古いものでも19世紀中葉である。

イザベラ（女）
ポーランド人。シラヘレニ部落の旧墓地に埋葬される。

ミハウ・ヤルモオビッチ（男）
ポーランド人。シラヘレニ部落の人。2.1haを持っていた。ポーランド人。戦前に死亡。土地は4か所の地条に分かれていた。

ミハリナ（女）
ポーランド人。夫の死後は農家を経営した。戦後になり，1951年に息子アントニが死亡した後にコルホーズに加盟した。土地は全部とられた。

第二部　8番家庭

```
最初の夫（ポーランド人，早くに死亡）─────────────┬─①アレクサンデル（男）
モニカ（女）──────────────────────────┤─②スタニスワフ（男）
ポーランド人。1928年生まれ。トラカイ県（注：ビルニュース県の西隣の県）の人。最初の  ├─③ダヌータ（女）
夫が死亡し，4人の子連れの未亡人となった。1977年にアロイズィと再婚した。アロイズィ  └─④ヤン（男，1979年に結婚した）
はトラカイ県のモニカの家に移って行った。
 ─②イレナ（女）　　　　　　　　　　　娘　　　　　　　　　　　　　　　　　　夫（ポーランド人）──────┐
 1931年生まれ。ソレチニンカイ県の生まれ。　　　　　　　　　　　　　　　　　  ─①テレサ（女）　　　　　　│
 ─①アロイズィ・ギンタス（男）　　　　　　　　　　　　　　　　　　　　　　　   1953年生まれ。1973年に結婚。ビル│
 1929 － 1988。1927年に父がソレチニンカイ  で建築労働者として働く。1951年にモニカと   ニュースに住む。　　　　　　  │
 県に水車を移築し，その地で生まれる。ポー  最初の結婚。1957年に，シラヘレニ部落で   ─②ルツィア（女）　　　　　　 │
 ランド語小学校に通う。1944年の父の死後，  ポーランドに移住した農家の空き家を1万    1957年生まれ。8番家庭の主婦。 │
 母と共に当県に戻り，母の姉妹のステファニ  2000旧ルーブル（デノミ前のルーブル）で購   シラヘレニ部落の生まれ。部落の│
 アの家に住む。1949年頃にステファニアの夫  入して引っ越した。乳牛1頭は1000旧ルー   ポーランド語初級小学校に3年通 │
 が殺された後は，1951年から，シベリアに送  ブルくらいした。国鉄の月給は450旧ルーブル  学。授業はポーランド語だが教師 │
 られた父の弟ブロニスワフ・ギンタスの家に  だった。その後もビルニュースで建築労働   はリトアニア人独身女性だった。 │
 母と共に移る。戦後はコルホーズには加盟し  者として働く。妻の死後，未亡人モニカと    リトアニア語の授業もロシア語の │
 なかった。国鉄に就職し，ついでビルニュー  1977年に再婚し，トラカイ県に引っ越した。   授業もしてくれた。4年生からは │
 スに住む。　　　　　　　　　　　　　　　　　　　　　　　　　　　　　　　　　 マリアンポーレ部落のリトアニア│
 ─⑤モニカ（女）                                                              語小学校に転校。寄宿舎に入っ  │
 1927 － 1976。ビェルキ・ポーレ部落の生まれ。                                   た。その11年一貫制の学校を卒 │
 部落のポーランド語小学校に4年通った後，近                                   業。リトアニア語小学校に転校し│
 隣の農家で働き始めた。1951年に結婚した。結   婚後は同じ部落の夫の家に住む。1957年に  たことは本人の希望だった。卒業│
                                              シラヘレニ部落に引っ越した。1958年頃パイガ 後は首都の2年制看護高等専門学│
 ─①ロベルト（男）                            タイ村のソホーズに就職した。癌で死亡。   校に通った。入学試験科目は化学 │
 1914年生まれ。1939年9月にポーランド軍                                        とリトアニア語だった。2クラスあ│
 に緊急徴兵。9月下旬には徴兵解除で家に戻    1946年に妻と共にポーランドに移住し，     り，リトアニア語クラスの30人のうち│
 る。1941年に結婚し，妻の姉の家に住む。      ポーランドのシチェチン市（旧ドイツ領）で  ポーランド人がルツィア1人で，ロシ│
 妻（ポーランド人，近隣の村の人）             生存。ポーランド国鉄に就職した。         ア人が1人で，残り28人はリトア│
 ─②アポロニア（女）                                                          ニア人。ロシア語クラスの30人   │
 1919年生まれ。1942年結婚。戦後ポーランドに移住した。                          のうち半分はポーランド人で半分は│
 夫（ポーランド人，5キロ離れた村の人）                                         ロシア人・ベラルーシ人だった。リ│
 ─④イレナ（女）                                                              トアニア人はいなかった。1977年 │
 1923 － 1978。結婚しなかった。1948年に未                                       6月卒業。8月にビルニュース大学 │
 婚の母として娘を出産した。ずっと実家の家   話をした。娘は私生児ではあるがカトリック  医学部の実験助手として就職した。│
 に住んだ。コルホーズにも加盟しなかった。    の洗礼を受け，ポーランド人と結婚し現在は  高校による義務的就職決定だった。│
 ソホーズにも就職せず，自宅で豚と乳牛の世   ビルニュースに在住。                     父の再婚相手の息子ヤンとの1979年│
 ─⑥エウゲニウシ（男）                                                        の結婚披露宴で夫と知り合う。父 │
 1932年生まれ。戦後国鉄に就職した。1956年   オルシティン県（戦前はドイツ領で，戦後は  は再婚相手の家に移ったので，父 │
 に結婚した。1958年にポーランドに移住した。  ポーランド領。ポーランド北部の県）で生存。 の家で祖母の姉ステファニアと共 │
 妻ダヌータ                                                                   に住みその面倒をみた。1981年に│
 ポーランド人。旧姓サムソノビッチ。シラ                                        結婚し，夫が当地に移ってきた。 │
 ヘレニ部落の人。夫と実の母と姉と共に1958                                      3年の義務的就職が終わったので │
 年にポーランドに移住した。                                                   ビルニュースの病院に看護婦とし│
 ─③スタニスワバ（女）                                                        て転職した。1988年に診療所に │
 1921年にビェルキ・ポーレ部落の生まれ。生  は作れなかった。1951年に夫が警官に殺     転職した。月給は126ルーブルに │
 存。シラヘレニ部落のポーランド語4年制小  されたが補償金は出なかった。夫の死後は  なった。病院内での会話は医院長の民族│
 学校に3年だけ通う。子供の数が多く畑で働  馬を売った。夫の母がコルホーズに加盟した   によりロシア語だったりリトア │
 かなければならなかったから中退した。同じ  ので土地も失った。25アールの自留地を    ニア語だったりするが，一般にはリト│
 部落の近隣の農家の農作業で働いた。丸鎌で  もらい一人で乳牛と豚を飼い，スタニスワバ   アニア語だった。1982年に長男ロベ│
 麦を刈った。報酬は貨幣だった。日給は1ズ  はコルホーズには加盟しなかった。乳牛1   ルト，1984年に次男アンジェイ │
 ロチか1.5ズロチだった。それで1キログラム  頭につき年間500リットルの牛乳の納入な   を出産した。2人の息子は現在は，│
 の砂糖が買えた。乳牛1頭は80ズロチだっ  ど現物形態の税金（コンティンゲント）が   ビルニュースのポーランド語小学│
 た。冬は自宅で藁の行李を編んだ。1943年12  あった。1960年にソホーズに就職した。自  校に汽車通学している。汽車賃 │
 月に結婚。闇ウォッカで披露宴をした。1939  留地は50アールに広がった。1978年に退   は無料。優秀な小学校だから遠距│
 年以前は警察の取り締まりが厳しくどぶろく  職し年金生活に入る。                     離通学している。              │
                                                                             ─スタニスワフ・ドシンスキ（男）│
                                          ─ユーゼフ（男）                   ポーランド人。1958年生まれ。8│
 ─ビトルド（男）                          ─ブワディスワフ（男）              番家庭の主人。シラヘレニ部落 │
 ─ロムアルト（男）                        ─ボレスワフ（男）                  から10キロ前後離れたトラカイ県│
 ─アレクサンドラ（女）                    ─ミハウ（男）                      の部落の生まれ。ポーラン  │
 ─④アントニ・ヤルモオビッチ（男）         ─ビクトリア（女）                  ド語11年一貫制学校に通う。軍隊か│
 1922 － 1951。シラヘレニ部落の生まれ。ポー                                    ら除隊後はビルニュース市でト │
 ランド人。部落ではドイツ軍による労働力徴  の選挙の時に（注：回想のまま。選挙は1950 ラック運転手。運転免許試験の学│
 発の人刈りがあったが，うまく逃げたので連  年12月），県庁から投票所に監視に派遣され  科試験は口頭試問でロシア語かリ│
 行されなかった。兄はドイツ軍に捕まりポー  た警察官は朝から酔っ払って，いたずらでド  トアニア語で受験できた。月給は│
 ランドから戻らなかったので父の土地を全部  アに向かって発砲した。そのドアの反対側  170ルーブルだった。1984年にビル│
 相続した。戦後は2.1haの自分の農家を経営  にたまたま立っていたアントニの頭にドアを貫 ニュース市の消防署の運転手に │
 しコルホーズには加盟しなかった。馬が1頭  通した銃弾が命中し死亡した。その警察官は  転職した。                   │
 いた。乳牛1頭，豚2頭。1951年の地方議会  懲役2年の判決を受けたが，本当に服役した ─①アンナ（女）                │
 ─①ヤニーナ（女）                        かどうかは不明。                    1944年生まれ。                │
 夫トロヤノビッチ（男）                                                                                    │
 ポーランド人。シラヘレニ部落の人。                                         ─②スタニスワフ・ヤルモオビッチ│
                                                                              （男）                       │
 ─②スタニスワバ（女）                                                        1949年生まれ。                │
 ─③アレクサンデル（男）                                                                                    │
 1921年生まれ。占領中にドイツ軍に連行され  こで結婚。戦後かなりたってから3・4回   ─①ヘレナ（女）                │
 ドイツ領（現在はポーランド領南西部）で強  当地を訪問した。                                                │
 制労働。そのままポーランドに居着いて，そ                                   ─②ヤン（男），11番家庭の主人  │
 妻（ポーランド人）
```

スタニスワフ・ゲレンスキ家，9番家庭，ポーランド系，シラヘレニ部落，1996年7月11日

ピョートル・プラーク（男）
ポーランド人。

妻
名前不詳。ポーランド人。

└─ 兄弟。ビルニュース市で働く。兄弟の正確な数は不明。

└─ **ヤン（男）**
ポーランド人。1937年に50歳代後半で死亡。ビルニュース市で生まれ育った。農家の育ちではなかった。第一次世界大戦後に結婚した。ポーランド語のみを話した。結婚後は妻の家のあるシキピポ部落に移った。

└─ **③ロザリア（女）**
1895－1975。当地から南方6キロのシキピポ部落の生まれ。父の土地の全部を相続した。旧姓ヤコブビッチ。ポーランド語のみを話した。この父伝来の5ないし6haの土地は、夫の死後は息子と耕作した。シキピポ部落での戦後の農業集団化の開始年は不明だが、土地はコルホーズにとりあげられた。

　└─ ①ステファニア（女）
　└─ ②カジミエラ（女）

ヤコブビッチ（男）
名前不詳。ポーランド人。19世紀後半の生まれ。当地シラヘレニ部落から南方へ6キロのシキピポ部落（当時はロシア帝国領、第一次世界大戦後はポーランド領、第二次世界大戦後はリトアニ領。ビルニュース市からの距離と方角は明らかにできないが、現在では首都通勤圏）で5ないし6haの土地を持っていた。土地は10近くの地条（注：細長い短冊型の畑）に分かれていた。馬1頭、乳牛2頭を保有していたという。小規模自作農だった。

エルジビエタ（女）
1937年に70歳代で死亡。ポーランド人。

└─ 姉妹
└─ 姉妹
└─ 兄弟
└─ 兄弟

ヤコブビッチ（男）
ポーランド人。シラヘレニ部落の9番家庭の現敷地の場所に住んでいた。農地を持つ自作農だったが、所有農地の広さは不明。シラヘレニ部落が属するパイガタイ村はビルニュース市から方角は明らかにできないが、5キロメートルないし25キロメートルの地点にあり、その中心部パイガタイ部落から南に4キロメートルほど行ったところにシラヘレニ部落がある。

└─ **ドミニク・ヤコブビッチ（男）**
1941年以前に死亡した。シラヘレニ部落のこの家で生まれた。2か所からなる合計1haの土地を持っていた。妻が、移民出国した兄から3haのビェルキ・ポーレ部落の土地を受け取ったので、規模が4haに拡大した。馬は1頭を保有した。

└─ **マルリーナ（女）**
ポーランド人。シラヘレニ部落から南方4キロほどいったビェルキ・ポーレ部落の生まれ。結婚して夫の住むシラヘレニ部落に移ってきた。1947年頃に70歳くらいで死亡。

　└─ 兄
　アメリカ（注：米国かカナダか南米かは不明）に移住し永住した。移住の際に祖国の自分の土地をマルリーナに譲渡した。

　└─ 兄弟
　└─ 姉妹
　└─ 姉妹

└─ **②フランチシェク（男）**
1926年生まれ。1951年に結婚。生存。

└─ **③ワンダ（女）**
1929年生まれ。1948年頃にシキピポ部落から東北方に5ないし10キロ行ったサチライ村のポーランド人の富農と結婚し、サチライ村の夫の家に移った。結婚直後の農業集団化の中で、夫はクラーク（注：反体制的富農）としてシベリア送りになり、ワンダもシベリアのトムスク市に送られる。シベリアから釈放後に（注：釈放年は不明だが1955～1956年か）、夫と共に直ちにポーランドに移住した。まだ子供は生まれていなかった。ポーランドで2人の息子が生まれた。現在もポーランドのシチェチン県のスタルガルド市（注：旧ドイツ領）で生存。

スタニスワフ・ツザノフスキ（男）
ポーランド人。当地から東方に10キロのサチライ村で10ha以上の土地を持っていた。馬は2頭いた。集団化で畜舎や納屋などを失う。クラークとして家族揃ってシベリア送りになる。1955年頃釈放され、直ちに家族揃ってポーランドに移住した（注：移住年はおそらく1956年か）。旧ドイツ領でバルト海沿岸地方のスタルガルド市に移住した。現ドイツ国境まで30キロメートルほどである。

└─ **①マリア（女）**
1922年生まれ。生存。当地シラヘレニ部落から南方6キロのシキピポ部落の生まれ。生存。シキピポ部落のポーランド語4年制小学校に通う。小学校卒業後は自宅で農作業に従事する。1941年2月に結婚。結婚後はシラヘレニ部落の夫の家に移った。結婚の際に乳牛1頭を生存贈与で親からもらった。戦後、マリアはコルホーズには加盟しなかった。自宅で専業主婦として子供の世話と乳牛1頭の世話に従事した。コルホーズで働かないので、家計の足しにするため自留地で栽培した野菜をビルニュース市で販売した。土地を失い穀物の栽培ができなくなったので、パンを焼くことはせず、ビルニュース市でパンを買うようになった（注：これは1960年代以降のことと思われる。コルホーズの初期には貨幣報酬はなく、穀物の現物報酬のみであり、夫はそれを受け取っていた。貨幣報酬が導入されるようになるとパン屋でパンを買うようになる）。有線ラジオが導入されて、それを購入した。チャンネルがひとつだけで、音量調節つまみがついているだけのものだった。電気は部落に引かれていなかったが、放送は聞けた。ロシア語放送だった。聴取料金は毎月50コペイカだった（注：情宣活動の主要な手段であった有線ラジオもタダ同然とはいえ有料であったことが分かる）。だいぶたってから自転車を買った。1960年頃に部落に電気が入った。皆大喜びした。最初にラジオを買った。

ユーゼフ・ヤコブビッチ（男）
1910－1976。ポーランド人。姓はヤコブビッチだが、妻の母のヤコブビッチ家とは親戚ではない。シラヘレニ部落の生まれ。兄弟の数は不明。1941年に結婚。ドイツ占領中は国鉄に勤務。1949年の集団化直後はコルホーズに加盟しなかったので税金がきつかった。それで1950年頃コルホーズに加盟し牛舎で働いた。土地を失う。60アールの自留地をもらう。後にコルホーズは累積赤字で解体されソホーズに吸収合併されたので、自動的にソホーズ従業員となった。年金受給開始年齢（60歳）以降も死ぬまでソホーズで働いた（注：年金受給開始年は多くの場合は定年となるが、本人が希望すれば退職せずに働き続けることができた。ただし年金受給開始年を過ぎた従業員に対しては、理由のいかんを問わず、事業所は解雇を通告できた）。

①子供。すぐに死亡。

ブワデゥスワバ・ガドレエフスカ（女）
ポーランド人。隣部落のシキピポ生まれ。

②ユーゼフ（男）
1945年生まれ。シラヘレニ部落の生まれ。部落のポーランド語4年制初級小学校に通い，ついでモルドミナ村のポーランド語上級小学校に通う。ついで職業学校で学び，電気溶接工になる。18歳から3年間ロシアのオムスクで兵役。徴兵解除の後はビルニュース市の工場で働く。1968年に結婚。妻の実家があるシキピポ部落で住宅を購入した。8000ルーブルした。両親が3000ルーブルを援助した。ビルニュース市に通勤している。

④スタニスワフ（男）
4番家庭の主人。1955年にシラヘレニ部落の生まれ。ポーランド人。同部落の4年制ポーランド語初級小学校，ついで隣部落の4年制ロシア語上級小学校を卒業。卒業後1年間は自宅で働く。ついで金属加工工場で実習を学ぶ。徴兵でカザフスタンに駐屯。1976年に除隊。理髪業協同組合の現金運搬車係に半年勤務。勤務中自動車事故を起こし運転免許停止となったため退職。後に工場の運転手として働く。両親の自宅から通勤した。1978年に結婚して，妻が自宅に移ってきた。両親の家に同居。1993年に失業し自宅で農業を始める（注：国家から両親の農地の返還を受けたと思われるが面積については調査できず）。解体部品を集めてトラクターを組み立てて所有している。

バランティナ（女）
ポーランド人。1957年生まれ。**4番家庭の主婦。**当地から南方25キロ前後のソレチニンカイ県の田舎の部落の生まれ。両親は1956年にベラルーシからソレチニンカイ県の母の実家に引っ越してきた。ベラルーシでは生活が苦しかったので，両親はリトアニアに移住した，自転車で引っ越した。ソレチニンカイ県では父は国鉄に就職した。そしてバランティナが生まれた。1958年2月に両親はシラヘレニ部落の住宅（ポーランドに移住したソホーズ従業員の空き家）を購入しシラヘレニ部落に引っ越してきた。バランティナはシラヘレニ部落の4年制ポーランド語初級小学校に入学した。入学時に父親が，部落で最初のテレビを買ったことを覚えている。後にモルドミナ村の4年制ロシア語上級小学校に進級。ロシア語小学校に進級することは将来の大学受験を考慮して父親が決めた。初めてロシア語を学んだ。教師はポーランド人だった。1学級は12人だった。ポーランド語小学校も併設されていた。1つの学年にポーランド語学級とロシア語学級があった。両親がベラルーシからの移住者ということでいじめられたことはなかった。かなり離れたマリアンポーレ村にはリトアニア語小学校もあり，そこにはベラルーシ在住のリトアニア人の子供たちが国境を越えて，しかし寄宿舎に入って，学習していた。週末にはリトアニアからベラルーシの親元に帰っていた。バランティナは初級小学校を卒業した11歳の時には，このリトアニア語小学校に進級したかったが，父親が反対した。上級小学校卒業後はビルニュース市の製靴工場附属の昼間職業学校に2年学ぶ。ロシア語で学んだ。各種民族が働いていた。職場では主にロシア語で話した。1978年に結婚。結婚して夫の家に移った。同年に長男が誕生し退職。教会で結婚式を挙げ，自宅で披露宴を開いた。結婚後はバイガタイ村のソホーズに勤務。1992年からは同部落にあるソホーズの牛舎で働く。

③ルツィア（女）
1950年生まれ。**9番家庭の主婦**。シラヘレニ部落の生まれ。部落のポーランド語4年制初級小学校に通い，ついでモルドミナ村のポーランド語グループの8年制小学校に進級した。ロシア語グループもあった。ついでクロノバカ村の3年制中等学校（普通高校）に学ぶ。小学校2年でロシア語授業が始まった。小学校4年からリトアニア語の授業が始まった。小学校教師はリトアニア人独身女性でポーランド語で授業をした。2学年複式学級で2交替だったので教師は1人だった。泊まりの修学旅行はなかった。いまだに海を見たことがない。シラヘレニ部落では，この教師ともう1人ポーランド人女性と結婚したリトアニア人男性がいて，この2人だけが部落の他民族だった。ロシア語グループにはロシア人児童だけでなくポーランド人児童もいた。子供同士は互いに遊んだ。18歳で学校卒業後はビルニュース市の工場の倉庫に発注係で勤務。20人の職場で半分以上はポーランド人，残りはロシア人とリトアニア人。シラヘレニ部落の知り合いが既に勤めていたので自分でそこに就職を決めた。出来高賃金だった。課長はリトアニア人だったがポーランド語で話した。1973年に結婚。1976年の父の死後に退職して，家事に専念。後に別の会社に就職。

スタニスワフ・ゲレンスキ（男）
両親共にポーランド人。**9番家庭の主人**。1950年11月生まれ。シラヘレニの東方10キロの村のコルホーズ員の家庭の生まれ。出生届は1951年。その村のポーランド語8年制小学校に通学。他にロシア語グループがあった。村はポーランド人が多数でタタール人もいた。タタール人児童はポーランド語グループに通った。卒業後は国鉄に就職し徴兵となる。1972年に除隊となり，ビルニュース市のトラック運転手になる。妻の兄スタニスワフと仲が良かったので，妻と知り合った。結婚後は妻の実家に住む。工場のトラック運転手になった。シラヘレニ部落から通勤した。企業長はユダヤ人，課長はリトアニア人だった。職場ではロシア語で話した。ついで1986年から溶接工として8年働き，1994年にアルメニア製のマイクロバスを買って自営の運送業を始めた。

- 1人の兄弟
- 3人の姉妹

②ライマ（女）
1977年生まれ。ライマ（注：これも仮名である）という名前はリトアニア風の名前。両親がこの名前が気に入ったので命名した。洗礼名はルツィアでポーランド風。モルドミナ村の9年制ポーランド語小学校に通う。ついでビルニュース市の服飾職業学校に進学。独身。現在は奨学金をもらいワルシャワの私立の研修学校で服飾を学んでいる。授業がある時だけ自宅から国際バスで通学している（注：ワルシャワ・ビルニュース間の国際バスは片道20ドル。約8時間かかる。おそらく数日間ワルシャワに滞在して学習していると考えられるが詳細は不明）。

①アンナ（女）
1974年生まれ。モルドミナ村の9年制ポーランド語小学校に通う。ついで近くの村の農業高校に進学。同級生と結婚して子供あり。

エドワルド・ジェモイチ（男）
1971年生まれ。ポーランド人。近くのビェルキ・ポーレ部落の生まれ。

ズジスワフ・ドマインスキ家，10番家庭，ポーランド系，シラヘレニ部落，1996年7月12日

姓ユルギン・名不詳（男）
リトアニア人。あるいはポーランド人の血が交じっていたかもしれない。ビルニュース市から西方25キロのトラカイ県に土地を持っていたが，それを売却し，当地パイガタイ村に36haの土地を購入した。パイガタイ村はビルニュース市から方角は明らかにしないが，5キロメートルないし25キロメートルの地点にあり，その中心部パイガタイ部落から南に4キロほど行ったところにシラヘレニ部落がある。

妻　ポーランド人

ヤン・ドマインスキ（男）
ポーランド人。1939年に60ないし65歳で死亡。シラヘレニ部落から5キロのカルチネス部落の人。30haの土地を持っていた。父親から10haの土地を相続した後に，20haの土地を買い足した。土地は十数か所くらいの場所に分かれていた。豪農だった。

ヘレナ（女）
ポーランド人。1935年に死亡。

兄弟の数は不明

ヤン・ユルギン（男）
1955年に死亡。戦前には，36haの土地をシラヘレニ部落から北方4キロのパイガタイ村パイガタイ部落に所有していた。リトアニア語も良くしゃべった。戦争中から土地の一部を子供に分け与え，一部は自分で耕作した。戦後は集団化で土地を失った。

ヘレナ（女）
ポーランド人。1950年代後半に死亡。

先妻

アントニ・ブドゥキェビッチ（男）
1956年か1957年に70歳くらいで死亡。両親共にポーランド人。ビルニュース北方25キロのメシャゴーレ村の近郊の部落に生まれた。6ha前後の土地を持っていた。集団化で土地を失い，コルホーズに加盟。死ぬまで農業に従事した。

エレオノラ（女）
後妻。1973年死亡。両親共にポーランド人。夫の死後も自宅に住み，自留地の耕作を行った。

ミハウ・スタンキェビッチ（男）
1950年に死亡。両親共にポーランド人。ビルニュース北方25キロのメシャゴーレ村から4キロのベレドニシキ部落に6haの土地を持っていた。集団化で土地を失った。ポーランド人だけが住んでいた部落だった。

エミラ（女）
両親共にポーランド人。

---

① **マリア（女）**，1900年生まれ。結婚の際に親から土地は相続せず家畜をもらった。1970年代に死亡。

② **モニカ（女）**，1904年生まれ。結婚の際に土地は相続せず，家畜等をもらった。

④ **ロザリア（女）**，1909年生まれ。結婚の際に2haくらいの若干の土地と家畜等を相続した。

⑤ **ピョートル**
1912年生まれ。3人の兄弟で土地を3等分して相続した。父の生前に相続したが，当時兄弟はみな独身で3人で共同で農家を経営した。戦争中に結婚した。実家を壁で2等分してカジミエシと住む。

⑥ **レオカディア（女）**，1915年生まれ。生存。戦前の結婚の際に土地は相続せず，家畜等をもらった。

⑦ **カジミエシ（男）**
1926－1955。3人の兄弟で土地を3等分して相続した。戦争中に結婚した。娘1人が生まれる。実家の建物の真ん中に壁を作って，家を2等分してピョートル一家と住んだ。ついで自宅を新築した。
これ以外に数人の子供がいたが幼時に死亡。

③ **アレキサンデル・ドマインスキ（男）**
ポーランド人。1908年生まれ。生存。生涯カルチネス部落に住む。3人の兄弟で土地を3等分して相続した。2か所からなる9haくらいの土地を相続した。父の生前に相続したが，当時兄弟はみな独身で3人で共同で経営した。相当の採草地と放牧地があったので馬は2頭，子馬が1頭いた。乳牛は3頭だけだった。住み込み農民が1人がいた。1939年の戦争には従軍しなかった。1942年に結婚。1940年のソ連占領下では，カルチネス部落では集団化はなかった。実家のすぐそばに自宅を新築した。現在でもそこに居住。1949年の集団化で土地を失った。税金滞納で土地を奪われた。馬も犂も奪われた。納屋も奪われた。家具や衣服は奪われなかった。結局コルホーズに加盟した。

⑤ **ブワディスワバ（女）**
ポーランド人。1926年生まれ。旧姓ユルギン。16歳の1942年に結婚。1haの土地と家畜を生前贈与で受け取った。結婚して夫の家に移り，カルチネス部落で生存。

② **ボレスラフ**（男，戦争中に父から相当の土地を生前贈与で受け取った。集団化で土地を失った。直ちにコルホーズに加盟した。それゆえシベリア送りにはならなかった）

③ **アントニナ（女）**
戦前にシラヘレニ部落の人と結婚。シラヘレニ部落に自宅を建設したが，1958年2月に夫と共にポーランドに移住。自宅は4番農家の主婦の父エドワルドに1万2000旧ルーブルで売却した。現在ポーランドのスタルガルド市（注：場所については9番家庭第3世代ワンダ夫婦の欄を参照）に生存。

フェリックス・シェベル（ポーランド人）

④ **ステファニア（女）**
戦争中に結婚。シラヘレニ部落から4キロのズイダタ部落に住んだ。1996年死亡。

夫（ポーランド人）
現ポーランド領の中央部の生まれ。当地に移住してきて十数haの農地を購入した。男やもめだった。

① **マリア（女）**　戦前に結婚。南方3キロのジェロナバカ村に嫁に行った。生存。

夫（ポーランド人）
妻（ポーランド人）

シベリン（男）
継母の息子スタニスワフと共に1946年頃ポーランドに移住し，現在ポーランドに在住。妻と子供も一緒に移住した。

① **ユーゼフ（男）**，1919－1944。第二次世界大戦でポーランド国内軍（AK）に参加し，ビルニュース県でソ連軍との戦闘で戦死（注：1944年7月にビルニュースは解放された。戦死はその後であろう）。

② **ゾフィア（女）**，7歳で死亡。

④ **スタニスワフ（男）**
1928年頃の生まれ。小学校を卒業後，1946年か1947年にポーランドに移住した。ポーランドで大学を卒業し，ワルシャワのポーランド人女性と結婚した。現在ワルシャワで生存。

妻（ワルシャワの人，ポーランド人）

⑤ **フェリックス（男）**
1932年頃生まれ。コルホーズに加盟し，1950年に結婚した。1973年に母が死亡し，実家の建物を相続したが，後に自宅を新築した。

⑥ **エレジビエタ（女）**
1931年にメシャゴーレ村の近郊の生まれ。生存。1948年頃に隣部落の人と結婚した。結婚後コルホーズに加盟した。

夫（ポーランド人）

⑦ **アンナ（女）**
1936年頃の生まれ。父アントニの死後の1957年頃，兄を頼って独身でポーランドに移住した。ポーランドのソポト市（注：バルト海沿岸のグダインスク市の隣の市）で結婚し，そこで生存。

夫（ポーランド人，ソポト市の人）

① **マリア（女）**
1922－1973。1946年に結婚。結婚後は夫の実家のベレドニシキ部落に住む。戦後ポーランドへの移住を希望したが，夫と夫の家族の関係で移住を断念した。

② **アントニ・スタンキェビッチ（男）**
1919年生まれ。ベレドニシキ部落の生まれ。父ミハウの自宅を相続した。戦後は共産党の地方機関の書記。コルホーズに加盟した。ベレドニシキ部落で生存。

① **ユーゼフ（男）**
1917年生まれ。第二次世界大戦中，ポーランド人民軍（AL）に徴兵されベルリンまで従軍。戦後，ベルリンから故郷に戻らず直接ポーランドのビアウィストク県に移住し，そこで結婚した。すでに死亡。

妻
ポーランド人。ポーランドのビアウィストク県（注：戦前もポーランド領だった）の人。

③ **ヤニーナ（女）**
同じ部落の遠縁の人と結婚した。

夫スタンキェビッチ（男，ポーランド人）

ほかに6人の兄弟・姉妹がいたがすべて幼時に死亡。

② ヤドビガ（女）
1949年生まれ，同年に乳児で死亡。自宅ではなく病院で生まれた。戦後すぐに，リトアニアでは一般に，自宅での出産はなくなり，みな病院で出産するようになった。

③ ヤニーナ（女）
1952年生まれ。生後9日で死亡。病院で生まれ，緊急洗礼（注：緊急の臨終の場合，神父でなくてもカトリック教徒であれば，医師・看護婦でも洗礼を授けることができる）を受けた。

④ リダ（女）
1955年生まれ。生存。ポーランド語4年制初級小学校に通う。近くのジェロナバカ村のポーランド語11年一貫制学校に転入。卒業と同時にビルニュース大学経済学部に入学。就職先を中央統計局に指定され，そこに就職した。大学ではリトアニア語グループで学び（注：ロシア語で講義がなされるグループもあった），そこで夫と知り合う。1982年に結婚。ビルニュース市に在住。

夫（リトアニア人）

① ズジスワフ・ドマインスキ（男）
ポーランド人。1945年生まれ。**10番家庭の主人**。自宅で生まれた。ポーランド語4年制初級小学校に通う。ついで，近くのジェロナバカ村のポーランド語上級小学校・中等学校の合計11年を修了。卒業後3か月たった1964年9月から海軍に4年間の兵役。ソ連軍の通信兵学校で学んだ後，北海艦隊の駆逐艦に配属。140人が乗艦。将校は25人のロシア人と数人のウクライナ人とベラルーシ人。軍隊ではロシア語のみ。ポーランド人の兵士がほかに1人いた。軍隊では聖書はもちろん十字架も持込み禁止だった。クリスマスも復活祭も通常勤務で，船上では特別な食事は出なかった。1968年に帰国。5500人が働くビルニュース市のラジオ製造工場に就職。リトアニア人比率はわずか15％であった。女性労働者がほとんどだった。職場ではロシア語で話した。社内の書類はロシア語のみだった。職場では人種がらみのコンフリクトはなかった。人種間の差別はKGB（注：当時のソ連の秘密警察）により厳しく監視され，防止されていた。

③ ワンダ（女）
1951年生まれ。**10番家庭の主婦**。学校教師。ベレドニシキ部落の生まれ。ポーランド語4年制初級小学校の後，近くのドイクシトス村のポーランド語グループの上級小学校卒。卒業後，1966年にビルニュースのポーランド語教員養成専門学校（4年制）に進学。初級小学校の一般教員免許が出た。1970年にシラヘレニ部落のポーランド語初級小学校を指定され就職した。部落に下宿した。現在まで小学校教師として働く。戦後，シラヘレニ部落の農民がポーランドに移住し空き家ができて，それが1947年に初級小学校になったが，そこに就職した。初級小学校は廃校になり，ワンダは学校建物を買い取って自宅とした。平屋建で2部屋と中央に廊下がある。シラヘレニ小学校は当時2交替の複式学級で，2年生と4年生の複式学級を受け持った。もう一人のリトアニア人教師が1年生と3年生を受け持った。1971年からビルニュース教員養成大学のポーランド語科に学ぶ（注：通信教育か夜間教育と思われる）。1975年に部落の初級小学校が廃校になり，近くの村の小学校に転勤になった。その村にはソ連軍の家族宿舎があったのでロシア人児童が多かった。ロシア語グループとポーランド語グループのみがあった。1978年に結婚した。1993年になって初めてリトアニア語グループが追加された。その隣のマリアンポーレ村の小学校にはもともとリトアニア語グループがあった。ロシア語グループの授業も6年間受け持った。リトアニア人児童はほぼ全員がリトアニア語グループに入学する。子供はよく喧嘩をするが，民族の違いは関係ない。ジプシーの子供がロシア語グループにいてロシア語が上手である。いじめはない。1993年から宗教の授業が始まった。修道女が担当している。カトリックとロシア正教正統派の授業がある。親が希望すれば倫理の授業に代替変更ができる。

① アレキサンデル（男）
1947年生まれ。ベレドニシキ部落の生まれ。ポーランド語4年制初級小学校の後，近くのメシャゴーレ村のロシア語グループの上級小学校卒。ポーランド語グループはなかった。卒業後，ビルニュースの教員養成専門学校（5年制）に進学。物理・電気専攻。地方のリトアニア語小学校に1年勤務の後，1年間の徴兵。当時，高等教育卒業者の徴兵は1年間でよいという法律があったから1年ですんだ。除隊後は，ビルニュース市から北東25キロのドイクシトス村のポーランド語8年制小学校に勤務。現在は別の村の小学校長。既婚。

② ヤドビガ（女）
1949年生まれ。ベレドニシキ部落の生まれ。ポーランド語4年制初級小学校の後，かなり離れたドイクシトス村のポーランド語グループの上級小学校卒。母マリアがポーランド語小学校に通わせたかったから遠いドイクシトス村の小学校に進級した。卒業後，1963年にビルニュース市のポーランド語教員養成専門学校（4年制）に進学。初級小学校の一般教員免許が出た。当時は，ポーランド語で授業がなされた準高等教育機関は，この教員養成専門学校とビルニュース近郊の農業高等専門学校（4年制）だけだった。19歳の時に，近郊の初級小学校を指定され就職した。後に夜学の教員養成大学（5年半）を卒業した。ポーランド語の中等学校（高校）教員免許を取得した。学校教師。既婚。

④ ミハウ（男）
1960年生まれ。ベレドニシキ部落の生まれ。ポーランド語4年制初級小学校の後，ドイクシトス村のポーランド語グループの上級小学校卒。卒業後，1974年にメシャゴーレ村の中等学校（普通高校）ポーランド語グループに進学。卒業後ビルニュース大学会計学科に進学した。当時はビルニュース大学にはロシア語グループとリトアニア語グループがあったが，ロシア語グループを選び，ロシア語で会計学を学習した。動物好きなので，大学3年の時から別科として環境庁自然監督官コースでも学ぶ。徴兵免除となった。卒業後は，ビルニュース市の住宅建設公団に就職。会計係から経理部長になり，所長になった。社会主義崩壊で，公団が解散した。監査人の資格を持っていたので，私営の会計監査事務所を開業した。既婚。

息子
1986年生まれ。一人っ子。父とはリトアニア語で，母とはポーランド語で話す。リトアニア語小学校に通学中。自分はリトアニア人であると考えている。子供が親とは別の単独のパスポートを保有しようとする場合，社会主義崩壊以降では，子供のパスポート（これは身分証明書でもある）には，自動的に母親の民族が記載されるが，16歳になると子供は自分で民族名を選べる。ソ連時代では自動的に父親の民族が記載されていた。

① ヨランタ（女）
1979年生まれ。

② アレクサンデル（男）
1980年生まれ。

ヤン・トロヤノビッチ家，11番家庭，ポーランド系，シラヘレニ部落，1996年7月13日

アンジジェイ・トロヤノビッチ（男）ポーランド人。 19世紀後半のバイガタシレニ部落のまイガタシレニ部落の森の中にリトアニア旧墓地に埋葬される。墓標は朽ちてもう無い。少なくとも14haの土地をシラヘレニ部落に所有していた。

┬ **マリア** 7haの土地を父から相続した。
│ **娘（名前不詳）**

├ **アダム・トロヤノビッチ（男）** 1881－1971。ポーランド人。シラヘレニ部落のこの場所で生まれた。7haの土地を所有していた。土地は6ないし7か所に分かれていた。3キロくらい離れた場所にもあった。森も含まれていた。1910年代末に今の住居に建て替えた。戦後は息子アントニと共に耕作した。1952年にコルホーズに加盟して土地を失った。自留地60アールを得た。

│ **ミハリナ（女）** 生没年不明。ポーランド人。

├ **ミハウ・ヤルモオビッチ（男）ポーランド人。** シラヘレニ部落に3haを持っていた。戦前に死亡。土地は4か所の地条に分かれていた。一時期はビルニュースで働いたこともある。第一次世界大戦でロシア帝国陸軍に従軍し，ドイツ軍の毒ガスで中毒になり，後遺症で数年後に死亡した。

│ **ミハリナ（女）ポーランド人。** 夫の死後は農家を経営し，家を建て替えた。戦後3haの農家を経営したが，1951年の息子の死亡後はコルホーズに加盟した。土地は全部とられた。1979年に死亡。

├ **フェリツィア（女）ポーランド人。** 旧姓ズダノビッチ。カトリック。出生地は不明。

│ **男** │ **母 ポーランド人。** ビルニュース県の生まれ。未婚の母でビトルドを産む。夫ビルキツキは子供を認知した。戦前には現ポーランド領に親戚はいなかった。

│ **ビルキツキ（男）**

├ **ビンツェンティ（男）ポーランド人。** ビルニュース近郊のノバ・ビルノで土地なし農民だった。借地で耕作した。ドイツ軍が自宅を焼いた。戦後，婿のビトルドがすぐそばに新居を建設した。戦前には現ポーランド領に親戚はいなかった。

│ **妻（ポーランド人）**

────

⑦ **ヘレナ（女）** 2番家庭の主婦。1924年にシラヘレニ部落に生まれる。ポーランド人。1959年に結婚した。結婚に際し，夫ビトルドの姉スタニスワバの住居を父が買い取ってくれて，それを父から生前贈与としてもらう。乳牛1頭ももらう。現在は年金生活で，毎月84リトを受け取っている。

ビトルド・ライトビッチ（男） 2番家庭の主人。3番家庭の主婦の伯父。1916年9月ビェルキ・ポーレ部落の生まれ，生存。学校には通わなかった。13歳くらいから畑で働いた。1939年3月にポーランド軍に徴兵となった。カルパチア山脈のスロバキア国境近くの部隊に派遣された。1939年9月19日にドイツ軍の捕虜となりハンガリーに送られ，1945年までハンガリー人の農家で働かされた。同年7月に故郷に戻った。兄カジミエシの家に住み，兄と共同で農家を経営した。戦前に，父の土地の7分の1の権利である2.5haを受け取っていた。1949年の秋の収穫の後に集団化が始まった。兄カジミエシと同様コルホーズに一度も加盟しなかった。7キロほど離れたジェロナバカ村の泥炭工場に勤めた。法律により1951年に土地をコルホーズに取り上げられ，15アールだけを受け取った。1978年に今の場所に自宅を建設した。乳牛1頭を飼う。現在は年金生活。

⑧ **ビンツェンティ（男）**，1925年または26年生まれ，戦後，何らかの理由によりロシアに連行され，数か月後にロシアから汽車で帰国途中に1947年死亡。埋葬場所は不明。独身だった。

④ **アントニ・トロヤノビッチ（男）** 1910－1980。シラヘレニ部落の生まれ。戦前は父と共に農家を経営した。1939年9月にポーランド軍に招集されたがすぐ徴兵解除。1944年に結婚した。集団化後もコルホーズに加盟せず，父親と共に農家を経営した。税金がきつく最初の年は馬を売った。翌年も物を売って納税した。4年目になると税金が払えなくなり，土地を国に取られた。そして泥炭工場へ働きに出た。最後までコルホーズには加盟しなかった。自留地を15アールもらった。

① **ヤニーナ（女）** 1912－1992。シラヘレニ部落の生まれ。結婚の際に家畜を生前贈与でもらった。

④ **アントニ・ヤルモオビッチ（男）** 1922－1951。シラヘレニ部落生まれ。ポーランド人。兄アレクサンデルがポーランドから戻らなかったので父の土地を全部相続した。戦後は2.1haの自分の農家を経営しコルホーズには加盟しなかった。馬が1頭いた。乳牛1頭，豚2頭。1951年の地方議会の選挙の時に（注：回想のまま。選挙は1950年12月），県庁から投票所に派遣された警察官が朝から酔っ払って，いたずらでドアに向かって発砲した。アントニはそのドアの反対側にたまたま立っていて，弾が頭に命中し死亡した。白い脳みそが廊下に飛び散った。その警察官は懲役2年の判決を受けたが，本当に服役したかどうかは不明。

② **スタニスワバ（女）ポーランド人。** 8番家庭の主婦の伯母。1921年にビェルキ・ボーレ部落に生まれる。生存。シラヘレニ部落のポーランド語4年制小学校に3年だけ通う。子供の数が多く畑で働かなければならなかったから中退した。同じ部落の近隣の農家で働いた。丸鎌で麦を刈った。報酬は貨幣だった。冬は自宅で藁の行李を編んだ。1943年12月に結婚。闇ウォッカで披露宴をした。1939年以前は統制が厳しくどぶろくは作れなかった。夫が警察官に殺されたが補償金は出なかった。夫の死後は馬を売った。夫の母がコルホーズに加盟し土地も取られた。25アールの自留地をもらい一人で乳牛と豚を飼いコルホーズには加盟しなかった。乳牛1頭につき500リットルの牛乳の納入など現物形態の税金（コンティンゲント）があった。1960年にソホーズに就職した。自留地は50アールに広がった。1978年に退職し年金生活に入る。

③ **アレクサンデル（男）**，1921年生まれ。占領中に労働力徴発でドイツ軍に連行されドイツ領（現在のポーランド領南西部）で強制労働に従事させられた。そのままポーランドに居着き，そこで結婚。戦後かなりたってから3・4回当地を訪問した。

ビトルド・ビルキツキ（男）ポーランド人。 ビルニュース郊外の村に1908年に生まれる。生存。母の姉に育てられた。1932年に結婚。ビルニュースで間借りして労働者として働く。1939年にポーランド軍に徴兵，ソ連軍の捕虜となりウラルに抑留され，1944年帰国（注：ポーランド人民軍に配属とならなかった理由は不明）。同年再びソ連軍の労働力徴発で身柄を拘束され，ウルライナのドンバス炭田で働かされる。1945年にそこを逃亡し，非合法に国内旅券なしで帰国した。ポーランドへの移住を決心したが，パスポートが入手できずリトアニアに残った。国内旅券なしで食肉工場に就職し，職場の計らいで半年後に国内旅券を入手した。定年まで食肉工場で働く。1953年に15アールの土地を入手し，舅の旧宅のすぐそばに新居を建設した。ポーランド移住が再度解禁された1956年の時には，自宅も建てたことだし子供の学校のこともありポーランド移住は希望しなかった。

③ **ゲノエファ（女）** 1911年生まれ。生存。ポーランド人。ビルニュース郊外のノバ・ビルノ村の生まれ。1932年に結婚。1945年にポーランドへ移住を決心したが，夫は国内旅券を保有しておらず，夫の出国パスポートが入手できなかったのでポーランド移民を断念した。戦後は食肉工場で働くが後に専業主婦。

① **ヤン（男）**，1944年にポーランド人民軍に徴兵となり，第二次世界大戦後は帰国せず，ポーランドに移住した。家族をポーランドに呼び寄せた。オルシティン県（旧ドイツ領）で生存。

② **スタニスワフ（男）**，1944年にポーランド人民軍に徴兵となり，第二次世界大戦後は帰国せず，ポーランドに移住した。家族をポーランドに呼び寄せた。ジェロナ・グーラ県（旧ドイツ領）で生存。

⑤ **アドルフ（男）**，1920年代の生まれ。ポーランド人民軍に徴兵となり，第二次世界大戦後は帰国せずポーランドに移住した。家族をポーランドに呼び寄せた。オルシティン県（旧ドイツ領）で生存。

⑥ **アンナ（女）**
夫（ポーランド人）

④ **フルージナ（女）** 夫が単身でポーランドに移住したきり帰ってこなかったので，以後は独身。実家で父と共に住む。
夫（ポーランド人）

第二部　11番家庭

- ① スタニスワバ（女）
  - 戦前に結婚した。
  - ミハウ・ビソツキ（男）
  - ポーランド人。4キロ離れたズイダタ部落の人。
- ② モニカ（女）
  - 1904－1986。戦前に結婚し，生前贈与をもらったが土地はもらわなかった。
  - ヤン・グニエビッチ
  - ポーランド人。シラヘレニ部落で2軒隣の人。
- ③ ユリアン（男）
  - 戦争中に病死した。独身だった。
- ⑤ ワンダ（女）
  - 戦争中に結婚した。隣県のトラカイ県に嫁に行った。生前贈与をもらった。
  - コリンスキ（男）
  - ポーランド人。労働者だった。
- ⑥ ミハウ（男）
  - 第二次世界大戦で最初はポーランド国内軍（AK）に参加したが，後にポーランド人民軍（AL）に参加し，ベルリンまで行軍した。士官だった。そのままポーランドのグダインスク市へ移住した。

これより上は第3世代

- ② ヘレナ（女），1950年生まれ。
- ① ヤン・トロヤノビッチ（男）
  11番家庭の主人。 1948年にシラヘレニ部落の生まれ。シラヘレニ部落のポーランド語4年制初級小学校に学ぶ。モルドミナ村のポーランド語7年制小学校に転校し，ついでクロノバカ部落の3年制ポーランド語中等学校を卒業。ついで1965年に大学の入学試験に失敗しビルニュース計算機工場に就職。最初の半年間は，半日は労働，半日は職場内教育コースで学ぶ。初任給は33ルーブル。最高級の革靴が22ルーブルした。半年後の月給は180ルーブルになった。最低固定給と出来高賃金の組み合わせ型賃金だった。従業員の90％はリトアニア人だった。人種差別発言は厳しく禁止されていた。1967年にビルニュース工科大学建築機械工学科の夜間部に入学。ロシア語授業グループに入った。1968年に建築機械製造工場に転職。1972年に卒業。徴兵免除になる。1971年に結婚。3年間妻の実家に住む。生産副場長になり部下にマイスター（職長）が4名ついた。各マイスターの下に2人のブリガード長（班長）がいて，課全体で部下が200人働いていた。ベラルーシ人とロシア人が大多数だった。社員名簿でも本人の名がヤンではなくロシア風のイワンと記載され，姓も父アントニにちなんでトロヤノビッチからアントノビッチに変えられた（注：名と姓は仮名）。これはロシアの風習である。社内はすべてロシア風であった。リトアニア人とポーランド人は少数になる。1974年にビルニュース近郊の農業専門学校の物理教師に転職。学校の隣の鉄筋アパートを割り当てられた。1987年にビルニュース近郊の温室栽培企業に生産課長で転職。1992年に民営化で企業が解体された時，管理職だったので解雇された。労働者の解雇はなかった。その企業は民営化され株は3人の投資家が購入した。その後負債が溜まって倒産した。再び国営企業として再出発し，政府は企業を再び民間へ売却することを検討中。現在は花をオランダやポーランドへ輸出している。1993年からは息子のエドワルドが経営する建材製造会社で働いている。

- ⑤ テレサ（女）
  11番家庭の主婦。 1949年生まれ。ポーランド人。ビルニュース郊外の生まれ。ポーランド語11年制学校に入学。3年生からロシア語，4年生からリトアニア語の授業が始まった。リトアニア語よりロシア語の方が得意。卒業後に，ヤンが勤めていた建築機械製造企業に就職。ヤンとは別の工場建物だった。そのうち職場でヤンと知り合い1971年に結婚。結婚後は実家に住む。夜学で大学に学ぶ。1974年からはビルニュース近郊の温室栽培企業に勤務。トマトとキュウリと花などを栽培していた。バルト諸国で有数の温室コンビナートだった。エネルギーは重油。後に天然ガス。賃金はかなりよかった。利益対応のボーナスが大きかった。従業員は生産物の野菜を原価で購入することができ，社員食堂は無料だった。後に人事課長になった。史上2人目のポーランド人課長だった。従業員は5割がリトアニア人で3割強がポーランド人で残りはベラルーシ人。経営陣はほとんどリトアニア人だった。その理由はポーランド人で高学歴の者は当時少なかったからである。しかし経営陣は，ポーランド人の影響力が強いビルニュース県共産党支部の監督下にあった。ポーランド人が圧倒的多数である同県に，民族融合の目的で，この工場が建設され，意図的に多くのリトアニア人が雇用され転居してきた。民営化で退職し，国鉄に就職した。

- ① ジグムント（男）
  1933年生まれ。リトアニア語小学校を卒業。徴兵でサハリンに4年駐在。1957年に結婚。教会で結婚式を挙げた。ビルニュースで自宅を新築した。食肉工場に勤務後に転職。既に死亡。3人の子供あり。
  妻（リトアニア人）
  カトリック。リトアニア語小学校に通う。結婚後ポーランド語を自習し，子供とはポーランド語でのみ話す。

- ② ヘンリク（男）
  1934年生まれ。ビルニュースに在住。教会で結婚式を挙げた。1989年に健康問題から年金生活。
  妻（ポーランド人）

- ④ ブロニスワフ（男）
  1940年生まれ。ポーランド語小学校に入学。11年修学。ポーランド人は，大学に進学するのに学部によっては困難があった。ビルニュースに在住。
  妻（ポーランド人）

- ③ ヘレナ（女）
  1939年生まれ。ポーランド語小学校に入学。11年修学。小学校の教師になる。1965年に結婚。
  ヤン・ザクシェフスキ（男）
  ベラルーシ人。現ベラルーシ領（当時ポーランド領）の生まれ。ポーランド語小学校を卒業した。ロシア正教徒だったが無宗教になる。共産党員。1952年からずっとビルニュース県ポーランド語小学校の校長を勤める。その学校にヘレナが就職した。妻の死後，ヘレナと結婚。校長と教師の結婚であり，職場の目があったので教会での結婚はしなかった。母と妹はベラルーシに居住，兄と弟はカリニングラード（注：バルト海に面するロシア領。戦前はドイツ領）に居住。
  前妻
  ポーランド人。ベラルーシで生まれた。家族そろってリトアニアに移住して結婚した。死亡した。

- ① ヘレナ（女）
  1971年生まれ。シラヘレニ部落より南方4キロのジェロナバカ村のポーランド語11年一貫制学校に通学。ビルニュース大学に5年通学し卒業。前年までは大学入試の受験言語はロシア語かリトアニア語の選択であったが，1989年からポーランド語でも受験できるようになった（注：回想のまま。全ての学部でポーランド語受験が可能となったかどうかは確認していない）。また大学でのロシア語の授業は廃止された。弟が経営する企業のリトアニア支店に勤務。独身。

- ② エドワルド（男）
  1972年生まれ。1991年に結婚。南方4キロのジェロナバカ村のポーランド語11年制学校を卒業。卒業後18歳から，ポーランドのグダインスク大学経済学部で2年間学ぶ。1989年に初めてポーランドへの大量留学が可能となった。結婚するため退学しグダインスク市で就職した。リトアニア・ポーランド共同出資の企業を起こした。窓枠製造の企業。金属製のガラス組み込み高級窓枠。ポーランドのビアウィストク市に居住し製造している。ときどき仕事でリトアニアに戻ってくる。リトアニアでも販売している。リトアニアでは板ガラスを2枚組にする製造を開始した。従業員は12人。1996年当時では一般法人税率は33％だが，外資企業の特典で15％の法人税率が適用されている。付加価値税は18％（注：回想のまま。正しくは本書第5章の99頁を参照）。
  妻（ポーランド人）
  ジェロナバカ村のポーランド語11年制学校で夫の1年下級生。結婚するためポーランドに行った。

- アントニナ（女）
  ポーランド語で両親と話す。
- ヤドビガ（女）
  ポーランド語で両親と話す。
- ビクトル（男）
  ポーランド語で両親と話す。

- 娘
  リトアニアでベラルーシ人と結婚した。結婚式はロシア正教会であげた。
  夫（ベラルーシ人）

- アルフレッド（男）
  一人っ子。カトリックの幼時洗礼を受けた。父親は洗礼に無関心だった。ビルニュース大学を卒業し，ビルニュースで最高級のレストランに就職し副店長。
  娘
  夫（リトアニア人）
  娘
  夫（ロシア人）

139

アンナ・マウトシェラビッチ家，13番家庭，タタール系，パイガタイ村カクタロタール部落，1996年12月12日

曾祖父
タタール人。イスラム教徒。このカクタロタール部落（ビルニュース市近郊の部落。方角は明らかにできないが，ビルニュース市から7キロメートルないし25キロメートルの距離にある）で生まれた。イスラム教聖職者だった。裕福な家だった。100ha以上の土地を持っていた。

カクタロタール部落の歴史は古く，本書第1部第2章第3節（14頁）で述べたように，今から600年前の14世紀末に，クリミヤ半島から数百人のタタール人がリトアニアに移住させられてきたが，かなり早い時期に，このカクタロタール部落にタタール人が集団で入植したと言い伝えられている。18世紀になるとポーランド人も入植するようになり，また他の地域のタタール人も移り住むようになった。マウトシェラビッチ家は当部落で相当に古い歴史を持つが，しかし19世紀前半以前の事情は不明である。

兄弟
ステファン・マウトシェラビッチ（男）
農業を営みつつ，イスラム教聖職者でもあった。カクタロタール部落では由緒ある家系はマウトシェラビッチ家とカリシェノビッチ家だけであった。残りのタタール人は移住してきた人たちである。ステファンはこの部落のタタール人墓地に埋葬されているが墓標はなく岩が置いてあるのみである。18世紀にはもっとたくさんのタタール人がいたが，多くはこの地を出た。ステファンはこの部落に30haの土地を持っていた。トルコ語でコーランが読めた。

妻
タタール人。部落のタタール人墓地に埋葬されている。墓標あり。

スシェスノビッチ（男）
タタール人。イスラム教徒。当地から東方に80キロ前後離れた現ベラルーシ領のオロシャーノ部落（戦間期はポーランド領）の人。

- 娘
- 娘
  ベラルーシに住む。
- 息子
  ベラルーシのオロシャーノ部落に住む。
- 息子
  ベラルーシのオロシャーノ部落に住む。
- 息子
  当地の近くのキェトララィ部落（ビルニュース近郊）に住む。キェトララィ部落も多くのタタール人が居住する部落であるので，ビルニュース市からの方角と距離は明らかにできない。
- **アミーニア（女）**
  2番目の妻。現在のベラルーシ領生まれのタタール人。旧姓スシェスノビッチ。当地から東方に80キロメートル前後離れたオロシャーノ部落（戦間期はポーランド領）の人。タタール人の部落だった。カクタロタール部落より10数キロ離れたキェトララィ部落に実の兄が住んでいて，その紹介で夫と結婚した。

①ヤン（男）
1900－1986。カクタロタール部落の生まれ。兄弟のうち成長したのはヤンとファティマの2人だけ。15haの土地を父から生前相続した。パイガタイ村パイガタイ部落に住んだ。第一次世界大戦中に，近くのキェトララィ村の人と結婚。妻の死後，キェトララィ村の親戚の紹介で1920年に再婚した。土地は2か所からなっていた。1か所はカクタロタール部落で，もう1か所は隣のパイガタイ部落だった。採草地が2haで耕地が13ha。1939年の段階で馬2頭，乳牛3頭，羊6頭がいた。イスラム教なので豚はいなかった。トルコ語でコーランが読めた。1949年に農業集団化で土地を失い，コルホーズに加盟した。クラーク（富農）とは認定されなかったのでシベリア送りは免れた。馬も取られた。乳牛1頭が残った。コルホーズ員として働いたが，1956年にキェトララィ部落に引越し，当部落の父伝来の宅地の半分と建物をソホーズに売却した。後に19番家庭のデラッカ家がこれを購入した。

妻
タタール人。初婚の妻。旧姓アレクサンドロビッチ。当地から10数キロ離れたキェトララィ村（ビルニュース郊外）の人。タタール人が多く住み，モスク（イスラム教寺院）もあった。第一次世界大戦中に結婚し，息子が一人生まれたが幼時に死亡。本人もすぐに死亡。キェトララィ部落の墓地に埋葬された。

②ファティマ（女）
1945年に死亡。15haの土地を父から相続した。結婚後は夫が婿に入り，カクタロタール部落に住む。息子と娘がいた。

ミルカマノビッチ（男）
タタール人。当地より南西50キロ前後のアリトゥス市（戦間期も現在もリトアニア領）の人。結婚して当地に移った。1944年にパルチザンが自宅に強盗で押し入り，パルチザンに射殺される。反ドイツのパルチザンは食糧を求めて村を襲い，しばしば強盗になった。

そのほかに子供があったが，みな幼時に死亡。

マトフェイ（男）
タタール語でモハメットを意味する。**タタール人**。トルコ語のコーランが読めた。

ファティマ（女）
ベラルーシのイベ市（ビルニュースから南南東90キロの市。19世紀はロシア帝国領，戦間期はポーランド領，現在はベラルーシ領）の人。**タタール人**。

ツリマン（男）
タタール人。トルコ語のコーランが読めた。生地不明。ベラルーシのイベ市に住んだ。

アイシャ（女）
タタール人。生地不明。イベ市に住んだ。

第二部　13番家庭

妻ハリーナ（女）
1924年生まれ。**タタール人**。当地から南方へ50キロ前後離れた現ベラルーシ領のボロノバ村（戦間期はポーランド領）の隣のポジジマ部落の生まれ。村にはタタールは4家族だけだった。1949年に結婚。結婚式と披露宴はボロノバ村の自宅で行った。結婚後は夫の家があるカクタロタール部落に住み，商店で働く。ベラルーシ語よりポーランド語の方が良く話せる。現在は寝たきり。生存。

⑥ステファン・マウトシェラビッチ（男）
1932年にカクタロタール部落の生まれ。タタール人。生存。1949年に17歳で結婚。父と共に15haの土地を耕した。土地は数か所の地条（細長い短冊型の畑）に分かれていた。コーランは読めない。戦後は小学校には通わず畑仕事を手伝った。1949年に父が農業集団化で土地を失い，父と共にコルホーズに加盟した。1952年に徴兵。軍隊ではロシア語で会話した。1955年に除隊。1964年までコルホーズ員。コルホーズ員の中に10人のタタール人がいた。安息日の金曜日はタタール人は働かずポーランド人が働いた。一方，日曜日はポーランド人が働かず，タタール人が働いた。戦後も自由にモスク（イスラム教寺院）に通った。1964年に，コルホーズが累積赤字のため，ソホーズに組織替えになり，同年から1991年までソホーズ員として働く。その後もソホーズが解体した後の後継の民営耕作会社に1994年まで勤務した。1956年に父親と共に自宅の宅地の半分の場所に120平米の自宅を建設した。父はキェトララィ村に引っ越していった。ステファンは現在は年金生活。

①アダム（男）
1921－1944。独身で戦死。1944年にソ連軍が徴兵し（注：徴兵のやり方については4番家庭の第二世代の欄を参照），前線で死亡。

②アレクサンデル（男）
1923年生まれ。トルコ語でコーランが読めた。1973年頃に死亡。息子が1人いる。

妻アイシャ（女）
タタール人。ベラルーシのイベ市の生まれ。戦前はポーランド領。当地より南南東80キロ前後のイベ市はポーランド人とベラルーシ人の混住地帯だったがタタールも住んでいた。夫より先に死亡。

③ローラ（女）
1925－1994。1947年に結婚。結婚後もカクタロタール部落に住む。

ヤクボフスキ（男）
タタール人。ベラルーシのスターレ・ビレイキ村（戦間期はポーランド領）の人。当地から南東130キロの村で，タタール人は3家族しか住んでいなかった。結婚しカクタロタール部落に移った。

④エバ（女）
1927年生まれ。生存。結婚後はカクタロタール部落に住み，1972年にパイガタイ村パイガタイ部落の国営農場（ソホーズ）複合栽培合同部門（穀物・野菜・酪農等）に就職しパイガタイ村パイガタイ部落の鉄筋アパートに引っ越した。夫とはポーランド語で話す。

ボレスワフ・スタイシェイキス（男）
リトアニア人。父はリトアニア人で母は**ポーランド人**の混血と思われる。

⑤エウゲニア（女）
1930－1943年。子供時代に死亡。

兄弟の数は不詳。

ビキール・ラドキェビッチ（男）
タタール人。ベラルーシのイベ市の生まれ。自宅ではロシア語とベラルーシ語の交じった言語を話している。ポーランド語は話さない。トルコ語のコーランを読める。

ハリーナ（女）
ベラルーシのイベ市の生まれ。タタール人。トルコ語のコーランを読める。

兄弟の数は不詳。

①ダビット（男）
1950年生まれ，8か月で死亡。

②ヤン・マウトシェラビッチ（男）
1964年生まれ。**13番家庭の主人**。7歳の時にカクタロタール部落のポーランド語8年制小学校に入学。当時はポーランド語グループしかなかった。生徒は19人だった。タタール人は自分だけで，もう1人ポーランド人との混血（母がポーランド人）のタタール人がいた。残りはポーランド人児童だった。4年生からロシア語とリトアニア語の授業が始まった。タタール人児童に対するいじめはなかった。自宅では両親とロシア語で話した。ポーランド語でも話した。1979年に卒業し，ビルニュス近郊にあった4年制農業高等専門学校に入学。ポーランド語での授業だった。農業機械学科に学んだ。1983年に卒業。パイガタイ村のソホーズにトラクター運転手として就職。18歳の1982年に結婚。1984年から1986年までモスクワ郊外で兵役。除隊後はビルニュスの自動車修理工場に勤務。1991年からは私営の自動車修理工場に勤務し，後に独立した。カクタロタール部落の自宅で自動車修理業を開業した。しかし同業者が増えたので営業をやめた。現在は中古のマイクロバス（旧ソ連のアルメニア製）を購入し，1995年から私営の旅客運送業を営む。現在，自家用車として8年物の日本製の四輪駆動車を所有している。

②アンナ（女）
タタール人。**13番家庭の主婦**。1967年に当地より南南東80キロ前後のベラルーシのイベ市の生まれ。1万人以上の町でタタールも当時1000人いた。ポーランド人も多数いた。小学校はロシア語グループだけだった。結婚後，夫からポーランド語を教わる。15歳の1982年に結婚。パイガタイ村のソホーズの小売店舗商店に勤務した。現在は夫の仕事の事務を手伝う。トルコ語のコーランは読めない。1982年に，イベ市の実の兄の結婚披露宴でベラルーシにやってきた夫と知り合い，結婚した。当時はスターリン時代とは異なり，もう国内旅券がなくてもソ連国内を自由に往来できた。現在はリトアニアの国籍を持つ。ベラルーシの国籍は失った。故郷を訪れるためのビザの取得に招待状が必要なので両親とはめったに会えない。ビザは30米ドルもする。

①ムスタファ（男）
ベラルーシのイベ市に在住。

妻（タタール人）

③アレクサンデル（男）
独身。

①アリーナ（女）
1984年生まれ。両親とはロシア語で話す。ロシア語グループの小学校に通う。7年生。学校ではリトアニア語とドイツ語の授業がある。ポーランド語は一度も習ったことがない。

②ヨランタ（女）
1987年生まれ。両親とはロシア語かリトアニア語で話す。リトアニア語グループの小学校に通う。3年生。ポーランド語は話さないが，少し理解できる。ポーランド人の同級生ともロシア語で話す。祖父ステファンとはロシア語で話す。

ヤン・クムルスキ家，14番家庭，タタール系，
パイガタイ村カクタロタール部落，1996年12月13日

ヤクープ・クムルスキ（男）
タタール人。生没年不明。プランタ部落（現ベラルーシ領で戦間期はポーランド領。ビルニュースからは南南西90キロ。ベラルーシとの国境を超えて6キロ先のところにある部落）の生まれ。プランタ部落はポーランド人の部落でタタール人はクムルスキ家だけだった。プランタ部落からさらに20キロ離れたニエクラシェンツァ村（現ベラルーシ領）にはモスクがあり，多くのタタールが住んでいた。3キロ離れたドボルチャニ部落には金持ちのタタール人コリツキ家が住んでおり，500haのフォルバルク（大規模農場）を経営し，多くのポーランド人住み込み農民を抱えていた。ドボルチャニ部落は現ベラルーシ領で，国境線から3キロ行ったところ。ヤクープはコリツキ家から10haの農地を無料で賃借し耕作していた。その農地は10か所くらいの地条（細長い短冊型の畑）に分かれていた。地条の長さは200メートル以上あった。この10haの土地をヤクープは後に自分の所有地としたが，その経緯は不明。ヤクープは1914年以前に死亡している。

ロザリア（女）
タタール人。現ベラルーシ領のグロードノ市（プランタ部落から南方15キロ。戦間期はポーランド領の中都市）の近くの村の生まれ。生地の村は不明。1924年以前に死亡している。

ヤン・クムルスキ（男）
タタール人。1920年代には生存していた。ベラルーシのラドゥニ町（プランタ部落からは20キロほど離れている。戦前はポーランド領）の近くのニエクラシェンツァ村（当地パイガタイ村より南南西に70キロないし80キロ）の人。1914年に子供と共にクリミヤ半島に疎開した。戦後に帰国した。

ゾフィア（女）
タタール人。1914年以前に死亡したもよう。

ヤン・アレキサドロビッチ（男）
タタール人。当地パイガタイ村より南方100キロ前後のベラルーシのスロミン町の人。

タンジーラ（女）
タタール人。

ボグダノビッチ（男）
タタール人。カクタロタール部落で50haの土地を持っていた。地条の形態の畑ではなく，土地は1か所にまとまっていた。

妻
タタール人。

① **ロザリア（女）**
農地は相続しなかった。

クムルスキ（男）
タタール人。近い親戚ではない。姓は偶然の一致。

③ **エリアシ（男）**
父の農地の半分を相続した。実家の隣に自宅を建設した。第一次世界大戦開始によりクリミヤ半島に疎開し，戦争終結後に帰国した。帰国後結婚した。1920年代には馬1頭と乳牛2頭がいた。

妻（タタール）
プランタ部落から20キロ離れたニエクラシェンツァ村の人。

アミーナ（タタール人）
第一次世界大戦中にドイツ軍を避けて（あるいは戦闘を避けて），家族揃ってクリミヤ半島に疎開し，そこで死亡。クリミヤ半島は，本書第1部第2章で述べたようにタタール人発祥の地。

② **マチェイ・クムルスキ（男）**
1867－1939。ベラルーシのグロードノ市の北方15キロのプランタ部落の生まれ。初婚の結婚が遅かった。1914年にドイツ軍を避けて家族で黒海沿岸のクリミヤ半島に疎開した。多くのタタール人がクリミヤ半島に疎開した。クリミヤ半島には親戚は全くいなかった。クリミヤでは煙草の栽培農園で住み込み農民として働いた。当時のクリミヤ半島には多くのタタール人原住民が居住していた（1944年にスターリンによりタタール人原住民は全員がウラル内陸部へ強制退去させられた。戦後はクリミヤにはタタール人は住んでいない）。原住民はタタール語で会話していた。1917年にクリミヤで再婚し，1919年に帰国した。自宅は破壊されておらず他人が住んでいた。クリミヤ原住民のタタール人で，この時ベラルーシに移住してきた者はいなかった。疎開タタールのみベラルーシに帰国した。父の農地の半分を相続した。1920年代には馬1頭があった。乳牛2～3頭。羊もいた。マチェイはタタール語が少し読めた。農家の経営主のままプランタ部落で病死した。ラドゥニ町（ベラルーシ領。国境を越えて10キロ先の町。プランタ部落からは20キロほど離れている。戦間期はポーランド領土）のタタール人墓地に埋葬された。

エバ（女）
タタール人。後妻。1898－1962。旧姓クムルスカ。夫の親戚ではない。姓は偶然の一致。ベラルーシのラドゥニ町の近くのニエクラシェンツァ村の生まれ。父親と共に1914年にクリミヤ半島に疎開した。19歳の1917年にクリミヤ半島で結婚。タタール語が少し読めた。

マチェイ（息子）
ほかの姉妹と共に1919年にはクリミヤからベラルーシに帰国した。

妻（タタール）

娘
夫（タタール）

娘
夫（タタール）

娘
夫（タタール）

娘
夫（タタール）

兄弟姉妹の数は不明

イブルギン・アレキサドロビッチ（男）
1892－1971。タタール人。ベラルーシのスロミン町の生まれ。当地より南方90キロのリダ市よりさらに南。1922年頃に結婚。結婚してカクタロタール村の妻の実家に移った。後に自宅を建設した。ビルニュース地方は1940年にソ連によって占領されるが，この時は農業集団化で土地を奪われることはなかった。第二次世界大戦後の1949年か1950年の農業集団化でコルホーズに加盟して土地を失った。タタール語が少し読めた。

① **ヘレナ（女）**
1898－1964。カクタロタール部落の生まれ。第一次世界大戦中は疎開せず。1920年代中頃に土地の分割があり，父から10haの土地を相続した。土地は1か所にまとまっていた。幅200メートルで長さ500メートル。土地の質は兄弟のそれよりやや劣っていたので，少し広い土地をもらった。1922年頃に結婚。夫が移ってきた。農業集団化でコルホーズに加盟。タタール語が少し読めた。

② **レオン（男）**
8haを相続した。結婚して自宅を建設した。

妻（タタール人，当地カクタロタール部落の人）

③ **ミハウ（男）**
8haを相続した。結婚して自宅を建設した。

妻（タタール人）
当地カクタロタール部落の人。

④ **ステファン（男）**
8haを相続した。長く独身で父の家に住んだ。独身で死亡。

⑤ **アダム（男）**
8haを相続した。

妻（タタール人）
ビルニュースの人。

⑥ **リザ（女）**
ベラルーシのグロードノ市近くの村に嫁に行った。8haを相続したが売却。生存。

夫（タタール人）
ベラルーシのグロードノ市の近くの人。

第二部　14番家庭

―― 5人の子供がいた。3人の息子と2人の娘。
―― アレキサンデル（男）
　1912年の生まれ。クリミア半島から1919年にはベラルーシに帰国した。

①マリア（女）
1918年にクリミア半島で生まれた。プランタ部落に戻り，結婚してカクタロタール部落に移ってきた。**20番家庭の主婦**。
ファサレビッチ（男）
カクタロタール部落の人。タタール人。

②リリア（女）
1922年生まれ。
夫（タタール人）
ビルニュースの人。

③ユリ（男）
1927年生まれ。
妻（タタール人）

④アダム（男）
1929年生まれ。ベラルーシ人女性と結婚してベラルーシの妻の家に移る。ベラルーシに在住。ベラルーシ人との結婚について母親は反対した。しかし押し切った。教会やモスクでの結婚式は挙げなかった。
妻（ベラルーシ人）

⑤ハリマ（女）
1931年生まれ。1948年結婚。
夫（タタール人）

③ヤン（男）
1924年生まれ。生存。**14番家庭の主人**。ベラルーシとの国境を越えて6キロのプランタ部落の生まれ。当地カクタロタール部落から南方70キロ前後離れた部落で戦前はポーランド領。ポーランド語小学校に4年通った。1部屋だけの小学校で，2交替で4学年の複式学級で授業が行われた。兄弟以外はポーランド人の生徒だけだった。父が病気になり長男なので畑で働かなければならなくなったので以後は通学していない。タタール語はまったく読めない。モスクへは年に3ないし4回だけ，祭日のみ通った。しかし毎日，朝晩の礼拝は欠かさなかった。家庭と地域ではプロスティ語（注：ポーランド語とベラルーシ語との混合言語）で話した。ベラルーシ地方には1939年にソ連軍が進駐してきたが，プランタ部落では土地の集団化はなかった。すぐに父が病死。1941年以降のドイツ占領下でも，タタールに対する特別の弾圧はなかった。モスクにも通った。祭日も祝った。疎開して逃亡したタタールもいなかった。当時独身だったが，女性についてはタタール人女性しか関心がなかった。戦後ソ連軍に徴兵される。姉マリアがカクタロタール村に嫁に来ていて，その縁で妻マリアと知り合った。1948年に結婚。家が貧しかったので，結婚に際して，両親から何も受け取らなかった。結婚して妻の家に入る。1950年にコルホーズに加盟。後にソホーズに組織替えとなった。鍛冶屋として働く。55歳の1979年に年金生活に入った。1992年にソホーズが解体され，馬半分相当分を従業員補償で受け取った。隣家と馬1頭を共同所有。現在は乳牛1頭，羊数頭を飼育している。1996年から耕作を始めた。

②マリア（女）
1929年生まれ。生存。**14番家庭の主婦**。カクタロタール部落の生まれ。小学生の時に戦争が始まった。両親とはポーランド語ないしプロスティ語（ポーランド語とベラルーシ語の混合語）で話した。タタール語は少しだけ読める。タタール人以外の若者と付き合うことを両親は許さなかった。戦後すぐに17歳くらいで結婚したが，死別か離別により，19歳の1948年に再婚した。自宅にてイスラム教聖職者の立ち会いで結婚式を挙げた。1950年にコルホーズに加盟。後にソホーズへの組織替えがあり，定年までソホーズに勤務。結婚に際して両親から馬1頭，乳牛2頭，羊2頭をもらった。夫が婿に来た。1979年に50歳で疾病早期年金の生活に入る。それまでソホーズで働いていた。1995年に集団化で失った10.8haの土地を返してもらった。耕作地は1.5haのみで，残りは森と採草地に変わっていた。コルホーズとソホーズは戦前の耕作地のうち劣等地に植林を行っていたからである。兄のヤンはリトアニア国籍を失っていたので返還の権利がなかった。1996年には，この土地1.5haを耕作した。民営耕作会社（ソホーズの後身）からの有料の刈り入れコンバイン・サービスなどを利用した。耕起のトラクター・サービス料金は1ヘクタール当たり200リットした。ジャガイモなどは自分の馬で収穫した。農作物は外部には販売していない。自家用食糧か自家飼料として自家消費している。

先夫（タタール人）
当地から南方80キロのベラルーシのイベ市の人。マリアと離別か死別かは不明。

①ヤン（男）
1924年生まれ。長いこと独身で両親の家に住んだ。母の死後（1964年），ベラルーシのタタール人と結婚し，ベラルーシに引っ越した。生存。ベラルーシ国籍。
妻（タタール人）
ベラルーシのボドビーチェスカ村の人。ベラルーシ人が多いがタタール人もいる村。

①ミリア（女）
1949年生まれ。カクタロタール部落の生まれ。割礼（アザン）を受ける。隣部落のコルボチ部落のポーランド語7年制小学校を卒業。ビルニュースで裁縫工場に就職。両親とはポーランド語またはプロスティ語で話した。1969年結婚。隣のパイガタイ村パイガタイ部落に住み，部落の国営農場複合栽培合同部門（穀物・野菜・酪農等）に勤務。
夫（タタール）
リトアニアのアリトゥス市（ビルニュースから南西100キロ）の人。カクタロタール部落でのダンスパーティで妻と知り合う。結婚後は当地に移り住み，国営農場複合栽培合同部門に勤務。

②マチェイ（男）
1954年生まれ。割礼（アザン）を受ける。カクタロタール部落のポーランド語7年制小学校を卒業。4年制中等学校に進学し，さらに教育大学に進学した。歴史教師になった。大学4年の時の1977年に結婚。最初のガールフレンド（ポーランド人）との結婚には両親が反対した。2番目のガールフレンド（ロシア人）との結婚にも両親が反対した。3番目のガールフレンドであるアンゲラとの結婚にも両親は反対したが，押し切って結婚した。しかし両親は乳牛を売って披露宴の費用を出してくれた。
アンゲラ（女）
リトアニア人。カトリック。教育大学で夫と知り合う。宗教上の結婚式は挙げなかった。役場の結婚式のみ。結婚後も信仰を変えなかった。地理の学校教師。

③コンスタンティ（男）
1958年生まれ。割礼（アザン）を受ける。カクタロタール部落のポーランド語7年制小学校を卒業。ビルニュース近郊の農業高等専門学校農業機械科4年を卒業し，ビルニュース市内で就職。徴兵の後，1978年結婚。1981年に労災事故で死亡。
ルツィア（女）
ポーランド人。カトリック。母はポーランド人で父はベラルーシ人だった。コンスタンティとはロシア語で話した。ビルニュース郊外の人。
再婚の夫
ポーランド人。

④ヤン（男）
1962年生まれ。割礼（アザン）を受ける。カクタロタール部落のポーランド語初級小学校をへてビルニュースの11年制ポーランド語小学校・中等学校を卒業。卒業後，パイガタイ部落の国営農場複合栽培合同部門に就職した。徴兵解除後に復職。1985年に結婚。土曜・日曜などに両親の農作業を助ける。ドイツ製アウディの乗用車を持っている。
ロラ（女）
タタール人。リトアニアのアリトゥス市（当地より南西100キロ）の近くの人。

― エリアナ（女）
　1947年生まれ。
― 夫（タタール）

①マルス（男）
1978年生まれ。割礼を受けた。カトリックの洗礼は受けていない。現在は**警察大学**に学ぶ。

②サイダ（女）
割礼を受けた。カトリックの洗礼は受けていない。

― 娘
　12歳で白血病で死亡。

― 娘
― 娘

― インガ（女），1985年生まれ。

143

アレキサンデル・ビンゲツキ家，15番家庭，タタール系，パイガタイ村カクタロタール部落，1996年12月14日

曾祖父ビンゲツキ（男）
タタール人。ビルニュースより南南東90キロの現ベラルーシ領のイベ市郊外の人。ポーランド人女性と結婚し，その女性の姓を受け継いだのでポーランド風のビンゲツキという名字になった。ポーランド風の名字を持つということは，この地方のタタール人では普通のことで，本来の名字はみな失われた。タタール語も失われた。

曾祖母
ポーランド人。

バザレビッチ（男）
タタール人。クリミア半島の生まれ。カクタロタール部落の娘のところに婿に入った。

妻
タタール人。カクタロタール部落の人。両親から20haの土地を相続した。

ジェーニア（女）
ベラルーシのイベ市に住む。兄（弟）のベキールが米国に出稼ぎに行った時は，その子供を預かった。

ベキール・ビンゲツキ（男）
タタール人。1870年頃，ビルニュースより南南東90キロの現ベラルーシ領のイベ市郊外の生まれ。出生当時はロシア帝国領で戦間期はポーランド領。土地は持っていなかった。ユダヤ人の木工業者のもとで働いた。製品は輸出されていた。結婚後，当地でまず5人の子供をもうけた。ユダヤ人は後に毛皮コート製造業を始め，ベキールは息子ユーゼフと共にユダヤ人のもとで毛皮コートを縫った。ベキールは1904年頃に米国ニューヨーク州に農業労働者として約5年ほど出稼ぎに行った。出国の書類は，米国のユダヤ人が用意した。そこで食べ残しのパンを動物の餌にするような生活を初めて見た。最初は妻をベラルーシに残し，すぐに妻と幼子2人だけを米国に呼び寄せた。他の子供は姉（妹）に預けた。米国で息子ダビッドが生まれた。米国で金を貯めて帰国し，すぐに当地より南方50キロ前後の現ベラルーシ領のボロノバ村の郊外4キロのポジジマ部落（当時ロシア帝国領で戦間期はポーランド領）に30haの土地を建物付きで買い，農家を創設した。ボロノバ村は故郷イベ市から北西40キロ。土地をさらに買い足した。ポジジマ部落はポーランド人部落で，タタール人はベキールのみだった。農地は分割して子供に与えたが，数ヘクタールだけは残して死ぬまで自分で耕作した。優等地と劣等地を組み合わせて同じ面積を息子に与えた。息子の結婚相手を富農の娘の中から指名して，息子はそれに従った。1949年頃に80歳くらいで死亡。

マリア（女）
旧姓バザレビッチ。タタール人。カクタロタール部落の生まれ。イベ市郊外に嫁に行き，米国に渡り，1909年頃に帰国した。1947年に80歳くらいで死亡。20haの土地を両親より相続した。結婚後はイベ市の夫の家に移った。

アレキサンデル・シャバノビッチ（男）
イベ市郊外に20haの土地を持っていた。タタール人。子供がみな農作業を手伝ったので雇い人はいなかった。

ハリマ（女）
タタール人。現ベラルーシのグロードノ市の生まれ。

スリマン（男）
タタール人。アニファの2番目の夫。

アニファ（女）
タタール人。米国にて最初の夫と結婚し，3人の娘をもうける。夫が米国で死亡し，ベラルーシのイベ市に戻り，イベ市でスリマンと再婚した。3人の息子をもうける。90歳くらいまで長生きして1960年代に死亡。

シャバノビッチ（男）
最初の夫。タタール人。米国にてアニファと結婚し，3人の娘をもうける。米国にて死亡。

ベキール（男）
タタール人。米国で生まれ，後に（おそらく第一次世界大戦後）にベラルーシのイベ市（当時はポーランド領）に移住した。イベ市はタタール人が集まっている町だったから移住先に決めた。当時既に約100のタタール人家族が住んでいた。現在でもイベ市周辺に300軒のタタール人家族が住んでいる。また祖先がこのイベ市あたりから米国に移住したから，この町に米国から移住した。イベ市で約10haの土地を購入した。

アミニア（女）
タタール人。米国にてベキールと結婚した。夫と共にイベ市に移住した。

子供一人。長男ユーゼフの後に子供が生まれたが死亡した。

②アレキサンデル（男）
1899－1996。父の土地10haの生前贈与を受けた。
妻（タタール人）

③アミニア（女，米国へ母と共に行き，帰国しなかった）

④ヤクープ（男）
米国に渡り，のち帰国。父の土地10haの生前贈与を受けた。1944年頃ポジジマ部落が強盗団に襲撃され，妻と子供と共に一家殺害される。
妻（タタール人）

⑥エバ（女），ポジジマ部落で生まれた。

⑤ダビッド（男）
米国生まれ。父の土地10haの生前贈与を受けた。父と共に住む。
妻（タタール人）

⑦ヘレナ（女）
1914年にベラルーシのポジジマ部落の生まれ。ビルニュース市郊外のキェトラライ部落に生存。

①ユーゼフ・ビンゲツキ（男）
1898－1955。ベラルーシのイベ市郊外（戦間期はポーランド領）の生まれ。小学校には通わず。1921年の結婚後は，当地より南方50キロ前後のベラルーシのボロノバ村の郊外4キロ（当時ポーランド領）に住む。父の土地の一部の10haの生前贈与を受け自宅を建設した。1930年代の中頃にこの農地と農家を売却し，その金で母の実家のあるカクタロタール部落に農地を買い自宅を建設した。1939年時点では馬1頭，乳牛2頭，子牛2頭，羊10頭がいた。豚は飼育せず豚肉を食べなかった。タタール語で祈りの言葉が言えた。トルコ語のコーランも音に出して読めたが意味は分からなかった。相当の財産を蓄えた。ベラルーシは1939年にソ連軍が大領主の土地を没収したが，この農家は没収されなかった。ドイツ占領下ではおおかた平穏な生活だった。ただし生産物の現物納付を怠ると，このカクタロタール部落でも3人が銃殺された。1944年になるとパルチザン活動が盛んになり，ドイツ軍のパトロールは少なくなった。パルチザンが食料を徴発した。1949年に集団化が始まりコルホーズに加盟した。加盟しない者には重税があり，払えないと100キロ離れたベラルーシの森を毎日30平米伐採するノルマが課せられた（注：回想のまま。税滞納分の労働支払いを指すと思われる）。当初は税金を払うため，家畜を売った。乳牛だけが残った。結局コルホーズに加盟した。コルホーズ初代議長は富農出身のポーランド人だった（注：16番家庭の姉の夫のアムラト・カシンスキ。ただし16番家庭ではタタール人であったと発言している）。初代議長は解任され，翌日には家族全員がカザフスタンに送致された。後任の議長はロシア人。ユーゼフは妻と共にコルホーズで働いた。コルホーズではロシア語で話した。スターリン生存中はモスクへは皆通わなかった。

⑪ファティマ（女）
1900－1979。イベ市生まれのタタール人。旧姓シャバノビッチ。

①イブラギム（男） — **②メリエマ（女）**
⑤ハザ（女） — **④アイシャ（女）**
⑥ルジャ（女，米国へ移住した。消息はない）
⑦アミナ（女）
⑧ムスタファ（男）
ベラルーシのイベ市で1995年頃に死亡。1993年までイスラム教の聖職者。カクタロタール部落で結婚式を挙げた。戦前はワルシャワでイスラム教のラジオ放送を担当していた。イベ市には第一次世界大戦後に米国のタタール人がかなり移住してきたという。
⑨ヤクブ（男，1996年時点では兄弟でただ一人生存）
⑩アダム（男）

息子
息子
息子

①アイシャ（女，1909年に米国生まれ，母と共にベラルーシに帰国）
③マリア（女，1915年に米国生まれ，母と共にベラルーシに帰国）
②ファティマ（女）
1912－1978。タタール人。米国生まれ。旧姓シャバノビッチ。母と共にベラルーシのイベ市に帰国し，そこで結婚。

マチェイ・ラトゥキェビッチ（男）
1912－1994。米国生まれ。両親と兄弟と共に米国からベラルーシのイベ市に移住した。

兄弟
米国生まれ。ベラルーシのイベ市に移住した。
妹エイジーラ（女）
米国生まれ。ベラルーシのイベ市に移住した。

第二部　15番家庭

ベキール・コンドラキェビッチ（男）
タタール人。1908年の生まれ。当地より南方40キロないし60キロの現リトアニア領のエイシシキス町（ベラルーシとの国境へ3キロ）の人。結婚後の戦争中に自宅で強盗に殺された。

①マリア（女）
当地より南方50キロ前後のベラルーシのボロノバ村の郊外4キロのポジジマ部落（当時ポーランド領）で1922年の生まれ。生存。**17番家庭の主婦**。1944年に結婚した。エイシシキス町へ嫁に行く。ドイツ占領中に労働力徴発にあったが、逃亡して戻ってきた。息子が一人生まれた。夫が強盗（パルチザン的流れ者）に殺され、1945年頃カクタロタール部落に移住していた父母の家に戻った。1947年に再婚したが子供は生まれなかった。

レオン・スラケビッチ（男）
再婚の夫。タタール人。カクタロタール部落の人。

②ハリマ（女）
1924年にポジジマ部落の生まれ。1949年結婚。生存。ハリーナとも呼ぶ。**13番家庭の主人の母**だった。病気で足を切断し盲目となる。寝たきり。

ステファン・マウトシェラビッチ（男）
1932年にカクタロタール部落の生まれ。タタール人。**13番家庭の主人の父**。

③アレキサンデル・ビンゲツキ（男）
15番家庭の主人。1931年に当地より南方50キロ前後のベラルーシのボロノバ村の郊外4キロのポジジマ部落の生まれ。同部落はポーランド人部落であった。子供時代は友達とポーランド語で話をした。自宅ではプロスティ語で話をした。部落のポーランド語小学校に入学した。カトリックの宗教の授業があった。1939年にソ連軍によりポーランド語小学校は閉鎖されベラルーシ語小学校が開設された。3年生からはベラルーシ語で授業を受け、4年を修了した。ロシア語の授業もあった。1941年にドイツ軍が占領し、この学校は閉鎖されドイツ軍は小学校を開設しなかった（注：回想のまま。他の多くの家庭の回想によれば、ドイツ軍は当該占領地域の言語による小学校を設置している）。戦後はもう学校には通わず、畑で働いた。1949年に父と共にコルホーズに加盟し、後にブリガード長（作業班長）になる。1954年にベラルーシのイベ市の伯父（注：おそらくイスラム教聖職者だったムスタファか）のところに行き、パーティでイベ市に住んでいた妻と知り合う。1957年にイベ市で結婚し、ボロノバ村の郊外のポジジマ部落の実家に住む。1969年までそこに住む。1969年に夫婦でリトアニアのカクタロタール部落に移住した。カクタロタール部落は祖母の生まれ故郷であり、姉ハリマが嫁に行っている部落でもある。タタール人が多く住む部落であった。子供たちにはタタール人と結婚してもらいたかったので、またリトアニアでは賃金が良いことも魅力だったので移住した。アレキサンデルの故郷のそばのボロノバ村のタタール人はポーランド人とよく結婚していた。短期移住許可書を得て移住し、通勤でビルニュースの建築会社で働いた。3か月後に定住用の国内旅券（注：国内旅券は国内旅行する場合に必要だった。ホテルの宿泊や航空券の購入に必要だった。国鉄の乗車券購入には必要なかった。また身分証明書の役割も果たし、これがないと都市部には居住できなかった。定住用の国内旅券とは、リトアニアが定住場所と記入されている国内旅券のことである）をもらった。姉ハリマの家に居住した。ベラルーシのコルホーズの月給は30新ルーブル（注：移住は1961年のソ連政府による10分の1のデノミネーションの後である）だったが、ビルニュースの建築会社では150新ルーブルだった（注：1965年のソ連全体の平均月給は95ルーブルだったが、ベラルーシのコルホーズがいかに低賃金であったかが分かる）。パイガタイ村のソホーズに勤務すると、26アールの住居用地と自留地の使用権が20ルーブルで買えたので、ソホーズのブリガード長に転職した。月給は120ルーブルだった。単純畑作業員の月給は40ルーブルくらいだった。ソホーズから建築材料も安く売ってもらって、1971年に自分で自宅を建てた。貯金はなかったが、ボロノバ村ポジジマ部落の父伝来の自宅を2800ルーブルで売却し、乳牛も1000ルーブルで売却して建設費を工面した。自宅完成祝いの宴会に村の役人を招いた。ウォッカ半リットルは5ルーブルだった。自宅建設費は4000ルーブルくらいかかった。1971年に12アールの自留地を追加し、さらに1993年に1.5haの耕地の賃借権も入手した。ミニトラクターを購入し大麦等を栽培した。コンバインの作業サービスも利用している。アレキサンデルはふだんは豚肉を食べないが、ポーランド人と一緒の時には豚肉を食べる。トルコ語で祈るが意味は分からない。現在は年金生活。

②ロザ（女）
1939年にベラルーシのイベ市近郊に生まれる。タタール人。**15番家庭の主婦**。ベラルーシ語小学校に通う。外国語授業はロシア語だった。家庭ではベラルーシ語で話した。病気で小学校を3年で中退。一番流暢な言語はプロスティ語。1957年に自宅で金曜日（イスラム教の安息日）に結婚式を挙げ、ついで新郎宅で披露宴。結婚後はボロノバ村の郊外のポジジマ部落の新郎宅に住む。そこに1969年まで住む。1969年からは当地に居住。生存。

①アミニア（女）
1936年生まれ。結婚後もイベ市に住む。3人の子供あり。

夫（タタール人）

③ボリス（男）
1942年生まれ。結婚後もイベ市に住む。

妻（タタール人）

④スリマン（男）
1945年頃の生まれ。

ファサレビッチ（男）
タタール人。ビルニュースで溶接工として働く。

①ファティマ（女）
1958年ボロノバ村の生まれ。同村の小学校を4年修了。両親はリトアニアに引っ越したが、ファティマはイベ市の祖母のもとに行き小学校10年を卒業した。当地の小学校に転校するとベラルーシ語の授業が受けられなくなるので、イベ市のベラルーシ小学校を卒業することにした。卒業後、カクタロタール部落の両親のもとに来た。当地に来て鉄道専門学校に入学し、卒業後は国鉄に就職し、25歳で結婚した。子供2人あり。

②アレキサンデル（男）
1963年ボロノバ村の生まれ。カクタロタール部落の小学校に入学しロシア語クラスの9年を卒業した。卒業後は建築会社に就職。まだ独身でこの家に住む。

③アンナ（女）
1971年カクタロタール部落の生まれ。同部落の小学校のロシア語クラス9年を卒業。洋裁専門学校に進学し3年間学ぶ。18歳で隣家の息子と結婚した。子供2人あり。

シャバノビッチ（男）
タタール人。カクタロタール部落の人。

ソフィア・カシンスカ家，16番家庭，タタール系，パイガタイ村カクタロタール部落，1996年12月16日

(注記)
【この16番家庭の証言では，第4世代のアムラトの婚姻関係について疑問が残る。15番家庭の証言から推定すると，第4世代のアムラト・カシンスキとヤン・カシンスキは同一人物であり，最初に姉アイシャと結婚し，シベリア送りの後，その妹ソフィアと結婚したことになる。さらに，この16番家庭での回想でも，この2人のカシンスキは同一年に死亡している。現在アイシャとソフィアは同じ建物に同居して暮らしている。以上のような疑問点はあるが，しかし，この家系図はソフィアの証言に基づいて描いてある。】

ソボレフスキ（男）
タタール人。イスラム教徒。19世紀前半の人。カクタロタール部落に住む。パイガタイ村の中心部のパイガタイ部落と，当部落から少し離れたコゾフラニ部落に大きな農地を持った。合計数百ヘクタール。

ロザリア（女）
タタール人。

ユーゼフ・ビリュダケケビッチ（男）
タタール人。イスラム教徒。エズナス村（当地から南東100キロメートル，現在はベラルーシ領）で，革なめし職人として毛皮などを作っていた。貧乏であった。その地域は1920年以降はポーランド領に編入された。

マチェエフスキ（男）
ポーランド人の2番目の夫。カトリック。エバと結婚後はビルニュースに住む。エバとの間に子供はできなかった。

エバ（女）
タタール人。イスラム教徒。カクタロタール部落の父の家の隣に自宅を建てて住んだ。自宅を建てたのは結婚後。隣部落のパイガタイ部落の広い土地を相続した。面積は不明。住み込み農夫の家が3軒もあった。ポーランド人の雇われ農夫が住んでいた。再婚の時に改宗してカトリックとなった。子供はできなかった。2番目の夫とも離婚してビルニュースに住んだ。1930年前後に80歳くらいで死亡。パイガタイ村ズイダタ部落のカトリック墓地に埋葬された。1944年にソ連軍が来ると，住み込み農夫はこれらの農地を自分のものにした。その後はコルホーズの土地となった。

ステフェン・ムルジチ（男）
タタール人。エバの最初の夫。ニコライ皇帝の時代に死亡した。葬式ではロシア帝国軍が礼砲を撃った。エバとの間で子供はできなかった。

アダム・ソボレフスキ（男）
ロザリアの兄。ビルニュースに住んで，不在地主としてここの農地を賃貸に出した。相続した土地の面積は不明。第一次世界大戦の後のポーランド・ソビエトの戦いで，1920年にソ連軍が攻めてきた時に逃亡し行方不明。その土地は第二次世界大戦後はコルホーズのものとなった。

ステフェン・ソボレフスキ（男）
ロザリアよりも年上。ビルニュースに住んで，ここの農地を賃貸に出した。相続した土地の面積は不明。1920年にソ連軍が攻めてきた時に逃亡し行方不明。その土地は第二次世界大戦後はコルホーズのものとなった。

ロザリア（女）
ソボレフスキ家の出身。タタール人。イスラム教徒。豊かな農家に生まれた。このカクタロタール部落で生まれ，死ぬ。先祖伝来のこの家の建物を相続し，そこに住んだ（注：その建物は現存しない。娘アイシャ夫婦が取り壊して，新しく立て直している。それは今でも現存する）。隣部落のパイガタイ部落の農地を経営した。農地は100haとか200haあった。40歳くらいで20世紀初頭に死亡。

ヤクープ・コンドラキェビッチ（男）
現ベラルーシ領のロスターエ町（ここから南へ70キロ前後）の生まれ。タタール人とベラルーシ人の村でモスク（注：イスラム教の寺院）があった。兄か弟がイスラム教聖職者であった。タタール人。イスラム教徒。1917年のロシア革命の頃に伝染病で死亡。この時，妻ロザリアは既に死亡していた。100haとか200haとかの広大な所有地がその後どのように散逸したかは不明。3人の息子はみな独身で死亡している。

④アダム（男）
アメリカに移住し，そこで死亡した。戦間期に移住した。アメリカで結婚した。配偶者の人種は不明。

②フェリア（女）
ビルニュースに引っ越しそこで死亡した。
夫（タタール人）

③マーシャ（女）
近隣で結婚し，離婚してビルニュースに引っ越し死亡。
夫（タタール人）

①アレキサンデル・ビリュダケケビッチ（男）
1877－1957。タタール人。イスラム教徒。エズナス村（当地から南東100キロメートル前後のところにある村。現在はベラルーシ領）の貧しい家に生まれた。1904年に結婚。結婚して当地の妻の家に婿として移る。1914年にカクタロタール部落のこの家（現在でも残っていて，娘ソフィアが居住している）を建て始める。文盲であった。ポーランド語とリトアニア語を話した。第二次世界大戦後のソ連時代の国内旅券には人種の欄にポーランド人と記載されていた（注：タタール民族はソ連領内の在来民族として認められていた。純粋タタールのアレキサンデルの民族名がポーランド人として記載されていたとしたら，自己申告の結果であろう。住民は，将来の移民の可能性など様々な利害を考慮して民族名を申告したと思われる）。アレキサンデルは72歳でコルホーズに加盟して15haの土地を奪われた。

④アイシャ（女）
1887－1950。豊かなコンドラキェビッチ家の出身。結婚後の1914年に父伝来の古い家の立て直しを始めたが，第一次世界大戦となり，ついでロシア革命となり，完成は1920年代となった。1920年代では15haの土地を持っていた。土地は1か所にまとまっていた。馬は1頭，乳牛は4頭いた。

①ヤン（男），20歳くらいで独身で糖尿病で死ぬ。ここのカクタロタール部落のタタール墓地に埋葬された。墓石はただの石で，墓銘碑はない。他の兄弟の墓も同様。

②アレクサンデル（男），独身で死ぬ。トラカイ市（ビルニュース市の西方25キロ）のギムナジウム（中等学校）で学んだ。若くして独身で死んだ。

③ブロニスワフ（男）
トラカイ市のギムナジウム（中等学校）で学んだ。若くして独身で死んだ。

⑤ヘレナ（女），1901年生まれ。上級学校には進学しなかった。既に死亡。子供は生まれなかった。

前妻
ヤクープとの間に4人の子どもを産んだ。その4人はヤクープと後妻と共にロシアに行くが4人ともロシアで餓死した。

ヤクープ・カシンスキ（男）
タタール人。ビルニュースの生まれ。ロシア革命の前に，後妻と5人の子供（うち4人は前妻との間の子）を連れてロシアへ移住した。ロシアでは極貧の生活で，前妻との間の4人の息子をロシアに残して，帰国した。4人の子供はロシアで餓死したらしい（注：回想のまま）。ロシア革命の後に後妻と後妻との間の息子アムラトだけを連れてビルニュースに戻ってきた。息子アムラトも別の家に預けた。

メイリエマ（女）
タタール人。ベラルーシの生まれ。後妻。

タマラン・カシンスキ（男）
タタール人。

これ以外に4人の兄弟がいた。

146

第二部　16番家庭

```
┌第一子　1905年生まれ。
├第二子                                    ┌第三子
├                                         └第四子
└第五子　1914年生まれ。第一子から第五子は1917年に、ペストで同時に死亡した。
```

⑦ローラ（女）
1922－1987。1940年に結婚。結婚に際して馬と乳牛を生前贈与でもらった。モスクで礼拝に通っていた夫と知り合う。学校には通わなかった。結婚後は夫の実家のあるベラルーシに住むが、そこの生活が苦しいので、夫と共に当地に戻り、夫と共に小さな家を実家のすぐそばに建てた。

アレキサンデル・アレキサンドロビッチ
タタール人。米国生まれで、父（ベラルーシ出身で米国に移民）と共に帰国し当地より20キロ離れた所に住んでいて、ローラと知り合い、結婚後もベラルーシの実家に住むが、しばらくして当地の妻の実家に引っ越してきた。

⑧ヤクープ（男）
1925年生まれ。タタール人。1944年の7月にポーランド国内軍（ＡＫ）のパルチザンに参加し、戦後はポーランドのシチェチンに移住し、そこでワルシャワ生まれのポーランド人女性（カトリック）と結婚した。ヤクープも妻も改宗しなかった。現在はポーランドのシチェチン市内に住む。運転手として働いた。1990年代に2回この地を訪れた。その息子は米国に移住した。

- 息子。ポーランド人。カトリックとして洗礼を受けた。米国へ移住。
- 息子。ポーランド人。カトリックとして洗礼を受けた。
- 娘。ポーランド人。カトリックとして洗礼を受けた。

アレキサンデル・ガノイジナ（男）
アイシャの最初の夫。タタール人。ロシアとの混血。第一次世界大戦前の生まれ。ギリギスカス村（ビルニュースから西方10キロ）で生まれた。父親はロシアのカザン生まれのロシア人でロシア帝国軍に徴兵され、リトアニアに駐屯した。そこでタタール人女性と結婚し、息子アレキサンデルが生まれた。アレキサンデルは自動車の運転手だった。1940年に結婚。妻アイシャとはポーランド語で話した。アレキサンデルはパルチザンに参加した。1944年7月ポーランド国内軍はドイツ敗走の直前に蜂起してソ連軍進駐の前にビルニュースを制圧するため攻撃をかけた。この「嵐」作戦に参加した後、当地に戻らず赤十字の世話でポーランド西部に移住し、そこでポーランド人（カトリック）と結婚した。アレキサンデルも妻も改宗しなかった。運転手として働き死亡した。一度もリトアニアに戻らなかった。

⑥アイシャ（女）
1919年生まれ。生存。タタール人。イスラム教徒。隣のコルボチ部落（西に3キロ）のポーランド語クラスの小学校に3年だけ通った。教師はポーランド人だった。ポーランド語クラスのみの小学校であった。教室は3室。複式学級で全学年を教えた。リトアニア語は全然分からなかった。家庭内ではポーランド語で話した。プロスティ語（注：ポーランド語とベラルーシ語の混合語）でも話した。タタール語は全く話さなかった。1940年にソ連軍が来たが、集団化はなかった。この村で120haを所有していたタタール人のカリシェノビッチ家の一家はビルニュースに逃げ、ついでビルニュースからも逃げた。タタール人のマウトシェラビッチ家（**13番家庭**）の一族は合計150haを持っていたが、やはり逃げた。農地は放棄地となり希望者が耕作した。マウトシェラビッチ家の娘はワルシャワのタタール人の家に嫁に行き、パン屋など数軒の家屋を所有し、戦後はイギリスに逃げた。アイシャは1940年に結婚しギリギスカス村（ビルニュースから西方10キロ）に住んだ。聖職者が家に来て自宅で結婚式を挙げた。結婚の時に生前贈与で乳牛1頭と家具をもらった。ドイツ軍は残酷でなかった。カクタロタール部落には5軒のユダヤ人家庭があったが、ユダヤ人は農地を所有していても耕作せず、農地を賃貸に出し、自分は商売をやっていた。これらユダヤ人は皆ゲットーに入れられ殺された。1944年に夫がパルチザンに参加。2番目の子供リリアを妊娠していたので、父親の住むカクタロタール部落に戻った。夫はアイシャのもとに戻らずポーランドに移住した。1950年にアムラトと再婚した。モスクでの結婚式は挙げなかった。この家に住んだ。コルホーズで働いた。

アムラト・カシンスキ（男）
1906－1988。ビルニュースの生まれ。初婚の妻アジマ（**20番家庭**の家系図第3世代を参照）と別れてアイシャと結婚。アイシャの2番目の夫。タタール人。ヤン・カシンスキの従兄弟。両親と別れ、別の家に預けられる。学校にはほとんど通わなかった。戦後、従兄弟のヤン・カシンスキを頼ってカクタロタール部落にビルニュースから来た。土地を借りて耕作を始める。1949年にカクタロタール部落のコルホーズの最初の議長となる。（注：これが事実であれば例外的事例である。一般に大農・中農の名望家が選ばれた）。1950年にアイシャと結婚。結婚後に共産党に入党。1952年に議長を解任された。次の議長は派遣されて来たロシア人だった。解任後は部落長（当時はカクタロタール・ソビエトとして独立していた）を2年つとめた（注：15番家庭の証言では、アムラトは解任後、妻と共にシベリア送りになったとのことである）。ついでコルホーズの倉庫番となった。ついで馬番。収入の1割くらいの党員費はきちんと払っていた。

⑨ソフィア・カシンスカ（女）
1930年生まれ。タタール人。イスラム教徒。生存。**16番家庭の主婦**。カクタロタール村のこの家で生まれる。1940年にこの村の私営のポーランド語学校に通い始めた。1941年からのドイツ占領中は学校はなかった。文盲である。1957年に結婚した。結婚に際して、何も生前贈与を受けず、ただこの家をもらった。

ヤン・カシンスキ（男）
1929－1988。タタール人。イスラム教徒。農業集団化以前には、カクタロタール部落で20haの土地を耕していた。クラークとしてシベリアに送られた。1958年に帰国後、妻と離婚してソフィアと結婚。コルホーズで働く。

ヘレナ（女）
夫と共に1949年にシベリアに送られた。夫と共に1957年に帰国した。子供はいなかった。【冒頭の注記を参照。他の家庭の証言からすると、このヘレナはアイシャである】

①アレキセンデル・アレキサンドロビッチ（男）
1942年生まれ。結婚後妻の実家のベラルーシのスキデラ村に移る。
妻（タタール人）ベラルーシ生まれ。
- 娘　ポーランドに移住した。夫ポーランド人。
- 息子
- 娘

②ヤクープ（男）
戦後生まれ。パイガタイ部落に住む。
妻（タタール人）

③ステファン（男）
戦後生まれ。1977年に事故死。
妻（タタール人）
- 娘
- 娘

①サイーダ（女）
1942年生まれ。ビルニュース郊外に住む。
夫　タタール人。工具。
- 息子　娘2人あり。妻タタール人
- 息子。独身。

②リリア（女）
1944－1963。1963年結婚。出産後半月で死亡。
夫　タタール人
- 息子
妻　タタール人

再婚の妻　タタール人。ビルニュースの生まれ。

ヤクープ（男）
1953－1988。一人っ子。

①アイシャ（女）
1957年生まれ。12年結婚生活を送り離婚した。
夫（タタール人）
- 娘。リトアニア人と結婚した。

②メェリエン（女）
1959年生まれ。
夫（タタール人）
経済大学を卒業。家ではリトアニア語で妻と話す。
- 息子
- 娘
共にリトアニア語小学校に通う。

③ヤコブ（男）
1963年生まれ。
妻（タタール人）
- 娘
- 娘

147

マリア・スラケビッチ家，17番家庭，タタール系，パイガタイ村カクタロタール部落，1996年12月17日

- ムスタファ（男）
  タタール人。孫のアレイ・シャバノビッチは，マリア（17番家庭の主婦）の再婚相手のレオン・スラケビッチの姉妹と結婚している。
- アレキサンデル・シャバノビッチ（男）
  ビルニュースから南南東90キロの現ベラルーシ領のイベ市郊外に20haの土地を持っていた。**タタール人**。子供がみな農作業を手伝ったので雇い人はいなかった。長生きして第二次世界大戦後に死亡。
- ハリマ（女）
  タタール人。旧姓ファサレビッチ。現ベラルーシのノボグロード市の生まれ。
- ジェーニア（女）
  ベラルーシのイベ市に住む。兄（弟）のベキールが米国に出稼ぎに行った時は，その子供を預かった。
- ベキール・ビンゲツキ（男）
  1870年頃の生まれ。**タタール人**。ビルニュースより南南東90キロの現ベラルーシのイベ市郊外の生まれ。出生当時はロシア帝国領。土地は持っていなかった。ユダヤ人の木工業者（後に毛皮業も営む）のもとで働いた。結婚後，イベ市でまず5人の子供をもうける。ベキールは1904年頃に米国のニューヨーク州に農業労働者として約5年ほど出稼ぎに行った。出国の書類は，米国のユダヤ人が用意した。そこで食べ残しのパンを動物の餌にするような生活を初めて見た。最初は妻をベラルーシに残したが，すぐに妻と幼子2人だけを米国に呼び寄せた。他の子供は姉（妹）に預けた。米国で息子ダビッドが生まれた。米国で金を貯めて帰国し，すぐに当地より南方50キロ前後の現ベラルーシ領のボロノバ村の郊外4キロのポジジマ部落に30haの土地を建物付きで買い農家を創設した，さらに土地を買い足した。ポーランド人部落で，タタール人はベキールのみだった。農地を分割して子供に与えたが，数ヘクタールは残したまま死ぬまで自分で耕作した。優等地と劣等地を組み合わせて同じ面積を息子に与えた。息子の結婚相手を富農の娘の中から指名して，息子はそれに従った。1949年頃に80歳くらいで死亡。**15番家庭の主人の祖父**でもある。
- 祖先ビンゲツキ（男）
  タタール人。ビルニュースから南南東90キロの現ベラルーシ領のイベ市郊外の人。ポーランド人女性と結婚しその女性の姓を受け継いだのでポーランド風のビンゲツキという名字になった。ポーランド人と結婚するか否かにかかわらず，ポーランド風の名字を持つということは，この地方のタタール人では普通のことで，本来の名字はみな失われた。タタール語も失われた。
- バザレビッチ（男）
  タタール人。**クリミア半島**の生まれ。カクタロタール部落の娘のところに婿に入った。どのような経緯で遠く離れた当地に婿に来たかは不明。
  妻
  タタール人。カクタロタール部落の人。両親から20haの土地を相続した。
- マリア（女）
  タタール人。カクタロタール部落の生まれ。1947年に80歳くらいで死亡。20haの土地を両親から相続した。結婚後はイベ市の夫の家に移った。米国に渡り，1909年に帰国した。
- スリマン（男）
  タタール人。アニファの2番目の夫。アニファとの間に3人の息子。
- アニファ（女）
  タタール人。米国にて最初の夫と結婚し，3人の娘をもうける。夫が米国で死亡し，現ベラルーシのイベ市に戻り，イベ市でスリマンと再婚した。3人の息子をもうけた。90歳くらいまで長生きして1960年代に死亡。
- シャバノビッチ（男）
  最初の夫。**タタール人**。米国にてアニファと結婚し，3人の娘をもうける。米国にて死亡。
- ベキール・ラトゥケビッチ（男）
  タタール人。米国で生まれ，後に（おそらく第一次世界大戦後に）ベラルーシのイベ市（当時はポーランド領）に移住した。イベ市はタタール人が集まってた。祖先がこのイベ市あたりから米国に移住していた。イベ市で約10haの土地を購入した。
- アミニア（女）
  タタール人。米国にてベキールと結婚した。夫と共にイベ市に移住した。

- 息子
- ヤン・スラケビッチ（男）
  1878–1946。**タタール人**。カクタロタール部落の生まれ。妻が相続した3haに，さらに13haを買い足して16haを所有した。
- ゾフィア（女）
  1894–1976。**タタール人**。
- ①イブラギム（男），父の農家で働いた。妻はタタール人。
- ②メリエマ（女），**タタール人**と結婚した。他の妹も同様にタタール人と結婚した。
- ③メラ（女，**タタール人**と結婚）
- ④アイシャ（女，**タタール人**と結婚）
- ⑤ハディシャ（女，**タタール人**と結婚）
- ⑥ルジャ（女）
  第一次世界大戦前に独身で**米国**へ移住し永住した。戦後は消息がない。
  夫（**タタール人**。**米国**に移民してきてルジャと結婚した）
- ⑦アミナ（女，**タタール人**と結婚）
- ⑧ムスタファ（男）
  ベラルーシのイベ市で生存。戦前から1993年までイスラム教の聖職者。戦前はポーランド政府が100ズウォティの月給を聖職者に渡していた。カクタロタール部落で結婚式を挙げた。戦前はワルシャワでイスラム教のラジオ放送を担当していた。米国のタタール人がかなりイベ市に移住してきた。第二次世界大戦ではポーランド軍に参戦。戦後はソ連政府から聖職者に月給は出なかったので街で働いた。割礼などでは年金月額の半分程度の謝礼を受け取る。
- ⑨ヤクープ（男，父の農家で働いた。生存）
  妻（**タタール人**）
- ⑩アダム（男，イベ市で結婚し，父の農家で働き，ドイツ軍の捕虜となり，戦後は妻と共にポーランドに移住しそこで死亡した）
  妻（**タタール人**）
- ⑪ファティマ（女）
  1899–1976。イベ市生まれのタタール人。旧姓シャバノビッチ。1921年に結婚。娘マリアの再婚後は，マリアの息子を育てる。
- 子供。長男ユーゼフの後に数人の子供が生まれたが死亡した。
- ②アレキサンデル（男）
  1899–1996。父の土地10haの生前贈与を受けた。米国には行かなかった。結婚後も父の実家に住む。戦争中はドイツの労働力徴発で連行された。ビルニュース市郊外のキェトララィ部落で死亡。
  妻（**タタール人**）
- ③アミニア（女），母と共に米国に行き，帰国しなかった。
- ④ヤクープ（男）
  イベ市で生まれ，母と共に米国に行く。両親と共に帰国。父の土地10haの生前贈与を受けた。自宅を新築した。1944年ころ，ポジジマ部落が強盗団（パルチザン的流れ者）に襲われ，妻と子供と共に家族全員で殺害された。
  妻（**タタール人**，パルチザン的強盗団に襲われ殺された）
- ⑤ダビッド（男）
  1905年に**米国**で生まれる。両親と共にボロノバ村に帰国。父の土地10haの生前贈与を受けた。父と共に住む。自宅を新築した。
  妻（**タタール人**）
- ⑥エバ（女），両親のベラルーシ帰国後にポジジマ部落で生まれた。
- ⑦ヘレナ（女），1914年に，現ベラルーシ領のボロノバ村ポジジマ部落の生まれ。ビルニュース市郊外のキェトララィ部落に生存。
- ①ユーゼフ・ビンゲツキ（男）
  1898–1955。現ベラルーシ（当時ポーランド領）のイベ市郊外の生まれ。小学校には通わなかった。ロシア革命後に赤軍または白軍に徴兵され（注：回想では不明），4年間各地を転戦し，ボロノバ村（イベ市から北東40キロ，現ベラルーシ領で当時ポーランド領，当地カクタロタール部落より南方50キロ前後）のポジジマ部落（ボロノバ村の郊外4キロ）で両親と再会した。1921年結婚後に同部落に住む。同部落にはタタール人農家は4軒だけだった（注：父ベキールの4人の息子の家のみ）。同部落において，父の土地の一部の10haの生前贈与を受け自宅を建設した。1930年代の中頃にこの農地と農家を売却し，その金で母の実家のあるカクタロタール部落に農地を買い自宅を建設した。1939年時点では馬1頭，乳牛2頭，子牛2頭，羊10頭。豚は飼育せず豚を食べなかった。タタール語で祈りの言葉が言えた。トルコ語のコーランも音に出して読めたが意味は分からなかった。相当の財産を蓄えた。1940年にソ連軍は大領主の土地を没収し，貧農に分与したが，この農家は没収されなかった。ドイツ占領下ではおおかた平穏な生活だった。1944年になるとパルチザン活動が盛んになり，ドイツ軍のパトロールは少なくなった。パルチザンが食料を徴発した。1949年には集団化が始まりコルホーズに加盟した。加盟しない者には重税があった。税金を払うため，家畜を売った。コルホーズ加盟後は乳牛だけ残った。コルホーズは赤字でソホーズに再編成された。初代コルホーズ議長は富農出身だったが，1952年に解任され，翌日には家族そろってカザフスタンに送還された。後任の議長はロシア人。コルホーズではロシア語で会話した。スターリン生存中はモスクへは皆通わなかった。
- ①アイシャ（女），1909年に**米国**生まれ。
- ③マリア（女），1915年に**米国**生まれ。
- ②ファティマ（女）
  1912–1978。**タタール人**。**米国**生まれ。母と共にイベ市に移住帰国した。
- マチェイ・ラトゥケビッチ（男）
  1912–1994。**米国**生まれ。兄弟と妹と共にベラルーシのイベ市に移住帰国した。

第二部　17番家庭

- アレイ・シャバノビッチ（男）
タタール人。現ベラルーシ領のイベ市周辺の出身。イベ市のタタール語学校でイスラム聖職者の訓練を受ける。マリアの祖父アレキンデル・シャバノビッチはアレイの祖父の兄弟にあたる。戦前にタンジーラと結婚し、妻の実家の当地に引っ越した。レオン・スラケビッチと共に妻の実家の家に住む。イスラム教の聖職者を当地カクタロタール部落で20年も務めた。既に死亡。5人の子供あり。
  - 娘。ベラルーシに居住。タタール人と結婚。
  - 息子。パイガタイ村パイガタイ部落に居住。タタール人と結婚。
  - 息子。パイガタイ村パイガタイ部落に居住。タタール人と結婚。
  - 息子。ビルニュース市に居住。タタール人と結婚。
  - 娘
現在は当地に居住。ビルニュースに通勤。リトアニアの夫と結婚したが、後に離婚。
夫
リトアニア人、カトリック。

- タンジーラ（女）
カクタロタール部落の生まれ。**18番家庭の主婦**のいとこにあたる。

- レオン・スラケビッチ（男）
マリアの再婚の夫。1923－1984。タタール人。カクタロタール部落の生まれ。父の土地をタンジーラとその夫と共に耕す。土地は分割しなかった。1947年に結婚。1949年にコルホーズに加盟しコルホーズに勤務。子供なし。同部落で死亡。

- ①マリア（女）
1922年に当地より南方50キロの現ベラルーシ領のボロノバ村の郊外4キロのポジジマ部落で生まれ、生存。**17番家庭の主婦**。同村のポーランド語小学校に入学したが1年でやめ、イベ市の母方の祖父の家に住んで同市のタタール語学校に通った。後にポジジマ部落のもとのポーランド語小学校に戻り、合計7年間小学校で学んだが3回落第しているので4年生で卒業した。家庭内ではポーランド語で話した。その後商店に就職。ボロノバ村には多くのユダヤ人が住んでいた。1944年に結婚し、エイシシキス町（ビルニュースから南方60キロの現リトアニア領の町）から南東5キロのタウシウナイ部落（ベラルーシとの現国境線まで1キロ）へ嫁に行く。ドイツ占領中に労働力徴発になりそうになったが、森の中に隠れた。部落長が逃げるように教えてくれたので助かった。誰が徴発されるかはポーランド人の部落長が決めた。息子が1人生まれた。部落を襲撃した5人組の強盗団（パルチザン的流れ者）に夫が殺された。強盗はウォッカを飲み、ミシンと金を持ち去った。ポーランド人のよそ者の強盗だった。家も焼かれた。部落の女子供も殺された。1945年頃カクタロタール部落の実家に戻った。息子は母ファティマのもとに残してきた。1947年に再婚したが子供は生まれなかった。再婚後は夫の家に住む。コルホーズに勤務。1970年代に夫と別居し、妹ハリマの家の向かいに現在の家を建築し移り住む。離婚はしなかった。

  - ④ベキール・コンドラキェビッチ（男）
1908－1945。**タタール人**。ボロノバ村から西に20キロのエイシシキス町（現在はリトアニア領）の人。第一次世界大戦勃発で、両親はベキールを連れてロシアのカザンの方に疎開した。父親はそこで死亡した。母と兄と共に第一次世界大戦後、祖国に戻り、もとの部落で農業を営む。1944年に結婚したが、同年に強盗団が部落を襲撃し、強盗団に殺された。
  - ③ステファン（男）
弟ベキールのすぐそばに自宅を持つ。1944年に弟と共に強盗に殺された。
  - ①息子。戦間期に米国に移住。
  - ②息子。戦間期に米国に移住。

- ②ハリマ（女）
1924年にポジジマ部落の生まれ。1949年結婚。生存。ハリーナとも呼ぶ。**13番家庭の主人の母親**。足を切断し寝たきり。子どもについては13番家庭の家系図参照。

  - ステファン・マウトシェラビッチ（男）
1932年カクタロタール部落の生まれ。**タタール人**。13番家庭の主人の父だった。生存。

- ③アレキサンデル（男）
1931年に当地より南方50キロ前後のベラルーシのボロノバ村の郊外4キロのポジジマ部落の生まれ。生存。**15番家庭の主人**。子供時代は友達とポーランド語で話をした。自宅ではプロスティ語（ポーランド語とベラルーシ語の混合言語）で話をした。部落のポーランド語小学校に入学した。1939年の3年生からはベラルーシ語で授業を受け、4年を修了した。ロシア語の授業もあった。ドイツ軍は学校は閉鎖した。戦後は畑で働いた。1949年に父と共にコルホーズに加盟しブリガード長（作業班長）になる。1954年にベラルーシのイベ市の伯父のところのパーティで妻と知り合う。1957年にイベ市で結婚式を挙げ、妻がポジジマ部落に来た。1969年に姉を頼って、タタール人が多く住むリトアニアのカクタロタール部落に移住した。またリトアニアでは賃金が良いことも魅力だった。姉ハリマの家に居住した。すぐにパイガタイ村のソホーズに転職した。1971年に自分で自宅を建てた。1971年に12アールの自留地（自家菜園用地）を追加し、さらに1993年に1.5haの耕地の賃借権も手に入れた。ミニトラクターを購入し大麦等を栽培。コンバインのサービスも利用している。一番流暢な言語はプロスティ語。18歳で結婚後はボロノバ村の郊外のポジジマ部落の夫の実家に住む。1969年に夫と共に、ベラルーシからリトアニアの当地にカクタロタール部落に移る。

- ②ロザ（女）
1939年にベラルーシのイベ市近郊に生まれる。タタール人。ベラルーシ語小学校に通う。外国語科目はロシア語だった。家庭ではベラルーシ語で話した。病気で小学校を3年で中退。

  - ①アミニア（女）
1936年生まれ。結婚後もイベ市に住む。3人の子供あり。
  - 夫（タタール人）
  - ③ボリス（男）
1942年生まれ。結婚後もイベ市に住む。
  - 妻（タタール人）

- ヤクープ（男）
1944年生まれ。一人っ子。母がリトアニアのカクタロタール部落で再婚したが、ヤクープはベラルーシに残され、祖父母のユーゼフとファティマに養育された。ポジジマ部落の小学校を卒業した。そしてボロノバ村の中等学校卒。卒業後、当地の母のところに移住して、機械技師として工場に勤務。徴兵となり軍隊で獣医学を学ぶ。除隊後の1966年に結婚。結婚後は妻の実家のアリトゥス市（ビルニュースから西南西80キロのリトアニア領の中都市）に引っ越す。その後、すすめられてカウナス市（ビルニュースから西方90キロの大都市。戦前のリトアニアの首都）の農業大学獣医学科の夜間部に入学し獣医学科を卒業。現在は当地より南西90キロ前後のドゥルシキニンカイ町に住む。ベラルーシとの国境へ3キロ、ポーランドとの国境へ30キロのリトアニアの町。アリトゥス市からは南方40キロ。獣医として勤務。共産党には入党しなかった。

- ロザリア（女）
タタール人。アリトゥス市の生まれ。

- ヘリエマ（女）
アリトゥス市近郊で生まれた**タタール人**。家庭内ではリトアニア語で話す。しかしポーランド語もロシア語も良く話せる。3歳の娘はリトアニア語のみ話す。

  - ①エウゲニウシ（男）
1969年にアリトゥス市の生まれ。1992年に結婚しカクタロタール部落の祖母の家に移り住む。1993年に娘が生まれる。現在はビルニュース市の外資系企業に勤める。
  - ②ハリーナ（女）
1971年生まれ。ビルニュース市に居住。独身。
  - ③タンジーラ（女）
1973年生まれ。アリタス市に住む。子供二人あり。
  - 夫
タタール人。

- ④スリマン（男）
- 夫（タタール人）
- ①ファティマ（女）
- ②アレキサンデル（男）
独身。
- ③アンナ（女）
- 夫（タタール人）

ステファン・ソスノビッチャス家，18番家庭，タタール系，パイガタイ村カクタロタール部落，1996年12月18日

ヤクープ・ソスノビッチャス（男）
タタール人。リトアニアのブトリモニス村（当地から西南西80キロ前後のアリトゥス市の郊外12キロの村、当時ロシア帝国領。第一次世界大戦後からはリトアニア領）の生まれ。なめし革職人だったが、1934年に3haの農地を買う。

- ヘレナ（女）
  1896年生まれ、ビルニュース市で100歳で生存。タタール人。
  兄弟の数は不明。

ゾフィア（女）
タタール人。夫タタール人。

アイシャ（女）
タタール人。

- 姉（米国に移住）
- その他の子供の数は不明

ベキール・バザレビッチ（男）
1895 – 1968。現ベラルーシ領のイベ市（当時ロシア帝国領で後にポーランド領）の生まれ。少ししか小学校に通わなかった。ポーランド語が少し書けた。第一次世界大戦後にポーランド軍に徴兵され、ビルニュース郊外に駐屯し、ファティマと知り合い結婚。結婚してリトアニアの当地に婿で入った。家族とはポーランド語で会話した。ロシア語も話せた。リトアニア語は分からなかった。軍隊の恩給で7haの土地を購入し、妻の土地と合わせて25haとした。2つの土地はそれぞれ1か所にまとまっていた。ポーランド人の住み込み農民が1人と女中がいた。1941年からイスラム教聖職者。戦後の集団化で25haの農地を失う。

ムスタファ・バザレビッチ（男）
タタール人。現ベラルーシ領のイベ市（当時ロシア帝国領）の生まれ。土地なしの雇われ農民。

ファティマ（女）
1893 – 1966。フェリツィア（ポーランド風の名前）とも呼ぶ。カクタロタール部落の生まれ。両親よりかなりの土地を相続し、さらに姉妹が相続した土地を買い戻し18haとした。

ハリマ（女）
1891 – 1950。1921年にヤンの後妻になる。1922年に息子アリを出産。3haの土地を耕した。戦後ビルニュースに居住したが強盗に殺された。

ヤン・コンドラキェビッチ（男）
タタール人，イスラム教聖職者。ベラルーシのミンスク市郊外の大農の出身。最初の妻との間の子供に土地を分け与えた。カクタロタール部落に移住し1939年死亡。

初婚の妻
- エリミア（女，幼時に死亡）
- ゾフィア（女）
  1894 – 1976。当地の生まれ。姉ファティマに土地を売却した残りの3haと夫が購入した13haの合計16haを耕す。

ヤン・スラケビッチ（男）
タタール人。1878 – 1946。現ベラルーシ領のラドゥニ町（当地より南方50キロ前後）郊外のニエクラシェンツァ村の生まれ。第一次世界大戦後に再婚してカクタロタール部落に移り土地を買い足す。1932年頃に妻の実家の横に自宅を建設した。住み込み農民を雇っていた。

最初の妻
タタール人。ロザリアを出産後に死亡。

ロザリア（女）
タタール人。旧姓レズバノビッチ。当地カクタロタール部落の生まれ。

アレキサンデル・サファナビッチ（男）
タタール人。カクタロタール部落の生まれ。姉妹の相続した土地も買い戻し相当の土地を持っていた。成長した3人の娘に土地を分割した。

- 6人の姉妹

ムスタファ・シャバノビッチ（男）
タタール人。現ベラルーシ領のイベ市の生まれ。

ロザリア（女）
タタール人。カクタロタール部落の生まれで、イベ市に嫁に行った。

妻（タタール人）
ブトリモニス村の生まれ。

② ヨナス（男）
1925年生まれ。リトアニア語小学校に通う。他の兄弟姉妹も同様。カウナス市（ビルニュース西方90キロの大都市。戦前の首都）に居住。

③ ミカス（男）
1927年生まれ。当地より80キロ前後のアリトゥス市に居住。
妻（タタール人）

④ ジナ（女）
1932年生まれ。カウナス市の縫製工場で働く。ビルニュースの工場で仲の良い同僚に、兄ステファンの妻となるマリアがいた。1950年夏に結婚。
夫（タタール人）
ブトリモニス村の人。

⑤ ベルナルダス（男）
1936年生まれ。ビルニュースに在住。
妻
トラカイ市（ビルニュース西方25キロの町）の生まれ。

⑥ エミリア（女）
1941年生まれ。ビルニュースに在住。
夫（タタール人）
ブトリモニス村の生まれ。

これ以外に6人の子供がいたが、幼時にすべて死んだ。

---

① アレキサンデル（男）
1922 – 1974。第二次世界大戦中にソ連軍に徴兵され、ポーランドで戦闘に参加し、戦後そのままポーランドに残った。グリビッツェ市（旧ドイツ領）に住み炭鉱で働く。現地のポーランド人女性と結婚。一度も故郷を訪問せず。
妻（ポーランド人）

② ロザリア（女）
1924年当地の生まれ。1940年に16歳で結婚し転居するが後に当地に戻る。7人の子供あり。うち娘2人と息子1人はタタール人以外の人種と結婚している。4人の子供はタタール人と結婚した。**19番家庭の主婦**。
アダム・デラツキ（男）
1909 – 1957。タタール人。当地より南方40キロの村の生まれ。

③ ムスタファ（男）
1928年生まれ。生存。ステファン（ポーランド風の名前）とも呼ぶ。カクタロタール村の実家を相続し、そこに住む。いとこのタンジーラの一家と共に住んだ。子供なし。
フェリツィア（女）
タタール人。現ベラルーシ領のイベ市（当時ポーランド領）の出身。

アリ（男）
1922年にカクタロタール部落の生まれ。戦争中に妻と知り合いポーランドに移住した。旧ドイツ領のブロツワフ（現ポーランド領）に住みそこで死亡。
妻（ポーランド人）

子供多数。ベラルーシで父親の土地を分割して相続した。ベラルーシに居住。

マリア（女）
旧姓ビンゲツカ。タタール人。**17番家庭の主婦**。

② レオン（男）
1924 – 1984。17番家庭の家系図の第4世代を参照のこと。1946年の父の死後、母と共に土地を耕す。結婚後に集団化で土地を失う。コルホーズに加盟した。中農だったが誰もシベリアには送られなかった。

① タンジーラ（女）
1922年生まれ。生存。正規の学校には通わず、冬だけ個人宅でポーランド語を学んだ。1946年に結婚。夫がイベ市から婿で来た。1949年に16haの土地のうち13haを奪われ3haのみ残った（注：回想のまま。レオンの自留地と併せた0.3haの記憶違いか）。13haの土地は宅地として分割され、多数の住居が建った。現在でも3haを耕す。13ha分の補償金を要求している。子や孫とはポーランド語で話す。祖父サファナビッチ伝来の宅地に住居を建設した。

ロザリア（女）
1916 – 没年不明。当地より3キロ西方のコルボチ部落の学校に通う。戦前に結婚し、南方50キロのエイシシキス町（ベラルーシ領との国境の村）に移った。
デラツキ（男，タタール人）

① アレイ・シャバノビッチ（男）
タタール人。1921 – 1990。現ベラルーシ領のイベ市（当時ポーランド領）の生まれ。ポーランド語小学校に通い、タタール語も学んだ。ソ連軍に徴兵された。母の実家を訪れて、タンジーラと知り合い、1946年に結婚しカクタロタール部落に移った。パイガタイ部落の機械修理工場で働く。1968年のベキール・バザレビッチ氏の死後、イスラム教聖職者も務めた。

② ダビッド（男）
③ シリマ（女）
④ アイシャ（女）
⑤ アミナ（女）

第二部　18番家庭

①ステファン・ソスノビッチャス（男）
1924年生まれ。生存。ムスタファ（イスラム風の名前）。**18番家庭の主人**。リトアニアのブトリモニス村で生まれる。リトアニア語小学校に通う。1939年以降は毛皮裁縫や農作業に従事。父親がかなりの農地を持っていたためドイツの労働力徴発の対象にはならなかった。1944年7月にソ連軍に徴兵。村から多くの青年が徴兵になった。300人にのぼり，半分以上はタタール人で残りはリトアニア人。軍隊で初めて革靴をはく。3か月の訓練の後，1944年12月にリトアニアに戻って前線に送られた。司令官はロシア人。部隊の中でタタール人は自分一人だった。1945年に軽い戦傷。前線に復帰し，再び銃弾を受け，ドイツ軍の捕虜となり，現カリニングラード市に送られた。捕虜の扱いは悪くなかった。捕虜収容所の所長が，クライペダ市（バルト沿岸のリトアニアの都市でヒトラーはドイツ領に編入した。現リトアニア領）出身のリトアニア人だったから。のちにドイツ国内の農家に強制労働に送られ，1945年5月6日に釈放される。英米にも移住できた。祖国に戻るとソ連の収容所送りになるかもしれないとも聞かされた。ソ連の将軍が来て，祖国での良い生活を約束した。米国に親戚がいたので迷ったが，結局7月にリトアニアに戻ることにした。3万人が一緒だった。しかし，移送列車はポーランドとリトアニアを通過してモスクワ郊外まで連れていかれた。逃亡者も出た。もう冬だった。「今度はソ連のために働け」と言われ炭鉱で夏服のまま働かされた。1947年までモスクワ南西200キロの炭鉱で働く。家族に手紙は書けた。1か月に肉1キロと砂糖500グラムをもらった。魚と卵を配給券で買った。先掘り工は1日に1200グラムのパン，炭車運搬工なら1000グラムのパンがもらえた。2か月に1回くらい父から小包が来てソーセージや現金が入っていた。2年で500ルーブルの賃金をためたが，玉ねぎ1キロが20ルーブルだった。病死も含めて死亡者は出なかった。40人が一部屋に寝た。最初は14時間労働だった。親戚との面会は許された。ある時，仲の良い囚人が逃げようと言った。国内旅券（身分証明書）がないと言うと，休暇証明書と汽車の乗車券を手配すると言ったので，一緒に逃げた。乗車券の検札はあったが，国内旅券の検査は一度もなかった。1947年12月にブトリモニス村の自宅に戻った。自宅の農家で働く。ほどなくドイツ軍捕虜だった囚人の全員に恩赦が出され，ステファンも恩赦を受け国内旅券（身分証明書）を受け取った。1949年にコルホーズに加盟。妹の結婚披露宴で知り合ったマリアと1950年12月に結婚。結婚式は妻の実家でとり行った。披露宴では酒が出た。まず新婦の家で，ついで新郎の家で披露宴を行った。結婚後は新郎の実家に住む。1954年に妻の実家のカクタロタール部落に引っ越した。コルホーズに就職。1年して街に住みたいと思ったが，コルホーズが同意せず，中央の省の許可を得て，アリトゥス市に転居。羊を飼育して，肉を売ったり毛皮をなめしたりして生計を立てたが，すぐにビルニュース市の毛皮製造の国営企業に就職し，28年間もコート裁縫工として勤務した。3部屋の鉄筋アパートに入居できた。1990年からはカクタロタール部落に居住。妻の両親が残した2haの土地（注：回想のまま。妻の兄弟の自留地の合計のことか）の中に自宅を建設した。ステファンは自分の兄弟とは主にリトアニア語で，しかしポーランド語でも会話する。兄弟はみなリトアニア語クラスの小学校に通った。ステファンは孫とはリトアニア語で話す。妻の両親が失った25haの土地の返還を交渉中。この土地は現在は地目が農用地から宅地に変更され返還は困難で，遠く離れた代替地の返還を提案されている。

④マリア（女）
1932年生まれ。生存。**18番家庭の主婦**。カクタロタール部落のポーランド語クラスの小学校に入学し，3年生くらいで中退。18歳で結婚。夫ステファンとはポーランド語またはリトアニア語で話す。結婚前はリトアニア語を全く知らなかった。1956年頃から夫と同じ国営企業に就職し革靴をぬった。1990年に，祖父サファナビッチ伝来の宅地に住居を建設し居住している。

この列は第3世代

右の列は全部第4世代

夫（タタール人）
アリトゥス県の生まれ。

①エレナ（女）
1953年生まれ。生存。リトアニア語クラスの中等学校を卒業し，電気機械工業専門学校（テフニクム：短大相当）を卒業。在学中の19歳の時に結婚。工場に就職。家族とはリトアニア語で話す。息子一人があり，息子は大学卒業後，民間企業に就職した。息子は**ポーランド人女性**と結婚し，孫も生まれている。

②アレクスィイ（男）
1959年生まれ。生存。リトアニア語クラスの中等学校を卒業し，徴兵を経て実家で両親を助ける。結婚したが5か月で離婚。現在は独身で両親と同居。

妻（タタール人）
ベラルーシのイベ市の生まれ。5か月で離婚。イベ市に戻った。

テレサ（女）
最初の妻。**ポーランド人**。ビルニュース市の人。ヤンとの間に娘1人が生まれた。離婚後は娘は母親のもとで育ち，カトリックの洗礼を受けた。

①ヤン（男）
1948年生まれ。生存。カクタロタール部落の生まれで，同部落のポーランド語小学校を4年修了後，コルボチ部落（当地より3キロ南西）の上級小学校で7年生を修了。卒業後は当地でしばらく働き，国防産業の企業に就職。企業内訓練で職長（マイスター）に昇進するが，最近解雇され，現在は失業中で建設業の臨時雇い。1967年にポーランド人女性テレサと結婚。両親が結婚に同意しなかった。教会での結婚式は挙げなかった。結婚披露宴もなかった。数年で離婚。ついで別のポーランド女性テレサと再婚し，ビルニュース市に居住。教会での結婚式はせず，結婚披露宴は新婦の自宅のみで行い，新郎の自宅ではしなかった。最初の妻の両親とも，2番目の妻の両親とも，人間関係は悪くなかった。ヤンはモスクに礼拝に通う。家ではポーランド語で会話。

テレサ（女）
2番目の妻。**ポーランド人**。娘1人が生まれる。娘は現在ビルニュースに居住。テレサは娘と共にカトリック教会に通う。

②ムスタファ（男）
1950年生まれ。生存。ポーランド風の名前ではステファン。兄と同様に当地と隣部落の小学校に学ぶ。南方12キロのジェロナボル村の中等学校（ロシア語クラス）に3年通う。兄と同じ国防産業企業に就職。ソ連崩壊の時までそこに勤務。1972年に結婚。息子と娘があり，現在は，父に割り当てられたパイガタイ村パイガタイ部落の鉄筋アパートを相続して居住。家ではポーランド語で会話。

ハリマ（女）
タタール人。1953年生まれ。生存。カクタロタール部落の出身。旧姓ヤクボフスカ。村役場の農業課に勤務した後，県庁の農業課に勤務。

③ダビット（男）
1953年生まれ。生存。兄たちと同じ2つの小学校を卒業。7年修了で兄と同じ国防産業に就職。25歳で結婚。18歳の息子1人がある。18番家庭の建物の横の建物に居住。息子と共にパイガタイ村の国営農場複合栽培合同部門（穀物・野菜・酪農等）に勤務。自分で農家を経営する希望を持っている。家ではポーランド語で会話。

エバ（女）
タタール人。旧姓レイジェフスカ。カクタロタール部落の生まれ。一度も就職したことがない専業主婦。

④ローザ（女）
1954年生まれ。生存。兄たちと同じ2つの小学校を卒業。7年修了。結婚し，現在は当地から200キロ離れたベラルーシの町に住む。12歳の息子あり。外国旅券を持っていないので，リトアニアの実家をもう3年も訪れていない。1980年代では年に一度は里帰りしていた。

ボリス・ミルカノビッチ（男）
タタール人。ベラルーシに居住。ベラルーシ国籍。

⑤ガリマ（女）
1957年生まれ。生存。兄と同様に当地と隣部落の小学校に学ぶ。南方12キロのジェロナボル村の中等学校（ロシア語クラス）に3年通う。合計10年を修了。1989年に結婚。ビルニュースの商店に勤務。まだ子供なし。カクタロタール部落で両親と同居。役場での結婚式のみ挙げる。結婚後もイスラム教徒のまま。両親とはポーランド語で話す。

ヤン・チボロニス（ポーランド人）
結婚後もカトリックのまま。

151

ロザリア・デラツカ家，19番家庭，タタール系，パイガタイ村カクタロタール部落，1996年12月19日

- 姉（米国に移住）
- その他の子供の数は不明。
- ベキール・バザレビッチ（男）
  1895 – 1968。両親共に**タタール人**。現ベラルーシ領のイベ市（当時ロシア帝国領で後にポーランド領）の生まれ。少ししか小学校に通わなかった。ポーランド語が少し書けた。第一次世界大戦後にポーランド軍に徴兵され，ビルニュース郊外に駐屯し，ファティマと知り合い結婚。結婚後は妻の家に婿に入る。家族とはポーランド語で会話した。ロシア語も話せた。リトアニア語は分からなかった。軍隊の恩給で7haの土地を購入し，妻の土地と合わせて25haとした。二つの土地はそれぞれ1か所にまとまっていた。ポーランド人の住み込み農民が1人と女中がいた。1941年からイスラム教聖職者。戦後の集団化で25haの農地を失う。
- ファティマ（女）
  1893 – 1966。フェリツィア（ポーランド風の名前）とも呼ぶ。両親共に**タタール人**。カクタロタール部落の生まれ。両親よりかなりの土地を相続し，さらに姉妹が相続した土地を買い戻し18haとした。
- ハリマ（女）
  1891 – 1950。**タタール人**。1921年にヤンの後妻になる。22年に息子アリを出産。3haの土地を耕した。戦後ビルニュースに居住したが強盗に殺された。
- ヤン・コンドラキェビッチ
  タタール人。イスラム教聖職者。ベラルーシのミンスク郊外の大農の出身。最初の妻との間の子供に土地を分け与えた。子供を残してカクタロタール部落に移住し，1939年死亡。
- 初婚の妻
- エリミア（女），幼時に死亡。
- ゾフィア（女）
  1894 – 1976。**タタール人**。当地の生まれ。ファティマに土地を売却した残りの3haと夫が購入した13haの合計16haを耕す。**17番家庭の主人レオンの母**。
- ヤン・スラケビッチ（男）
  タタール人。1878 – 1946。現ベラルーシ領ラドゥニ町（当地より南方50キロ）郊外のニエクラシェンツァ村の生まれ。第一次世界大戦後に結婚してカクタロタール部落に移り，妻の土地に加えて土地を買い足す。1932年頃に妻の実家の横に自宅を建設した。住み込み農民を雇っていた。
- 最初の妻

- ムスタファ・デラツキ（男）
  タタール人。当地より南方40キロ前後のエイシシキス町の近郊のタウシュナイ部落（ベラルーシとの現在の国境まで2キロ，当時はポーランド領，現リトアニア領）の生まれ。30ないし40戸の農家があった同部落には8軒のタタール人農家があり，ほかの農家はポーランド人農家だった。45haの土地を持っていた。5人の息子に均等に分割して相続させた。土地は3か所に分かれていて，それぞれ細長い地条からなっていた。季節労働の農民が2人いた。第二次世界大戦中に死亡。
- アイシャ（女）
  タタール人。1945年死亡。

- ステファン（男）
  1924年生まれ。生存。**タタール人**。**18番家庭の主人**。18番家庭の家系図を参照。
- ④マリア（女）
  1932年生まれ。生存。カクタロタール部落のポーランド語クラスの小学校に入学し，3年生くらいで中退。18歳で結婚。夫ステファンとはポーランド語またはリトアニア語で話す。結婚前はリトアニア語を全く知らなかった。1956年頃から夫と同じ国営企業の皮革工場に就職し革靴を縫った。
- ①アレキサンデル（男）
  1922 – 1974。第二次世界大戦中にソ連軍に徴兵され，ポーランドで戦闘に参加し，戦後そのままポーランドに残った。グリビッツェ市（旧ドイツ領）に住み炭鉱で働く。現地のポーランド人女性と結婚。一度も故郷を訪れなかった。
- 妻（ポーランド人）
- ③ムスタファ（男）
  ステファン（ポーランド風の名前）。1928年生まれ。カクタロタール村の実家を相続し，そこに住む。いとこのタンジーラの一家と共に住んだ。子供なし。
- フェリツィア（女）
  タタール人。ベラルーシのイベ市の出身。
- ②ロザリア（女）
  タタール人。1924年にカクタロタール部落に生まれる。生存。**19番家庭の主婦**。小学校には通学せず，自宅で冬期間だけ勉強した。ポーランド人の教師が教えてくれた。1940年に16歳で当地より南方40キロ前後のエイシシキス町近郊の部落の夫と結婚し，その地に移った。結婚式はカクタロタール部落の実家で聖職者がとり行った。実父は翌年の1941年から聖職者の地位を継ぐことになるが，その時は前任者が結婚式をとり行った。戦後は夫が病気になったのでエイシキス町近郊のコルホーズに加盟しそこで働いた。夫の死後，1961年に当地に移り現在の家を買い取った。この家は13番家庭のマウトシェラビッチ氏の曾祖父が19世紀に建設した住宅である。同氏の一家は1956年頃に新居に転居したので，荒れ果てていたこの家を1961年にソホーズから400新ルーブルで買い取り現在に至る（1961年1月1日の10分の1のデノミの後の価格である）。乳牛1頭を売って工面した。自宅菜園も同時に購入した。当地のソホーズで働いた。
- ③アダム・デラツキ（男）
  タタール人。1909 – 1957。当地より南方40キロ前後のエイシシキス町の近郊の父の生地タウシュナイ部落の生まれ。父から9ha分の土地の相続を受けたが，兄ユーゼフの土地9haと一緒の圍場になっていた。圍場は3か所に分かれていた。家は父ムスタファが残した80平米くらいの長方形の平屋の建物だけだった。壁が2つあって3つの部分に分けられていた。中央部分は玄関と台所が2つ。左右の2つの部屋が居室。小さい方の部屋に長男ユーゼフ夫妻が住み1つの台所を使用していた。1940年以降は，大きい部屋をタンスで4つの部分に仕切って，アダムとロザリアの夫婦，母アイシャ，独身の弟アレキサンデル，弟ベラシ夫婦の4家族が住んだ。4家族は共同でもうひとつの台所を使った。兄ユーゼフだけは乳牛の世話も含めて別の農業経営をしていたが，残りの兄弟は一つの農業経営を行い，動物の世話も共同で行った。馬が2頭いた。乳牛と羊もいた。兄ユーゼフは別に1頭の馬を持っていた。1941年の時点ではアダム夫妻とユーゼフ夫妻が住んでいたが，同年6月末のソ連軍とドイツ軍との戦闘の際に，部落の多くの建物が焼かれた。この家も含めて8軒のタタール人農家はすべて焼かれた。住民の死亡者も出た。両軍の兵士もたくさん死んだ。それで兄のスレイマンの家という同居し，戦争終了後すぐに，もとの家のそばの場所に自宅を建設した。ドイツ軍は悪いことはしなかった。現物納付の税金（コンティンゲント）があった。1940年の時はソ連軍の支配下で，その時も現物納付があったが，ドイツ軍のそれも同程度だった。1944年の時にも両軍で戦闘があった。それ以外にパルチザンや強盗団が活動していて，家々を廻って肉やパン，羊や乳牛など食糧を奪っていった。黙って差し出すしかなかった。強盗団はポーランド語やベラルーシ語など様々な言語をしゃべっていた。1944年に自宅を建設した。タウシュナイ部落では1946年か1947年に集団化が始まった。1949年にコルホーズに加盟して土地を失った。ロシア人が初代議長だった。自留地を最初は50アール（注：回想のまま），ついでさらに10アールをもらいジャガイモを栽培した。当初は灯油ランプもなく，松明だった。肉を店で買ったことはなかった。ドブロクは作らなかった。1年近く患い死亡。
- ①ユーゼフ（男）
  生没年不明。戦前に結婚し，自宅で両親と共に畑を耕した。父から9haの土地の相続を受けた。1941年に自宅を焼かれ，離れた場所に，ドイツ占領中に自宅を再建した。
- 妻（タタール人）
- ②スレイマン（男）
  1907年生まれ。父から9haの離れた土地の相続を受け，そこに自宅を建てた。戦前に結婚し，同じ村内の妻の家に移った。
- 妻（タタール人）
- ④アレキサンデル（男）
  父から9haの土地の相続を受けた。1944年にイベ市（現ベラルーシ）出身の妻と結婚し，タウシュナイ部落の自分の畑に自宅を建て，実家から新居へ引っ越した。
- 妻（タタール人）
- ⑤ベラシ（男）
  父から9haの土地の相続を受けた。戦前に結婚し，自宅で兄弟と共に畑を耕したが，後に自分の畑に自宅を建設し引っ越した。1995年死亡。
- 妻（タタール人）

第二部　19番家庭

夫（タタール人）
アリトゥス県の生まれ。

①エレナ（女）
1953年生まれ。生存。リトアニア語クラスの中等学校を卒業し，電気機械工業専門学校（テフニクム：短大相当）を卒業。在学中の19歳の時に結婚。工場に就職。家族とはリトアニア語で話す。息子1人があり，息子は大学卒業後，民間企業に就職し，ポーランド人女性と結婚した。

②アレクスィイ（男）
1959年生まれ。生存。リトアニア語クラスの中等学校を卒業し，徴兵を経て実家で両親を助ける。結婚したが5か月で離婚。現在は独身で両親と共に住む。
妻　タタール人。ベラルーシのイベ市の生まれ。5か月で離婚。イベ市に戻った。

①レオン（男）
1942年生まれ。生後すぐに祖父ベキールより割礼を受ける。ポーランド語小学校に通うが中退しコルホーズで働く。徴兵解除後の1965年に結婚。現在はパイガタイ部落に住む。
ロザリア（女）
タタール人。

ステファン・レビドゥス（男）
最初の夫。タタール人。リトアニアのトラカイ市の近郊の部落の生まれ。リトアニア語小学校に通う。伯母と姉がカクタロタール部落に嫁に来ていた関係でファティマと知り合い結婚。結婚後も建築工として自宅から通勤した。ポーランド語が理解できたが，ファティマとはリトアニア語で話した。1963年に結婚し，1973年に離婚。

②ファティマ（女）
1945年にタウシュナイ部落に生まれる。生後すぐに割礼を受ける。共産党は割礼を禁止しなかったが，共産党員は割礼を行わなかった。実家の生活が苦しかったから3歳の時に当地の祖母ファティマのもとに預けられた。部落と隣部落のポーランド語小学校を8年修了。コルホーズに就職し，すぐにビルニュースに就職。ステファンと1965年に結婚し夫の実家に住むが，1973年に離婚。離婚後はしばらく工場の寄宿舎に住み，ついで同市内でアパートの割り当てを受けた。アンタナスと1977年に再婚した。後にパイガタイ村の実業学校の夜間コースを4年修了。1982年に家族そろってパイガタイ部落に引っ越した。夫も夫の両親も優しくしてくれるので息子がカトリックの洗礼を受けることに同意した。家族とはリトアニア語で話す。現在はパイガタイ村の国営農場複合栽培合同部門に勤務。

アンタナス・ヤナビチャス（男）
リトアニア人。カトリック。再婚の夫。1955年にトラカイ近郊の生まれ。現在は，私営の工務店に大工として勤務。パイガタイ村パイガタイ部落のアパートに居住。

③アイシャ（女）
1947年にタウシュナイ部落に生まれる。1961年に他の兄弟と共にカクタロタール部落に引っ越す。ポーランド語小学校を修了。コルホーズに就職。1964年に17歳で結婚し，ビルニュース郊外の夫の家に住む。
ステファン・バグダノビッチ（男）
タタール人。ビルニュース郊外の生まれ。

④エミリア（女）
生後すぐに死亡。

⑤ステファン（男）
1951年生まれ。イスラム風の名前はムスタファ。1961年に当地カクタロタール部落に引っ越してからはポーランド語小学校に通学した。建築資材工場に就職し夜間学校修了。徴兵を経て，22歳で結婚。現在はビルニュースに居住。妻とは主にポーランド語で会話する。子供とはロシア語で会話する。現在はトラックの運転手。
ニーナ・オルリツキ（女）
1945年生まれ。戦後ウクライナから家族そろって当地に移住した。ウクライナ人。父親は役人で，当地のソホーズの人事課長に赴任した。カクタロタール村のポーランド語小学校に通う。1973年にステファンと結婚するが，宗教上の結婚式は挙げなかった。現在は自宅で裁縫業を営む。

⑥ユーゼフ（男）
1952年生まれ。当地カクタロタール部落に引っ越してポーランド語小学校に通学。徴兵の後，1974年頃結婚した。工場に勤務した。現在は母ロザリアの家に同居している。壁で真ん中を区切って住んでいる。現在は近くの民営の製材所でトラック運転手として働く。
エミリア・ヤクボビッチ（女）
タタール人。カクタロタール部落の生まれ。現在は専業主婦。

⑦ゾフィア（女）
1953年生まれ。当地カクタロタール部落のポーランド語小学校を卒業後，ソホーズに就職。ついでビルニュースに転職。1975年に結婚。パイガタイ村の国営農場複合栽培合同部門（穀物・野菜・酪農等）に転職し，パイガタイ部落でアパートの割り当てを受けた。
アルビン（男）
リトアニア人。カトリック。

⑧ヤン（男）
1956年生まれ。当地のポーランド語小学校卒業後，ソホーズに就職し徴兵。徴兵後はビルニュースの軍需工場に勤務。1981年に結婚。妻とはロシア語で会話した。1989年に離婚。子供は妻が引き取る。現在は民営の製材所で工具として勤務。母の家に同居中。
ファティマ（女）
タタール人。1957年生まれ。現ベラルーシ領のイベ市の出身。カクタロタール部落の伯母の家を訪れて，近所のヤンと知り合う。結婚して当地に移る。1989年の離婚の後に再婚。子供を引き取りリトアニア国内に居住。ヤンとは音信不通。
再婚の夫（人種不明）

最初の夫（タタール人）
①アーラ（娘）
2番目の夫
ロシア人。ロシア正教古儀式派。
②インガ（女）
1970年生まれ。独身で両親と同居。
③アルト（息子）
1973年生まれ。

①アレキサンデル（男）
1969–1990。7歳で白血病が発病し独身のまま病死。

②タンジーラ（女）
1970年生まれ。1989年に結婚。翌年に娘サンドラを出産。夫とはロシア語で会話した。1991年に離婚しそのまま独身。娘サンドラはイスラム教徒として育てられるが，割礼は禁止されていたので受けていない。サンドラは母タンジーラとリトアニア語で会話する。タンジーラは娘と共にパイガタイ部落に住む。リトアニア風に名前をライマと変えた。
夫（ポーランド人）
パイガタイ部落の生まれ。アパートに住んだ。タンジーラと離婚した。

③シベトラーナ（女）
1971年生まれ。1990年に結婚。夫とはロシア語で会話する。1991年に娘レナを出産。娘はイスラム教徒として育てられる。娘レナはイスラム教徒とリトアニア語で会話する。ポーランド語はほとんど理解できない。
夫（ポーランド人）
パイガタイ部落の生まれ。アパートに住んだ。結婚後ビルニュース市に引っ越した。

①スタシス（男）
1979年生まれの双子。リトアニア人。カトリックの洗礼を受ける。パイガタイ部落のリトアニア語小学校に通った。家庭ではロシア語とリトアニア語で会話する。ポーランド語はほとんど理解できない。
①シギタス（男）
1979年生まれの双子。リトアニア人。カトリックの洗礼を受ける。パイガタイ部落のリトアニア語小学校に通った。

①レナ
結婚に際して宗教上の結婚式は挙げなかった。娘と息子を産んだ。
夫（ポーランド人）

①オクサナ（女）
1975年生まれ。両親とは主にロシア語で会話する。
②ディミトリ（男）
1982年生まれ。両親とは主にロシア語で会話する。

①ルスラン（男），当地の小学校を卒業後，現在は道路建設事業所に勤務（注：ルスランとリュドミラというロシア風の名前を示すためこの名前は実名）
②リュドミラ（女）
当地の小学校に通学中（注：この名前は実名）

①ディアナ（女）
1978年生まれ。タタール風ではハリマと呼ぶ。パイガタイ部落のロシア語小学校に通学。卒業後は無職。父親とはリトアニア語かロシア語で話す。母親とはリトアニア語のみで話す。祖母とはポーランド語。買い物などの時はロシア語で話す。イスラム教の信仰を持つ。1996年に結婚した。自宅でイスラム教の宗教上の結婚式を挙げた。
レナウダス・ソスノビッチャス（男）
1978年生まれ。タタール人。18番家庭ソスノビッチャスとは親戚ではない。パイガタイ村の国営農場複合栽培合同部門に勤務。
②マルガリータ（女），1980年生まれ。
③ドナタス（男），1985年生まれ。

①ステファン（男），1982年生まれ。
②アンジェラ（女），1983年生まれ。

153

マリア・ファサレビッチ家，20番家庭，タタール系，パイガタイ村カクタロタール部落，
1996年12月20日

ヤン・クムルスキ（男）
タタール人。現ベラルーシ領のラドゥニ町（当地より南方50キロ前後）郊外のニエクラシェンツァ村の人。土地なし農民。土地を借りて耕した。第一次世界大戦の時にドイツ軍を避けて子供と共にロシアの**クリミア半島**に疎開した。**14番家庭**の主人の祖父。

ゾフィア（女）
タタール人。第一次世界大戦前に死亡。

ヤクープ・クムルスキ（男）
タタール人。生年不明。ベラルーシとの国境を越えて6キロのプランタ村の生まれ。戦前はポーランド領。プランタ村はポーランド人の部落でタタール人はクムルスキ家だけだった。当地からは南方70キロで、戦前はポーランド領。20キロ離れたニエクラシェンツァ村にはモスクがあり、多くのタタール人が住んでいた。3キロ離れたドボルチャニ村には金持ちのタタール人コリツキ家が住んでおり500haのフォルバルクを経営していた。住み込み農民はポーランド人。ドボルチャニ村はベラルーシとの国境を越えて3キロ行ったところ。ヤクープは1924年以前に死亡している。10ないし12haの農地を所有していた。10か所くらいの地条に分かれていた。長さは200メートル以上あった。

マチェイ（男）
他の姉妹と共に**クリミア**に疎開し、1919年にベラルーシに帰国。
 妻（タタール人）
 娘
 夫（タタール人）
 娘
 夫（タタール人）
 娘
 夫（タタール人）

エバ（女）
1898－1962。現ベラルーシ領のラドゥニ町（当地より南方50キロ前後）郊外のニエクラシェンツァ村の生まれ。ニエクラシェンツァにはモスク（イスラム寺院）があった。旧姓クムルスカ。同姓の夫と結婚。第一次世界大戦での戦闘から疎開するため、家族でロシアの**クリミア半島**に移住し、そこで夫と知り合い結婚。1918年に第一子マリアをクリミア半島で出産。夫と共にベラルーシに帰国。第二次世界大戦後は末娘のハリマのもとで現ベラルーシ領のグロードノ市（当地より南西75キロ前後）に暮らす。

②マチェイ・クムルスキ（男）
タタール人。1867－1939。現ベラルーシ領のザボロチ村（当地より南南西70キロ前後）の3キロ郊外のプランタ村に生まれ、そこで死亡。部落の中でタタール人はマチェイと弟エリアシの農家2軒だけで、残りはポーランド人農家だった。土地は所有せず、遠縁の大農のタタール人女性コリツカから、弟エリアシと同様に5haずつ、合わせて10haを無料で賃借して耕作していた。第一次世界大戦でドイツ軍を避けて**クリミア半島**に移住した。クリミアには親戚はいなかった。クリミアで煙草の栽培農園で住み込み農民として働いた。近郊のタタール人は多くがクリミアに疎開した。妻の死後、1917年にエバと再婚し1919年に故郷へ帰国した。自宅は破壊されておらず他人が住んでいた。再び耕作を始め、馬1頭、乳牛を2～3頭所有した。農地を買い取ったもよう。最初は父の家を半分ずつにして弟と共に住む。後にマチェイも弟もそれぞれ自宅を建設した。タタール語が少し読めた。

アミーナ（女）
最初の妻。**タタール人**。第一次世界大戦中に**クリミア**に疎開しそこで死亡。

③エリアシ（男）
兄マチェイの家の隣に農家を営む。兄の死後は兄と同様に5haの土地をタタール人大農のコリツカ家から無料で賃借し耕作する（合計10ha）。クリミア半島に疎開し帰国する。1920年代には馬1頭、乳牛2頭を飼育した。
 妻（タタール人）
 ①ロザリア（女）
  夫（タタール人）

ハリリ・ファサレビッチ（男）
タタール人。カクタロタール部落の人。戦前に死亡。8haの土地を持っていたが、広い土地が欲しかったので、劣等地の20haと交換した（注：土質の優劣によって土地の評価額が大きく異なることの典型例である）。

エミリア（女）
タタール人。1941年死亡

④ユリ（男）
1927年生まれ。ベラルーシのグロードノ市に居住。
 妻（タタール人）

③ヤン・クムルスキ（男）
1924年生まれ。生存。**14番家庭の主人**。プランタ村の生まれ。当時はポーランド領。ポーランド語小学校に4年通った。父が病気になり長男なので畑で働かなければならなくなったので以後は通学せず。タタール語は全く読めない。モスクへは年に3ないし4回だけ、祭日の時に通った。毎日、朝晩の礼拝は欠かさなかった。家庭と地域ではプロスティ語で話した。1941年以降のドイツ占領下で、タタールに対する特別の弾圧はなかった。モスクにも通った。祭日も祝った。疎開して逃亡したタタールもいなかった。独身だったが、若い女性はタタール人女性にしか関心がなかった。戦後ソ連軍に徴兵される。姉マリアがカクタロタール部落に嫁に来ていて、それで妻マリアと知り合った。1948年に結婚。家が貧しかったので、結婚に際して、両親から何も受け取らなかった。1950年にコルホーズに加盟。後にソホーズに組織替えとなり、鍛冶屋としてソホーズで働く。55歳の1979年に年金生活に入った。1992年にソホーズが解体され、馬半分相当を従業員分配で受け取った。隣家と共に馬1頭を共同所有。現在は乳牛1頭、羊数頭を飼育。1996年から耕作を始めた。
 妻マリア（女）
 1929年にカクタロタール部落の生まれ。14番家庭の家系図を参照。

⑤アダム（男）
1929年生まれ。ベラルーシのグロードノ近郊に在住。ベラルーシ人の妻との結婚に際しては母親は反対した。宗教上の結婚式は挙げなかった。
 妻（ベラルーシ人）

②リリア（女）
1922年生まれ。父の故郷の現ベラルーシのプランタ村で生まれる。
 夫（タタール人、ビルニュースの人）

⑥ハリマ（女）
1931年生まれ、1948年結婚。ベラルーシのグロードノ市に住み、母エバを引き取る。
 夫（タタール人）

①マリア・ファサレビッチ（女）
1918年にクリミア半島に生まれる。**20番家庭の主婦**。旧姓クムルスカ。生存。戦争終結後の1919年にベラルーシのプランタ部落に戻る。学校に通うために20キロ離れた母の父ヤンの家で育てられ、まず父から字を教わり、ニエクラシェンツァ村のポーランド語小学校の2年生に編入し3年生で中退。ニエクラシェンツァの村で夫のアダムが遊びに来て知り合い、1937年に結婚し、カクタロタール部落に移る。宗教上の結婚式はニエクラシェンツァの自宅で挙げた。第二次世界大戦中は平穏に生活した。1943年頃、失火で自宅を焼失し、一時現ベラルーシのイベ市に住み、そこで第7子マチェイを出産。すぐに自宅を再建して当地に戻る。馬1頭と乳牛2～3頭を持ち営農したが、1949年に夫と共にコルホーズに加盟し土地を差し出す。現在は、コスホーズに差し出した20haの土地の半分の10haの返還交渉をしている。残りの10haは夫の姉アジマが返還を求めている。15人の子供を産み（注：回想のまま。1937年の結婚から1940年までに5人の子供を産んでいる）、ブレジネフ書記長から母親英雄勲章をもらった。

アレキサンデル（男）
1912年生まれ。クリミアに移住し、そこから父の故郷に引き揚げて、結婚後はビルニュース郊外のキェトララライ部落に住む。

①アダム・ファサレビッチ（男）
1906－1984。カクタロタール部落の生まれ。父が早く死に、後に母も死に、妹アジマと農家を経営した。戦前では20haの土地を共同で耕した。戦後土地をコルホーズに奪われた。コルホーズに加盟し馬係になった。0.5haの自留地をもらいジャガイモを栽培した。

④息子（幼時に死亡）

③アジマ（女）
1913年生まれ。1943年前後に結婚し夫のアムラトが自宅に移ってきた。戦後しばらくして夫と離婚する。パイガタイ部落の娘の家で生存。

アムラト・カシンスキ（男）
1906－1988。**タタール人**。妻と離婚後1950年に再婚。1949年にはカクタロタール部落のコルホーズの初代議長になる。**16番家庭**の家系図参照。

アイシャ（女）
タタール人。アムラトの再婚の妻。**16番家庭**の家系図参照。

②マリア
ビルニュース郊外のキェトララライ部落に嫁に行き、土地は相続しなかった。

イブラギム・ムフラ（男）
タタール人。キェトララライ部落でイスラム教の聖職者だった。

第二部　20番家庭

─①アダム（男，1937－1938）
─②エミリア（女，生後すぐに死亡）
─③ハリマ（女，生後すぐに死亡）
─④ロムアルド（男，生後すぐに死亡）
─⑤ジェミーラ（女）
　1940年生まれ。隣部落のコルボチ部落のポーランド語小学校卒業後，ビルニュースの工場で働き，そこで夫と知り合い結婚し，ビルニュース郊外に引っ越した。家を売ってビルニュース北西150キロのイグナリナ市に引っ越した。
　夫（ウクライナ出身の**キルギス人。ロシア正教徒**。キルギス人なのでイスラム教には理解がある。軍隊でビルニュースに駐屯し妻と知り合う。現在はイグナリナ北方の原子力発電所の関連工場に勤務。現在はリトアニア国籍）
　├①娘
　│　近くのズイダタ部落に住む。
　│　夫（ポーランド人）
　├②娘
　│　夫とは離婚した。
　│　夫（タタール人）
　└③息子
　　　家庭内ではロシア語で会話する。
　　　妻（**ロシア系ユダヤ人**）
─⑥ムスタファ（男）
　1941－1984。カクタロタール部落のポーランド語小学校卒。ビルニュースで工場に勤務した。イスラム教の祭日にリトアニアにやって来た妻と知り合い結婚。妻とはロシア語で話す。
　妻（タタール人。ベラルーシのグロードノ市の近くのグウボコイ村の生まれ。結婚後はビルニュース郊外に住む。現在はリトアニア国籍）
　├①娘
　│　1971年生まれ。夫とは離婚した。夫の暴力が理由。
　│　夫（ポーランド人）
　└②娘
　　　1975年生まれ。最近結婚した。
　　　夫（ポーランド人）
─⑦マチェイ（男）
　1943年生まれ。カクタロタール部落のポーランド語小学校卒。結婚後ビルニュース郊外に住む。工場に勤務した。兄ムスタファの妻の関連で妻と知り合い結婚。妻とはロシア語で話す。
　妻（タタール人。ベラルーシのグウボコイ村の生まれ。現在はリトアニア国籍）
　├①コンスタンティ（男）
　│　結婚し息子が生まれた。イスラム教徒として育てる。
　│　妻（ポーランド人）
　└②ベキール
　　　結婚し息子が生まれた。イスラム教徒として育てる。
　　　妻（ポーランド人）
─⑧イワン（男）
　1946年生まれ。隣部落のコルボチ部落のポーランド語小学校卒。イワンから下の子供たちは全員がコルボチ部落の小学校を卒業している。1973年結婚。ビルニュースに居住。トラック運転手として工場に勤務。妻とはロシア語で話す。
　妻（タタール人。ベラルーシのグウボコイ村の生まれ。現在はリトアニア国籍）
　├娘（1974年生まれ）
　│　ヤクープ・カシンスキ（男）
　│　タタール人。カクタロタール部落の人。
─⑨スリマン（男）
　1949年生まれ。徴兵後，職業学校に通学。近くのズイダタ部落に居住しそこの工場に勤務。現在は失業中。小学校卒業後の社会生活では主にロシア語で会話した。兄イワンも弟たちも同様である。妻とはロシア語で話した。離婚し，現在はズイダタ部落に居住。息子と娘がいた。
　妻（タタール人。カクタロタール部落の生まれ。ポーランド語小学校に通った）
　├娘（タタール人として育てられている）
　└娘（タタール人として育てられている）
─⑩ルスタン（男）
　1951年生まれ。徴兵後，職業学校に通学。トラクター運転手としてコルホーズに勤務。隣村に居住。息子と娘あり。
　ハリマ（男）
　タタール人。ベラルーシのイベ市の生まれだが，カクタロタール部落の祖母のもとで育てられた。第12子ベキールの妻アニアとは遠い親戚にあたる。また第13子ブラギンの妻ファティマとも遠い親戚にあたる。現在はリトアニア国籍。
　├息子（イスラム教の割礼を受けた）
　├娘，両親の離婚後は母親のもとで育つ。
　└息子，両親の離婚後は父親のもとで育つ。
─⑪ハリン（男）
　1952年生まれ。職場の工場の同僚であった妻と知り合う。両親は結婚に反対したが結婚した。当地より南方12キロのジェロナバカ村に居住。
　妻（ポーランド人）
─⑫ベキール（男）
　1957年生まれ。小学校卒の後，徴兵を経て，裁縫工となる。後に職業学校で学んで溶接工となる。妻とは離婚した。当地の両親の家に同居。
　アニア（女）
　タタール人。ベラルーシのイベ市の生まれ。離婚後に再婚。ビルニュースに居住。現在はリトアニア国籍。
　再婚の夫（ポーランド人）
─⑬ブラギン（男）
　1959年生まれ。小学校卒業後，農業職業学校に学び，トラクター運転手としてソホーズに就職。徴兵を経てパイガタイ村のソホーズに勤務。妻と離婚。息子が2人いた。
　ファティマ（女）
　タタール人。ベラルーシのイベ市の生まれ。離婚の後，子供を引き取り再婚した。近くのズイダタ部落に居住。現在はリトアニア国籍。この再婚の結果，部落のタタール人たちは，再婚の夫に対して良くない感情を抱くようになった。
　再婚の夫（パイガタイ村でかなりの役職にあるポーランド人）
　├①レナ（息子）
　│　両親とはロシア語かリトアニア語で会話する。祖母とはプロスティ語で会話する。ポーランド語も分かる。妹カリナも同様。
　└②カリナ（女）
─⑭アレキサンデル（男）
　1961年生まれ。カクタロタール部落の小学校に5年通学して1年落第し4年を修了。2年生からロシア語の授業が始まった。さらにポーランド語上級小学校に4年通学。家族や隣人とはプロスティ語で話した。学校ではポーランド語で話した。卒業後，職業学校でトラクターの運転免許を取得し，1979年にソホーズのトラクター運転手となる。1980年に徴兵となりロシア駐屯。1982年に帰国し道路舗装に従事。84年から灌漑事業で働く。85年からビルニュースの工場で運転手。1987年から3年間は無職。日雇い的に働いた。1990年にビルニュース内務省のホールで，イスラム教の祭典が開かれ，そこに参加した妻と知り合い，1990年結婚。妻とはロシア語で会話する。1990年からビルニュース市の市場で幅1メートルの店を持って靴の小売業を営む。
　タニア（女）
　1973年生まれ。タタール人。50キロほど離れたアリトゥス県の村の出身。リトアニア語小学校を卒業。
　├①アレキサンデル（男）
　├②エンマ（女）
　└③エミアル（男）
─⑮リリア（女）
　1962年生まれ。小学校卒業後，裁縫工となる。1981年に結婚してベラルーシのイベ市に嫁に行った。1983年に家族そろってカクタロタール部落に移住し，ソホーズに就職した。すぐにパイガタイ村のアパートの割り当てを受けた。
　マチェイ（男）
　タタール人。ベラルーシのイベ市の生まれ。結婚後，1983年に当地に移りソホーズに就職した。ベラルーシの国籍を持っていたが，現在はリトアニアの国籍を取得した。ベラルーシに戻っても仕事がなく，リトアニアで働くためにはリトアニア国籍が便利であるから国籍変更をした。他の兄弟の妻たちも同様の理由でリトアニア国籍を取得した。
　├①タマラ（女，ビルニュース市内で生存）
　│　夫（ポーランド人）
　├②ロザリア（女，パイガタイ村の中心部のパイガタイ部落で生存。母を引き取る）
　│　夫（タタール人）
　└③リリア（女，既に死亡。2人の息子を産む）
　　　夫（タタール人）
　　　最初の夫（ロシア人とタタール人の混血）
　　　├娘
　　　│　再婚の夫（カトリック，人種不明）
　　　├娘（独身）
　　　└息子（独身）
─①ブロニスワフ（男）
　ビルニュースで妻と知り合い，結婚した。妻とは離婚した。その後に水死した。
　妻（タタール人）
─②エドワルド（男）
　妻（タタール人）

155

ヤン・コンドラキェビッチ家，21番家庭，タタール系，パイガタイ村パイガタイ部落，1996年12月21日

ロザリア（女）
タタール人。1900－1961。旧姓ビルチンスカ。ビルニュース市郊外のキェトラライ部落（ビルニュースから方角は明らかにできないが，7キロないし25キロのところ）の生まれ。キェトラライ部落には多くのタタール人が住んでいた。土地を持つ農家の生まれ。1918年に結婚。1941年の夫の死後は，夫が買った11haと，ロザリアの母からロザリアの娘ヘレナへ隔世贈与された3haの合計14haの土地を，4人の子供と共に耕す。馬1頭を保有した。1949年の集団化で，14haの土地全部をコルホーズに供出した。ロザリアはコルホーズには加盟しなかったが，娘のゾフィアが加盟した。

兄（若くして死ぬ）

ヤクープ・シチェンスノビッチ（男）
タタール人。1890－1941。現ベラルーシ領のゴルシャニ村（当地より東方50キロ前後のオシミアニ町のさらに東方20キロの村）の生まれ。数十ヘクタールの富農の家の生まれ。5人の息子で父の土地を均等に相続した。第一次世界大戦に従軍。兄弟と共に農業を営んだが，1918年の結婚後は妻の実家のキェトラライ部落に移る。故郷の自分の持ち分の土地を売って，キェトラライ部落に11haの土地を買った。1941年6月のドイツの対ソ戦開始の際に自宅を焼かれる。同年12月に病死。

4人の兄弟あり。

アレキサンデル・コンドラキェビッチ（男）
タタール人。1891－1960。戦間期からリトアニア領であったジェジマリアイ村（ビルニュースから西方60キロ）の生まれ。農地を持っていた。結婚後の1930年前後に，その村から6キロ離れたカイシャドリス村に引っ越したが，そこでは農業はやらなかった。どのような職業に従事したかは不明。リトアニア語を話し，ポーランド語はあまり上手でなかった。後にロシア語とポーランド語も学んだ。

エルジエタ（女）
タタール人。1892－1978。ポーランド語が上手だった。おそらく旧ポーランド領地域の生まれ。

② **ヤン（男）**
1925－1945。1944年にソ連軍に徴兵され，おそらくソ連軍部隊に配属されたもよう。現ポーランド領のシチェチン付近で1945年4月に戦死。

③ **ゾフィア（女）**
1928－1996。キェトラライ部落で生まれ，コルホーズに加盟した。生涯独身で同地で死亡。

④ **フェリツィア（女）**
1930年生まれ。キェトラライ部落で生まれ，ミハウと1947年に結婚。コルホーズには加盟しなかった。キェトラライ部落で生存。

① **ヘレナ（女）**
1920年にキェトラライ部落の生まれ。生存。1930年頃に祖母（ロザリアの母）から3haの贈与を受けた。ポーランド語小学校に通学した。トルコ語のコーランが少し読めた。1946年結婚。結婚後はビルニュース市内に住む。一度も働かず専業主婦だった。しかし母の実家の畑はときどき耕した。

① **ステファン（男）**
1916－1993。戦間期からリトアニア領であったジェジマリアイ村（ビルニュースから西方60キロ）の生まれ。幼時に近くのカイシャドリス村に引っ越した。リトアニア語小学校に7年間通った。ギムナジウム（普通中等学校）に進学した。家具製作工となった。視力が悪く徴兵免除。しかし1944年にはソ連軍に招集され前線で戦う。戦争中にソ連共産党に入党。下士官だった。戦後は直ちに警察官となる。ついでトラカイ県（ビルニュースの西方25キロ）の地方新聞の編集局長となり，同時に1949年に共産党の高等党学校（高等教育機関相当）夜間部に入学し1953年に修了。その後は共産党機関に勤務した。1959年に呼吸器の病気になり退職し年金生活に入る。

④ **ミハウ（男）**
1924年生まれ。キェトラライ部落で生存。1947年に結婚しキェトラライ部落の妻の家に移る。兄嫁の妹と結婚した。

③ **ヘレナ（女）**
1922－1979。1942年に結婚。

ヤン（男）
タタール人。アリトゥス市近くのレイジャイ村の生まれ。

ヘレナ（女）
タタール人。1946年に結婚。一度も働かず専業主婦。夫の月給は良かった。1964年離婚。

② **ブロニスワフ（男）**
1920－1979。ジェジマリアイ村（ビルニュースから西方60キロ）の生まれ。リトアニア語小学校の後ギムナジウムを卒業。1940年にリトアニアがソ連に併合された時，ビルニュースにソ連軍士官学校が設立され，そこに入学した。ソ連軍に入隊し，モスクワ駐屯の後に前線でドイツ軍と戦う。モスクワでソ連共産党に入党。1945年4月の時点ではカリニングラードで戦った。戦後まだ軍に勤務していた時に妻と知り合い1946年に結婚。1956年までソビエト第17師団の将校だった。バルト三国には，この第17師団のように，それぞれの民族の兵士を半数程度投入し残りをロシア人兵士で編成した民族色の濃い師団があったが，1956年にそれらは解体され，全ソビエト兵士を均一に投入する新しい師団が形成された。この師団編成の改革は全ソビエトで行われた。その際にブロニスワフは除隊となり，民間に移った。除隊後，ビルニュースの被服工場に人事課長として就職し，その地位のまま定年退職。1964年に離婚。1972年に再婚。

再婚の妻
1925年頃に生まれる。**ポーランド人**。子供はなかった。

第二部　21番家庭

①アレキサンデル（男）
1947年生まれ。ビルニュース市生まれ。ポーランド語小学校（8年制）を卒業し、ロシア語の鉄道職業学校（注：4年制で職業高校相当）を卒業。卒業後、同じ鉄道職業学校に教師として就職し、後に製造技術教育担当のマイスター（注：工場では職長に相当）として教壇に立つ。1970年に結婚。

ソニア（女）
タタール人。ライジェイ村（当地より65キロ西方でアリトゥス市から15キロの村）の生まれ。アリトゥス周辺にはいくつかのタタール人集落がある。

- ①アレキサンデル（男）
  1972年生まれ。
  妻
  リトアニア生まれのタタール人。
- ②エレナ（女）
  1973年生まれ。独身。
- ③ディジェナタ（女）
  1982年生まれ。高校生。

②ミハウ（男）
1949年生まれ。1970年に結婚。

ヘレナ（女）
タタール人。ダウガイ村（アリトゥス市から東方20キロ）の出身。

- スベトラナ（女）
  1971年生まれ。娘あり。夫はカトリックだが娘はまだカトリックの洗礼を受けておらず、イスラム教徒になるかもしれない。
  ギンタラス（男）
  リトアニア人。カトリック。

③ヤン（男）
1951年生まれ。21番家庭の主人。ビェビス町（トラカイ県でビルニュースから西方30キロ）の生まれ。病院ではなく自宅で生まれた。当時、父がその地の地方新聞に勤めていた。小学校はビルニュース近郊のキェトラライ部落のロシア語小学校に入学した。ポーランド語のクラスもリトアニア語のクラスもあった。第9学年から第11学年まではリトアニア語のクラスに通った。1965年から共産党員だった（注：最初はコムソモールか）。金属加工の職業学校に進学した。1970～1972年は徴兵。カザフスタンにも駐屯した。カザフ人はタタールと同じスンニ派のイスラム教徒だが、顔がもっとアジア的でアラブ的でもあるので容易に見分けがついた。1972年に毛皮加工の工場に入社。1973年に結婚。祖父ヤクープが妻ディナの祖父母と知り合いだったので、その関係で妻と知り合った。結婚後もキェトラライ部落に住む。後にベラルーシの農業高等専門学校（テフニクム）の通信課程に進学した。1982年に農村建築企業合同体に転職した。1982年にパイガタイ部落のアパートの割り当てを受けビルニュースまで通勤した。1985年に建築資材供給中央合同体（全国への建築資材供給を決定する機関）の運搬機械部長になった。副社長はカライム人で後に大臣や駐モスクワ大使にもなった人だった。1990年辞職し、他の4人と共に共同出資した株式会社形態の商社である。他の4人は全員がリトアニア人。1995年では年商650万ドル。ヤンはリトアニア・タタール人連盟にも加盟している。同連盟の初代会長はバイラシェフスキ氏（注：実名）でその娘タマラ（注：実名）はリトアニア科学アカデミー歴史研究所教授でタタール史の研究者である。

- ①オレク（男）
  1975年生まれ。パイガタイ村パイガタイ部落のロシア語小学校に9年通った。第10学年と第11学年はリトアニア語クラスに通った。卒業後警察学校の1年コースに入学。現在は国境警備兵。1996年にカトリックの娘と結婚。もはや息子が父親の言うことをきくような時代ではなくなった。
  アスタ（女）
  1977年生まれ。パイガタイ村パイガタイ部落の人。リトアニア人。カトリック。
- ②ユリア（女）
  1980年生まれ。パイガタイ村パイガタイ部落のリトアニア語小学校に通った。リトアニアの独立後はリトアニア語が公用語になったのでリトアニア語小学校に通わせた。高校生。大学進学希望。

⑤ディナ（女）
タタール人。1951年生まれ。現ベラルーシのオシミアニ町に生まれる。旧姓ヤクボフスカ。

②リラ（女）
タタール人。ベラルーシのクレボ村（ビルニュースから南東75キロ）で生まれる。3人の子供が生まれたが長女は18歳で死亡。娘はまだ独身で、息子はタタール人と結婚した。

- 娘
- 娘
- 息子
- 妻（タタール人）

ムスタファ（男）
タタール人。ベラルーシのオシミアニ町に住む。

④タマラ（女）
タタール人。ビルニュースに居住。娘と息子が生まれた。娘はベラルーシ人（ロシア正教徒）と結婚し、息子はポーランド人と結婚した。

- 娘
- 夫（ベラルーシ人）
- 息子
- 妻（ポーランド人）

マリウシ（男）
タタール人。既に死亡。

①アレキサンデル（男）
タタール人。クレボ村の生まれ。獣医。1973年にカザフスタンで事故死。カザフスタンに単身赴任していた。

妻
タタール人。南方50キロ前後のエイシシキス町（現リトアニア領）の生まれ。結婚後はベラルーシのオシミアニ町に住む。娘2人あり。夫の死後、娘を連れてポーランドに移住した。そこでポーランド人と再婚。生存。娘はポーランド人と結婚した。

- 娘（ポーランドに居住）
- 夫（ポーランド人）
- 娘（ポーランドに居住）
- 夫（ポーランド人）

再婚の夫（ポーランド人）

③ユーゼフ・ヤクボフスキ（男）
1940－1991。タタール人。ベラルーシのクレボ村（ビルニュースから南東75キロ）で生まれる。1964年に結婚。子供は生まれなかった。ビルニュースに居住した。

①マリテア（女）
1944年生まれ。生存。夫の死後は再婚しなかった。

②ブロニスワフ（男）
1947年生まれ。生存。イスラムの信仰から離れており、息子が1人あるが割礼は受けさせなかった。

- リチャルド（男）
  割礼を受けていない。

オアナ（女）
リトアニア人。

③アレキサンデル（男）
1950年生まれ。生存。

- 子供
- 子供

ベルタ（女）
タタール人。

④エレナ（女）
1953年生まれ。生存。

- 子供
- 子供

ヤン（男）
タタール人。

ボリス（男）
1847年生まれ。一人っ子。両親の離婚後は母親のもとで、イスラム教徒として育つ。妻との間に2人の子供あり。21番家庭の主人ヤンとはほとんど連絡がない。

- 子供
- 子供

妻（リトアニア人）

ヨーザス・タマラス家，23番家庭，リトアニア系，
トラカイ県ルジシキス村ウテェナイ部落，1997年9月23日

ヨーザス・タマラス（男）
リトアニア人。カトリック。19世紀前半の生まれ。ルジシキス村（ビルニュースから南西35キロの村）から南方に15キロないし25キロほど離れたクルミニアイ部落に住んだ。当時はロシア帝国領で，第一次世界大戦後はポーランド領になり，第二次世界大戦後はリトアニア領になった部落である。この一帯は戦間期においては，ポーランド領とリトアニア領との国境地帯であったが，クルミニアイ部落はポーランド領に属していた。ただしヨーザスが生きたのはロシア帝国支配下の時代であった。ヨーザスはそこで16haの農地を所有した。90歳まで生きた。第一次世界大戦前に死亡。ロシア帝国支配下の当時の名字はポーランド風のタマラビッチだった。名字をタマラスに変えたのは，孫のヨーザスであって，1940年のことであるが，現在の名字に従って，ここではヨーザス・タマラスと記す。

祖母（名前不詳）
リトアニア人。カトリック。

アンタナス・カズラウスカス
リトアニア人。カトリック。ウテェナイ部落（戦前はポーランド領）より西方に10キロほどのバレナ県の村（戦前はリトアニア領）で10haの土地を所有していた。10haの中には森も放牧地も含まれていた。ウテェナイ部落は，ビルニュースから南西35キロのところにあるルジシキス村から，方角は明らかにできないがさらに15キロほど離れたところにある。戦間期では，バレナ県はポーランドとリトアニアの両国にまたがっていて，県都のバレナ市が2つに分かれていて，それぞれ両国に属していた。

イエバ（女）
リトアニア人。カトリック。

妻（リトアニア人）

①ヨーゼフ・タマラス（男）
父の生地クルミニアイ部落の生まれ。父親より16haの土地全部を相続し，農家を経営した。ヨーゼフの死後，その土地はヨーゼフの子供たちが相続し，農家を続けた。

②カチューカ（女）
農地は相続しなかった。馬や乳牛を生前贈与でもらった。

パブラビッチャス（男）
リトアニア人。カトリック。

③スタティス・タマラス（男）
1875 – 1925。リトアニア人，カトリック。父の生地クルミニアイ部落（当地ウテェナイ部落より南方12キロ。戦間期はポーランド領）に生まれる。1914年頃に結婚して，妻の実家があるウテェナイ部落（戦間期はポーランド領）に引っ越した。結婚した頃には既に父親は死亡しており，兄のヨーゼフが農地を全部継いで農業を営んでいたので，結婚に際して農地の分与は受けなかった。孫のヨーザスが住む現在の家屋から1キロくらい離れた所にあった妻の実家に婿に入った。後に同じ場所で家を建て替えた。妻の父が所有していた8haの農地は，結婚の時に婿のスタティスの名義に変更された。スタティスも結婚の際に，実の母親から生前贈与で金銭をもらった。8haの土地は4か所の地条（注：帯のように細長い短冊型をした畑）に分かれていた。地条は長さが1キロもあった。幅は20メートルということになる。結婚してからの農業経営については，乳牛は2頭で，馬は1頭，母親豚（注：牡豚と交配して子豚を産むための雌豚。平均妊娠期間は94日で，出産頭数は2～12頭で平均で8頭。年に2回は妊娠した。母親豚は屠殺して食べるための豚ではない）は2頭だった。雇い人はいなかった。夫婦で8haの土地を耕した。土地は広くはないが，母親豚が2頭もいたことから貧しい農家ではなかったことが分かる。

ラウラス・ヴィルキシュテ（男）
1919年に死亡。リトアニア人。ルジシキス村（ビルニュースから南西35キロの村）から方角は明らかにできないが，15キロ程度離れたウテェナイ部落に8haの土地を所有していた。ウテェナイ部落は戦間期はポーランド領であった。

ヴァンダス（女）
最初の夫の死後，8haの土地を耕作した。リトアニア人。

2番目の夫
リトアニア人。

オナ・ヴィルキシュテ（女）
1900（?）– 1960。リトアニア人，カトリック。一人っ子。父の生地ウテェナイ部落で生まれた。現在，孫のヨーザスが住む今の建物ではなく，そのすぐ隣にあった古い自宅で生まれた。14歳くらいで結婚し，夫が婿として移ってきた。25歳くらいで未亡人になった。夫の死後は，子供4人と一緒に畑を耕した。再婚はしなかった。第二次世界大戦後はコルホーズに加盟し，土地を失った。ウテェナイ部落で死亡。

妹（継父との間に生まれた子供）

第二部　23番家庭

①ヨナス・カズラウスカス（男）
1945年頃にソ連軍（注：リトアニアで編成されたソ連軍）によって射殺された。戦後，ソ連軍はパルチザン掃討を行い，ヨナスの家も捜索した。ヨナスはパルチザンではなかったが，その時に逃げ出した。それでソ連軍はヨナスをパルチザンと誤認し，射殺した。

妻（リトアニア人）

②マリィテ（女）
結婚して夫のダルティニンカイ部落に移る。ポーランド人の部落であってリトアニア人はごく少数だった。

夫（リトアニア人）

④ヨーゼフ・カズラウスカス（男）
戦間期はリトアニア領に属したバレナ県の部落に生まれた。既に死亡。1941年にマリィテと結婚した。兄の死後，父の10haの土地全部を相続した。妻マリィテは10haの土地を最近国から返してもらったが，マリィテは農業はやらず，土地を他人に賃貸に出している。

③イエバ（女）
1918年生まれ。生存。ウテェナイ部落（戦前はポーランド領）より西方に10キロほどのバレナ県の父の生地の村（戦前はリトアニア領）に生まれた。ポーランド領に住んでいた夫と知り合う。ドイツ占領下の当時は国境はなく，国境を越えて自由に行き来できた（注：他の農家の証言では，戦間期は国境警備が厳重で，なかなか国境を越えられなかったとのことである）。1945年に結婚，旧ポーランド領のウテェナイ部落に引っ越してきた。1944年から両部落は，リトアニア領に属した。結婚に際して，両親から馬と乳牛と母豚をもらった。

①ヨーザス・タマラス（男）
1915年生まれ。ウテェナイ部落（戦間期はポーランド領）で生まれた。生存。ウテェナイ部落には戦前は70戸，現在は130戸の建物がある。学校には1年しか通わなかった。リトアニア語小学校であった（注：1921年頃にポーランド政府によって開設された部落の小学校は最初はリトアニア語小学校だった）。読み書きは少しできる。父親から農業を教わった。一日中働いた。朝はパンを焼いた。豚を売ることはなく，自家消費であった。父の死後は母と共に農家を経営した。徴兵になったが，母が，まだ小さい子供がいて働き手の長男の手が必要であるという理由でヨーザスの徴兵解除の願書を書いてくれて，除隊になった。ヨーザスは父の家と農地を相続した。ソ連軍がリトアニアを支配した1940年に，リトアニア風の名字を名乗ることが強制され，タマラスという名字を選び，ポーランド風のタマラビッチという名字を捨てた。1941年のドイツ占領時代はドイツ人はリトアニア人に友好的であった。1945年に結婚。1949年にウテェナイ部落で結成されたコルホーズに加盟させられた。農地も納屋も馬も徴発された。牛1頭が残った。60アールの自留地（家庭菜園用の耕作地）をもらった。現在の自宅から少し離れた農地の中に父の家があったが，その農地をコルホーズに取られたので，自留地として新たにもらった今の場所に自宅を新築した。ウテェナイ部落では，一軒の農家がクラークとしてシベリアに送られた。ヨーザスはコルホーズの建築隊で働いた。建築隊長になれとの指示が，コルホーズ議長だった警察官から出されたが，拒否した。大工としてずっとコルホーズで働いた。1951年の時の日給はわずか麦400グラムだった。1992年か93年に8haの土地を返してもらった。生存。

②マリィテ（女）
1919年生まれ。生存。1941年にヨーゼフ・カズラウスカスと結婚し，旧ポーランド領のウテェナイ部落からリトアニア領のバレナ県の夫の家に引っ越していった。

③スタティス（男）
1923－1988。ウテェナイ部落に住んだ。1948年に結婚。結婚後，妻の実家に引っ越した。結婚時にごくわずかの土地を兄ヨーザスから分けてもらった（注：面積不明）。

妻（リトアニア人）

④ゾシア（女）
1925－1991。1945年に結婚。結婚に際し母親から，生前贈与として金銭と馬をもらう。

夫
リトアニア人。ウテェナイ部落から南方10キロのダルジニンカイ部落の人。

ヨーザス・ヘルラウデキエヌ（男）
リトアニア人。カトリック。カウナス市に居住。水道工事職人。収入は良い。

①アルビナ（女）
1949年にウテェナイ部落の生まれ。同部落のリトアニア語8年制小学校を卒業し，ビルニュース市の職業学校で学ぶ。卒業後は化学工場で働く。列車通勤だった（注：戦前とは異なり，社会主義時代の鉄道切符はタダ同然に安かった）。1973年に結婚する時に家を出て，カウナス市（戦前のリトアニアの首都。ビルニュース市から西方90キロ）に住む。掃除婦として働いた。

②ダヌータ（女）
1953年生まれ。リトアニア語8年制の小学校を終え，軽工業職業学校に通う。1978年に結婚し，ここから西方50キロの中都市のアリトゥス市に移り住む。工場の管理職として勤務。

ヨーゼス（男）
夫。リトアニア人，カトリック。アリトゥス市の生まれ。妻ダヌータと同じ工場に働く。普通の一般工員。

③ヨーザス（男）
1956年にウテェナイ部落の生まれ。**23番家庭の主人**。リトアニア語8年制小学校を卒業後，2年間はコルホーズの建設隊で働き，ついで徴兵にとられる。軍隊で運転免許証を取る。軍隊時代に夜間の中等学校（高校）を卒業した。徴兵解除の後はコルホーズに戻らなかった。ビルニュースの官庁の公用車運転手になる。独身寮に住み週末は当家に戻った。1984年に結婚しウテェナイ部落の両親の家に住む。結婚後は自宅から列車通勤した。両親が8haの土地の返還を国から受けたので，数年前に役所を辞職してウテェナイ部落の農家経営を受け継いだ。現在は馬1頭を所有する。中古のトラクターを，コルホーズ解体後の後継会社から買った。豚も飼育する。ウテェナイ部落には現在130戸の家庭があるが，全員がリトアニア人であり，ロシア人もポーランド人もいない。しかしカトリック教区のルジシキス村の教会の神父がかつてポーランド人だったことがある。

アルドナ（女）
1962年生まれ。リトアニア人。シルビンタス町（ビルニュース市から北方へ100キロの地点）の生まれ。小学校を終えた後，実業学校に1年通って，調理士になった。トラカイ市（ビルニュース西方25キロ。ウテェナイ部落からは25キロないし35キロの市）で働き，ついでウテェナイ部落の公共食堂に移って，ヨーザスと知り合う。カトリック教会で結婚式を挙げた。

④マリィテ（女）
1960年生まれ。カウナスの医科大学看護学科を卒業。カウナスで看護婦として働いている時に，ケガで入院した夫と知り合う。1982年に結婚。結婚後ロシアのクルスカス（モスクワから300キロのところにある）に住み，上級看護婦として働く。両親はこの結婚に反対であったが押し切った。結婚式はカトリック教会で挙げた。神父も同意した。夫とはロシア語で話す。子供とはロシア語で話すが，リトアニア語で話したりすることもある。年に1回はロシアから里帰りをする。

セルギェイ
ロシア人。ロシア正教徒正統派。ロシアの生まれ。ロシア育ち。ソ連時代のカウナス市にはソ連内務省の警察学校があり，そこを卒業した。リトアニアに限らず，ソ連全土から学生が集まった。授業はロシア語であった。リトアニア語はよく理解できるが，話すことはない。学生時代にけがをしてカウナスの病院に入院し，そこで働いていたマリィテと知り合い，結婚し，自分の故郷のクルスカスに戻る。現在は警察署の副署長。

---

①娘
24歳。カウナスの農業大学を卒業。外国貿易企業に就職。まだ独身。

②娘
19歳。8年制小学校を卒業の後，職業学校を卒業。既に結婚し，しかし，両親の家に同居している。

夫
リトアニア人。大工

③息子
16歳。8年制小学校を卒業し，現在は職業学校の1年生。職業学校では父と同じ水道工事コースで学ぶ。

①インガ（女）
1978年生まれ。裁縫工。既に結婚している。

レバンダス（男）
リトアニア人。カトリック。自動車修理工。

②ダイバ（女）。独身。

---

①ライマンダス（男）
ウテェナイ部落にあるリトアニア語小学校に通う。1986年生まれ。

②ダイマス（男）
ウテェナイ部落にあるリトアニア語小学校に通う。1988年生まれ。

③レナ（女）
1993年生まれ。

---

①セルギェイ（男）
小学校8年生。ロシアに在住。ロシア正教の洗礼を受けた。リトアニア語は理解できるが話せない。

②ビクトル（男）
小学校7年生。ロシアに在住。ロシア正教の洗礼を受けた。リトアニア語は理解できるが話せない。

ヨザス・タラエス家，24番家庭，リトアニア系，ウテェナイ部落，1997年9月24日

祖祖父バルジェロニス
リトアニア人。カトリック。ウテェナイ部落の人。ロシア帝国の時代に当地で最初に1ブロック(32ha)の土地を受け取った一人。当時の土地の広さの単位はブウカ(16.8ha)であったが，この地方では2ブウカを1単位のひとかたまり(ブロック)として取引したらしい。バルジェロニスが土地を受け取ったのは1850年代のことという。ウテェナイ部落は約640haの広さがあり，20のブロックに分けられて2ブウカずつ農奴に分配された。バルジェロニスは1863年の反ロシア農民蜂起の後に，この土地(32ha)を2人の息子に16haずつ分けた。ウテェナイ部落とその周辺はもっぱらリトアニア人だけが住む地域で他民族は住んでいなかった。ウテェナイ部落は第一次世界大戦後はポーランド領で，第二次世界大戦後はソ連の一員となったリトアニア社会主義共和国の領土となった。この地方は16世紀からポーランドの支配が始まり，1570年頃，ポーランドによってカトリック修道院がウテェナイ部落の近くに建設された。

- **ミコラス(男)** 19世紀前半に生まれた。父よリ当地ウテェナイ部落の土地16haを相続した。息子たちが米国に移住したため自分一人で耕した。この土地は1949年まで息子ヨザスと孫によって耕された。ウテェナイ部落はルジシキス村(首都ビルニュースから南西35キロの村)から方角は明らかにできないが，15キロ程度離れた場所にあるリトアニア人だけの部落である。
  - 息子(米国に移住した)
  - 息子(米国に移住した)
  - 息子(米国に移住した)
  - 娘 サチルトノカイ村(当地より南西10キロ)のもっと豊かな農家に嫁に行った。土地は相続しなかった。
  - **ヨザス(男)** 1850年生まれ。没年不詳。父より16haの土地を相続した。その土地に2人の息子に8haずつ分けた。
    妻 リトアニア人。生没年不詳。名前不詳。
    - **アドナス(男)** 8haの土地と父親の家を相続した。
    - **アンドルス・バルジェロニス(男)** 1870–1926。リトアニア人。ウテェナイ部落の生まれ。同部落に住む。1895年に結婚。妻が当家に移って来た。8haの土地を父より相続した。実家の隣に自宅を新築した。晩年は娘ソフィアの家に住んだが婿のヤヌシと折り合いが悪くなったので，もう一人の娘ヤドビガの家に移る。土地は4haずつ分けて2人の娘に相続させた。
    - **ビクトリア(女)** 1875–1944。リトアニア人。ビタイトニス部落(当地より西方10キロ)の生まれ。半ブロックつまり1ブウカ(16ha)の土地の農家の生まれ。結婚の際に，土地は相続しなかった。夫の死後，娘のエイシシキス町のヤドビガの元に行く。その地で死亡。
    - **スタニスワフ(男)**
    - **アンタナス・タラエス(男)** リトアニア人。ウテェナイ部落より南方15キロのミシュトゥナイ部落の人。生まれはサチルトノカイ村(当地より南西10キロ)。9haの土地を持っていた。
    - **カストゥカ(女)** リトアニア人。南方25キロないし35キロにあるエイシシキス町の近郊の部落の生まれ。

- **兄(最初にポーランドに移住した) アダム・ユゼファビチャス(男)** ポーランド人。カトリック。ルジシキス村(ウテェナイ部落より15キロ)の出身。土地なし農民の息子。母は結婚しておらず私生児として生まれた。兄の家に同居していた。土地を持つ若い娘を探して婿に行こうと考えた。それでヤドビガを見つけて結婚し，ウテェナイ部落に移った。ウテェナイでの生活が苦しかったので，富農の家に住み込み農民として就職するため，1932年に家族そろって南方25キロないし35キロのエイシシキス町に引っ越した。戦後，兄を頼ってポーランドに移住した。そこで死亡。

- **②ヤドビガ(女)** 1907年にウテェナイ部落の生まれ。結婚後の1932年に父から相続した4haの土地を姉ソフィアに売って，当地から南方のエイシシキス町(ベラルーシの国境まで3キロの町)に移る。1949年に家族そろってポーランドに移住し，1992年にポーランドで死亡した。エイシシキス町で農業集団化が始まった年は不明だが，おそらく1949年。ポーランド移民の戦後第二波だった。

- **①ソフィア(女)** 1903–1954。ウテェナイ部落の生まれ。1923年に結婚。父から4haを相続し，後に妹より4haを買い戻して8haとした。しかし土地登記の名義変更はしなかった。今日に至るまで名義の変更はない。当地で農業集団化が始まった1951年までソフィアは8haの土地を耕した。1951年にコルホーズに加盟し土地を失う。年間30日は働く義務があり日当は400グラムの麦だった。後に1キログラムになった。1996年には8ha分の所有権の確認の訴えを裁判所に起こしている。

- **ヤヌシ・タラエス(男)** 1896年生まれ。没年不明(たぶん1944年)。ミシュトゥナイ部落(当地より南方15キロ)の生まれ。リトアニア人。タタール語も少し話せた。1915年以前にロシアのサンクト・ペテルブルグに移住し2年間タバコ工場で働いた後，1917年にミシュトゥナイ部落に戻る。当時アメリカに移住するには金がかかった。仲介業者に相当の金を払う必要があった。しかしロシアに出稼ぎで移住するのは簡単だった。それで家が貧しかったのでロシアに移住した。ロシア語が話せるようになった。1921年にウテェナイ部落の妻の家に住み込み農夫として入った。1923年に妻と結婚した。土地が4haと小さいため乳牛を飼育できなかった。子供に牛乳を飲ませることもできなかった。妻の両親と同居したが，後に妻の両親は妻の妹ヤドビガの家庭に移ってそこで死亡した。1932年以降は，ヤヌシと妻は8haの土地を耕し乳牛1頭と馬1頭を飼育し，当地から10キロほど離れたサチルトノカイ村まで馬で小麦や卵を運び市場で売った。サチルトノカイ村では多くのユダヤ人が商売をしていた。ヤヌシの農地は8haと狭く，貧しかったので，冬場は近隣のユダヤ人のところに行って働いた。1943年のドイツ占領中に，ソ連軍の支援を受けたパルチザンが部落で結成された。部落にはロシア語が分かる人は6人しかいなかった。ヤヌシもパルチザンに参加した。仲間がドイツ軍に逮捕され，ヤヌシの名を喋った。それでヤヌシは1944年6月にドイツ軍に逮捕され，連行され殺されたもよう。ドイツ軍は牛も豚も持ち去った。翌7月にはソ連軍がこの部落を占領し，ドイツ軍は敗走した。

- **クリスティナ(女)** 結婚して嫁に行ったが土地は相続しなかった。

- **アントニーナ(女)** 9haの土地を全部相続した。結婚して夫が引っ越してきた。9haの土地は娘に相続させた。最近，娘は，集団化で失った土地の権利を国から返してもらったが，耕作できないので他人に売却した。

- **アンタナス(男)** 1915年にロシアのサンクト・ペテルブルグに移住した。家が貧しかったので移民した。その地に永住し，2人の息子に恵まれた。

- **マルティナス(男)** リトアニア人。サチルトノカイ村(当地より10キロ)で半ブロック(16ha)の土地を耕した。1ブロックとは19世紀に農地が分割され，領主から農民に有償で与えられた時の1区画のことで，厳密には2ブウカ(33.6ha)の広さを持つ。マルティナスは第一次世界大戦でロシア帝国軍に従軍。農業集団化の前に死亡。

- **ベロニカ(女)** リトアニア人。サチルトノカイ村から南方15キロの村の生まれ。両親から土地の相続を受けなかった。
  - 娘
  - 息子
  - 息子
  - 息子

- ①スタニスワフ（男，1928－1987。**ポーランドへ移住した**）
- ②ヤドビガ（女，1932－1995。**ポーランドへ移住した**）
- ③息子（**ポーランドへ移住した**）
- ④マティアス（男，1953－。ポーランド生まれ）
- ⑤マリア（女，ポーランド生まれ）

- ①マリア（女，1925－1928）
- ③マティアス（男）
1932年生まれ。1951年にコルホーズに加盟。1952年に徴兵になり，1954年の除隊後も当地に戻らずビルニュース市に住んだ。現在は他県で生存。建築労働者だったが，現在は年金生活。1991年のソ連からの独立後に，ウテナイ部落の土地の所有権を兄ヨザスに譲った。
- ④スタニスワフ（男，1934－1937）
- ⑤ヨナス（男）
1943年生まれ。1962年にビルニュースに引っ越して機械工場勤務の後，現在はビルニュースのパン工場に勤務。ソ連から独立後にウテナイ部落の土地の所有権を兄ヨザスに譲った。
- ②ヨザス（男）
1929年にウテナイ部落の生まれ。**24番家庭の主人**。7歳の時にウテナイ部落のポーランド語小学校に入学した（注：この部落は1921年からポーランド領となったが，最初に設立された小学校はリトアニア語小学校であった。その後，同じ小学校の中にポーランド語クラスが設置され，ポーランド語小学校が併設された）。3年まで通年で通学した。リトアニア語の授業も週に1つか2つあった。後は夏は通学せず牛の世話をし，11月1日から5月1日までの冬期間は通学した。夏は近隣の農家の放牧地で牛の番をして稼いだ。1940年1月からはその小学校はリトアニア語で授業をするリトアニア語小学校に変わった。当時の小学校は6年制だった（注：当時ポーランドでもリトアニアでも義務教育は4年だった）。1941年6月にドイツ軍が当地を占領した。5キロほど離れた所にユダヤ人農家があったが，ドイツ軍はその一家を射殺して，土地をウテナイ部落のリトアニア人農民に分け与えた。ドイツ軍による強制労働はなかったが現物納付義務があり，きつかった。自分の畑だけで働いてそれを納めた。1944年からは殺された父の代わりに畑を耕した。1951年の集団化まで母と共に8haの土地を耕した。1951年にコルホーズに加盟し，すぐにコルホーズ付属の図書館（注：クラークとしてシベリア送りになった富農の空き家を利用したもの）の係に配属になり360ルーブルの月給をもらった。同時にウテナイ地区ソビエト（注：村議会に相当する）の委員となり1962年までつとめた。両親の実家に住んでいたが，1953年に結婚した後の1958年に，同じウテナイ部落の少し離れたこの場所に自宅を新築した。コルホーズ付属の図書館長として450ルーブル稼いだが，途中2年間はウテナイ地区ソビエトの書記（注：部落議会の長に相当する）もつとめ月額200ルーブルの手当ももらった。戦前の部落長のようなものだった。ついで1962年から1991年までの29年間，サチルトノカイ村（当地より南西10キロ）の営林企業に勤務。マイスター（職長）となった。1989年には年金資格を得たが，1991年まで勤務し，退職後は年金生活に入る。在職中は労働組合の旅行でソ連・フランス・チュニジアに無料で観光旅行に行った。1997年の月額年金は303リト。社会主義崩壊後，コルホーズを引き継いだ株式会社からまず2haを借り受けて耕作した。その株式会社が解散したので，現在は10haを賃借して耕作している。ウテナイ部落で土地を賃借しているのはヨザスの家庭だけである。現在は乳牛2頭と馬1頭と豚を飼育している。

- ②ゾフィア（女）
1927年にサチルトノカイ村の生まれ。生存。旧姓チェルノスカイテ。**24番家庭の主婦**。10人の兄弟がいて生活が苦しかった。父の死後，16haの父の土地を子供たちが相続することはせず，売却して金に替えた。金は長兄マテウシが受け取った。戦後はコルホーズに働きに出た。村のお祭りで夫と知り合い，3か月付き合って1953年に結婚。教会で結婚式を挙げた。専業主婦となる。民法上の結婚届は1968年に出した。結婚届を出していないことに伴う不利はなかった。1950年代と1960年代の生活は，朝は6時には起きて，豚に餌をやり，牛の乳をしぼって放牧地に連れていき，ようやく朝食を食べた。専業主婦でコルホーズには働きに出なかった。1957年に電気が通じて，1958年に自宅が完成した。家具は最初は何もなかった。電気アイロンを最初に買い，ついで白黒テレビを買った。ラジオは有線ラジオだった。60アールの農地にジャガイモを栽培し，40アールの放牧地も得て乳牛2頭を飼育した。ずっと専業主婦だった。農産物を町で販売して現金収入を得た。ウテナイ部落にコルホーズの食堂ができたので，そこで食事がとれるようになり，時間の余裕ができたので1975年からコルホーズに勤務。1990年に退職。1975年にラジオとバイクを買い，1980年には電気冷蔵庫も買った。自動車はまだ買ったことがない。現在は年金生活で月額年金は195リト。

- ①マテウシ（男）
父の死後，父の土地の売却代金を全部受け取った。他の兄弟はまだ小さい子供だったので金を要求しなかった。6キロ離れた農家に婿に行った。
- ③ヨザス（男），町に住む。非農家。
- ④ブロニウス（男），既に死亡。
- ⑤ブロニア（女），近くの農家に嫁に行く。
- ⑥ユリウス（男），カウナス市に在住。
- ⑦スタシス（男），町に住む。非農家。
- ⑧エレナ（女），カウナス市に在住。
- ⑨ビタス（男），ビルニュース在住。
- ⑩マリタ（女），ビルニュース在住。

- ①ビトルダス（男）
1957年生まれ。洗礼を受けた。ウテナイ部落のリトアニア語初級小学校を4年で卒業の後，サチルトノカイ村の上級小学校の9年を修了（注：回想のまま。当時上級小学校は8年制）。小学校の寮に住んだ。歴史の先生と親しくなり，当時禁書だった戦前のリトアニアの歴史書を読んだ。ついでビルニュースの職業学校（工業高校相当）に進学。卒業後はビルニュースの工場に就職し，徴兵を経て，再びビルニュースの工場で働く。後に1982年にウテナイ部落に戻り，コルホーズに付設された食堂に食堂長として就職。そこで1983年に妻と職場結婚。1990年に離婚。息子2人が生まれた。ビトルダスは現在は失業中。無職で父親の家に同居している。この近辺では，リトアニア人とポーランド人との結婚はまれであった。1970年以降は，転勤等で移り住んできたポーランド人の子弟とリトアニア人との結婚がみられるようになったが，彼らも家ではリトアニア語で会話している。近くにポーランド人だけの部落がある。サチルトノカイ村ではポーランド人もリトアニア語小学校に通っている。ポーランド人とリトアニア人との間に不和はない。

ビダ（女）
リトアニア人。カトリック。隣県の農家の娘。初めはトラカイ市のレストランでコックとして働く。ついでウテナイ部落のコルホーズの食堂の支店に転職する。そこに転勤し夫と知り合う。後に離婚した。

- ②ライマ（女）
1962年生まれ。ウテナイ部落のリトアニア語初級小学校を4年で卒業の後，サチルトノカイ村の上級小学校4年と普通中等学校3年の12年を修了。夜学のビルニュース工業大学経済学科に進学し卒業。卒業後は銀行に就職した。銀行が倒産したので現在は行政監察庁に勤務。国家公務員。ビルニュースに在住。
夫（リトアニア人）

マリアンナ・マトゥクラス家，25番家庭，リトアニア系，ウテェナイ部落，1997年9月25日

ヨーザス（男）
リトアニア人。ウテェナイ部落から北に5ないし12キロのバイクシテナイ部落（戦間期はリトアニア領）の生まれ。12haの土地を持っていた。父は32haの土地を持っていたが、4人の息子に分けた。なぜかヨーザスだけ12haを相続した。妻の死後再婚した。
妻（リトアニア人）

- ① **マテウシ（男）**、1898年頃の生まれ。19歳の頃に米国に移住しボストンで死亡。12haの土地では生活が苦しく、長男マテウシが口減らしのため移住した。米国で大工になった。部落から米国に移住した人がいて、その人が移民を勧めた。
- ② **ユゴサ（女）**、1918年頃に20歳で米国に移住した。シカゴに住む。戦後、1960年頃まで何回か小包を故郷に送った。1961年頃に死亡。1949年から1953年までのスターリン時代には小包も100ルーブルで船の切符が買えた。移住して1年後に妹を米国に呼び寄せた。米国から年に1回くらい1939年まで書留で現金を故郷に送った。妻の人種は不明。

現金も送れなかった。娘があり、娘は1975年頃に当地を訪問した。その後、この娘からは連絡がない。夫はリトアニア出身のポーランド人移民。

- ③ **ドミツェラ（女）**、10キロ離れたサチルトノカイ村に嫁に行ったが家畜で生前贈与をもらった。土地の相続は受けなかった。夫はリトアニア人。
- ④ **ヨーザス・マトゥクラス（男）**
1903 – 1975。バイクシテナイ部落（部落の位置は父の欄を参照。戦間期はリトアニア領）の生まれ。1925年に結婚。父の土地12haの全部を相続した。戦後においては2頭の馬と3頭の乳牛を飼育した。羊と豚も飼育した。12haの土地は1951年にコルホーズに取られた。コルホーズに勤務した。兄弟が米国に住んでいるということで不利はこうむらなかった。何も問題はなかった。ただスターリン時代においては政府高官などは自分の西側の親戚のことを秘密にしていた。

  - ① **エレナ（女）**
1905 – 1995。夫と同じバイクシテナイ部落の生まれ。1925年の結婚後、夫の家に移る。文盲。リトアニア語とポーランド語が話せた。父の死亡時には既に結婚して農家を営んでいたので父の土地は相続しなかった。生前贈与で現金をもらった。1951年まで夫と共に農業を営み、1951年にコルホーズに加盟。
  - ③ **スタトクテ**（女，近くの部落に住む。生前贈与で現金をもらった。夫はリトアニア人）

ヨーナス（男）
リトアニア人。ウテェナイ部落北方のバイクシテナイ部落（戦間期はリトアニア領）の生まれ。1ブロック（32ha）の土地を持っていた。1934年頃死亡。
妻
ポーランド人。ウテェナイ部落から15キロ離れたルジシキス村のさらに西方4キロのアジュオライ部落の生まれ。

- ② **ボリス**
1908年頃の生まれ。32haの土地を相続した。近くの部落に住む。2人の息子と2人の娘あり。ボリスは1980年に死亡。土地は戦後コルホーズに取り上げられた。1994年以降、子供たちがこの土地の権利を分割して保有している。子供たちはビルニュースに居住。妻はリトアニア人。

妻（リトアニア人）
- ① **ヨナス（男）**
リトアニア人。ウテェナイ部落の人。両親の土地の半分である半ブロック、すなわち1ブウカ（16ha）を相続した。弟とその妻が共に早く死んで、その息子マルティネスが孤児になったので引き取って育てた。弟が相続した18haも併せて、ヨナスが合計34haを耕した。このヨナスは第一次世界大戦に出陣しそのまま戻らなかった。息子ヤンがおり、ヤンが父の分の16haの土地を相続した。
- ② **マルティネス・マトゥキェビチェス（男）**
リトアニア人。ウテェナイ部落の人。両親の土地の半分である半ブロック（18haあった）を相続した。兄の隣に自宅を建てて住んだ。妻が早死し、本人もすぐに死亡した。19世紀末のことである。

モテゥアス（女）
リトアニア人。19世紀末に幼い息子を残して早死した。

••••• ① **マルティネス・マトゥキェビチェス（男）**
1888 – 1971。ウテェナイ部落の生まれ。一人っ子。両親が早死して伯父に育てられた。小学校には通っていないが字が読めた。12年もルジシキス村のカトリック教会の番人として働いた。ラトビア人の神父さんからポーランド語を習った。ロシア語も理解できるようになった。ウテェナイ部落はリトアニア人部落だが、1キロ離れた所にポーランド人の樵が住んでいた。国有林に入れるのはポーランド人だけだったから樵はみなポーランド人だった。伯父が両親の分の半ブロック（18haあった）の土地を残してくれた。ブロックとは19世紀に農地が分割された時の1区画。1917年に妻と知り合いすぐ気に入った。妻の実家に行って嫁入りの生前贈与（家畜など）について話をつけ、知り合って3週間で教会で結婚式を挙げた。孤児だったので徴兵は免れた。第二次世界大戦後すぐに、不良少年により列車から突き落とされ、片腕を失うが命は助かった。戦後はコルホーズに加盟。この部落の一軒の農家は、2か月だけ農夫を雇い入れたという理由で、家族全員がシベリアのラーゲリ送りになった。1951年にウテェナイ部落のコルホーズの初代議長に選ばれ半年つとめた。誰も議長になりたがらなかった。マルティネスは部落で人望を集めた。共産党には入党しなかった。70歳までコルホーズで働いた。

  - ① **ユーゼ（女）**
1900年頃生まれ。1983年死亡。ビタイトニス部落（位置は父の欄を参照）の生まれ。当時はロシア領。小学校が開設されたのは1915年だったので、小学校には通学していない。家々を廻るリトアニア語の巡回教師に習った。字が読めた。ポーランド語も理解できた。1917年に結婚してウテェナイ部落に移る。生前贈与を現物でもらう。1920年にビタイトニス部落の西側4キロのところに国境線が設定された（注：法的な国境線の確定は1921年3月のリガ条約による）。ビタイトニス部落はリトアニアの領土となり、目と鼻の先のウテェナイ部落はポーランド領となったため、ユーゼの両親は嫁ぎ先の孫の顔もみれなくなった。戦後は夫がコルホーズに加盟したので自動的にコルホーズ員となった。
  - ② **ヨーゼス（男）**
ビタイトニス部落の生まれ。父の土地の4分の1の4haを相続した。父の家も相続した。1976年に死亡。子供が2人いたが、ヨーゼスと妻の死後、2人とも自宅を売ってビルニュースに引っ越した。

妻（リトアニア人）
- ⑥ **ブロニウス（男）**、1917年にビタイトニス部落の生まれ。生存。父の土地の4分の1の4haを相続した。実家の隣に自宅を建設し農業を営む。3人の息子がいたが、みなビルニュースに住む。現在は、コルホーズに取られた土地の返還の権利を有している。妻はリトアニア人。
- ③ **ゾフィア（女）**、生まれ故郷のビタイトニス部落はリトアニア領となり、リトアニア語小学校に通う。戦間期にリトアニア国内で結婚。8キロ離れた夫の家に移る。父の土地の4分の1の4haを相続した。1965年に死亡。夫はリトアニア人。
- ④ **ヤドビガ（女）**
1914年頃ビタイトニス部落の生まれ。生存。ビタイトニス部落はリトアニア領となり、リトアニア語小学校に通う。戦間期にリトアニア国内で結婚。隣のカトリック教区との交流会で夫と知り合い、40キロ離れた夫の家に移る。結婚後初めてポーランド語を習った。父の土地の4分の1の4haを相続したがその土地をどう処分したかは不明。戦後もリトアニア国内に居住。現在は娘の嫁ぎ先に居住。夫とはポーランド語で話すが、子供とはリトアニア語でも話す。子供はリトアニア語小学校に通う。

┌── **スタシス・レレカウスカス（男）**
│   **ポーランド人**。ステファニアの夫となったレレカウスカスとは従兄弟同士。
└── **レレカウスカス（男）**
      ポーランド人。スタシス・レレカウスカスと同じ村に住む。

- ⑦ **ステファニア**
1947年に結婚。戦前のリトアニア領土で生まれた**ポーランド人**と結婚。40キロ離れた夫の家に移る。戦後もリトアニア国内に居住。1981年に死亡。
- ⑤ **テオフィラ（女）**
生まれ故郷のビタイトニス部落はリトアニア領となり、リトアニア語小学校に通う。戦間期にリトアニア国内で結婚。戦後もリトアニア国内に居住。既に死亡。

夫（ポーランド人）

ヨザス・モトニス（男）
リトアニア人。生没年不明。生地不明。ビタイトニス部落（当地ウテェナイ部落より西に8ないし15キロの部落。当時はロシア領だった。第一次世界大戦後はリトアニア領）に婿に来た。妻の持つ半ブロック、すなわち1ブウカ（16ha）の土地を耕した。第二次世界大戦後すぐに死亡。戦前に既に老齢となり、農地を分割して子供に分け与えていた。その土地は戦後の集団化でコルホーズに供出された。次の代の孫たちはみな町に住みたがり、農業に従事していない。
妻
リトアニア人。名前と生没年不明。1880年頃の生まれか。ビタイトニス部落（位置は夫の欄を参照）の農家の娘。半ブロック（16ha）の土地を相続した。

第二部　25番家庭

①ヨーザス（男）
1927－1965。両親の家に住み，その畑を耕した。独身のまま死亡。

③テオフィラ（女）
1930年生まれ。12キロ南のサチルトノカイ村に嫁に行った。多くの青年にもてたがベラルーシ人の夫を選んだ。両親は結婚に反対しなかった。息子と娘あり。子供はカトリックの洗礼を受けている。夫とはリトアニア語で話す。1994年に父の土地12haのうち3分の1の4haの土地の返還を受ける。

夫
ベラルーシ人。カトリック。ベラルーシの生まれ。父は第二次世界大戦でソ連軍兵士となり前線で戦死した。ドイツ占領中に，未亡人となった母と3人の兄弟と共にベラルーシから当地に連行され強制労働をさせられた。家族は戦後もそのまま当地に定住した。

④ブロニア（女）
1933年生まれ。2キロ離れた隣部落に嫁に行った。夫はビルニュースのテレビ工場に通勤した。1965年にアパートの割り当てを受けビルニュースに引っ越す。ブロニアも市内で菓子工場やパン工場で働く。4人の子供あり。1994年に父の土地12haのうち3分の1の4haの土地の返還を受ける。

夫（リトアニア人）

⑤ゾフィア（女，1934－1947）

②スタシス・マトゥクラス（男）
1929年生まれ。**25番家庭の主人**。バイクシテナイ部落（部落の位置は，祖父ヨーザスの欄を参照。出生当時はリトアニア領）の生まれ。部落のリトアニア語小学校を3年で中退。すぐに畑で働く。1950年からの4年間のソ連軍への徴兵でロシア語を学んだ。除隊後，ビルニュース西方10キロのグリギスケス村の紙工場に就職し，すぐ辞める。ついで道路工事で4か月働く。1955年から土質調査会社に3年勤務。ついでビルニュースの建設会社に9年勤務。常に自宅から汽車通勤した。通勤の列車の中で妻と知り合う。結婚2年目の1962年に妻の実家に移り，後にコルホーズに就職。本人も含めて親戚に共産党員はいない。1994年に父の土地12haのうち3分の1の4haの土地の返還を受ける。現在は農業を営む。乳牛3頭と子牛1頭を飼育。1994年にチェコ製のトラクターを購入。

⑤マリアンナ・マトゥクラス（女）
1940年ウテナイ部落の生まれ。生存。**25番家庭の主婦**。言語はリトアニア語だけで，ポーランド語もロシア語も理解できない。小学校卒業後，ビルニュースの建設会社に4年勤務。列車で通勤。1960年に結婚。役場で民法上の結婚式を挙げ，1か月後に教会で結婚式を挙げた。父から100ルーブル（注：マリアンナは1961年以降の新ルーブルに換算して発言したと思われる）の結婚祝をもらい，伯母のゾフィアからウェディング・ドレスの生地をもらった。素晴らしいプレゼントだった。結婚後は夫の家に移る。2年住んで，ウテナイ部落の実家に，家族そろって戻った。ベッドなど家具を少しずつ揃えた。1965年に部落に電気が来た（注：回想のまま。夫の実家のバイクシテナイ部落に電気が来た年のことか。24番家庭の主婦はウテナイ部落には1957年に電気が来たと回想している）。後にバイクを買った。1980年にソ連製乗用車を買う。1982年に自宅を新築した。父が18haの土地を持っていたので，姉ゾフィアを除く4人の兄弟が平等に4.4haの権利を持つことになり，1994年にその分の土地の返還が確定したが，まだ登記証書は受け取っていない。

①ゾフィア（女，1918－1930）

初婚の妻（リトアニア人）
1946年に結婚してダイリデス部落（ルジシキス村中心部から2キロ）に住む。既に死亡。2人の娘と1人の息子を産む。娘は共にビルニュースに居住。息子はカウナス市に住んでいたが，現在はルジシキス村の父のアパートに同居している。

②ブロニウス（男）
1922年ウテナイ部落（当時はポーランド領だった）の生まれ。ウテナイ部落から15キロ離れたルジシキス村中心部に生存。ポーランド語小学校4年終了。1946年に結婚した。営林署で働いて金を貯めていたので，結婚後すぐにルジシキス村から2キロのダイリデス部落で家を買った。それは戦後ポーランドに移住したポーランド人農家の空き家だった。自分で所有していた馬と乳牛も売って，空き家の購入資金の足しにした。妻の死後に再婚した。ルジシキス村の妻のアパートに居住。

再婚の妻（リトアニア人）
ルジシキス村中心部にアパートを持っていた。ブロニウスと結婚してブロニウスが移ってきた。子供は生まれなかった。

③ヨーゼフ（男）
1932年生まれ。生存。1952年の徴兵まで両親の家で農作業を助けた。1954年に徴兵解除後は，トラカイ市（ビルニュース市の西方25キロ）のアパートに住み，ビルニュースまで通勤した。運転手として働いた。トラカイ市の娘と結婚した。1974年にビルニュース市の賃貸アパートの割り当てを受け引っ越す。息子1人あり。

妻（リトアニア人）

④ブロリス（男）
1938年生まれ。生存。父のコルホーズ加盟と同時に自動的にコルホーズに加盟し，後に兵役。1965年に除隊。再びコルホーズで働くが，すぐにビルニュースのガラス工場に職を見つけてビルニュースに引っ越した。ついで市バス運転手となり，次に市バスの修理技師となる。娘1人あり。

妻（リトアニア人）

①ビトゥス（男）
1961年生まれ。バイクシテナイ部落（位置は曾祖父ヨーザスの欄を参照）の生まれ。ウテナイ部落の初級小学校4年を修了後，隣部落の小学校に4年通学し，ついで南に12キロのサチルトノカイ村の普通中等学校3年を修了。ついでビルニュースの自動車学校に入学。種々の職場で運転手として勤務。現在は病院のボイラーマン。ビルニュースに居住。1981年生まれの息子1人あり。

リダ（女）
リトアニア人。看護婦。

②ビダ（女）
1965年生まれ。ウテナイ部落の生まれ。ウテナイ部落の小学校を卒業後，15キロ離れたルジシキス村の普通中等学校（高校相当）を卒業し，ビルニュースの商業学校（短大相当）に進学。ビルニュースに居住。現在は下の娘の育児休業中で働いていない。1988年に上の娘が生まれ，1993年に下の娘が生まれた。

サウラス（男）
リトアニア人。運転手。

③ギンタス（男）
1966年生まれ。ウテナイ部落の生まれ。ウテナイ部落の初級小学校を卒業後，ルジシキス村の上級小学校を卒業。職業学校（農業実業学校相当）に進学。兵役解除の後はウテナイ部落に戻る。いくつかの町で働いた後にビルニュースに居住。現在は自動車修理工場に勤務。娘と息子あり。

妻
リトアニア人。商店に勤務。

（注記）
【この家系図における点線
・・・・・・は養子関係を示す。】

ヨーナス・アダムスカス家，26番家庭，リトアニア系，ウテナイ部落，1997年9月26日

曾祖父
リトアニア人。ウテナイ部落の人。当地の教区であるサチルトノカイ村（ビルニュースから南西50キロ前後。当地からは12キロ前後）の歴史は1200年頃にさかのぼる。ウテナイ部落には最初4軒が入植，後に20戸に増えた。19世紀前半に1戸あたり1ブロック（32haないし36ha）ずつ土地が分配された。これは土地の広さの単位である1ブウカ（16.8ha）の約2倍である。帝政ロシア支配下のこの地方の農奴制のもとでは，農家1戸ごとの土地はこの程度の広さに固定されていたらしい。当地では，土地1区画を32ha前後の1ブロックとして領主から農民に分け与えられたようである。この曾祖父の場合では，畑と森をあわせて1ブロック（32ha）であった。ウテナイ部落は19世紀にはポーランド人は住んでおらず，リトアニア人だけの部落であった。1939年には農家戸数は65戸まで増えていた。

曾祖母
リトアニア人。

- **弟カジミエシ（男）**
父の土地1ブロック（32ha）を3等分して相続した。

- **弟カジス（男）**

- **ヤクバス（男）**
1835－1912。リトアニア人。ウテナイ部落の生まれ。父の土地1ブロック（32ha）を3等分して相続した。12haあった。死の前に息子アダマスに手紙を書き，アルゼンチンから帰国するように頼んだ。

- **祖母（氏名不詳）**
リトアニア人。部落外から嫁に来た。

- **ペトラス・カルチテス（男）**
リトアニア人。ウテナイ部落から北12キロのソチニンカイ部落の人。第一次世界大戦後はリトアニア領になる。戦間期に80歳で死亡。8haの土地を持つ。

- **マリオナ（女）**
リトアニア人。

- **ミコラス（男）**
リトアニア人。ウテナイ部落からは北西6キロのヤボニス部落で6haの土地を持っていた。

- **エバ（女）**
リトアニア人。

- **ヤクバス（男）**
リトアニア人。ヤボニス部落の人。ウテナイ部落からは北西12キロの部落。戦間期はウテナイ部落はポーランド領でヤボニス部落はリトアニア領だった。ヤボニス部落で1ブロック（36ha）の土地を持っていた。

- **カラビナ（女）**
リトアニア人。長生きして，息子アドルフォスの死後，36haの土地を4人の孫に均等に分けて相続させた。

- **③ヤクバス（男）**
1870－1946。ウテナイ部落で生まれ，死亡した。兄アダマスが帰国したので1910年に米国のニューヨークに移住した。そこで健康を害し1年で帰国した。帰国後に結婚。父の土地の半分の6haを相続した。4人の娘と1人の息子あり。

- **ユージア（女）**
1880－1948。リトアニア人。16キロ離れた部落から嫁に来た。夫の死後，独身の息子と娘と共に農家を経営する。

- **①ミコラス（男）**
生年不明。1906年に妻と共に米国のボストンに移住した。土地が小さく，兄弟が多かったので若い時に移住した。1927年以降は音信不通。帰国しなかった。

- **妻（リトアニア人）**

- **④ヨナス（男）**
生年不明。若い時に木から落ちて不具になる。兄のアダマスの帰国後に1910年にアルゼンチンに移住した。一生独身。帰国しなかった。

- **姉妹**
- **姉妹**

- **②アダマス・アダムスカス（男）**
1867－1927。ウテナイ部落で生まれ，同部落で死ぬ。1906年に単身でアルゼンチンに行きそこで3年働く。兄と共に米国に行きたかったがトラホームの跡があったので移民できずアルゼンチンに行った。生活が苦しかったので外国で稼ぎたかった。1909年帰国。稼いだ金をロシア帝国の銀行に預金したが，ロシア革命でホゴになってしまった。父の土地の半分の6haを相続した。この6haの土地はいくつかの地条に分かれていた。

- **①オナ（女）**
1876－1948。ウテナイ部落より12キロ北のソチニンカイ部落の生まれ。1895年の結婚に際して，馬と乳牛と若干の金銭を生前贈与でもらう。妹エバとの間で，財産分けに関して不和はなかった。結婚してウテナイ部落に移る。

- **②エバ（女）**
1879－1976。ソチニンカイ部落で生まれ，そこで死ぬ。父の土地8ha全部を相続した。4人の子供を産む。

- **シモス（男）**
リトアニア人。結婚して妻の家に婿に入った。大農の住み込み農夫の息子で，婿入りに際して家畜などの財産分与はなかった。

- **③ペトラス（男）**
1881年頃の生まれ。18歳で死亡。

- **①マリア**（女，戦間期でのリトアニア領の地域に嫁に行き，そこで83歳で死ぬ）
- **②ミコラス**（男，家族を残して米国に移住した。音信不通。家族を米国に呼ばなかった）
- **③ヨーザス**（男，第二次世界大戦後に米国に移住した）
- **④ボレス**（男，16歳で死ぬ）
- **⑥アントニナ**（女，13歳で死ぬ）
- **⑤ペトレリア（女）**
1906－1934。リトアニア人。ヤボニス部落の生まれ。1924年に結婚。土地はもらわなかった。

- **アドルフォス（男）**
1905－1943。リトアニア人。ヤボニス部落の生まれ。父の土地1ブロック（36ha）の全部を相続した。妻の死後に再婚するが，本人も38歳で死亡。

- **アダマス（男）**
生年不明。米国に移住した。両親の土地は十分の広さがあったので貧しくはなかった。父親の知り合いのユダヤ人が父から金を借りたまま米国に移住し，成功した。ユダヤ人は米国から金を返済し，アダマスの父がかつて助けてくれたお礼にアダマスを米国に呼び寄せたいと申し出た。それでアダマスはボストンに移住した。アダマスは米国で成功し，妻と娘と共に戦後リトアニアを訪れたが，再び米国に戻った。故郷にしばしば小包を送った。

- **マリア（女）**
同じヤボニス部落の家に嫁に行った。結婚に際して土地以外の形で生前贈与をもらった。

- **夫**
リトアニア人，戦前は16haの土地を持つ。

- **オナ（女）**
1914年生まれ。再婚の妻。リトアニア人。ヤボニス部落の生まれ。現在はビルニュースの息子のもとで生存。1951年の農業集団化まで36haの農地を経営した。先妻の娘マリアの結婚の際に，姑カラビナは土地を4等分して4人の孫に均等に相続させた。

第二部 26番家庭

①マリアンナ（女，1912 – 1993）
②スタシス（男，1915 – 1950。独身のまま死亡。両親の死後，6haを経営するがすぐに死亡。土地は翌年コルホーズに取られた）
③ルビシャ（女，1918年生まれ）
⑤ゾフィア（女，1929 – 1948。独身のまま死亡）
初婚の夫（リトアニア人）
④アントシャ（女，1920年生まれ）

①マリア（女）
1896 – 1969。ウテェナイ部落で生まれ，そこで死ぬ。1911年結婚。4人の息子と2人の娘を産んだ。
夫（リトアニア人，ウテェナイ部落の人）
②ペトラス（男）
1901 – 1972。ウテェナイ部落で生まれ，そこで死ぬ。1927年の父の死後，すべての土地の相続を受けた。1930年に結婚。妻の土地も併せて農地が広がった。1940年から1944年まで部落長であった。
アグネス（女，リトアニア人）
ウテェナイ部落の人。結婚に際して両親から土地を受け取った。夫の家に移った。**27番家庭の主人の姉**。
③ヨアナ（女），1905 – 1985。1935年に結婚。結婚後2年で夫が死亡。子供は生まれなかった。夫の死後，実家に戻り，1939年頃に18キロ離れた部落の人と再婚しそこに移った。初婚の夫も再婚の夫もリトアニア人。
④オナ（女）
1906年生まれ。没年不詳。15キロ南方の部落に嫁に行き，そこから1926年に米国に移住し米国で死ぬ。戦前は金を故郷に送金した。戦後は1958年から1962年の間，小包をしばしば送った。ボストンで娘1人を産む。1971年に夫と娘と共にリトアニアを訪問した。娘は1994年に英語で手紙をよこした。
夫
リトアニア人。ウテェナイ部落から米国に移民した人。嫁探しにウテェナイ部落に戻って，妻を見つけ，当地で結婚して，妻と共に再び米国に帰った。
⑤ヨーザス（男，1909 – 1910）
⑦マテウシ（男）
1916年生まれ。ウテェナイ部落で生存。村で裁縫工となる。1953年に結婚。4人の子供を持つ。兄ヨーナスと共に2ha分の土地の権利認定を1995年に申し出たが農業委員会に却下された。兄ペトラスの子が認定を受けた。
妻（リトアニア人，ウテェナイ部落の人。1930年生まれ）
⑧アレキサンデル（男）
1921 – 1987。集団化までは両親の自宅に住んで，森の中の木材伐採加工作業に働きに出た。集団化以降は，電気工になり，ビルニュースに住み，そこで死亡。2人の子供あり。
妻（リトアニア人，ビルニュースの人）
⑥ヨーナス・アダムスカス（男）
1913年ウテェナイ部落の生まれ。**26番家庭の主人**。7歳の時には学校はなく，教会で神父から学んだ。1921年ポーランド政府によりリトアニア人の教師が派遣され，部落にリトアニア語小学校ができた。同年秋に入学した。ポーランド語の授業もあった。1922年には4年生にいきなり編入できた。翌年卒業。部落全体の共同の牛番として働いた。食事はジャガイモが主体で肉を食した。衣服は母が縫った。靴はサチルトノカイ村のユダヤ人商店で買った。商店の衣服は高くて買えなかった。戦間期には一度だけリトアニア領の母方の祖父を訪ねることができた。国外旅券の許可は1度しか下りなかった。1930年から1945年まで森で木の切断加工作業に従事した。1940年に初めて背広を買った。当時の貨幣支出はもっぱら衣料と塩と砂糖だった。ビルニュースへの国鉄の切符は5ズロチと高く，とてもビルニュースには買い物に行けず，サチルトノカイ村のユダヤ人商店で買い物をした。商店はすべてユダヤ人商店だった。部落を行商で歩く貧しいユダヤ商人もいた。当地ではリトアニア人とユダヤ人とポーランド人との間で民族的対立はなかった。ヨーナスは結婚相手として土地持ちの娘を探した。1945年に結婚し，妻が来た。旧リトアニア領の妻の家の畑も耕した。牛の放牧をするのに毎日もとの国境線を越えた。戦後，村の青年の半分がソ連軍に徴兵となったが，ヨーナスは徴兵免除。戦後も木材伐採で働いた。ウテェナイ部落で馬2頭と22haを所有したバルジナス氏（1913年生，リトアニア人）は，コルホーズ議長にさせてやるという申し出を断り，コルホーズに加盟しなかったので1951年に家族と共にシベリア送りとなった。彼以外の部落の65戸の農家はすべて加盟した。そのバルジナス氏の弟はパルチザンと間違えられ1944年にドイツ軍に射殺されており，本人も足が悪かったので戦後，農夫を一人雇い入れた。それでクラークと認定された。ロシアのクラスノヤルスクのラーゲリで働いた。本人は祖国に戻りたかったが，子供たちは現地で良い生活をしておりロシアに残ることを望んだので帰国しなかった。バルジナス氏の娘はラーゲリ送りになったリトアニア人と現地で結婚し，同氏の息子はロシア女性と結婚した。ヨーナスは1951年にコルホーズに加盟し単純労働者として1965年まで働く。0.6haの自留地を耕す。戦後は両親の家に，兄ペトラス夫婦と独身の2人の兄弟と共に住む。貧乏な生活だった。台所はひとつ。乳牛1頭と豚数頭を飼う。1960年に自宅を新築。1965年から定年の1973年まではトラクター運転手としてコルホーズで働く。トラクターは最初は4台で1993年には30台だった。現在は月額228リトの年金生活で，0.6haの土地に馬1頭と乳牛2頭と豚を飼育し農業を営む。戦前では兄のペトラスが土地税を支払っていたが，1995年以降の土地の返還は兄の子孫が権利を有すると認定され，2ha分の土地の返却の願書は却下された。
①マリアテ（女，1912年生，近隣の農家へ嫁に行く。既に死亡。夫はリトアニア人）
②ヨナス（男，1914年生，既に死亡。妻はリトアニア人）
③ビンツェス（男，1916年生，既に死亡。妻はリトアニア人）
④エレナス（女，1925年生，生存。母の土地8haを相続した。コルホーズに土地を取られたが，現在は8haを返還してもらった。この土地は1か所で，確認が容易であるため返還も早かった。夫はリトアニア人）

①マリア・アダムスカス（女）
26番家庭の主婦。1926年にヤボニス部落（位置は祖父の欄を参照）の生まれ。戦前はリトアニア領だった。国境まで1キロしかなかった。母が早く死に，父方の祖母に育てられる。1945年の結婚に際して8ha強の土地と500ズロチの生前贈与を継母からもらった。当時の日当は1ズロチだった。結婚して夫の家に移る。集団化で祖父伝来の8haの土地すべてを失う。1951年以降はヤボニス部落のコルホーズで定年まで働く。1951年の最初の報酬は1日200グラムの穀物ですぐに400グラムの穀物と麦藁になった。ジャガイモは自留地で自分で栽培した。卵と牛乳を村の市場で売って現金収入とした。非合法の闇ウォッカも作ってそれを売った。家族はふだんは酒を飲まなかった。1960年にはヤボニス部落のコルホーズとウテェナイ部落のコルホーズが合併した。1963年からは賃金形態の報酬が始まった。1997年時点ではまだ8haの土地の返還を受けていない。
②ヨーザス（男）
1929年生まれ。ヤボニス部落で生存。両親の家を相続した。1950年に結婚。結婚に際して8ha強の土地をもらう。1951年の集団化で土地を失う。
マリアテ（女，1932年生。リトアニア人。ヤボニス部落から3キロの部落の生まれ）
③スタシス（男）
1936年生まれ。8ha強の土地を相続するも集団化で失う。現在ビルニュースに在住。建築工。子供1人あり。
ヤドビガ（女，リトアニア人。ヤボニスから10キロの部落の人。看護婦）
④ヨーナス（男）
1940年生まれ。8ha強の土地を相続するも集団化で失う。1970年にビルニュースに移住し，現在も在住。
マリテ（女，リトアニア人。ウテェナイ部落の人。隣村の経理係から，ビルニュースに移住して経理係）

①ヨーザス（男）
1946年生まれ。ウテェナイ部落のリトアニア語小学校4年修了の後，サチルトノカイ村の上級小学校9年生を卒業し（注：回想のまま），ビルニュースの工業高校に進学。徴兵解除後にビルニュースで1LDKのアパートの割り当てを受ける。22年間工場に勤務し工場長になる。現在はビルニュースの自動車修理工場の社長。同市に在住。しばしば両親を訪れジャガイモ掘りなどを手伝う。
エレナ（女）
1948年にウテェナイ部落から7キロの部落で生まれる。リトアニア人。ビルニュースの高校卒。現在はスポーツ・ジムに勤務。
③エレナ（女）
1956年生まれ。サチルトノカイ村の上級小学校と中等学校の11年を修了後，ビルニュースの建築専門学校（短大）に進学し，現在はビルニュースの商店の経理係。
ビタス（男）
1955年生まれ。リトアニア人。遠い県の生まれ。妻と短大が同じで同じ職場に勤め結婚した。
②スタシス（男）
1955 – 1955。

①ヨーザス（男），1952年生まれ。ビルニュースに在住。
②ヨーナス（男），1957年生まれ。ビルニュースに在住。

独身の息子
ジビレ（女）
5年前にドイツに移住。
夫（ドイツ人）

①ラムアニェ（女）
1962年生まれ。実業学校卒で喫茶店勤務。
②エバウデス（男）
1965年生まれ。工業実業学校卒。現在コンピュータ技師。

①ダイビダス（男）
1984年生まれ。4歳でカトリックの洗礼を受ける。
②ドビレ（女）
1987年生まれ。

子供
5年前にドイツに移住。

スタシス・ザウラスナス家，27番家庭，リトアニア系，ウテェナイ部落，1997年9月29日

ヨーナス・ザウラスナス（男）
1835－1918。リトアニア人。ウテェナイ部落の生まれ。ヨーナスの父はモロチョニス部落（ウテェナイ部落から西方15キロ）の出身。同部落の近隣の農夫クズバルスカイ氏はウテェナイ部落に1ブロック（32ha）の土地を持っていたが，領主への地代の支払いが滞っていて，土地の半分を失い，それをヨーナスの父が受け取ったというが，正確なことは分からないという。ヨーナスは父から相続した16haの土地を耕す。2ないし3頭の乳牛を飼育した。馬1頭。

アントニーナ（女）
1843年頃の生まれ。1933年に死亡。リトアニア人。ズルシアイ部落（当地より南東12キロ）の生まれ。

祖母（名前不明，リトアニア人）
祖父（名前不明）
リトアニア人。ヤボニス部落の人。16haの土地を持っていた。

後妻（名不詳，リトアニア人）

④**マテウシ（男）**
1884－1914（?）。伯父が医師でビルニュース郊外に住んでおり，その伯父には子供がなかった。そこでマテウシを引き取って育てた。マテウシはギムナジウムにも通えた。ビルニュースで妻と結婚。兄ヨーザスが結婚した時，生前贈与として金銭を受け取った。ヨーザスの妻の兄ヤボニスが米国にいたら，その兄が一時帰国した時に金銭をマテウシに渡した。その金でルジシキス村（ウテェナイ部落から15キロ）で薬局を開業し医業も行った。第一次世界大戦時，ロシア軍に徴兵される。自宅を売り，妻と息子を伴って前線に向かった。前線で戦死。妻と息子エドワルドは故郷に戻った。

ペトロニリア（女）
1890－1960。リトアニア人。サチルトノカイ村の生まれ。夫は出征の時，自宅売却代金を兄ヨーザスに預け，もし自分が前線から戻らなかったら，その金で妻と息子の面倒を見てくれと頼んだ。それで夫の死後，ウテェナイ部落のヨーザスの家に戻り，面倒を見てもらい，死ぬまでそこに住んだ。再婚しなかった。

①**カシュウカ（女）**
1863－1939。ウテェナイで生まれ，そこで死ぬ。結婚して同じ部落の夫の家に移る。乳牛と金銭若干で生存贈与を受けた。子供なし。

ユルガス（男）
1860年頃の生まれ。リトアニア人。1931年死亡。ウテェナイ部落の生まれ。16haの土地を両親から相続した。

②**スタシス（男）**
生没年不明。土地が狭く兄弟が3人もいたので20歳の頃の帝政ロシア時代に独身で米国に移民した。その後音信不通。帰国せず。

エバ（女，リトアニア人。再婚の妻。1942年に結婚）

③**ヨーザス・ザウラスナス（男）**
1874－1963。ウテェナイ部落の生まれ。両親の土地16ha全部と自宅を相続した。乳牛と子牛で合計で10頭も飼育した。馬も2頭は持っていた。羊も20頭くらい飼育していた。豚も飼った。鶏も飼った。子供が多かったので労働力は十分で，雇いの農民はいなかった。豊かな農家であり，自宅も大きく真ん中を壁で割って2部屋にしていた。部屋は大きく，寝室と台所が兼用だった。ストーブは蒔ストーブだった。石炭は使わなかった。馬小屋と牛小屋は一棟で，真ん中で分けていた。豚小屋と羊小屋も同様に一棟で，2つに分けていた。また穀物倉庫もあり，別に荷車車庫とワラ倉庫を兼用した倉庫もあった。豚や羊や卵を売って現金収入とした。ユダヤ人商人がサチルトノカイ村から買い付けに来て，ユダヤ人商人に販売した。豚だけはユダヤ人は買わなかった。貨幣でユダヤ人商店（商人）から購入したものは，塩・砂糖・ランプ用灯油など。貨幣を貯金して，娘たちへの生前贈与に備えた。新聞などは読まなかった。妻の死後，再婚しエバの家に移る。1943年に16haの土地を子供たちに分配した。

ヨアンナ（女）
1884－1936。ヤボニス部落（ウテェナイ部落から北西6キロ）の生まれ。結婚に際して，馬と乳牛の生前贈与をもらった。

ユルギス（男）
両親の自宅と農地16ha全部を相続した。兄が米国に移住し，金を送ってくれたので，第一次世界大戦の頃，ヤボニス部落で商店の建物の建設を始めた。戦後完成。

オナ（女，ヤボニス部落の生まれ。）

兄ヤボニス，第一次世界大戦前に米国に移住した。弟ユルギスと妹ヨアンナに米国から金を送った。米国で死亡。

アントシャ（女）
同じヤボニス部落の農家に嫁に行った。生前贈与を家畜で受け取る。

シナス（男，リトアニア人。ヤボニス部落の生まれ。）

3人の姉妹と3人の兄弟

マタス（男）
1865－1945。リトアニア人。ムチコルニス部落（ウテェナイから南方6キロ）の人。4分の1ブロック（8ha）の土地を持っていた。父は32haを持っていたが，4人の兄弟で均等に分割した。8haの土地のほかに借地もした。部落の近くにユダヤ人部落があり，彼らは耕作をせず，土地を賃貸に出していた。その土地を借りて耕作した。地代は，さまざまだが，良質の畑は収穫の半分，低質の畑は収穫の3分の1などであった。サッカリン（代用砂糖）の取引なども手がけ豊かであった。50戸ほどの部落であったが，1941年6月の独ソ開戦の時，ドイツ軍によって，部落全体が焼き払われた。住民はユダヤ人部落の空き家に強制移住となった。

カトリナ（女）
1875－1948。リトアニア人。ウテェナイ部落から15キロ離れた部落の生まれ。両親は4分の1ブロック（8ha）の土地を持っていた。結婚して夫の家に移る。

姉妹2人
ヨーザス（男，妻を捨てて単身で米国に移住し永住した）
アンドラス（男，米国に移住し永住した。音信不通）
スタシス（男）
マテウシ（男）

①**エドワルド（男），1909－1970。一人っ子。父の死後，ウテェナイ部落の伯父ヨーザスのもとで育つ。成長してビルニュースに出る。そこで死亡。**

①**マリア（女），1905年にウテェナイ部落の生まれ。ウテェナイで生存。結婚に際して乳牛と金銭若干で生前贈与を受けた。アグネスを除く他の姉妹も同様であった。夫はリトアニア人。**

②**カロリナ（女）**
1907－1930。結婚に際し，馬1頭と乳牛2頭と金銭若干をもらう。同じ部落の夫の家に移った。出産後2か月で死亡。娘を残す。
夫（リトアニア人。ウテェナイ部落の人。一人っ子で11haの土地を持っていた）

④**アポロニア（女）**
1910年生まれ。結婚して夫の家に移る。馬と乳牛と金銭を生前贈与でもらう。生存。
夫（リトアニア人）
ビデナイ部落（当地から南方15キロ）の人。劣等地を30ha持っていた。

⑤**アントシャ（女）**
1912年生まれ。姉と同じビデナイ部落で生存。結婚に際して生前贈与で金銭のみをもらう。
夫（リトアニア人，一人っ子，7haの優等地を持っていた）

ゾフィア（女）
リトアニア人。1929－1951。ウテェナイ部落の人。1950年に結婚し夫の家に移った。1951年に出産の直後に死亡。結婚に際して若干の生前贈与を両親からもらった。

⑦**ヨーゼフ（男）**
1919年生まれ。ウテェナイで生存。1943年から父の土地を耕し，妹の結婚の後，最終的に父の土地の半分8haを相続した。この土地分割は兄弟間の口約束で法的登記は行わなかった。当時の土地税を誰が払っていたかで，現在は土地の権利の帰属が認定される。1949～1950年は，ヨーゼフとスタシスが別個に税金を払ったので，その記録が残っているはずであるという。自宅の2部屋のうち1部屋を相続した。1950年に結婚。集団化で土地を失う。コルホーズの牛飼育係として働く。1965年に部落内に自宅を新築し，父から相続した1部屋はコルホーズに売却した。
後妻（リトアニア人）

ヤドビガ（女）
1925年生まれ。ボリシケス部落（当地から南方15キロ）で生存。1949年結婚。結婚に際して，土地を相続した二人の兄が，両親の代わりに生前贈与をヤドビガに渡した。馬と乳牛だった。
夫（リトアニア人。12haの土地を両親からもらった。結婚後に集団化で土地を失う）

①**ヤドビガ（女）**
1901年生まれ。生存。近くの農家に嫁に行く。結婚に際して生前贈与をもらう。
プラナス（男，リトアニア人）

②**シルベルテル（男）**
近所の子供のない農家で養子のように育てられる。結婚して3人の子供をもうける。ドイツ軍侵入時に家が焼かれた時に，ドイツ兵に射殺される。
オナ（女，リトアニア人）

③**ヨーザス（男）**
1909－1982。結婚後，妻が移ってきた。1941年6月に部落全部がドイツ軍によって焼かれ，隣のユダヤ人部落の農家に移住した。兄の死後，父の土地をすべて相続した。
マリテ（女，リトアニア人）

④**レウカディア（女）**
1911年生まれ。ビルニュースの娘のところで生存。結婚に際して生前贈与をもらう。
ヨーナス（男，リトアニア人）

⑥**マリテ（女）**
1917年生まれ。結婚に際して生前贈与をもらう。1952年にシベリアの夫のもとに行き，そこで死亡。子供は母国に残した。姉ヤドビガが子供を育てた。
ベネディクタス（男）
リトアニア人。ムチコルニス部落の生まれ。ドイツ占領中にサチルトノカイ村の警察官になる。ドイツの敗走と共にドイツに逃げるが，敗戦でソ連軍に戦争犯罪者として逮捕され，シベリアに送られる。最近になってリトアニアに帰国した。

第二部　27番家庭

③アグネス（女）
1908年生まれ。ウテェナイ部落で生存。1930年の結婚に際して，父ヨーザスは夫が大変気に入って，アグネスのために生前贈与として10haの土地を買って与えてくれた。当時は，1haの土地は乳牛1頭に相当した。父はその土地をユダヤ人女性農民から買った。そのユダヤ人は引っ越していってその土地を売った。
ペトラス・アダムスカス（男）
リトアニア人。ウテェナイ部落の人。**26番家庭の主人ヨーナスの兄**。6ha強の土地を持っていたが，妻がさらに10haの土地を持ってきてくれた。

⑥スタシス・ザウラスナス（男）
1915年にウテェナイ部落の生まれ。生存。**27番家庭の主人**。7歳から4年間ウテェナイ部落のリトアニア語小学校に通学。全科目がリトアニア語で授業がなされ，それ以外にポーランド語の時間があった。11歳から畑で働く。部落からは誰もポーランド軍の徴兵を受けなかった。部落の小学校の教師が妻を紹介してくれて気に入ったので見合いの6週間後の1937年に結婚。実家に資産があり，働き者で信仰の厚い家庭の娘が結婚相手として人気があった。容姿は関係なかった。結婚披露宴は親戚だけで40人くらい集まった。すべてリトアニア人だった。ドイツ占領中は，ソ連系パルチザンが活動しており，夜にやって来て物を奪っていった。戦争中も戦後も，戦前とほぼ同じ生活で営農した。1949年の妹ヤドビガの結婚後，最終的に父の土地の半分8haを相続した。2部屋の自宅のうち1部屋も相続した。1951年の集団化で土地を失う。1951年からコルホーズで農夫として働き，1952年から1970年までコルホーズ所属の郵便配達夫として働く。1958年から郵政省の郵便配達夫となった。1970年から1975年まで営林署で働く。月給は変わらなかったが，採草地が利用でき，木材ももらえたので転職した。1975年から年金生活。失った土地は今では植林され森になっている。土地権利証は戦争中に失っているので，土地が帰ってくるかどうか不安。弟ヨーゼフがコルホーズに売った住居1部屋と周辺宅地を1971年に買い戻し，そこに自宅を新築。子供たちも協力してくれて家族で家を建てた。現在は2haを所有。子供たちは週末には農業を手伝ってくれるが，皆ビルニュスに住んでいるので，当地で農家を継ぐ気持ちは持っていない。子供たちはみなビルニュス郊外に0.06haの家庭菜園を持っておりそれで十分と思っている。もし土地が戻ってきても売るしかないだろう。

⑤ユージェ（女）
1914年にムチコルニス部落（ウテェナイから南方6キロ，戦期間はポーランド領）の生まれ。生存。**27番家庭の主婦**。リトアニア語小学校卒。学校でポーランド語の授業もあったので，ポーランド語が少し理解できたが話せなかった。今はポーランド語を全く忘れてしまった。1937年の結婚に際して500ズロチと乳牛1頭をもらった。当時の乳牛1頭は100ズロチだった。1951年からコルホーズで農夫として働く。牛乳を農家から集める係だったので，郵便配達の夫と一緒に家々を廻った。

この列は左頁の第3
世代の一部である。

①マリテ（女）
1932年生まれ。生存。子供は生まれなかった。夫の死後は再婚しなかった。
ビトス（男）
1942－1965。リトアニア人。4キロ離れた部落の出身。
②スタシス（男，1935－1938）
④ゲネテ（女，1942－1942）
③エレナ（女）
1940年生まれ。ウテェナイ部落で生存。コルホーズで経理課長として働く。子供が生まれた時も，実母が育児を手伝ってくれて，職場に復帰した。
ブワザス（男）
リトアニア人。当地より南東15キロの部落の生まれ。結婚して当地のコルホーズ社宅に住み，1968年にウテェナイ部落で自宅を建て，コルホーズでトラクター運転手として働く。
バーネ（女）
最初の妻。リトアニア人。1962年に結婚し息子を産むが，4年で離婚。
①ヨーナス（男）
1938年生まれ。ビルニュスで建築会社に勤務。生存。
マリテ（女）
1950年生まれ。再婚の妻。**ポーランド人**。遠い県の生まれだが，ビルニュスで夫と知り合う。教会での結婚式は挙げなかった。2人の子供を産む。リトアニア語で会話するが，実母とはポーランド語で会話する。
②マリテ（女）
1939年生まれ。ウテェナイ部落より15キロ離れたルジシキス村で生存。1950年にウテェナイ部落のリトアニア語小学校4年を修了。ついでサチルトノカイ村で3年間小学校に通学。小学5年になって初めてロシア語の授業が始まった。小学8年生と9年生は有料だったが，兄弟が多く貧しかったので進学しなかった（注：当時のソ連では高学年授業は有料だった）。ビルニュスの裁縫実習コースに週2回，3か月間通い修了。コルホーズに就職。1959年に結婚。夫の実家に8年住むが，1967年に夫と共にウテェナイ部落に移ってきた。コルホーズの図書館で働く。1971年に離婚。郵便局で父の仕事を助けるが，病気理由で解雇。病気で年金生活になる。子供の養育権で前夫と裁判で争う。前夫ヨーナスの弟は子供がなく，マリテの病気を理由に，その子供の親権者となる手続きをしたが，マリテはそれを不服として裁判を起こした。1986年にルジシキス村でアパートの割り当てを受けた。独身。無職。
ヨーナス（男）
リトアニア人。17キロ西方の村の生まれ。潅漑企業に勤務。離婚後は実家に居住。未亡人と再婚。
③エレナ（女）
1942年生まれ。小学校卒業後，ビルニュスの建築会社に当地から通勤。職場結婚。ビルニュスで生存。2人の娘を産む。
夫
リトアニア人。
④ブロニウス（男），1943－1943。
⑤スタシス（男）
1945年生まれ。ビルニュスで生存。運転実業学校を卒業の後，コルホーズに運転手として勤務。徴兵の後，ビルニュスに引っ越す。長距離バスの運転手。
ワンダ（女）
リトアニア人。
⑥ユリ（女）
1948年生まれ。小学校卒業後，ビルニュスの建築会社に通勤。職場結婚。ビルニュスで生存。娘1人あり。
アンタナス（男）
ポーランド人。家庭でも実家でもポーランド語で話す。ビルニュスの出身。
⑦ボロニア（女），1949－1952。
ヨーナス（男）
初婚の夫，リトアニア人。当地から10キロ離れた部落の出身。ウテェナイ部落のコルホーズの運転手だった。
⑧ギェナ（女）
1951年生まれ。ビルニュスの商業学校卒。商店で働く。子供はない。
ブワダス（男）
リトアニア人。再婚の夫。ビルニュスの工場に勤務。
⑨ビトス（男）
1953年生まれ。小学校卒業後，17歳でビルニュスに引っ越す。ビルニュスで生存。自動車修理工場に勤務の後，タクシー運転手などを経て，現在は民間企業に勤務。2人の子供あり。
ベルナデタ（女）
リトアニア人。裁縫工。

①ビタス（男，1961－1961。乳児死亡）
②アルゲス（男）
1963年生まれ。ウテェナイ部落とルジシキス村の小学校を卒業の後，両親が離婚したので父親のもとでビルニュスの工業高校に進学。ビルニュスで工具。
妻（リトアニア人）
③ユルス（男）
1965年生まれ。父の実家で育つ。ビルニュスの工業高校を卒業。ビルニュスに居住。独身。
④ライマ（女）
1968年生まれ。ルジシキス村の小学校と中等学校を計11年修了。ビルニュスの短大に進学。ビルニュスに居住。
夫
リトアニア人。

ヨーザス・ソズラウスカス家，28番家庭，リトアニア系，サラビアイ部落，1997年9月30日

アンタナス・スタクニス（男）
リトアニア人。19世紀前半の生まれ。サイマラ部落（戦間期はサラビアイ部落よりポーランド領。サラビアイ部落から10キロほど離れている）の人。約16haの土地を持っていた。この部落には戦間期において80戸くらいの農家があり，すべてリトアニア人農家だった。1農家平均にして2家族が住んでいた。家の真ん中の壁を割って兄弟が住むことが多く，伯父と甥との組み合わせもあった。戦間期には部落の中央ごとで，ソ連側のポーランド政府の国境警備兵が常駐していた。

妻　リトアニア人。

ビクテ（女）
リトアニア人。ジリナイ部落（サラビアイ部落より西方8キロ）の生まれ。1936年死亡。1910年代にアンタナスの後妻になる。嫁入り道具に行季1つの衣服だけもってきた。子供は生まれなかった。

アンタナス（男）
1843 – 1938。リトアニア人。バイクシテナイ部落（戦間期はポーランド領。サラビアイ部落より10キロ）で生まれる。母親はリトアニア語の字の読み書きができた。母親から字を習った。それで，後に，米国にいた息子アレキサンドラスに帰国するよう自分で手紙が書けた。アンタナスはサラビアイ部落に婿に来て，約16haの農家を営んだ。馬1頭と乳牛数頭を飼育した。家族だけで営農したので，雇い人はいなかった。1934年頃，娘の結婚に際して，土地を4haに4等分して子供に相続させた。アンタナスは土地を分割したくなかったが，後妻ビクテが均分相続を主張したためである。土地面積は均分だったが，娘と息子ユルカの土地は豊かで，他の2人の息子の土地は劣等地だった。後妻の死後は，4人の子供の家に1か月ごとに順ぐりに預かってもらって生活した。

ユルカ（男）
バイクシテナイ部落の西方の部落に住んでいたが，第一次世界大戦後に家族そろってポーランドに移住した。移住の時期と理由は不明。

そのほかに2人の兄弟と数人の姉妹あり。

オナ（女）
リトアニア人。生年不詳。1910年から20年の間に死亡。サラビアイ部落の生まれ。一人っ子だったらしい。約16haの土地を父から相続した。土地は4か所に分かれており，1か所の土地は2つの地条になっていた。地条は幅が16メートルで長さは1キロのものと2キロのものがある。地条の端はポーランド・リトアニア国境線だった。結婚後に夫が婿として移ってきた。

ペトラス・モリス（男）
リトアニア人。サラビアイ部落から南東16キロのブドビドニス部落の生まれ。ウテェナイ部落の妻の家に婿に入った。1937年死亡。

妻（名前不詳）
1926年に死亡。リトアニア人。ウテェナイ部落の生まれ。姉妹はいたが兄弟はいなかった。それで夫が婿に来た。両親はウテェナイ部落に約12haの土地を持っていた。

⑤**シルベステル（男）**
1903 – 1978。1932年に結婚。1934年頃に4haの土地を相続した。両親の自宅も相続した。後に姉アネラから1.4haを買い取る。銀行から借金して1939年までの月賦で返す。ドイツ占領中は，当地の部落長だった。住民集会で部落長に選出された。部落からの労働力強制徴発の対象者の選定をドイツ軍は部落長に依頼した。戦後，戦争犯罪者として逮捕され，ビルニュースの刑務所に収監された。部落からの密告による。1950年代前半に釈放され，クライペダ市（注：

ティクレ（女）
ポーランド人。当地から北東25キロ離れた部落の生まれ。サラビアイ部落から北方4キロのユダヤ人農家の女中として働いていた時に夫と知り合う。リトアニア語で会話した。

①**アンタナス（男，1884年サラビアイ部落の生まれ。没年不詳。1904年頃（注：日露戦争の年），ロシア軍の徴兵を嫌って米国に移住した。ニューヨークからほど近い所の炭鉱で働いた。米国に移住したので土地の相続は受

③**ユルカ（男）**
1894 – 1982。サラビアイ部落で生まれ，そこで死ぬ。独身時代は父の畑を手伝い，鉄道工事でも働いた。1924年頃に結婚してサラビアイ部落の妻の家に移った。ユルカは結婚に際して馬と乳牛を生前贈与でもらった。その後1934年頃に4haの土地を相続した。後に妹アネラから1.3haを金銭で買い取る。

メカリナ（女）
リトアニア人。サラビアイ部落の生まれ。父は32haの土地を持っていたが，4人の娘に均等に8haずつ相続させた。

④**アネラ（女）**
1896 – 1978。チジュナイ部落（サラビアイ部落から南東10キロ）で死ぬ。1934年の結婚に際して4haの土地を相続したが，その土地を1935年の秋にユルカとアレキサンドラスと弟シル

アレキサンドラス（男）
リトアニア人。12haの土地を持っていた。結婚時に前妻との間の息子と娘があったが，息

⑥**マリテ（女，幼時に死亡）**

②**アレキサンドラス・ソズラウスカス（男）**
1888 – 1957。サラビアイ部落の生まれ，そこで死ぬ。小学校には通わなかった。文盲。父親の許可が出なかったのでなかなか結婚できなかった。1917年か1918年に炭鉱の職長に出世していた兄アンタナスを頼って3年ほど米国の炭鉱で働いた。米国移住は旅費がかさんで大変だったが，兄が米国から旅費を送金してくれた。米国に永住したかったが，父が老齢になり農業を継ぐように頼んだので帰国した。父に金を渡し，父はそれで2頭目の馬と荷車を買った。1924年結婚。結婚後も父の実家に弟シルベ

⑤**ロザリア（女）**
1905 – 1992。ウテナイ部落（当地より東方6キロ）の生まれ。文盲。独身の頃，既に米国に移住していた兄が100ドル送金してくれた。兄スタシスはロザリアを米国に呼び寄せようとした。しかしロザリアは移民仲介業の詐欺にあい

①**スタシス（男）**
生年不詳。1980年頃死亡。1924年時点では既に米国のボストンに独身で移住していた。家が貧しかったので，金を貯め旅費にして移民した。後に一時帰国し，同じウテナイ部落の娘と結婚し，妻と共に再び米国に戻った。炭鉱で働

オナ（女）
リトアニア人。ウテナイ部落の生まれ。当地では極貧の生活だった。

②**ヨーザス（男）**
生年不詳。クライペダ市近郊で1978年に死亡。文盲。ウテナイ部落の近くのユダヤ人農家で妻と一緒に住み込みで働く。戦間期に父の倉庫を相続したがユダヤ人に売却した。戦後，ウテナイ部落で掘っ建て小屋に住

ゾフィア（女，ウテナイ部落の生まれ。リトアニア人）

③**マテウシ（男）**
1903年生まれ。文盲。父の家に住んで12haの土地を耕した。12haのすべてを相続した。ただし戦間期にこの名義変更が登記されていたかどうかは不明である。集団化で土地を失う。1994年以降の土地の返還で，マテウシー

ゾフィア（女，8キロ離れた部落の生まれ。リトアニア人）

④**オナ（女，1904年生まれ，幼時に死亡）**

バルト海沿岸の人口20万人の大都市，19世紀はプロシャ領でメーメル市と呼ばれた。1919年のベルサイユ条約直後はフランス管理下で，1923年からリトアニア領。ヒトラーの領土割譲要求により1939年3月からドイツ領。1945年1月からリトアニア領）郊外に移住し，そこのソホーズで働く。牛の飼育係。後に農薬散布の飛行機管理係。ソホーズの住居割当も受けた。娘2人あり。ビルニュースの病院で死亡し，サラビアイ部落に埋葬される。

結婚後は夫の家に移り，1952年頃まで住み，クライペダ市郊外に移住。専業主婦だった。そこで死亡。

けなかった。米国移住の際に旅費を父よりもらっていたので相続の権利はなかった。米国で，当地の近隣から移民したリトアニア人の娘と結婚した。一度も帰国しなかった。音信不通となる）

ベステルに売却した。結婚が遅かったので土地の他に，馬と乳牛と羊4頭を生前贈与でもらった。チジュナイ部落の男やもめの夫の家に移った。子供一人を出産するがすぐ死亡。

子は米国に移住して，娘は既に結婚して家を出ていた。1934年に再婚。

ステルと共に住んだが，嫁同士が不仲になり，米国で貯めた金で両親の敷地内に自宅を新築した。16haの土地を父と弟と共に耕す。1934年頃に4haの土地を相続し独立した。のち妹アネラから1.3haを買い取る。銀行から借金して1939年までの月賦で返す。土地が小さいので，近所の農家に手伝いに行って生活の足しにした。ドイツ占領中は，鉄道保線の仕事をやった。現金の報酬が支給された。強制労働ではなかった。戦後，弟シルベステルが逮捕されたことに関連して不利益はなかった。

大部分の金を失った。それで夫と結婚した。父親ペトラスも残っている金の一部を渡すようにロザリアに要求し，それで父は馬を買った。当時の父親の権威は強かった。兄が送ってくれた残りの金で，嫁入りの際に乳牛1頭を買った。たが，第二次大戦に参戦しフランスで重傷。以後は年金生活。1975年に一度帰国した。祖国で死にたかったが，ソ連政府から年金が出ないので米国に戻った。娘1人がいるが，黒人と結婚し，リトアニア語はもう分からない。

み，少しの土地を耕した。子供が多く貧しい生活であった。それでクライペダ市近郊に移住した。そこにはドイツ人が退去した跡の空き家が多くあったから。子供はすべてリトアニア人と結婚した。

人に土地の権利が返還されるかどうかは不明。2人の息子と3人の娘あり。2人の息子は共にビルニュース市に出て工場で働いた。娘はみな近くの部落に嫁に行った。子供たちの結婚相手はすべてリトアニア人。

第二部　28番家庭

- ①ゾフィア（女）
1936年生まれ。生存。音信不通。職業不明。サラビアイ部落のリトアニア語小学校を卒業し、家族そろってクライペダ市に移住した。母ともリトアニア語で話した。父シルベステルの葬儀でサラビアイ部落に来たのが最後で、その後の消息は不明。子供なし。
夫（リトアニア人）
クライペダ市郊外の国営農場で働いていた時に職場で妻と知り合う。
- ②アニア（女，1939年生まれ。生存）
夫（ロシア人，クライペダ市郊外の国営農場で働いていた時に職場で妻と知り合う）
- ①スタシス（男）
1925－1965。レニングラード大学卒。ビルニュース大学の講師になる。ビルニュースで死亡。
- ②オドラ（女，ビルニュース大学で学ぶ）
- ③ユーザス（男，サラビアイ部落に住み、そこで1994年死亡）
- ①マリテ（女）
1925年生まれ。当時ポーランド領だったサラビアイ部落の生まれ。この年に父が新築した住宅で生存。サラビアイ部落には当時小学校がなかったので、同部落から2キロ離れた部落にあったポーランド語小学校に冬季だけ2年だけ通った。夏は畑で働いた。リトアニア語の授業も週に1回だけあった。マリテはもうポーランド語はほとんど忘れてしまった。リトアニア語の授業も週に1回だったから、今でもリトアニア語が読めない。文盲に近い。結婚して同じ部落の夫の家に移る。専業主婦で一度も外で働いたことがない。
ビンツァス（男）
1922年にサラビアイ部落の生まれ。リトアニア人。
- ③アントニナ（女）
1934年生まれ。ドイツ占領中にサラビアイ部落のリトアニア語小学校に2年間、やはり冬だけ通った。戦後は、コルホーズで臨時雇いで働いたり、実家の自留地で働いたりした。1955年からは汽車通勤で工場に勤務。1957年に結婚し夫の家に移った。カニウカイ部落（当地より3キロ西方、戦間期はリトアニア領）で生存。5人の子供を出産した。
バツワフ（男）
1928年生まれ。リトアニア人。3人の子供を残して最初の妻が死亡した。アントニナと再婚した。コルホーズで働いた。
最初の妻（リトアニア人）
- ④ピアトラス（男）
1937年生まれ。サラビアイ部落の初級小学校を4年修了。ついで隣部落の上級小学校3年修了。ついでヤボニス部落（ウテナイ部落より北西6キロ）の普通中等学校を卒業。コルホーズに就職し、トラクター運転補助員になる。徴兵の後，ビルニュースの建築会社に就職。当時、コルホーズでの生活は苦しく、またこの地方に就業先が少なかったから、多くの若者がビルニュースに出て行った。ビルニュースで生存。1962年に結婚。
ナージャ（女）
1939年にサラビアイ部落の生まれ、リトアニア人。結婚後、ビルニュースの夫に家に移る。建築会社でペンキ工として働いた。
- ②ヨーザス・ソズラウスカス（男）
1928年サラビアイ部落で生まれる。**28番家庭の主人**。生存。8歳の時から学校の合間に牛番として働く。姉マリテと同様の理由で1936年からサラビアイ部落から2キロ離れた部落にあったポーランド語小学校に3年間冬だけ通ったところで1939年の戦争となり、部落はリトアニア領となった。1940年1月にサラビアイ部落にリトアニア語小学校が開設された。そのリトアニア語小学校に3年間、やはり冬だけ通った。最後の年は春にも通学した。リトアニア語小学校ではポーランド語の授業はなかった。夏は近所の農家の牛番もやった。1か月に2プード（注：1プードは16.3キログラム）のライ麦が報酬だった。衣服は母親が縫った。靴は買った。1941年頃（注：回想のまま。1944年の秋と思われる）、キノコを売りにビルニュースに行った。ソ連兵はヨーザスをパルチザンと疑って逮捕しようとしたが、逃げることができた。キノコの代金で靴を買った。1930年代では16haを持っている農家が部落で6戸あり、それ以外の農家はみな貧しかった。1943年秋から、近くのサチルトノカイ村の12haの独身女性農家の住み込み農夫になった。朝は2頭の牛の乳搾りから始まった。馬1頭がいて、畑仕事もした。食事は女主人と同じものを一緒に食べた。肉が出ることはほとんどなかった。1945年1月にサラビアイ部落の実家に戻った。農家の女性主人は3年間分の賃金として7ツェントネル（注：1ツェントネルは350キロくらいだった）の穀物をくれた。その賃金で馬を買った。父の家にはそれまで馬がなかった。戦後は父の農家を手伝った。1947年に国鉄の保線部に就職した。月給は200とか300旧ルーブルだった。1950年にソ連軍に徴兵となる。ウクライナとモルダビア（ルーマニアの北側の共和国）に駐留。軍隊時代に初めて背広を買った。日本人捕虜が道路建設をしているのを見た。日本人に煙草を売り、その金でパンを買った。1953年に徴兵解除。軍からもらった金で、米国製の赤いスキー靴を買い、残った金は両親にプレゼントした。1949年秋にサラビアイ部落でコルホーズが結成された。父と母はコルホーズに加盟し、馬と犂を失った。コルホーズの生活は貧しく、金を稼ぐ必要があったので、ヨーザスはビルニュースの建設会社に就職した。ビルニュースのカウナス通りの鉄道会館（注：立派な宮殿で現存する）の建設に従事した。月給は263ルーブルだった。賃金が低いので機関車修理工場企業に転職し、ついで電気工場に転職した。自宅から汽車で通勤した。1959年に結婚した時は月給が500旧ルーブルになっていた（注：1961年1月1日に貨幣価値を10倍に高めるデノミネーションが実施され、これは50新ルーブルに相当することとなった）。ついでビルニュースの金属工場に転職し、作業班長になった。1965年に父アレキサンドラスが建てた古い自宅を取り壊し、同じ場所に自宅を新築した。1940年の社会主義政権の時に姓をソストウタスに変えた。当時のリトアニア政府は、ソズラウスカス（ソズラウスキ）をポーランド風の姓であるとして、リトアニア風の姓に変えることを要求した。多くの人が名前を変えられた。例えば、ウカシェビタス家はウカイテス家などというように。戦後の社会主義政権の時に、再びソズラウスカスに戻した。
ブラニア（女）
1933年サラビアイ部落で生まれる。1950年代後半にはビルニュースの工場に汽車で通勤していた。1959年に結婚。1961年に息子を出産した後、長期育児休暇を取る。復職しなかった。

- ①ヨーナス（男）
鉄道実業学校卒。徴兵解除の後、結婚した。国鉄保線部に就職したが、22歳で鉄道事故で死亡した。妻とはリトアニア語で会話した。
妻
ポーランド人。20キロ離れたアングライ部落の生まれ。商店の売り子だった。夫の死後もヨーナスの両親の家に住む。再婚したが、夫がその家に移ってきた。
再婚の夫（リトアニア人）
- ②ヨーザス（男）
1952年生まれ。ルジシキス村（ビルニュースから南西35キロ）に自宅を建設し、そこに在住。現在は失業中。
ベロニカ（女）
ジョロミス村の農家の出身。リトアニア人。現在失業中。臨時雇いで働いている。
- ①ヨーナス（男）
カトリックの洗礼を受けており、教会で結婚式を挙げた。兄弟・姉妹も全員が教会で結婚式を挙げている。ビルニュースで運転手になる。
妻（リトアニア人）
- ②ゲットルス（男）
ビルニュースの兄の家に寄宿して、工業学校を卒業した。現在の職業は不明。
妻（リトアニア人）
- ③マリテ（女）
ビルニュースの商業学校を卒業。現在はドゥルシキニンカイ市（サラビアイ部落から南西70キロくらい。ベラルーシの国境の近くの小都市）の保養所でコックをやっている。
夫（リトアニア人）
- ④ブロニア（女）
中等学校を卒業の後、姉マリテを頼ってドゥルシキニンカイ市に行き、保養所の食堂で働いている。
夫（リトアニア人）
- ⑤ゲニア（女）
中等学校を卒業後、ビルニュースに行って商業学校を卒業。商店に勤務。
夫（リトアニア人）

- ①ダイニュス（男）
大学を卒業し、テレビ俳優になった。
最初の夫（リトアニア人）
- ②リマ（女）
2番目の夫（リトアニア人）

ヨーナス（男）
一人っ子。1961年生まれ（注：父ヨーザスは息子のことを全く語らなかった）。

イグナタス・ズロタチ家，29番家庭，リトアニア系，カルモニス部落，1997年10月2日

ピョートル・ズロタチ（男）
リトアニア人。1870年代にトラカイ県の生まれ。生年不明。1926年に死亡。初めは当地カルモニス部落（ビルニュースから西方25キロにあるトラカイ市からさらに西か南の方に10キロ前後分の部落。カルモニス部落は戦間期はリトアニア領）から25キロ離れた数百ヘクタールの大地主のもとで住み込みの農民だった。1909年頃に米国に出稼ぎで単身で移住した。出国の際に既に2人の子供があった。長男アダムと次男ユーレクを米国に呼び寄せるため，ビザ取得用の招待状を祖国に送った。次男のみ米国に移住できた。ピョートルは1914年に帰国した。米国で金を貯め，当地から10キロ離れた部落に土地と家屋を購入したが，1914年のドイツ軍の侵略の際に焼けてしまった（注：回想のまま。戦闘は1915年の初頭か）。ロシア軍は逃げる際に村に火を放った。それで新たにツェゲルニア部落（カルモニス部落から1200メートル離れた部落。戦間期はポーランド領。1キロほど先にリトアニアとの国境があって，その先がカルモニス部落だった）で24haの土地のみ（一部は森）を買った。自宅はすぐに新築した。住み込み農民は雇わなかった。同部落で死亡。埋葬された墓地は1965年に閉鎖され，跡地に小学校が建設された。
兄弟姉妹の数は不明

カジェミラ（女）
リトアニア人。旧姓ロズボドフスキ。1880年頃の生まれか。夫の死後は，子供たちと共に農業経営を継ぐ。1949年死亡。集団化開始直後に死亡した。

シモン・ラジェビッチ（男）
おそらくポーランド人。ツェゲルニア部落から北方14キロの部落の人。土地持ちの農民だったが，土地は小さかった。第一次世界大戦中にチフスで死亡。妻とはリトアニア語で話した。

ペトロニェエ（女）
リトアニア人。

イグナツィ・ルチンスキ（男）
ベラルーシ人。カトリック。現ベラルーシ領の町に生まれ，結婚後もそこに住むが，妻がビルニュースの実家を相続したので同市に移住。第一次世界大戦前に病死。

ヤドビガ・ブロツワ（女）
ポーランド人。1872-1950。カトリック。ビルニュースの生まれ。勉強ができたのでベラルーシ（現ベラルーシ領，当時はロシア帝国領）の学校に学び，夫と知り合い結婚。帝政ロシア支配下で裁判所の書記官として働く。ビルニュース市郊外の実家を母より相続したのでビルニュースに帰った。土地が小さく，子供も多かったのでカルモニス部落のセクハウスカス氏の農家で住み込み農夫として働いた。夫の死後6年たって1919年の47歳の時に同氏と再婚した。同氏の死後，7haを相続した。1949年の集団化の時に7haの土地を失う。

アンドゥルス・セクハウスカス（男）
リトアニア人。1867-1932。カルモニス部落（当時ロシア帝国領。戦間期はリトアニア領で，200メートル先にポーランドとの国境があった）の農民。ポーランド語が読めた。7haの土地を持っていた。初婚の妻との間に3人の息子と4人の娘が生まれたが，妻は死亡した。52歳の時にヤドビガと再婚した。長男が親戚の世話で最初に米国に移住し，ついで長男が次男と三男を米国に呼び寄せ，息子は全員が米国に移住してしまった。娘はリトアニアに残った。

②ユーレク（男）
生年不明。1899年頃の生まれか。第一次世界大戦の直前に独身で米国に移住した。米国の農家で住み込み農民として働き，その妻（人種は不明）の農家の娘と結婚し2人の子供をもうける。リトアニアには帰国しなかった。1970年代以降は全くの音信不通で没年も不明。

③ヤドビガ（女）
1902年から1904年の間の生まれ。部落内の夫と結婚したが，女の子を出産した直後に，27歳の若さで死亡。娘の消息は不明。

アレキサンデル・グレゴリー（男）
ロシア人。ロシア正教徒正統派。ツェゲルニア部落の農民で24haの土地を持っていた。この地に移住した時期と土地を入手した経緯は不明。妻の死後の消息も不明。

④ユーゼフ（男）
1914年の生まれ。1933年に結婚。結婚後にポーランド軍に徴兵。徴兵解除で部落に戻ってきたが，すぐに第二次世界大戦が始まり，再び徴兵になる。前線でドイツ軍の捕虜となり，6年間を収容所で過ごした。釈放後一度，当地の部落に戻ったが，単身でポーランドに移住して，1945年から1961年までワルシャワで働き，1961年に当地に戻る。子供はできなかった。晩年は寝たきりで，妻の死後は甥のイグナタス・ズロタチの世話になった。

マリア（女）
ポーランド人。ツェゲルニア部落から北方14キロの部落で生まれる。1933年に結婚し，ツェゲルニア部落に移る。戦後，夫はポーランドに移住したが，マリアは当地に残った。子供は生まれなかった。1980年頃に死亡。

⑤ヘレナ（女）
1916-1887。国境警備隊長だった夫と知り合い，17歳の1933年に結婚。結婚時，父ピョートルは既に死亡しており，土地の3分の1にあたる8haを相続した。残りの土地は2人の兄弟と母が共同で相続した。結婚後ほどなく夫と母が不仲になり，夫と共にポーランドに移住した。8haのうち耕地は3haあり，耕地1haあたりの相場は300ズロチだったので，兄弟たちから900ズロチをもらい土地を譲って，ワルシャワに移住した。8人の子供あり。

ユーゼフ・モンドレ（男）
ワルシャワ生まれ。ポーランド人。1933年結婚。ヘレナと結婚して，国境警備隊の隊長を辞職して婿に入り，ズロタチ家の経営主になる。しかし姑と不仲になり，1935年頃に妻を連れてワルシャワに戻った。

①アダム・ズロタチ（男）
1897年頃にツェゲルニア部落（カルモニス部落から1200メートル離れた部落。出生当時はロシア領。戦間期はポーランド領。1キロほど先にリトアニアとの国境があった）の生まれ。1977年死亡。米国で働いていた父親はアダムを米国に呼び寄せたかったが，アダムはトラホームの病歴から視力が悪く入国を拒否され，あるいは米国への出国を拒否され，故郷に戻った。1919年頃に結婚。木製の犂（ソハー）で畑を耕した。1933年に妹ヘレナが結婚した際にも母から2haの耕地の相続を受けた。ヘレナ夫婦がポーランドに移住した際に，ヘレナが相続した土地を弟ユーゼフと共に買い取った。弟は軍隊にいて，妹も死亡していたので，再び母と共に，再び24haとなった土地（森をかなり含む）を耕すことになった。馬はあった。金属製の犂も購入した。1933年頃からは息子イグナタスも耕作を手伝った。1938年には2頭目の馬を買った。乳牛が4頭，豚が6頭いた。1949年からの集団化で土地を失いコルホーズに加盟した。1959年に自宅を30番家庭の主人タケカンビチャスに売却し，ポーランド南部のオシビエンチム町（ドイツ名はアウシュビッツ町で，戦間期はポーランド領。ドイツが建設した大規模化学工場が現在でもある人口5万人の町）に移住した。移住の理由は，集団化に絶望したからという。そこで死亡。

②アンナ（女）
リトアニア人。1900年代の生まれ。1959年にポーランドに移住。1982年に同地で死亡。

①ハリーナ（女），③ステファニア（女），④マリア（女），⑤妹，⑥妹，⑦妹

ヤクーバス（男）
最初の内縁の夫。リトアニア人。カウナス市の生まれ。警察官だった。ブロニアと3年同居した。娘アレキサンドラが生まれた。小学校卒業後，家で働く。17歳の1922年頃から家に下宿していた警察官ヤクーバスと親しくなり，娘を出産。1926年頃ヤクーバスは家を出た。カルモニス部落から4キロ離れたトリポニス部落で死亡。

③ブロニア（女）
1905-1990。ポーランド人。ビルニュースの生まれ。旧姓ルチンスカ。ポーランド語小学校に通学した。ポーランド語もリトアニア語も読み書きができた。1919年にカルモニス部落の継父のもとに引っ越した。ブロニアの継父アンドゥルスが7haの土地のうち4haをブロニアに相続させないので，ブロニアと別れて家を出ていった。

コスタス（男）
2番目の内縁の夫。リトアニア人。近くの部落の生まれ。1929年頃から15年間ブロニアと同居した。ブロニアの母ヤドビガが土地の相続を認めなかったので，ブロニアと別れて家を出た。カウナス市に移り別の女性と同居。

①マリア（女），結婚して家を出た。
②ヘレナ（女），結婚して家を出た。
④ペトラス（男）
そのほかに3人の子供があったが幼時に死亡。

長男（米国に移住した）
次男（長男から呼び寄せられて米国に移住した）
三男（長男から呼び寄せられて米国に移住した）
そのほかに4人の娘あり

第二部　29番家庭

┌①息子（空軍兵士，ベトナム戦争で戦死）
├②息子（空軍兵士）
アンナ（女）
1959年に両親と共にポーランドに移住。1982年頃，政治的理由で夫と2人の子供と**米国**に逃亡。アンナはポーランドに残り，オシビエンチム町で死亡。
　夫
　　ポーランド人。炭鉱夫。「連帯」運動に関わり，弾圧で負傷して入院し，後に2人の子供と共に米国への移住ビザを入手し，**米国**に移住した。
弟（当地から**ポーランド**へ移住した）
弟（当地から**ポーランド**へ移住した）

①イグナツス・ズロタチ（男）
1920年生まれ。生存。**29番家庭の主人**。カルモニス部落（戦間期はリトアニア領だが200メートル先にポーランドとの国境があった）から北方1キロ離れたツェゲルニア部落（戦間期はポーランド領）で生まれる。国境では警備兵が警備していた。戦前はポーランド国籍で，戦後はリトアニア国籍となった。8キロ離れたポーランド語クラスの小学校に2年間の冬期のみ通った。学校をやめて近所の農家の牛番になった。後に自習でロシア語を学んだ。戦前では，バターも卵も鳥肉も市場で売って現金収入とするためであって，朝食にバターが出ることはほとんどなかった。日曜日だけは豚肉が出た。肉の大きさは父親が一番大きく，ついで長男そしてその下の子供の順に小さくなっていった。鳥肉と卵は食べたことがなかった。日曜日はルジシキス村（戦間期はポーランド領）のカトリック教会に通ったが，神父は1人で，ミサはポーランド語とリトアニア語の2回に分けて行われた。学校などで異民族の子供同士の対立は全くなかった。イグナツスはポーランド語もよく分かる。1939年までは国境に警備兵がいて，国境を越えて恋人に会うのも危険だった。1939年9月1日の第二次世界大戦勃発の際にポーランド軍に徴兵されたが，ワルシャワ方面に列車で送られたが，線路がドイツ軍により破壊されており，再び故郷に戻った。ついで9月中旬にソ連軍が入ってきた。70人のソ連兵が駐屯したが略奪はなく，代金を払って羊を買っていった。トラブルはなかった。国境がなくなって，リトアニア側に住んでいた妻アレキサンドラと教会のお祭で知り合った。1942年秋に結婚してこのカルモニス部落に移った。1949年の集団化で土地を失いコルホーズ員になる。古い自留地と1キロ離れたカルモニス部落の新しい自留地を交換して1952年に自宅を新築した。13年間，コルホーズのブリガード長（作業班長）を務める。現在は年金生活。

①アレキサンドラ（女）
1926年にカルモニス部落（戦間期はリトアニア領）で生まれる。**リトアニア人**。母は**ポーランド人**。**29番家庭の主婦**。私生児だが誕生時にカトリックの洗礼を受けられた。リトアニア語小学校に4年だけ通う（注：冬だけか）。8歳の1934年から13歳まで，別の農家で働く。住み込みと通いの農作業が半々だった。正餐は畑の上で食べた。つらい少女時代だった。玩具はなかった。年間報酬は現金支給だが，それでライ麦800キログラムが買えた。母親が報酬を受け取った。アレキサンドラはリトアニア語のみ会話できる。ポーランド語はほとんど分からない。16歳の1942年に結婚。ツェゲルニア部落の夫の家に移る。1949年からコルホーズ員。コルホーズになっても貧しかった。一日の報酬が一握りの麦だったこともある。それでパンを焼いた。畑から麦をポケットに入れて持ち帰り（盗み），家で乾燥・脱穀してパンを焼いた。ジャガイモも盗んだ。コルホーズ初代議長はポーランド人だった。1953年頃，議長は穀物窃盗の罪で逮捕され，ロシア人の軍人が議長として送り込まれた。実際は，コルホーズで穀物の紛失が多すぎた責任を取らされたからである。もちろん初代議長本人も少しは盗んだ。アレキサンドラは現在は年金生活。

②コスチューカス（男，1930－1937）
③ユルギス（男，1936年生まれ，既に死亡）
④ワンダ（女，1937－生存）
⑤マリテ（女，1938年生まれ，既に死亡）
⑥スタシス（男，1941－生存）

①アンナ（女）
1944年生まれ。5キロ離れたポーランド語小学校に7年まで通学。母親はリトアニア語小学校に通わせたかったが，父親がポーランド語小学校にしろと言って，両親は喧嘩した。結局ポーランド語小学校に通うことになった。ついでトラカイ市のリトアニア語中等学校の土日課程で4年学ぶ。卒業後商店に就職し，3年間は自宅から通勤した。1960年頃に17歳で結婚して，最初は実家に同居したが，子供が生まれてからは夫の実家に移る。現在はカルモニス部落の図書室勤務。夫とはポーランド語で話す。子供とはリトアニア語で話す。

ヨーザス（男）
リトアニア人。1943年生まれ。カルモニス部落の近くの部落の人。リトアニア語小学校に通学。ポーランド語も分かる。コルホーズのトラクター運転手になる。18歳で結婚。民法上から21歳になって結婚届を出した。実家に妻と居住。

バーラ（女）
初婚の妻。**ロシア人**，トラカイ市の人。

②ヨーナス（男）
1946年生まれ。かなり離れたロシア語小学校7年を卒業。寄宿舎完備の小学校だったので，親がロシア語小学校を選んだ（注：その理由は不明）。7歳から寄宿舎生活。卒業後はカルモニス部落のコルホーズのトラクター運転手になる。25キロ北のエレクトレナイ町のコルホーズに転職し，アパートの割り当てを受ける。妻と離婚し娘1人を引き取る。同じ町のレギーナと再婚し，レギーナの家に移る。

レギーナ（女）
再婚の妻。**ポーランド人**。両親ともポーランド人。息子2人が生まれる。まだ小学生。レギーナは裁縫工。

③ワンダ（女）
1950年生まれ。5キロ離れたポーランド語小学校に7年まで通学。ついでビルニュースでリトアニア語の工業職業学校（高校相当）に進学。ついでビルニュース工業大学を卒業。工場勤務で月給が良かったが，最近失業した。

ヨナス（男，リトアニア人）

①チェスワフ（男）
1966年生まれ。リトアニア語小学校7年卒。近くの部落の中等学校11年を卒業後，ビルニュースの工業専門学校（短大相当）で3年学ぶ。ついで徴兵となり，徴兵解除後，同じ部落の娘と結婚。ガソリンスタンド勤務。

アスカ（女，リトアニア人）

②アレキサンドラ（女）
1967年生まれ。リトアニア語小学校7年卒。近くの普通科の中等学校11年を卒業後，ビルニュースの工業専門学校（短大相当）で3年学ぶ。現在は，ビルニュースの軍需工場に勤務。カトリック教会で結婚した。夫や子供とはリトアニア語で話す。

バレル（男）
ウズベク人。アジア系の顔。ソ連のどこで生まれたかは不詳。父が自分の妹の夫を殺し服役したので，母は父と離婚し，バレルを連れて，リトアニアに移住してきた。バレルはリトアニアで育ち，カトリックに改宗。母親もカトリックに改宗。職場でアレキサンドラと知り合い，結婚。結婚披露宴にはウズベキスタンから親戚が来て，床に座って手づかみで食事を食べた。バレルは職場の喧嘩で工場を退職した後，現在はレストランの警備員。月給は1000リトでとても良い。

③カジス（男）
1969年生まれ。リトアニア語小学校7年卒。近くの普通科の中等学校11年を卒業後，トラクター運転手になる。徴兵されアフガニスタン駐屯。軍隊で喧嘩をして頭を殴られ，重傷を負い一時視力を失う。結婚しモスクワ在住。妻の収入は相当に良く，自家用車を2台持つ。妻はリトアニアに移住したくないので，カジスもモスクワにとどまっている。

妻（**ロシア人**）

④ロマス（男）
1976年生まれ。ビルニュースのレストランのウェイター。独身。

⑤レナータ（女）
1983年生まれ。現在はトラカイ市の普通科中等学校の寄宿舎に入っている。

娘

息子（小学生）

息子（小学生）

①バドス（男）
1971年生まれ。救急車の運転手。1990年に結婚。

レビーラ（女）
リトアニア人。ビルニュースの病院の看護婦。娘2人あり。

②ベローラ（女）
1975年生まれ。裁縫工。

ミロスワフ（男）
ポーランド人。昼は自動車修理工場勤務で，夜はタクシー運転手。

スタニスロバス・タケカンビチャス家，30番家庭，リトアニア系，ツェゲルニア部落，1997年10月3日

兄弟の数は不明。

モティエス・タケカンビチャス（男）
リトアニア人。1866年頃ドゥシメニス部落（ビルニュースから南ないし西に40キロないし50キロの当地よりさらに25キロ南西の部落。戦間期はリトアニア領）の生まれ，1947年死亡。文盲。モティエスの祖父はワルシャワ出身との言い伝えがあり，ポーランド人だったかもしれない。両親が30haの土地を残した。そこは採草地が多く，耕地が足りないので，教会所有地の20haを借地して耕した。南方にバレナ市があり，ロシア帝国陸軍が駐屯していた。モティエスは農家から食肉を買い付け，陸軍に納めて儲けた。受取代金の半分はゴールドで半分は貨幣だった。ゴールドはユダヤ人が両替した。このようにしてモティエスは蓄財し，1930年頃にユダヤ人農家から70haの土地（主に森）を買い足した。合計で100haの土地となった。70haの土地は，成人して結婚していた2人の息子ビンツァスとヨーザスに相続させることを口約束した。他の息子スタシスとヨーナスはまだ小さかった。長男は結婚して既に家を出ていた。しかしすぐに第二次大戦が始まり，戦後の集団化で，土地の相続はホゴになった。戦争中は70haの土地は放棄し，耕作しなかった（注：第2章第13節の47頁を参照）。また30haの土地も痩せて半分は耕地でなかった。戦後すぐ30haの土地を4人の息子に均等に相続させた。それで戦後は，一家はクラークとはみなされなかった。モティエスも息子たちも逮捕されなかった。

オヌータ（女）
リトアニア人。ドゥシメニス部落の生まれ。土地持ち農民の娘。結婚して夫の家に移る。牛と馬の生前贈与を両親からうけた。1932年死亡。

シモス・ビシネフスキ（男）
リトアニア人。両親共にリトアニア人。生年不明。近くの部落の生まれ。第一次世界大戦前にドルビニアイ部落（当地ツェゲルニア部落から西方3キロの部落で，当時はロシア領，戦間期はリトアニア領で，ポーランド国境まで1キロ。当地ツェゲルニア部落はポーランド領だった）に土地を買った。ドルビニアイ部落は約150haの広さがあり，ポーランド人地主が所有していたが，3軒の農家に均等に分割して売りに出された。シモスは約44haと農家建物を購入した。うち6haはポーランド領土内にあった。3軒ともリトアニア人農家だった。第一次世界大戦中の戦闘で部落はすべて焼かれた。戦後再建した。戦間期に死亡。

マリテ（女）
リトアニア人。両親共にリトアニア人。旧姓カズノスカイテ。ウテナイ部落の近くの部落（当地のドルビニアイ部落からは南南東20キロ）で1860年代の生まれ，1946年に死亡。

コンスタンツィア（女）
ポーランド人，トラカイ市近辺のサモスウナス部落（当地のドルビニアイ部落から4キロ，戦間期はポーランド領）の人。

アンジジェイ（男）
ポーランド人，トラカイ市近辺の人。8haの土地を持っていた。

クセニア（女）
ウクライナ人。ウクライナの生まれ。

イワン・ソロドホ（男）
1870 – 1922。ウクライナ人。ロシア正教の洗礼を受ける。ウクライナのどこで生まれたかは不明。1905年からのストルイピン改革の際に，リトアニアのトラカイ市近辺のサモスウナス部落の大地主が銀行を通して土地を売りに出したが，条件として買い主をロシア正教徒かロシア正教古儀式派に限った。それでウクライナのロシア正教徒がこの地に移住してきた。イワンも18haの土地を銀行から年賦払で買った。

②オヌータ（女）
リトアニア語小学校に通学。下の兄弟姉妹もみなリトアニア語小学校に通学した。オヌータは戦前に結婚して家を出ていった。家畜や現金で生前贈与を受けており，土地の生前贈与は望まなかった。息子と娘が生まれた。1947年にアリトゥス市の近く部落で死亡。夫はリトアニア人。

③ビンツァス（男）
1991年死亡。戦前に結婚して妻が嫁に来た。父の土地のうち70haを弟ヨーザスと共に生前贈与でもらう口約束を受けた。後に自宅を隣に新築した。戦後30haの4分の1を相続した。さらに弟スタシスの土地を買い戻す。集団化で土地を失い，コルホーズ員になる。自宅も売却し，妻の実家に移る。

マリテ（女，リトアニア人）

④カリシア（女）
1987年死亡。戦前に15キロ離れた部落の人と結婚して家を出ていった。現物で生前贈与を受けており，土地の生前贈与は望まなかった。夫の死後は，ビルニュースの子供の家に住む。ビルニュースの孫の家で死亡。息子はレニングラードの映画大学を卒業した。

アドルファス（男）
リトアニア人。妻カリシアが嫁に来た。約20haの土地を経営した。集団化で土地を失い家も売却した。戦後すぐに死亡。

⑤ヨーザス（男）
1975年死亡。1939年頃に父の土地のうち70haを兄ビンツァスと共に生前贈与でもらう口約束を父親から受けた。戦前に自宅を新築した。国境警備隊に勤務。戦後，父の土地30haの4分の1を相続した。さらに弟ヨーナスの土地を買い戻す。集団化で土地を失う。ドゥシメニス部落で死亡。

マルツェレ（女，リトアニア人）

⑥スタシス（男）
1980年に死亡。土地分割の話が起きた1939年当時はまだ独身。1940年に結婚し，当地より西方20キロのエイウゲナイ部落の妻の家に移る。妻は教会で知り合う。同部落で死亡。妻にはリトアニア語で話しかけ，妻はポーランド語で話しかけた。晩年は，妻とはポーランド語で，子供とはリトアニア語で会話した。戦後，父がまだ所有していた土地30haの4分の1を相続するが，自宅から遠距離の土地なので兄ビンツァスに売り渡す。

ヤドビガ（女）
ポーランド人。エイウゲナイ部落の生まれ。10haの土地を持っていた。

⑦マリテ（女）
1918 – 1993。アリトゥス市の近くの部落に嫁ぐ。4人の子供あり。

夫（リトアニア人）
1910年頃に米国の生まれ。戦前に父と共にリトアニアに帰国した。約15haの土地を持っていた。

⑧ヨーナス（男）
1920 – 1983。1939年当時はまだ若く，土地の生前贈与の話に与らなかった。戦後30haの4分の1を相続したが兄ヨーザスに売り渡す。戦後に結婚して妻の家に移った。1960年頃にビルニュースに引っ越し，そこで死亡。3人の娘が生まれた。3人の娘はビルニュースに在住。

ビクトリア（女）
ポーランド人。近くの部落の人。リトアニア語も上手。10ha前後の土地を持っていたが，戦後の集団化で土地を失い，1960年頃にはビルニュースに引っ越して，木造の自宅を建てた。

①ヨーザス（男）
20haを相続した。ドルビニアイ部落に住んだ。1944年に妹パウリナの夫をクラークとして告発した7軒のうちの一人。ヨーザスはその土地が欲しかった。妻はリトアニア人。

②ピョトラス（男）
第一次世界大戦前に米国に移住し永住した。移住仲介人に金を払って移住した。土地の生前贈与は受けなかった。音信不通となる。1962年に死亡。

④パウダス（男，妹パウリナの夫と共同で24haを相続した。第一次世界大戦後に若くして死亡した）

③ゾフィア（女，結婚して，最初の子供の出産の際に死亡。夫はリトアニア人）

⑤アントシャ（女）
近くのトチョニス部落に嫁ぐ。1951年頃，娘と共にクラスノヤルスク（ノボシビルスクとイルクーツクとの中間に位置する都市）のラーゲリ（矯正労働収容所）送りとなり，そこで死亡。夫・息子が戦後すぐに軍隊を脱走し，反ソ連のリトアニア・パルチザン（リトアニア独立をめざし，ソ連と対立し，とくに戦後激しく活動した。ポーランドにおけるパルチザン国内軍（AK）とは別である）に参加した。息子は身を隠した。それで父親は反ソ連分子とみなされ処刑された。はリトアニア国内で反ソ連分子とされ処刑された。息子は逃亡し身を隠した。それで身代わりにシベリア送りになった。娘は1960年頃にクラスノヤルスクからリトアニアに帰国し，生存。

ゾフィア（女）
1896 – 1958。ポーランド人。カトリック。1921年に結婚して夫の家に移る。馬と乳牛などを生前贈与で両親からもらった。

アンジジェイ・ソロドホ（男）
1894 – 1954。ウクライナ生まれで，両親と共にリトアニアに移住した。出生時にロシア正教の洗礼を受ける。リトアニアでロシア語のギムナジウムを卒業。第一次世界大戦で徴兵。1921年の結婚に際しカトリックに改宗した。1922年の父の死後，18haの土地を相続した。耕地が15haで，馬1頭と乳牛3頭がいた。戦間期に4人の農民と共同で7haの湖を国から賃借し，淡水魚の養殖で大儲けした。貯金があり土地を買い足す予定だったが，開戦で預金は無効になった。住み込み農民を雇った。占領中はソ連側のパルチザンを助けた。1944年にソ連軍が入ってきたが，クラークとして逮捕された。警察への召喚はあったが，パルチザンの証言があったのでシベリア送りにはならなかった。1949年秋に集団化が始まり，1950年にコルホーズに加盟。

ほかに息子3人（全員が第一次世界大戦に参戦し，全員が戦死した）

①ビトス（男）
妻（リトアニア人）

②オヌーテ（女）
夫（リトアニア人）

③ダヌーテ（女）
ビルニュースに在住。戦後，ベラルーシからビルニュースに働きに来ていたポーランド人と知り合い，結婚。母親は結婚に反対した。夫は警察官。息子は農業大学を卒業した。夫（ポーランド人）

①ビトス（男）
1930年生まれ。ソ連の大学で学ぶ。帰国後，リトアニア人の妻と結婚。

②アルゲルダス（男，妻はリトアニア人）

③ゲデミナス（男，妻はリトアニア人）

①ビトス（男）
リトアニア語小学校に通う。自動車修理工だった。現在は農業を営む。母親の10haの土地の返還を受け，トラクターを買って農業を始めたが，自宅はトラカイ市のアパートで，車で農場へ通う。現地にはトラックもある。家畜は飼育しない。妻（リトアニア人）

②アルビナス（男）
アリトゥス市に在住。リトアニア語小学校に通う。運転手だったが，現在は疾病年金生活。妻（リトアニア人）

この列のこれより上は第3世代

第二部　30番家庭

①ピョトラス・タケカンビチャス（男）
1897－1979。ドゥシメニス部落（位置は父の欄参照）の生まれ。父のリトアニア語小学校に4年通学した。父親の30haの土地（かなりは採草地）の耕作を助ける。1920年にリトアニア軍に徴兵。除隊後の1925年に結婚して妻の家に婿で入る。軍隊で獣医の資格をもとり、後に部落で獣医としても働いた。父モティエスが、25キロ離れたドルビニアイ部落で富農の若い娘がいるから結婚したらどうかとピョトラスに薦めた。それで教会のお祭の時に会いに行ったら気に入ったので半年後に結婚した。ピョトラスは結婚の際にかなりの数の馬と乳牛の生前贈与を受け取った。妻の家に婿で入り、ドルビニアイ部落で24haの経営を行う。馬は3頭いた。乳牛は6頭。豚と羊は十数頭いた。馬係と牛係の住み込み農民を雇い入れた。女中もいた。馬係の年間賃金は150リトで牛係は50リトであり、その他に食事と衣服が無料で与えられた。彼らは10代後半の近隣の青年、家族の一員のように扱われた。2ないし3年で代わった。妻の父の死の直前、その所有地24haのうち12haを娘パウリナに、12haを婿ピョトラスに名義変更した。ピョトラスは1944年までこの農家を経営した。24haのすべてが耕地ザン。戦争末期には反ソ連のパルチザン（注：息子スタニスロバスはドイツ側パルチザンと表現した）を家に泊めたりした。1944年11月にクラーク（富農）として逮捕される。10年の流刑判決でシベリアに送られた。逮捕の理由は農民を雇い入れたクラークということであり、7軒の農家が署名して警察に告発したから逮捕された。当時は集団化などは想定されておらず、没収された土地を7軒が山分けするためだった。3軒以上の農家が告発されれば形式上十分だった。1961年までシベリアの炭鉱で働く。体重が40キロまで痩せた。収容所では千人の人が死んだ（注：回想のまま）。1955年頃にシベリアから初めて500ルーブルを送金してくれた。1958年に一時帰宅の家族訪問が許され、1961年に帰国許可を得て帰国した。帰国後は年金生活を送り、ドルビニアイ部落で死亡。

⑥パウリナ（女）
1908－1982。ドルビニアイ部落の生まれ。両親の24.38haの土地を兄ブワダス（すぐ死んだ）と共同所有同で両親と共に住んだが、1925年に結婚して夫が移ってきた。ポーランド領内にも3haを所有していた。国境通過証を示してそこも耕作した。1938年頃、リトアニア農民とポーランド農民とのトラブルがあり、ポーランド側の国境警備兵が殺される事件があり、その後は国境通過証は発行されなかった。ブワダスが死亡したので単独経営となる。24haの土地税は、戦間期で毎年150リトだった。家屋も含めた総価値は6000リトだった。そのうち家屋は2000リトだった。当時、乳牛1頭は100リトだった。ライ麦1トンは50リトだった。夫の逮捕後は、14haは近隣の農家に無償で賃貸に出し、10haの土地を耕した。馬1頭と乳牛2頭は保有した。他の家畜は没収された。夫の消息は全く不明だった。24ha分の土地の税金が重く生活は苦しかった。税金滞納で3日ほど逮捕された。穀物を隣の農家に隠した。1949年に集団化が始まったが、すぐには加盟せず、1952年に加盟して土地を失った。コルホーズに就職した。

この列は第2世代

②ゲデミナス（男）
1933年生まれ。ドルビニアイ部落の生まれ。ドイツ占領中もリトアニア語小学校に4年通学。集団化で土地を失いコルホーズ員となる。1960年に結婚。結婚後は、両親の実家に住む。現在は農地の返還を受け、農業経営を行う。
ヤニーナ（女）
リトアニア人。ドルビニアイ部落の生まれ。

③アルドナ（女）
1937年生まれ。小学校4年卒業後、1952年にコルホーズに加盟。マリアンポーレ市（当地より西方80キロの中都市）に住む。1969年に結婚。精糖工場に勤務。
アンタナス（男）
リトアニア人。マリアンポーレ市の生まれ。精糖工場に勤務。現在は疾病年金生活。

①スタニスロバス・タケカンビチャス（男）
30番家庭の主人。 1927年にドルビニアイ部落（当地から西方3キロ、戦間期はリトアニア領でポーランド国境まで1キロ。当地ツェゲルニア部落はポーランド領）の生まれ。リトアニア語とポーランド語が共に流暢でロシア語も理解できる。部落のリトアニア語小学校に4年通う。教師は1人で4学年を同時に受け持った。生徒は合計52人いた。10歳の時から両親の農作業を手伝った。1939年には、両親と母方の祖母と兄弟3人が住んでいたが、スタニスロバスは既に働いていたので、雇い人はもう必要なかった。季節雇いはいた。一家は戦争中は平穏に過ごしたが、1941年6月上旬には近隣の学校教師などインテリがシベリアに送られた。父は1944年に逮捕されシベリアに送られた。スタニスロバスも反ソ連・パルチザンの協力者として一時逮捕されたが釈放された。集団化が始まったが、1952年まで加盟しなかった。コルホーズで単純労働者となり、後にトラクター運転手。自転車を50ルーブルで買った。常にクラークの息子というレッテルを貼られた。1957年に結婚。その頃からコルホーズでの報酬は高くなった。ツェゲルニア部落（戦間期はポーランド領だった）で、**29番家庭の主人の父アダム・ズロタチ**がポーランドに移住したので、その家屋を1959年に買い取り、引っ越した。乳牛15頭分の代金だった。バイクを買い、1973年には自家用車「ボルガ」を買った。1970年頃に電気が引かれた。弟ゲデミナスと共に1993年以降に24haの土地と旧ポーランド領の3haの土地の合計27haの土地の返還を受けた。

②マリテ（女）
1925年生まれ。**30番家庭の主婦。ポーランド人。** ポーランド語小学校4年を卒業。リトアニア語は理解できるが、話せない。知人の結婚披露宴で夫と知り合う。1957年に結婚。乳牛1頭を生前贈与で親からもらった。コルホーズに単純労働者として勤務。乳牛1頭を保有した。相続権のある兄弟はもういないので、両親の財産の返還を求め、母方の8haの土地と、父方の土地の一部の8haの返還を既に受けている。

①ゲノベファ（女）
1923－1993。ポーランド人とみなされた。他の兄弟姉妹も同様。他の兄弟と同様にポーランド語小学校に通学した。1943年に結婚。現物贈与をもらう。2キロ離れた夫の実家（ポーランド領）に移る。戦後はトラカイ市に引っ越す。
夫（リトアニア人）

③ヨーナス（男）
1927年生まれ。1951年に結婚して、1955年に**ポーランドへ移住**した。オルシティン県（旧ドイツ領）に在住。ドイツ人農家が放棄した建物を買い取った。毎年リトアニアを訪問する。
マリア（女）
近くの部落で生まれた**ポーランド人。** 1953年に両親がポーランドへ移住した。両親は30haの土地を持っていたが集団化で失った。1951年に結婚し、1955年にポーランドに移住した。

④ゾフィア（女、1930－1947、チフスで死亡）

⑤ヘレナ（女）
1932年生まれ。1958年結婚。両親の家を相続して、現在もそこに住む。
ミエチスワフ（男）
リトアニア人。シベリア送りになった後、帰国して結婚。コルホーズに大工として就職。

①ニエラ（女）
近くの部落の農民の息子と結婚し、その家に入る。コルホーズ員になる。
夫（**ポーランド人**）
農業高校卒で、ニエラの家に実習に入り、妻と知り合う。若い夫婦だった。

②アンゲラ（女）
独身。アリトゥス市の工場勤務。

②ニヨラ（女）
最初は図書館員でついで小学校教師になる。夫はコルホーズの技術者。
夫（リトアニア人）

②アルトゥラス（男）
マリアンポーレ市在住。大工。
妻（リトアニア人。看護婦）。

③レダ（女）
マリアンポーレ市に在住。家具工場の労働者。
夫（リトアニア人）

①ヨーナス（男）
1958年生まれ。1200メートル離れたカルモニス部落のリトアニア語小学校8年を卒業。ポーランド人児童もロシア人児童もクラスにいたが全員がリトアニア語クラスだった。その後、ビルニュースの電気機械職業学校に進学。ドイツ人生徒が1人いた。コムソモール（共産主義青年同盟）には入ったが、共産党にはその後も入党しなかった。1976年卒業。化学肥料工場に勤務。日本からのコンピュータ技師が働いていた。電気機械工。3年間の海軍徴兵。70人乗りの艦船に勤務。リトアニア人はヨーナスのみで、朝鮮人が1人、残りの半分はウクライナ人で半分はロシア人だった。徴兵解除後にビルニュース大学歴史学科の入試に合格したが、合格者が少なすぎて、歴史学科は開講されず、物理学科へ配属となった。それで大学を半年で退学した。1984年に建設会社に単純労働者として就職し、1986年に班長に昇進、現在に至る。社員の70%は「ベラルーシ人」。高給と住宅を求めて多くの労働者がベラルーシからビルニュースの建築業にやって来た。これら「ベラルーシ人」の宗教はカトリックで、彼ら自身は自分たちをポーランド人と思っている。職場での会話はロシア語。彼らの間でもポーランド語やプロスティ語（ポーランド語とベラルーシ語の混合語）で会話することはない。ヨーナスもロシア語で仕事をする。ヨーナスは建築会社勤務なので早くアパートを購入できた。1996年から私営の建築会社に転職。独身。

②マリオナス（男）
1961年生まれ。兄と同様に小学校8年卒。ルジシキス村の中等学校3年卒。カウナスの農業大学に入学。友人の誕生日に戦前のリトアニアの国歌（当時は禁歌）を歌って、1年生で退学処分。クラークの孫というレッテルを貼られた。全員が歌ったがマリオナスのみ退学となった。徴兵の後、大学に復学し卒業した。1985年の卒業後、直ちにザラサイ市（ビルニュースの北方200キロ、位置は第2章38頁の図10を参照）のソホーズの副農場長に任命され、のち農場長。職場で妻と知り合う。1988年結婚。2人の娘あり。娘はカトリックの洗礼を受けた。最近ソホーズが解散し、8つに分社化され、マリオナスはそのうちの一社の社長となる。
フィオニア（女）
1962年生まれ。ザラサイ市生まれ。**ロシア人。ロシア正教古儀式派。** ソホーズで動物飼育係。結婚に際しカトリックに改宗した。カトリック教会で挙式した。両親は娘が農場長と結婚できたので喜んだ。改宗に反対しなかった。

娘
夫（ポーランド人）
息子
妻（ポーランド人）

2人の息子
2人の娘

3人の息子
1人の娘

173

バツワフ・サライゴ家，31番家庭，ポーランド系，トゥルゲリアイ村，1997年10月4日

マチェイ（男）
ポーランド人。トゥルゲリアイ村オジュニス部落（ビルニュースから南東30キロ。戦間期はポーランド領）の生まれ。5haの土地を持っていた。

エバ（女）
ポーランド人。同部落の近郊の生まれ。

カジミエシ・ヤンキェビッチ（男）
ポーランド人。当地トゥルゲリアイ村より北方20キロのビルニュース県の村の人。数haの土地を持っていた。

曾祖母
ポーランド人。

曾祖父
ポーランド人。当地より南方10キロくらいの所（現リトアニア領）に40haくらいの土地を持っていたらしい。

曾祖母
ポーランド人。

ユーゼフ・マルチェンキェビッチ（男）
ポーランド人。1896年頃にトゥルゲリアイ村オジュニス部落（当時はロシア領，戦間期はポーランド領）の生まれ。1956年死亡。父より5haの土地を相続した。1914年頃結婚。さらに土地を買い足し17haとした。1954年のコルホーズ創設で土地を失う。この村では集団化は例外的に遅かった。集団化まで農家を経営したので，子供に土地を移譲しなかった。村では率先してコルホーズに加盟した。ほかに多くの子供があったが皆死んだ。

②ステファニア（女）
ポーランド人。1896－1963。当地より北方20キロのビルニュース県の村の生まれ。1914年頃に結婚してこの部落に移った。

- ①カジミエシ（男）
- ③娘
- ④娘
- **⑤レオカディア（女）**
  姉ステファニアの夫の親戚と結婚し，この村に嫁に来た。

3人の男の兄弟。戦後，3人共クラークとしてシベリアに送られた。土地も広く，乳牛の数も馬の数も多かったのでクラークとみなされた。2人はシベリアで死亡。1人は釈放後，ポーランドに移住した。姉妹の数は不明。

ブロニスワバ（女）
1893－1967。1923年に結婚。父は40haの土地を持っていた。2ha分の生前贈与を現金の形で受け，結婚後，嫁ぎ先で2haの土地を購入し，夫の6haと合わせて8haとした。

ユーゼフ・ロゴージャ（男）
1883－1959。**ポーランド人**。当地より南方15キロのボゴジシキ部落で父より6haの土地を相続した。最初の妻の死後，ブロニスワバと1923年に再婚。戦後コルホーズに加盟し，土地を失った。11人の兄弟がいた。

最初の妻（死別，ポーランド人）

イワン・ソベール（男）
ロシア人。ロシア正教徒。デベニシケス部落の人。早くに死亡。

祖母
ポーランド人。カトリック。1953年頃に70歳くらいで死亡。トゥルゲリアイ村に埋蔵さる。

ユーゼフ・サライゴ（男）
ポーランド人。再婚の相手。カトリック。当地から南方25キロのデベニシケス村（現リトアニア領）の近郊のヤジケンタ部落の人。ベラルーシとの国境まで10キロほど。4haくらいの土地を持っていた。

カジミエシ・スタンチク（男）
ポーランド人。当地より西方30キロの現ベラルーシ領のオシミアニ町の人。小農。

ユスティナ（女）
ポーランド人。

ミエチスワフ・マルチェンキェビッチ（男）
1927－1983。トゥルゲリアイ村オジュニス部落（当時はポーランド領）の生まれ。ポーランド語小学校に入学し，戦争中はリトアニア語小学校に転換された小学校を7年修了。戦後，ソビエト労働者学校という学習コースに1年通学した。共産党には一度も入党しなかった。1952年に結婚。父がコルホーズに加盟したので自動的にコルホーズ員になる。リトアニア語も理解できた。戦後すぐは小学校の書記になり，後に村長になり15年村長をやった。当時は学歴のある者がほとんどいなかったので村長に任命された。ついで国営農場（ソホーズ）の分場長となる。ついでソホーズの穀物倉庫長を5年つとめて現役で死亡。だんだん学歴のある者が出てきたので，地位が下がっていった。1953年頃に実家の近所に自宅を新築した。1977年に姉妹と共にポーランドを訪問し，兄ユーゼフも同時期に英国からポーランドに行って，兄弟姉妹が再会した。

②ブワディスワバ（女）
ポーランド人。1926年にトゥルゲリアイ村オジュニス部落の生まれ。生存。初婚の夫はソ連で死亡。1952年に再婚。コルホーズに勤務し，後にソホーズに組織替えした。

スタニスワフ（男）
最初の夫。ポーランド人。1945年にソ連軍の強制徴用労働でソ連に送られ炭鉱で働らかされたが，何らかの理由でそこで射殺された。

①ビンツェンティ（男）
1924年生まれ。生存。1945年に強制徴用労働でソ連で6か月働かされた。帰国後コルホーズに加盟しトラクター運転手として働く。1950年に結婚。定年までコルホーズに勤務し，現在は年金生活。子供は2人あり，その配偶者は共にポーランド人。

ブワディスワバ（女）
1928年生まれ。生存。ポーランド人。商店で掃除婦として働き，結婚。

③スタニスワフ（男）
1928年生まれ。生存。小学校4年修了。コルホーズに就職。1950年に結婚。5人の子供を産む。

パベウ・リソフスキ（男）
ポーランド人。近所の人。コルホーズに就職した。

④幼時死亡の子供

⑤ビクトリア（女）
1934－1991。老いた母の面倒を見た。1966年に結婚。結婚後は夫が移ってきて，そのまま実家に住む。コルホーズに勤務。子供2人あり。共にポーランド語小学校8年修了。娘はまだ独身。息子はポーランド人と結婚した。

ビットルド・ザボルスキ（男）
ポーランド人。近郊の人。コルホーズの農場員。

ミハウ（男）
1904－1943。妻はポーランド人。妻の前夫（死別）の弟がパルチザンに参加し，その弟に殺される。その弟が兄嫁の再婚相手を殺した理由は不明。

ステファニア（女）
夫はポーランド人。1946年にポーランドに移住し，そこで死亡。

マリア（女）
近くのポーランド人農家に嫁ぐ。

ベロニカ（女，ポーランド人）

①イワン・ソベール（男）
母の再婚の相手のユーゼフのもとで育つ。

③ミエチスワフ・サライゴ（男）
1930－1984。1945年に兄と共に強制徴用労働でウクライナのドンバスの炭鉱に送られる。炭鉱でケガをして1年半くらいで故郷に戻れた。ポーランド語小学校を7年修了。故郷から12キロ離れたリトアニアのソレチニンカイ町の衣服卸会社に就職。衣服卸業の倉庫番になる。1956年に結婚し，そこでアパートの割当を受けた。

ブロニスワバ（女，ポーランド人）

②エドワルド・サライゴ（男）
1924－1976。ポーランド人。当地から南方25キロのデベニシケス村の近郊のヤジケンタ部落の生まれ。ベラルーシとの現国境まで数キロメートル。ポーランド語小学校4年を修了。実家の農業を手伝う。ドイツ占領中は強制徴用でドイツで働かされたが逃げ帰った。1945年にソ連軍による強制徴用労働で**ウクライナ**のドンバスの炭鉱に送られる。1年くらいで故郷に逃げ帰った。ロシア語はできるがリトアニア語は分からない。1946年に結婚しヤジケンタ部落に4年ほど住む。税金を滞納し，農家を国に没収された。その時に知人のコルホーズ議長が当地のトゥルゲリアイ村のある部落の農家の一部屋を紹介してくれて，それを借りて当地に引っ越した。当地トゥルゲリアイ村のコルホーズに加盟し，後にソホーズに組織替え。1950年代後半に金をためて，数キロ離れた所の農家を一軒買い取って引っ越した。

ブワディスワバ（女）
1925年生まれ。生存。当地から西方30キロの現ベラルーシ領のオシミアニ町で生まれる。1946年に結婚してヤジケンタ部落の夫の家に移る。トゥルゲリアイ村のコルホーズに加盟し，後に組織替えとなったソホーズに勤務。

ビクトル（男）
リトアニアのソレチニンカイ町で生存。

兄弟（若くして死亡）

第二部　31番家庭

- ①ユーゼフ（男）
1916－1986。第二次世界大戦でポーランド軍に参戦。部隊がソ連に退却し，さらにアンデルス将軍指揮下に編成された部隊に配属される。この部隊は1943年にソ連から脱出し，英国に移動し，西部戦線でドイツと戦う。戦後は英国から帰国せず，英国で結婚し英国で死亡。1977年にポーランドを訪れ，姉妹もポーランドに行って，そこで姉妹と再会した。
  - ステラ（女，**スコットランド人**。英国聖公会信徒）
- ステファニア（女，1917－1983。1939年以前に結婚した）
  - ユーゼフ・アクルシュク（男，ポーランド人。1918－1980。17haの土地を持っていた）
  - ヘレナ（女）
1934－1993。1952年に結婚して夫の家に移った。1964年に息子1人が生まれる。息子は既にポーランド人女性と結婚している。
    - カジミエシ（男）
当地より北方2キロの生まれのポーランド人。ビルニュースの建築会社に通勤した）
- レオノーラ（女，早くに死亡）
- モニカ（女，早くに死亡）
- イグナツィ（男，早くに死亡）

この列のこれより上は第3世代
この列のこれより下は第4世代

- ②ミエチスワフ（男）
1959年生まれ。小学校卒。徴兵解除後はソホーズの運転手。ついで国鉄に転職し，ついで工場に勤務。ビルニュースの工場で妻と知り合う。1986年に結婚。1991年からはビルニュースでタクシー運転手。ビルニュースに居住。子供2人あり。子供はポーランド語小学校に通学中。
  - イレナ（女，1959－。ポーランド人。70キロ離れたエイシシキス近郊の生まれ）
- ①ブワディスワバ（女）
1958年生まれ。生存。**31番家庭の主婦**。トゥルゲリアイ村オジュニス部落の生まれ。1975年にポーランド語小学校8年修了。ソホーズの栽培管理課に就職。コムソモール（共産主義青年同盟）に入る。1977年に結婚。神父の自宅で夜間に秘密の結婚式を挙げた。
- ⑤バツワフ・サライゴ（男）
1955年生まれ。**31番家庭の主人**。ポーランド語小学校4年修了の後，ロシア語小学校8年生を修了。ロシア語中等学校2年を卒業（注：当時はロシア語クラスなら2年で修了），近くの農業高等専門学校に2年通学でトラクター運転手の資格を取得。卒業後すぐに徴兵。120人の部隊で，兵員の半分以上はリトアニア人だったが，多くの人種がいた。除隊後はトゥルゲリアイ村のコルホーズのトラクター運転手に就職。現物報酬は既になく，貨幣でのみ賃金を受け取った。最初の月給でバイクを買った。コムソモールに入る。2年後にソホーズに組織替えで，トラック運転手になった。職場で妻と知り合い1977年に結婚。ソホーズから夫婦用宿舎の割当を受ける。2年ほどして，親が部落に戻るように言ってきたので1980年に実家のそばの農家を買い移り，移り住んだ。2000ルーブルだった。妻の両親が援助してくれた。前の持ち主は妻の遠い親戚のポーランド人だった。1989年から土地の賃借による個人農が認められ，県で6番目の申請で農家経営を始めた。姉スタニスワバが申請に尽力してくれた。最初は10haを県から99年間契約で借りた。それまではソホーズが耕していた土地だった。地代はなかった。刑務所から中古のトラックを安く買った。当時はまだトラクターの所有が認められなかったので2年間は馬を使った。1990年に農業機械購入のため3万5000ルーブルのローンを組んだ。最初の2年は元金の返済なしで，後は5年間で完済する契約だった。それで1990年に1万1000ルーブルのトラクターと2500ルーブルの中古コンバインを買った。1万4000ルーブルでトラックを買い，種蒔き機などその他の農業機械も買った。金利は年利0.08％だった。懸命に働いた。17ha以上を耕作する農家のみ大型トラクターの所有が認められたので，さらに8haを借りて18haにした。1991年に社会主義政権が崩壊し，貨幣改革があり，最初はタロンという名称の貨幣が導入され，ついでリトという貨幣になった。負債はわずか350リトと認定された。直ちに全額を返済した。また1991年に新しい法律ができ，ソホーズは土地を手放し，個人が土地を所有できるようになった。ソホーズ従業員は財産持ち分権を受け取り，バツワフも妻も妻の両親も持ち分権を受け取った。その持ち分権を用いて，既存の18haの借地はもちろん，さらに別の10haの土地も合わせて，28haの土地を買い取った。11頭の乳牛も飼育し複合農業を営む。
  - ①ヤドビガ（女）
1947年生まれ。生存。ポーランド語小学校8年卒業後に，40キロ離れたベラルーシの商業学校に進学し4年学ぶ。卒業後はビルニュースの衣服会社に就職。ビルニュースで夫と知り合う。1974年に結婚。結婚後はビルニュースの幼稚園教師。1994年からは私営の商店に勤務。
    - ステファン（男）
ポーランド人。**ベラルーシ**の生まれ。ビルニュースでトラック運転手。1994年から，故郷の病身の母の世話のためベラルーシに帰った。離婚はしていない。
  - ②ハリーナ（女）
1949年生まれ。生存。小学校8年修了。卒業後ミンスク市の化学高校を卒業。卒業後はビルニュースのプラスチック工場の製品検査工になる。同市でアパートの割当を受けた。生涯独身。
  - ③スタニスワバ（女）
1951年生まれ。生存。小学校8年修了。ついでトゥルゲリアイ村の2年制ロシア語高校を卒業。さらに**レニングラード大学**経済学科の通信課程で5年学ぶ。トゥルゲリアイ村のソホーズの経理係として2年勤務。ついでコルホーズの経理部長を5年。共産党にも入党した。1978年に結婚。教会での結婚式は夜間にこっそり行った。ついでビルニュース県の県庁幹部（注：役職名は秘する）に出世した。現在はソレチニンカイ町の企業で経理部長。
    - ヤン（男，ポーランド人）
1953年生まれ。生存。高校卒。ビルニュースで自動車運転手。妻の弟ブワディスワフの友人であり，それで妻と知り合った。現在はソレチニンカイ町でクレーン操作手。
  - ④ブワディスワフ（男）
1953年生まれ。生存。ポーランド語小学校8年卒。直ちに自動車学校に入学し，トラック運転手となる。国営運輸会社に就職。1997年からは私営の運輸企業で，観光バスの運転手。1980年に結婚。ビルニュースに居住。子供2人あり。
    - ハリーナ（女，ポーランド人）
近くの部落の出身。高校卒。結婚後，両親が首都の郊外に一軒家を買ってくれた。商店勤務。
  - ⑥レギーナ（女）
1957年生まれ。生存。まだ独身。ポーランド語小学校8年卒の後，ロシア語高校2年卒。ビルニュースの衣服工場で労働者となる。姉ハリーナと同居している。

- ロナルド（男，早くに死ぬ）
- ステラ（女），たぶん聖公会の洗礼を受ける。現在は**オーストラリア**に在住。ポーランド語は分からない。
- ジョージ（男），たぶん聖公会の洗礼を受ける。現在はスコットランドに在住。
- ①ヤドビガ（女）
義務教育修了後ビルニュースで就職。無神論者と結婚。教会での結婚式はなかった。息子と娘あり。ヤドビガの娘は最初，ロシア正教徒古儀式派の**ロシア人**と結婚したが早くに死別した。娘はロシア正教の教会で結婚式を挙げたが，生まれた子供にはカトリックの洗礼を授け，子供はポーランド語小学校に通った。ついでヤドビガの娘はロシア正教正統派のロシア人と再婚したが，その夫もすぐに死亡し，3番目の夫（ロシア人）と結婚した。これら3人のロシア人はすべてリトアニアに在住の人である。
  - ブラジミール（男）
ロシア人。無神論者。
- ヤニナ（女）
  - 夫（ポーランド人）
- ビクトル（男）
  - 妻（リトアニア人。カトリック）
- フランシチェク（男）
  - 妻（ポーランド人）
- タチアナ（最初の妻）
ロシア人，モスクワ近郊の生まれ。リトアニアに嫁いて来て，娘を1人産んだが2年後に離婚して娘を連れて実家に帰った。娘はカトリック教会で洗礼を受けた。
- ブワディスワフ（男）
1948年生まれ。ポーランド語小学校8年を修了。ビルニュースで働く。徴兵でモスクワ近郊に駐屯し，そこで最初の妻と知り合い，妻をビルニュースに連れてきた。離婚後，ビルニュースでハリーナと知り合い再婚。アパートを入手したが離婚し，部屋を2つに分けて片方の方に住んでいる。1978年に3番目の妻と再婚。教会での結婚式は挙げなかった。
  - ハリーナ（2番目の妻）
ポーランド人。カトリック。娘1人を産んで洗礼を授けた。
  - 3番目の妻
ロシア人。ロシア正教徒。夫とはロシア語で会話する。息子2人はロシア語小学校に通う。
- バツワフ（男）
1959年生まれ。近くの村の女性と結婚。
  - 妻（ポーランド人）

この列のこれより上は第4世代

- ①娘（1978－）
ビルニュース農業高等専門学校の最終学年の生徒。卒業後はポーランドの大学に留学する希望を持っている。
- ②息子（1980－）
ビルニュース農業高等専門学校の生徒。今は電気に興味があるが将来は農家を継いでほしいと両親は希望している。
- ズジスワフ（男）
1976年生まれ。小学校卒業後，建築高校に進学。現在はビルニュース工業大学建築学科の通信課程に通学。商店で働いている。
- ①イオナ（女）
- ②アレキサンデル（男）

この列のこれより上は第5世代

175

ボレスラフ・デラカイ家，32番家庭，リトアニア系，シコシニス部落，1997年10月6日

カジミエシ（男）
ポーランド人。1920年頃に死亡。当地シコシニス部落（戦間期はポーランド領）から2キロ離れたパギェナイ部落で12haの土地を持っていた。

祖母（名前不詳）
ポーランド人。1940年頃に死亡。

マテウシ・デラカイ（男）
リトアニア人。両親もリトアニア人。シコシニス部落（ビルニュースから南方60キロの部落。19世紀にはロシア領、第一次世界大戦後はポーランド領、現在はリトアニア領でベラルーシ国境まで10キロ）の生まれ。リトアニア人が圧倒的に多い部落だった。1905年頃に死亡。親から相続した24haの土地を持っていた。死後は妻が農家経営を行った。

ロザリア（女）
リトアニア人。両親もリトアニア人。シコシニス部落から1キロ離れた部落の生まれ。結婚して当地に移る。夫の死後、息子ヨーナスが日露戦争から帰還した際に、土地を息子ヨーザスとヨーナスとに半々に分与した。1910年頃に死亡。

アダム（男）
リトアニア人。シコシニス部落に12haの土地を持っていた。半分は森であった。1917年に死亡。

アガータ（女）
ポーランド人。1914年頃に死亡。

フェリックス（男）
リトアニア人。ジベニシキス村（当地シコシニス部落から7キロ。戦間期はポーランド領。現在はリトアニア領）で15haの土地を持っていた。現在のベラルーシとの国境まで5キロほど。1943年に死亡。学校には通わなかったが、リトアニア語とポーランド語とロシア語の読み書きができた。部落長だった。

アガータ（女）
リトアニア人。ジベニシキス村の生まれ。ポーランド語とリトアニア語とイーディッシュ語（ユダヤ人言語）が理解できた。ジベニシキス村には多くのユダヤ人が住んでおり、隣にユダヤ人が住んでいたため子供同士で一緒に遊んだりしてイーディッシュ語が理解できるようになった。

②**アンタナス（男）**
1892年生まれ。ポーランド人。父の12haの土地を相続した。3人の娘あり。家庭ではプロスティ語で会話した。3人の娘はみなポーランド人男性と結婚した。そのうちの1人はベラルーシに在住するが、家庭内ではロシア語で会話している。

ヘレナ（ポーランド人）

2番目の夫スタニスワフ（男，ポーランド人）
8haの土地を持っていたが、1946年に売却してポーランドに移住。

③**エミリア（女）**
1908年生まれ。結婚に際して生前贈与をもらう。1946年に2番目の夫スタニスワフと子供と共にポーランドに移住し、そこで死亡。夫はポーランドの国営農場農場長になった。

最初の夫ユーゼフ（男，ポーランド人，早くに死亡）

①**アニラ（女）**
1890－1980。ポーランド人。当地から2キロ離れたパギェナイ部落で生まれる。シコシニス部落で死亡。プロスティ語で会話した。1907年に17歳で結婚しヨーナスの家に入る。金銭で生前贈与をもらう。

③**ヨーナス（男）**
1880－1958。リトアニア人。当地シコシニス部落で生まれる。1904年にはロシア帝国陸軍に徴兵され、日露戦争のため極東に送られる。前線で負傷し、中国の病院に入院した。1905年か1906年には徴兵解除で自宅に戻り、1907年にアニラと結婚した。結婚後、父の土地の半分の12haの土地の分与を母から受けた。6haは耕地で6haは森だった。実家のそばに自宅の建設を始めた。第一次世界大戦で再びロシア軍に徴兵となる。3人の子供と妻を残して出征した。捕虜となりドイツの炭鉱で3年働かされる。その間、土地は兄ヨーザスの嫁と家族が耕した。1919年に帰国。炭鉱で健康を害し、帰国後も畑で十分に働くことができなかったので、最初は人を雇って農業を営んだ。1928年に火事で自宅が全焼。1930年に再建。生活が苦しく子供は他の農家に働きに出て稼いだ。乳牛2頭と馬1頭と羊がいた。1930年代はヨーナス本人も畑で働き、子供も手伝った。ドイツ占領中も同様に働く。土地は子供に分与せず、集団化を迎える。戦後コルホーズに加盟し土地を失う。

②**ヨーザス（男）**
1975－1910。12haの土地を母よりもらう。長男だったのでロシア軍の徴兵を免除された。

マルタ（女）
リトアニア人。シコシニス部落の生まれ。夫の家に移る。1900年頃に結婚。

①**娘**
5キロ離れた部落に嫁ぐ。金銭などで生前贈与を受ける。1914年頃に死亡。

夫（リトアニア人）

④**エルジビエタ（女）**
6キロ離れた部落に嫁ぐ。金銭などで生前贈与を受ける。1935年頃に死亡。

夫（リトアニア人，6haの土地持ち）

⑤**マルタ**
6キロ離れた部落に嫁ぐ。金銭などで生前贈与を受ける。夫が先に米国に移住し、マルタも後に米国に渡るが、米国が気に入らず帰国した。1938年頃に死亡。

夫（リトアニア人）
両親は米国に移住していた。マルタと結婚した後、米国に働きに出て、マルタを米国に呼び寄せた。後、マルタと共にリトアニアに帰国した。16haの土地を購入。

①**エミリア（女）**
1894－1936。リトアニア人。1912年結婚。ロシア語小学校に通学した。ポーランド語も理解できる。

夫（リトアニア人，10haの土地持ち）

③**ミハリナ（女）**
1908年生まれ。没年不詳。リトアニア人。1935年に結婚。結婚後すぐに夫ビンツェンティはアルゼンチンに移住した。結婚前から夫婦でアルゼンチンに移住することが決まっていて、旅券も取得していた。ミハリナは結婚に際して兄フランチシェクから生前贈与分として1000ズロチをもらったが、夫ビンツェンティはその1000ズロチで船の切符を買い移住した。妻の分の金はなかった。夫からは移住後に何の音信もなくなった。現地で愛人を作ったらしい。アルゼンチン領事館に依頼して夫の居所を確認できた。それで夫は妻をアルゼンチンに招く招待状を書かなければならなくなった。船賃も送ってきた。それでミハリナはアルゼンチンに向けて出発した。しかし、その後、ミハリナからは何の音信もない。何が起きたのかも分からない。

ビンツェンティ（リトアニア人）

②**フランチシェク（男）**
1998－1973。リトアニア人。リトアニア語とポーランド語とロシア語ができ、少しドイツ語ができた。ロシア語小学校に通った。1918年に結婚。父の土地12haの全部を相続した。

②**エミリア（女）**
リトアニア人。1998－1971。シコシニス部落から7キロ離れたジベニシキス村の生まれ。

①**マリアンナ（女）**
1893－1971。結婚してベラルーシの夫の家に移る。夫とはプロスティ語で会話した。3人の息子あり。長男はポーランド人と結婚し、戦後すぐにポーランドに移住した。次男はポーランド人と結婚しベラルーシに在住。三男はベラルーシ人女性と結婚し、ベラルーシに在住。

コンスタンティ
ポーランド人。ジベニシキス村から9キロの現国境を越えた現ベラルーシ領の部落に居住した。

③**アガータ（女）**
1900年頃の生まれ。1946年に夫と子供と共にポーランドのオルシティン県（戦間期はドイツ領）に移住した。故郷に手紙を寄こしたが、一度も故郷を訪れることはなかった。2人の息子がいるが、アガータと夫フランチシェクの死後は、もう息子たちもリトアニアの親類に手紙も書かない。

フランチシェク
ポーランド人。24haの土地を持っていた。第二次世界大戦直後の1946年にポーランドに移住した。

④**スタニスワフ（男）**
1903－1985。小学校には通わなかったが、寺子屋で学習し、ポーランド語も読み書きができる。15haの土地を両親から相続した。その土地は森が多かった。戦後は、ジベニシキス村に住む。

マリア（女，ポーランド人）

⑤**ヘレナ**
1912年生まれ。大戦直後のポーランド移住の第一波で、家族そろってポーランドに移住した。娘2人あり。

夫（ポーランド人）

第二部　32番家庭

─①マリア（女）─
1908－1967。小学校には通っていない。1937年に結婚し，同じ部落の夫の家に移った。戦後はビルニュースの小学校の掃除婦。ビルニュースで死亡。

マチェイ（男）
リトアニア人。3haの土地を持っていた。戦後は，土地も小さかったのでコルホーズ加盟を希望せず，ビルニュースに移住して働いた。

─②フランチシカ（男，1909－1915）

─③ステファニア（女）─
1915－1987。ポーランド語の小学校に通学した。1930年代は他の農家に働きに出た。ドイツ占領中はビルニュースで女中として働き，夫と知り合う。1943年に結婚。1946年にポーランドに家族そろって移住し，ポーランドで死亡。子供はなかった。

カジミエシ（男）
ポーランド人。ビルニュース南方の部落の土地持ち農家の生まれ。土地を兄弟に譲ってビルニュースで働く。1946年にポーランドに移住。

─④ヨーザス（男）─
1920年生まれ。ポーランド語小学校に通学。第二次世界大戦中のドイツ占領下にリトアニア警察に勤務。ドイツ敗走時に行方不明となる。戦後の1952年頃，英国から手紙を一度よこした。名字も変えていた。スターリン時代であり，兄弟は面倒を恐れて返事を書かなかった。その後の消息不明。

─⑤ヨーナス（男）─
1922－1991。当時ポーランド領だったシコシニス部落で生まれる。ポーランド語小学校に4年通学。1930年代は他の農家に働きに出て，後に実家の農家を手伝う。1946年には部落長になる。戦後はコルホーズに加盟するが，1952年にビルニュースに移住し運転手になる。1954年頃に結婚。妻とはポーランド語で話した。ビルニュースで死亡。

ヘレナ（女，リトアニア人）

─⑥エレナ（女）─
1926年生まれ。生存。ポーランド語小学校に通学。1965年に結婚。シコシニス部落の近所の部落で生存。夫とはプロスティ語で会話する。

バツワフ（男）
リトアニア人。父はリトアニア人で母はベラルーシ生まれのポーランド人。母はリトアニア語を理解せず，家庭内ではプロスティ語で会話した。バツワフは現在3haの土地を耕す。

─⑧ベロニカ（女）─
1931年生まれ。生存。ポーランド語初級小学校4年の後，リトアニア語上級小学校3年修了。1952年に結婚。夫の家に移りコルホーズに勤務。ビルニュース南方10キロのモルドミナ村で生存。家庭ではプロスティ語で話す。

アンタナス（ポーランド人）
シコシニス部落の近所の生まれ。結婚後，北に50キロのモルドミナ部落で，ポーランドに移住したため空き家になっていた農家建物を買い取り居住。そこのコルホーズに勤務。

─これ以外に3人の子供がいたがいずれも幼時に死亡。

─⑥ボレスラフ・デラカイ（男）─
1926年生まれ。生存。リトアニア人。32番家庭の主人。ポーランド語小学校に通学。4年修了。リトアニア語の授業も週に数回あり，リトアニア語の本も読めた。学校ではポーランド人児童とリトアニア人児童と仲が悪かったわけではない。男の子は放課後はリトアニア語で会話したが，女の子はポーランド語やプロスティ語で会話することが多かった。1944年以降はソ連軍が入ってきて，土地が12haもあるため累進課税で負担がきつかった。コルホーズに加盟し農夫として働き，後にコルホーズの建設作業員となる。1950年に結婚。

─長男スタニスワフ（リトアニア人と結婚）
─長女マリア（ポーランド人と結婚）
　マリア（リトアニア人）
─次男フェリックス
1919年生まれ。1945年頃，ソ連の労働力徴発でソ連の炭鉱で働かされる。そこで，民族名がポーランド人であると記載された国内旅券を受けた（注：本人の自己申告が認められた）。1946年頃に帰国し，リトアニア人としコルホーズに加盟。1957年に妻を連れてポーランドに移住した。ポーランド人とみなされたのでポーランドへの出国旅券がもらえた。妻も移住できた。フェリックスの息子は1980年頃にポーランドからスウェーデンに移住し，そこに永住した。息子はフェリックスをスウェーデンに呼び寄せた。

─③ヘレナ（女）─
1927年生まれ。32番家庭の主婦。シコシニス部落の夫の実家から50メートル離れた隣家の生まれ。ポーランド語小学校に通学。4年修了。1950年に結婚。

─①バツワフ（男，1919－1926）
─②スタニスワフ─
1924－1959。部落から数キロ離れたジベニシキス村のポーランド語小学校に通学。戦後，村役場に就職。除隊後の1948年に結婚。結婚後も両親の実家に同居し，後に自宅を建設。
　　ヤニーナ（女）
　　リトアニア人。父親はリトアニア人，母親はポーランド人。ヤニーナは国内旅券の民族欄の記載にリトアニア民族を選んだ。民族名の記載は自由だった。
　　─ブワディスワバ（女，ベラルーシ人と結婚）
　　─スタニスワフ（男，リトアニア人と結婚）
　　─ブロニスワフ（男，ポーランド人と結婚）
─④フェリックス（男）
1930－1994。リトアニア語小学校に通学。自宅の農業手伝いをして，戦後コルホーズに加盟。その後は営林署に転職。1958年に結婚。
　レオカディア（女）
　リトアニア人。1936－1993。両親共にリトアニア人。ジベニシキス村の近所の部落の出身。
─⑤フランチシェク（男，1932－1934）
─⑥アンナ（女，すぐ死ぬ）
─①ヤドビガ（女，ポーランド人と結婚）
─②スタニスワバ（女，リトアニア人と結婚）
─③チェスワフ（男，ポーランド人と結婚）
─④フェリックス（男，リトアニア人と結婚）

マリアン（男，一人っ子，17歳で死亡）

─①ベロニカ（女）─
リトアニア語小学校を修了。ポーランド語も話す。
夫（リトアニア人）
─②ヘレナ（女）─
リトアニア語小学校を修了。夫とはポーランド語で話す。
夫（ポーランド人）

最初の夫（リトアニア人）
─①ベロニカ（女，1966年生まれ）─
リトアニア語小学校を終える。家庭ではポーランド語で話す。
2番目の夫（ポーランド人）
─②ヨナス（男，1967年生まれ）─
リトアニア語小学校を終える。家庭ではポーランド語で話す。

クリスティナ（女，ポーランド人）

─①マリアン（男）─
1955年生まれ。ポーランド語小学校を修了。両親とはプロスティ語で話す。ビルニュースで働く。
妻（ポーランド人）
─②ダヌータ（女）─
ポーランド語小学校を卒業。結婚してビルニュース南方のルダミナ部落に住む。専業主婦。
夫（ロシア人，ロシア正教徒）
ロシアからビルニュース市に転勤でやってきて，同市で妻と知り合う。結婚に際しカトリックに改宗してカトリック教会で結婚式を挙げた。ビルニュースの企業に勤務。
─③テレサ（女）─
ポーランド語小学校を卒業。結婚後は実家のすぐそばに住む。夫はビルニュースまで通勤している。
夫（ポーランド人）

─①ヤドビガ（女）─
1951－。リトアニア語小学校7年卒業後，ビルニュースの商業職業学校（高校）に進学。同校で夫と知り合う。子供2人あり。家族とはリトアニア語で話す。子供はロシア語小学校に通う。
ブワダス（男）
ロシア人。ビルニュースから北東100キロのイグナリナ県の生まれ。
─②バツワフ（男）─
1954－。まだ独身。ビルニュースで20年くらい工場勤務の後，失業する。現在は実家に帰り，農業を手伝う。
─③イレナ（女）─
1961－。小学校卒業の後，ビルニュースの農業会計の職業学校に進学。1980年に結婚し夫の家に移る。2人の子供あり。
アルビダス（男）
リトアニア人。当地から30キロ離れた村の生まれ。
─④ハリーナ（女）─
1966－。小学校卒業後，ビルニュースの農業会計の職業学校に進学。子供はリトアニア語小学校に通う。
チェスワバ（男）
ポーランド人。両親共にポーランド人。運転手。

─①マリテ（女）─
夫（リトアニア人）
─②ユーザス（男）─
妻（ポーランド人）

177

ヨシフ・カレチューク家，34番家庭，ベラルーシ系，ルダミナ村，1997年12月11日

母親
氏名不詳。民族・宗教不詳。

父親・グレゴロビッチ
ベラルーシ人。当地ルダミナ村（ビルニュースの南方15キロ）で生まれた人。ロシア正教正統派。

妻（名前不詳）

①ボリス・カレチューク（男）
弟サベリンよりかなり年上であった。当地で死ぬ。30haの土地を父よりもらい家も建てた。後に農地の半分を弟に渡し、家は自分のものとした。

その他の子どもの数は不明。

②サベリン・カレチューク（男）
1814（?）－1914。ベラルーシ人。百歳くらいで当地で死ぬ。ピンスク市（現在はベラルーシ）生まれ。ロシア正教正統派。当地ルダミナ村で領主ティシケイビッチ氏のもとで働く。兄のボリスと不仲になり、父の土地の半分15haはもらうが、家は兄が受け継ぐ。妻のおかげで家を建てた。

イザベラ・モラタ（女）
リトアニア人。カトリック教徒。結婚式はロシア正教の教会で挙げた。しかし死ぬまでロシア正教に改宗しなかった。領主ティシケイビッチの家の女中であった。結婚後、領主から建築資材の木材をもらい家を建てる。

妻
氏名不詳。民族・宗教も不詳。

ボリス・カレチューク（男）
18世紀後半の生まれ。ベラルーシ人。ピンスク市（ビルニュースから南方300キロの中都市、当時はロシア帝国領。戦間期はポーランド領。現在はベラルーシ領で、ウクライナ国境まで30キロ）で農奴だった。ロシア正教徒正統派（注：「正統派」とは、第2章第6節で紹介した古儀式派ではない通常のロシア正教徒のことを指す）。当時の名字はポーランド風のカレツキだった（注：当時の農奴は名字を持っていなかったといわれる）。ピンスク市はポーランド共和国の領土であったが、1772年の第1回ポーランド分割でロシア帝国領に編入された。主人の大地主のティシケイビッチ氏（ポーランド人）はトランプ博打で儲けて、リトアニアの当地でさらに広大な農地を購入し、1820年代に5家族の農奴を連れて引っ越してきた。ボリスも息子たちを連れて当地ルダミナ村（ビルニュースから南方15キロ）に移ってきた。ティシケイビッチ氏から30haの農地を与えられ、農奴として働いた。他の農奴と同様に、新しい名字であるカレチュークを与えられた。週のうち、3日は主人の農地で3日は自分の農地30haで働いた。

兄弟の数は不明。

イェドキーア（女）
生年不詳。ベラルーシ人。当地ルダミナ村で生まれ、結婚して同じ村の夫の家に移ってきた。1945年に死亡。この家に住み、晩年は息子夫婦のため炊事などをした。生涯に12人くらいの子供を出産した。

②イグナツィ（男）
1859－1949。ベラルーシ人。当地ルダミナ村で生まれた。当地は第一次世界大戦後はポーランド領となる。前世紀末に結婚し、1920年代に父親の土地15haのうち7haの土地を自分の名義にする（注：この時、既に両親は共に死亡していたはずである。ポーランドが独立を回復し、農地改革と民法の制定により、土地の所有権登記が正式になされたと理解される）。それ以前は15haの土地は分割されず、家族みんなで耕した。その後さらに4haの土地を買い足し11haとする。

①ミコワイ（男）
生年不詳－1942。ベラルーシ人。父親の土地を家族全員で耕した。結婚後、第一次世界大戦前にサンクト・ペテルブルグに移住し、市電の車掌をした。1920年代の農地改革等の流れの中で、当地ルダミナ村の父の土地15haのうち4haを自分の名義にした。その土地は弟が耕作し、ミコワイはレニングラード（ロシア革命後の名称）に居住した。第一次世界大戦後に一度だけ当地に帰郷したことがある。レニングラード包囲戦の中で多くの市民と同様に餓死した。

妻
ベラルーシ人。ロシア正教徒。

最初の妻
ロシア正教徒。夫が従軍中に別のロシア軍兵士と一緒になって、どこかへ行ってしまった。

③ピョートル（男）
ベラルーシ人。父親の土地を兄弟で耕しながら、ロシア正教会の教会の奉公人で鐘つきをした。第一次世界大戦に従軍した。戦争中に家が焼けた。妻は男と逃げた。第一次世界大戦後は兄ミコワイが建てた家に住んで、毛皮の裁縫を行った。1920年代に4haの土地を自分の名義にした。さらに兄ミコワイが名義上相続した土地も耕して農業に従事した。1930年代末に死亡。

2番目の妻
ロシア正教徒。

④マリア（女）
ベラルーシ人。当地で結婚後にレニングラードに移住した。子供なし。

ティシケイビッチ
ロシア正教徒。領主のティシケイビッチとは親戚ではない。

マクシム・ラプチューカ（男）
ベラルーシ人。おそらくは当地かその周辺の人。

クシエニア（女）

マリア・ラプチェンカ（女）
1879－1949。当地で死亡。

子供の数は不明。

バシル・デルーガ（男）
1857－1927。当地から南東150キロのベラルーシのミンスク近郊にせいぜい4haの土地を持っていたが、兄弟が多く土地も狭いので、ずっとビルニュースで働いていた。第一次世界大戦中にベラルーシの故郷に戻ってそこで死亡した。

兄弟が4人いた。

マクシム・デルーガ（男）
ベラルーシ人。ベラルーシのミンスク近辺の人。

第二部　34番家庭

- ①ニコワイ（男，幼時に死亡）
- ダリア（女）
  ベラルーシのピンスク近郊の村出身のロシア正教徒。当時はベラルーシ人とロシア人の区別はなかったという。1924年に結婚しリトアニアの当地の夫の家に移った。
- ②アレキサンデル（男）
  1900－1941。兄弟の中で一番最初に1924年に結婚した。結婚後もこの家に住む。2部屋の家であった。男兄弟の3家族で全部で15人が居住した（注：弟ヨシフは1933年に結婚しているが、その後も両親と3兄弟とその妻と7人の子供たちが、祖父サベリンが建てた建物に同居していたことになる。その家は恐らく1936年頃に焼失したもよう）。
  - イレナ（女）
    ベラルーシ人。当地の生まれ。ソフィアの従姉妹にあたる。1931年に結婚した。
- ③マレク（男）
  1904－1992。1931年に結婚した。結婚後もこの家に住んだ。
- ⑤イワン（男，幼時に死亡）
- ⑥ナジャ（女，幼時に死亡）
- ⑦マリア（女，幼時に死亡）
- ⑧カテリナ（女，幼時に死亡）
- これ以外に3人か4人の子供がいたが、いずれも幼時に死亡。これら幼時に死亡した子供は墓地ではなく、庭先に埋葬された。
- ④ヨシフ（ユーゼフ）（男）
  1907年生まれ。生存。**34番家庭の主人**。ロシア正教徒。自分はベラルーシ人であると述べる。現住所から50メートル離れた古い家で生まれた。古い家は焼けた。12歳の時から乳搾りなど農作業に従事。学校には通っていない。文盲。独身時代はビルニュース市のユダヤ人経営のパン焼き工場で働く。自転車で通勤した。1933年に結婚。結婚後は兄アレキサンデルと兄マレクと一緒に11haを耕した。馬2頭と乳牛4頭がいた。1930年代後半に家を建てた。ナチス占領時代も、戦後も共同経営のままの状態で営農した。集団化の時にコルホーズに加盟。土地を失う。
- ソフィア（女）
  1907年生まれ。生存。**34番家庭の主婦**。当地から南東150キロのベラルーシのミンスク近郊のスタロビレイキ村に生まれる。生存。小学校に通いロシア語が書ける。その地のユダヤ人家庭で女中として働いた。ユダヤ人とはイーディッシュ語で会話した。そのユダヤ人は戦後イスラエルに移住し、96年にリトアニアを訪問した。1931年に従姉妹のイレナがヨシフの兄のマレクと結婚することになり、その結婚披露宴で初めてヨシフと知り合い、1933年に結婚した。その2年間は一度も会っていない。手紙のやりとりだけであった。ヨシフは文盲で代書を頼んだ。結婚後は農業を手伝い、戦後はコルホーズ員となり年金受給年齢まで働く。
- 子供の数は不明

- ①ミハウ（男）
  1928年生まれ。生存。ビルニュースの石油工場に勤務。
- ゾフィア（女）
  ポーランド人。カトリックだが結婚後ロシア正教に改宗。
  - 娘　カトリック教会で挙式。
    夫（**リトアニア人**。カトリック）
  - 娘　カトリック教会で挙式。
    夫（**ポーランド人**。カトリック）
  - 娘　カトリック教会で挙式。
    夫（**ポーランド人**。カトリック）
  - 息子　リトアニアで結婚後アメリカへ移住。
    妻　ユダヤ人。ヘブライ教徒。ビルニュース生まれ。父親はルドミナ村の小学校の数学教師。兄がまずアメリカに移住し、兄が呼び寄せたので夫と共にアメリカ（たぶん米国）に移住。
- ②ボリス（男）
- ハリーナ（女）
  ロシア人。ロシア正教正統派。第二次世界大戦後にリトアニアに移住した。
- ③ナジェジダ（女，独身で結婚せず）
- ④オルガ（女）
  夫　リトアニア生まれのロシア人。**古儀式派**のロシア正教徒。
  - 息子
    妻　リトアニア生まれのロシア人。**古儀式派**のロシア正教徒。
  - 息子
    妻（ロシア人でロシア正教正統派）
  - 息子　教会では結婚式を挙げなかった。
    妻（**ポーランド人**。カトリック）
  - 娘　教会では結婚式を挙げず。ロシア正教会には通わず、大祭日のみカトリック教会に通う。
    夫（**ポーランド人**。カトリック）
  - 娘（結婚したが離婚した。子供なし）

- ①イワン（男）
  カトリック教会で結婚式を挙げ、カトリックへ改宗した。
  妻　**ポーランド人**。カトリック。
- ②ビエラ（女）
  1936年生まれ。
  夫は捨て子
  両親不明のため人種不明。

- ①ミコワイ（男）
  1934年生まれ。生存。1958年に結婚。ルダミナ村のポーランド語クラスの5年制小学校卒業（注：回想のまま。5年で中退という意味か）。17年間も軍隊に勤務。ベラルーシに駐屯。除隊後ベラルーシに居住。
  妻ルドゥミラ　タタール人。イスラム教徒だった。ベラルーシに居住。結婚に際してロシア正教に改宗。
  - 息子ブラジミール
    1978年に結婚。リトアニアに居住。1991年に妻と離婚した。息子が2人いる。家庭ではロシア語で会話した。
    妻　**ポーランド人**。カトリック。
  - 息子ディミトリ
    結婚したがほどなく離婚。家庭ではポーランド語で会話した。現在独身。息子が1人ある。
    妻　**ポーランド人**。カトリック。結婚に際してロシア正教に改宗。
- ②イグナツィ（男）
  1936年生まれ。ルダミナ村のポーランド語クラスの小学校卒。ビルニュースで電気工。結婚式はロシア正教会で挙げる。
  イレナ　**ポーランド人**。カトリック。
  - 息子アレク
    1人の息子あり（ロシア正教徒正統派の洗礼を受ける）。家庭ではロシア語で会話する。
    妻　ロシア人（正教正統派）。父親は一度ブラジルに移民したが、戦間期にリトアニアに戻る。
  - 息子イガル
    ビルニュース在住。1人の息子あり（ロシア正教徒の洗礼を受ける）。家庭ではロシア語で会話する。
    妻　戦後移住のロシア人（正教正統派）
- ③ユリア（男）
  1944年生まれ。ロシア語小学校を卒業後に工業職業学校に進学。トロリーバス企業の職長（現場係長相当）。
  ヤドビガ　**ポーランド人**。カトリック。
  - 最初の夫
    ポーランド人。カトリック。家庭では妻とリトアニア語で会話した。
  - 娘ノマ
    最初の夫との間に一人娘あり。2番目の夫との間に一人息子あり。
    2番目の夫　**リトアニア人**。カトリック。家庭ではリトアニア語で会話。
- ④ウラディミール（男）
  1952年生まれ。ルダミナ村のロシア語の小学校と中等学校の10年を修了後、工科大学建築学科を卒業。1995年まで80キロ離れた建築会社に技師長として勤務。現在は独身。この家で両親と同居している。面接に本人も同席していたので、過去の結婚歴は確認せず。

179

エドワルド・ベリンスキ家，35番家庭，ベラルーシ系，ビルニュース市，1997年12月12日

最初の妻
未亡人であった。

ミェロン・カロプキン（男）
60歳くらいで1943年に死亡。ベラルーシのモギレフ県（ミンスク東方170キロで戦間期もソ連領）の人。ベラルーシ人。息子が反ドイツのパルチザンになったので，ドイツ占領中は別のところに強制送還させられてそこで死亡。

ダイメカの父
貧乏で3〜4 haの土地を耕した。

ダイメカ（妻）
2番目の妻。ベラルーシ人。70歳くらいで1953年に死亡。

イリナ（女）
1873－1943。ベラルーシ人。夫ダニエルの隣村の出身。結婚後は夫を助けて農業に従事した。ロシア正教徒だが，夫と同様にカトリック教会にも通った。キリストはひとつだと言っていた。

ダニエル・ベリンスキ（男）
1873－1943。ベラルーシ人。ベラルーシで父イリアの生地の村に生まれる。日露戦争に砲手として参戦。復員後に10haの土地を購入する。8 haの土地を父より相続し18haとした。第一次世界大戦にも参戦しドイツ軍と戦う。革命後の内線でも愛国者としてボリシェビキと戦った。ロシア正教の信仰に厚く，しかしカトリック教会にも通った。ダニエルは戦間期は5頭の馬を持っていた。1頭は外出用で残りは農作業用であった。乳牛・豚・羊もいた。1941年にドイツ軍により村が占領されると，ドイツ軍は村をすべて破壊し，ダニエルの家も焼かれた。

その他に5人の兄弟と3人の姉妹がいた。そのうち4人の兄弟は1913年にシベリアに移住し，クラスノヤルスク市（ノボシビルスクとイルクーツクの中間に位置するシベリアの都市）近辺で無償の土地を受け取った。ロシア革命によりこれら兄弟の土地は取り上げられ，4人の兄弟は反革命運動に入ったが，3人が殺された。1人はソリで逃げたがその後の消息はない。

コンスタンチン
リトアニア人の士族出身であった。ポーランドから，ベラルーシのモギレフ県チャウシ郡ドウジョスカヤ村（18世紀においてはロシア領土。戦間期もソ連領。ミンスク市の東方170キロ）に移住した。士族としては貧しく，働かなければならなかった。木材の取引業を営んだ。35haの土地を所有し，9人の子供があった。

イリア・ベリンスキ（男）
97歳で死亡。父と同じベラルーシのモギレフ県チャウシ郡ドウジョスカヤ村に生まれる。

母
ポーランド人。リトアニアで豊かな樵の家に生まれる。国鉄に勤めていて，夫と知り合う。

ドミニク・シマシェク（男）
ポーランド人。リトアニアの人。1950年死亡。最初に国鉄に勤める。ロシア皇帝の軍隊に徴兵。革命の時はサンクト・ペテルブルグ（レニングラード）にいた。学校を終えていたので読み書きができた。戦間期には貯金を蓄えていて，将来50haの土地を購入する予定を持っていた。戦後直後は8 haの土地を持っていて，トラカイ地方（ビルニュース西方25キロ）のジェカニシキ部落の部落長をやっていた。戦後の農業集団化の後はコルホーズに加盟した。

母ビレンスカ
ビルニュース生まれ。ポーランド人。カトリック。未婚で息子ユーゼフを生む。父親の姓はボイチェホフスキであったが，息子は母親の姓を継いだ。

男

父
リトアニア人。カトリック。

母
ロシア人。ロシア正教徒の**古儀式派**。ビルニュース県の人。

グレゴリイ（男）
反ドイツのソ連側パルチザンになる。死亡。

オルガ（女）
既に死亡。

イグナツィ・キリコフ（男）
最初の夫。戦前（1941年以前）にマリアと結婚。結婚3週間で出征し戦死した。妻が妊娠していたことも知らなかった。

マリア・カロプキナ（女）
1922－1993。夫ミコワイの村から20〜30キロ離れた村に生まれる。ユニア派ギリシャ正教会の信者であった。7年制の小学校卒。その後ミンスクで商業高校卒。1946年にミコワイと再婚。

⑤ミコワイ・ベリンスキ（男）
1913－1975。ベラルーシのモギレフ県の生まれ。同県に住む。ベラルーシ人。宗教は不詳。教育大学卒。学校教師であった。ドイツ占領中はパルチザンに参加。逮捕されるが，逃亡し，ソ連軍に参加しカリニングラードまで進軍する。対日戦線に参加するため移動中に日本が降伏した。戦後直後は，弟イグナツィのもとに身を寄せる。イグナツィも教師であった。1945年にダンス・パーティで妻と知り合い，1946年に結婚。その後にベラルーシのモギレフ県のドンブロフスキ村に引っ越し一戸建を買う。

①オクリナ（女）
1891年生まれで現在106歳でベラルーシに生存（注：回想のまま）。父ダニエルと同じ村に生まれた。戦争でドイツ軍が村を破壊したので，戦後に家を建て直した。

②イワン（男）
ロシア正教会付属の4年制小学校を卒業。第二次世界大戦中に死亡したらしい。ドイツ占領中に行方不明となりその後の消息はない。

③マリア（女）
ロシア正教会付属の4年制小学校を卒業。戦前に結婚。戦争中に夫と共にレニングラードに移住。レニングラード包囲戦では生き延びたが，戦争中に生き残った者はみな人肉を食べたという。戦後，ベラルーシの父の自宅に戻る。既に死亡。

アレクシィ・グラエフ
レニングラードの戦闘で負傷。

④コンスタンチン（男）
ロシア正教会付属の4年制小学校を卒業。第二次世界大戦中に死亡したらしい。ドイツ占領中に35歳くらいで行方不明となりその後の消息はない。

アメラ（女）
リトアニア人。カトリック。戦争中にドイツ兵に拉致される（注：おそらく労働力徴発か）。戦後，夫のもとに戻るが夫には別の女がいて妊娠していた。夫と離婚した。

⑥イグナツィ（男）
2回結婚した。教育大学卒。小学校の教師。戦争中に2番目の妻と知り合う。

ニナ（女）
2番目の妻。

イレナ・シナシェク（女）
1925年生まれ。生存。

ユーゼフ・ビレンスキ
ポーランド人。1929年にリトアニアのトラカイ地方（ビルニュースから西方25キロ）に生まれる。大工。生存。

第二部　35番家庭

- アリナ・タムレフスカ（女）
最初の妻。**リトアニア人**。カトリック。1953年生まれ。1973年に結婚。

  - アレキサンデル（男）
カトリックの洗礼を受けている。リトアニア語小学校に通う。
  - 娘がいたが幼時に死亡。

- エドワルド・ベリンスキ（男）
1947年1月生まれ。**ベラルーシ人**。カトリック。生存。一人っ子。**35番家庭の主人**。ベラルーシのモギレフ地方ホホメル村（戦前はソ連領であった）の生まれ。後にドンブロフスキ村（300戸のベラルーシ人だけの部落）に移る。そこでベラルーシ語クラスの小学校に4年通学するが、当時から絵に興味があった。電気はなかった。蓄電池のラジオがあった。さらに離れた小学校で4年間寄宿舎に住んで通学する。16歳の時にミンスクの美術高校を受験したが不合格になる。2年半の兵役の後、1970年に貧しい両親のもとに帰るが、1か月のみそこで過ごす。画家になりたかったので、15ルーブルをもらって美術大学に入るためビルニュースに来る。夜間部に合格できた。在学中の4年間は、昼は建築労働者として働きながら、卒業した。1973年に最初の妻と結婚。市役所の結婚式だけでカトリック教会での結婚式は挙げなかった。共産党を恐れたのではなく、単純に教会結婚式を望まなかっただけだという。27歳で、壁や天井の漆喰彫刻の修繕を行う業務に従事する。その後に小学校美術教師になるが、気に入らなかったので辞職し、カトリック教会の内装工事に非合法に採用される。1年働いて、中古住宅を購入した。ビルニュース市内の某教会の祭壇の十二使徒の彫刻を彫ることが仕事だった。報酬は良かった。信徒の寄付で賄われた。1977年に2番目の妻と結婚した。非合法の採用なので、表向きは教会のボイラー・マンとして勤務していることにした。彫刻はアマチュアの奉仕活動ということにした。妻は教会の掃除婦として働いた。その後は自由業の彫刻家となった。今は彫刻1つで2000ドル程度を稼ぐこともある。邸宅の壁や柱の彫刻なども引き受ける。言語はロシア語が最も流暢で、ベラルーシ語が次で、ポーランド語も理解できる。

  - ①アンナ（女）
1977年生まれ。リトアニア語クラスの11年制小学校・中等学校に通った。その後は美術学校に進学。将来は父親と同じように画家になることを希望している。
  - ②マリア（女）
1980年生まれ。ベラルーシ語の11年制小学校・中等学校に通っている。ベラルーシ語クラスを持つ小学校はビルニュース市内に現在ひとつだけしかない。ビルニュース市内には現在、2万3000人のベラルーシ人が住むが、ほとんどがカトリックである。ロシア正教のベラルーシ人は少数派である。

- 娘
飲食店店長。娘が生まれたが、その娘は戦争中の子供の時にドイツ兵に頭部を傷つけられ、廃人となった。

  - ①ビクトル（男）
技師。ベラルーシ在住。
  - ②エストニ（男）
建築労働者。ベラルーシ在住。

- アンタナス（男）
母がビルニュースに住んでいたので、本人もそこに住む。60歳くらいで生存。戦時中は母と別れわかれになった。母はバス停でドイツ人につかまった。それで伯母のマリアに育てられた。戦後に母と再会した。

- ③ルツィナ・ベリンスカ（女）
2番目の妻。1958年生まれ。**ポーランド人**。カトリック。**35番家庭の主婦**。ロシア語クラスの10年制小学校・中等学校（高校卒相当）に通う。電気工場で1年働いた後、結婚して退職した。教会の掃除婦として働くという表向きの形をとった。現在は全く働いていない。家庭内ではロシア語で会話する。

- ②クリスティナ（女）
1952年生まれ。ポーランド人。カトリック。音楽大学を卒業。現在は音楽大学講師。日本にも演奏旅行で行ったことがある（注：楽器の種類については秘す）。
  - 夫カロリス
リトアニア人。カトリック。科学アカデミーのある研究所（注：回想では具体的な研究所名を挙げた）の学者で教授資格を持つ。
  - 息子
カトリックの洗礼を受けている。

- ①ヤン（男）
1951年生まれ。ポーランド人。カトリック。ポーランド語クラスの8年制小学校に通い、その後3年間はロシア語クラスの中等学校に通い、その後は職業高校に進学した。2人の息子がいる。2人ともロシア語クラスの小学校に通う。
  - マリア（女）
リトアニア人とベラルーシ人の混血。カトリックの洗礼を受けている。子供時代、祝日はカトリック式でもロシア正教式でも祝った。ヤンとはカトリック教会で結婚式を挙げた（注：ロシア正教では今でも旧暦を用いるので、クリスマスなどの祭日が、カトリックと比べて10日ほど遅くなる。マリアは復活祭などを2回祝ったということになる）。

レバニド・カイト家，36番家庭，ベラルーシ系，ビルニュース市，1997年12月13日

祖母
ドイツ人。ルター派のプロテスタント。父はドイツ人で母はリトアニア人だった。

祖父
ベラルーシ人。ロシア正教正統派（注：正統派とはロシア正教古儀式派ではない通常のロシア正教のことを指す）。

アンナ（女）
ベラルーシ人。ロシア正教正統派。ビルニュースの生まれ。1914年の第一次世界大戦の開戦の際にビルニュースを脱出し，南東100キロの現ベラルーシ領のノボジブカ村に疎開し，そこでペストで1916年に死亡。娘オルガも同時にペストで死亡。

イワン・バウコビッチ（男）
ベラルーシ人。ロシア正教正統派。ビルニュース県のどこかで生まれた。ロシア帝国陸軍の軍人だったが，除隊後，ビルニュース南西50キロのバルキニンカイ町でロシア国鉄に勤務。国鉄に勤務していたので，1914年の第一次世界大戦開戦の際に，家族を連れて避難列車で東方に疎開できた（注：疎開は1915年になってから）。1930年代末にミンスクで死亡。

ビンツェンティ・カイト（男）
ベラルーシ人。ロシア正教正統派。ビルニュース市から南東110キロのボロジン市の北方10キロのドゥビナ部落（当時はロシア帝国領，戦間期はポーランド領，現ベラルーシ領）の人。ドゥビナ部落は80戸からなっていてすべての住民はロシア正教正統派だった。ロシア正教の教会があった。隣部落はカトリックとロシア正教が半々だった。カトリックの人もベラルーシ語で話した。ビンツェンティは9.5haの土地を持っていた。

ペラギア（女）
1920年頃に死亡。ベラルーシ人。ロシア正教正統派。夫の住むドゥビナ部落の近くの生まれ。年に4回は徒歩でビルニュース市のカトリック大聖堂まで行き，祈りを捧げた（注：回想のまま。結婚前はカトリックでカトリック信仰を捨てなかったと解釈できる）。

シェンキェビッチ（男）
ベラルーシ人。ロシア正教正統派。

オルガ（女）
1893年頃，ビルニュースの生まれ。1913年に結婚し，1914年にビルニュースからノボジブカ村に疎開し（注：回想のまま。疎開は1915年か），そこで1916年にペストで死亡。2歳の子供を残す。

アレキサンデル（男）
ロシア帝国陸軍に徴兵の後，ロシア革命で白軍に入り，1919年に戦死。独身のまま死亡。

アナトリー（男）
ロシア帝国陸軍に徴兵の後，ロシア革命で赤軍に入り，独身で1919年に戦死（注：回想のまま。兄弟が白軍と赤軍に分かれた理由は不明）。

セルギェイ（男）
1880年代の生まれ，68歳で1950年代初頭にベラルーシで死亡。

ジナイダ（女）
1896－1975。旧姓バウコビッチ。ビルニュースで生まれ，そこで死亡。1914年の第一次世界大戦開始に伴い，両親と共にビルニュースを脱出しノボジブカ村に移住。そこで夫と知り合うが，戦争中は手紙のやりとりだけだった。1918年に結婚。ジナイダは夫と共にポーランド国籍となる。専業主婦であった。夫は毎年契約を更新する学校教師だったので，1930年代後半には小さな店を開いて家計を助けた。1939年には店を閉鎖した。

⑤シモン・カイト（男）
1888－1946。末っ子。ベラルーシ人。ロシア正教正統派。父と同様に，ビルニュース市から南東110キロのボロジン市の北方10キロのドゥビナ部落の生まれ。1914年に40キロ離れたノボジブカ村に疎開してきた妻と知り合う。ロシア帝国の軍隊に取られる。その後は妻とは手紙のやりとりで1918年に結婚。結婚後は教員養成コースに入って，スタラビエシ村（1921年以降はソビエト領）のロシア正教の教会付属の学校の教師になりロシア語を教える。ベラルーシ語の教育は普及していなかった。1922年からドゥビナ部落から20キロ離れたハラドク町（戦間期はポーランド領）のポーランド語・ベラルーシ語混成小学校のベラルーシ語教師になる。シモンはポーランド国籍となる。ノボジブカ村は1920年以降ソ連領に属することになった。1924年にソ連国境まで2キロのポーランド領の町のベラルーシ語中等学校（ギムナジウム）のベラルーシ語教師になる。1929年にポーランド領のビルニュース市の教員養成専門学校（短大相当）に入学。同時にビルニュースのロシア語ギムナジウムの教師に就職し，家族そろってビルニュースに移住した。教師として働きながら通学した。卒業後はビルニュースのロシア正教会付属のギムナジウムの校長になる。1939年になると（注：ソ連邦加盟の1940年の記憶違いか），校長を辞めさせられ，公立の小学校のロシア語教師に転職しなければならなくなった。

イワン（男）
1884年頃の生まれ。1930年代末に死亡。父の土地を相続した。

アレキサンドラ（女）

アナスタジィア（女）

ルバ（女）

オルガ（女）
1902－1971。ロシア人。ロシア正教正統派。モスクワ県のジュゴリノ町から5キロの村の生まれ。1922年に結婚。コルホーズに加盟。1958年に夫が死亡し，1962年に娘の嫁ぎ先のビルニュースに移住した。

アレクセイ・コンドラショフ（男）
1895－1958。ロシア人。ロシア正教正統派。モスクワ県のジェゴリノ町の生まれ。貧農の息子。小学校4年卒。特に頭が良かったので4年も通った。他の兄弟姉妹は，少ししか小学校に通っていないので，文盲に近い。第一次世界大戦に参戦し負傷。内戦では赤軍に参加。1922年に結婚。コルホーズに加盟。のちコルホーズの議長になる。第二次世界大戦の時のモスクワ攻防戦でドイツ軍に家を焼かれる。もう農業に従事したくないと考え，また大都会に住みたかったので，戦後モスクワに移住しアパートの管理人兼掃除人になる。

ニキタ（男）

アミスア（女）

ファクツヤ（女）

これ以外に8人の子供が生まれたがいずれも幼時に死亡。

第二部　36番家庭

カタジナ・ジェロジンスカヤ（女）
ベラルーシ人。ロシア正教正統派。

①ウシェバラト・カイト（男）
1919 － 1985。現ベラルーシのスタラビエシ村（1921年以降はソビエト領）で生まれ，ついで父親の転勤でポーランド領のハラドク町（現ベラルーシ領）に移住。1929年に家族と共にビルニュースに移住。1936年にビルニュースのベラルーシ語ギムナジウムを修了。軍隊には行かなかった。1936年にビルニュース医科大学に入学。1939年に同市がリトアニア領に併合されたことに伴い，同大学が閉鎖になり，カウナス医科大学に転学。1941年までそこで学び卒業。その後はドイツによる強制労働でミンスクで働く。1944年からはミンスクから南西120キロのベラルーシのバラノビッチ市（生まれ故郷のドゥビナ部落から40キロほど）の病院で働く。1944年にバラノビッチ市で結婚。同市で死亡。

②レバニド・カイト（男）
1922年生まれ。**36番家庭の主人**。ビルニュースから南東120キロのマオデチナ市近くのハラドク町（現ベラルーシ領で当時はポーランド領，当時のソビエト国境まで20キロくらい）に生まれる。1929年に両親と共にビルニュースに移住。ベラルーシ語小学校に入学。ポーランド語の授業もロシア語の授業もあった。ついでベラルーシ語ギムナジウムを修了。当時はポーランド国籍。大学の入学試験の準備をしている時に戦争が始まった。軍隊には行かなかった。1939年9月の戦争開始後にも大学は閉鎖されず，10月下旬にビルニュース医科大学に入学した。ビルニュース県のリトアニア併合に伴い国内に医科大学は2つも必要ないということで，12月になると同医科大学が閉鎖された。カウナス医科大学に移動するように指示があった（当時のリトアニアの首都のカウナスには医科大学があった。現在はカウナス医科大学の他に，ビルニュース大学にも医学部がある）。しかしリトアニア語での授業だったので，カウナスでリトアニア語を学習した。しかし金がなくなったので，ビルニュースに戻り，閉鎖されていなかったビルニュース大学化学部に再入学した。リトアニア語の授業だった。ドイツ占領中はビルニュース市内で強制労働をさせられ，後にミンスクに移される。戦後，ビルニュース大学に復帰し，1949年に化学修士の称号を得て卒業。卒業後はバルト海沿岸のクライペダ市（1939年から1945年まではドイツ領に編入されていた）の化学肥料工場の作業班長に就職。ドイツが建設した工場だった。ソ連邦国籍となる。国内旅券（身分証明書）にはベラルーシ社会主義ソビエト共和国という出身国とベラルーシ人という民族名が記載されていた。1956年に工場が老朽化のため閉鎖となり，ビルニュースの電気計算機工場の職長，研究課長，後に技術副部長になる。月給は1500旧ルーブルで大変良かった。1958年にモスクワで会議があって初めてモスクワに3日間出張した際に，路上で妻と知り合う。同年に結婚。ビルニュースの市役所で結婚式。教会では結婚式は挙げなかった。ソ連崩壊後はリトアニア国籍。1993年までその工場に勤務。後に年金生活に入る。妻とはロシア語で会話する。ポーランド語も理解できる。

②ジナイダ（女）
1930年生まれ。**36番家庭の主婦。ロシア人**。ロシア正教正統派。旧姓コンドラショーバ。ビルニュースから南東120キロのマオデチナ市のさらに東のソ連領の村で生まれる。モスクワまで300キロ。ロシア正教会が破壊されて村に教会がなかったので自宅でロシア正教の洗礼を受ける。ソ連国籍。1937年に小学校に入学。第二次世界大戦で村の80軒のすべての家はドイツ軍によって焼かれた。戦後，**モスクワ**郊外の父の故郷の町に移り，1948年にモスクワにあった金糸・銀糸の刺しゅう裁縫専門学校に入学。軍服の襟章などを製作した。1950年に同学校を卒業し，ウラジオストックに裁縫工として出発する。アパートの割り当てがあるというので列車で11日もかかって行ったのに，アパートはもらえなかった。1年働いて病気になりモスクワの両親のもとに戻る。装身具洋品店に1958年まで勤務し，道で夫と知り合う。父が死亡し，同年に移住した。夫とはロシア語で会話する。ビルニュースに来るまでポーランド語は全く知らなかったが，当地で生活する中でポーランド語もよく理解できるようになった。ソ連解体後はリトアニア国籍を取得。

①イワン（男，1923 － 1940，病死）

①ユーリ（男）
1945 －。
妻
ベラルーシ人。ロシア正教正統派。バラノビッチ市の人。

②イリア（男）
1956 －。
妻
ベラルーシ人。ロシア正教正統派。バラノビッチ市の人。

③シモン（男）
1957 －。
妻
ベラルーシ人。ロシア正教正統派。バラノビッチ市の人。

①レオニード（男）
1960年に死産。名前はつけたが洗礼は授けていない。

ガリーナ・ボオノフスカヤ（女）
1964 －。**ユダヤ人**。最初の妻。ウクライナの**キエフ**生まれ。ビルニュースに伯母が住んでいて，それでビルニュース工科大学に入学。大学でアンジジェイと同級。1987年に結婚。娘が生まれる。1989年の離婚後，娘を連れて**イスラエル**に移住した。音信不通。

②アンジジェイ（男）
1964年生まれ。ビルニュースで生まれる。ビルニュース工科大学に入学。ソ連崩壊後は，リトアニア国籍。国際旅券（パスポート）には民族欄にベラルーシ人と記載されている。父親がベラルーシ人であったことと，本人自身がベラルーシ人との記載を望んだからである。ロシア人との記載も可能であった。大学卒業後，建築会社に就職，後に科学アカデミー植物研究所の技術課長に転職し，後に警察官になり，現在は警備保障会社に勤務。

ハリーナ・ウカシェビッチ（女）
1964－。**ポーランド人**。ビルニュース生まれ。夫とはベラルーシ語で会話する。1997年に結婚。2番目の妻。カトリック。カトリック教会で結婚式を挙げた。デパート勤務。

アントニナ・コソロバ家，37番家庭，ベラルーシ系，ルダミナ村，1997年12月15日

ステファン・コソロフ（男）
ロシア人。ロシア正教古儀式派。ビルニュース北方100キロの村にかなりの土地を持って農業を営んでいた。姉妹がラトビアに住んでいて，そこを訪れた時，酔って列車にひかれて1938年頃，死亡。

ナタリア（女）
ロシア人。ロシア正教古儀式派。

イレナ（女）
旧姓シュムスカ。**ポーランド人**。カトリック。スモルゴン町（ビルニュース市から東方に75キロの町。当時はロシア帝国領，戦間期はポーランド領，現在はベラルーシ領）周辺の生まれ。1921年にチフスで40歳代で死亡。結婚式はロシア正教の教会で挙げた。家庭内ではプロスティ語（ポーランド語とベラルーシ語の混合語）で会話した。結婚後はロシア正教の教会に通ったが，しかしいつもロザリオ（カトリックの祈とう用具）を持っていた。第一次世界大戦中は，ドイツ軍を避けて，スモルゴンを脱出し，ロシアのドン河流域に疎開した。夫が1918年か1919年にボリシェビキに殺され，1921年にポーランドとソビエトの間で和平が合意されたので，子供を連れて列車で故郷のスモルゴン町に帰る途中，ポーランドとの当時の国境の町で車内でチフスにより死亡。

ダビド・タランシェビッチ（男）
ベラルーシ人。ロシア正教正統派。スモルゴン町（当時はロシア帝国領，戦間期はポーランド領，現在はベラルーシ領）で6haの土地を持っていた。第一次世界大戦中は，スモルゴンを脱出し，**ロシア**のドン河流域クラスノ市の近辺に疎開した。疎開先は商店が1軒だけの村で，ベラルーシからの疎開者がほかにもいた。ロシアでは建設労働者として働いた。1918年か1919年に60歳くらいでボリシェビキ（赤軍）に殺害される。1917年11月に革命があり疎開していた村にもボリシェビキがやってきた。1919年4月からポーランド軍とソビエト軍との戦闘が開始された。ダビドはボルシェビキからスパイの嫌疑をかけられ，地面に穴を掘って上に鉄格子をかけた独房（注：回想のまま）に1週間の間，水も与えられず入れられ餓死した（注：白軍のスパイと疑われたか，あるいはポーランド軍のスパイと疑われたかについては，娘アントニナの回想では明確でない。殺害の正確な年の記憶も明確でない）。妻は赤軍に対して，「夫はビルニュース県出身のただの民間人だ」と訴えたが聞き入れられなかった。夫は現地に埋葬された。

アンナ（女）
最初の妻。**ロシア人**。ロシア正教古儀式派。夫と離婚した後，再婚はしていないが，婚外子が3人ある。

パベウ・コソロフ（男）
1916－1995。**ロシア人**。ロシア正教古儀式派。一人っ子。ビルニュース市南方15キロのルダミナ部落で2haの土地を持っていた。生まれた場所は不明。父はかなりの土地を100キロ離れたところに持っていたが，パベウがどういう経緯でルダミナ部落に移ったかも不明。1941年の独ソ戦の開戦前にアンナと結婚。子供は生まれなかった。ドイツ占領中はドイツで強制労働（注：労働力徴発による強制労働）に従事させられる。第二次世界大戦後にリトアニアに帰国し，妻と別れて（注：妻は夫の不在中に別の男性と一緒になったものと考えられる），アントニナと再婚。コルホーズに加盟。定年後は年金生活。

④アントニナ・コソロバ（女）
1906年生まれ。生存。ベラルーシ人。ロシア正教正統派。**37番家庭の主婦**で現在は単身で生活している。ビルニュースから東方75キロのスモルゴン町の郊外3キロの村で生まれる（当時はロシア帝国領，戦間期はポーランド領，現在は**ベラルーシ**領）。第一次世界大戦中は，スモルゴンを脱出し，家族そろって**ロシア**のドン河流域に疎開した。数か月しか小学校には通っていない。文盲。1921年に母と兄弟と共に生まれ故郷のスモルゴンに戻る。父は赤軍に殺され，旅の途中では母が死亡した。孤児となった。15歳の時の1921年からはスモルゴンから少し離れたザレーシ市の裁判官の家に女中で住み込む。1923年からは同市のロシア正教の教会に女中で住み込む。共に賃金はなく，食事がただだった。1925年からは75キロ離れたビルニュース市でレストランの掃除婦となり，すぐやめて同市のユダヤ人法律家の家庭に女中で住み込み，1928年からはビルニュースの別のユダヤ人毛皮商の家庭に女中で住み込む。法律家の家では少しの賃金が支払われた。毛皮商の家ではもっと高い賃金がもらえたので毛皮商の家に移った。台所の隅のベッドで寝た。掃除・洗濯・買い物をやったが炊事はしなかった。ユダヤ人とはロシア語で話した。ユダヤ人は家族内ではロシア語かイーディッシュ語（注：ユダヤ人の現地語。ドイツ語系言語）で会話していた。第二次世界大戦が始まる直前（注：正確な年は回想では不明）に，このユダヤ人は米国に移民した。もう女中として働きたくなかったので，妹ジナの嫁ぎ先のカチャノフスキ氏の家に住み込んで農業を手伝った。戦争が始まるまでヒトラーという名前を聞いたことはなかった。ドイツ占領中も，ルダミナ村（ビルニュース市の南方15キロ）の妹ジナの家に身を寄せた。独身者はドイツに強制労働に送られることになったので（注：このような一般的傾向があった），妹夫婦のもとで身を隠した。戦後，夫パベウと知り合う。1947年に結婚。1949年の集団化でコルホーズに加盟。子供はない。アントニナはポーランド語はほとんど分からない。55歳で定年で年金生活に入る。自分自身のことはベラルーシ人だと思うが，死んだ夫はロシア正教古儀式派だからロシア人だと思っている。夫とはロシア語で話した。

①ユスティナ（女）
1892年生まれ。独身でドン河流域に疎開。疎開先の**ロシア**で結婚。1921年の時に故郷に戻らずに，ロシアに残った。1回だけ手紙が来たが，その後は音信不通。

②イワン（男）
1896－1985。ベラルーシ人。ロシア正教正統派。ドン河流域に疎開。母親からポーランド語を教わった。小学校には通っていない。1921年に母と共に故郷のスモルゴン（当時はポーランド領）に戻る。両親共に死亡していたので，父の6haの土地を耕した。荒れ地だった。ポーランド国籍となり，ポーランド軍に徴兵となる。徴兵解除の後の1925年に結婚。7人の子供を持った。馬1頭を所有した。戦後コルホーズに加盟（注：ベラルーシでは戦後すぐ集団化）。この7人の子供はいまでもときどき伯母アントニナに手紙をよこす。スモルゴンで死亡。

ポジナ（女）
ベラルーシ人。ロシア正教正統派。スモルゴン町の生まれ。

③ペラギア（女）
1902－1987。ベラルーシ人。ロシア正教正統派。ドン河流域に疎開。1921年に母と共に故郷のスモルゴンに戻る。兄のイワンの家に住み農業を手伝う。1930年代にはビルニュース市のポーランド人技師の家庭の女中になる。5年働く。後，妹ジナを頼ってビルニュース市南方15キロのルダミナ村に移り，そこに住む。妹のジナが死亡した後もその家に住み，その夫ステフャンと1955年に正式に結婚。コルホーズには加盟せず，小学校の掃除婦で働いた。定年後は年金生活を送る。1970年代に父の墓をたずねてロシアのドン河流域の村を訪れている。子供はない。

ステフャン・カチャノフスキ（男）
1903－1987。**ポーランド人**。カトリック。ビルニュース市南方15キロのルダミナ村に8haの土地を持っていた。自宅は2部屋あり，馬小屋や牛小屋もあった。アントニナの夫となるパベウの家からは1キロくらい離れている。戦後はコルホーズに加盟しなかった。加盟するくらいなら死んだほうがましだと言っていた。自留地を残して全部の土地を失う。馬も失う。豚を飼育して，それを売って生活した。高齢だったので働く場所もなかった。ルダミナ部落で死亡。

弟（若くして死ぬ）

スタニスワフ（男）
第二次世界大戦後，ポーランドに移住した。

⑤ジナ（女）
1908－1950。ベラルーシ人。ロシア正教正統派。1921年に母と共に故郷のスモルゴンに戻る。すぐに75キロ離れたビルニュース市でポーランド人商人の家の女中になった。ビルニュースの市場で夫ステフャンと知り合い18歳の1926年に結婚。ビルニュース市南方15キロのルダミナ村の夫の家に移る。戦後，集団化の直後に死亡。子供が1人生まれたがすぐ死亡。

ユリアナ・タルマアノバ家，38番家庭，ロシア系古儀式派，スカイジスキス村，1997年12月16日

ユリアナ（女）
1938年に90歳近くで死亡。ロシア人。**ロシア正教古儀式派**。ビルニュースから北方150キロの部落（現リトアニア領）で生まれる。結婚してビルニュース郊外に移る。1911年に夫と共にビルニュース南東10キロのスカイジスキス村から1キロ離れたルシヌフカ部落に移住。夫の死後は，長男チモシェイと共に農業を営む。そこで死亡。ルシヌフカ部落とその周辺はポーランド人が多数民族であった。

キリウ・シャウキア（男）
ロシア人。**ロシア正教古儀式派**。両親共に古儀式派でビルニュースの古儀式派墓地に埋葬されている。ビルニュース郊外で生まれる。そこで結婚。そこで土地を持って農業を営んだ。1911年3月28日にビルニュース南東10キロのスカイジスキス村から1キロ離れたルシヌフカ部落で11haの土地を買い，移住した（注：当時の登記簿謄本により確認した）。1部屋だけからなる自宅を建設。馬1頭と乳牛2頭を持つ。1920年頃に死亡。

①**アナスタジア（女）**
ビルニュースに嫁ぐ。
夫
ロシア人。古儀式派。労働者。

②**マリア（女）**
夫
ロシア人。古儀式派。ビルニュースの人。労働者。

③**エフロシニア（女）**
夫
ロシア人。古儀式派。ビルニュースの人。労働者。

④**エウダキア（女）**
夫
ロシア人。古儀式派。ビルニュースの人。労働者。

⑤**アグリピナ（女）**
夫
ロシア人。古儀式派。ルシヌフカ部落の人。労働者。

⑥**マクリナ（女）**
夫
ロシア人。古儀式派。ルシヌフカ部落の人。

ヒョードル（男）
生年順序不明。ロシア帝国陸軍に徴兵。**ロシア**で若くして死亡。

⑦**チモシェイ（男）**
1900－1954。ロシア人。ロシア正教古儀式派。ビルニュース郊外で生まれ，ルシヌフカ部落（戦間期はポーランド領で戦後はリトアニア領）で死亡。小学校に通ったかどうかは不明だが，ロシア語の読み書きができた。父の死後は母を助けて農業を営む。1924年に結婚。ロシア正教古儀式派の教会で結婚式を挙げた。結婚後は妻と母ユリアナと共に11haを耕す。ドイツ占領中も平穏に暮らした。ルシヌフカ部落ではドイツ軍による労働力徴発はなかった。子供たちも自宅で農作業を手伝った。戦後すぐの時期における，ソ連による労働力徴発もなかった。1949年の集団化でコルホーズに加盟し土地を失う。

マチェイ・ユラオビッチ（男）
1923年に60歳くらいで死亡。**ポーランド人。カトリック**。両親共にポーランド人。ルシヌフカ部落（ビルニュース南東10キロ）の隣のイロモリシキ部落の生まれ。12haの土地を父親から相続した。同部落で死亡。

兄
弟マチェイと共に12haを耕したが，若くして死亡し，土地は弟マチェイが全部受け取った。

ほかに6人の兄弟姉妹がいたが，すべて幼時に死亡。

ユーゼファ（女）
1947年に70歳くらいで死亡。**ポーランド人。カトリック**。両親共にポーランド人。旧姓ビシネビツカ。夫が住むイロモリシキ部落から2キロ離れた部落の生まれ。生家は農家だったが面積は不明。

ドミニク（男）
その他の兄弟姉妹

②**ステファニア（女）**
1900－1989。**ポーランド人。カトリック**。24歳で結婚。夫の実家のルシヌフカ部落に移る。小学校には通っていない。文盲。結婚に際して土地の贈与は受けなかった。結婚後もカトリック教会に通い，1989年に死亡した際もカトリック墓地に埋葬された。戦後はルシヌフカ部落のコルホーズで働いた。1960年から娘ユリアナの子供3人を引き取り養育した。

③**ユーゼファ（女）**
1910年頃の生まれ。没年不明。**ポーランド人**。カトリック。1929年に結婚し，9haの土地を母ユーゼファから相続した。1947年に家族そろってポーランドのビアウィストク県（ベラルーシと国境を接するポーランド東部の県）に移住した。ポーランドの同県に親類がいたわけではなく，組織的移住先だった。子供は3人あり，第一子は1930年生まれ。9haの土地は，ポーランドに移住後は兄ユーゼフに渡された。移住後は一度もリトアニアを訪れなかった。

カジミエシ・スタンケビッチ（男）
ポーランド人。カトリック。1929年に結婚。**ポーランド**に移住して労働者として働く。

①**ユーゼフ（男）**
1895－1956。**ポーランド人。カトリック**。3haの土地を母ユーゼファから相続した。息子2人と娘2人が生まれた。1947年に妹夫婦がポーランドに移住したので，妹ユーゼファが相続した9haの土地を譲り受け12haとした。集団化でコルホーズに加盟し土地を失う。

スタニスワバ（女）
1898－1956。**ポーランド人。カトリック**。

ほかに6人の子供があったが幼時に死亡。

6人の子供があった。1人の息子は15歳でカナダに移住し，老齢になり，祖国で死にたいと思い，1992年にリトアニアに帰国した。

─①アンナ（女）
1925－1947。ロシア人。ロシア正教古儀式派。独身のまま22歳で事故死。ポーランド語小学校4年修了。

─②バシリー（男）
1927－1987。ロシア人。ロシア正教古儀式派。ポーランド語小学校4年修了。1951年に結婚。役所での結婚届だけで教会での結婚式は挙げなかった。結婚後はビルニュースに居住。建築業でトタン板張りの労働者。2部屋のアパートの割り当てを受けた。娘1人あり。

アニシア（女）
ロシア人。ロシア正教古儀式派。生年不明。1987年死亡。ビルニュースから50キロ離れた村の生まれ。ルシヌフカ部落に伯父が住んでいて，遊びに来た時にバシリーと知り合い，1951年結婚。

─④アレクシィ（男）
1932－。ロシア人。ロシア正教古儀式派。ロシア語小学校5年修了。1949年の集団化の時にはコルホーズに加盟せず，ビルニュースで工具となる。独身の1953年に，パーティのけんかで頭を殴られ，以後寝たきりとなる。相手は1年だけ刑務所に入った。

ウラジミール・タルマアノフ（男）
1934年生まれ。ロシア人。ロシア正教古儀式派。当地から数キロ離れた部落の生まれ。リトアニア語小学校8年修了。1960年に結婚。ユリアナの再婚の夫。徴兵の後，トラクターの修理工。26歳の独身の時にカザフスタンに就職のため旅行中に妻と知り合い結婚。カザフスタンでもトラクター修理工。年老いた両親の面倒をみるためリトアニアへの帰国を希望した。妻も同意した。1972年にリトアニアに帰国。帰国当初はウラジミールの両親の家に住み，ついでスカイジスキス村（ビルニュース南東10キロ）の天然ガスパイプライン企業に就職し，廃品の貨車利用の住宅をもらい1985年まで住む。風呂がなかったので，ビルニュースの公衆浴場まで通った。ついで現在のアパートの割り当てを受けた。

─③ユリアナ（女）
1930年生まれ。**38番家庭の主婦**。ロシア人。ロシア正教古儀式派。ポーランド語小学校を4年修了。部落の小学校はポーランド語小学校だけだった。5キロほど離れたルダミナ村にはロシア語小学校があった。1947年に甥がビンツェンティの姉と婚約してポーランドに移住したが，その縁でビンツェンティと知り合う。1949年に19歳でビンツェンティと結婚。カトリック教会で結婚式を挙げた。夫が愛人を作ってポーランドに逃げた。生活が苦しく，カザフスタンで良い就職口があったので，子供3人を当地に残してカザフスタンで働くことを決意した。カザフスタンに親戚・知人がいたわけではない。住宅を含めた諸条件が良かったから決意した。職業事務所が就職を紹介した。1960年カザフスタンへの列車の中で，再婚の相手ウラジミールと知り合い，同年カザフスタンにて結婚。カザフスタンの北部の小さい町のレンガ工場で働き，最初は独身寮で，結婚後は2部屋の，出産後は3部屋のアパートの割り当てを受けた。1964年に第4子アンナが生まれる。その間，前夫との間の3人の子供はユリアナの母ステファニアがルシヌフカ部落で養育した。ユリアナは1か月間のバカンス休暇を利用して毎年子供に会いにリトアニアに戻った。子供に送金したり主に衣服などを小包で送った。1965年に3人の子供をカザフスタンに呼び寄せた。1972年までカザフスタンで働き，リトアニアに帰国した。ユリアナはカザフスタンに残りたかったが，夫が両親の待つリトアニアに帰国を希望したので，同意した。

─③ビンツェンティ・ジューコフスキ（男）
1931－。**ポーランド人**。カトリック。1949年に18歳で結婚。父マチェイも母カタジナもポーランド人。父マチェイは，ルシヌフカ部落から少し離れた部落の土地なし農民だったが，地主が戦後ポーランドに移住することになったので，3haの土地を譲り受けた。コルホーズに加盟。1950年代後半に当地でポーランド人の愛人を作り，その愛人とポーランドのブロツワフ市（注：ポーランド西部の大都市。戦前はドイツ領）に逃げた。その愛人はポーランドで死亡し，その後，現地のポーランド人女性と再再婚した。

─①ヤニーナ（女）
1922－1996。**ポーランド人**。カトリック。ルダミナ村に嫁に行った。

─④ミエチスワフ（男）
1933－1992。**ポーランド人**。カトリック。

─②ブワディスワバ（女）
1926年生まれ。**ポーランド人**。カトリック。1947年に婚約者と共に**ポーランド**に移住し，ポーランドで死亡。

─息子
ポーランド人。婚約者のブワディスワバと共に1947年に**ポーランド**のウージ市（注：ワルシャワ西方100キロ。戦前もポーランド領）に移住。なぜウージ市に移住したかは不明だが，直ちにウージ市で2部屋のアパートの割り当てを受けた。

─息子
─娘
─娘

─ナジェジダ（女）
1951年生まれ。ロシア人。ロシア正教古儀式派。小学校卒。息子と娘あり。2人の子供は夫ミコワイと同じロシア正教正統派となる。

ミコワイ（男）
ロシア人。**ロシア正教徒（正統派）**。小学校卒。

─④アンナ（女）
1964年生まれ。ベラルーシ人。ロシア正教古儀式派。**カザフスタン**の北部の生まれ。カザフスタンでは洗礼を受けていない。1972年に母と共にリトアニアに帰国。1977年に洗礼を受けた。当地でロシア語小学校を卒業。卒業後，ビルニュースで裁縫実業コースに通う。1984年からビルニュースのラジオ工場に勤務。1994年に解雇され，現在失業中。1987年に婚外子を出産。相手の男はロシア正教古儀式派の人。子供はリトアニア語小学校に通っている。

─①マリア（女）
1950年生まれ。**ポーランド人**。カトリック。**カザフスタン**にて生存。ルシヌフカ部落でポーランド語小学校7年を修了。最初はポーランド語クラスで後にロシア語クラス。1965年にカザフスタンに移住し，ソ連のカザフスタンで小学校の10年生を修了。その後，塗装実業学校卒。1970年に結婚。カザフスタンに永住した。マリアの娘は大学でエコロジーを専攻し，息子は飛行機のパイロットになった。マリアはソ連崩壊後はカザフスタン国籍となったが，現在，リトアニア国籍を取得するべく，カザフスタンのリトアニア大使館に申請中である。マリアは銀行に勤務していたが2年前から失業中。

ゲナズィ・ペレベルジェフ（男）
1949年生まれ。ロシア人（注：回想のまま。姓からするとカザフスタン系か）。**ロシア正教正統派**。カザフスタンの首都**アルマータ**生まれ。中等教育修了の後，徴兵。徴兵解除後に結婚し大学に進学した。アルマアタ工科大学卒。現在は工場の技師長。

─②ゲノベファ（女）
1953年生まれ。**ポーランド人**。カトリック。ロシア共和国にて生存。ルシヌフカ部落ではロシア語クラスの小学校に入学。1965年から**カザフスタン**で小学校を継続し，小学校8年生を修了。直ちに旋盤工場に就職し，旋盤工になる。1972年に母がリトアニアに帰国した時には，カザフスタンに残った。1974年頃に結婚。1990年にロシア共和国のクラスノダール（ロシア共和国の都市，グルジアの北で黒海に近い）に引っ越す。子供3人あり。

ミコワイ・スクラル（男）
ウクライナ人。ロシア正教正統派。カザフスタンに移住し，ゲノベファと結婚。1990年にクラスノダール市に家を買って，カザフスタンから引っ越した。現在は，クラスノダール市でバス運転手。

─③ブラジミール（男）
1955年生まれ。**ポーランド人**。カトリック。ルシヌフカ部落でロシア語クラスの小学校に入学。1965年に**カザフスタン**に移住。現地で10年制の小学校を卒業。2年遅れての卒業なので19歳になっていた。卒業後は徴兵。徴兵解除後の1976年にリトアニアに帰国。ルシヌフカ部落から1キロ離れたスカイジスキス村にある天然ガスパイプライン企業に就職するため，**ロシア**のウファ市（ウラル山脈のすぐ西にある中都市。モスクワから1100キロ）にある技術学校に入学し，卒業資格を得てリトアニアに戻り，この企業に溶接工として就職した。1985年に結婚。カトリック教会で挙式を挙げた。息子2人あり。息子はロシア語小学校に通学し，両親ともロシア語で会話する。

レオノーラ（女）
ポーランド人。カトリック。近くの部落の生まれ。夫とはロシア語で会話する。

オレク・ディマコフ家，39番家庭，ロシア系，スチガネイ村，1997年12月17日

ミハウ
ポーランド人。**カトリック**。ビルニュース市から15キロ前後離れたスチガネイ村から7キロ離れたタハロバ部落に父から相続した25haの土地を持っていた。ミハウの父は100haを持っていた。集団化で25haを失う。

├男
├男
└女

アンナ（女）
1910－1976。**ロシア人**。**ロシア正教（正統派）**。（正統派とは古儀式派でないロシア正教を指す。以下単にロシア正教と記す時は正統派を指す）。レニングラードの生まれ。貴族の家系。戦前はムルマンスク（北極海に面し、フィンランドに近い極北の都市、ロシア領）に長く住む。戦後はキーロフ県でビール工場の工場長。晩年はレニングラードに居住。

ウラジミール・シバコフ（男）
1901－1985。**ロシア人**。**ロシア正教**の幼時洗礼を受けている。レニングラード（当時の名称はサンクト・ペテルブルグ）市の生まれ。革命後は、各地で共産党の書記。ムルマンスク県に長く住んだ。晩年はレニングラードに居住。

ボレスラフ・ミハイロビッチ（男）
1930－1996。**ポーランド人**。**カトリック**。イレナの再婚の夫。ビルニュース県のサチライ村のそばのタハロバ部落の生まれ。ポーランド語小学校4年修了。戦後は部落のコルホーズには加盟せず、ビルニュース県北部のコルホーズに勤務し、コルホーズ議長ピョートル・ディマコフの専用自家用車の運転手となる。1952年頃、その妻イレナと知り合う。1953年にイレナと**ロシア**のサラトフ市に行き（駆け落ち）、そこで国鉄の機関手など種々の職業に従事した。両親がリトアニアで老いているので、その面倒をみるためリトアニアに帰国することにした。1966年に実家のあるタハロバ部落から7キロ離れたスチガネイ村に一軒家の古家を購入し、家族そろってリトアニアに戻った。0.8haの自留地がついていた。ソホーズに就職。両親とは別居だが両親の世話をした。1995年に両親が集団化で失った土地25ha分に相当する22haの土地が返還された。それを娘アンナに贈与した。

①イレナ（女）
1927年生まれ。生存。旧姓シバコバ。**ロシア人**。**ロシア正教正統派で後にカトリックに改宗**。**ロシア**のキーロフ市（モスクワの北東700キロ）の生まれ。中等教育の10年教育を修了。同市で1945年に夫と知り合い結婚。1947年頃、夫に従いリトアニアに移住。1953年に離婚して、ボレスラフと共に子供を連れて**ロシア**のサラトフ市（モスクワの南東700キロのボルガ河沿岸の都市）に行き、商店に勤務。サラトフに知り合いはいなかったが、夫のピョートルが子供を連れ戻しに来ないように知らない町に行った。後にクラスノウフィムスク市（モスクワから東方1200キロの町）に移る。1966年にボレスラフと共にリトアニアに戻る。1975年にボレスラフと正式の結婚式をカトリック教会で挙げた。その際にロシア正教正統派からカトリックに改宗した。

②レオニード（男）
戦前にキーロフ市からロシアのムルマンスク市に転居しそこに永住した。

③スベトラーナ（女）
戦前にキーロフ市からロシアのムルマンスク市に転居しそこに永住した。

④リリア（女）
戦前にキーロフ市からロシアのムルマンスク市に転居しそこに永住した。

ピョートル・ディマコフ（男）
1912－1986。**ロシア人**。**ロシア正教正統派**。**ロシア**のキーロフ市で生まれ、**ロシア**のキーロフ市で死亡。中等教育の10年教育を修了。士官学校卒で大尉になる。1945年にイレナと知り合い、同年結婚。戦後リトアニアに派遣されることになり、1947年頃、ロシアからリトアニアのビルニュース県北部に来て、コルホーズの議長となった（注：ソホーズではないのかとの筆者の質問に対して、息子オレクは間違いなくコルホーズであったと回答した）。1953年にイレナと離婚。1950年代にロシアのキーロフ市近郊に戻り村長になる。1959年から息子エウゲニと共に住む。キーロフ市で死亡。

ニナ（女）
ピョートルの再婚の妻。**ロシア人**。キーロフ市近郊に住む。

ダリア（女）
ベラルーシ人。**ロシア正教正統派**。

シモン・スベツキ（男）
ベラルーシ人。**ロシア正教正統派**。戦前は相当に広い土地を持っていたが、1939年の集団化で土地を失う（注：1939年にベラルーシに併合された旧ポーランド地域ではすぐ農業集団化が始まった）。

第二部　39番家庭

④アンナ（女）
1955年生まれ。ロシア人。幼時洗礼を受けていない。今は無信仰。**ロシア**のサラトフ市の生まれ。1966年からはリトアニアのサチライ村のロシア語小学校に通学。高校を経て、ビルニュース大学経済学部通信課程卒。1977年結婚。企業の経理係になる。ソ連崩壊後にリトアニア国籍を取得。現在は異父兄アレキサンデルが経営する木材会社の経理を担当している。父がソ連崩壊後、22haの土地の返還を受けたが、その父から22haの土地の贈与を受け農業を営む。材木会社の経理と農業経営を同時に行っている。両親とはロシア語かポーランド語で会話する。アンナはリトアニア語も話せる。

アレクセイ（男）
ロシア人。ロシア正教徒。ビルニュース市内の生まれ。電気専門学校（テフニクム）を卒業。電気会社に就職。現在は農業を営む。

⑤ガリナ（女）
1956年生まれ。ロシア人。**ロシア**のサラトフ市の生まれ。1966年からリトアニアのサチライ村のロシア語小学校に通学。カトリックの洗礼を受けた。卒業後、ビルニュース市内で商店に勤務。母の家に住んで通勤。1982年に婚外子を出産。1984年に結婚。ワルデマールが母の家に移ってきた。ソ連崩壊後、リトアニア国籍を取得せず、ロシア国籍のまま。1994年から1995年までロシアに在住。夫と不仲になりリトアニアに帰国して夫とは別居した。リトアニア国籍の取得を希望しているが、帰国後3年は待たなければならない。現在は母の家に同居。

ワルデマール（男）
ロシア人。**ロシア**生まれ。ロシア国籍。ロシアで育つ。ビルニュースに来て商品流通業で働いていた。ガリナと知り合い結婚し、リトアニアに居着く。1994年にロシアに戻り、そこに永住。妻とは別居。

①エウゲニ（男）
1947年生まれ。1953年に母と共に**ロシア**に行くが、キーロフ市に戻っていた父親を見つけて、1959年から父親のもとに住む。徴兵の後、1972年頃、母や兄弟の住むリトアニアに戻る。ビルニュースの建築専門学校に入学し卒業。1973年にナタリアと知り合い結婚。近くのソホーズの建築課長になる。1990年に12haの土地の耕作権を購入して農業を始めた。1995年に9haを買い足し、1996年には12haの土地を買い取り、合計21haとして現在に至る。

ナタリア（女）
1947年生まれ。ビルニュース県の生まれ。ロシア人。ロシア正教徒。

前夫（リトアニア人、カトリック）

クリスティナ（女）
1944年生まれ。**ポーランド人**。カトリック。ビルニュース南方50キロのソレチニンカイ県の生まれ。前夫との間にできた息子一人を連れて1983年にアレキサンデルと再婚。教会での結婚式は挙げず、市役所での結婚届のみ。

②アレキサンデル（男）
1949年ビルニュース県の生まれ。1953年に母と共に**ロシア**に行く。1965年から1年間だけロシアで建築労働者として働く。1966年に母と共にリトアニアに戻る。ビルニュース市の建築専門学校（テフニクム）に入学した。徴兵の後、ビルニュース北方150キロの原子力発電所の建設現場に就職。1971年に結婚し、1976年に離婚。1983年に再婚。弟オレクが勤めていたスチガネイ村（ビルニュース南方25キロ）のソホーズの建築課長になる。その後は別のコルホーズの建築課長。ソ連崩壊後は私営の材木店を経営。ベラルーシに材木調達の支店を開いた。材木をドイツに輸出している。スチガネイ村に居住。5haの土地の返還を受け、現在は農業も営む。

ジナ（女）
1947年生まれ。**ユダヤ人**。離婚した前夫との間にできた子供1人を連れてアレキサンデルと1971年に結婚。1976年離婚。現在は独身でビルニュースに在住。

③オレク・ディマコフ（男）
1950年生まれ。**39番家庭の主人**。ロシア人。ロシア正教徒（正統派）。ビルニュース北方70キロのシルビントス市近くのある村（注：村の名は秘す）の生まれ。1953年に両親が離婚したので、母と共に**ロシア**のサラトフ市に行き、そこの小学校に入学。後にクラスノウフィムスク市に転居し、小学校4年生から8年生までは小学校寄宿舎に入る。1966年に母と共にリトアニアに戻る。ビルニュース市近郊にあった農業専門学校（テフニクム）に入学した。ロシア語コースがあるのは畜産学科だけだったので、畜産学科を選んだ。寄宿舎に入る。1969年卒業。ビルニュース市から25キロ前後離れているスチガネイ村の国営農場に就職した。飼育班長。1970年に同級生マリアと結婚。妻の実家のロシア正教の教会で結婚式を挙げた。1970年から1972年まで徴兵。結婚後はスチガネイ村のソホーズの社宅に住む。1972年に豚飼育班長。月給は300ルーブルくらい。1973年から1979年までレニングラード大学畜産学科の通信教育課程に学ぶ。1979年に畜産主任となり215ルーブルとなり、同年すぐに経営課長となり350ルーブルに昇給する。ソ連崩壊後はリトアニア国籍を取得。1979年に三女が誕生し、その2日後に長女が死亡した。生まれ変わりだと思った。その時から積極的に生きることを考えるようになり、1980年代前半に自宅の建設を開始した（注：この自宅は現在では建坪300平米くらいの大邸宅になっており、しかもまだ増築中である）。1985年には25アールの土地の賃借を始め、1991年にはこの土地を購入した。1991年6月にはさらに61アールを購入した。1992年12月には、51haの土地を購入した。その代金は44万2294タロン（1992年当時の国内通貨）だった。1994年には16.3haの土地を購入し、1996年11月には7.8haの土地を購入した。1985年の土地賃借の時、直ちに二階建ての豚小屋300平米を建設した。最初はコルホーズから生後二か月の子豚を引き取って、半年で110kgまで太らせて返すという飼育を行った。毎年50頭くらい飼育した。枝肉1キロ当たり2.38ルーブルで売った。ついで飼育頭数を40くらいに減らした。1980年代後半の年間売上は1万ルーブルくらいだった。現在は400頭飼育の豚小屋建設を検討中。1993年には51haのうち35haで大麦を栽培し、ジャガイモとライ麦と休閑地がそれぞれ5haだった。1994年には35haでライ麦を栽培し、残りは他の作物を栽培した。小麦は栽培できない。ライ麦と大麦は売却して貨幣収入となる。大麦のヘクタール当たり収穫量は2トンである。1997年時点でトラクターを6台も所有している（ただし1997年に実際に作業したのは4台のトラクターのみ）。60馬力のロシア製を4台、75馬力のキャタピラー型（ウクライナ製）を1台、35馬力のボルボ（スウェーデン製）の小型トラクターを1台所有している。近所の農家にトラクター・サービスを提供して代金を受け取っている。1991年に穀物コンバインを購入し、1997年には2台目（代金2000ドルはローンを組んだ）を購入した。ジャガイモ収穫コンバインも1台ある。その他に、種まき機、苗植え機も所有している。所有土地総面積は75haである。豚の飼育を拡大するつもりである。初任給でテレビを買った。子豚を見分けて親豚まで飼育する候補豚を見つける係。月給90ルーブル。1979年に豚選別班長になり、115ルーブル。1989年から1994年までソホーズの畜産課長。

マリア（女）
1951年生まれ。**ベラルーシ人**。ロシア正教正統派。ベラルーシのグロードノ市の近くの村で生まれる。村の小学校を卒業の後、北方100キロのビルニュース市近郊の農業高等専門学校に進学。夫と同級生となる。結婚後は、スチガネイ村のソホーズに就職。

①タチアナ（女）
1978年生まれ。幼児洗礼は受けていない。ビルニュース大学経済学部に在学中。

②アンジジェイ（男）
1981年生まれ。幼児洗礼は受けていない。中学生。両親とはロシア語で会話する。

イゴール（男）
1982年生まれ。両親とはプロスティ語で会話する。ロシア人。

ブワディスワフ（男）
1987年生まれ。小学生。ロシア人。

━息子

エバリナ（女）
ポーランド人。

セルゲイ（男）
両親の離婚後は母ジナのもとで育つ。ユダヤ人。

①スベトラナ（女）
1970－1979。白血病で死亡。

②オルガ（女）
1973年生まれ。ロシア人。ロシア正教の洗礼を受けている。1992年結婚。10年制小学校を卒業の後、ベラルーシのボロノバ町の農業専門学校2年修了。結婚後も夫と共に、当地の実家に住む。1973年に娘マリアンナが生まれた。

タデウシ・ガフコ（男）
ポーランド人。カトリック。スチガネイ村から5キロ離れた部落で生まれた。結婚式は役場の手続きだけで、教会では挙げなかった。結婚後は妻の家に移る。農業経営を手伝う。

③イングリダ（女）
1979年生まれ。独身で両親と同居。

189

ウラジミール・クラウチ家，40番家庭，ポーランド・ウクライナ系，キェトラライ村，1997年12月19日

マリア（女）
1993年死亡。**ポーランド人**。カトリック。当地から東方70キロの現ベラルーシ領の村で生まれた。

フロリアン・アタラシェキビッチ（男）
1906－1992。**ポーランド人**。カトリック。シャキシキ村（ビルニュスから南東20キロ。現リトアニア領）で7haの土地を持っていた。フロリアンの父はもっと大きな土地を持っており，子供に分割して相続させた。フロリアンは7haを相続した。フロリアンの1人の姉（妹）は土地の相続を受けたが，戦後ポーランドに移住した。

これ以外に2人の息子があったが幼時に死亡。

- ②**ヤドビガ（女）**
  子供の時から，他家に女中の奉公に出た。
  - 夫
  - ポーランド人。コルホーズ員。
- ⑤**ゲノベファ（女）**
  小学校に入学したが，すぐに登校しなくなった。ビルニュス市内に居住。
  - 夫
  - **リトアニア人**。母はリトアニア人で父はポーランド人。両親は離婚して，父はポーランドに移住した。
- ⑥**スタニスワバ（女）**
  ビルニュス郊外に在住。
  - 夫（ポーランド人）
- ④**ゾフィア（女）**
  カトリック教会で結婚式を挙げた。結婚後はビルニュス市に居住。掃除婦。
  - 夫
  - **ベラルーシ人**。カトリック。ビルニュス県の南隣のソレチンニカイ県の人。ビルニュスの食肉工場で働く。
- ③**ブワディスワバ（女）**
  1931年生まれ。生存。シャキシキ村（ビルニュスから南東20キロ）の生まれ。家が貧しく，ポーランド語小学校に1年だけ通学し，1939年以降は通学せず，すぐにビルニュス市のユダヤ人家庭に女中に入った。ドイツ占領下では自宅の農作業の手伝いをした。ついで，近所のポーランド人農家に女中に入った。戦後は自宅で農作業を手伝った。1949年に結婚。結婚後は専業主婦。
- ①**ヘレナ（女）**
  ポーランド人。カトリック。長女だったので，両親の手元で育ち，他家での女中奉公はしなかった。生年不明だが夫ヤンより年上。メドニンカイ村の夫の家に在住。
- ①**ヤン（男）**
  1930－。ポーランド語小学校に入学。農業集団化でコルホーズに加盟。
- ②**スタニスワフ・ジギェール（男）**
  1932年生まれ。生存。メドニンカイ村（現リトアニア領で，当時はポーランド領。ベラルーシとの現国境まで2キロ。ビルニュスから南東25キロ）の生まれ。ポーランド語小学校に1年通学して1940年のソ連占領となる。以後は通学せず。ソ連占領下でリトアニア語小学校に通学しなかった理由は不明。自宅の農家を手伝う。戦後も小学校に通学せず，ビルニュスの軍需工場で働き始める。1949年に17歳で結婚。父ユリアンの甥がポーランドに移住して空き家になった小屋に妻と住む。1955年からメドニンカイ村のコルホーズで働く。最初の1年は両親の家に同居し，1年後の1956年にコルホーズから建物の割り当てを受けた。ポーランドに移住した農民が残した空き家だった。1959年にメドニンカイ村の実家の母のもとに移り，コルホーズ付属の木材加工の工場で働く。1959年に実家の横に自宅を建設した。1963年頃から牧草乾燥工場で働き，1977年に病気になるまで働く。同年から疾病による身体障害者年金生活に入る。
- ③**ユーゼフ（男）**
  1934－。コルホーズには加盟せず，ビルニュスに出てソ連国鉄に就職した。職場で妻と知り合う。教会での結婚式は挙げていない。
  - **ジナイダ**
  - ロシア人。1931年頃，現ロシアのスモレンスク市（注：ベラルーシの国境まで60キロ）の生まれ。1941年にドイツ軍が侵入した時，家族そろって列車で避難したが，列車がドイツ軍によって爆撃され，両親は死亡。孤児になる。ソ連国鉄に就職。リトアニアに移住した経緯は不明（注：国鉄だからか？）。
- ④**カジミエシ（男）**
  1936－。最初の妻との間に3人の息子あり。妻が死亡した後，その妹と再婚した。コルホーズに加盟せず，ビルニュスで建築労働者として働く。
  - 最初の妻（ポーランド人）
  - 再婚の妻（ポーランド人）
- ⑤**エドワルド（男）**
  1938－1969。子供1人が生まれたが自動車事故で死亡。エドワルドも若くして病死。
  - 妻（ポーランド人）
  - 再婚の夫（ポーランド人）
- ⑥**フェリックス（男）**
  1942年頃の生まれ。メドニンカイ村のポーランド語小学校8年卒業。メドニンカイから北方10キロのシュムスク村に在住。ベラルーシ国境まで2キロ。種々の職業を経たが，建築労働が長かった。
  - 妻（ポーランド人）
- ⑦**ユリアン（男）**
  1945－1994。ビルニュス市に在住した。職業学校卒業の後，革なめし工になる。
  - 妻
  - ポーランド人。1994年死亡。
- ⑧**ベロニカ（女）**
  1946－。ポーランド語小学校6年修了。ラジオ製造工場に就職。職場で夫と知り合う。ビルニュスでアパートの割り当てを受けた。
  - 夫（ポーランド人）

イレナ（女）
1906－1988。**ポーランド人**。カトリック。結婚後，メドニンカイ村の夫の家に移る。夫ユリアンの死後，コルホーズで働き，息子カジミエシとフェリックスとユリアンが自留地の農業経営を手伝った。1959年に息子スタニスワフが実家に戻ってきた。

ユリアン・ジギェール（男）
1903－1949。**ポーランド人**。カトリック。メドニンカイ村（現リトアニア領で，当時はポーランド領。ベラルーシの現国境まで2キロ。ビルニュスから南東25キロ）の生まれ。19haの土地と森を2つ持っていた。食用油の搾油業も営み，良い生活であった。乳牛もたくさんいた。クラークと認定される条件はそろっていた。肺結核で死亡したが，死亡した年に集団化が始まり，全財産をコルホーズに取られた。集団化の時に，クラークと認定してシベリア送りにするかどうかを決めるためロシア人司令官がやってきたが，2歳になる娘が泣いていたし，8人も子供がいるので，とても家族そろってシベリアには送れないと判断したので，クラークとは認定されず，一家は村に残れた。

フェドラ（女）
1910－1987。**ウクライナ人**。結婚して夫の家に移り，コルホーズで農民として働く。

イワン・クラウチ（男）
1908－1950。**ウクライナ人**。ロシア正教徒。ウクライナのキエフ市から南西200キロのビニッツァ市から北方50キロのカザチン町近辺の村（戦間期はソ連領）の人。400戸が一つのコルホーズを形成していた。ロシア正教の教会はなく，小学校と中等学校と公民館があった。父が建設した一軒家の自宅に居住した。3部屋の建物だった。コルホーズで農民として働く。同村で死亡。

- シーバン（男，弟。モスクワに居住した）

第二部　40番家庭

```
┌娘（夫はポーランド人）
├息子（カトリック教会で結婚式を挙げた）──┐
│                                          └妻（ベラルーシ人，カトリック）
├娘（夫はポーランド人）
├娘（夫はポーランド人）
├息子（妻はポーランド人）
├娘（独身）
├ヤン（男，結婚後はメドニンカイ村に居住）──┐
│                                            └妻（ポーランド人，ビルニュース市の生まれ）
├ヘンリク（男，家庭内ではリトアニア語，ポーランド語，ロシア語のすべてで会話する。妻はリトアニア人）
├イレナ（女，独身）
├①ミハウ（男，1952年生まれ。初婚の妻はポーランド人でメドニンカイ村の人。再婚の妻もポーランド人）
├②ヤン（男，妻はポーランド人でメドニンカイ村の人）
├③チェフワフ（男，妻はポーランド人でメドニンカイ村の人）
├②ユーゼフ（男）
│  1957－。メドニンカイ村でポーランド語の小学校と中等学校の合計11年を修了。ロシアのサラトフ（モスクワの南方の市）で工業実業学校を卒業。徴兵を経てビルニュース県に戻り，工場付属の職業学校の教師になった。社宅に住む。ついで1980年頃，高賃金を求めて，極東のアムール河沿岸の学校に教師で赴任し，現地で結婚した。社会主義崩壊後はロシア国籍だがリトアニア永住権は保持している。リトアニアに帰国することを希望している。極東の現地では教会での結婚式は挙げなかったが，娘が4歳の時の1995年に，妻と娘を連れてリトアニアに一時帰国し，妻とはカトリック教会で宗教上の結婚式を挙げ，娘にカトリックの洗礼を授けた。現在は極東に在住。
│  ナタリア（女）
│  1958－。ロシア人。シベリア極東のアムール河沿岸地方の生まれで，同じ地方の学校教師になった。職場結婚。家庭内ではロシア語で会話するが，ポーランド語も話せるようになった。カトリックに改宗。
├③ロマン（男）
│  1959－。メドニンカイ村でポーランド語の小学校と中等学校の合計11年を修了。タクシー運転手になる。徴兵を経て1981年に警察官となる。共産党入党。1982年に結婚。共産党員だったが，カトリック教会で結婚式を挙げた。学歴がないので，警察では出世していない。ビルニュース市で住宅の割り当てを受けた。子供2人にはカトリックの洗礼を授けた。
│  妻（ポーランド人。メドニンカイ村の人）
├④ヘンリク（男）
│  1963－。メドニンカイ村でポーランド語の小学校と中等学校の合計11年を修了。卒業後はコルホーズのトラック運転手となる。徴兵を経て，コルホーズで働くが，兄ロマンの薦めがあり，警察に就職。カトリック教会で結婚式を挙げ，2人の子供に洗礼を授けた。結婚後はベラルーシに在住。
│  妻（ベラルーシ人。カトリック）
├①マリア（女）
│  1953年にビルニュース市内の生まれ。40番家庭の主婦。1959年からメドニンカイ村に居住。ポーランド語小学校9年卒業の後，ビルニュースの建築事務所で働きながら，ロシア語普通高校夜間部に3年通学。同市で警官だったウクライナ人の夫と1971年に知り合い，1972年に結婚。結婚後は専業主婦。メドニンカイのカトリック教会で結婚式を挙げた。神父はロシア正教徒との結婚を許可した。夫の母と姉マリアも結婚式のためリトアニアにやってきた。結婚後はメドニンカイの両親の家に2年半同居。ついでビルニュース郊外のキェトララィ村に部屋を借りた。家賃は月額30ルーブル。1976年から県の検事局に事務員として勤務し，1993年まで勤続。最後の頃の月給は230ルーブルだった。1991年に賃貸アパートの割り当てを受けた。家賃は夏は6ルーブルで冬は12ルーブルだった。1989年に長男セルゲイが豚を飼育して農業をやろうと言い出したので，メドニンカイ村の実家で豚飼育を始めることにした。70頭の子豚をコルホーズから購入し，それを飼育して販売した。豚小屋建設ではローンは組まず自己資金でまかなった。1991年にキェトララィで20.4haの土地の99年間の耕作権をコルホーズから購入した。34万タロンを支払った。耕作も始めた。ローンを組んで，トラクター1台とコンバインを購入した。自宅を建設し，豚小屋も建設した。ローンの金利は初年度は年利84％であったが，1996年には25％になった。元金の返済が滞り，ローンは5年返済契約だったが，延長が認められた。経営は苦しい。夫は個人タクシーをやめて営農に専念するようになった。自宅と農業機械が担保に入っている。銀行は，担保を没収しても債権を全部回収できないので，ローンの延長に同意した。12頭の母親豚を所有し，種付け用の牡豚も1頭所有し，子豚の繁殖から販売までの一貫した豚飼育をやっている。飼料の穀物やジャガイモも自家耕作。息子も作業を手伝う。現在はトラクターが3台。自宅には水道も電話もない。しかし自宅に同居する息子は携帯電話を持っている。
├レオナルド（男，幼児洗礼を受けていない。妻はロシア人）
├ルドミラ（女，幼児洗礼を受けていない。しかし夫と結婚する際に，カトリックの洗礼を受けた。夫はポーランド人）
├娘（夫はポーランド人）
├娘（高校生。1997年の夏休みにはポーランドのカトリックの聖地チェンストホバ市まで徒歩で巡礼に行った）
├娘（夫とはカトリック教会で結婚式を挙げた。夫はロシア人）
├娘（夫とはカトリック教会で結婚式を挙げた。夫はリトアニア人）
├息子（1972年生まれ。1995年結婚。カトリック教会で結婚式を挙げた。私営の商業に従事していて，ウクライナに行商に行った時，街で妻と知り合う。結婚後は妻の家に移り，ウクライナに居住。妻はウクライナ人でロシア正教正統派）
├ミレク（男，現在はポーランド建築企業のビルニュース支店に勤務。会社の従業員の半分は現地採用。独身）
├カタジナ（女，ビルニュース近郊の農業短大でポーランド語クラスに在学中。ビルニュースからバス通学）
├④ウラジミール・クラウチ（男）
│  1950年生まれ。ウクライナ人。40番家庭の主人。ロシア正教正統派。ウクライナの生まれ。故郷の村で8年の小学校卒。コルホーズで働きながら近くの高校夜間部の2年を卒業。1969年に徴兵となりビルニュースに駐屯。1971年に徴兵解除。徴兵解除後は，故郷のコルホーズに戻って働くことが原則だった。ソ連国内移住のための国内旅券をコルホーズが発行しなかった。ウラジミールは街で働きたかった。ただし警察に就職すれば他の地域に居住できたので，ビルニュースの警察に就職した。警ら中に妻と知り合う。1972年に妻と結婚。1973年に警察を退職し運転手となる。後に道路建設業に転職。1982年にマイクロバスの運転手になる。1986年に郵便局の運転手に転職。1988年に妻の父親がソ連製自動車ジグリを購入してくれて個人タクシー運転手になる。1990年頃は月収300ルーブル。1992年に次の自動車ジグリを自費で購入した。職場ではロシア語で話した。妻とはロシア語で会話する。今は運転手をやめ農業に専念。子供も農作業を手伝う。
├①ソフィア（女）
│  1938年生まれ。ウクライナ人。小学校8年卒。卒業後，ウクライナからロシアのエカチェリンブルグ市（注：ソ連時代はスベルドロフスク市と改称）に移住し建設業に10年くらい勤務。ウクライナのクリミヤ半島に移住し，保養所に看護婦として勤務。1972年結婚。娘1人あり。夫は事故死した。ソ連崩壊後はウクライナ国籍。夫はロシア人。
├②マリア（女），1946年生まれ。小学校卒業後，1961年からウクライナ東部のドンバス地方に数年間居住。後，実家から12キロ離れた村に戻り結婚。夫の死後，再婚。最初の夫も再婚の夫もウクライナ人。
├③バシリー（男），1949年生まれ。小学校8年卒業後，高校に進学。運転手になる。徴兵後の1970年に結婚。ロシア正教の教会で結婚式を挙げた。妻の両親が熱心な信者だった。妻はウクライナ人。
├父親（ポーランド人）
└母親（ポーランド人）
```

②アレクセイ（男）
1976年生まれ。ロシア語小学校を9年修了。独身。

①セルゲイ（男）
1973年生まれ。ロシア語小学校を9年修了の後，中等学校を2年修了。背が低いので徴兵免除。運び屋の商業を始めて，1993年にはモスクワにも行商に行っていたが，商売がうまくいかず，帰国した。製紙工場に就職。1993年に結婚。カトリック教会で結婚式を挙げた。妻とはロシア語で会話する。

②イレナ（女）
1975－。ポーランド人。カトリック。ビルニュース県の生まれ。メドニンカイ村のポーランド語小学校に通う。ロシア語が最も上手。姑ともロシア語で話す。専業主婦。

①娘
母が1997年に死亡したため，独身で家事をまかなう。

③息子（まだ子供）

④息子（まだ子供）

191

ポリーナ・ベェルキエドロバ家，41番家庭，ロシア正教古儀式系，
ゲェイナイ部落，1997年12月20日

祖父クジニツェ（男）
ロシア人。**ロシア正教古儀式派**。ビルニュース北方27キロのジマイテリア村のポトドゥビエ部落（戦間期はポーランド領。リトアニアとの当時の国境まで5キロくらい）に28haの土地を持っていた。土地を4人の子供に均等に分与した。ポトドゥビエ部落にはロシア正教古儀式派は7軒しかなく，残りはポーランド人農家だった。ジマイテリア村にはロシア正教古儀式派の教会があった。

祖母
ロシア人。**ロシア正教古儀式派**。1943年死亡。夫の村であるジマイテリア村近辺の生まれ。同村で死亡。

①イビィア（男）
1901－1987。ロシア人。ロシア正教古儀式派。6.9haの土地を父より相続した。8人の子供に恵まれた。

妻
ロシア人。ロシア正教古儀式派。

③ジナイダ（女）
1905年頃の生まれ。6.9haの土地を父より相続した。実家から7キロ離れた所に嫁に行った。相続した土地をどう処分したかは不明。

夫
ロシア人。ロシア正教古儀式派。土地を持ち農業を営んだ。

④プラスコビア（女）
1907年頃の生まれ。ロシア人。ロシア正教古儀式派。6.9haの土地を父より相続した。相続した土地をどう処分したかは不明。

夫
ロシア人。ロシア正教古儀式派。

②アレキサンデル・クジニツェ（男）
1903－1946。ロシア人。ロシア正教古儀式派。ビルニュース県ジマイテリア村（ビルニュース北方27キロ）の生まれ。1922年に結婚。6.9haの土地を父より相続した。馬2頭を持っていた。豊かな農家を経営した。1944年にパルチザンによって森の中に拉致され病を得る。それから2年間病床に伏し，1946年にジマイテリア村で死亡。

オシェプ・ボウコフ（男）
ロシア人。**ロシア正教古儀式派**。ベラルーシのオシミアニ郡のゲデイキ村（戦間期はポーランド領で，現ベラルーシ領，ビルニュースから南東50キロ）で土地を持っていた。ゲデイキ村は古儀式派の村だった。アファナス以外の兄弟・姉妹の数は不明。

アファナス・ボウコフ（男）
ビルニュース大学の教授になった。

そのほかの兄弟・姉妹

マトリオナ（女）
1906年生まれ。生存。ロシア人。ロシア正教古儀式派。旧姓ボウコバ。ベラルーシのオシミアニ郡のゲデイキ村（戦間期はポーランド領で，現ベラルーシ領，ビルニュースから南東50キロ）で生まれる。16歳の時の1922年に，買い物に行ったビルニュースの市場で夫と知り合い，そのまま結婚した。知り合ってそのまま夫の家に行った。1944年からは夫が寝たきりになり，息子ミコワイもビルニュース市に出たので，娘と共に農業に従事した。1946年の夫の死後，馬2頭のうち1頭を売り，馬1頭だけを飼育した。ついで集団化で土地を失う。コルホーズに加盟。1953年頃に自宅を売却し，息子のミコワイのもとに一時身を寄せた。1954年に再婚し，ビルニュース郊外の夫の家に移った。

イワノフ・バシリビッチ（男）
1886－1987。ロシア人。ロシア正教古儀式派。再婚の夫。現**ポーランドのスバウキ県**（戦間期もポーランド領で，現在もポーランド領でリトアニアの南隣の県。ビルニュースからは南西に直線200キロ）の生まれ。ロシア人。ロシア正教古儀式派。101歳まで生きた。農業と養魚業に従事した。初婚の妻の死後，マトリオナと再婚した。老後を同じ宗教の人と過ごすため再婚した。スバウキには数千人の古儀式派が現在でも居住している（注：41番家庭の主人ミハイルの回想のまま。『ポーランド統計年鑑1999年版』によればポーランド全国でわずか905人である）。いつごろスバウキからリトアニアのビルニュースに移住したかは不明だが，第二次世界大戦後はビルニュース郊外に一軒家を持っていた。

アンドレイ・ベェルキエドロフ（男）
ロシア人。**ロシア正教古儀式派**。ゲェイナイ部落（ビルニュース市から北方または西方の方角で5キロないし20キロ離れている）で6haの土地を持っていた。

②シパニニダ（女）

③ポルフィル（男）

①ヤクプ・ベェルキエドロフ（男）
1887－1959。ロシア人。ロシア正教古儀式派。戦間期にはゲェイナイ部落に6haの土地を持っていた。1930年代には父から相続した自宅を建て替えた。1950年の集団化でコルホーズに加盟。馬1頭も失う。

クシャニア（女）
1892－1956。ロシア人。ロシア正教古儀式派。ビルニュース西方40キロのトラカイ県のある村の生まれ（注：現在のトラカイ県の一部は戦間期はポーランド領だったが，残りはリトアニア領だった。この村がどちらに属していたかは不明だが，息子ミハイルがポーランド語小学校に通学していることから，戦間期はポーランド領であったと思われる）。

第二部　41番家庭

再婚の妻
ロシア人。ロシア正教古儀式派。

①ミコワイ（男）
1927－1995。ロシア正教古儀式派。ポトドゥビエ部落でロシア語小学校を卒業。卒業後ビルニュース市に出た。最初は消防夫を5年やった。ついでタクシー運転手を35年やった。1947年に結婚。妻と離婚し1954年に再婚。2度の結婚とも，いずれも役場での結婚届だけで，教会での結婚式は挙げなかった。

初婚の妻
ロシア人。ロシア正教古儀式派。夫と離婚後，娘2人を連れて，ロシアの**ムルマンスク市**（北極海沿岸の市）に移住した。移住の理由は不明。

②子供（幼時に死亡）

④アナスタジア（女）
1943－。ロシア正教古儀式派。ポトドゥビエ部落で生まれた。母と共にビルニュースに移住し，ビルニュースのロシア語小学校8年を修了。商業実業学校3年を修了し商店に就職。1961年に結婚。宗派が異なるため教会では結婚式を挙げなかった。1966年頃，離婚した。離婚後も商店に勤務し，住宅の割り当てを受けた。再婚していない。

ウラジミール（男）
1941－。ロシア人。**ロシア正教正統派**。ビルニュース郊外の生まれ。単純肉体労働者。

③ポリーナ（女）
1933年生まれ。**41番家庭の主婦**。ロシア人。ロシア正教古儀式派。ビルニュース北方27キロのジマイテリア村のポトドゥビエ部落（戦間期はポーランド領，当時のリトアニア国境まで5キロくらい）で生まれる。1940年からリトアニア語小学校に2年通う。ロシア語の授業もあった。戦後は農業を手伝ったので学校に行かなかった。ロシア語は少し読める。リトアニア語・ポーランド語・ロシア語で会話できる。16歳の時の1949年に，父の従姉妹の家のクリスマス・パーティで夫と知り合い，同年ゲイナイ部落（ビルニュースから北方または西方に5キロから20キロ）の夫の家に移る。古儀式派の教会で結婚式を挙げる。夫や子供とはロシア語のみで会話する。

②ミハイル（男）
1924－。ロシア人。ロシア正教古儀式派。**41番家庭の主人**。当地のゲイナイ部落で生まれる。ポーランド語小学校5年卒（注：厳密には中退）。ロシア語の読み書きは独学。ロシア語が最も流暢。1944年にソ連軍がリトアニアの青年を徴兵目的で強制収容した。ゲイナイ部落から17名が徴兵され，3名が前線から生還した。ミハイルも徴兵になり，ケーニヒスブルグ（現カリニングラード）方面でドイツ軍と戦う。終戦後も徴兵が継続し，1947年に帰国した。ミハイルは前線から生還できた3人のうちの1人。戦後は父の農家を手伝う。結婚後は19年間建築業に従事。病気で疾病年金生活に入る。

①トラフィル（男）
1923－。当地で生まれる。第二次世界大戦で戦死。1944年にソ連軍がリトアニアの青年を徴兵目的で強制収容した。ゲイナイ部落から17名が徴兵され，3名が生還した。トラフィルは戦死した14名のうちの1人。

③アンナ（女）
1926－1986。1957年に結婚。3人の子供を産んだ。

フェドラル（男）
1930－。ロシア人。ロシア正教古儀式派。ビルニュース近辺の生まれ。

④イワン（男）
1929－。徴兵解除の後はタイル工場に勤務。1957年に結婚。教会での結婚式は挙げなかった。母クシャニアは妻クシャニアとの結婚に反対であったので長らく結婚できなかったが，1956年に母が死亡し，翌年妻と結婚した。

クシャニア（女）
1929－。**ポーランドのスバウキ県**（戦間期も現在もポーランド領）の生まれ。ロシア人。ロシア正教古儀式派。いつスバウキ県からリトアニアのビルニュースに移住したかは不明。ビルニュースの独身寮に住んでいた時に夫と知り合う。会社の経理係で働いた。

息子（1955－）
妻
ロシア人。ロシア正教古儀式派。

息子
妻
ロシア人。**ロシア正教正統派**。ビルニュース県の生まれ。

娘（両親の離婚後，母と共にムルマンスク市に移住）
娘（両親の離婚後，母と共にムルマンスク市に移住）

ルダ（女）
1963－。ロシア正教古儀式派の洗礼を受けている。一人っ子。ロシア語小学校8年修了。商店に就職。1981年頃に結婚。教会での結婚式は挙げなかった。結婚後は専業主婦。息子1人あり。

イゴール（男）
1958－。ロシア人。**ロシア正教正統派**。

①エウゲニ（男）
1951年生まれ。生存。ゲイナイ部落のロシア語初級小学校4年を修了の後，ビルニュース市内のロシア語上級小学校4年を修了。工場に就職し，実業高校夜間部に2年通学し，1969年に徴兵。1971年に徴兵解除となり帰国。ビルニュースのテープレコーダ工場に就職。1974年から建築高校夜間部に3年通学し卒業。建設会社に転職。1981年からビルニュース市内のロシア劇場建設工事にたずさわり，建築技術課長になる。1994年に退職し，私営の工務店を共同経営する。20人を雇用し，外国資本は参加していない。従業員はロシア人・ポーランド人・リトアニア人が3分の1ずつ。

イレナ（女）
1953－。ロシア人。ロシア正教古儀式派。**ポーランドのスバウキ県**の生まれ。ポーランドでポーランド語小学校を卒業。18haの個人農の娘。小学校卒業後は農業を手伝う。親戚がビルニュースにたくさんいるので，1972年にリトアニアに遊びに来た時に夫と知り合う。スバウキ県で小学校の給食係で働き，年に2回くらいビルニュースを訪れた。エウゲニがスバウキを訪れたことはなかった。1979年に結婚。夫とは4世代前に分かれた遠い親戚に当たる。

②イワン（男）
1954－。ロシア語小学校4年修了。ついでビルニュースでロシア語上級小学校4年修了。運転手になり徴兵。再び運転手になる。1979年に兄エウゲニが結婚し，その結婚披露宴に新婦イレナの従姉妹のアンティサが招かれていた。それで妻アンティサと知り合い，1982年に結婚。バス運転手を経て，現在は大学の運転手。

アンティサ（女）
1960－。ロシア人。ロシア正教古儀式派。ビルニュース市の生まれ。アンティサの両親は**ポーランドのスバウキ県**の生まれ。両親がいつビルニュースに移住したかは不明。1970年代から時々ポーランドを訪れている。

③イレナ（女）
1959－。ロシア語小学校8年を修了。商業職業学校ロシア語クラス3年を修了。1982年に結婚。現在は建築木材製造の株式会社に経理係として勤務。国内資本の私営企業。

ミコワイ（男）
ロシア人。ロシア正教古儀式派。

ボリス（男）
妻
ロシア人。ロシア正教古儀式派。

タニア（女）
夫
ロシア人。ロシア正教古儀式派。

ビトルド（男）
1982－。**ロシア正教正統派**の洗礼を受けている。

①イヤ（女）
1980－。

②アンナ（女）
1981－。双子。

②ナジェヤ（女）
1981－。双子。

息子
息子

エウゲニア（男）
1983－。ロシア語小学校に通学。

マリナ（女）
1989－。リトアニア語小学校に通学。

マシュー・トルコビッチ家，43番家庭，カライム系，トラカイ市，1998年2月9日

アダムス・トルコビッチ（男）
カライム人。1850年頃に生まれ。父親もトラカイ市の人。1931年に80歳前後で死亡。トラカイ市で生まれ，トラカイ市で死んだ。1397年のビトルド大王の頃，350～400家族のカライム人がヤト半島クリミヤ地方からここにルトコビッチ家に連れて来られたが，この時の流れにあるという。ドイツ騎士団に対する防衛のためにここに配置されたそう。前世紀にはカライム人全体で，260haの土地がトラカイ市で与えられており，共同体を形成していたという。アダムスは4～5haの土地を持っていた。土地の面積は子供に応じて変化していた。自給自足の農家を営み，野菜などビルニュスに持って売り，生計を立てていた。豚は飼育せず，豚肉は食べない。

ゾフィア（女）
カライム人。1933年に死亡。トラカイ市生まれ，トラカイ市で死んだ。

├─ ① **ライサ（女）**
│ 1970年代に96歳で死亡。2ないし3年ごとにカミリア以下の兄弟・姉妹が生まれた。第一次世界大戦前に結婚し，夫と共に1914年に**クリミヤ半島**に疎開し，1920年に帰国。帰国後，子供が生まれた。
│ 夫（カライム人）
│ ├─ ① 息子（1923－没年不明）
│ │ 妻（**リトアニア人**）
│ ├─ ② 息子（1925－1989）
│ │ 妻（カライム人）
│ ├─ ③ ヘレナ（女，**ポーランドで生存**）
│ │ 夫（カライム人。弁護士）
│ │ └─ リタ（女，**ロシアの生まれ**）
│ └─ ② ガブレイ（男）
│   生存。1954年にリタが両親と共にトラカイ市を訪れた時に恋をして，ロシアまで求婚に行った。トラカイ市で1957年に結婚式を挙げた。結婚後7年くらいロシアに住み，リトアニアに帰国した。
│   ├─ ① ヤコブ
│   │ 妻（カライム人，トラカイ市の人）
│   ├─ ③ ゾフィア（女，独身のまま死亡）
│   ├─ ④ アンナ（女）
│   │ 夫（カライム人，トラカイ市の人）
│   ├─ ⑤ エミリア（女）
│   │ 夫（カライム人，トラカイ市の人）
│   └─ ⑥ ユリア（女，生存）
│   夫
│   カライム人。パネベジス市（ビルニュース北北西140キロの中都市）の生まれ。生存。結婚してトラカイ市に移り住む。
│
├─ ⑤ **ロムアルド（男）**
│ 1914年にドイツ軍を避けてクリミヤ半島に疎開し，帰国しなかった。結婚し，クリミヤ半島ではないロシアに居住した。1954年に妻と共にトラカイ市を訪れた。1950年代に死亡。
│ 妻
│ ロシア人。ロシア貴族の一族。ロシア正教（正統派）。
│
├─ ② **カミリア（女）**
│ 1914年にクリミヤ半島に疎開し，1920年に帰国。1970年代に90歳くらいで死亡。
│ 夫（カライム人。トラカイ市の出身。鍛冶屋）
│ └─ イレナ（女）
│   独身のままポーランドのグダインスクで1996年に死亡。
│
├─ ③ **ノイ（男）**
│ 1914年にドイツ軍を避けてクリミヤ半島に疎開。ロシア軍に徴兵となり独身のまま戦死。
│
├─ ⑥ **ドロタ（女）**
│ 1895年生まれ。1914年にクリミヤ半島に疎開し，1920年に帰国。のち**ポーランド**に移住してワルシャワに居住。ワルシャワのカライム人墓地に埋葬された。
│ 夫（カライム人，流通業を経営）
│ ├─ ① リリア（女）
│ │ 夫（カライム人）
│ ├─ ② 夫（カライム人）
│ ├─ ③ ゾフィア（女）
│ │ 1945年に夫と共に**ワルシャワ**に移住した。夫の死後，故郷のトラカイ市を訪れ，そこで病気となりトラカイ市の墓地に埋葬された。
│ │ 夫（カライム人，トラカイ市の生まれ）
│ │ 1918年生まれ。**ポーランド**に移住後に工学博士号を取得。ワルシャワのカライム人墓地に埋葬される。
│ ├─ ④ ロムアルド（男，1942年生まれ，独身。歴史学者）
│ └─ ② ミハウ（男）
│   ├─ ソフィア・カラモサイテ（女）
│   │ カライム人。結婚しても姓を変えていない。1997年当時，駐アンカラ・リトアニア大使。その前は駐エストニア大使だった。娘1人あり。
│   └─ アレキサンドラ（女，**ワルシャワ在住**）
│   夫（ポーランド人）
│
├─ ④ **ユーゼフ（男）**
│ 1914年にクリミヤ半島に疎開し，1920年に帰国し，トラカイ市の郵便局長になる。月給は100ズロチだった。
│ アンナ（女）
│ **カライム人**。旧姓ミツケビッチ。父はカライム教聖職者。
│ ├─ ① ビアマ（女，幼時に死亡）
│ ├─ ② ゾフィア（女）
│ │ 夫（カライム人）
│ ├─ ③ ミハウ（男）
│ │ 妻（カライム人）
│ ├─ ④ エミリア（女）
│ │ 夫（カライム人）
│ │ トラカイ市の生まれ。戦後**ポーランド**に移住した。故郷を訪問した際に妻と知り合い結婚する。現在はポーランドのグダインスク市に居住。
│ ├─ ⑤ アリナ（女）
│ │ 妻（カライム人）
│ └─ ⑥ ユリアン（男，独身）
│
├─ ⑤ エウゲニア（女）
│ ドロツキ（男，カライム人）
├─ ② イレナ（女）
│ 夫（カライム人）
├─ ③ ミハウ（男，幼時に死亡）
├─ ④ ユーゼフ（男）
│ 妻（カライム人）
├─ ① マリア（女）
│ 1901－1978。**カライム人**。トラカイ市の生まれ。伯母がサンクト・ペテルブルグで繊維工場を経営しており，第一次世界大戦を避けてロシアの**サンクト・ペテルブルグ**に疎開した。1920年にトラカイ市に戻った。
│
└─ ⑦ **ダビッド・トルコビッチ（男）**
   1897－1982。トラカイ市の生まれ。カライム教の最後の聖職者だった（注：回想のまま。ある歴史書は最後の聖職者を Hadji Seraya Khan Shapshal 氏（1873－1961）としている）。ロシア語の中等学校を卒業。1914年にドイツ軍を避けてクリミヤ半島に疎開し，クリミヤ半島でカライム教神学校の研修を受けた。1920年に黒海・地中海を経てトラカイ市に戻った。海路にしたのは，まだ黒海とポーランド軍の戦闘が続いていたから。1920年に結婚。土地を5ha所有していたが，農作業は行わず，賃貸に出していた。収穫物の半分が地代だった。乳牛を1頭飼育していた。聖職者には国家から300ズロチの月給が出たので，かなり良い生活ができた。カライム教は旧約聖書のみを信じ，十戒を守り一つの神を信ずる。キリストもモハメッドも預言者のひとりとして扱われる。偶像や聖像を用いない。礼拝所も家屋も南を向いている。旧約聖書はカライム語（チュルク系言語）で朗読する。トルコ語ではない。クリミヤ半島に残ったカライム人は，現在のトルコ語に近い言語を話すが，その言語とトラカイ地方のカライム語は似ている。ダビッドは現代のトルコ語を部分的に理解できる。カライム語の聖典はさまざまな文字で書かれている。ラテン文字（ローマ字）の場合もあるし，キリル文字（ロシア文字）の場合もあるし，ヘブライ文字の場合もある。しかしすべてカライム語で書かれている。アラビア文字は用いない。安息日はヘブライ教と同じ土曜日。イスラム教と同様に断食月があり，聖堂は男女別になっている。リトアニアは1940年にソ連の一員となり，国から月給が出なくなった。献金だけが収入となり，生活が苦しくなった。1941年にドイツ軍が進駐してきて，自宅の一室にドイツ軍将校が下宿した。礼儀正しい人だった。第一次世界大戦後は60軒のカライム人家族がいたが，1945年頃に社会主義政権を嫌って，主に若者が現ポーランドに移住してしまったため，現在ではカライム人家族は20軒になってしまった。

アラヌシ（男）
1893－1962。**カライム人**。トラカイ市から12キロ離れた所にカライム教連盟所有の160haの農場があったが，その農場管理人だった。連盟は20頭の馬と30頭の乳牛と100頭の羊を飼育し，住み込み農民が3家族，通いの農民が2家族いた。この農場は1940年に一度，社会主義政権によって取り上げられ，ドイツ軍は返還してくれたが，1946年の初めにまた国家により没収された。夜中に役人が来て，身の回りの品だけを持たされて家から追い出された。幸いにアラヌシは土地所有者ではなかったからシベリア送りにはならなかった。戦後は妻の実家のあるトラカイ市に住む。

ニナ（女）
1903－1980。**カライム人**。トラカイ市の生まれ。

第二部　43番家庭

─娘（ポーランドに在住）
─夫（カライム人，トラカイ市の生まれ）
─息子（ポーランドに在住）
─妻（カライム人，ポーランドの生まれ）
④ゾフィア（女，トラカイ市に居住）
─夫（カライム人，リトアニアの生まれ）
　①エドムンド（男，独身）
　②エウゲニア（男）
　─妻（カライム人，トラカイ市の生まれ）
　③ユーゼフ（男）
　　カトリック女性と結婚し，カウナスに居住。結婚後も改宗せず，大祭日にはトラカイ市に来る。妻がトラカイ市の建築課に勤務していた時に知り合い結婚。妻も改宗していない。
　─妻（リトアニア人）
　息子（50歳くらいで独身）
　ハリーナ（女，1952年生まれ，独身でビルニュースに在住）
　息子
　娘が2人あるが，共にカトリック教会に通っている。1人の娘はカトリック男性と結婚した。
　─妻（リトアニア人）
　息子エウゲニ
　─妻（カライム人，トラカイ市の人）
　マレク（男，ワルシャワ在住）
　─妻（カライム人。トラカイ市の生まれ）
　アンナ（女，ワルシャワ在住）
　─夫（ポーランド人）
─娘（1970年生まれ，ビルニュース音楽大学卒）
①ダヌータ（女）
　ポーランドの生まれ。ワルシャワのリトアニア大使館に通訳として就職。職場でリトアニア人の夫と知り合い，結婚。現在はビルニュース在住。
─夫（リトアニア人，カトリック）
　外交官。1990年代前半には，駐ワルシャワ・リトアニア大使になった。
②イゴル（男，独身）
①ニーナ（女）
1921－1987。1942年に結婚。
─アダム・ミクロザウス（男）
　カライム人。1921－。ビルニュースの生まれ。
②アダ（女）
1923－。ポーランドのグダインスクで生存。1942年に結婚。1945年にポーランドに移住しグダインスクに居住。
─ボグダン・ミククロミッチ（男）
　カライム人。1919－1975。アダの姉ニーナの夫マクロビッチのいとこ。建設業に従事。1945年にポーランドに移住した。
④ロムアルド（男）
1928－1986。戦後，ソ連軍に徴兵となり，レニングラードに駐屯。そこで妻と知り合う。結婚後もレニングラードに居住し，そこで死亡。
─イリナ（女）
　クリミヤ半島生まれのカライム人。レニングラードに転居しそこで結婚。同地で1997年死亡。
⑤アレキサンデル（男）
1932－。休暇でクリミヤ半島に出かけて，そこで妻と知り合う。
─ハリーナ（女）
　クリミヤ半島生まれのカライム人。現地の医者の娘。トラカイ市で結婚式を挙げ，トラカイ市に嫁に来た。結婚披露宴にはクリミヤ半島から両親など親戚一同がリトアニアまでやってきた。
⑥ユリアン（男，1934－1940）
③マシュー（男）
1925－。生存。**43番家庭の主人**。トラカイ市には1940年まではポーランド語の小学校があり，中等高校と教員養成学校があった。カライム語の小学校はなかったので，平日の午後に4回と日曜日に2時間ほどカライム語学校に追加で通った。このカライム語学校は国立で，宗教とカライム語の授業があった。各学年を一緒にして1クラスで20人くらいの子供が学んだ。多くの同級生が1945年頃，ポーランドに移住してしまった。1940年にソ連によりカライム語小学校は閉鎖された。子供時代は朝起きて，朝の祈りを捧げ，パンと紅茶の朝食を食べ学校に行った。砂糖は常にあった。バターはマシューの家にはいつもあったが，ほかの家ではそうではなかった。家にはポーランド人の若い住み込みの女中がいた。牛肉や羊肉または魚が必ず毎日食べられた。聖職者の家だったので豊かだった。1935年頃に電気が来て，両親はラジオを買った。トラカイ市で電話があったのは町長とマシューの家だけだった。1940年のソ連軍の進駐の際にも，1941年のドイツ軍の進駐の際にもカライム人に対する弾圧はなかった。ドイツ占領時代は，ビルニュースの学生寮に住んでリトアニア語の中等学校に通った。1944年からトラクター集団管理センター（トラクター・ステーション）に勤務。1949年にビルニュース工科大学通信課程を卒業して，電気モーター製造工場に就職。1954年に結婚。後に別の軍需工場の技術部長。1986年に年金生活に入る。現在でも妻とはカライム語で会話する。子供とはリトアニア語かポーランド語で会話する。ロシア語で会話することもある。子供はもうカライム語を話せない。
④ライザ（女）
カライム人。**43番家庭の主婦**。1931年にトラカイ市の生まれ。1939年9月にポーランド語小学校1年生に入学。2年生の時はロシア語小学校になっていた。3年生と4年生の時にはドイツ占領下だったのでポーランド語小学校に戻っていた。5年生の時はリトアニア語小学校になっていた（注：1年の誤差は記憶違いか）。6年生の時はポーランド語小学校になり，7年生と8年生の時はロシア語小学校だった。全部，同じ建物の同じ小学校だった。卒業後，教員養成研修コース（リトアニア語とポーランド語）を1951年に修了。ポーランド語小学校の教師になる。1954年に自宅で深夜の秘密の結婚式を挙げた。双方の両親・兄弟が集まった。後，企業の図書室に勤務した。
①ダビッド（男，1927－。カウナス農業大学卒。カウナス農業大学教授）
─バレンチナ（女，カライム人。トラカイ市の生まれ）
②子供（幼時に死亡）
③子供（幼時に死亡）
⑤エンミュエル（男）
1936－1989。ソ連軍の職業軍人になる。トゥバ（注：バイカル湖の近くの自治共和国。アジア系列民族の地域）で妻と知り合う。モスクワに居住した。
─妻（ロシア人）
⑥ボグスワフ（男。1941－。独身）

①コンスタンティ（男）
1943－。ビルニュース大学経済学部通信教育部卒。建築会社に就職。1991年以降，ブラザウスカスのもとで大臣。1997年時点では駐モスクワ・リトアニア大使。息子が1人あり，息子は現在米国に留学中。
─妻
　リトアニア人。カトリック。ビルニュース郊外の生まれ。
②ユーゼフ（男）
─妻
　ロシア人，戦後リトアニアに移住してきた人。ロシア正教正統派。娘1人あり。
③ボグスワフ（男）
　カウナス体育大学卒。カウナスで妻と知り合う。宗教上の結婚式は挙げていない。
─妻
　リトアニア人。カウナス出身のカトリック。看護婦。娘2人あり。

─ツェベリン（男）
　グダインスク工科大学卒。1980年代初頭にスイスに移住した。子供はない。
─妻
　グダインスク生まれのポーランド人。医科大学卒。母がスイス人と結婚し，スイスに住んでいたので，母を頼って夫婦でスイスに移住した。もう一度医師試験をスイスで受けなければならなかった。
─イェジ（男）
　グダインスク在住。子供なし。柔道のポーランド・チャンピオンになったことがある。
─妻（ポーランド人）

─ニーナ（女，サンクト・ペテルブルグでまだ独身）
─エウゲニア（女，サンクト・ペテルブルグに居住）
─夫（ロシア人。ロシア正教正統派）

─オルガ（女，1965－）
─夫（カライム人。トラカイ市の人）

─①コンスタンティ（男）
1958－。子供はない。
─ナジャ（女）
カライム人。ビルニュース生まれ。
②アレクサンデル（男）
1963－。リトアニア語小学校8年を修了後，実業学校卒。工場勤務。1987年に息子アルトゥールが生まれた。妻や子供とはリトアニア語で会話する。家族全員がロシア語も話せる。カライム語は理解できるが話せない。息子はポーランド・テレビの子供番組でポーランド語を覚えた。妻はポーランド語も流暢である。
─アンナ（女）
カライム人。1962年にトラカイ市の生まれ）

─娘（カウナス医科大学卒。独身）
─娘（カウナス医科大学卒。独身）

─息子（国外旅券にはカライム人と記載されている）
─息子

ライムンダス・ガライタス家（前半），44番家庭，ドイツ系，
バルニアイ町近郊の某村，1998年2月10日

8世代の家系図を4頁にわたって記載する。

カロル・ジーベルト（男）
ドイツ人。ルター派プロテスタント。1810年頃にバルト海沿岸のクライペダ市から南方40キロのシルーテ市（1918年以前はプロシャ領，1923年から1939年までリトアニア領，1939年から1945年までドイツ領，1945年以降，現在までリトアニア領の市。現ロシア領のカリニングラード地域の国境まで10キロ）の近郊の生まれ。

オットー・ジーベルト（男）
1839年生まれ。没年不詳。クライペダ市から南方40キロのシルーテ市の近郊の生まれ。

アドルフ・ジーベルト（男）
1871－1946。クライペダ市から南方40キロのシルーテ市の近郊の生まれ。1944年の末にドイツに避難逃亡した（注：ソ連軍が迫って来た1944年末から，ほとんど全員のドイツ人と，同地域のプロテスタントのリトアニア人とが大量にドイツ本土へ疎開した）。旧東独のビルマール町で死亡。

ヨンス（男）
ドイツ人。ルター派。クライペダ市（バルト海に面する中都市。ドイツ名はメーメル市。13世紀初頭にチュートン騎士団が植民を始め，ドイツ騎士団領となり，後にプロシャ領となる都市。1918年のドイツの第一次世界大戦の敗戦後は国際統治でフランス管理下となり，1923年1月15日から1939年3月21日までリトアニア領。翌22日にヒトラーはクライペダ地方を第三帝国領土に編入した。1945年1月のソ連軍の解放以降は社会主義リトアニアの領土）の近郊の生まれ。

マリア（女）
ドイツ人。ルター派。

ヨンス・ヨナシス（男）
1834年生まれ。ドイツ人。ルター派。クライペダ市から南方40キロのシルーテ市の近郊で生まれる。1857年に結婚。

マリア（女）
1872－。没年不明。旧姓ヨナシス。シルーテ市の近郊の生まれ。1944年末にドイツに避難逃亡し，夫の死後，身内の親戚の多いホルツハウゼン町（注：フランクフルトに近い旧西ドイツの田舎町）に移り，そこで死亡。

両親
共にドイツ人。ルター派。クライペダ市近郊の生まれ。

マリア（女）
ドイツ人。ルター派。

リーテンス（男）
オーストリアのザルツブルグの生まれ。**ドイツ人。ルター派**のプロテスタントであったため，カトリックからの迫害を受けバルト海沿岸の旧ドイツ騎士団領で当時はプロシャ領だった地域にに1732年に移住した。何代前の祖先かは不明。

曾曾曾祖父（2代ないし3代）

曾曾祖父リーテンス
ドイツ人。ルター派。クライペダ周辺で漁師だったらしい。ドイツ語の小学校を卒業している。

曾曾祖父
ドイツ人。ルター派。シルメイゼン村（当時オスト・プロイセン領の村。リトアニア語ではシルメザイ村と呼ばれる。リトアニア国内の地図には該当する村はない。おそらくシルーテ市よりさらに南方の，現在ロシア領となっているカリニングラード地区に属する村と思われる。ソ連は村の名称を大幅に変更しているので，どの村かの推定は困難）の生まれ。

ウィルヘルム・リーテンス（男）
1860－1905。ドイツ人。クライペダ市から南方40キロのシルーテ市の近郊の生まれ。出生当時はプロシャ領だった。わずかの農地を持っていたがドイツで炭鉱夫として働いていた。

エルテナ（女）
1867－1963。ドイツ人。シルメイゼン村の生まれ。

第二部　44番家庭

- ①アントニア（女）
- 夫（ドイツ人）
- ②パウラ（女，幼時に死亡）
- ③ギェルトルーダ（女）
  戦争末期にクライペダ地方から避難逃亡し戦後は**ドイツ**に居住。
- 夫（ドイツ人）
- ④マリア（女）
- 夫（ドイツ人）
- ⑥イザベラ（女）
- 夫（**リトアニア人**，クライペダの出身）
- ⑦子供（幼時に死亡）
- ⑧子供（幼時に死亡）
- ⑨ホルスト（男）
  戦争末期にクライペダ地方から避難逃亡し戦後は**ドイツ**に居住。
- 妻（ドイツ人）

─ A

⑤ヘレナ（女）
1900－1990。**ドイツ人**。**ルター派**プロテスタント。旧姓ジーベルト。シルーテ市の生まれ。その地のドイツ語小学校卒の後，ドイツ語ギムナジウムに学ぶが2年で退学。クライペダ市のルター派教会の司教区の秘書になった。1923年に結婚。死ぬまで上手にリトアニア語が話せず，早口になるとドイツ語が出てしまった。それで1949年に，ドイツ人であるとみなされシベリア送りになった（注：クライペダ地方から逃亡しなかったドイツ人は極めて少数であった）。家族とは別れて，本人だけのラーゲリ強制労働だった（注：刑法58条の反体制分子の容疑か）。後に帰国しジェレナイ村で死亡。家庭内では近所の目があるので夫ともリトアニア語で会話したが，祈りの言葉はドイツ語であった。

②ミコラス・リーテンス（男）
1899－1984。**ドイツ人**。**ルター派**プロテスタント。クライペダ市から南方40キロのシルーテ市（1918年以前はプロシャ領，1923年から1939年までリトアニア領，1939年から1945年までドイツ領，1945年以降，現在までリトアニア領で，現ロシア領のカリニングラード地域の国境まで10キロ）の近郊の生まれ。出生当時はプロシャ領だった。生まれた時の名前はマックス・リーテンス。村のドイツ語小学校を卒業し，工場で働く。1918年にクライペダ市のリトアニア語中学校に入学。会計コースに学び，商社の会計係になる。1923年にクライペダがリトアニア領になったが，その際に名前をマックスからミコラスに改名した。1923年に結婚。会社勤めで相当の金を貯めて，1938年にクライペダ南方20キロのプリュクレ村で16haの農家を買う。家屋や畜舎や農機具を込みで土地を買い取った。1940年にドイツ軍に徴兵されることを嫌ってドイツ国籍を離れる申請をした。その際に徴兵忌避者としてゲシュタポに2週間拘禁され，故郷のドイツ領から追放された。リトアニアに追放され，タウラゲ県のオシビエテ村（クライペダ市から南東90キロで，1940年当時はリトアニア領）に送られた。48時間以内にドイツを出国しなければならず，2頭の馬と2頭の乳牛と1台の荷車と350キログラムの荷物だけを持ち出すことができるとの指令書が残っている。オシビエテ村ではソ連側が用意した収容所に入れられた（注：これにより移住は1940年8月以降ということが分かる）。以上のような経過のため戦後もリトアニア側への愛国者として扱われた。ドイツ占領中の1943年には収容所から，クライペダ東方60キロのジェレナイ村に移った。リトアニア語が上手に話せたので，ドイツ人とはみなされず，戦後もシベリア送りにならなかった。1938年に購入したプリュクレ村（戦後はリトアニア領となった）の財産の権利は，戦後そのすべてを放棄した。

①ウィルヘルム（男）
1897－1963。カウナスで死亡。1945年の時点で，他の多くのドイツ人とは異なり，なぜドイツ本土に逃亡しなかったかについては不明。1945年からはリトアニア中央部に強制移住させられた。戦争末期にドイツへ避難逃亡しなかったドイツ人は1945年以降は，かなりの者がドイツへ強制送還されたが，ウィルヘルムがなぜ強制送還を免れたのかは不明。

妻（ドイツ人）

③パウルス（男，1904－1910）

④ギェルトーダ（女）
1906年生まれ。1945年にソ連軍がクライペダを解放した際に，多くのドイツ人がドイツ軍と共にドイツ本土に逃げたが，ギェルトーダも**ドイツ**へ避難逃亡し，独身のままドイツのハノーバーで死亡。

ガライタス（男）
ドイツ人。タウラゲ県のオシビエテ村（クライペダ市から南東90キロで，1940年当時はリトアニア領）の生まれ，戦間期はリトアニア領であったが，ドイツ国境まで25キロであり，またクライペダ地区へも近く，リトアニア人よりはドイツ人の方が多かった地区である。農民であった。

妻（リトアニア人）

─ B

父親
氏名・民族などは不明だが，リトアニア人居住地区のジュマイチウ町近郊の人。 ─ C

カジア・テコルス（女）
リトアニア人。**カトリック**。19世紀末の生まれか。ジェマイチウ町（クライペダから北東70キロ。1918年以前はロシア帝国領，戦間期はリトアニア領で住民のほとんどはリトアニア人の地域）近郊の人。1921年に息子コスタスを産んだ後，スーシャサと結婚した。

スーシャサ（男）
1880－1972。**リトアニア人**。**カトリック**。12haの土地を持っていた。前妻との間に子供があり，この土地は，それらの子供たちに分配して相続させた。

イグナス・ラジウス（男）
1888－1972。**リトアニア人**。**カトリック**。バルニアイ町（クライペダから東方75キロ）から北西へ20キロ離れたラブベラ村（戦間期はリトアニア領）の生まれ。第一次世界大戦以前に独身で**米国**に渡り5年働く。金をため，祖国に戻り，故郷で12haの土地を買った。イグナスには兄弟もいて，その兄弟は**プロシャ**に出稼ぎに行って，同様に金をためて帰国した。兄弟で共同でこの12haの土地を買った。農家を創設後に結婚した。

─ D

ヨアンナ（女）
1903－1976。**リトアニア人**。**カトリック**。13歳で結婚した。

ライムンダス・ガライタス家（後半），44番家庭，ドイツ系

A ── エルジビエタ（女） ──
1923 − 1993。ドイツ人。ルター派プロテスタント。ドイツ風にはエルザ。一人っ子。クライペダ市（バルト海沿岸の中都市。1923年春から1939年春までリトアニア領）の生まれ。ジェレナイ村で死亡。旧姓リーテンス。クライペダ市のリトアニア語のギムナジウム（中等学校）に進学するが16歳の時にドイツ領となり，学校が閉鎖となり退学。自宅では両親とはドイツ語で会話した。1940年に父がドイツ領の故郷を追放され，タウラゲ県のオシビエテ村（クライペダ市から南東90キロで，1940年当時はリトアニア領）に追放となり，父に従い，オシビエテ村の収容所に移る。収容所はソ連側が建設したもので閉鎖収容所ではなかった（注：つまり難民収容キャンプのようなもので，昼間は外で働き，夜に帰る）。そこの村で現地の青年ユルギスと知り合う。ドイツ占領中の1943年にクライペダ東方60キロのジェレナイ村に移り，1946年にユルギスと結婚。戦後は，家庭でも常にリトアニア語だけを話し，リトアニア人として振る舞った。夫もリトアニア人ということにした。ドイツ人とみなされるとシベリア送りになる危険があった。エルジビエタは郡の役場に就職。息子の出産後，夫は家を出て行方不明となる。後に県庁の代書司書（注：リトアニア人のための公的文書の代書係。文盲者のための制度と思われる）となる。1963年に中学校の事務長になる。1993年にジェレナイ村で死亡したが，近隣にプロテスタント教会はなかった。そこで近くのテルシアイ市のカトリック教会の神父に依頼し，教会付属のカトリック墓地の一画に埋葬する許可をもらった。プロテスタントとして埋葬されたが，埋葬後，カトリック神父は死者のための祈りを捧げてくれた。

B ── ユルギス・ガライタス（男） ──
1915 − 1990。**ドイツ人**。タウラゲ県のオシビエテ村（クライペダ市から南東90キロで，1940年当時はリトアニア領）の生まれ。カウナス市で死亡。1946年に結婚するが，1951年に妻と別居し，子供とも会わなくなった。以後，妻や息子と全くの音信不通となる。死の直前に息子ライムンダスが探し当てて，息子は父と会えた。その間の事情は不明。別居の理由も不明。

C ── コスタス・テコルス（男） ──
1921 − 1975。**リトアニア人**。婚外子としてジェマイチウ町近郊（クライペダ市から北東70キロ）に生まれる。継父のもとで農業を手伝った。1941年には徴兵年齢に達したが，母が所在を偽ってくれたので，ソ連邦の一員となっていたリトアニアの政府軍（ソ連軍）への徴兵を免れた。戦後この件で取り調べを受け，短期間だけ刑務所に入った。1942年に結婚。結婚して妻の実家に移る。戦後，妻の実家の近くに，戦争犯罪者だった者がシベリア送りとなった結果空き家ができ，そこに引っ越す。1959年に前の家主が刑期を終えて帰国してきた。それで1959年に20キロほど離れたテルシアイ市（バルニアイ町の北方30キロ）のアパートの割り当てを受け，引っ越す。

②ユリア（女）
1919年にバルニアイ町（クライペダから東方75キロ）から北西へ20キロ離れたラブベラ村（戦間期はリトアニア領）の生まれ。生まれ故郷の部落は30戸ほどの農家が広い地域に散在するフートル形態（帝政ロシア末期に見られた個人農の農家が散在する形態）の部落であった。リトアニア語小学校4年を卒業。20キロほど離れた村の夫と知り合い，23歳で結婚。

①ヤドビガ（女）
1917 −。結婚してケルメ県（クライペダから東方120キロ，ビルニュースから北西180キロ）に居住。

D ── 夫（リトアニア人） ──
── 夫（リトアニア人，ヤドビガの夫の兄弟） ──

⑤ヘレナ（女）
結婚してシャイリアイ県（ビルニュースから北西180キロ，クライペダから東方150キロ）に居住。

③ブロニア（女）
結婚してクライペダ県に居住。
夫（リトアニア人）

④ペトラス（男）
妻（リトアニア人）

第二部　44番家庭

ライムンダス・ガライタス（男）
1948年5月生まれ。ドイツ人。一人っ子。母はルター派のプロテスタントだが幼時洗礼を受けていない。生存。**44番家庭の主人**。ジェレナイ村の生まれ。戦後の1948年に生まれた時に、村の近隣にプロテスタント教会はなかった。遠く離れた大都市まで乳児を抱えて受洗のため旅行することはできなかったので、母親はライムンダスが成長するのを待った。そのうち母親は洗礼のことを忘れた（注：これはライムンダスの発言。しかし母親はドイツ人とみなされることを非常に恐れていた）。3歳の時に両親が別居し、母の実家のジェレナイ村で母のもとで育つ。1955年に村のリトアニア語小学校に入学し、11年を修了。クラスの同級生と教師は全員リトアニア人で、他民族はいなかった。家では、母とも祖父母ともリトアニア語だけで会話した。小学校2年からロシア語の授業が始まり、小学校5年からドイツ語の授業が始まった。ドイツ語を外国語として初めて学んだ。ドイツ語の先生はクライペダ出身のドイツ系の人だった。1955年に村に電気が来た。1960年に母がラジオを買った。ドイツからの放送が聞けた。中等学校に進学し、卒業後は、現住所のバルニアイ町の近くの小学校で、ドイツ語と数学と体育の教師になった。初任給は96ルーブルだった。ついでビルニュース大学の数学科の通信課程に入学し6年かかって1974年に卒業した。徴兵は免除となった。1971年に結婚。卒業後、再び小学校の教師になる。結婚式はカトリック教会で挙げた。ライムンダスは受洗していないからキリスト教徒ではなかった。結婚に際して洗礼は受けていないが、カトリック信仰を受け入れることを宣言して、カトリック教会での結婚式が神父により認められた。社会主義時代だったので、結婚式は極秘に挙げた。妻の実家の村の教区に属する離れた村の教会で挙げた（注：これによりライムンダスが当時共産党に入党していたことが分かる）。結婚式は平日の夜で、妻の親戚は皆集まった。役場に結婚届を出した後の結婚披露宴は大っぴらで、50人も集まった。親戚が中心だが、妻の同級生も招待された。結婚後は教員寮（夫婦用）に居住。1986年にバルニアイ町（ビルニュースから北西220キロ、クライペダから東方75キロ）の近郊の某村の現在のアパートの割り当てを受けた。中古だったので、後にかなり金をかけて内部を改装した。祖父ミコラス・リーテンスがクライペダ地方から国外追放の際に持ち出した戦前の大型置き時計が室内に飾ってある（現在の日本では、一流ホテルのロビーでみかけるような振り子時計）。ソ連軍が進駐してきた時も、ソ連兵は食糧や新品の腕時計は欲しがったが、このような大型時計には関心を示さなかったので残った。1983年から校長となる。学校は資金難で満足できなくなったので1995年に辞職して民間に転出した（注：資金難とは低賃金を指すと理解される）。現在は、クライペダ市から北東75キロの小都市テルシアイの中規模企業の販売部長である。自宅からは自動車で毎日長距離通勤をしている。子供はない。

②ヨアンナ（女）
1948年生まれ。リトアニア人。カトリック。**44番家庭の主婦**。バルニアイ町から20キロ離れたラブベラ村の生まれ。子供はない。自宅が火事で焼けたため、家主がシベリア送りになって空き家となっていた同じ部落の農家の建物に引っ越した。前の所有者はリトアニア人農民で、戦争中にユダヤ人を殺害した容疑でシベリア送りになった。その家に10年住んだ。1959年に前の所有者が帰国することになったので、父コスタスはテルシアイ市でアパートの割り当てを受け、そこに引っ越した。それでヨアンナも小学校を3年修了した時点で、引っ越して転校した。さらにテルシアイ市の中等学校を卒業し、教員養成大学ロシア語科を受験するが入学試験に失敗し、同県の8年制小学校のロシア語教師になる（注：高卒相当の教員は低学年のみ担当できた）。その職場で夫と知り合い、1971年に結婚。結婚前にシャウラウ市（ビルニュースから北西180キロの中都市）の教員養成大学音学科昼間部（クライペダ大学の分校）に入学。1973年に卒業。卒業後はもとの小学校に音楽教師として戻った。その後、近郊の農業職業学校の音楽教師になり現在に至る。農業職業学校でも音楽の授業が中心だが、国語（リトアニア語）の授業も担当している。社会主義崩壊後の学校教育は大変である。多くのロシア語教師は担当科目を変更するため、再教育を受けなければならなくなった。英語が外国語の主流になった。賃金は低いままである。教員養成大学は合格が最も容易な大学になってしまった。卒業生も一般企業に就職を希望するようになった。小学校では子供はよく喧嘩をするが、民族の違いが原因であることはほとんどない。煙草を吸う児童も増えた。落第は以前はほとんどなかったが、最近は増えた。児童の10%は親がアル中などの理由で、遺棄されているとみなされ、孤児扱いとなっている。これら児童は民生課から一人月額108リトが支給されており、その金で学校で給食を食べている（注：つまり親は子供に食事を与えていない）。

- ①ビンツァス（男，1943－1993）
  ブロニア（女，リトアニア人）
- ③ヘレナ（女，1950－）
  ヨーザス（男，リトアニア人）
- ④バレ（女）
  1953－。姉ヨアンナの結婚披露宴で夫と知り合う。教会での結婚式を、カトリック教会とロシア正教会の両方で2回挙げた。
  ミコワイ・アナニエフ（男）
  1948－。**ロシア人。ロシア正教徒（正統派）**。四代前の祖先がラトビアからリトアニア（当時は共にロシア帝国領）に移住してきた。その祖先の先祖はイワン雷帝の頃の軍人だったらしい。ミコワイは妻の姉ヨアンナと小学校の同級生で、それでヨアンナの結婚披露宴に招かれ、その妹バレと知り合った。

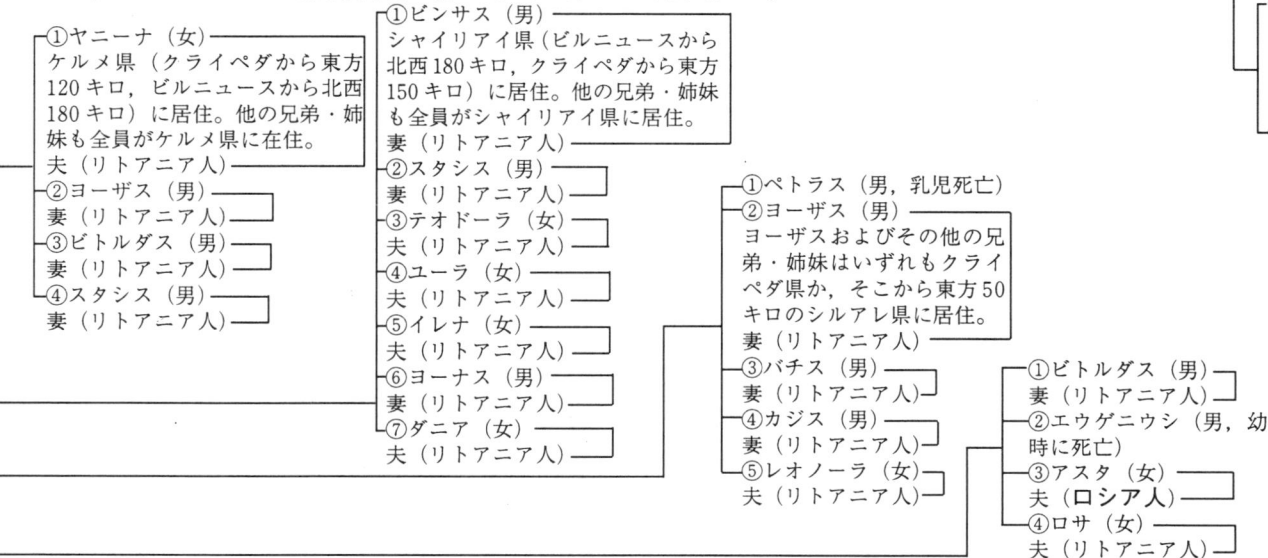

- ①ヤニーナ（女）
  ケルメ県（クライペダから東方120キロ、ビルニュースから北西180キロ）に居住。他の兄弟・姉妹も全員がケルメ県に在住。
  夫（リトアニア人）
- ②ヨーザス（男）
  妻（リトアニア人）
- ③ビトルダス（男）
  妻（リトアニア人）
- ④スタシス（男）
  妻（リトアニア人）

- ①ビンサス（男）
  シャイリアイ県（ビルニュースから北西180キロ、クライペダから東方150キロ）に居住。他の兄弟・姉妹も全員がシャイリアイ県に居住。
  妻（リトアニア人）
- ②スタシス（男）
  妻（リトアニア人）
- ③テオドーラ（女）
  夫（リトアニア人）
- ④ユーラ（女）
  夫（リトアニア人）
- ⑤イレナ（女）
  夫（リトアニア人）
- ⑥ヨーナス（男）
  妻（リトアニア人）
- ⑦ダニア（女）
  夫（リトアニア人）

- ①ペトラス（男，乳児死亡）
- ②ヨーザス（男）
  ヨーザスおよびその他の兄弟・姉妹はいずれもクライペダ県か、そこから東方50キロのシルアレ県に居住。
  妻（リトアニア人）
- ③バチス（男）
  妻（リトアニア人）
- ④カジス（男）
  妻（リトアニア人）
- ⑤レオノーラ（女）
  夫（リトアニア人）

- ①ビトルダス（男）
  妻（リトアニア人）
- ②エウゲニウシ（男，幼時に死亡）
- ③アスタ（女）
  夫（**ロシア人**）
- ④ロサ（女）
  夫（リトアニア人）

- ①ビトルダス（男）
  1979年生まれ。まだ学校生徒。
- ②ユリウス（男）
  1987年生まれ。まだ児童。

- ①ロリタ（女）
  夫（リトアニア人）
- ②イレナ（女）
  夫（リトアニア人）

- ①リオナス（男）
  幼時に交通事故で死亡。
- ②トマス（男）
  妻（リトアニア人）

シモン・カライフ家，45番家庭，ユダヤ系，ビルニュース市，1998年2月12日

曾祖父
ユダヤ人。穀物商を営む。

イェンタ（女）
ユダヤ人。1858－1932。ロキシキス県（注：県都ロキシキス市はビルニュースより北方150キロ。当時はロシア帝国領。戦間期はリトアニア領。現在でもリトアニア領。第一部第2章第10節の図10にロキシキス市の位置が記してある）のカマヤイ村（注：県都ロキシキスより南方15キロ）に生まれる。4年制のヘブライ語小学校を卒業。30歳くらいの時に結婚。専業主婦。

曾祖母
ユダヤ人。

アブラハム・フェリドマン（男）
1855－1933。ユダヤ人。カマヤイ村に住む。穀物商を営む。カマヤイ村の中心部（注：村の中心街のこと。スラブ系言語ではミアステチコと呼ぶ）では住民の半分がユダヤ人でその数は50家族，住民の半分がリトアニア人で，他の民族はいなかった。ユダヤ人の小商店が10軒あった。村のユダヤ人はみな貧しかった。10キロ離れたところにはロシア正教の古儀式派の部落があった。

妻
ユダヤ人。ラトビアの人。専業主婦。第二次世界大戦中にリガ（ラトビアの首都）のゲットーでナチにより殺されたもよう。

①モイシャ（男）
1891－1933。結婚後，ラトビアの首都リガに住む。職業はヘブライ語小学校の宗教担当教師だった。その授業はヘブライ語で行った。家庭ではユダヤ人言語であるイーディッシュ語（中欧・東欧のユダヤ人言語。ドイツ語系の言語で，ヘブライ語の痕跡を残し，ポーランド語の影響もある）で会話した。町ではラトビア語で話をした。ラトビアの首都リガで死亡した。

②アロン（男）
1895－1919。カマヤイ村の生まれ。ロシア帝国陸軍の隊長だった。第一次世界大戦後にリトアニアに戻り，独身のままで伝染病でカマヤイ村で死亡。母イェンタと同じ墓に眠る。

③ハヤ（女）
1896－1959。カマヤイ村の生まれ。カマヤイ村のヘブライ語小学校に3年通う。1916年に結婚。専業主婦。夫の死後もカマヤイ村に住む。ロキシキス市で死亡。

レイバシュタイン（男）
ユダヤ人。1916年に結婚。カマヤイ村の妻の家に住む。皮革取引業を営む。1933年に40歳くらいで肺炎で死亡。

④ヨーシャ（男）
1897－1946。父を助け穀物商を営む。父の死後も穀物商。1939年に結婚。1941年6月25日に妻と共にカマヤイ村を脱出し，ラトビアを経由してロシアのモルドフ地方（注：モスクワ南東500キロ）に逃げた。逃避行中に妹サラやリサとは会わなかった。1945年に離婚。1946年にリトアニアに帰国し，コルホーズに勤めて，ロキシキス市に住宅を買うが，同年死亡。子供はなかった。

ギネス（女）
ユダヤ人。再婚で1939年に結婚。1945年に離婚。1946年に帰国するが，ビルニュースに住む。姉（または妹）と共に1948年にイスラエルに移住した。イスラエルには親戚等は全くいなかった。イスラエルでは再婚はしなかった。音信不通。

⑥リサ（女）
1903－1967。カマヤイ村で生まれビルニュースで死亡。カマヤイ村の6年制ヘブライ語小学校を卒業。ロシア帝国時代であったが，国立（注：回想のまま）のユダヤ人小学校は存在した。その後は家業を手伝い，1927年に結婚。1941年に同村を脱出し，カザフスタンのペトロパブロスク市（注：カザフスタンの北端の中部市。シベリア鉄道の停車場町。ウラル山脈の東方600キロ）に移住。コルホーズで働く。ほかにユダヤ人が数家族いた。朝鮮人がたくさんおり，朝鮮人が建てた粘土造りの家に住んだ。1945年に子供と共にリトアニアに帰国し，ロキシキス市に戻る。戦前は同市に3000人のユダヤ人が住んでいたが，戦後40家族のユダヤ人だけが戻った。ロキシキス市には，バス運送業を営む者など豊かなユダヤ人が住んでいた。1948年にビルニュース市に転居した。再婚せず。

コーダ・ベルゾ
ユダヤ人。雑貨商。1941年6月に妻と子供と共にカマヤイ村から馬車でラトビアに脱出し，それから列車でカザフスタン共和国のペトロパブロスク市に移住し，そこから30キロ離れたコルホーズに働く。脱出中にサラの家族とはぐれる。ソ連国内で1942年に結成されたリトアニア陸軍第16師団に参加。1万2000名の兵士のうち，3000名がユダヤ人，3000名がリトアニア人で，それ以外にリトアニアから脱出したウクライナ人，ポーランド人，ロシア人が参加した。1943年に戦死し，その地に葬られる。3000人のユダヤ人のうち生き残った者は500人。軍隊で，サラとミハウの消息を得て，彼らにペトロパブロスク市の妻の住所を手紙で送り，それでサラの一家はペトロパブロスク市に移住した。

⑤サラ（女）
1901－1968。ユダヤ人。カマヤイ村の生まれ。8歳で小学校入学。カマヤイ村のヘブライ語小学校6年を終える。家の手伝いをし，1928年に結婚。専業主婦となる。独ソ戦開始の3日後の1941年6月25日に，馬車で家族と共にカマヤイ村を脱出し，ラトビア経由で，列車でまずウラル山脈東方300キロのクルガン市に至る。その後，カザフスタン共和国のアルマータ市に移住。カマヤイ村には50家族のユダヤ人が住んでいたが，半分は脱出し，半分はナチに殺された（注：48番家庭の家系図で説明するように直接に手を下したのはリトアニア人の場合が多かった）。しかし全く脱出できなかった部落もあった。戦争前はユダヤ人はドイツ人と平穏に共存していた。サラの親戚で外国に居住していた者は従兄弟が1人アメリカに住んでいただけだった。1941年からカザフスタンのアルマータ市郊外のコルホーズで働き，1943年8月に妹のいるカザフスタンのペトロパブロスク市のコルホーズに移った。アウシュビッツのホロコーストについては全く知られていなかった。ロキシキス市でも残ったユダヤ人が皆殺されたことは1944年になって初めて知った。1945年9月にロキシキス市の共産党第一書記からの招待状（帰国許可書）が届いてリトアニアに無料切符で子供と共に帰国し，ロキシキス市に住む。カマヤイ村には働く場所もなかったので，ロキシキス市を選んだ。戦争中はカマヤイ村の自宅にはリトアニア人農民が住んでいた。サラは自宅を売却し，そのかわり，ロキシキス市の国営住宅を得た。脱出したすべてのユダヤ人は帰国できた。

シモン・カライフ（男）
1857－1929。ユダヤ人。ラトビアで肉屋をやっていたが，1906年に現リトアニア領のザラサイ市（注：戦間期もリトアニア領で，ラトビアとの国境の市。カマヤイ村から東方60キロ。第一部第2章第10節の図10にザラサイ市の位置が記してある）に移住し，家を買った。肉屋をやり，果物の取引もした。ザラサイ市で死亡。

①ミハウ・カライフ（男）
1903－1942年5月。ラトビアのダウガスピウス町の生まれ。1906年に両親と共にリトアニアのザラサイ市に移り住む。1928年にサラと結婚し，カマヤイ村に移り住む。毛皮業を営み，革なめしと毛皮製造に従事した。雇い人はいなかった。1941年に脱出。カザフスタンのアルマータ市から12キロのコルホーズに勤務した。粘土造りの自宅をもらう。家具もあった。馬で耕した。そのコルホーズには，ほかに4家族のユダヤ人がいた。みなリトアニアからの脱出者だった。残りはカザフスタン人だった。アルマータにはもともとユダヤ人はいなかった。タシケントやドゥシャンベなど中央アジアには合計6万人のユダヤ人脱出者が入植した。1942年4月に第16師団に徴兵になる。翌月戦死。

②エタ（女）
1905－1941（?）。ザラサイ市で裁縫業を営む。終生独身。1937年頃にラトビアのリガに転居し，おそらく，リガのゲットーでナチに殺された。

③サモイフ（男）
1907－1941。終生独身。肉屋をやっていたが，処刑場のデグチアイ村（注：ザラサイ市の近郊の村と思われるが地図では発見できない）でナチに射殺された（注：ドイツ軍の監督下でリトアニア人警察官が殺害を実行した。有益な労働力となる者はビルニュースのゲットーに連行された）。

④ソロモン（男）
1912－1941。1938年に結婚。結婚後カウナスに移住。1941年6月にカウナスを脱出し，ザラサイ市に逃げたが，その後ロシアに脱出することができず，妻と息子と共にナチに射殺されたもよう。

サラ（女）
ユダヤ人。1860－1930。専業主婦。

ラヒム（女）
?－1941。ユダヤ人。夫と息子と共にデグチアイ村でナチに殺されたもよう。

第二部　45番家庭

─①娘。1933年に父が死亡したため，ラトビアから，祖父の住むカマヤイ村に移った（注：祖父も1933年に死亡してしまうので，伯母ハヤが6人の子供たちの面倒をみたのではないか）。第二次世界大戦中にナチにより20歳くらいで殺された（注：ユダヤ人の子供は熟練労働者の子供を除いて皆殺された）。
─②娘。同上。1941年に殺害される。
─③娘。同上。1941年に殺害される。
─④娘。同上。1941年に殺害される。
─⑤娘。同上。1941年に殺害される。
─⑥息子。同上。1941年に殺害される。
─ムシア（女）
1917 – 1941。結婚後サラカイ村に住む。40キロ離れたデグチアイ村の森で，家族と共に銃殺される。ナチの監督下のもとにリトアニア人が銃殺した。
─ヨーシャ・バク（男）
？ – 1941。ユダヤ人。サラカイ村に住む。40家族のユダヤ人が住んでいた。ボルボの自動車で運送業を営む。1941年8月に妻と子供と共に銃殺される。
─①シバ（女）
1928 – 1942。カザフスタンのペトロパブロスク市で死亡。
─②アロン（男）
1930 – 1990。リトアニアに戻り，ソ連軍士官学校を卒業。千島列島に配置される。1955年に除隊。その後，ビルニュース大学経済学部夜間部を卒業。企業に勤務。独身のまま死亡。
─③マエ（男）
1933 – 1987。ソ連から引き揚げ後，ビルニュース大学数学科卒。学校教師になった。

妻（リトアニア人）
─①シモン・カライフ（男）
1929年生まれ。生存。ユダヤ人。**45番家庭の主人**。ロキシキス県（ビルニュースより北方150キロ）のカマヤイ村（県都ロキシキスより南方15キロ）に生まれる。ラトビア国境まで50キロで，戦間期はリトアニア領。ヘブライ語小学校に4年通い，独ソ戦開始3日後の1941年6月25日まで，この町に両親と住む。カマヤイ村のヘブライ語小学校は4年（1941年6月）までで，5年生の時にはロキシキス市のヘブライ語小学校に進級するはずであった。教科書はヘブライ語で書かれていた。学校ではヘブライ語で話すように教師に言われたが，子供同士はイーディッシュ語で会話し，家でもイーディッシュ語で話した。1941年6月25日に馬車で家族そろってラトビアに脱出し，ソ連への入国許可が下りて，列車でウラル山脈中央部のチェリアビンスク市の郊外に移り住むが，切符はいらなかった。そこからカザフスタン共和国のアルマータに移動した。カマヤイ村には50家族のユダヤ人がいたが，半分は脱出し，残りはナチに殺された。1945年にリトアニアのロキシキス市に帰国した。ロキシキス市のヘブライ語の8年制ギムナジウムに入学した。社会主義崩壊後のリトアニア大統領になったブラザウスカス氏が音楽の教師にいた。1949年から4年間は軍学で士官学校で学び共産党に入党。1953年除隊しギムナジウムに復学。1955年ギムナジウムを卒業し，ビルニュース工科大学に入学。企業に就職し，在職中にモスクワ経済大学に留学。後にビルニュースの共産党の党学校に1年通う。ビルニュース県には戦前は22万人のユダヤ人が住んでいたが（注：回想のまま。公式統計では1931年に10万8千人が住んでいた），現在は同県で3500人，全国で6000人（注：1996年統計では5600人。1989年には1万2千人いた）。戦争中に殺されなかったのは2万5000人。シモンは戦後にロキシキス市内のリトアニア語のギムナジウムに8年通ったから，リトアニア語がよくできる。1958年に結婚。役場での結婚式だけでシナゴグ（ヘブライ教の礼拝堂）での結婚式は挙げなかった。共産党を恐れたこともあったが，本人の信仰が形骸化していたからである。結婚披露宴は市の公会堂で300人を招待した。共産党県第一書記も出席した。妻の勤め先の小学校がほとんどの費用を支払った。結婚後はロキシキス市に住む。1971年にビルニュースに単身赴任。企業に勤務。1976年に建設省に転職し，ビルニュース市内に現在の国営住宅を受け取った（注：その後，官庁で相当に出世したようであるが，本人は役所名と役職を語らなかった）。1989年に定年で年金生活に入る。1991年の解党まで党員。母サラとはイーディッシュ語で会話した。シモンの一番流暢な言語はリトアニア語で，次がロシア語で，次がイーディッシュ語で，次がヘブライ語である。ポーランド語も分かる。戦前はリトアニア語はあまり話さなかった。ロシア語は成人してから習った。シナゴグに毎日来るユダヤ人は16人とか18人程度。ビルニュース県には3500人のユダヤ人がいるが，他民族と結婚した例が多い。ヘブライ教から他教への改宗はしないが，信仰を失うことが多い。結婚式がシナゴグで行われることは稀である（注：ただし埋葬はユダヤ人墓地が多い）。イスラエルでも住民のうち17％しか信仰を持っていない（注：回想のまま）。

─ニーナ（女）
1930 – 1987。**ユダヤ人**。旧姓バウマン。**ソ連**のプスコフ町（レニングラードの近く）の生まれ。母親（ユダヤ人。1901 – 1997）はザラサイ市の生まれだが，1928年に姉が住んでいたレニングラードに行って，そこで軍人の夫（ユダヤ人。1900 – 1942。レニングラード生まれ）と知り合い，1928年に結婚し，ニーナはソ連のプスコフ町で双子の一人として生まれた。男の子の方は割礼を受けた。第二次世界大戦の時は母と双子のもう一方の方の兄弟。共にエレンブルグに避難した。父はレニングラード攻防戦で戦死した。1945年に母とニーナはリトアニアのビルニュースに移住した。教育大学卒業後，ロキシキス市近郊の小学校のロシア語教師になる。1958年に結婚。ロキシキス市に住む。1962年に入党。夫が首都に単身赴任したが，子供が小学校を卒業するまでロキシキス市に住む。その後，夫の住むビルニュースに転居。

─②ホナ（男）
1933 – 1990。1962年に結婚。息子や妻とはリトアニア語で会話するが，兄シモンとはイーディッシュ語かロシア語で会話する。
─オルガ
リトアニア人。ユダヤ人の父と**リトアニア人**の母の間にロキシキス市で生まれる。信仰を持っていない。

─③イェンタ（女）
1935年生まれ。生存。教育大学卒業。1956年に結婚。小学校教師。1993年に夫と子供たちと一緒に**イスラエル**に移住した。ソ連時代ではイスラエルへの移住は困難だった。ポーランド人と偽装結婚して，ポーランドに行き，そこからイスラエルへ移住する手口がよく取られた。1991年以降はイスラエルへの移住は自由になった。
─バワクス・ザウマン（男）
1932年にベラルーシで生まれた。生存。ユダヤ人。靴製造工場の労働者。1993年に**イスラ**エルに移住。定年で働いていないが，イスラエル政府から年金はもらえない。
─ライバラ（男）
1939 – 1941。両親と共に2歳で射殺された。

─娘チモン。シモン・カライフへの連絡はない。
─娘デモン。同上。

─①ギナ（女）
1960年生まれ。生存。ロキシキス市のロシア語の小学校を卒業。ユダヤ劇場の客席で夫と知り合い，1983年に結婚し音楽大学を中退。シナゴグで結婚式を挙げた。近郊の村の小学校の音楽教師になる。現在は，ある団体に職員として勤務している。5人の子供を生む。4人の子供は現在，ビルニュース市内のヘブライ語小学校に通学中で，一番下の子供はユダヤ人幼稚園に通う。学校では主にヘブライ語で授業がなされ，リトアニア語とロシア語の授業もある。
─ミハウ・カッツ（男）
1960年生まれ。両親共にユダヤ人。一人っ子。父親はリトアニアの生まれ。母親は**ウクライナ**のチェルノブイリの生まれ。戦争中は，極東のビロビジャン・ユダヤ人自治区に居住した。戦後はビルニュースに住む。両親は1996年にイスラエルに移住した。ミハウはビルニュース大学経済学部を5年で中退。現在は私営の印刷工場の副工場長。
─②イサク（男）
1961年ロキシキス市生まれ。独身。ロキシキス市の中学校を卒業後，ビルニュースの職業学校時計修理科に進学。現在は自動車修理工場の副工場長。

─①エリク（男）
1963年生まれ。生存。独身。ロキシキス市に住む。
─②ダビッド（男）
1965年生まれ。生存。ビルニュース大学に学び，同級生のイレナと知り合う。銀行に勤務。結婚式は役場の公式結婚式だけだった。子供が2人生まれた。妻とはリトアニア語で会話する。
─イレナ（女）
リトアニア人。カトリック。ある中央省庁に秘書として勤務。

─①ミハウ（男）
1959年生まれ。息子と娘が生まれた。1993年に妻と共に**イスラエル**に移住。最初はドイツに移住を考えたが，イスラエルに移住した。イスラエルでは住宅ローンで家を買った。冷蔵庫修理に従事。
─エラ（女）
ユダヤ人。リトアニア生まれ。数学者。イスラエル在住。
─②ボリス（男）
1961年生まれ。結婚後，妻と一緒に1993年に**イスラエル**に移住し，住宅ローンで家を買った。冷蔵庫修理に従事。
─イナ（女）
ユダヤ人。リトアニア生まれ。医師。イスラエル在住。

ファニア・グランツ家（前半），47番家庭，ユダヤ系，ビルニュース市，1999年3月13日と16日

5世代の家系図を4頁にわたって記載する。

ブルフ・ヨヘレス（男）
ユダヤ人。1868年にビルニュースの生まれ。室内装飾画家（大学や役所の講堂の壁や天井に宗教画・風景画などを書き込む職人）だった。ドイツ軍により1941年9月6日にゲットーが作られた（注：回想のまま。歴史書によれば8月下旬）。すべてのユダヤ人は身柄を拘束され，あるグループはゲットーに入れられ，あるグループはそのまま射殺場所に連行された。ブルフは後者のグループに入れられ，ビルニュース郊外南西10キロのポナリ（リトアニア語ではパネリウ）の森で集団で射殺された（注：殺害日が9月6日ということか）。

ソロギス（女）
ユダヤ人。1870年代の生まれ。旧姓ギェリンスキ。シベンチョニス市（注：ビルニュース市から北北東75キロの市。当時はロシア帝国領，戦間期はポーランド領，現在リトアニア領で，ベラルーシとの現国境まで6キロ）の生まれ。1941年夏にポナリ（ポーランド語の発音）の森で夫と共に集団で射殺される。

ダビド・ギェリンスキ（男）
米国に移住し画家になった。

ベンツヨン・ガウスキ（男）
ユダヤ人。バレナ市（注：ビルニュース南西65キロの市。当時はロシア帝国領，戦間期はリトアニア領だったが，国境の市で，市の一部はポーランド領に属していた）で紙箱作りを営む。地ビールの醸造も手がける。1936年にイスラエルに移住。戦後死亡。

ハネベ（女）
ユダヤ人。1871-1953。エイシシキス町（ビルニュース南方40キロ）の生まれ。1936年にイスラエルに移住した。

①**ダビド（男）**
1895年生まれ。カウナスでパン屋を営む。1941年以降の戦争中に殺される。
妻（ユダヤ人，夫と共に殺される）

②**ベラ（男）**
1896年生まれ。ビルニュースに住む。1924年に妻と娘と共にイスラエルに移住した。大工だった。移住当時，イスラエルに親戚はいなかった。
妻（ユダヤ人）

③**エストル（女）**
1905年生まれ。結婚してグロードノ市（戦間期はポーランド領，現在ベラルーシ領の中都市）で裁縫工として働く。1941年6月22日の独ソ戦の開始の際に，自宅を爆撃により焼失した。それで家族そろって徒歩でビルニュースに移った。同年9月にビルニュースのゲットーに入れられ，1942年か1943年にポナリの森で射殺された。
夫（ユダヤ人。グロードノ市で学校教師だった。ビルニュースのゲットーに入れられ，妻と共に殺された）

④**ヒルシ（男）**
1907年生まれ。表札工（真鍮の金属板に氏名や会社名を彫り込んで表札を作る職人）だった。子供はなくビルニュースのゲットーに入れられ，ポナリの森で妻と共に射殺された。
妻（ユダヤ人，表札の文字デザインを担当した）

⑤**テマ（女）**
1908年生まれ。ビルニュースのゲットーに入れられ，家族全員がポナリの森で射殺された。
夫（ユダヤ人。毛皮裁縫工。毛皮コートなどを作っていた。デザイナーでもあった）

⑥**エラ（女）**
1909年生まれ。独身で宝石店で働く。ゲットーに入れられ，ポナリの森で射殺された。

⑦**ゼウダ（女）**
1912年生まれ。ユダヤ人教員養成学校（大学相当）を卒業し，教師になった。独身のまま現ベラルーシ領の地方部（当時はポーランド領）のゲットーで殺された。

⑧**メイシャ（男）**
1914年生まれ。父親のもとで画工として働く。詩人でもあった。ビルニュースのゲットーに入れられ殺された。
アンナ・ゴルフェス（女）
1912-。モスクワで生存。ビルニュースのユダヤ名家の出。農業技術者。農学博士。1941年6月の時にはウズベキスタンの農園で働いていた。戦後モスクワで再婚。娘が生まれた。
2番目の夫（ユダヤ人）

ベンヤミン・ヨヘレス（男）
1898-1944。ビルニュース生まれ。ロシア語小学校を卒業。イーディッシュ語とポーランド語とリトアニア語が堪能だった。実業学校を卒業。電気機械技師。第一次世界大戦後ロシアに行き，1921年カウナスで結婚。1927年にビルニュースに戻る。小さい町工場を経営し，ユダヤ人実業学校で教えた。1941年9月にビルニュース・ゲットーに家族全体で収容され，1943年7月にエストニアのクロガ町の強制収容所に移送され，電気工として働かされる。1944年9月にクロガ収容所で殺される。

④**ラヘラ（女）**
1901-1944。旧姓ガウスカ。バレナ市の生まれ（注：戦間期は国境の町だったが，生まれたのはリトアニア側の領土）。母の実家のエイシシキス町からは西方30キロにあたる。イーディッシュ語小学校に入学。ビルニュースのイーディッシュ語中等学校に進学。ポーランド語とリトアニア語とロシア語が堪能だった。1921年に兄のヒルシを訪ねてカウナスに行った時に夫と知り合う。同年に結婚。1927年にビルニュースに戻り専業主婦。夫と共に1941年9月にビルニュース・ゲットーに家族全体で収容され，1943年7月にラトビアのリガ市の近くのクラゲンフール強制収容所に移送され，1944年にそこで殺される。

①**ヒルシ（男）**
1914年以前にボリシェビキ党に入党。帝政ロシア政府から死刑判決を受けるが，カトリックの神父が助命嘆願書を書いてくれて恩赦になった。ロシアに脱出し，ロシア革命後はソビエト政府外務省に勤務。1921年にはカウナスの領事に任命される。カウナスで妻と知り合い結婚。後にトリエステ（1918年にオーストリア領からイタリア領に変更になった港町。多くのスラブ系民族が移住した）の領事になる。1936年にオデッサで病死。キーロフ暗殺（1934年12月。48番家庭を参照）の後だが，まだ粛清は始まっていなかった。
妻（ユダヤ人，歯科医師）

②**バレサラ（女）**
1920年に独身のままリトアニアから米国に移住。すぐに米国で結婚した。息子2人あり。
夫（人種不詳）

③**シモン（男）**
バレナ市に生まれ，タウラゲ市（注：クライペダ市から南東80キロ。戦間期はリトアニア領でドイツとの国境に近くに人々が住んでいた）で肉の販売に従事していた。息子1人と娘5人がいた。ドイツ軍が侵入してきた1941年6月22日の日曜日の朝に末娘が熱を出し医者に連れていった。医院にいる間に爆撃が始まったので，娘を抱いてラトビアのリガに逃亡した。妻とは連絡がとれなかった。シモンと娘はさらにロシアに逃げた。戦争中はタジキスタンで働く。1945年に娘と共にビルニュースに戻る。タウラゲ市に行って，妻と子供の末路を初めて知った。もはやリトアニアで生きる意欲をなくした。リトアニアを脱出したいと考えていたリトアニア人女性と偽装結婚し，イタリアに脱出し，そこから両親の住むイスラエルに娘と共に移住した（注：おそらく偽装結婚した相手の女性は出国許可を得ており，その夫ということにしたのではないか）。イスラエルで死亡。
妻
ユダヤ人。1941年6月22日，夫と連絡がとれないまま子供を連れて逃げた。しかし途中で，誰かが「夫が家に帰っていった」と言ったので，妻はタウラゲ市に戻った。そして5人の子供と共に，帰宅後すぐに殺害された。

⑤**ベル（男）**
1902-1989。1924年に独身でイスラエルに移住。大工だった。イスラエルで結婚。
リバ・バス（女，リトアニア出身のユダヤ人）

⑥**イツハク（男）**
バレナ市で生まれ，カウナスで工具をしていた。1936年に両親と共に兄ベルの住むイスラエルに移住した。イスラエルで結婚。
妻（ドイツ出身のユダヤ人）

⑦**シフラ（女）**
1908-1989。1930年代前半に兄ベルを頼ってイスラエルに移住。1939年に結婚。
夫　ユダヤ人。1924年にリトアニアからイスラエルに移住した。

⑧**マルデハイ（男）**
1912-1996。電気技師になり，リトアニア軍に徴兵の後，1937年にイスラエルに移住。イスラエルで結婚。
妻（チェコ出身のユダヤ人）

第二部　47番家庭

- アリア（男）
  第二次世界大戦中にカウナスで殺される。
- スイファ（女）
  第二次世界大戦中にカウナスで殺される。

- ヨヘレス（男）
  1925－1989。**イスラエル**生まれ。結婚して4人の子供があり，全員がイスラエルに居住している。
  妻（リトアニアかポーランド出身のユダヤ人）
- ツェプラ（女）
  1924年にビルニュースの生まれ。同年に両親と共に**イスラエル**に移住した。タオル工場で働く。生存。4人の子供を産んだ。全員がイスラエルに居住している。
  夫（リトアニア出身のユダヤ人）

- エレ（男）
  グロードノ市の生まれ。1941年6月にビルニュース市に移りゲットーに入れられ，ポナリの森で射殺された。

- ヘニア（女）
  ビルニュースのゲットーに入れられ，両親と共に射殺された。

- ②レベッカ（女）
  1927－1944/45。両親と共に1941年9月にビルニュース・ゲットーに家族全体で収容され，1943年7月に母と共にラトビアのリガ市の近くのクラゲンフール強制収容所に移送され，ついで母とは別にシュトトホフ強制収容所（注：当時ドイツ領，現ポーランド領）に移送され，1944年末か1945年1月にそこで殺される。17歳だった。

— A

- 息子（米軍兵士となり1944年のフランス戦線で戦死）
- 息子（米軍兵士となり1944年のフランス戦線で戦死）

- 息子1人と娘4人（全員が1941年6月に射殺された）
- 末娘
  1945年に父と共に**イスラエル**に移住した。生存。1990年代になると毎年リトアニアを訪れている。
  夫（リトアニアのタウラゲ市出身のユダヤ人）
- ギル（男）
  イスラエルで羊飼育業。
  妻（リトアニア出身のユダヤ人）
- アリア（男）
- ヌリト（女）
  夫（ポーランド出身のユダヤ人）
- 娘（**イスラエル**生まれ。教師になる）
- 息子（工科大学卒。地方公務員で出世した）
- 息子（英字日刊新聞の記者）

これより上は第3世代。これより下は第2世代。

- ギナ（女）
  ユダヤ人。1901－1943。ビルニュース南方40キロのエイシシキス町（戦間期はポーランド領，現在はリトアニア領）に生まれる。父親は鍛冶屋だった。結婚してビルニュースに移る。1941年にビルニュースのゲットーに入れられ，1943年7月に現ベラルーシ領のリダ市（ビルニュースから南方80キロ）の強制収容所に送られ，1944年にそこで殺された。
- マキシム・グランツ（男）
  ユダヤ人。1896－1943。スキデラ町（注：ビルニュース東方100キロ，現ベラルーシ領）の生まれ。シベンチョニス市（注：ビルニュース北北東75キロ，現リトアニア領）のユダヤ人中等学校を卒業。ビルニュースで洋服仕立業を営んだ。1941年にビルニュースのゲットーに収容された。もともとの自宅がゲットー区画の中にあったので引っ越しはなかったが，他人の家族と同居させられた。ついで1942年からビルニュース南方12キロの褐炭鉱での強制労働に一家そろって動員された（注：通勤型でなく住込み型の強制労働）。炭鉱で働くよりゲットーで働くことを望み，妻と共にゲットーに戻った。ゲットーの中で企業の経理係として働く。1943年7月にベラルーシのリダ市の強制収容所に送られる途中で射殺された。
- 妹。米国に移住した。

— B

A ─①ファニア・グランツ（女）
1922年にカウナス生まれ。生存。**47番家庭の主婦**。1927年にビルニュースに移り，1929年に6年制イーディッシュ語私立小学校に入学。ヘブライ語の授業や宗教の授業はなかった。1935年にイーディッシュ語私立中等学校（ギムナジウム）に進学。ヘブライ語・ポーランド語・ラテン語・英語の4か国の外国語授業を受けた。数学・歴史などはイーディッシュ語で授業が行われた。1939年6月に卒業。1939年9月1日からグロードノ市（戦間期はポーランド領で現在はベラルーシ領）の高等学校（リツェウム）に進学。9月17日にソ連軍が進駐してきたのでビルニュースに戻った。家庭教師として働いた。1940年9月からビルニュース南方100キロのバラノビッチ市（現ベラルーシ領）の近くの村でベラルーシ語小学校の歴史の教師になった。1941年6月中旬に学期が終わったのでビルニュースの実家に戻った。6月22日に戦争が始まった。9月6日にゲットーに入れられた。アパート1戸に数家族が押し込められた。2万人ものユダヤ人がビルニュース中心部の一区画に集められた。最初はゲットーを囲む塀はなかった。ファニアは裁縫の労働に従事させられ，餓死しない程度の食糧の割り当てを受けた。父も通勤で強制労働に出た。インテリなど肉体労働ができない人への食糧割り当ては少なく，餓死の危険があった。ゲットーの外での労働を命じられた人は朝ゲットーを出て夕刻戻ってきた。ゲットーの中では小学校は閉鎖されたので，秘密の学校が組織されて子供のためにイーディッシュ語で授業がこっそり行われていた。警察などに勤務していたユダヤ人は賃金が良かったので，そのような人のために喫茶店もあった。図書館もあった。病院もあった。しかし妊娠することは禁止されていた。ゲットーの中でパルチザン組織の支部が形成されていた。彼らは武器も隠し持っていた。共産党系の人やシオニズム運動の人などが統一して参加していた。ファニアもパルチザン組織に入った。地下室で射撃の訓練も受けた。未来の夫となるミハウもゲットーに収容されてパルチザン組織に参加していた。ワルシャワ・ゲットーのようなゲットー内での蜂起も検討されていた。ゲシュタポはこれらの動きを把握していた。蜂起するとゲットーの中で多くの死者が予想された。厳しい判断を迫られていた。パルチザン部隊を少しずつゲットーから脱出させ，森の中で戦闘を展開する方向に向かっていた。ミハウも少し前に森の中にいた。ファニアはゲットーの中でミハウと知り合うことはなかった。ベラルーシの森の中にはソ連軍の支援を受けたパルチザンの拠点が形成されていて，そこと連絡をとる必要があった。男の子より疑われることの少ない女の子2人が一組となって，連絡員として連絡に出ることになった。ファニアもその中に選ばれた。1943年9月23日の朝10時に両親に別れを告げてゲットーを出た。香水と干し豆をバッグに入れた。衣服に添付が義務づけられていたユダヤ人であることを示す黄色のダビデの星のマークを衣服からはぎとってゲットーの裏門を出た。裏門の警備のリトアニア警察の中にもパルチザンの協力者がいた。ポーランド人であることを示す偽の身分証明書は準備が間に合わなかった。ユダヤ人が許可なくゲットーの外を歩くことは死刑の対象だった。少し歩くとリトアニア警察官に呼び止められ，この先はゲットーだから近づくなと注意された。警察官はファニアをユダヤ人とは思わなかったらしい。5分ほど歩くと，ドイツ軍の貨物トラックの長大な隊列がゲットーの方向に進んでいくのを見た。この9月23日がビルニュース・ゲットー撤去の開始日だった（注：この回想は正確である。第2章で引用した Alabrudzinska [1998, p. 186]によれば，ビルニュースのゲットーの撤去とユダヤ人の移動は9月23日と24日の2日で完了した。パルチザン組織はこれを予期していなかった。ユダヤ人は全員がトラックに乗せられ，別の収容所に送られることになり，そこで殺された。わずかに130名のユダヤ人が，あらかじめ最後の脱出手段として用意されていた下水道トンネルの出口から脱出できただけだった。ファニアは無事に徒歩でビルニュース市街を脱出して，近くの森の中でもう一人の女の子と会えた。彼女は現在ロサンゼルスで生きている。2人で森の中を歩き，野営した。翌日も南に50キロ歩いて森の中のパルチザンのキャンプに到達した。パルチザン兵士になっていたミハウと知り合い恋仲となる。パルチザンの分隊は80人から110人くらいで構成されていた。ユダヤ人が多かったが，ポーランド人やオランダ人など種々の人種がいた。ソ連軍の飛行機がパラシュートで武器を落下させるための場所もあった。パルチザンでは，炊事係だったが，鉄道線路の破壊工作などもやった。女性兵士だったからドイツ軍との直接戦闘には参加していない。1944年7月8日にはポーランド国内軍（AK）のパルチザンによるビルニュース攻撃があり，さらに7月13日にはソ連軍によりビルニュースが解放された。ファニアもすぐにビルニュースに入ったが，家族や知っている人は誰もいなかった。ビルニュースのアパートの一室でミハウと一緒に暮らすことになった。1944年7月22日に結婚した。8月16日に結婚届を出した。ソ連軍から「あなたは小学校のロシア語教師だったのだから，ロシア語ができるので，工業省の秘書として働け」と言われて，1944年7月17日からリトアニア社会主義ソビエト共和国政府の軽工業省で働き始める。1945年4月からは中央統計局の人事部に勤務した。のち商業統計局に移り定年まで働く。1950年に長女を出産。1953年からリトアニア女性のルドビガを住み込み女中として雇う。ルドビガは1911年生まれで，ベラルーシ出身の独身婦人だった。ファニアの月給の10分の1の額をルドビガはファニアから月給としてもらい，無料の食事と衣服をファニアから受け取った。1973年に長女が結婚した後は，ルドビガは長女ビタのもとに女中として住み込んだ。最後は賃金も要求しなかった。ルドビガは1995年に84歳で死亡し，ファニアが埋葬し墓石もたてた。ファニアは1990年に従兄弟を訪ねるため，初めてイスラエルに行った。その後，次女がイスラエルに移住したので，もう3回もイスラエルを訪問している。

B ─①ミハウ・グランツ（男）
1921 − 1985。両親はビルニュースに居住していたが，母は南方40キロのエイシシキス町の実家でミハウを出産した。ビルニュースのヘブライ語小学校を卒業。イーディッシュ語小学校とは異なり，ヘブライ語で授業が行われ宗教教育もあった。ヘブライ語中等学校（ギムナジウム）を1939年に卒業。1939年からビルニュース市内の靴製造企業フェデル社に事務職として勤務。1941年にビルニュースのゲットーに収容された。もともとの自宅がゲットーの中にあったので引っ越しはなかった。ゲットーの中でパルチザン組織に参加した。1942年からビルニュース北方12キロの褐炭鉱での強制労働に一家そろって動員された。ゲットーを出て，褐炭鉱の近くのポーランド人農家に住み込んで炭鉱で働かされた。弟は逃亡し，両親はゲットーに戻った。ミハウは1943年6月15日に褐炭鉱から逃亡してパルチザン組織に合流し，森の中でパルチザン兵士となる。ユダヤ人の監督にあたっていたリトアニア警察の中にもパルチザンの協力者がいて，その助けで逃亡した。パルチザン・キャンプで妻ファニアと知り合い，ビルニュース解放直後の1944年7月に結婚。2部屋のアパートのうちの1部屋を割り当てられ妻と住む。ソ連軍から「あなたは戦前は靴工場で働いていたのだから，靴工場で働け」と言われ，1944年7月から国有化されたフェデル社の工場の管理職として働く。1946年からカバン工場の作業課長。1948年から1957年まで2部屋のアパートに住む。1951年には技師長に昇進。1953年からは皮革製品工場連合組織の総裁となり個人専用車がついた。1954年に連合組織が解散されたため，皮革企業の技術部長。働きながらモスクワ大学経済学部通信教育部に学び1959年卒業。1957年に3部屋のアパートの割り当てを受ける。1960年に中央計画局（国民経済を統括する省）に移り1985年まで働く。死亡した1985年では中央計画局の木材・紙・家具部門の部長だった。

②弟
1926 − 1942。ビルニュースのイーディッシュ語小学校を卒業。兄の通ったヘブライ語小学校の向かい側にあった。宗教教育はなくイーディッシュ語で授業がなされた。15歳でゲットーに入れられ，兄と共に褐炭鉱で働かされる。褐炭鉱から逃亡して母の実家のあるエイシシキス町に行ったが，そこで捕まり殺される。16歳だった。

父
ユダヤ人。1927年生まれ。ファニアの妹レベッカと小学校の同級生。戦争末期にはパルチザンの兵士になり，戦後結婚。戦後もファニアの家族とは親しく付き合った。1989年に**イスラエル**に夫婦で移住。まだソ連時代だったので，モスクワ経由でイスラエルに移住した。イスラエルへの移民の場合，飛行機代はイスラエル政府が払ってくれる。当初の生活費も政府がくれる。半年のヘブライ語学習コースも無料である。イスラエル移住許可がソ連政府から出た後は，自宅を売却することは禁止されていた。家具だけ売却して移住した。持ち出せる資産に制限があった。イスラエル政府による移民入国許可の条件は，母親がユダヤ人の場合は無条件で入国が認められ，そうでない場合はヘブライ教を受容していることが条件であった。

母（ユダヤ人）

ファニア・グランツ家（後半），47番家庭，ユダヤ系

ミハウ・トチアン（男）
ユダヤ人。1947年にベラルーシのミンスク市の生まれ。ミンスク大学工学部を卒業。企業で電気技師となる。ミハウの両親は以前からファニア夫婦（妻ビダの両親）の知り合いだった。それでビルニュスのファニアの家を訪れて，その娘ビダと知り合い，1973年に結婚した。シナゴグ（ヘブライ教礼拝堂）では結婚式を挙げなかった。ビルニュスにある計算機・レジスター製造企業で技師として現在に至るまで働いている。イーディッシュ語は分からない。妻とはロシア語で会話する。

①ビダ（女）
1950年ビルニュス生まれ。7歳でロシア語小学校に入学し，15歳で8年を修了。ついでロシア語・英語中等学校2年を卒業（注：ソ連時代に，授業科目のうちいくつかの科目の授業が英語でなされる高校が存在していたことが分かる）。ロシア語小学校と中等学校を卒業した者は，10年教育修了で大学受験ができた。リトアニア語小学校・中等学校卒業生は11年教育を要求されていた。大学の講義はほとんどロシア語でなされるから，という理由からだった。ビダは例外的に大学受験でリトアニア語コースを選んだ。ビルニュス大学経済学部数理経済学科に入学し，1972年に5年を修了。父が勤めていた中央計画局（注：国民経済全体を統括していた省）に就職。1973年に結婚。1984年にモスクワ大学で経済学博士号（注：ロシア語では博士候補）を取得した。通信教育で博士号を得た。共産党には入党しなかった。1990年にある別の省に移って，後に本省の局長になる（注：回想では省の名前と局の名前が述べられたが，その名は秘す）。

①アンナ（女）
1975年生まれ。ロシア語・英語小学校を卒業。ビルニュス大学経済学部卒業。1999年2月に結婚した。
夫
リトアニア人。アンナの大学同級生。

②ユラ（女）
1978年生まれ。ロシア語・英語小学校を卒業。ビルニュス大学経済学部に在学中。独身。

②ギナ（女）
1958年ビルニュス生まれ。10年制のロシア語・英語小学校を卒業。直ちに大学進学。ビルニュス大学経済学部を卒業。直ちに大学の助手となる。1980年に結婚。共産党には入党しなかった。1990年にイスラエルに移住した。イスラエルでは地方公務員になった。ビルニュスの実家で女中だったルドビガの葬儀に参列するため，1995年に一度だけリトアニアに戻ってきたことがある。

①マクシム（男）
1981年生まれ。出生の際に割礼を受ける。イスラエルの学校に通学中。

②ベンヤミン（男）
1983年生まれ。出生の際に割礼を受ける。イスラエルの学校に通学中。

ボリス・バベル（男）
ユダヤ人。1959年生まれ。出生の際に割礼を受ける。ビルニュス大学医学部を卒業。在学中に結婚。医師になる。イスラエルにいる両親を頼って，妻と子供を連れて1990年にイスラエルに移住した。両親は1989年にイスラエルに移住していた。エルサレムで医師として病院勤務。

ドルーマ・ゴッテ家（前半），48番家庭，ユダヤ系，シベンチョニス市近郊の村，1999年3月14日

5世代の家系図を4頁にわたって記載する。

エリア・ゴッテ（男）
ユダヤ人。シベンチョニス市（注：ビルニュース北北東75キロの市。当時はロシア帝国領，戦間期はポーランド領。ベラルーシとの現国境まで6キロ）の生まれ。人力で挽く粉挽き小屋（石臼型）を営んだ。

ラヒル（女）
ユダヤ人。

①ユーゼフ（男）
シベンチョニス市の生まれ。第一次世界大戦で帝政ロシア軍に徴兵となる。戦後故郷から12キロ西方のシベンチョネリアイ町（注：ワルシャワとサンクト・ペテルブルグ間の鉄道が1862年12月16日に開通し，その停車場町としてできた町）で靴屋（靴製造の個人商店。注文・製造・販売型）を開業。フランス語もできた。独ソ戦勃発の直後の1941年7月に娘と生後2か月の孫が村の広場で絞首刑となるのを目撃して発狂した。そして3か月後の10月には，妻ともう一人の娘と共にリトアニア人警察により集団で射殺された。リトアニア警察はドイツ軍の指揮下にあった。

妻（ユダヤ人）
1941年10月に夫と共に集団で射殺された。

②ハナ（女）
1941年10月に夫と共に集団で射殺された。

イサク・フェリドマン（男）
ユダヤ人。シベンチョニスで馬を持ち，馬車による運送業を営んだ。1941年10月に妻と共に集団で射殺された。

再婚の妻
ユダヤ人。リトアニア（当時はポーランド領）から米国に移住した。米国でアベルと結婚した。

③アベル・ゴッテ（男）
ユダヤ人。1891 – 1962。ビルニュース北北東75キロのシベンチョニス市に生まれる。裁縫工としてビルニュース市で働き，妻と知り合う。1911年結婚。1914年の戦争開始直前に米国ニューヨーク州のシラキュースに移住した。妻の兄が既に米国に移住しており，招待状を書いてくれた。妻は妊娠中なので祖国に残した。1922年に妻を米国に呼び寄せようとしたが，妻はトラホームの痕跡があったので，ワルシャワの米国大使館（注：シベンチョニス市は当時ポーランド領だった）により移住を拒否された。後にアベルは米国で，リトアニア出身のユダヤ人女性と知り合い同居する。1936年に離婚が成立し，その女性と結婚した。アベルはシラキュースで最初は屋台の果物売り。のち八百屋を営む。息子エドワルドが生まれた。前妻フルーマとは音信不通となった。第二次世界大戦後もリトアニアの親戚とは全く連絡をとらなかった。1962年に米国で死亡。

④フルーマ（女）
ユダヤ人。旧姓ゴッテ。夫と同姓だが親戚関係にはなかった。1894年にイグナリナ市近郊の村に生まれる。3歳で父が死に，7歳で母が死んだ。ビルニュース市で工場に勤務。トラホームを患っていたので1922年の時に米国への移住が米国大使館で拒否された（注：回想のまま。第2章第8節で紹介した文献によれば，船会社の乗船時の身体検査と上陸時の入国検査で伝染病を理由とする入国拒否が行われた。あるいは大使館による説得か）。シベンチョニス市のアパートに住み，道路工事の現場で働いて娘を養った。極貧の生活だった。1941年10月にドイツ軍占領下のもとで集団射殺さる。

イサク・ゴッテ（男）
ユダヤ人。ビルニュースの北北東90キロのイグナリナ市（注：イグナリナ県の県庁所在地。県の北端にチェルノブイリ型原子力発電所がある）近郊の村の林業署の署長だったが1897年に病死。若死だった。

ドルーマ（女）
ユダヤ人。1901年に病死。若死だった。

ドルーマの従兄弟。
ユダヤ人。19世紀末の頃には，サンクト・ペテルブルグで工場を所有し金持ちだった。

①息子（名前不詳）
1905年頃に米国に移住。近い親戚に米国移住者はいなかった。職を求めて外国に移住した。

②ブルフ（男）
母の死後，妹のフルーマの面倒をみた。小さい農家を営み牛乳を売っていた。1913年頃に，既に米国に移住していた兄を頼って妻と共に米国に移住した。後にニューヨーク州のシラキュースで農場を営む。1914年にフルーマの夫アベルを米国に招いた。

妻（ユダヤ人）

③ヘンリク（男）
兄のブルフを頼って家族と共に米国へ移住。

妻（ユダヤ人）

⑤モイシャ（男）
1895年生まれ。6歳の時に母が死亡した。母の死後，母の従兄弟がサンクト・ペテルブルグに呼び寄せる。その地（ロシア革命後はレニングラードと改称）で結婚し，革命後も個人営業の裁縫業を営む。第二次世界大戦に参戦した。一度も故郷リトアニアに戻らなかった。戦後しばらくはレニングラードで裁縫業の看板を出していた。その地で1984年に死亡。

妻（ユダヤ人）

⑥シマ（女）
1896年生まれ。母の死後，母の従兄弟がサンクト・ペテルブルグに呼び寄せる。その地（レニングラード）で結婚し，1930年代にそこで死亡。娘があり，その娘は子供と共に1978年にソ連からサンフランシスコに移住した。

夫（ユダヤ人）
レニングラードで革命後も個人営業の洋服屋を営んだ。レニングラード防衛戦の中で餓死した。

シメレン・ダビドビッチ（男）
ユダヤ人。ビルニュースの生まれ。1914年にロシア帝国陸軍に徴兵となり，第一次世界大戦で戦死。

リリア（女）
ユダヤ人。ビルニュースの生まれ。1913年頃に結婚。妊娠中に夫が出征した。孤児院の炊事婦として働く。1941年に射殺される（注：1941年7月以降，組織的なユダヤ人射殺が始まった。当初はドイツ軍による共産党員狩りが主体であり，8月以降になると，リトアニア人警察が不要なユダヤ人労働力を処分するため実行するようになった）。

第二部　48番家庭

- ①エラ（女）
  1941年7月に公開絞首刑で殺される。夫が共産党員だったためドイツ軍により村の広場でみせしめの絞首刑になった。生後2か月の息子も一緒に絞首刑になった。それを目撃させられた父ユーゼフは発狂した。
  - 息子。生後2か月でドイツ軍により絞首刑となる。
  - 夫（ユダヤ人）
    戦前に共産党に入党していた。1941年6月に独ソ戦が勃発した時，妻子を残してロシアに逃亡した。第一次世界大戦の時と同じように，ドイツ軍はそれほど残虐ではないと思ったので，共産党員である本人のみ逃げればよいと考えた。1945年に帰国し，故郷から西方12キロのシベンチョネリアイ町に住む。ポスター書きなど画工として働いた。ロシア人女性といつ再婚したかは不明。
  - 再婚の妻（ロシア人）
- ②ネハマ（女）
  1941年10月に集団で射殺される。まだ独身だった。リトアニア人警察官が射殺した。
- ①エラ（女）
  1912－。イスラエルで生存。シオニスト運動（ユダヤ人国家建設運動。シオン主義）に参加し，イスラエルへの移住許可証を受けた。24歳の時の1936年にパレスチナのイギリス統治領（現イスラエル）に移住した。当時，イスラエルに移住するためには特別の職業訓練を受けるなどしなければならず，移住許可証の交付は難しかった。荒れ地を開拓した。イスラエルで結婚した。今でも月に1回くらいリトアニアのドルーマ（48番家庭の主婦）へ電話をしてきてイーディッシュ語で会話する。戦後一度もリトアニアを訪れていない。子供がおり，子供は1997年にリトアニアを訪れた。その子供はもうイーディッシュ語を話せない。エラは子供とはヘブライ語で会話する。子供は英語も話せる。
  - モルデバイ（男）
    ルーマニア出身でイスラエルに移住したユダヤ人。
- ②ハヤ（女，1941年10月に集団で射殺された）
- ③メンダ（男，1941年10月に集団で射殺された）
- ④シロナ（女，1941年10月に集団で射殺された）

- エドワルド・ゴッテ（男）
  米国のシラキュース生まれ。医師になった。1995年に異母姉妹のドルーマを米国に招待した。
- 妻（米国生まれのユダヤ人）

―――――――――――――――――――A

- アンナ（女）
  レニングラードの生まれ。1978年に息子2人と共に米国に移住し，サンフランシスコに居住した。息子たちは現在もサンフランシスコに在住。

―――――――――――――――――――B

シモン（男）
ユダヤ人。ビルニュースの人。ドルーマの恋人。ポーランド共産党に入党し，1934年頃，ソ連に脱出。兄も共産党員だった。マグニトゴルスク市（ウラル山脈南端の市。カザフスタンの北側。当時全く新しく建設された市）に移住。母親と一緒にマグニトゴルスク市に住んだ。同市の教育大学に入学。ソビエト共産党には入党しなかった（注：あるいは入党できなかったか）。1935年から小学校の地理の教師になり，同年ドルーマを呼び寄せ結婚。キーロフ暗殺（注：1934年12月1日に，スターリンにとって最も危険な対立者であった政治局員キーロフが暗殺され，これにより党員に対する死刑が復活し，スターリン大粛清のきっかけとなった）から粛清の時代が始まった。質素な生活を送り，注意深く労働に励み，密告を恐れた。1937年10月28日にNKVD（注：内務人民委員部。当時の警察のこと）に逮捕された（注：当時の粛清一般と同様に逮捕の真の理由は不明である。あるいはトロツキーなどの国際共産主義運動の一員とみなされたのかもしれない。すべては不明である）。その後の消息は不明。恐らく粛清（射殺）された。母親は逮捕されなかった。シモンの兄も1935年にソ連に非合法で入国するが，後に逮捕されラーゲリ送りとなる。シモンの兄は戦後釈放され，母の面倒をみた。

A ─ **②ドルーマ・ゴッテ（女）**
1914年にビルニュースの生まれ，生存。**48番家庭の主婦**。1922年に米国移住のパスポートを入手したが，母フルーマの移住許可が降りなかったので，リトアニアに残った。1920年にビルニュース市内のイーディッシュ語小学校（入学時では6年制）に入学し7年修了。貧乏だったので小学校入学の時は靴がなく裸足で通学した。すぐにスリッパをもらった。母語はイーディッシュ語で，ついでポーランド語が流暢である。小学校ではヘブライ語の授業とポーランド語とドイツ語の授業があった。先生はユダヤ人だけだった。成績が良かったので，7年修了の後，祖父の住むシベンチョニス市の8年制の私立ユダヤ中等学校（ギムナジウム）の5年生に編入できた。ユダヤ人コバルスキ氏が設立した学校である。多くの生徒が授業料が払えなくなったので学校が閉鎖となり，1929年にビルニュースのユダヤ中等学校（私立のギムナジウム）に転校。ユダヤ人ホテル経営者の家に家庭教師として住み込み，賃金で授業料を払って，ギムナジウムに通った。他にユダヤ人女中もいた。ホテル従業員はポーランド人だった。1932年に同校が共産主義をしているとの理由でポーランド政府（当時はポーランド領だった）は同校を閉鎖したので中退となる（注：おそらくドルーマもここで共産主義運動に触れたと思われる）。同級生の恋人ができた。シベンチョニス市に戻り薬草園工場で1年だけ働く。1933年にビルニュースの私立のユダヤ教員養成学校（大学相当。授業はヘブライ語とポーランド語）に入学。ヘブライ語を理解できる。授業料が払えなくなり1934年に退学。シベンチョニス市で家庭教師をして働く。恋人シモンは共産党に入党し，ソ連に行った。恋人は一緒にソ連に行こうと誘ってくれたが，母のことがあるのでリトアニアに残った。「ソ連には自由がある，パンがある」というスローガンにひかれた。米国の父に「毎月10ドルを送ってください」と手紙を書いたが，父の愛人が手紙を握りつぶして返事はこなかった。学費が出せなくなり再び学校を中退した。恋人はソ連のマグニトゴルスク市（ウラル山脈南端の市。カザフスタンの北側）から「すばらしい国だ，早く来い」と手紙を寄こした。1935年5月，恋人シモンの兄と共に非合法でソ連（ソ連邦ベラルーシ）に入国した。手引き人に200ズロチを支払って徒歩で国境を越えたが，越境するとソ連警察に逮捕された。拷問を伴う事情聴取があった。現地の警察に6週間拘留され，コミュニストになるためだと言われ，衣服など持ち物をすべて奪われ，無料切符をもらってマグニトゴルスク市に行けた。8月に恋人シモンに会えた。シモンの兄はウクライナの自分の妻のところに行った。シモンと結婚。1936年に長女ルツィアが生まれた。ドルーマはマグニトゴルスク市では児童図書館に勤務した。ロシア語を急速に学習した。ソビエト共産党には入党しなかった。1937年10月28日に夫が逮捕された。ドルーマは毎日面会に行った。ある日，職場で自分の夫が逮捕されていると喋った。すると翌日の11月13日に逮捕され，裁判なしに懲役10年の刑を宣告され，当地の刑務所に7か月，ついでチェルビヤンスク（ウラル地方の中都市）の刑務所に数か月収容された。ついでノボシビルスク（シベリア中央部）の刑務所に6週間，イルクーツクの刑務所に1か月，ウラジオストック刑務所に1か月。ついで船に乗せられ，極東のマガダン（オホーツク海の最北部の港町）の通用のラーゲリ（注：強制労働収容所，正式には矯正労働収容所と呼ぶ）に入れられた。1歳の娘ルツィアはマグニトゴルスク市に残した。ついでマガダン北方500キロ（注：回想のまま）のタイガの中のラーゲリに移された。女性ラーゲリだった。一つの収容所に千人以上が収容され，森の中で木材の製材をやらされた。男性ラーゲリの囚人は金鉱の採掘に従事した。いくつもの収容所があった。レニングラード大学日本語学科の卒業生でモスクワの日本大使館の秘書をやっていたユダヤ人女性イリナ・ヨッフェ（実名）もラーゲリ囚人として働いていた。国際共産主義運動の関係者がたくさんいた。ロシア人囚人が一番多かったが，フランス人やハンガリー人など多くの人種がいた。ポーランド人女性も20人くらいいた。ユダヤ人女性はもっと多かった。リトアニア人は2人。1941年の12月に独ソ戦が始まったことを知った。1939年頃，現在の夫イサクと知り合い，親しく付き合うようになった。1944年に次女ソフィアを出産した。1割近い女性囚人が出産した。出産すると親子が一緒に住める特別ラーゲリに送られた。娘ルツィアのことが知りたくて何度も手紙を書いたが，音信はなかった。1945年頃マグニトゴルスク市に残っていた夫の母が手紙をくれた。娘が小児マヒになり孤児院に入ったことを知った。娘から手紙が来て「お金がないといじめられる。お金を送ってくれ」と書いてあった。1947年11月13日（ちょうど逮捕10年目の日）に釈放された。少し早めに釈放された女性囚人が，娘を見つけてくれてモスクワの彼女の自宅でルツィアを養育してくれていた。釈放されたが，都市での居住許可が降りなかったので（注：都市居住に必要な国内旅券が給付されなかったのだ），一般人としてコリマ地方（注：マガダン北方300から350キロのコリマ河流域地帯。金鉱のある密林タイガの僻地。数千人規模の無数のラーゲリがあり，囚人数は数十万人に達した）で働いた。釈放後の1947年に正式に結婚。1949年3月にモスクワへの旅行許可が降りたので，モスクワに行って娘ルツィアを見つけ，ルツィアと次女ソフィアを連れて1949年5月に故郷のシベンチョニス市に戻った。シベンチョニス市近郊の村に一室を借りて住んだ。夫が洋服仕立てで働いていたので，それを助けた。小学生の家庭教師もやった。看護婦養成学校に入学しそこを卒業。1953年から病院で働き始める。後に工場の保健室で1989年まで看護婦として働く。戦後，米国の父は一度も手紙を寄こさなかった。1960年代初めに米国の大学教授ゴッテ氏が自分の祖先を探すためシベンチョニス市を訪れた。ドルーマの親戚ではなかったが，町を案内した。その教授が，今後はあなたの父親を米国で探してあげましょうと言ってくれ，父の息子エドワルドを見つけてくれた。ドルーマはエドワルドに手紙を書いた。父は重い病気にかかっていて娘が生きていることを知って病床で泣いたという。そしてその年の秋に父は死んだ。米国に移住したかったので，未亡人となった継母に招待状の要請を行ったが，「何もさしあげるものはありません」という返事の手紙がイーディッシュ語で返ってきた。1995年にエドワルドはドルーマを米国に招待してくれて，ドルーマは米国を訪問した。

①エリオクム（男）
1913年生まれ。1915年か16年に栄養失調で死亡。

B ─ **イサク・ダビドビッチ（男）**
一人っ子。ドルーマの2番目の夫。**48番家庭の主人**。1914年にビルニュースの生まれ。8年制のユダヤ人小学校を卒業。1930年代になると，ユダヤ人商店への襲撃などユダヤ人迫害が始まったので，1932年8月にソ連に出国した。ユダヤ人青年の間では「ソ連の方が良い」というスローガンが広まっていた。手引き人に200ズロチを支払い，非合法でベラルーシとの国境を越えた。越境すると拘束され，ミンスクの刑務所に2か月入った。ついで鉄道でモスクワ地方に送られ，モスクワ市北部とボルガ河を結ぶ運河建設に5か月従事した。ついでモルドア地方（モスクワ南東500キロ）の8千人の大規模収容所に送られ8か月働く。判決など正式な根拠は何もなかった。ついでエカチェリンブルグ（ウラル山脈の中央部の大都市。ソ連時代にはスベルドロフスクと改名された）の工場建設現場で働く。ついでトムスク（シベリアのノボシビルスクの北東200キロの中都市）の建設現場に送られた。移動の自由はなく，賃金も出なかった。食事は無料だった。1935年にトムスクにいた時に逮捕された。理由は不明だが，たぶんポーランド出身ということだろう（注：本人の述懐による）。裁判はなかった。乳牛運搬貨車で乳牛と一緒にウラジオストックのラーゲリに送られた。1か月後に船に乗せられマガダン北方のタイガの中の男性ラーゲリに送られた（注：上記ドルーマの欄にあるコリマ河周辺のラーゲリと思われる）。金鉱採掘場への道路建設で働かされた。政治犯ラーゲリではなく，通常のラーゲリ（注：本人は政治犯である。刑事犯との混住ラーゲリである）で殺人犯などもたくさんいた。多くの囚人が餓死した。別のあるラーゲリでは秋に6000人の囚人が送り込まれ，翌年春まで生き延びたのは100人だったというような例さえあった（注：本人の回想のまま）。ノルマを達成すると1日に600グラムのパンが与えられ，150%を達成すると800グラム，働かない日は400グラムのパンが与えられた。近くに女性ラーゲリがあり，ドルーマと知り合った。1945年8月3日に釈放された（注：正確に自由剥奪10年の刑であったと思われる）。30キロ離れたところにドルーマが住むラーゲリがあり，夜間にこっそりドルーマを訪れた。男女が会うことは禁止されていた。釈放後は，マガダン北方のコリマ地方の金鉱採掘場にあった洋服屋で一般人として働いた。労働着の修理だった。1947年に正式に結婚。1949年にドルーマと娘ソフィアと共にリトアニアに帰国した。2万旧ルーブル（注：1947年12月の10分の1切り下げ前のルーブル。1960年までの旧ルーブルのもうひとつ前のルーブル）の貯金があった。帰国の切符は無料だった。ハバロフスクまでは米国製の貨物飛行機だった（注：第二次世界大戦中，米国はソ連に軍事援助を行っていた）。シベンチョニス市近郊の村に住み個人営業の洋服屋を始めた。母がナチに殺されたことを初めて知った。ついで建築資材運搬会社に就職した。共産党には入党しなかった。ついでシベンチョニス市の食品工場に勤務。1994年に年金生活に入る。80歳まで働いた。1992年に住宅を買い取った。

ドルーマ・ゴッテ家（後半），48番家庭，ユダヤ系

①ルツィア（女）
1936年にソ連のマグニトゴルスク市生まれ。1歳で両親と別れる。祖母のもとで育つが小児マヒにかかり，歩行が困難となり孤児院に入れられた。ソ連では小学校には通学していない。1949年にモスクワで母と再会し，同年リトアニアのシベンチョニス市近郊の村に移る。歩行ができるように回復できた。1949年5月から9月までの間，母から集中的に勉強を教わり，9月にはロシア語小学校の4年生に入学した。1956年に小学校10年を修了。医科大学に進学し，1965年に結婚し，同年に娘フルーマを出産。内科医となる。

シェロマ・スペリング（男）
ユダヤ人。1938年にビルニュースの生まれ。ドルーマの2番目の夫イサクの従兄弟の息子。国鉄に就職。

フルーマ（女）
1965年生まれ。ロシア語小学校を卒業後，看護婦学校に入り看護婦になる。その後，レニングラード大学の鉄道運輸学科の通信課程を卒業。両親や祖母ドルーマとはロシア語で会話する。イーディッシュ語は全く分からない。

②ソフィア（女）
1944年3月にシベリアのマガダン市北方のラーゲリの生まれ（注：出産場所がラーゲリだったか病院だったかは不明）。1949年にリトアニアに移り，ロシア語小学校10年を修了。医科大学の受験に失敗した。それで社会で働かなければならないことになり，医療に従事したかったので看護学校に入り，同時に看護婦として2年間病院で働く。社会で当該関連職種に従事している者には大学入学試験に際して追加点がもらえたので，医科大学の入学試験に合格でき，1963年にカウナス医科大学に入学。1967年に同級生と結婚。卒業後はビルニュース市内で小児科医となる。1987年に離婚。生活が苦しく，外国で医師として働きたかったので1990年に**米国**に単身で移住した。母ドルーマが通ったユダヤ人中等学校を設立したユダヤ人コバルスキ氏の息子が米国で生きていて，その息子がソフィアの米国での身元引き受け人となってくれた。米国では病院で外科の助手として働くが医師としての診療はできない。1997年に米国の市民権を得た。独身。頻繁に母に電話する。

アリギス（男）
リトアニア人。カトリック。医師。酒好きで妻と離婚した。

①トマス（男）
1967－。ユダヤ人。リトアニア語小学校に通学した。徴兵解除後の1988年に結婚。現在は**ドイツ**国内で働いている。

ダイワ（女）
リトアニア人。1970年生まれ。カトリックだがカトリック教会での結婚式は挙げなかった。

②ロカス（男）
1970－。ユダヤ人。リトアニア語小学校に通学した。医学部に入学したが，在学中の1989年に結婚。大学を中退した。ビルニュースの建設会社に勤務。

ラサ（女）
リトアニア人。カトリック。

ダビッド・ヨッフェ家，49番家庭，ユダヤ系，ビルニュース市，1999年3月15日

アブラハム・ヨッフェ（男）
ユダヤ人。ベラルーシの農村部（当時はロシア帝国領）の生まれ。父は農家を営んでおり，5人の兄弟がいた。ユダヤ人の農家は極めて稀だった。アブラハムはビルニュース（当時はロシア帝国領）に移り，材木商を営んだ。森全体を買い取って，その木材を取引所で売るような材木商だった。1936年死亡。

ハナ（女）ユダヤ人。ビルニュース郊外の生まれ。1940年にカウナスで死亡。

ミハウ・シュトラシン（男）
ユダヤ人。ビルニュースの名家の出身。金持ちの商人だった。シナゴグ（ヘブライ教礼拝堂）の信徒会長（ガバ）だった。1940年にリトアニアはソ連邦の一員となった。反ソビエト勢力とみなされて，シベリア送りが決まった。貨車に乗せられたが，娘ローザの夫ハイムの計らいで，貨車から降ろされた。再びビルニュースで商売をやった。1941年にポナリの森（位置は47番家庭の家系図参照）で射殺された。

ベルタ（女）ユダヤ人。1941年にポナリの森で射殺された。

父
ポーランド人。
母
リトアニア人。

---

①**モーゼス（男）**
ビルニュースに居住していた。1941年6月22日の直後に殺された。

マニオン・カッツ（女）
ユダヤ人。ビルニュースの人。夫と共に殺された。

②**エマ（女）**
カウナスに居住。1941年6月に殺された。

サロモン・ヨッフェ（男）
ユダヤ人。妻エマの遠い親戚。1941年6月に殺された。

③**ベルタ（女）**
1920年に結婚。進駐してきた赤軍の軍医と知り合い結婚。同年にソ連に移住。モスクワ大学のドイツ語学科の助教授になった。戦後モスクワで死亡した。

ブロツキ（男）
ユダヤ人の医師。ロシアの生まれ。ボルシェビキの赤軍に入り軍医となる。ソ連・ポーランド戦争の時に，ポーランド領のビルニュースに進駐する（おそらく1920年）。そこで妻と知り合い結婚。妻を連れてソ連に戻る。1936年に死亡した。

④**姉（名前不詳）**
カウナスに居住。1941年6月22日の直後に殺された。子供はなかった。

ラヘル・グリンベルグ（男）
ユダヤ人。1941年6月22日の直後に殺された。

⑤**ハイム・ヨッフェ（男）**
1903－1970。ビルニュース生まれ。6歳の時にロシア語小学校に入学。ロシア語中等学校（ギムナジウム）を卒業。ポーランド語とイーディッシュ語とヘブライ語とロシア語とドイツ語とフランス語が流暢だった。合計12年の教育であったが，卒業した時は20歳だった。ドイツのゲッティンゲンの大学（注：ポーランド語でゲッティンガ。息子ダビッドはドイツのゲッテン大学と発音したが該当する都市はない。筆者の推測である）に入学した。工科大学だった。ドイツに親戚はいなかった。同市に留学していたローザと知り合い，現地で1926年に結婚。大学を卒業し，ビルニュース市に戻った。ポーランド軍（当時ビルニュースはポーランド領だった）に徴兵となる。ドイツでの留学経験があるので憲兵隊に配属となる。2年の兵役を終え，フランスに働きに出た。しかし良い働き口が見つからず，1935年にカウナス（当時はリトアニアの首都）に戻った。妻子を呼び寄せた。1939年の時点ではカウナスの蓄電池工場に技師として勤務していた。1939年に非合法のリトアニア共産党に入党した。1940年8月にリトアニアはソ連邦の一員となった。当時カウナスには2万5千人のユダヤ人が住んでおり，リトアニア政府の閣僚の中に2人のユダヤ人を含めることになった。それで，ハイムはリトアニア社会主義ソビエト共和国の某省の大臣に任命された（注：息子ダビッドは正確な省の名前を言った）。1941年6月22日（独ソ戦勃発の日）に妻と息子を列車に乗せて脱出させ，その後，トラックでカウナスを脱出した。リトアニア政府の高官だけを乗せた特別トラックで，そのトラックでモスクワ南東500キロのソ連のペンザ市まで行った。ペンザ市に亡命リトアニア政府が設置された。ペンザ市ではリトアニア人の孤児院を管理した。1942年8月から1943年2月まで家族そろってタシケントに居住。防寒着がなかった。ついでキーロフ市（モスクワ北東950キロ）の孤児院で働く。ついでモスクワに呼び戻された。1944年8月に妻と息子と一緒にビルニュースに戻ってきた。3部屋のアパートの割り当てを受けた。ソ連共産党への入党を拒否された。商人の息子で，ユダヤ人で，ドイツ留学の経験があるからという理由だった。しかし知人の紹介で建設省に就職できた。1947年には別の省の副大臣になった（注：息子ダビッドは正確な省の名前を言った）。1949年には別の役所に移る。1953年にいったん解職され無職となる。ついで別の役所の高官になり，死ぬまで種々の政府高官を務めた（注：息子ダビッドは具体的な省庁名と役職名を挙げなかった）。政府高官だったが月給は低かった。中流の生活だった。家庭内ではロシア語で会話した。埋葬された墓地はユダヤ人墓地ではなく，軍人墓地だった。

②**ローザ（女）**
1905－1974。ビルニュース生まれ。ロシア語小学校に入学。ロシア語中等学校（ギムナジウム）を卒業。ドイツのゲッティンゲンの高等商業学校に入学した。ゲッティンゲンで夫となるハイムと知り合い結婚。中退してビルニュースに帰国した。夫がフランスに出稼ぎに行ったが，ローザはビルニュースに残った。息子ダビッドも生まれていた。夫がリトアニアの首都カウナスに移ったので，1935年に息子を抱えて非合法に国境を越えカウナスに移った。1941年6月22日に列車で息子と共にカウナスを脱出した。避難列車でビルニュースを経てモスクワに着いたが，モスクワでの下車は許可されなかった。脱出して5日目にモスクワ南東500キロのソ連のペンザ市に着いた。1944年にビルニュースに戻る。夫が政府高官になったので専業主婦となった。軍人墓地の夫の横に埋葬された。

①**ニウタ（女）**
1901－1941。息子1人を産んだ。夫がドイツ軍に逮捕された際に射殺された。

ウリア（男）
ユダヤ人。ニウタの父の商会の社員だった。1941年にドイツ軍に逮捕され，殺された。

③**ベラ（女）**
1941年にビルニュースのゲットーに収容された。夫は1944年までドイツ軍の車庫で自動車修理技師として働いた。1944年7月13日にドイツ軍が撤退し，ソ連軍が進駐してきた。この最後の数日はドイツ兵に殺されないため，夫と子供と共に庭先の穴蔵倉庫に身をひそめた。ソ連軍がビルニュースに入ってきたので，穴蔵から出たが，その日のうちに何者かにより殺された。誰が殺したのかは不明。娘1人を産んだ。

タボルスキ（男）
ユダヤ人。機械技師。1941年にビルニュースのゲットーに収容された。1943年7月にゲットーが撤去された際，タボルスキは例外的に移送されなかった。非常に優秀な自動車修理技師だったため，その後もビルニュースのドイツ軍の車庫で働いた。別のユダヤ人キャンプに収容された。娘レヤのほかに，甥のアルノルドの面倒もみた。ビルニュース解放の最後の日にも殺されずに生き延びた。1950年代初頭にレヤとアルノルドを連れてポーランドのポズナニ市に移住した。当時イスラエルへの移住は不可能だったが，ポーランドへの移住は可能だった。5年後にタボルスキとレヤはそこからイスラエルに移住した。アルノルドはポーランドに残った。この一家は，ポーランドに誰も親戚を持っていなかった。

④**ゲニア（女）**
1940年に結婚。1941年にビルニュースで殺された。子供はなかった。
夫（ユダヤ人。1941年にビルニュースで殺された）

アポロニア（女）

ベルジンセス（男，名は不詳。リトアニア人。洋服仕立て業。1943年に病死）

第二部　49番家庭

―― イレナ（女）
1941年6月のドイツ軍侵入の際に，美人だったためドイツ兵慰安所に連行され慰安婦にさせられ，後に殺されたらしい。

―― ボバ（男）
両親と共に殺された。

―― ダビッド・ヨッフェ（男）
一人っ子。1928年にビルニュースの生まれ。生存。**49番家庭の主人**。1935年にリトアニアの首都カウナスに移る。そこでイーディッシュ語小学校6年を修了。独ソ戦争勃発直前の1941年6月に卒業した。半私立で半国立の小学校だった。カウナスには4つのヘブライ語小学校と1つのイーディッシュ語小学校があった。ダビッドは今でもヘブライ語が分からない。1941年6月22日（ドイツ軍侵入の日）に母親と共に列車でカウナスを脱出した。ビルニュースを経てモスクワに着いたが，モスクワでの下車は許可されなかった。脱出して5日目にモスクワ南東500キロのソ連のペンザ市についた。列車の切符は必要なかった。ユダヤ人だけでなく，リトアニア人やロシア人も列車に乗っていた。ペンザ市で父親と会った。リトアニア政府の亡命政府がペンザ市に設置された。ドイツ軍が迫ってきたため，1942年8月から1943年2月まで家族そろってタシケントに居住。ついでキーロフ市（モスクワ北東950キロ）に行き，ついで母と共にモスクワに行った。モスクワでロシア語小学校7年生を修了。1944年8月に両親と共にビルニュースに戻ってきた。1947年にロシア語中等学校を卒業した。外国語はドイツ語だった。同年にビルニュース大学法学部に入学した。入試倍率は高かった。入試問題はロシア語で出されたが，大学の講義はリトアニア語だった。1学年が50人で，うち10人はユダヤ人だった。1952年に卒業。卒業成績優秀賞は9人がもらったが，うち8人はユダヤ人だった。ユダヤ人医師団陰謀事件（注：クレムリン病院の7人のユダヤ人医師団がソ連共産党政治局員の暗殺を計画したとして逮捕された事件。スターリンによってでっちあげられた反ユダヤ・キャンペーンであり，これをきっかけにソ連ではユダヤ人弾圧が広まった。1953年1月13日一般に公表され，のち多くのユダヤ人が逮捕された）の頃だったので，就職先を見つけるのが大変だった。1年も無職だった。クライペダの市役所法務部に就職。しかしすぐ解職され2年間無職。ユダヤ人であり，かつ共産党員でないため失業した。家庭教師をしてしのいだ。当時は父親が政府高官だったが，中流の生活だった。ラジオがあって，父親は西側放送を全く聴かなかったが，ダビッドは時々BBC放送を聴いた。他の電気製品はアイロンだけだった。個人専用の運転手つき自家用車があった。1955年に結婚。1955年に文化省の法律顧問に就職。役所の中にユダヤ人は5人くらいしかいなかった。ほとんどがリトアニア人だった。1961年に某省の課長級のポストに転職した。月給が良かったことが転職の理由である。行政職ではなく研究職だった（注：ダビッドはこの省庁名と役職名を語った）。1970年にモスクワ大学で法学博士の学位（注：ロシア語では博士候補）を取得。学位をとったので，ユダヤ人であるにもかかわらずその役所で部長級の地位を得た。ユダヤ人がその役所で出世することは非常に困難だった。1988年に定年退職。ブラザウスカス（後の大統領）の公務出張に付き添って，1989年に初めてイスラエルに行った。イスラエルには後に4回も行っている。極東のビロビジャン・ユダヤ人自治区には行ったことはないが，カムチャッカ半島には観光で行ったことがある。ビルニュースではユダヤ人の数が減り続け，老人ばかりになってしまった。シナゴグでは葬式ばかりある。シナゴグでの結婚式はほとんどない。割礼はたまにある。正式のラビ（ヘブライ教聖職者）はビルニュースにはおらず，ロンドンからラビが2か月に1回やってくる。ユダヤ人への差別は常にあり，1960年代までは高学歴がないと良い就職はできなかった。1970年代になると差別は隠蔽された形になり弱まった。現在でも差別を感じることがある。

　　―― ナオミ（女）
　　リトアニア人。1955年生まれ。一人っ子。リトアニア語小学校とリトアニア語中等学校の合計12年を修了。ビルニュース大学歴史学科に入学。卒業後はある博物館に就職。1979年に結婚。1983年に息子を出産。現在，息子はリトアニア語上級小学校に通学しているが，かなりの授業がフランス語で行われている。家庭の中ではリトアニア語で会話がなされる。

　　―― シモン（男）
　　リトアニア人。1956年生まれ。ビルニュース大学経済学部卒。ある銀行に就職。

―― アルノルド（男）
1932―。ドイツ占領中は伯父のタボルスキがかくまってくれた。1950年代に**ポーランド**に移住した。ポーランドで生存。ポーランドで結婚した。リトアニアの親戚とは連絡をとろうとしない。
　妻（ポーランド人）

―― レヤ（女）
1936年生まれ。1950年代に**ポーランド**に移住し5年居住した後，そこから**イスラエル**に移住。生存。
　夫（ユダヤ人）

―― ①ハヤ（女）
1928－1990。**リトアニア人**。カトリック。ビルニュース大学の歴史学科の学生時代に同学年の夫と知り合う。卒業後は大学の助手に就職した。近代史を研究した。1955年に結婚したが教会での結婚式は挙げていない。自宅で結婚披露宴を2回やった。初日は高齢者で翌日は若年者を招いた。15人ずつ招いた。ユダヤ人と結婚することに母親は反対しなかった。同年娘を出産。1967年に歴史学博士の学位を取得。
　―② イレナ（女）
　　 夫（リトアニア人）
　―③ アウグスト（男）
　　 妻（リトアニア人）
　―④ エリテ（女）
　　 夫（リトアニア人）

フィールド調査をめざす若い世代の研究者のために
―あとがきにかえて―

　フィールド調査に関する解説書は何冊か出版されているが，以下のことはどの本にも書かれておらず，筆者が実体験（ポーランドでの工場調査と農村調査，本書のリトアニア調査）から学んだことばかりである。これからフィールド調査をめざそうとする若い世代の研究者が経験するであろう苦労を少しでも軽減できればと思い，いくつかの実践的アドバイスをここに記しておく。

1）通訳

　通訳は便利ではあるが，通訳を通した面接調査は，通訳を通さない面接調査とは全く別のものになってしまう。面接調査にあっては，相手が話したいと思っていることを自由に話してもらうことが，豊富な情報を得るための最善の道である。その場合，逐次通訳は会話のリズムを乱し，相手の情念を中断してしまう。筆者の場合，ポーランド語が分かる学生を雇い，相手が何をしゃべっているかの要点だけを耳元で同時にささやいてもらい，完全に理解しているような顔をする。そして相手がもっと話したいと考えているらしいテーマで簡単な質問をして，その質問を通訳してもらう。会話はすべて机上のテープレコーダに録音し，調査終了後に録音テープと2台のテープレコーダを学生に渡して，会話の内容を全部ポーランド語に通訳してもらう。学生は同時通訳はできないが，このようにすれば，自宅でゆっくりと通訳して録音することができる。これが最善の方法であった。

2）テープレコーダ

　学生に通訳を依頼した場合は別であるが，筆者自身がポーランド語で調査をした場合は，テープレコーダの録音性能は決定的意味を持っていた。歯の抜けた老人が，相当になまったポーランド語で，相当に訳の分からないことを話した会話内容をもう一度テープで聴く際に，どれだけ明瞭に音声が録音されているかで，作業能率はまったく異なっていた。筆者は今までに8台のテープレコーダを使用したが，録音性能は製造メーカーには関係がない。また価格の多寡にも関係がない。そして録音性能は機種によって大きく異なる。購入する際に実際に試すしか方法はない。乾電池4本型は比較的録音性能がよい。そしてテープレコーダは簡単に壊れる。予備のため少なくとも2台のテープレコーダを用意すべきである。

3）写真機

　筆者は，調査実施前に予備調査としてビルニュース北方のある村で5軒の調査を行ったが，その村には1台のコピー機もなかった。村役場にもなかった。またコピー機がある役場でも農地地図や住民登録名簿は大きすぎてコピー機の枠（A4）をはみだした。このような場合，それをカメラで撮影するしかない。また各家庭での各種文書（例えば旅券，表彰状など）を記録するには撮影しかない。そのためにマクロレンズが必要となる。本書70頁の写真もマクロレンズ（焦点距離55ミリ）で撮影したものである。マクロレンズは家族の記念写真にも，また風景写真にも使えるので非常に便利である。マクロレンズに対応できるカメラを購入すべきである。またカメラは一部の業務用カメラを除いて簡単に壊れる。さらに氷点下の温度に対応していない機種も多い。電池が消耗していてもシャッターが切れるカメラが望ましい。また極寒地では巻き上げのときにフィルムが切れることもある。カメラの購入の際によく検討する必要がある。

4）電池とフィルムと録音テープ

　これらはいずれも日本から持参するか，西側先進国で調達すべきである。現地で日本の有名ブランド品を購入したことがあるが，偽物で，電池は最初から切れていたし，録音テープは途中で異常な回転音を発した。電池は日本製であっても録音時間は4ないし6時間に限られる。前日の使用時間にかかわらず，毎朝必ずテープレコーダの電池を新品の電池に入れ替えることを薦める。電池が消耗すると，録音テープは回転していてもほとんど録音がされていない。筆者は1990年のポーランドの農村調査でこのような悲劇を経験したことがある。

5）撮影方法

　筆者の場合，リトアニアの調査だけで36枚撮りフィルムを70本撮影した。大量に撮影した場合，現像した後で，どれがどの家庭なのか分からなくなってしまう。そこで筆者は，どのフィルムも最初の1コマ目で，その日の日付と調査対象者の住所氏名を大きな紙（A4）にマジックインキで書いて，それを撮影した。そしてフィルムに残りがあっても，次の調査家庭では新しいフィルムを装填した。これが最善の方法と思われる。映画撮影所のカチンコと呼ばれる方法と同じである。また何かを撮影して，それに関する情報を記録に残す場合，ノートにメモするのではなく，紙に書いて，その写真の次のコマでその紙を撮影しておく方法は非常に有効である。

6）服装

　農民や労働者が大学教授と会話をするのは，おそらく一生で一度しかない。男性の場合，必ず背広とネクタイを着用すべきである。このフォーマルな服装は面接に好ましい影響を与える。ジーンズなどは避けるべきである。筆者がインタビューのやり方について訓練を受けたポーランドの精神科医は，派手なネクタイをするようにアドバイスしてくれた。そして笑顔を絶やさないことである。

7）おみやげ

　最初に日本のおみやげを渡すことは有効である。大きくて重いものが喜ばれる。価格の多寡は関係ない。しかし一番大切なことは相手に愛情を持って接することである。

吉野 悦雄 (よしの えつお)

1949年東京都に生まれる
東北大学経済学部，同大学院修士課程，ワルシャワ経済大学博士課程を修了
1992年より北海道大学経済学部教授
経済学博士（ワルシャワ経済大学）

主要著書
『社会主義経済改革論』（木鐸社，1987）
『ポーランド労働法体系全3巻』（日本労働研究機構，1990）
『ポーランドの農業と農民』（木鐸社，1993）

複数民族社会の微視的制度分析——リトアニアにおけるミクロストーリア研究
2000年2月29日　第1刷発行

著　者　吉　野　悦　雄

発行者　菅　野　富　夫

発行所　北海道大学図書刊行会
札幌市北区北9条西8丁目北大構内（〒060-0809）
☎011(747)2308・振替 02730-1-17011

岩橋印刷／石田製本　　　　　　　　　　　　　　　　　©2000　吉野悦雄

ISBN4-8329-6111-X

文明の十字路－東欧	北海道大学放送教育委員会 編	A5・214頁 定価2000円
ソヴィエト農業1917－1991 －集団化と農工複合の帰結－	メドヴェーヂェフ 著 佐々木 洋 訳	A5・412頁 定価6500円
地域づくり教育の誕生 －北アイルランドの実践分析－	鈴木 敏正 著	A5・400頁 定価6700円
ドイツ社会民主党日常活動史	山本 佐門 著	A5・384頁 定価6400円
The World Confronts Perestroika	伊東 孝之 編	A5・320頁 定価6000円
Thorny Path to the Post-Perestroika World	北海道大学附属スラブ研究センター 編	A5・228頁 定価6000円

〈定価は消費税含まず〉

──────── 北海道大学図書刊行会刊 ────────